사회복지 실천기술론

이준우 지음

도서출판 파란마음

이 책을
오늘의 나를 있게 해 주신
존경하는 스승 박종삼 교수님께 드린다.

그 분은 아무도 나를 인정하지 않을 때,
장애인들과 함께 일하고 있던 내 중심을 보셨고,
내 잠재력을 인정해 주셨다.

그 분은 내가 가야 할 인생의 길을 먼저 가시면서
나의 멘토가 되어 주시고,
탁월한 교수, 열정과 성실로 일하는 사회복지사,
바르고 신실한 목회자가 되기 위해서는
어떻게 살아야 하는지를 삶으로,
가르침으로 보여 주신다.

영원한 현역으로
지금도 사회복지실천 현장에서
열정으로 일하고 계시는 그 분을
오늘도 나는 따라가고 있다.

따라가야 할 분이 계시다는 사실이
내 인생의 가장 큰 축복임을 감사드리고 싶다.

일러두기

1. 이 책에서는 전통적으로 통용되어 온 '클라이언트(client)' 라는 용어 대신에 '서비스 이용자(service user)' 라고 표기하였다.

2. 이 책은 철저히 실천기술 위주로 정리되어 있으면서 동시에 '사회복지학 교과목 지침서' 에 제시된 실천 모델들을 충실하게 반영하였다. 그래서 사회복지사 1급 자격시험 대비에도 크게 유용할 뿐만 아니라 사회복지사들이 현장에서 일할 때 언제든 참고해 볼 수 있는 지침서로서도 많은 도움이 되게끔 하였다.

3. 이론과 실무를 동시에 익힐 수 있도록 사회복지실천기술을 이론적으로 설명하는 데 머물지 않고, 그 기술들을 실제 실천현장에 적용해 볼 수 있는 사례들과 생각할 내용들을 각 장 마지막 부분에서 제시하였다.

머리말

사회복지사는 인간과 환경에 관한 다양한 이론적 이해를 토대로 사회복지실천을 전문적으로 수행하는 사람이다. 사회복지사의 업무는 때로는 심리치료사나 상담사의 일과 유사한 것 같기도 하고, 자원을 연계하거나 동원하는 것 같아 보이기도 할 뿐만 아니라 정책을 분석하고 개선을 요구하며 서비스 이용자의 권익을 옹호하는 것 같기도 하다. 그래서 사회복지사가 수행하는 사회복지실천은 무척 다양한 모습으로 표현될 수 있다. 무엇이 '사회복지실천' 인가에 대한 논란이 지속적으로 진행되고 있는 이유가 바로 여기에 있다. 중요한 것은 이상의 업무가 사실 사회복지사가 모두 통합적으로 수행해야 할 사회복지실천 업무라는 것이다. 이런 점에서 사회복지사는 제너럴리스트(Generalist) 사회복지실천 전문가이다.

제너럴리스트 사회복지실천은 과거 전통적인 사회복지실천에서 개별사회사업, 집단사회사업, 지역사회조직과 같은 3가지 주요 실천방법을 제각각 분리해서 사용해오던 경향에서 이들 방법들을 통합한 접근이다. 그래서 제너럴리스트 사회복지실천은 실천방법이 대상과 문제에 따라 다양한 형태를 가질 수는 있으나 사회복지실천에 근간을 이루는 사회복지의 개념, 기술, 과업, 활동에 있어서는 공통적 핵심요소들이 존재하며 이러한 공통적 핵심 요소들을 상호 관련성 있게 묶어 새로운 하나의 통합적 실천 준거틀로 발전시킨 것이라 할 수 있다. 이러한 실천 준거틀은 사회복지사의 전문적인 업무에서 근본적으로 통합성과 응집성을 반영하고 또한 이를 쉽게 확인 가능하게 하며 나아가 사회복지실천을 수행하는 사회복지사를 위한 전문적 정체성의 기반을 제공해 준다(Pincus & Minahan, 1973; 조휘일 외, 2008).

또한 사회복지사는 다른 휴먼 서비스(Human Service) 전문가들과는 달리 서비스를 이용자에게 일방적으로 제공하는 전문가가 아니다. 사회복지사는 서비스 이용자들의 삶 속에 마땅히 있어야 할 나눔, 돌봄 등과 같은 선한 것을 추출하여 복지라는 이름으로 영양제처럼 만들어서 '주는' 사람이 아니다. 사회복지사는 서비스 이용자로 하여금 스스로 얻게 만드는 사람이다. 다시 말해서 사회복지사는 서비스 이용자에게 주는 사람이 아닌 서비스 이용자로 하여금 스스로 생각하게 하고, 노력하게 하여 원하는 것을 얻게 하는 사람이다. 서비스 이용자를 주체로 세워 선택, 생산, 획득하게 하는 사람이다. 사회복지사란 전문가 혼자서 결정한 방향을 주장하지 않고 사회복지사와 서비스 이용자가 '우리' 라고 하는 공유의식 속에서 더불어 함께 방향을 모색하고, 서비스 이용자가 그 방향으로 가도록 돕는 사람인 것이다.

일방적으로 베풀어주면 상대방은 자존감을 갖기 어렵다. 주기만 하면 서비스 이용자를 추한 거지로 만들어 버리게 된다. 해주기만 하면 서비스 이용자의 사회적 · 인격적 죽음이 시작되는 것이다. 서비스 이용자가 받기만 하는 존재가 아니라 가치 있는 존재로 느끼고 싶고, 타인에게서 존중받고 싶어 하는 욕구가 있다고 본다. 즉 사회복지사는 서비스 이용자의 자존심을 살릴 필요가 있다. 자존의 욕구가 충족되게 해야 하는 것이다. 서비스 이용자를 향해서 "제가 도와드리겠습니다. 다 해드리겠습니다. 따라만 오십시오."가 아니라, 서비스 이용자가 잘 알고, 잘 할 수 있는 것, 갖고 있는 것을 물어보고, 배우고, 받는 것이 더 귀하다고 본다(한덕연 외, 2006).

물론 사회복지사가 줄 수도 있다. 직접 주어야 할 상황도 있고, 주는 것이 최선인 경우도 있다. 그렇다고 사회복지사의 정체성이 '주는 사람' 은 아니다. 사회복지사는 사람들로 하여금 주게 하는 사람이다. 서비스 이용자로 하여금 내적 · 외적 강점과 자원을 인지하여 선택 · 생산 · 획득하게 하는 사람이다. 즉 사회복지사는 주는 사람이 아니라 줄 수 있게 하는 사람이며 얻을 수 있게 하는 사람이다. 이것이 사회복지사의 정체성이다.

그리고 사회복지사는 강점을 지향한다. 사회복지사는 서비스 이용자를 환자가 아닌 '사람' 으로 만나려고 노력해야 한다. 동등한 인격체로 존중하여 세워주며 차라리 낮은 데 처하여 섬기는 관계를 지향해야 한다. 행여 서비스 이용자보다 우위에 서게 되지 않을까, 혹 나도 모르게 무엇이라도 되는 것처럼 권위를 내세우려 하지 않을까 조심해야 한다. 특별한 지식과 기술도 중요하지만 그에 앞서 평범한 예(禮)와 덕(德)으로써 서비스 이용자를 대할 수 있어야 한다. 서비스 이용자를 환자가 아니라 사람이게 하고 싶어야 한다. 환자로 보고 또 문제를 보고 증상을 치료하려들기보다는 사람을 보고 강점을 보고 바탕을 길러야 한다. 자연처럼 그렇게 스스로 살리고 자라고 돌보도록 바탕을 길러야 한다. 인격과 강점과 관계를 북돋아서 스스로 면역, 적응, 해결할 능력을 갖게 해야 한다. 그러므로 '사람' 을 대하는 사회복지실천은 소위 전문가들의 상담기법, 치료기법으로만 아니라 보통 사람의 언어, 보통 사람의 인간관계, 보통 사람의 선의와 진심으로 서비스 이용자를 대해야 한다. 그런 이후에 심도 있는 전문 실천기술을 활용해 나가야 한다. 왜냐하면 사회복지사는 개인과 공동체의 역할, 사람들의 선의와 능력을 잘 살려내고 북돋아주는 존재이지, 제도와 프로그램과 시설로써 대신해 주는 사람이 아니기 때문이다. 다시 말해 사회복지사는 사람을 통해 일하는 전문가이다. 정책도, 서비스 전달체계도, 시설운영도, 실천개입도 실은 사람이 하는 것이다. 사람이 신명나게 하게끔 하는 것이 사회복지실천이며 여기에서 사람 세우는 일에 중심이 되는 것이 사회복지사인 것이다.

또한 사회복지사는 사회적으로 일하는 사람이다. 사회복지사는 삶의 현장에서 서비스 이용자와 가족, 이웃을 만나야 한다. 그들의 삶의 현장에서 지속적인 만남을 통해 진정 무엇이 필요한지, 어떻게 도울 수 있는지 더 잘 파악할 수 있게 된다. 함께 먹고 웃으며 나눌 수 있는 친구들이 생겨나는 것이다. 서비스 이용자를 그 삶의 현장에서 만나는 사람들은 가슴이 뜨겁다. 어떻게든 도와주고 싶은 마음, 더 잘하고 싶은 마음, 해야 할 일들에 대한 꿈과 열정, 선한 근심과 고뇌로 가슴이 뜨겁다. 가슴이 뜨거워져야 그 동력으로 머리가 돌아가서 보고 듣는 것을 이해하게 되고 생각이 깊어지고 지혜와 지식이 자라는 것이다. 이런 사회복지사가 되면 그 사회복지사는 다른 사람들이 따르는 사람이 된다. 훌륭한 사회복지사는 사람들이 따르도록 영감을 불어 넣을 뿐만 아니라 궁극적으로는 사람들이 자신들도 모르는 사이에 성장하여 어느 순간 사회복지사를 따르는 것이 아니라 변화된 자신을 자랑스럽게 여기고, 자신의 능력을 성장시키기 위해 스스로 노력하게 하고, 삶의 방향을 구체적으로 설정할 수 있게끔 돕는 사람이라고 할 수 있다. 어떤 의미에서 볼 때, 사회복지사는 다른 사람들이 그들 스스로 사회복지사가 되도록 돕는 역할을 해야 한다.

사회복지실천의 기본 관점인 생태체계적 관점은 서비스 이용자의 삶의 바탕이 되는 환경 즉 세상을 바라보게 한다. 그러므로 사회복지사는 사회적으로 많은 사람들을 만나고 조직하고 거들어 주고 싸우고 부대껴야 한다. 이처럼 삶의 현장을 부지런히 돌아다니며 서비스 이용자를 만나고 이웃을 만나고, 전문가들을 만나고, 책을 부지런히 읽으며 지혜를 만나고, 부단히 외부와 교류하면서 사회적으로 일하는 사람, 발바닥이 닳도록 사람 사이를 걷는 사람, 사회복지사는 그런 사람이어야 한다. 나아가 사회복지사는 열악한 환경과 부족한 자원기반, 높은 이직률과 과도한 업무량으로 인해 점점 악화되는 직업적 환경 속에서도 서비스 이용자를 향한 헌신과 사랑으로 적절한 서비스를 제공하고자 노력해야 한다.

그런데 이렇게 사회복지사가 사회복지와 관련된 전문지식을 잘 갖추고 있고, 사회복지 전문직의 가치를 이해하고 그것으로 무장되어 있다고 해도 이러한 지식과 가치를 서비스 이용자와의 협력적 작업관계에 잘 투입할 수 있는 기술이 결여되어 있다면 사회복지의 궁극적인 목적인 서비스 이용자의 문제해결을 돕는 과정이 제대로 이루어지기 어렵다. 따라서 사회복지사는 개인, 가족, 집단, 지역사회 등과 함께 일을 할 때, 각 상황에 필요한 실천기술들을 잘 준비하고 있어야 한다. 통상적으로 사회복지실천기술은 면담기술, 사정기술, 개입기술, 팀 협력기술, 자원동원과 연계기술, 사회적 지지망 구축기술, 협상기술, 평가와 종결기술 등으로 구분될 수 있다. 이러한 기술들은 사회복지실천의 상황에 따라 각각 별도로 활용되기도 하지만 통합적으로 사용되는 경우가 더 많다. 실제로 사회복지사는 자신이 갖고 있는 실천기술들을 효과적으로 통합하여 잘 활용해 나갈 때, 긍정적인 원조관계가 형성되고, 긍정적인 원조관계는 결과적으로 서비스 이용자가 스스로 문제해결을 해 나가게끔 하는 강력한 요인이 된다.

결국 사회복지실천기술은 서비스 이용자 체계라 할 수 있는 개인, 가족, 집단, 지역사회와의 관계에서 사회복지실천의 가치와 지식에 기초하여 서비스 이용자의 심리사회적 기능을 향상시키면서 동시에 다양한 사회적 자원들을 발굴 · 연계 · 활용하면서 서비스 이용자 친화적인 사회환경을 구축해 나가는 사회복지사의 능력이라고 할 수 있다. 여기에서 심리사회적 기능을 무엇으로 보아야 할지에 대한 논란이 있을 수 있겠으나 포괄적으로 간략하게 정리한다면 사회에 적응하는 정서적 안정감의 수준이라고 할 수 있다. 정서적 안정감을 어떻게 보아야 할지에 대해서도 역시 많은 논의가 진행될 수 있겠지만 일반적으로 자존감, 주관적 안녕감이나 행복감, 사랑과 소속감 등으로 개념화할 수 있다고 본다. 따라서 사회복지실천은 사회복지사를 통해 구체적이고 실제적인 실천기술이 개인, 가족, 집단, 지역사회를 대상으로 활용됨으로써 서비스 이용자가 사회에 적응할 수 있는 자존감이나 안녕감, 행복감, 사랑과 소속감 등의 수준을 향상시켜 당당한 사회의 구성원으로서 살아가게끔 하는 전문적인 활동인 것이다. 그러면서 동시에 사회적 자원과 연계하며 나아가 서비스 이용자의 변화를 이끌어 내기 위해 사회환경을 수정하는 실제적인 개입 활동이기도 하다.

이러한 사회복지실천을 현장에서 구현하며 공부하고, 후학들을 양성하며 '이렇게 저렇게' 사회복지와 인연을 맺은 지가 벌써 18년이 훌쩍 지나갔다. 2002년 이전까지는 틈날 때 외래교수로 대학에서 강의하다가 2002년 1학기부터는 아예 대학에 전임교수로 임용되어 본격적으로 예비 사회복지사를 키워내는 일에 매진하게 되었다. 늘 하던 일이 현장에서의 실제적인 사회복지 업무였기에 여러 교과목들 중 '사회복지실천론'과 '사회복지실천기술론'은 자연스레 내 차지(?)가 되었다. '사회복지실천론'은 두 분의 공저자들과 함께 이미 출간되어 계속 사용해 오고 있다. 하지만 '사회복지실천기술론'은 쉽게 교재를 집필할 수가 없었다. '사회복지실천론'과 '기술론'의 범위와 한계를 어떻게 정해야 할지 난감했고, 사회복지실천 현장의 급격한 변화와 그에 따른 실천기술의 발전을 담아내야 할 뿐만 아니라 서구의 임상사회복지실천기술을 수용하면서도 독자적이면서 특화된 한국적 사회복지실천기술을 제시할 수 있는 능력이 없었기 때문이었다. 그래서 이런저런 기존의 교재를 사용하기도 하고, 외국 학자들이 집필한 원서도 한두 번 사용해 보았으나 영 마음에 차지 않았다. 그러던 차에 강의 원고가 쌓이기 시작했고, 마침 파란마음 황호철 사장님이 책으로 한 번 내 보자고, 용기를 주셔서 이렇게 만용(?)을 부려보게 되었다.

하지만 정신없이 돌아가는 분주한 생활 속에서 예정된 기한 내에 책을 내기란 많은 어려움이 있었다. 여러 번 원고 마감 시한을 넘겼고, 출판사에 미안한 마음에 도중에 포기하고 싶은 마음도 간절하였다. 힘들 때마다 친절하게 격려해 주시며 마냥 기다려주신 도서출판 파란마음 황호철 사장님과 직원들이 있었기에 마지막에는 그래도 부족한 잠을 더욱 줄여가며 작업하였다. 그래서 이 책은 내게 보석과도 같이 소중하다. 교수로서, 목사로서, 실천가로서 능력에 비해 너무 과분한 일들을 감당해 나가는 중에서도 가르치는 사람으로서의 본분을 지켜내기 위한 몸부림의 결과가 바로 이 책이기에 이 책의 출간은 개인적으로 참 감격스러운 일이다. 그러면서 늘 부족한 내 책들을 읽어 주고 성원해 주는 많은 학생들과 사회복지전문가 여러분께 감사드린다. 또한 자료정리와 교정으로 힘이 되어준 강남대학교 사회복지전문대학원 석사 이현아, 박종미, 조미애에게 고마움을 전한다.

끝으로 내 평생의 동반자인 아내 송이와 아들 신건, 딸 신영, 신혜에게 고마움을 전하며 책을 쓸 수 있는 은혜를 베풀어 주신 하나님께 깊은 감사를 드린다.

2009년 2월 28일, 새학기 개강을 준비하며
따스한 햇살이 가득한 연구실에서

이준우 교수

차 례

Chapter 4 심리사회 모델

Chapter 5 인지행동 모델

Chapter 6 과제중심 모델

Chapter 7 임파워먼트 모델

Part III 대상별 실천기술

Chapter 8 개인과의 사회복지실천

Chapter 9 가족 사회복지실천

Chapter 10 집단 사회복지실천

Part IV 거시적 실천기술과 평가

Chapter 11 사례관리

Chapter 12 지역사회를 대상으로 하는 사회복지실천

Chapter 13 사회복지실천 네트워크와 마케팅

Chapter 14 기록과 평가

PART I

사회복지실천기술의 기초

제1장 사회복지사의 전문성과 실천윤리

제2장 사회복지와 리더십

사회복지사는 많은 체계와 상호작용을 한다. 그들은 서비스 이용자의 사회체계, 이웃, 동료, 정책을 개발하는 정치체계, 사회를 지지해 주는 경제체계 등 다양한 체계를 대상으로 일한다. 그래서 사회복지사는 서비스 이용자를 위해 언제, 어디서, 어떻게, 그들의 욕구와 요구, 충고, 생각 등을 나누며 파악해서 구체적으로 의사소통해야 하는지를 인식해야 한다. 그런 면에서 사회복지사는 서비스 이용자와 환경체계, 그리고 욕구 및 과업 체계와 역량 및 자원 체계, 양쪽을 잘 조정하여 체계 간의 관계나 상호작용을 개선하는 사람이다. 즉, 체계 간에 좋은 관계를 만들고 적절한 양과 질의 상호작용이 일어나도록 활동하는 사람인 것이다(Compton & Galaway, 1999).

가령 지역사회의 종합사회복지관에서 근무하는 사회복지사는 오전에 청소년들을 지도하고, 오후에는 시청 공무원이나 시의원들을 만나서 서비스 이용자를 위한 실제적인 지원을 요청하는 데 시간을 사용할 수 있다. 그러면서 짬을 내어 사회복지사는 서비스 이용자들을 위한 소식지를 편집하고, 사무실에서 동료들과 회의를 하며, 실습하러 온 사회복지 전공 학생들에게는 사회복지실천 방법을 예를 들어 설명하고, 훈련시킨다. 잠시 쉬려고 할 때, 때마침 걸려오는 전화를 받고는 지역신문 편집자에게 지난 번 복지관의 행사를 기사로 다루어줘서 감사하다는 메일을 쓰기도 한다. 책상에 앉아 있을 때는 프로그램 계획서를 작성하거나 전자 결재를 해야 한다. 대충 일이 끝나는 퇴근할 때쯤이면, 저녁부터 밤늦게까지 진행되는 복지관의 사회교육 프로그램을 점검하기도 한다. 그리고 가끔 지역에 거주하는 서비스 이용자의 민원 업무까지 해야 할 경우가 발생할 수도 있다. 하루 동안에 사회복지사는 참으로 많은 사람들을 만나야 하고, 이때마다 다양한 형태의 의사소통을 해야 한다. 왜냐하면 만나는 사람들의 여건과 성격, 만남의 목적 등이 다 다르기 때문이다. 만나는 사람들과 그들이 이미 갖고 있는 환경과 생각, 배경 등을 체계라고 볼 때, 사회복지사들이 상호작용을 하는 각양각색의 체계는 매우 상이한 의사소통을 요구한다. 그래서 사회복지사는 한 마디로 다양한 체계에서 일하는 의사소통 전문가라고 할 수 있으며 사회복지사가 갖추어야 할 전문성 중의 하나는 의사소통 능력이다(Dominelli, 2004; 한인영 · 김성천 역, 2007).

또한 사회복지사는 사회적 · 경제적 정의를 향상시키는 지도력을 제공하는 전문가이기도 하다. 그래서 사회복지사는 지역사회의 지도자이다. 지도력은 기술을 요구한다. 효과적인 지도자가 되기 위해서 사회복지사는 변화를 분석하고, 개발하고, 옹호하는 기술을 필요로 한다. 사회적 · 경제적 정의는 정의로운 사회 내에서 적절한 생활의 질을 개선하기 위한 토대이다(Kirst-Ashman & Hull, 2006). 자원동원과 연계, 치료 및 재활 기술과 임상지식은 필수적이고 중요하다. 그러나 사회복지사는 억압하는 사람, 해를 입히는 사람, 서비스 이용자의 필요와 문제를 무시하는 사람들에 대해 도전하는 변함없는 대변자이기도 하다. 사회복지사는 서비스 이용자에게 그들의 권리를 보호하고 방어할 권리를 가르친다. 사회복지사는 서비스 이용자가 그들 자신 혹은 가족, 지역사회에 영향을 주는 체계와 미래에 상호작용을 할 때, 손해를 당하거나 불리한 입장에 몰리지 않도록 서비스 이용자의 역량을 강화시키는 행동들을 보여준다. 따라서 사회복지사는 서비스 이용자를 옹호하고, 그들의 역량을 향상시키는 지도력을 갖춘 전문가이어야 한다.

뿐만 아니라 사회복지사는 해주는 사람이 아니라 서비스 이용자 스스로 하도록 거들어 주는 사람이다. 사회복지사는 서비스 이용자들로 하여금 그들의 공동체, 그들의 직업, 그들의 일상에서 해야 하고, 할 수 있는 것을 하도록 뒤에서 지원하고 주선하며 거들어 주는 사람이다(한덕연, 2008). 이런 면에서 사회복지사는 인적 · 물적 자원을 끌어 모아서 마치 사업이나 영업을 하듯이 복지사업을 하는 사람이 아니고, 보통 사람들의 일상과 직업 속에서 그들의 삶이 진정한 삶이 되게 하는 전문가이다. 단순히 자원을 끌어들이는 사람이 아니라 서비스 이용자들의 삶 속에서 그 소중한 자원들이 원활하게 소통되게 하는 사람이다(Vourlekis & Greene, 1992). 가령 복지관의 사회복지사는 복지관에서 전문가라는 이름으로 자신의 복지사업을 하는 것이 아니라, 지역주민 스스로가 지역사회가 그들 삶의 진정한 터전이 되도록 풀어내는 사람이다. 그러므로 사회복지사는 주는 사람이 아니다. 사회복지사는 주게 하는 사람이다. 사회복지사는 나눔을 소통시켜주는 사람이지, 나눠주는 사람이 아닌 것이다. 그러하기에 때때로 사회복지사는 지역사회를 돌아다니며, 사람들로 하여금 이웃을 알게 하고, 관계를 맺어주고, 상호부조 · 자조 집단을 만들어 주고, 사회적 지지망을 만들어 주기도 하는 것이다. 사회복지사는 이렇게 관계를 맺어주고 나눔을 소통시키는 사람이다. 사람 사이를 이어주어 그들의 자연스러운 살림살이로써 주게 하는 사람인 것이다(한덕연 외, 2006).

1

Chapter

사회복지사의 전문성과 실천윤리

1. 사회복지사의 전문성
2. 사회복지사의 실천윤리

사회복지사들은 다양한 유형의 실천현장에서 수많은 사람들과 함께 광범위한 영역의 활동을 한다. 어떤 사람들은 개인이나 가족들과 주로 활동하고, 다른 사람들은 소집단, 조직, 지역사회와 함께 활동을 한다. 어떤 사람들은 장애인, 다른 사람은 아동이나 청소년, 또 다른 사람은 노인을 주로 만난다. 어떤 사람들은 상담사와 심리치료사의 역할을 하며, 다른 사람들은 슈퍼바이저, 행정가, 프로그램 계획가, 자금모집자의 역할을 한다. 일부는 가정폭력에 초점을 두며, 다른 사람들은 빈민에게 주택이나 의료보호를 전달하는 방식에 초점을 둔다. 이렇게 사회복지사들은 여러 가지 실천 역할을 수행한다(Scheafor et al., 2003).

그렇기 때문에 어떤 사람들은 사회복지사가 도대체 무슨 일을 하는지 모르겠다고 비판한다. 또 다른 일단의 사람들은 사회복지사는 깊이 있는 임상적인 접근을 하지 못한다고 비아냥거리기도 한다. 하지만 사회복지사를 이렇게 볼 수 있는 것이 어쩌면 사회복지사의 정체성일지 모른다. 사회복지사를 통해 구현되는 다양한 사회복지실천들은 특별한 지식과 기술이 필요한 전문 영역의 일로 여겨지지 않을 수 있다. 왜냐하면 사회복지사는 자신이 하는 사회복지실천을 보통 사람 누구나 할 수 있는 일로 풀어내려고 노력하기 때문이다(Hepworth, Rooney & Larsen, 2002).

사회복지사는 자신과 같은 사회복지사가 서비스 이용자에게 필요 없게끔 하는 것을 사회복지실천의 궁극적인 목적으로 삼기 때문에 프로그램을 구실로 개입하여 서비스 이용자와 이웃 사이에 관계를 맺어주고, 그 관계 속에서 서로 나눠주며 융통하고 함께 하고 돕는 것이 자연스럽게 소통되도록 노력한다. 그래서 첨예한 경쟁으로 점철된 자본주의 사회 속에서 꺼져 가는 공동체성을 돋우고, 인정과 나눔을 회복하도록 사회복지에 대해 개인 성장과 사회적 지지 및 개발을 연결하기 위한 사회연대, 상호 호혜성의 원칙에 입각한 파트너십을 적용할 필요가 있다(Shera & Wells, 1999). 개인은 타인과의 상호작용을 통해 하나의 인격체가 되며 자신의 인간성과 주체는 이러한 상호작용을 통해 다시 확인된다. 인간의 복지에 대한 여러 반응과 의견은 서로 조정되고 이러한 상호작용을 통해 복지 욕구는 충족될 수 있는 것이다. 바로 사회복지사는 이와 같은 욕구를 충족시켜줄 수 있다.

그런데 중요한 것은 이러한 사회복지사의 활동이 실제로 해 보려고 하면 결코 쉽지 않다는 것이다. 아무나 할 수 없는 일인 것이다. 앞서 언급한 일들을 수행하기 위해서는 상생과 나눔, 그리고 조화를 구현할 수 있는 역량이 필요하다. 무엇보다도 기존의 소유 방식에서 공존 방식으로의 전환을 이뤄낼 수 있는 네트워크 관계를 구축할 수 있는 능력(김영종 외, 2008)과 서비스 이용자를 이해하고 공감할 수 있는 의사소통 기술, 다양한 사회조직을 이해하고 효과적으로 활용할 수 있는 지역사회조직기술과 사회정책 분석 능력 등이 사회복지사에게 있어야 하는 것이다. 이를 통해 사회복지사는 특별히 요란스럽게 사회복지라며 떠벌리지 않으면서도 사람 사이에 희망과 애정이 싹트게 함으로써 서비스 이용자가 자연스럽게 문제해결을 향한 의지를 다지도록 돕는다. 그래서 서비스 이용자는 문제를 해결할 수 있는 힘과 기초를 가질 수 있는 것이다. 나아가 서비스 이용자의 인격과 강점을 강화시키며 필요한 사회적 관계 능력을 기르고, 그 관계 속에서 인정과 사랑과 나눔이 자연스러운 살림살이로 소통되는 복지 환경을 서비스 이용자 스스로가 만들어가게끔 하는 것이다. 이토록 광범위하면서도 이 모든 것을 아우르는 분명한 정체성을 갖고 있는 사회복지사의 활동을 보다 구체적으로 이해하기 위해서 전문직으로서의 사회복지사의 개념과 자질, 역할과 기능, 실천윤리 등을 살펴보는 것은 매우 중요하다.

1 사회복지사의 전문성

사회복지사의 전문성에 대한 논의가 진행되기 위해서는 가장 먼저 사회복지사가 누구인지에 대한 고민에서부터 출발하여야 한다. 사회복지실천에서 사회복지사는 '자기 자신' 을 무엇보다도 중요한 도구로 활용한다. 사회복지사는 원조과정에서 바람직한 변화를 가능케 하는 가장 중요한 변화매개체이다. 그래서 사회복지사가 누구이며 무엇을 하는 사람인지를 분명하게 정립해야만 사회복지사가 갖추어야 할 자질과 전문적인 역할, 기능 등이 차례로 정리될 수 있다.

1) 사회복지사의 개념

사회복지사가 누구인지를 파악하기 위해서는 사회복지사가 사람들에게 어떤 사람으로 인식되고 있는가를 살펴보는 것이 하나의 방법이라 할 수 있다. 대체로 사람들은 웬만한 직업에 대해 간단명료하게 정의를 한다. 예를 들면, 도둑 잡는 사람 혹은 지역을 지키는 사람을 '경찰' 이라고 하고, 나라 지키는 사람을 '군인' 으로, 병 고치는 사람을 '의사', 약 조제해 주는 사람을 '약사', 청소하는 사람을 '환경미화원', 학생을 가르치는 사람을 '선생님', 배우는 사람을 '학생', 농사짓는 사람을 '농부', 석탄 캐는 사람을 '광부', 해산물을 잡는 사람을 '어부' 등으로 정의 내린다. 그렇다면 사회복지사는 어떤 사람으로 여겨지고 있을까? 많은 의견들이 있을 수 있지만 '어려운 사람을 돕는 전문가' 로 인정하는 경향이 가장 크다고 본다(한덕연 외, 2006).

그렇다면 사회복지계에서는 사회복지사를 어떻게 정의하고 있는가? 일반적으로 사회복지사는 사회복지를 전공하고, 사회복지 분야와 기타 여러 분야에서 사회복지 이론과 실천 등에 관한 지식으로써 남을 도우려는 직업인이라고 본다. 이에 따라 사회복지사는 전문가로서 윤리강령을 준수하며 전문적 가치와 판단에 따라 서비스 이용자의 삶의 질 향상을 위해 일하며 지식과 기술의 발전을 도모하도록 기대된다(한국사회복지사윤리강령, 2001; 김상균 · 오정수 · 유채영, 2002 재인용).

그래서 사회복지사는 매뉴얼에 따라 기계적으로 일할 수 있는 기능공(technician)이 아닌 전문가(expert)이다. 다양한 상황에 처한 서비스 이용자의 문제 및 욕구에 개입하는 사회복지사는 상황의 변화에 따라 요구되는 개입에 필요한 이론, 가치 그리고 기술을 재구성하면서, 어떻게 개입할지를 판단하고 결정할 수 있는 능력을 갖추어야 한다. 사회복지실천에 대한 전문지식과 건강한 가치체계 확립은 바로 그러한 전문적 판단을 위한 전제가 된다. 견고한 지식 기반과 실천가치가 뒷받침되지 않은 채, 기법(techniques)의 활용만으로는 전문성의 결여는 물론이고, 서비스 이용자에게 유익을 줄 수 있는 업무 수행을 기대할 수 없다. 사회복지실천을 위한 전문지식과 가치의 토대 위에 실천기술이 가진 그 기능과 힘이 발휘될 수 있다. 실천이론, 실천윤리, 실천기술은 그 본질상, 서비스 이용자를 위한 원조과정에서 별개의 실체가 아니라 사회복지사의 업무 능력으로 통합되어 나타난다(신성자 외, 2007). 따라서 사회복지사는 다양한 상황에 있는 각계각층의 사람들에게 원조 서비스(helping service)를 제공하는 흥미롭고 도전적인 실천 개입을 하는 전문가이다(Cournoyer, 1991).

하지만 우리나라의 경우 전문 직업의 세계에서 사회복지의 역할과 위치는 뜨거운 논란이 되고 있다. 사회복지사 자격증(사회복지사 2급 기준)을 받는 사람의 수는 2004년 19,196명, 2005년 25,354명, 2006년 33,315명, 2007년 45,552명(보건복지통계연보, 2008)이며, 2008년 8월 말까지 26만 명 이상이 자격증을 취득한 상황이다. 이렇게 많은 사회복지사가 배출되고 있음에도 불구하고 실제 사회복지실천현장에서 활발하게 일하는 사회복지사는 매우 적은 실정이라 할 수 있다. 이런 현상에 대한 중요한 이유들로는 사회복지사의 장시간 노동과 열악한 근무환경, 경제적 처우, 전문직 종사자로서의 사회적 인식 미흡 등을 들 수 있다. 이것들 중에서도 과도한 노동에 비해 열악한 급여 체계는 사회복지사의 열정과 헌신을 오랫동안 지속시키지 못하게 하는 가장 큰 원인이 되기도 한다.

그럼에도 사회복지사 자격증 소지자들이 사회복지 현장이 아닌 다른 직종으로 탈락하는 현상은 결과적으로 많은 비판의 소재가 되고 있다. 실제 사회의 여러 영역에서 사회복지 조직의 구조와 목적에 의문을 제기하는 많은 정책 입안자는 적재적소에 투입할 수 있는 유능한 사회복지사의 부족으로 인해 사회복지가 사회의 상식에서 벗어나 일탈을 저지르는 인구집단을 통제하고, 인간적 필요에 적절히 대응하는 데 실패하였다고 비판한다. 더욱이 보건의료 분야 등에 종사하는 많은 전문가들은 사회복지의 역할이 모호하며 사람을 원조하려는 태도가 자신들의 입장과 상반되며 사회복지사들 중 전문적인 능력을 갖고 있는 경우는 매우 소수에 불과하다고 생각한다. 뿐만 아니라 서비스 이용자는 사회복지의 강압적이고 위압적인 측면에 대해 불평을 토로하기도 하며 광범위하지만 심도 있는 전문성을 갖고 있지는 않다고 평가하기도 한다. 또한 사회복지 시설의 운영자나 관리자는 사회복지의 직업적 자율을 억제하려는 경향을 띠기도 한다.

이러한 직업으로서의 위상을 흔드는 도전과 기존의 노동, 지식 기반의 방식에 의문을 제기하고 있는 강한 변화의 힘에 의해 사회복지가 해체되지 않으려면 사회복지를 담당하고 있는 사회복지사의 혁신적인 노력이 요구되며 동시에 유능한 사회복지사를 배출하고 현장에서 일할 수 있도록 하는 전반적인 사회복지 환경의 개선이 시급하게 필요로 한다. 이와 같은 상황 속에서 사회복지 교육자와 사회복지사는 하나의 큰 도전에 직면하게 되었다. 즉 기존의 직업적인 강점 중 특히 사회복지실천을 통해 인권과 사회정의를 증진하고자 하는 사회복지의 가치에 따라 자신의 역량을 발휘할 수 있는 체계적인 사회복지실천 이론과 실천양식을 개발해야 하며, 이를 위해 현 단계 한국 사회복지실천의 접근방식을 재고해 보아야 한다는 것이다.

사회복지실천과 관련된 주요한 정황은 바로 다양하면서 광범위한 사회복지적인 접근을 서비스 이용자에 따라 효과적으로 조정하고 연계하며 통합해 나가면서 동시에 어떻게 특화시킬지에 있는 것이다.

일반적으로 사회복지실천은 첫째, 개입접근방법(Intervention approach)에 따라 직접실천(direct practice)과 간접실천(indirect practice)으로 구분한다. 직접실천은 개인, 가족, 소집단을 대상으로 이들과 직접 대면접촉하면서 이들의 문제를 해결해 주는 개입방법을 의미하며, 개별 사회복지실천, 집단 사회복지실천, 가족 사회복지 실천 등이 여기에 포함된다. 간접실천은 사회복지사가 대상자를 직접 접촉하거나 대면하지 않지만 이들의 문제를 해결하기 위해 타인, 지역사회, 사회제도 정책 등과 같은 사회환경체계에 개입하는 방법을 의미한다. 둘째, 사회복지사가 제공할 수 있는 서비스의 수준을 의미하는 전문성의 수준에 따라 일반적 수준(generic level)과 전문적 수준(advanced/special level)으로 구분한다. 일반적 수준이란 제너럴리스트(generalist: 일반사회복지사)의 역할을 수행할 수 있는 수준이며, 전문적 수준이란 세부전공에 따른 스페셜리스트(specialist: 전문사회복지사)의 역할을 수행할 수 있는 수준을 의미한다. 이들 수준은 우리나라의 경우 사회복지사의 대학교육 학위, 실무경력, 현행 사회복지사업에서 명시한 사회복지사의 급수를 토대로 하여 사회복지사의 명칭을 전문사회복지사, 사회복지사 1급, 사회복지사 2급 등으로 세분화하여 설명할 수 있다고 본다. 셋째, 개입의 대상체계에 따라서 미시적 실천(micro practice), 중범위적 실천(mezzo practice), 거시적 실천(macro practice)으로 구분한다.

미시적 실천 및 직접실천에서는 인간이 환경과 원활한 상호작용을 할 수 있는 능력, 즉 사회기능(social functioning)을 향상시키는 것이 주요 목표이다. 사회복지사의 원조가 필요한 서비스 이용자는 자신들의 행동, 욕구, 신념 등 환경의 어느 부분과 상호 작용하는 기능이 손상된 대상들이다. 사회복지실천은 사회적 요구(demand)와 사람들의 욕구(need), 갈망, 기대, 열망 간의 긴장, 갈등 또는 좌절 등을 중재하기 위하여 개입하는 사회적 기제(social mechanism)이다(신성자 외, 2000; 신성자 외, 2007 재인용). 중범위적 실천에서 수행되는 사회복지사의 업무에는 주로 사회복지 조직 운영과 직결된 것들이 많은데, 여기에는 직원에 대한 지도감독, 위원회에서의 활동, 예산 및 연구 계획서 작성, 프로그램 개발 등을 포함한다. 거시적 실천을 통해서는 먼저 지역사회 활동을 활성화해 나가야 하며 이를 중심으로 사회복지사는 지역사회 내에 있는 다양한 집단 간의 교섭과 타협, 의사결정에 소비자가 참여할 수 있도록 격려, 각 기관 간의 합의의 설정 및 이행, 욕구 사정 등에 관여한다. 나아가 정책을 수립하고, 수정하여 보완하는 일을 사회복지사가 실질적으로 다룬다. 좀 더 구체적으로 살펴보면, 사회복지 관련 조직체 간의 연합 조성, 서비스 이용자 옹호를 위한 로비, 증언 등을 포함하여 서비스 이용자에게 직접적으로 영향을 줄 수 있는 법안 제정이 이루어질 수 있도록 추진하고, 법률 및 규정의 틀에 영향을 줄 수 있도록 계획된 각종 업무를 수행한다.

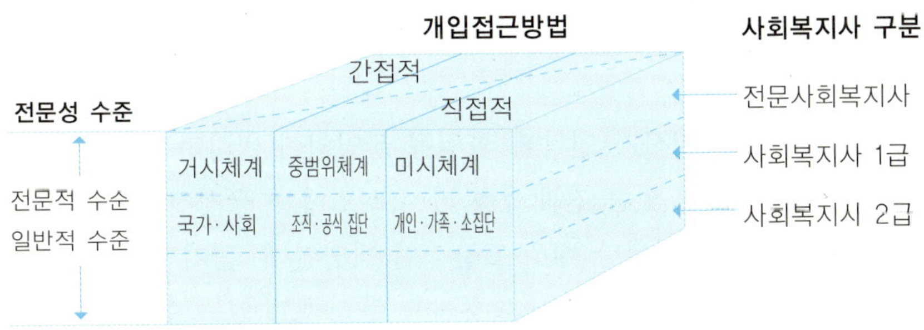

그림 1-1 사회복지실천의 조감도

출처: 임상사회사업연구회(1999), 사회복지실천과 임상사회사업, 학문사, p. 82. 내용을 수정하여 재구성

나아가 거시적 실천은 개인과 개인 간, 집단과 집단 간, 지역사회와 지역사회 간 등과 같은 과거 한 국가, 한 민족이라는 국지적인 단위 내에서만 논의되었던 사회복지실천의 개념을 국가와 국가 간, 민족과 민족 간과 같은 국제화 내지 세계화라는 지평으로 확대해 갈 수 있는 개념적 틀로서 활용되고 있다. 즉 민족국가의 고정된 범위 안에서 지역적인 문제를 다루는 학문의 한 분야로서 사회복지를 국한시켜 온 것이 힘을 잃어가고 있는 것이다(Dominelli, 2004; 한인영 · 김성천 역, 2007). 전 지구적 힘이 지역의 양상을 형성하고 지역 내에서, 지역을 통해 그 틀이 재구성되고 있기 때문이다. 국가 경계 안팎으로 증가하고 있는 사회적 상호작용 또한 기술 발전과 함께 사람이 상호 의존적인 세계 속에 살고 있다는 메시지를 강하게 전

달하고 있다. 즉, 한 지역의 사건이 다른 지역에서 발생한 문제와도 관련이 있고 다른 지역 주민에게도 부수적인 영향을 미치게 된다. 사회복지실천을 재정의하기 위해 다른 여러 부문과 연계를 맺는 작업은 개인적, 가족적, 집단적, 지역적, 국가적, 국제적 수준 등 거의 모든 수준에서 새롭게 수행되어야 할 필요가 있다.

이런 맥락에서 국제사회복지대학교육협의회(IASSW: International Association of Schools Work)와 국제사회복지사연맹(IFSW: International Federation of Social Workers)은 직업으로서의 사회복지에 대한 개념을 다음과 같이 합의하였다.

> 사회복지라는 직업은 사회변화, 인간관계의 문제해결, 역량강화, 인간해방을 촉진함으로써 인류의 복지를 증진한다. 인간행동, 사회체계 이론을 활용하여 사회복지(사)는 사람이 그의 환경과 상호작용하는 지점에서 개입을 한다. 인권과 사회정의의 원칙은 사회복지의 기본이 된다(IASSW & IFSW, 2001; Dominelli, 2004; 한인영 · 김성천 역, 2007 재인용).

이상의 정의는 사회복지사가 인간과 환경을 끊임없이 변화하는 존재로 보고, 인간과 환경 모두 변화할 수 있는 잠재성을 가지고 있다는 긍정적 전제를 갖고 있음을 의미한다. 여기에서 환경이란 매우 포괄적인 개념인데, 물리적 환경뿐만 아니라 사회문화적 환경도 포함된다. 서비스 이용자를 둘러싸고 있는 인간관계 배경도 서비스 이용자 환경의 중요한 측면이다. 이러한 관점을 갖게 되면 사회복지사는 다양한 사회적 문제에 대처하는 사회복지실천가로서의 역할과 기능을 수행할 수 있다. 그러므로 계획된 개입을 통해서 인간도 환경도 변화될 수 있다는 실천가정(practice assumption)을 가진다. 어떤 실천현장에서 종사하든지 사회복지사는 '환경 속의 개인(PIE: person in environment)'을 개입의 기본 단위로 생각한다. 그래서 사회복지사는 광범위한 사회적 단위(social unit)에 개입하게 된다. 사회복지사의 서비스 이용자는 개인, 가족, 집단, 지역사회, 조직, 제도 등 다양한 사회적 단위가 포함된다(신성자 외, 2007).

그래서 일 대 일의 개입부터 집단, 지역사회 활동에 이르는 폭넓은 사회복지사의 활동범위를 볼 때, 우리는 사회복지사가 상담자, 치료사, 임상실천가, 보호관찰 담당공무원, 사회복지사, 청소년 지도사, 기획자, 지역사회복지사의 역할을 할 수 있음을 알 수 있다. 이렇듯 사회복지실천의 영역이 매우 광범위하기 때문에 사회복지사라는 직업을 둘러싼 명확한 경계를 정하기가 대단히 어렵다. 또한 사회복지사는 다른 분야와 연합하여 활동할 때, 기타 전문직과의 경계 논쟁에 휩싸이고 만다. 특히 지역사회에서 보건의료 및 사회복지 서비스, 심리치료, 재활 및 정신치료에 종사하는 사람과 직업적 경계를 지어야 할 때 더욱 그러하다. 이러한 문제는 또한 수많은 다른 업무에 종사하는 사회복지사에게도 마찬가지이다. 예를 들어 개인의 행동에서 변화를 추구하며 직접적인 서비스를 제공하고, 타인에 의한 서비스 제공을 조정하며 사회구조 내에서 변화를 지지하고, 정부입법을 개혁하며 사회정책을 재구성하려는 활동 등이 이에 해당된다(Brueggemann, 2006).

지금까지 우리나라의 수많은 사회복지사는 변화하는 상황에서 변함없는 열악한 근무조건 가운데에서도 서비스 이용자를 향해 사회복지실천에 일관되게 종사하여 왔고, 전문직의 기틀을 만드는 데 중요한 역할을 수행해 왔다. 사회복지사는 미시적 수준에서는 개인 간의 상호관계, 중범위적 수준에서는 조직 및 공식적 집단을 대상으로 그리고 거시적 수준에서는 지역사회 및 지역사회 단체와 법, 정책, 세계화 등의 요인과 관련되어 사회복지실천에 임하고 있다. 그러나 우리나라의 사회복지사는 특정 수준에서 더욱 많은 영향을 주어 왔던 것이 사실이다. 가령 개인과 가족과 관계된 미시적 수준의 영역에서 전문적인 지침에 따라 일하는 것이 좀 더 수월하였고, 중범위적 수준과 거시적 수준의 영역에 개입하여 변화를 도모하는 일에서는 어려움이 따랐기에 지나치게 미시적 수준에 비중을 크게 두었던 것을 들 수 있다. 그렇게 된 이유는 사실 현 상황에서 지역사회에 거주하는 서비스 이용자에 대한 차별을 감소시키려고 노력하는 사회복지의 압력에 대해 정책 입안자가 호의적이지 않았던 것을 말할 수 있다. 그러나 분명한 것은 서비스 이용자들이 사회적 고립에서 벗어나고, 빈곤을 타파하여 사회적 결속력을 증진해 나가게끔 하는 것을 목적으로 하는 현대화된 전문적 지침이야말로 오늘날 시급하게 추진해야 할 현대 사회복지실천의 핵심이 되고 있다고 본다.

부언하면 심리치료사, 재활 전문가, 교사, 보건 및 의료 전문가 등 여타 휴먼 서비스 전문가들과 분명하게 차별화되는 점으로서 사회복지사는 사회적으로 취약한 집단의 인권을 수호해야 하는 의무를 가진다는 것이다(Ife, 2001). 인권이 무엇이며 무엇을 포함하는가에 대한 논쟁은 뜨겁게 진행되고 있으며 끊임없이 변화하고 있다. 인권의 방향은 사회복지사가 일상생활 속에서 시민권 행사의 기회를 박탈당한 사람이 자신의 시민권을 더 잘 표출할 수 있도록 도우리라는 기대의 확장으로 이어진다. 사회에서 소외된 사람의 인권을 긍정함으로써 사회복지는 정치성을 띤 직업으로 표현된다. 이러한 실천적 측면 때문에 사회복지사는 고용주, 정치인, 정책 입안자, 일반 대중과 충돌할 수 있는 입장에 처해질 수도 있다.

인권을 침해당하고 있는 사람을 지원하는 활동은 사회복지사와 지배세력의 관계를 악화시킬 수 있다. 심지어 어떤 상황에서 사회복지사는 약자를 도와준 대가로 수감되거나 목숨을 잃기도 한다(Ife, 2001). 사회복지사가 수행하는 인권을 증진하는 과정은 고도의 숙련된 기술과 심도 있는 지식에 기반한다. 인권을 지지하기 위해 행동을 취하는 일은 매우 위험하며 협상의 결과가 반드시 보장되는 것도 아니다. 사회복지사는 때로 서비스 이용자와, 때로는 자기 자신과 관련된 위기를 끊임없이 협상하며 극복해 가야 한다. 결국 실천적인 면에서 심리적, 사회적, 경제적, 정치적 취약성을 경험하는 서비스 이용자와의 대면은 사회복지사 자신과의 차이와 그러한 차이의 배경이 되는 개인적, 가족적, 지역적 인종과 민족적, 사회문화적 환경의 영향에 대해 자각하는 가운데 가치와 윤리, 지식과 기술을 원활히 사용할 것이 요구되어 여타 휴먼 서비스(Human Service) 전문직들보다 도전적인 과업이 많다고 하겠다.

이상의 논의를 정리하면, 사회복지사를 찾은 서비스 이용자는 환경 속의 개인이 직면하는 여러 가지 문제들로 인해 사회기능 수행에 어려움을 겪고 있다. 서비스 이용자는 다양한 사회적 단위에 포함되지만 어떤 실천현장에 종사하든지, 사회복지사는 '환경 속의 개인'을 개입의 기본 단위로 삼는다. 서비스 이용자를 위한 사회복지사의 업무는 정서적 지원뿐만 아니라 물질적 지원과 각종 서비스 연결 등 실제적 지원을 포함한다. 그러므로 직접실천 업무를 담당하는 사회복지사는 서비스 이용자를 위한 원조과정에서 상담가로서의 역할은 물론, 체계 연결을 위한 다양한 역할을 하게 된다(허남순 외 역, 2004; 신성자 외, 2007 재인용). 그리고 사회복지사는 자원 동원 및 창출을 위한 노력과 서비스 이용자의 사회기능에 억압적인 체계나 제도 개선에 필요한 사회개혁에 대한 사명을 가지고 역동적으로 활동한다. 이러한 사회복지실천이 가지는 독특성은 심리치료사나 상담사 등의 타원조 전문직과 구별되며, 사회복지전문직이 가지는 정체성을 분명하게 해 준다(신성자 외, 2007).

2) 사회복지사의 자질

전문직으로서 사회복지사의 자질이 어떤 것인지에 대해 분명하게 합의된 것은 없다. 하지만 사회복지사의 자질에 대한 논란은 20세기 초부터 현재까지 계속 진행 중이라고 할 수 있다. 일찍이 전문직의 특성과 요건에 대해 문제제기를 한 플렉스너(Flexner, 1915)의 개념 규정과 그 이후 사회복지실천과 교육 분야에서 자주 인용되는 연구자들(최옥채, 2005; Abbott, 1988; Johnson & Yanca, 2004; 강기수, 2002 재인용; 이문국 · 이인재 역, 2002)에 의한 전문직 특성을 볼 때, 사회복지사로서의 자기인식, 인간적 자질, 재능, 의사소통 능력 등이 주요한 자질로 대두될 수 있다.

(1) 자기인식

자기인식은 사회복지사로 성장할 때 가장 핵심이 된다. 사회복지사는 단순히 능력, 재능, 기술뿐만 아니라 자신의 부족한 부분에 대해서도 정확하게 자기인식을 해야 한다. 무엇보다 중요한 것은 사회복지사가 사회복지실천을 수행해야 하는 전문가로서 반드시 자기 자신이 누구인지에 대해 분명하게 알아야 한다는 것이다. 훌륭한 사회복지사로 성장해 가기 위해서는 반드시 자기 자신이 누구이며, 왜 현재 그 업무를 하고 있는지 사회복지적 가치에 근거하여 분명하게 인식하는 것부터 시작해야 한다.

왜냐하면 다양한 서비스 이용자들을 대하는 사회복지사는 각각의 서비스 이용자가 보이는 성격과 특성, 문제에 대해 민감성, 유연성, 적절성, 직관력을 갖고 반응해야 하기 때문이다. 자기인식은 사회복지사의 선입견이나 편견, 자신의 경험 등을 이해하고, 이것이 서비스 이용자들에게 서비스를 제공하는 데 있어 어떤 방해가 되는지 이해하는 것이다. 따라서 자기인식은 자신에 대한 이해와 함께 사회복지 관련 기술, 지식, 가치 및 개인적 경험을 의도적으로 활용하여 자신의 업무를 효과적으로 진행, 향상시키는 원동력이 됨을 의미한다(Trevithick, 2000; 신성자 외, 2007 재인용).

사회복지실천을 효과적으로 수행하기 위해서는 사회복지사가 자신의 업무에 대해 고도로 동기부여가 되어 있어야 하며, 사회복지실천의 이념과 가치를 구현하기 위해 실제적으로 행동에 옮겨야 한다. 이를 위해 사회복지사는 자기인식을 끊임없이 점검할 필요가 있다. 따라서 사회복지사의 자기인식을 돕기 위해 다음 몇 가지 질문들을 제시하고자 한다.[1)]

첫째, 현재 담당하고 있는 사회복지실천 업무에 대해서 사회복지사로서 나는 어떻게 느끼는가?

둘째, 나의 가정은 어떠한가? 내 업무가 내 가정에 어떤 영향을 미치고 있는가?

셋째, 서비스 이용자와의 관계는 요즘 어떠한가? 서비스 이용자는 나를 어떻게 보고 있는가?

넷째, 나는 내 업무의 초점을 잘 맞추고 있는가? 가령 '무엇이 중요한가? 무엇이 긴급한가? 다음에 할 일은 무엇인가?' 등을 잘 정리해서 집중하고 있는가?

브릴(Brill)은 좀 더 구체적으로 사회복지사의 자기인식에 도움이 될 수 있는 질문들을 다음과 같이 정리하였다(Brill, 1997; 이준우 외, 2006 재인용).

첫째, 나는 나 자신에 대해 어떻게 생각하고 느끼고 있는가? 나는 정말 사회복지사로서 일할 수 있는 사람인가?

둘째, 나는 나 자신의 기본적인 욕구(예 신체적, 정신적, 사회적, 영적, 지적 욕구 등)를 어떻게 다루고 있는가? 나는 내 속에서 꿈틀거리는 다양한 욕구들을 어떻게 해결하고 있는가?

셋째, 나의 가치관은 어떤 것이 있으며, 이것이 나의 행동 및 타인과의 관계를 어떻게 규정하고 있는가?

넷째, 나는 내가 살고 있는 사회와 직장과 어떻게 관계하고 있는가?

다섯째, 나의 생활양식은 어떠한가?

여섯째, 나의 기본적인 인생관은 무엇인가?

일곱째, 나는 내가 상대하는 사람들에게 나 자신을 어떻게 보여주고 있는가?

허드슨(Hudson)은 휴먼 서비스 전문가의 자기인식 과정이 변화의 4가지 단계로 이루어진다고 하였는데(Hudson, 1999), 이를 사회복지사에게 적용하여 구체적으로 정리하면 다음과 같다.

첫째, 1단계(부딪혀 보는 단계-꿈꾸고, 계획하며, 안정기에 다다르기): 사회복지 전문직에 대한 기대, 성공과 안정, 창의력 그리고 에너지가 넘치는 시기이다. 사회복지사들이 꿈꾸고, 과업을 시작하고, 획득하기 위해 노력하는 때이다. 사회복지사

---

1) 여기에서 제시하는 몇 가지 질문들은 저자가 평소 생각하면서 현장에서 활용해 왔던 것임을 밝혀둔다.

들은 활기를 느끼며 도전하고 성취하며 행복감에 젖고 낙관적이 된다. 그러면서 동시에 많은 사회복지사들은 피로감과 시간의 부족, 성과창출에 대한 압박, 동료나 상사, 후배에 대한 과도한 경쟁의식 등을 느낀다. 사회복지사들이 어느 정도 사회복지실천 업무에 대해 성공했다고 느낀 이후 더 이상 도전이 없고, 안정기에 이르러 업무 동기를 상실하고 덫에 걸린 느낌이 들고, '이미 다 해 본 것들'이라는 느낌이나 불가능한 일을 시도하는 기분이 들 때, 이 단계는 끝이 난다.

둘째, 2단계(정체단계-부조화): 이 시기에 사회복지사들은 권태감과 고착된 느낌, 실망감과 함께 목적을 상실한 것 같은 느낌을 가진다. 가끔 자신이 크게 퇴보하는 듯한 느낌이 들며 불안해서 변화에 저항하기도 한다. 이 단계는 사회복지사들이 그들의 꿈을 재평가하고 새로운 열심과 헌신으로 1단계로 돌아갈 때, 끝난다. 그렇지 않으면 사회복지사는 계속 2단계에 머물러 있게 된다.

셋째, 3단계(해결의 실마리를 찾는 단계-새로운 열정과 목적 찾기): 이 단계는 반성과 전략적 계획, 그리고 사회복지사로서의 인생을 구체적으로 점검하고 평가하며 심사숙고하는 시기이다. 사회복지사들은 슬프고, 공허하며, 외롭고, 화나고, 비탄에 젖고, 환멸을 느끼며, 때로는 배신감을 느끼기도 한다. 하지만 어느 순간부터 해결을 위한 적극적이며 긍정적인 생각을 하게 된다. 사고의 전환이 이루어지는 순간 사회복지사들은 이전의 역할이 그들을 지배하지 않는 가운데 자신이 누구인가에 대해 받아들이게 된다. 사회복지사로서의 정체감의 위기를 통과하며 잠시 쉬면서 자신의 영혼을 탐색하는 시간을 갖는다. 고독한 가운데 '왜 사회복지사가 되었는가?'에 대한 사회복지실천의 핵심가치인 인간의 존엄성에 대한 사색을 하게 된다. 그러면서 사회복지사로서 느끼는 감격과 내적 평안에 닻을 내린 탄력 있는 자아가 조금씩 성장하여 새로운 목적과 열정에 의해 도전을 받는다. 인생이 새 힘으로 가득 차고 보다 발전적으로 변화한다. 이 단계는 사회복지사들이 자신의 업무가 나아가야 할 새로운 방향을 정하고, 서비스 이용자를 포함하여 주위에 있는 많은 사람들을 보다 적극적으로 만나서 상호작용하기로 자연스럽게 결정할 때, 끝이 난다. 많은 사회복지사들은 자신이 좀 더 열심히 일할 수 있는 부서나 기관으로 자리를 옮기거나 현재 하고 있는 업무를 과거보다 더욱 최선을 다해 수행하며 때로는 학업을 위해 사회복지대학원에 진학하기도 한다.

넷째, 4단계(활기찬 업무수행 단계-새로운 장을 시작하고 활성화하기): 이 단계에 있는 사회복지사들은 과거 처음 사회복지직에 발을 들여 놓을 때처럼 희망에 차 있고, 감격해 하며, 창의적이며 흥분을 느낀다. 다시 시작하는 것은 새로운 아이디어와 가능성을 창조하고, 새로운 프로젝트로 실험을 하고, 새로운 유형의 사람들과 네트워크를 형성하며, 새로운 목표와 가치에 따라 우선순위를 정하는 것을 수반한다. 이 단계의 사회복지사들은 성취감과 자신감을 느끼고, 자기 동기가 분명하게 부여되며, 집중력이 생긴다. 하지만 4단계에서 늘 있을 수는 없다. 언제든 1단계, 2단계, 3단계로 다시 되돌아갈 수 있다.

결국 사회의 소외지역에서 다양한 사회적 약자들을 만나고, 그들과 함께 일하는 사회복지사의 길을 왜 자신의 전업으로 선택하였는가? 이에 대한 정직한 성찰을 할 수 있는 것은 바로 우리 사회복지사 자신을 위해서뿐만 아니라, 우리가 '위해서(For)' 동시에 '더불어(With)' 개입 실천해야 할 서비스 이용자를 위해서도 중요하다.

(2) 인간적 자질

사회복지실천은 사람을 만나면서 사람들과의 관계 속에서 이루어지는 전문적인 활동이다. 그래서 사회복지실천에서는 사회복지사의 '사람 됨됨이' 즉, 인간적 자질이 업무의 성패나 효과 및 효율에 중요한 영향을 미친다. 단언하면 좋은 사람이 되지 않으면 좋은 성과를 얻기 어렵다. 유용하고 유능한 사회복지사가 되려면 서비스 이용자와 동료, 상사, 후배 등을 감동시킬 수 있는 좋은 사람이 되어야 한다. 훌륭한 사회복지사로 인정받기 위해서는 사람들의 마음을 움직일 만한 고귀한 인품을 갖기 위해 힘쓰는 것이 매우 중요하다고 본다. 이에 훌륭한 사회복지사로 성장하는 데 기본이 되는 인간적 자질을 다음과 같이 제시하고자 한다(이문국 · 이인재 역, 2002; 김종인 · 우주형 · 이준우, 2007).

첫째, 훌륭한 사회복지사는 사람들을 좋아한다.

둘째, 훌륭한 사회복지사는 쉽게 친구를 사귄다.

셋째, 훌륭한 사회복지사는 정직하다.

넷째, 훌륭한 사회복지사는 쉽게 신뢰를 형성한다.

다섯째, 훌륭한 사회복지사는 타인의 신용을 얻도록 해야 한다.

여섯째, 훌륭한 사회복지사는 자주 좌절하지 않으며 긍정적인 사고를 한다.

일곱째, 훌륭한 사회복지사는 자신에 대한 분명한 정체감을 갖는다.

여덟째, 훌륭한 사회복지사는 융통성이 있다.
아홉째, 훌륭한 사회복지사는 겸손하다.
열 번째, 훌륭한 사회복지사는 열심히 활동한다.
열한 번째, 훌륭한 사회복지사는 새로운 생각에 대해 열려 있다.
열두 번째, 훌륭한 사회복지사는 비전을 갖는다.

(3) 재능

사회복지사는 사회복지실천을 효과적으로 수행할 수 있는 다음과 같은 재능을 발굴하여 지속적으로 개발해 나가야 한다.

첫째, 사회복지사는 사람들이 자기 자신을 믿도록 돕는다.
둘째, 사회복지사는 한계를 명백히 정한다.
셋째, 사회복지사는 사회적 쟁점을 효과적으로 제기한다.
넷째, 사회복지사는 다양한 사회적 조직에 대한 이해를 갖고 활용한다.
다섯째, 사회복지사는 서비스 이용자를 위한 실제적인 전략과 전술을 사용한다.
여섯째, 사회복지사는 자금동원과 모금능력을 갖고 있다.
일곱째, 사회복지사는 지역사회를 조사하고 소중한 자원을 파악한다.
여덟째, 사회복지사는 미디어를 유용하게 활용한다.
아홉째, 사회복지사는 말을 잘 한다.
열 번째, 사회복지사는 협력과 협동 정신을 기반으로 사람들과 함께 일한다.

(4) 의사소통 능력

의사소통 능력은 원조관계를 형성하고, 욕구와 상황을 사정하며, 서비스 이용자를 설득하는 데 직접적으로 관련된다. 의사소통 능력을 향상시키는 의사소통 기술에는 경청하기, 질문하기, 정보제공하기가 포함된다. 사회복지사는 서비스 이용자와 원조관계를 잘 형성하기 위해, 문제를 잘 규정하기 위해, 원조과정의 원활한 진행을 위해 서비스 이용자가 말하는 것을 '진정으로 경청하는 것' 이 중요하다. 유대감은 원조과정에서 매우 소중한 부분이다. 사회복지사는 서비스 이용자가 자신의 문제에 대해 이야기할 수 있을 만큼 사회복지사를 신뢰할 수 있도록 해야 한다. 이러한 관계없이는 서비스 이용자가 서비스를 받으려 하지 않을 수도 있고, 오랜 기간 마음을 열지 않을 수도 있다. 사회복지사는 서비스 이용자와 친밀감을 형성해야 한다. 그리고 적극적 경청을 통해 서비스 이용자가 자신의 숨겨진 문제를 말할 수 있도록 도와야 한다. 적극적 경청은 서비스 이용자가 억눌린 감정을 토해 내도록 하는 데 도움을 준다. 또한 서비스 이용자가 말하는 것이 무엇을 의미하는지 명확히 하도록 돕기 위한 질문들을 하는 것도 포함된다. 뿐만 아니라 경청은 사정과정을 촉진하는 의사소통 기술이다. 많은 사람들로부터 정보를 모으고, 사람들의 욕구를 사정하며, 무엇이 중요한지의 여부를 파악하는 데 필요한 기술이다. 정보를 얻기 위한 질문을 던지는 기술이 필요한 것이다.

서비스 이용자로 하여금 서비스를 받도록 하고, 스스로를 보호하는 데 적극성을 띠도록 교육하기 위해 정보를 제공하는 데도 의사소통 기술은 중요한 도구이다. 때때로 사회복지사들은 서비스 이용자의 가족에게 문제가 무엇이고 중요한 이슈가 무엇인지 언급해야 하고, 필요하면 법적 조치에 대한 정보도 주면서 이야기한다. 다른 전문직과의 의사소통 또한 중요한 기술이다. 관계망(networking)은 서비스 이용자를 위한 자원을 찾는 데 중요한 도구이다. 다른 전문직과 좋은 관계를 맺고 있는 것과 원조를 위해 연락할 사람들과 기관을 알고 있는 것은 궁극적으로 서비스 이용자에게 도움이 된다(이윤로, 2006).

이상과 같은 사회복지사의 자질은 훌륭한 사회복지사가 되게끔 하는 데에 크게 유용하다. 그러나 이 모든 것을 다 가지기란 사실상 불가능하다고 본다. 중요한 것은 이상에서 나열한 자질들을 가능한 한 최대로 갖추도록 노력해 나가야 할 것이다.

3) 사회복지사의 역할

사회복지사의 역할이란 사회복지사가 중요하다고 여기는 전문적인 활동과 기대되는 행동을 말한다. 실무에서 활용하는 역할을 이해하는 것은 사회복지실천기술을 습득하는 단계에서 도움이 된다. 역할에 따라 거시체계 상황에서 더 유용한 것과 미시나 중범위 체계에 주로 관련이 있는 것들이 있다. 사회복지사는 심리치료사나 교사, 의사, 간호사 등의 여타 휴먼 서비스(Human Service) 전문가들과는 달리 미시체계에서부터 거시체계에 이르기까지 폭넓은 영역에서 종합적이며 연계적인 접근을 주로 한다. 그러면서도 필요시에는 한 분야에 대해 특화된 심도 있는 개입 실천을 한다. 따라서 다음에서 제시하는 사회복지사의 역할은 사회복지실천에서 매우 유용하게 활용될 수 있다(김규수 외, 2002; 허남순 외 역, 2004; 이준우 · 이화옥 · 임원선, 2006; 신성자 외, 2007; 1급 사회복지사 시험연구회, 2008).

(1) 기능에 따른 사회복지사 역할 분류

사회복지사의 역할을 사회복지사가 수행하는 일과 담당하는 기능에 따라서 다음과 같이 분류할 수 있다.

① 직접 서비스 제공하기

사회복지사는 서비스 이용자와 직접 대면하여 서비스를 제공한다. 여기에는 개별상담 혹은 부부상담, 가족치료 등을 담당하는 상담가 및 가족치료사의 역할을 하는 사회복지사가 있다. 또한 지지집단과 치료집단 등을 운영하는 집단사회복지사가 있으며 정보제공자 및 교육자 역할을 하는 사회복지사가 있다.

② 체계와 연결하기

서비스 이용자는 종종 기존의 사회기관이 제공하지 못하는 자원을 필요로 하고, 유용한 자원에 대한 정보가 부족하거나 그것을 이용할 능력이 부족할 경우가 많다. 그래서 사회복지사는 사람들을 다른 자원과 연결시키는 역할을 수행한다.

- 중개자(Broker): 중개자는 서비스 이용자(개인이나 소집단, 조직, 지역사회 등)와 지역사회의 자원이나 서비스를 연결하는 것을 돕는다. 중개자는 서비스 이용자가 긴급하게 식량이나 주거, 법률적 도움이나 다른 필요한 자원을 얻도록 도와주며, 지역사회의 다양한 부분들이 상호 이익을 증진하기 위해 교류하도록 돕는다. 사람들을 자원과 연결시키기 위해 사회복지사는 지역사회에 있는 자원에 대해 철저하게 파악하고 있어서 적절하게 의뢰할 수 있어야 한다.
- 사례관리자 혹은 조정자(Case manager or Coordinator): 사회복지사는 사례관리자 혹은 조정자로서, '조정 가능성을 파악하는 일에서부터, 기술적으로 지원을 하거나, 서비스를 연계하고 수행하기 위해 직접 개입하는 일까지 다양한 방법'으로 활동한다. 특히 서비스 이용자가 다른 체계에 의뢰될 때 능력, 기술, 지식 혹은 자원이 부족한 경우에 사회복지사는 사례관리자의 역할을 담당하게 된다. 또한 서비스 이용자의 욕구를 사정하고, 다른 자원에 의해 제공된 필수 재화와 서비스의 전달을 조정하고, 서비스 이용자가 시기적절하게 서비스와 재화를 제공받도록 보장한다.

- 중재자(Mediator): 중재자는 미시 · 중시 · 거시체계 사이의 논쟁이나 갈등을 해결하는 역할을 담당한다. 견해가 다른 개인이나 집단 사이의 의사소통을 향상하고 타협하도록 돕는 중재자는 중립을 유지하며, 논쟁에서 어느 한쪽 편도 들지 않으며, 양측이 서로의 입장을 이해하고 있는가를 확인해야 한다. 중재자는 문제의 위치를 분명히 하고, 의사를 잘못 전달하는지를 인식하며, 관련 당사자가 입장을 명확히 밝히도록 도와준다. 중재자의 역할을 하는 사회복지사는 무엇보다도 양측의 견해를 객관적으로 볼 수 있는 안목이 있어야 한다. 이를 위해서 양측의 이야기를 공감하며 충분히 경청하여야 한다.
- 옹호자(Advocator): 옹호란 '사회정의를 지키고 유지하려는 목적으로 개인이나 집단, 지역사회의 입장에서 직접적으로 대변과 보호, 개입, 지지를 하며 일련의 행동을 제안하는 활동' 을 포함한다. 옹호자의 역할은 서비스 이용자를 위하여 일을 진행하고 말하는 것으로 특히 서비스 이용자가 필요한 것을 얻을 힘이 거의 없을 때 수행할 수 있는 적절한 역할이다. 옹호는 많은 노력을 요구하며, 크고 강력한 체계에 맞서 있는 서비스 이용자를 옹호하기 위해 때때로 위험도 감수해야 한다.

③ 체계유지 및 강화하기

사회복지기관의 직원으로서 사회복지사는 서비스를 전달할 때, 효율성을 떨어뜨리는 기관 내의 구조 · 정책 · 기능적 관계를 평가할 책임이 있다. 이를 위해서 사회복지사는 다음과 같은 역할을 구체적으로 수행한다.

- 조직 분석가(Organizational analyst): 사회복지기관의 구조 · 정책 · 절차 내에서 서비스 전달에 부정적인 영향을 미치는 요인을 정확하게 파악하는 역할이다. 어떻게 다양한 체계들이 기능하는가에 관한 폭넓은 지식, 가령 조직이론과 행정이론 등에 관한 지식은 조직 분석가의 역할을 수행하는 데에 크게 유용하다.
- 촉진자(Facilitator): 사회복지실천 서비스 전달을 방해하는 요인을 정확하게 파악한 후, 사회복지사는 서비스 전달체계를 개선하거나 강화하는 방법을 계획하고 실행할 책임이 있다. 이를 위해 사회복지기관 운영자나 행정담당 직원에게 관련된 정보를 제공하고 문제해결을 논의하는 회의를 열도록 주선하며, 필요시에는 실무자들과 협업하여 사회복지기관이 발전적으로 변화해 나가도록 돕는 역할을 한다.

- 팀 성원(Team Member): 여러 사회복지 관련 기관이나 공공기관, 가령 정신건강이나 건강보호, 사회적응 지원 기관 등에서 사회복지사는 서비스 이용자의 문제와 서비스 전달체계를 사정할 때, 협동하는 치료 팀의 일원으로서 그 역할을 수행한다.
- 자문가(Consultant): 자문은 사회복지사가 전문가로서 서비스 이용자에 대한 지식, 기술, 문제 등을 존중하는 태도를 증가시키고, 발전시키며 수정함으로써 서비스 이용자에게 더욱 효과적으로 사회복지실천 서비스를 전달할 수 있게 하는 과정이며 활동이다. 서비스 이용자뿐만 아니라 사회복지사도 수준 높은 전문 사회복지사 등으로부터 지속적인 자문을 받을 필요가 있다.

④ 연구 및 조사 활용하기

사회복지사는 평가 가능한 개입방법을 선택하여 그들의 개입방법에 대한 효과성을 평가하고, 체계적으로 서비스 이용자의 발전을 점검하기 위해 공적 · 사적 현장 모두에서 평가할 책임이 있다. 이러한 과정을 위해 사회복지사는 연구를 수행하고 동시에 수행된 연구를 효과적으로 활용해야 한다.

⑤ 체계 개발하기

사회복지사는 사회복지기관의 서비스를 확대하거나 개선하기 위해 체계 발전과 관련된 역할들을 담당한다.

- 프로그램 개발자(Program developer): 사회복지사는 서비스 이용자의 다양한 욕구 발생에 대응하여 창의적인 서비스를 개발할 필요가 있다. 가령 십대 미혼모를 대상으로 하는 교육 프로그램을 개발할 수도 있으며 성폭력 피해자나 알코올 중독자 자녀들을 돕기 위한 지지집단 프로그램, 스트레스 관리나 적극적 자기표현 훈련 프로그램을 개발할 수도 있다. 사회복지사는 무궁무진한 창조력으로 새롭고 유용한 사회복지실천 프로그램을 개발해 나가야 할 사명을 갖고 있다.
- 기획가(Program planner): 사회복지사는 사회복지실천 프로그램을 기획하는 역할을 한다. 나아가 도시처럼 지역사회 계획이나 지역사회 개발을 위한 전문 기획가가 없는 소규모 지방도시의 지역사회, 지방 농어촌 지역이나 산간벽지 등에서는 사회복지사가 지방자치단체 공무원들과 함께 사회계획을 기획하는 역할을 하기도 한다.

- 정책과 절차 개발자(Policy developer): 사회복지정책과 정책 수행 절차 등을 제정하는 과정에 사회복지사가 참여하는 것은 직접적으로 서비스 이용자에게 서비스를 제공하는 기관에게 큰 도움이 된다. 왜냐하면 사회복지사는 서비스의 욕구를 정확히 파악하고 있으며 그래서 어떤 정책과 절차 등이 서비스 이용자들에게 실질적으로 유용한지를 구체적으로 알고 있는 전문가이기 때문이다. 따라서 사회복지사는 적극적으로 사회복지정책과 관련된 의사결정 과정에 참여할 수 있어야 한다.

(2) 개입수준에 따른 사회복지사의 역할

개입수준에 따른 사회복지사의 역할은 사회복지사가 만나는 서비스 이용자의 규모에 따라 분류한 것이라고 할 수 있다. 즉 개인이나 가족 등 서비스 이용자의 규모가 작으면 미시차원, 조직이나 집단을 만나서 일하는 것이면 중범위차원, 지역사회나 국가 등 서비스 이용자가 대규모이면 거시차원 그리고 규모의 크기에 상관없이 동료나 전문가 등을 대상으로 하는 역할이면 전문가 차원에서의 역할이라고 할 수 있다(Miley, Melia & Dubois, 2001; 1급 사회복지사 시험연구회, 2008 재인용).

① 미시차원(개인, 가족)에서의 사회복지사의 역할

- 조력자(Enabler): 사회복지사는 개인, 가족, 소집단 등을 대상으로 서비스 이용자의 역량을 강화시킨다. 또한 사회복지사는 서비스 이용자가 다양한 스트레스에 스스로 대처하도록 돕는 역할을 한다. 이러한 사회복지사의 조력자 역할에 필요한 기술은 희망을 전하고, 양가감정을 줄이고, 감정을 인식하고 관리하며, 개인의 감정을 공감하고 사회적 자원을 발굴하여 지지해주는 것과 문제를 쉽게 다룰 수 있도록 분류하고, 목적을 분명하게 하거나 강조하여 문제해결을 이룰 수 있는 방법을 인식하게끔 하는 것이다. 여기에서 사회복지사는 서비스 이용자가 사회복지사에게 의존적이 되지 않도록 노력해야 하며 조력의 범위와 수준을 적절하게 조정해야 한다.
- 중개자(Broker): 중개자로서의 사회복지사는 서비스 이용자 차원에서의 직접적 개입이나 의뢰를 통해서 서비스 이용자가 필요로 하는 자원과 서비스를 연결하는 역할을 한다. 또한 중개자로서의 사회복지사는 사례관리의 핵심적 기능을 수행한다. 그래서 자원을 파악하고 사회복지실천 서비스가 적절하게 제

공되는가를 점검할 수 있어야 한다. 이를 위해 사회복지사는 자원에 대한 정보와 자원을 서비스 이용자와 연결하는 데 필요한 지식과 구체적인 기술들을 갖추어야 한다.

- 옹호자(Advocator): 사회복지실천의 핵심 중의 하나는 옹호이다. 사회복지사는 서비스 이용자의 옹호방법과 자기결정 및 변화과정에서의 참여를 최대화하는 원칙 사이에 균형을 이루어야 한다. 가능한 한 옹호는 서비스 이용자 스스로가 자기 자신의 옹호자가 될 수 있도록 원조하는 형태를 취해야 한다. 이런 유형의 옹호를 하는 공통적인 목적은 서비스 이용자 개인이 자격이 있고, 사실상 서비스나 자원을 제공받도록 보증하는 데 있다. 그런 옹호 노력의 방향은 자신이 소속된 기관이나 인간 서비스 연결망 내의 다른 기관을 향한다. 옹호는 자신의 기관이나 지역사회 서비스 체계 내에서 인기가 없다. 그럼에도 불구하고 옹호는 사회복지사가 수행해야 할 필요한 기능이다. 올바른 것이 항상 인기가 있거나 대중적이지는 않다. 사회복지사는 옹호활동에 대한 부정적인 반응에 대처해야 한다.

  따라서 옹호자로서 사회복지사는 필요한 자원이나 서비스를 찾거나, 자원이나 서비스 확보에 어려움을 겪는 서비스 이용자를 위해 서비스 이용자 개인이나 가족의 권리를 옹호하고, 정책변화를 모색하기 위한 활동을 수행한다. 나아가 서비스 이용자의 욕구에 서비스 기관이 반응하지 않거나 서비스 제공을 거절당하는 경우 서비스 이용자가 서비스를 받을 수 있고 권리를 획득할 수 있도록 기관 내 프로그램이나 정책을 변화시키기 위한 활동을 한다.

- 교육자(Educator): 교사 혹은 교육자의 역할은 서비스 이용자의 사회적 기능이나 문제해결 능력이 향상될 수 있도록 교육적인 프로그램이나 정보를 제공하는 것이다. 또한 서비스 이용자와 다른 체계에 정보를 제공하며 적응기술을 익히도록 서비스 이용자를 가르치는 일을 포함한다. 효과적인 교육자가 되기 위해 사회복지사는 무엇보다 많이 알아야 하며, 정보를 명확히 전달하고 이해시키기 위해 의사소통을 잘 하는 것이 필요하다.

② 중범위차원(조직, 공식적 집단)에서의 사회복지사의 역할

- 촉진자(Facilitator): 사회복지기관이나 사회복지조직 차원에서 조직의 기능이나 상호작용, 직원들 간의 협조나 지지, 정보교환을 촉진시키는 역할이다. 촉

진자로서 사회복지사는 조직 간 네트워크를 강화시키고, 조직의 기능이나 상호작용, 정보교환 등을 촉진한다. 또한 사회복지기관의 업무가 효과적으로 이루어지도록 기관 업무를 기획하고 실행하는 역할도 포함한다. 뿐만 아니라 집단사회복지실천에서 집단 지도자로 활동해야 하는 사회복지사는 촉진자의 역할을 구체적으로 감당해야 한다. 집단에서 촉진자의 역할을 해야 하는 사회복지사는 가족치료집단이나 과업집단, 감수성훈련집단, 교육집단, 자조집단, 그 밖의 다른 목적을 가진 집단에 개입하여 집단과정이 활발하게 일어날 수 있도록 하는 역할을 수행한다. 침묵하거나 소극적으로 참여하는 성원들이 적극적으로 집단에 참여할 수 있도록 하거나 의사소통이 활발하게 일어나도록 원조하는 역할 등이 모두 촉진자 역할에 속한다.

- 중재자(Mediator): 중재자로서 사회복지사는 사회복지기관이나 사회복지조직 차원에서 기관 간 혹은 기관 내의 의사소통 갈등이나 의견 차이를 조정하는 역할을 수행한다. 즉 중재자의 역할은 갈등으로 반목하는 양측의 입장을 양측이 충분히 상호 이해할 수 있도록 정확한 의사전달이 되도록 조정하여 결과적으로 양측 모두 수용할 수 있도록 하는 것이다.
- 훈련가(Trainer): 훈련가로서 사회복지사는 사회복지기관이나 사회복지조직의 차원에서 직원들의 전문성을 계발하고 향상시키기 위해 직원 세미나, 직원 워크숍, 슈퍼비전 등에 참여하여 직원 교육이나 훈련을 실시한다.
- 관리자(Manager): 사회복지실천에서의 관리는 사회복지기관이나 부서의 행정 책임과 관련이 있는 것으로, 조직의 목표를 세우고, 서비스 프로그램을 운영하며, 기관의 효과성과 효율성을 높이고, 재정 자원을 확보하며, 지역사회의 지지를 얻으며, 기관실무자의 일을 조정하는 일이다.

③ 거시차원(지역사회, 국가)에서의 사회복지사의 역할

- 계획가(Planner): 정책적 차원 혹은 거시적인 수준에서 지역사회 주민이 원하는 것이 무엇인지 파악하여 서비스 개선에 필요한 정책이나 서비스 또는 프로그램을 개발한다.
- 행동가(Activist): 지역사회나 거시적 수준에서 서비스 이용자의 이익이나 권리가 침해당하는 사회적 조건(사회적 불평등, 차별 등) 등을 인식하여 서비스 이용자가 인권을 보호받고 행사할 수 있는 사회를 만들기 위한 활동에 참여한다.

또한 사회정의와 평등에 관심을 갖고 소외된 집단을 위해 지역사회의 욕구를 조사하고 분석하며, 자원을 활성화하는 일 등을 추진하기 위해 노력한다.

- 현장 개입가(Outreach worker): 지역사회나 거시적 수준에서 서비스 욕구가 드러나지 않는 서비스 이용자나 지역주민들을 파악하고 이들이 적절한 서비스를 받을 수 있도록 지역사회에 들어가서 활동한다. 또한 서비스 욕구가 드러나지 않은 잠재적인 서비스 이용자를 대상으로 사회문제를 예방하기 위한 교육을 실시하거나 이들이 사회문제의 심각성을 인식할 수 있도록 교육을 실시한다.
- 협상가(Negotiator): 협상가란 다른 집단이나 체계로부터 무엇인가를 얻기 위해 노력하는 개인, 집단 또는 조직을 나타낸다. 중개와 마찬가지로, 협상은 모든 쪽이 가능한 한 함께 합의에 도달할 수 있도록 중간지점을 찾는 일을 한다. 중립적인 역할을 하는 중재자와 달리, 협상가는 관련된 어느 한쪽과 연결되어 있다.

④ 전문가 집단 차원(사회복지 전문가 집단)에서의 사회복지사의 역할

- 동료(Colleague): 전문가로서의 윤리적 행동을 준수하고, 전문가 조직의 참여를 통해 동료 간 상호지지를 제공한다.
- 촉매자(Catalyst): 전문가 차원에서 사회복지서비스 전달체계가 효과적으로 기능할 수 있도록 활동하는 역할이다. 촉매자로서 사회복지사는 효과적인 서비스 전달을 위해서 또는 올바른 정책의 변화를 위하여 국제적 상호원조를 맺고 때로는 타전문직과 협조하기도 한다.
- 연구자 혹은 학자(Researcher or Scholar): 연구자 혹은 학자의 역할을 하는 사회복지사는 이론적 또는 실천적인 전문직으로 발전시키는 활동을 수행한다. 구체적으로 설명하면, 사회복지실천 지식의 개발을 위해 조사연구 등을 수행하고, 실증적 조사들을 하며 동료들과 그 결과를 공유한다.

표 1-1 기능과 개입수준에 따른 사회복지사의 역할

개입수준에 따른 역할 / 기능수준에 따른 역할	미시	중범위	거시	전문가
직접 서비스 제공 및 체계 개발	• 조력자	• 촉진자	• 계획가	• 동료 • 점검자
체계 연결 및 유지, 강화	• 중개자 • 옹호자	• 중재자 • 조직분석가 • 관리자	• 행동가 • 협상가 • 자문가	• 촉매자
연구 및 조사활용	• 교사	• 훈련가	• 현장개입가	• 연구자 • 학자

4) 사회복지사의 기능

사회복지실천은 상담, 치료, 재활, 자원동원과 연계, 서비스 조정과 조절, 옹호와 정책개발 등 광범위한 영역에서 이루어진다. 그래서 사회복지사가 수행하는 사회복지실천에는 다양한 기능이 있다. 각각의 영역에서 사회복지실천은 통합적이며 연계적인 형태로 이루어지며 동시에 문제 상황을 변화시킬 수 있는 가장 효과적인 개입이 사회복지사에 의해 선정되어 진행된다. 이러한 사회복지실천의 기능은 사회복지실천을 감당해야 하는 사회복지사에게도 걸맞는 기능을 요구한다. 쉐퍼는 사회복지사의 기능에 대해서 다음과 같이 설명하였다(Scheafor et al., 1997; 이준우 · 이화옥 · 임원선, 2006 재인용).

(1) 자원연결 기능

원조전문직 중 사회복지실천에서 특히 강조하는 것은 환경과 관련해서 사람들을 돕는 것이다. 전문가의 위치에 있는 사회복지사는 대체로 서비스 이용자와 지역사회의 자원 연결을 촉진한다. 자원 연계를 효과적으로 수행하기 위해서 사회복지사는 서비스 이용자의 욕구를 확인하고, 다양한 자원을 활용할 동기와 능력을 사정하며, 그들이 가장 적합한 자원에 접근할 수 있도록 돕는다. 인간 서비스의 중개자로서 사회복지사는 다양한 서비스와 활용 가능한 프로그램에 관한 지식이 있어야 하고, 각 개인의 강점과 약점에 관한 사정을 해야 하며, 그런 자원에 접근하는 절차를 이해하고 있어야 한다.

(2) 정책 점검과 수정 및 지지 기능

사회복지실천이란 일상생활에서 도움을 필요로 하는 개인의 삶에 개입하는 전문적인 활동이다. 그런데 개인의 삶에 결정적으로 영향을 미치는 가장 대표적인 것이 사회정책이다. 사회정책 중에서 사회복지정책은 시민의 복지에 초석이 된다. 무엇보다도 사회복지정책의 핵심은 복지자원을 충분히 보유한 혜택받은 사람은 다른 사람에게도 그의 자원을 나누어 주어야 한다는 가치를 사회적 합의 속에서 제도적으로 반영해야 한다는 데 있다. 사회복지사는 사회복지실천에 크게 영향을 미치는 정책의 내용을 철저하게 점검하고 분석해서 수정할 것은 수정하고, 지속시켜 나가야 할 것은 지지하는 일을 활발하게 감당해야 한다.

(3) 사회적 문제 예방과 사회적 기능 향상을 위한 지식과 기술 준비 기능

사회복지실천의 많은 부분은 서비스 이용자가 삶의 상황에서 발생하는 어려움을 처리하거나 위기를 예견하고 예방하도록 가르치는 것이 포함된다. 교육과 경험을 통해 획득한 사회복지사의 지식 일부는 서비스 이용자와 공유된다. 이것은 서비스 이용자의 능력을 고취시키는 일이다. 사회복지실천의 근본적인 목적은 서비스 이용자의 역기능적인 행동을 변화시키고 효과적인 유형의 사회적 상호작용을 배우도록 돕는 데 있다. 이러기 위해서는 서비스 이용자가 사회의 다양한 규칙이나 법 그리고 규범을 지지하고, 그들의 인접환경을 수정하고, 사회기술을 개발하고, 역할상의 기능수행을 학습하고, 그들의 행동에 대한 통찰력을 가질 수 있도록 가르치는 것이 필요하다.

그런데 사회복지사가 직면하는 서비스 이용자와 관련된 많은 문제들은 사회적 약자로서 겪게 되는 일들이 많고, 사회복지실천의 일차적 관심사가 저소득계층인 것이 현실이다. 물론 사회복지사가 일정계층의 욕구만을 다루는 전문가는 분명 아니다. 아직까지 우리나라의 사회복지교육은 학부와 대학원 과정 모두 제너럴리스트(일반사회복지사) 양성에 초점이 모아져 있지만 강남대, 서울대, 서울여대, 숭실대, 연세대, 이화여대 등 여러 대학원들의 경우 대학원 교과과정을 스페셜리스트

(전문사회복지사) 양성까지 가능하게 개선해 나가고 있는 것으로 보인다. 사회복지직이 다양한 계층의 욕구를 아우를 수 있는 폭넓으면서도 심도 있는 접근이 가능한 전문직으로 발전해 나가려는 경향이 점차 강해지고 있는 것이 사실이다. 그럼에도 사회복지실천의 가장 큰 업무는 사회적 약자와 소외 계층에 대한 대응이라 할 수 있다.

그래서 이러한 사회적 약자의 욕구에 사회복지사가 효과적으로 대처하기 위해서는 시민권을 뒷받침하는 인권, 서비스 제공자와 이용자 간의 상호 이익을 통해 명확해지는 사회연대, 자원과 서비스의 접근성을 통해 표현될 수 있는 서비스에 대한 시민 사이의 평등이 전제되어야 한다. 그러면서도 사회복지사는 '사회'를 중재할 책임이 있는 직업인으로서 고유한 영역을 갖는다. 즉 사회복지란, 사회적으로 허용되든 그렇지 않든 간에 개인의 행동과 의식을 지배하는 사회적 관습과 구조적 불평등이 개인의 삶에 초래하는 문제들을 사회제도를 통해 해결해 나가는 것이다. 사회복지사는 서비스 이용자가 자신의 행동에 책임을 지도록 돕고, 사회복지사가 처한 사회적 구성의 결함을 해결할 임무를 가진다.

사회복지사에게 인권 주도적 실천은 사람이 어디에 살든 간에 완전한 시민으로서 인정된 사람의 존엄을 중시하고 구조적 불평등을 해소하는 데에 근간을 두어야 한다. 이러한 접근법을 따르기 위해서 사회복지사는 대인 사회복지 서비스를 이용하고 이러한 서비스의 형성과 이행에 개입하는 일이 지위, 특성, 거주지에 상관없이 모든 개인의 권리라고 주장할 수 있어야 한다. 한마디로 사람은 잔여성과는 분리된 서비스를 받을 자격이 있다. 이러한 서비스 제공을 위해 도움을 요청하는 사람의 서로 다른 출발점과 욕구에 대해 다루어야 한다. 한 가지 유형의 서비스 제공만으로 모두의 욕구를 충족시킬 수 없다. 이는 한 상점에서 다양한 쇼핑이 가능하게 하기 위해서는 그 쇼핑센터가 많은 매장을 보유하고 있어야 함을 의미한다. 자원을 나누어 주고 진보를 향한 구조적 장애물을 제거할 수 있는 정책 입안자와 직접적인 대화를 하며 다양한 개별성에 반응함으로써, 사회복지사는 실천으로부터 이론, 정책, 연구가 분리되는 것을 종식시키기 위한 도전을 할 수 있다(Dominelli, 2004; 한인영 · 김성천 역, 2007).

(4) 사례관리 기능

사례관리 기능은 특히 아동이나 심각한 장애가 있거나 취약한 노인과 같이 상처입기 쉽고 매우 의존적인 사람들에게 필요하다. 효과적인 사례관리 기능은 미리 계획을 세우고, 목적 지향적이며, 실천적이며, 뚜렷한 사명을 갖게 하며 일을 깔끔하게 마무리할 수 있는 전문가로서의 능력이라고 할 수 있다. 이를 좀 더 구체적으로 정리하면 다음과 같다.

첫째, 서비스 이용자를 확인하고 서비스의 방향을 결정하는 기능이다. 이것은 서비스 성과가 있을 만한 대상, 삶의 질, 혹은 보호 비용 그리고 사례관리에 의해 긍정적으로 영향을 받을 수 있는 서비스를 직접적으로 확인하고 선택하는 기능이라고 할 수 있다. 둘째, 서비스 이용자를 사정하는 기능이다. 이 기능은 서비스 이용자의 욕구, 삶의 상황, 그리고 자원에 관한 정보를 수집하고 사정하는 것을 말한다. 셋째, 서비스 개입실천과 치료 계획을 수립하는 기능이다. 서비스 이용자와 관련된 다른 사람들과 협조함으로써 사회복지사는 서비스 이용자의 욕구를 충족시키기 위해 접근할 수 있는 다양한 서비스들을 확인하고 계획을 세울 수 있는 기능을 가져야 한다. 넷째, 연결과 서비스 조정 기능이다. 사례관리 기능 중에 중요한 것은 서비스 이용자를 적합한 자원과 연결하는 일이다. 사례관리를 하는 사회복지사는 기관 간 의사소통의 채널과 초점이 됨으로써 서비스 이용자의 자원 활용의 조정을 강조한다. 다섯째, 사후조치와 서비스 전달 점검 기능이다. 사례관리의 업무를 담당하는 사회복지사는 서비스 이용자와 서비스 제공자 모두와 정기적이고 빈번하게 사후조치적인 접촉을 함으로써 서비스 이용자가 필요한 서비스를 실제적으로 잘 받고 활용하는지를 확인한다. 여섯째, 서비스 이용자 지지 기능이다. 다양한 자원에 의해 서비스가 제공되는 동안, 사회복지사는 서비스 이용자와 그 가족이 바람직한 서비스를 받는 데서 부딪치는 불가피한 문제를 다루도록 돕는다. 그리고 지지하는 기능을 발휘해야 한다.

(5) 업무량 관리 기능

사회복지사는 서비스 이용자에게 필요한 서비스를 제공하는 동시에 자신을 고용한 사회복지기관의 요구사항인 업무량 관리를 충실히 지켜야 한다. 사회복지사는 그들의 업무량을 사정하고, 중요하고 긴급한 것에 따라 우선순위를 정하며, 가능한 한 가장 효과적이고 효율적인 방법으로 업무를 수행할 계획을 세운다. 또한 시간사용의 우선순위가 정해져 있어야 하고, 작업 시간이 주의 깊게 할당되어야 한다. 뿐만 아니라 사회복지사는 자신이 제공한 서비스의 효과성을 정기적으로 평가하고 동료가 제공한 서비스를 사정하는 데 참여하며 필요한 기록과 서비스 급부, 보고서 작성, 사례기록, 그리고 다양한 지출사항을 구체화하기 위해 자료를 수집해야 한다.

(6) 직원의 전문성 촉진 기능

직원의 전문성 촉진 기능은 다른 말로 하면 직원의 업무 능력 개발 기능이라고 할 수 있다. 이러한 직원개발 기능은 사회복지사의 전문적 실천개입의 효과성을 극대화하는 데 초점을 둔다. 직원개발에는 교육계에서 활용되는 많은 기술이 필요하다. 직원개발은 훈련욕구에 관한 정확한 사정에 기반을 두고 업무 코칭, 슈퍼비전, 자문, 그리고 훈련회의나 워크숍을 실행하거나 참여하는 것과 같은 개별화된 교육의 형태를 취한다.

끊임없이 변화하는 사회 속에서 사회복지실천도 혁신을 거듭해 나가야 한다. 필수적 혁신을 이루기 위해서 사회복지사는 기존의 강력한 실천이론과 모델 등에 기반할 수 있다. 그러면서 연구를 통해 얻은 통찰력이 사회복지실천을 위한 새로운 이론적 틀과 모델을 개발하는 데 없어서는 안 되기 때문에 질적, 양적 연구를 통해 이를 보완할 수 있다. 여기에서 수행되는 연구는 경험적인 지식이 사람이 세계를 인식하고 그 속에서 행동하는 방식에 영향을 준다는 사실을 받아들이면서 현실을 바라보는 서로 다른 다양한 방법에 초점을 맞출 것이다. 이에 사회복지사는 자신이 지금껏 해 왔고, 앞으로도 할 연구의 공헌에 대해 인정해 줄 것을 요구해야 한다. 그리고 사회복지사들은 사회복지실천 현장에서 사회복지 연구와 실천을 통해 획득한 고유한 지식이 인정되고, 사회복지 연구를 위한 기금도 다른 학문과 동등한 수준으로 확보될 수 있는 사회적 여건을 조성해 나가는 데에 노력해야 한다. 사회복지사에게 기대하는 것은 고도로 전문화된 기준을 반영하려는 태도로 실천을 하는 것이다. 사회복지사는 꾸준히 자신의 지식과 기술을 개발하고 실천의 질을 검토하고 증진시키기 위한 노력을 해야 한다. 이러한 자기사정의 결과는 자신의 능력을 개발하고 확인된 업무수행상의 문제를 해결하는 데 기여한다.

(7) 인간 서비스 조직에서 정책, 서비스, 프로그램을 계획하고 개발하며 수행하는 기능

사회복지사는 기관 정책을 수행하고 그 프로그램을 유지할 수 있는 능력을 가져야 한다. 사회복지사는 자신에게 주어진 정책, 서비스, 프로그램 등을 실행해야 할 책임이 있다. 기관의 이사회나 운영자와 행정 보직자는 이미 기관의 목적을 규정하였으며 이에 따라 행정적 지침을 만들었으며 그 지침에 의해 기관 운영에 필요한 자금을 할당하고 있다. 조직의 규모와 복잡성에 따라 다소간의 차이는 있지만 일반적으로 행정 보직자나 조직 내에서 의사결정을 하는 지위에 있는 사회복지사는 정책, 서비스, 프로그램을 계획하고 개발하며 수행하는 기능을 담당하게 된다.

(8) 이익집단 동원과 참여 기능

사회복지사는 서비스 이용자를 위해 환경과 사회구조를 변화시키기 위해 노력해야 할 경우가 있다. 이 때, 사회변화를 위해 우선 필요한 것은 문제의 특성을 이해하는 것이다. 경향을 분석하고, 자료를 수집하고 종합해야 하고, 의사결정자가 이해할 수 있는 방식으로 결과를 보고해야 한다. 문제에 관한 개인적인 이해를 사회변화 노력으로 전환시키기 위해서는 관심 있는 개인, 집단, 그리고 조직을 동원하고 활기를 불어넣어야 한다.

또한 사회복지사는 구조적 불평등과 억압을 행하는 이를 포함하여 기존의 구조적 불평등과 억압에 반대해야 한다. 사회복지적 개입을 다루는 이론과 양식의 새로운 방향은 지금까지 그래 왔던 것보다는 좀 더 전체적이고 유연한 방식으로 실천의 복잡성을 해결해야 한다. 사회복지사는 서비스 이용자가 살고 있는 불확실하고 난해한 세계를 다루고 사회적으로 소외된 사람의 일상생활 속에서 사회정의를 추구하기 위해 필요한 자원을 제공하는 이의 요구를 충족시키는 데 관여해야 한다. 이는 우리에게 인권과 사회정의의 기본틀 내에서 실천을 위한 적극적인 시민권의 기초를 제공한다.

5) 사회복지사의 업무와 분야

사회복지사는 우리 사회의 여러 문제(예 빈곤, 인권, 장애, 환경 등)의 예방과 해결을 위해 최일선 현장에서 연구하고 실천하는 노력을 하고 있다(서울시 사회복지사협회, 2005; 이준우 · 이화옥 · 임원선, 2006 재인용).

(1) 구체적인 업무

① 아동양육의 사회적 여건 조성

아동들이 가정이나 학교, 지역사회에서 적절한 지원을 받을 수 있도록 아동성장의 필요와 욕구를 파악하고, 아동과 가족, 지역공동체에 전문적 서비스를 제공하는 일을 한다. 또한 학대받거나 방임된 아동을 대상으로는 위기개입을 통해 정상적인 환경에서 양육받을 수 있도록 노력한다.

② 청소년의 잠재력 강화

청소년기 발달단계에 따른 적절한 욕구를 충족할 수 있도록 청소년에게 필요한 사회적 환경과 서비스를 기획하고 실행한다. 그리고 방황하는 청소년들의 어려움을 해소하기 위해 청소년 당사자와 그 가족을 지원하며 청소년에게 해악을 미치는 주변 환경을 개선하는 일에도 최선을 다한다.

③ 여성의 권리 지지

가정폭력, 성폭력 예방을 위한 사회 · 문화적 환경 조성과 여성의 경제 · 심리적 지지를 위한 전문 교육과 보호 서비스를 제공함으로써 스스로의 삶을 변화시킬 수 있도록 지원한다. 나아가 여성의 경제적 자립을 위한 구체적인 직업재활 프로그램을 기획하여 실행한다.

④ 장애인의 자립과 환경개선 지원

장애인이 비장애인과 더불어 행복한 삶을 영위하도록 장애인의 능력향상을 위한 종합적인 재활 프로그램을 기획 · 제공함과 동시에, 인권 · 고용 · 편의시설 등 장애인의 권리와 참여가 실현되는 사회를 만들기 위한 총체적인 복지활동을 전개한다.

⑤ 어르신의 밝은 노후를 위한 노력

어르신들의 취미, 여가를 위한 각종 평생교육 기회를 제공하고 권익옹호 활동을 하며, 어르신의 소득증진, 취업알선, 독거어르신의 생활지원, 치매나 중풍 어르신에 대한 보호활동 등을 한다.

⑥ 인도주의적 마케팅 활동

어렵고 소외된 지역을 돈과 인력, 시간을 투입해야 할 곳으로 부각시키는 창조적 마케팅 전문가로서의 역할을 한다. 또한 후원과 지원을 해 줄 복지공급자의 인식을 서비스 제공 대상자에게 맞추도록 주장하고, 전술을 수립한다. 나아가 관료적인 사회적 조직 관행과 정체성을 재구성하기도 한다. 박해 받거나 소외 받는 서비스 이용자들은 경제, 교육 등 삶의 배경이 다르기 때문에 새로운 복지 마케팅 전략이 필요하다.

⑦ 사회자본 활용

사회복지사는 사회자본을 효과적으로 활용하기 위해 사회복지의 가치를 특별한 사람의 특별한 가치로 금고 속에 쌓아 둘 것이 아니라 세상 속에 풀어내는 방법, 유통시키는 방법을 고민해야 한다. 자본을 키우는 사람이 기업 경영자라면 사회자본[2)]을 키우는 사람은 사회복지사이다. 사회복지사는 사회자본을 다루는 사회 자본가라고 할 수 있다. 즉 자신의 삶 속에서 사회자본을 만들어 내는 사회적 노동자이며 타인의 삶으로써 사회자본을 유통시키는 사회적 자본가이다.

⑧ 수익성 창출을 통한 사회복지실천 재원 마련

장애인과 노인의 직업재활이나 빈곤해소를 위한 사회운동 등의 분야에서 일하는 사회복지사는 경영마인드와 경영능력을 갖고 있어야 한다. 이는 사회복지사가 수익성을 창출할 수 있는 능력을 전제하고 있어야 한다는 것이다.

⑨ 환자의 고민을 함께 해결

병원에서 의사, 간호사와 함께 치료 팀의 일원으로 질병의 예방 · 치료 · 재활에 이르기까지 환자에 대해 다양한 지원활동을 한다.

⑩ 노숙인 자립 지원

지역사회 노숙인의 실태를 조사하여 거처를 제공하고 개개인의 특성에 알맞은

---

2) 사회자본은 개인이나 집단 간에 이로운 협력행위를 촉진시키는 신뢰, 규범, 네트워크 등을 통칭하는 것이다. 사회적 윤리나 규율을 자발적으로 준수하려는 자세를 가진 주민들 사이에서 형성되는 연대감이나 인간관계를 의미한다. 이는 공공재적 성격의 사회적 역량으로, 행위자들 간의 관계에 내재되어 있다. 사회적 구조를 통해 개인들에게 객관화된 습성으로 배태되는 것이다. 다른 자본들과 마찬가지로 사회자본 역시 생산적인 목적을 가진다. 사회자본이 많은 공동체일수록 민주주의가 요구하는 사회적 통합과 자본주의가 요구하는 효율성을 동시에 달성하기 쉽다. 물질적 자본은, 가령 화폐 즉 돈의 경우, 쓰면 쓸수록 소멸되지만, 사회자본은 쓰면 쓸수록 늘어난다(Coleman, 1988; 홍현미라, 2006; 한국사회복지행정학회, 2008 재인용).

자립을 위해 심리재활상담, 기술훈련, 생활설계, 취업알선, 사후관리 등의 지원활동을 한다.

⑪ 빈곤 주민 지원

동사무소나 면사무소 등의 일선 행정기관에서 사회복지전담공무원으로 근무하면서 생활이 어려운 주민을 조사하고 상담하여 기초생활수급자 책정이나 자립지원 업무를 담당한다.

⑫ 시민단체나 NGO에서의 활동

헌법에 보장된 국민의 기본권 보호와 인권옹호를 위해 사회복지제도를 포함한 사회정책과 제도를 감시하고 대안을 제시하는 활동을 한다.

⑬ 학생과 군인의 고충 해결

학교사회복지실천은 왕따나 부적응과 같은 학교 청소년 문제를 해결하는 데 효과적인 성과를 보이고 있으며, 군 장병의 군 생활 문제를 예방하고 원만히 군복무를 수행할 수 있도록 지원하는 군사회복지사제도가 준비되고 있다.

⑭ 우리 이웃 모두의 친구

외국인 노동자, 한부모가정, 소년소녀가장, 새터민 등 사회적 약자들이 동등한 시민으로서 우리 사회에서 살아갈 수 있도록, 제도개선 활동과 지역사회 자원(도움) 연결 등의 다양한 활동을 한다.

2 사회복지사의 실천윤리

사회복지실천은 지식이나 특정한 기술로만 충족할 수 없는 전문직이다. 사회과학의 여러 학문 분야들 중에서도 특히 사회복지학은 가치의 문제를 중요하게 취급할 뿐 아니라 특정의 가치에 대한 강한 헌신(commitment)을 요구하고 있다(김성이 외, 1994; 김상균 외, 2002). 사회복지기관에 종사하는 대부분의 사회복지사는 서비스 이용자의 문제를 해결하는 데 있어서 다양한 가치 갈등을 겪게 되고 거의 매일 윤리적 결정을 해야 하는 상황에 직면하게 된다. 따라서 사회복지사는 확고한 가치와 사명감이 선행되어야 한다.

많은 사회복지기관들과 사회복지사들은 순수한 열정과 헌신적인 노력으로 서비스 이용자를 대하며 사회복지실천 서비스를 제공하고 있으나 일부의 경우 서비스 이용자에 대한 인권침해나 미흡한 서비스 지원, 기관 운영에 있어서의 탈법과 부정 등이 문제가 되기도 한다. 물론 부정부패가 비단 사회복지 분야에만 해당되는 이야기가 아니라고 항변할 수도 있다. 하지만 사회복지의 미래에 거는 국민의 기대와 희망은 엄청나게 크며 이에 따라 사회복지사에게는 도덕적으로 흠이 없어야 한다는 당위성을 갖게 되는 것은 어쩔 수 없는 현실이다. 타인을 도우려고 하는 기관과 사람들은 도움을 주기에 앞서 먼저 사회구성원들로부터 깊은 신뢰를 얻어야 하는데 그러한 신뢰는 일차적으로 깨끗한 도덕성으로부터 나오기 때문이다. 다시 말해서 사회복지실천은 국민들로부터 공인받은 원조행위이다. 이때 사회적 공인이란 사회적 윤리규범에 합당함을 의미한다. 따라서 사회복지실천 현장에서 일하는 사회복지사는 매우 높은 수준의 전문직 가치와 윤리 의식을 갖고 있어야 한다.

1) 사회복지실천의 가치

사회복지는 모든 전문직 중에서 가장 가치를 기반으로 하는 전문직이다(Reamer, 1995; 양옥경 외, 2004 재인용). 사회복지사의 임무(Duties)와 의무(Obligations)를 규정할 때, 윤리 원칙을 설정할 때, 사회복지실천 과정에서 윤리적 딜레마에 처했을 때, 실천의 우선순위를 정해야 할 때 등 언제나 사회복지의 핵심 가치가 그 기반이 되며 기준과 원칙이 된다(양옥경 외, 2004). 따라서 가치는 사회복지실천에 있어서 중요한 지침으로 작용한다. 특히 사회복지사가 실천과 관련한 충분한 지식을 가지지 못할 경우에 실천의 지침으로서 가치에 의존하게 됨으로 사회복지실천에 있어서 가치는 매우 중요하다. 사회복지실천 과정에서 사회복지사는 윤리적 결정을 내려야 하는 다양한 상황에 직면하게 되고, 여러 가지 가치 갈등 문제를 경험하게 된다(이준우, 2005). 첫째, 사회복지사는 두 개 또는 그 이상의 경쟁적 가치와 직면했을 때, 가치 갈등 상황에 처하게 된다. 가령 경쟁하는 모든 가치들이 무시할 수 없는 것일 때, 사회복지사는 갈등을 경험하게 된다. 둘째, 사회복지사는 기관에 대한 의무와 서비스 이용자에 대한 의무 사이에서 가치 갈등을 경험할 수 있다. 사회복지사는 자신이 속한 기관의 정책을 따라야 하지만, 기관의 정책이 서비스 이용자의 이익과 갈등 상황에 있는 경우가 그 예이다. 셋째, 복합적인 문제로 인해 서비스 이용자 체계가 여러 개인 경우, 사회복지사는 어느 서비스 이용자 체계의 이익을 최대한으로 보장할지를 두고 갈등할 수도 있다. 넷째, 사회복지사가 내려야 하는 결정이 결과나 장기적인 효과성에서 모호할 때, 사회복지사는 갈등 상황에 직면하게 된다.

이러한 가치 갈등을 해결하는 것은 쉽지 않다. 여러 학자들은 사회복지사와 서비스 이용자가 각자 자신이 선호하는 가치를 평등한 입장에서 이야기함으로써 해결방안을 찾거나, 서비스 이용자의 가치가 다른 사람의 복지를 침해하지 않는 한 서비스 이용자의 가치를 따를 것 등을 권하고 있다. 그러나 이러한 지시를 단순히 따르기보다는 사회복지사 자신이 자신의 가치관에 대해 점검하는 과정이 선행되어야 할 것이다. 사회복지사 스스로 자신이 선호하는 가치가 무엇이고, 그것이 어떻게 자신의 행동, 대인관계에 영향을 미치는지를 파악하는 훈련을 통해 자기 인식이 가능하고 나아가 전문적인 사회복지실천이 가능해질 것이기 때문이다.

(1) 가치의 정의

가치는 '무엇이 선하고 바람직한 것인가' 를 다루는 것이다. 즉 가치는 믿음 또는 신념과 같은 것으로, 다수의 사회구성원들이 좋거나 바람직하다고 여기는 것 혹은 개인의 선호도를 나타내는 적합한 행동 선택의 지침이다. 이것은 지식, 기술과 더불어 사회복지실천의 3대 중심 축 중 하나로서 사회복지실천이 추구해야 하는 방향성을 제시한다(양옥경 외, 2002).

사회복지의 기본 가치(NASW, 1995)는 프리드랜드(Friedlander)가 말한 인간의 존엄성, 인간의 자율성, 기회의 균등성, 사회적 책임성을 전제한다. 이것을 기반으로 다양한 형태의 전문적 가치가 나타난다. 개인의 가치와 존엄성, 개인에 대한 존경, 개인의 변화가능성, 서비스 이용자의 자기결정권, 비밀보장, 사생활 보장, 적절한 자원과 서비스 제공, 임파워먼트, 동등한 기회보장, 비차별성, 다양성 존중 등이다.

사회복지실천의 본질적 가치를 구성하는 기본 전제조건(Skidmore et al., 1994)은 첫째, 인간은 존엄한 존재이며, 둘째 개인이나 사회문제의 원인은 인간과 사회적 환경 간에 역기능적 상호작용으로 발생하며, 셋째 모든 사회는 개인적 또는 사회적 문제를 해결하기 위해 전문적인 개입실천 활동이 필요하다는 것이다. 이러한 전제조건은 사회복지실천의 목적과 방법을 선택하고 결정하는 가치판단의 준거틀이 된다.

사회복지실천의 본질적인 가치는 인간존엄성과 배분적인 사회정의에 대한 가치이다. 이를 사회복지실천의 이중가치체계(dual value system)라고도 한다(이영분 외, 2001). 사회복지실천은 인간존엄성에 대한 가치를 기반으로 서비스 이용자의 개별화, 자기결정권, 비밀보장을 존중하는 수단적 가치와 직업적인 윤리를 발전시켰다. 배분적인 사회정의를 실현하기 위하여 사회복지실천은 사회의 책임성과 참여를 중시하고 있다. 즉, 개인의 능력이나 노력에 따라 빈부의 차이가 가능함을 인정하면서도 인간적인 삶을 영위하기 위해서는 최소한의 사회적 자원이 필요하다고 믿는다. 따라서 이러한 사회적 자원은 공평하게 분배되어야 한다.

(2) 가치의 유형

사회복지실천의 가치 유형을 분류하는 작업을 시도했던 대표적 학자로 펌프레이(Pumphrey)를 들 수 있다(Pumphrey, 1959; Reamer, 1995 재인용). 펌프레이는 1959년에 사회복지사가 전문적으로 개입실천을 하는 활동의 대상을 기준으로 하여 첫째, 사회문화적 범주, 둘째 전문가 집단 내부 범주, 셋째 서비스 이용자 개인 및 집단 범주로 나누었다.

제1범주에 속하는 가치로서는 사회정의, 사회개혁, 공통욕구충족을 예로 들었으며 제2범주에는 전문가들이 상호 간의 의사소통 및 정책결정과정을 통해 각자가 신봉하는 가치와 윤리원칙들을 명료화하는 가치가 포함되었다. 끝으로 제3범주의 대표적 가치는 개인의 존엄성, 개인의 변화 잠재력, 자기결정권, 서비스 이용자의 능력배양이었다.

사회복지실천의 가치에 관한 연구에서 레비(Levy)는 두 번에 걸친 유형화 작업을 통해 큰 공헌을 한 사람이다. 1973년에 발표한 그의 첫 번째 연구는 3가지 유형을 제시했던 반면 1984년에는 4가지 유형으로 확대되었다(Levy, 1973; 1984; Reamer, 1995 재인용). 먼저 1973년의 연구를 보면, 3가지 유형화의 기준을 각각 '인간에 대한 선호하는 개념(preferred conceptions of people)', '인간을 위해 선호하는 결과(preferred outcomes for people)' 그리고 세 번째로는 '인간과 관계를 맺을 때의 선호하는 수단(preferred instrumentalities for dealing with people)' 이라고 하였다.

제1유형에는 인간의 존엄성, 변화가능성, 상호책임성, 소속감, 고유성 그리고 공통욕구를 지닌 존재라고 믿는 신념이 포함되었다. 제2유형에는 개인의 성장 및 발전을 위한 기회를 제공해야 할 사회적 의무, 사회구성원들로 하여금 욕구를 충족시킴과 동시에 기아, 교육결핍, 무주택, 질병, 차별 등의 사회문제를 해결함에 있어 필요한 자원과 서비스를 제공해야 할 사회적 의무 그리고 구성원들로 하여금 사회형성에 참여할 수 있는 기회를 골고루 제공해야 할 사회적 의무에 대한 신념이 거론되었다. 제3유형에는 인간은 누구나 인간답게 처우 받아야 하며, 자기결정권을 가지고 있고, 사회변혁에 참여하도록 장려 받아야 하며, 고유한 개별성을 지닌 존재로 인정받아야 한다는 사실을 신봉하는 것이 제시되었다.

레비가 1984년에 제시한 두 번째 분류는 첫 번째와는 완전히 다른 가치 유형으로 정리해 발표한 것이다. 사회적 가치, 조직 및 제도에 관한 가치, 전문가적 가치, 그리고 인간 서비스실천 가치 같은 4가지 유형의 가치로 구분하였다.

사회적 가치의 실례로서 14가지가 제시되었는데, 그 중에는 인권, 이타주의, 인간의 존엄성, 기회평등 및 최대한의 기회제공 같은 가치가 포함되어 있다. 조직 및 제도에 관한 가치에는 시의적절하고 편견 없는 민주적 서비스 제공, 서비스에 대한 평등한 접근, 참여와 자기결정권의 실현 그리고 조직 및 기관의 활동에 대한 책임 등 아홉 가지 가치가 예시되었다. 전문가적 가치에는 돈벌이 수단이라기보다 인간 서비스를 위주로 할 것, 전문적인 실천개입 활동에 대한 책임감, 그리고 서비스 이용자와 관련된 공공 또는 사회정책의 옹호 등 4가지 가치를 제시하였다. 끝으로 인간 서비스실천 가치는 총 7개의 가치를 보여주고 있는데 서비스 이용자를 악용하거나 착취해서는 안 될 것, 개인의 사생활을 존중하는 것, 정직하고 신용을 지키는 것 등이다(Levy, 1984; 이준우, 2005 재인용).

이상에서 제시된 사회복지실천 가치의 유형화 작업은 사회복지계에서 중시되는 가치를 숙지하는 데 큰 도움이 된다. 그러나 두 가지 이상의 가치가 충돌하거나 사회복지사의 가치관에 따라 주요 가치가 다를 수 있기 때문에 그러한 윤리적 딜레마의 문제를 해결함에 있어서는 단순한 유형화 작업 이상의 가치 위계를 정리할 필요가 있다.

(3) 가치위계

일반적으로는 존슨(Johnson)의 3단계 가치위계가 많이 사용된다. 3단계 가치위계는 미국에서 발간된 『사회사업대백과사전』에 제시되었다(NASW, 1995; 이문국 외 편역, 1999). 존슨은 가치를 상대적 중요성에 따라서 크게 궁극적 가치, 차등적 가치, 수단적 가치로 구분하였다(Johnson, 1995).

① 궁극적(ultimate) 가치

최고의 위치를 점하고 있는 궁극적(ultimate) 가치는 사회나 시대상황에 관계없이 불변하는 가치라고 할 수 있다. 이것은 널리 인정받는 가치로서 사회복지사들에게는 일반적이면서 기본적인 지침이 된다. 주로 인간존중, 평등, 비차별과 같은 가치들로 구성되어 사회복지의 궁극적 목표와 정체성 확립에 기반이 되는 핵심적인 가치들이다(양옥경 외, 2004).

② 차등적(proximate) 가치

가치위계에서 중간에 위치한 차등적(proximate) 가치는 사회문화적 영향이나 개인의 경험에 따라 찬반이 나타날 수 있는데 낙태, 동성애 등에 대한 개인의 가치가 이에 속한다. 따라서 차등적 가치는 궁극적 가치에 비해 훨씬 더 구체적인 내용을 말하게 된다. 가령 사회복지사가 제시한 특정의 치료법에 대해 서비스 이용자가 거부할 수 있다고 믿는 것, 그리고 급여수준이나 서비스 질을 높여 달라고 요구할 수 있는 권리를 인정하는 것이다(NASW, 1995; 양옥경 외, 2004 재인용).

③ 도구적(instrumental) 가치

맨 아래 단계에 있는 도구적(instrumental) 가치는 궁극적 가치를 달성하기 위한 수단이나 방법으로, 행동지침이나 윤리로 나타난다. 한 예로 인간의 존엄성을 존중하는 수단으로 개인의 자기결정권이나 비밀보장을 인정하는 가치를 들 수 있다 (Loewenberg & Dolgoff, 1996).

2) 사회복지실천 윤리

사회복지실천은 다른 사람을 원조하는 전문적인 활동으로 윤리성이 강조된다. 따라서 일반 사회의 윤리관을 배경으로 그 사회가 추구하는 가치관을 반영하기도 하고 때로는 사회의 가치관과 상충되는 활동이 되기도 한다. 사회복지사는 앞서 설명한 사회복지의 핵심적인 가치들을 구체적으로 실현할 수 있게끔 지침이나 원칙, 의사결정 모델 등으로 윤리를 체계화하고 있다.

하지만 사회복지실천 윤리가 출현하고 본격적으로 논의되기 시작한 때는 1970년대에 들어서면서부터이다. 사회가 다양하게 변하면서 전문직도 이를 이해하고 시대적 흐름에 합류해야 할 필요성이 대두되었다. 의학과 공학의 발달로 생명연장이 가능해지고 장기이식, 유전공학 등을 실현하면서 서비스 이용자의 욕구도 다양해졌다. 예를 들어, 인공수정, 안락사, 성을 감별한 후 유산하는 등 윤리적 결정을 해야 하는 다양한 상황이 생겼다. 소외된 자에 대한 권리 인정이 강화되었다. 사회가 성숙하면서 서비스 이용자의 권리를 인정하자는 사회분위기의 영향으로 다양한 형태의 윤리적 갈등이 발생하였고, 이를 해결하기 위해 보다 구체적이면서도 유용한 윤리적 지침이 필요하게 되었다.

(1) 윤리의 정의

윤리는 '무엇이 맞고 옳은가' 를 다루는 것이며 사람들이 추구하는 가치를 일관되게 행동하도록 지시하는 행동규범이다. 즉 어떤 행동에 대한 옳고 그름을 나타내는 판단 기준으로서 인간이 마땅히 행하거나 지켜야 하는 도리이다. 반면 가치는 '무엇이 좋고 바람직한가' 와 관계가 있다. 가치는 구체적인 실천을 지시하기보다는 일반적으로 선호하는 것, 보다 폭넓은 사회의 가치를 반영한다. 하지만 전문직 윤리는 직업에 몸담고 있는 사람이 어떻게 자신의 가치를 행동에 옮기는가에 관한 지침을 제공한다. 즉 어떻게 행동해야 하는가에 관한 구체적인 지시가 정리되어 있는 것이 윤리인 것이다. 따라서 사회복지실천 윤리란 사회복지사가 반드시 지켜야 하는 행동원칙이나 지침을 의미한다(Corey et al., 1988).

(2) 절대주의와 상대주의

윤리적 절대주의(Ethical Absolutism)는 선과 악, 옳고 그름을 행위 결과와 상관없이 별개로 판단하는 것을 의미한다. 여기에서는 고정불변의 도덕률을 강조한다. 좀 더 구체적으로 설명하면, 윤리적 절대주의는 이미 정해진 고정불변의 도덕률을 강조하는 것으로, 선과 악, 옳고 그름은 그 행위의 결과와는 별개로 판단해야 함을 의미한다. 그러므로 여기에서 말하는 도덕률은 모든 상황에서 절대적으로 적용된다는 것을 전제한다. 이렇게 적용되는 도덕규범의 절대성은 두 가지 특성이 있다. 하나는 윤리적 보편주의[3]로서의 윤리적 절대성이다. 도덕규범은 범문화적 추리방법으로 확립될 수 있는 근거 위에서만 정당화될 수 있으므로 이런 규범은 모든 인간의 행위에 올바르게 적용된다는 것이다. 다른 하나는 도덕규범 외의 어떠한 예외도 갖지 않으며 개별적인 도덕 규칙이 적용되지 않는다는 도덕적 의무론으로서의 윤리적 절대성이다(양옥경 외, 2004).

반면에 윤리적 상대주의(Ethical Relativism)는 선과 악, 옳고 그름은 주관적이고 상대적인 것으로 절대 가치는 없다는 것이다. 어떠한 도덕률도 부인한다(이준우 · 이화옥 · 임원선, 2006). 이처럼 모든 고정불변의 도덕률을 부인하면서 동기보다 행동으로 초래된 결과를 중시하는 근본적인 이유는 가치변화의 지속성이다. 모든 가치는 계속 변한다. 어제의 가치기준을 오늘에 적용할 수는 없다. 결과적으로 가치문제에서 상대주의는 불가피하다. 절대적인 기준을 가진 보편적이면서 불변하는 기본 가치는 존재하지 않는다. 단지 어떤 행위의 결과가 얼마나 옳고 얼마나 선한가 하는 정도에 따라 판단 및 결과의 기준이 정해질 뿐이다. 더욱이 변화무쌍한 현대사회에서 비록 동시대에 같은 문화권에 있더라도 윤리적 보편화를 기대한다는 것은 시대에 뒤떨어지는 일이라고 윤리적 상대주의는 주장한다(양옥경 외, 2004).

하지만 윤리적 상대주의에도 제한점이 있다. 이러한 제한점은 윤리적 이기주의와 윤리적 공리주의로 요약된다(Loewenberg & Dolgoff, 1988). 윤리적 이기주의란 다른 사람들에게 어떤 결과를 초래하건 간에 한 개인에게 최고인 것이 최선이라고 주장하는 이론이다. 고대 그리스 철학자인 프로타고라스의 '인간은 만물의 척도이다.' 라는 격언은 개인과 관련된 상대주의를 잘 표현해 준다. 반면에 윤리적 공리주의란, 가장 많은 사람에게 가장 선하다고 생각되는 것을 추구하는 것이 제일 중요하다고 본다. 이러한 윤리적 공리주의가 추구하는 최대 다수의 최대 행복을 목적으로 행동하는 사람들을 목적론자(Telecogist)라고 부른다(Reamer, 1999; 양옥경 외, 2004 재인용). 이들 목적론자들은 미리 예견되는 결과를 세밀하게 점검해서 무엇이 도덕적이고 비도덕적인지 명확히 판단하고 행동한다. 그러나 목적만으로 수단을 정당화할 수 없다는 점에서 이는 한계가 있다. 달성된 목적, 즉 결과를 그 목적이 생성되는 의도에서 분리해서 판단하려는 경향이 있다. 예를 들어 죽음이라는

3) 윤리적 보편주의는 비록 행동의 옳고 그름이 환경이나 상황의 차이에 따라 달라져도 각기 다른 사회가 채택한 규범의 차이에 따라 변하지 않는다는 것이다. 이러한 점이 윤리적 상대주의와 다른 면이라 할 수 있다.

결과를 초래했다고 해서 전쟁터의 군인, 살인범, 안락사를 시킨 의사를 같은 살인자의 범주에 놓고 윤리적으로 판단할 수 있는지 다시 한 번 생각해 봐야 한다. 따라서 이러한 제한을 극복하려면 목적을 달성하고자 할 때 방법을 선정함에 있어 그 결과로 초래될 내용에 대해 반드시 선행해서 평가해 볼 필요가 있다고 본다(양옥경 외, 2004).

(3) 윤리적 딜레마

두 가지 혹은 그 이상의 도덕적 원칙 또는 의무가 동등하고 유용하다고 여겨지면서도 동시에 이 원칙들이 서로 모순이 되는 상황이다. 개인은 이런 경우 그 상황에서 최선의 것을 선택해야 한다. 특히 사회복지실천 상황에서는 두 가지 이상의 윤리적 의무가 있지만 한 가지를 위반하지 않고서는 다른 것을 지킬 수 없는 상황이 필연적으로 발생한다. 이런 경우, 사회복지사는 사회복지실천 전문직의 가치, 사회복지사의 개인적 가치, 사회적 가치 사이에서 갈등하는데, 이러한 가치 갈등은 다양한 윤리적 딜레마(ethical dilemma)를 파생시킨다(이준우 · 이화옥 · 임원선, 2006).

3) 윤리적 딜레마를 분석하고 해결하는 데 유용한 지침들

윤리적 딜레마를 분석하고 해결하는 지침들은 사회복지사들이 윤리적 결정을 하는 데 있어, 윤리적 딜레마에 대한 갈등을 겪을 때, 어떻게 이를 해결할 수 있는지에 대한 통찰을 제공해 준다(Reamer, 1990; 오혜경, 2005; 이준우 외, 2006 재인용).

(1) 첫 번째 윤리지침

행동에 필요한 전제조건(예 생명, 건강, 음식, 정신적 평형상태 등)은 거짓, 비밀누설이나 오락, 교육, 돈과 같은 부가적인 이익에 우선한다는 것이다. 이 지침은 특정 혹은 불특정 개인이 위험한 피해를 입게 되는 경우에 크게 유용하다. 예를 들면 서비스 이용자가 자신의 부인에게 심각한 상처를 가할 수 있는 상황에 직면해 있다고 가정하자. 이런 경우 서비스 이용자의 부인을 보호하기 위해서 서비스 이용자 개인의 비밀보장의 원칙을 지키지 못한다고 해도 제3의 대상자에게 서비스 이용자의 비밀이나 정보를 불가피하게 공개하는 것을 정당화할 수 있다는 것이다. 왜냐하면 특정한 개인이나 불특정 개인들이 당하게 될 불법적인 피해로부터 사회복지사가 이들의 안전을 지키고 보호하는 일은 서비스 이용자 개인의 사적인 권리를 지키는 일보다 우선적으로 이루어져야 하며 이러한 지침은 강제적인 성격을 가질 수 있기 때문이다.

또한 이 지침은 정부의 공적인 기금을 균형 있게 배분하는 데 적용이 가능하다. 즉, 국가의 공적인 예산을 분배하는 데에 우리 사회에서 가장 상처받기 쉬운 사람, 가령 빈민, 장애인, 교육적인 혜택으로부터의 소외계층 등에게 우선적으로 배분하고 예산을 사용하도록 하는 것은 이와 같은 원리에 의해 이루어지는 것이다. 다시 말해 사회적 약자 혹은 저소득 주민들을 위한 서비스에 필요한 예산을 지급하고 우선적으로 이들을 위한 서비스를 제공하는 반면, 사회적으로 주류층에 속한 사람들에게는 특정한 서비스를 제공하지 않는 것을 정당화시킬 수 있는 근거가 된다.

(2) 두 번째 윤리지침

개인의 자기결정권은 존중되어야 하지만 타인의 기본적인 행복에 피해를 입히는 상황이 예상되는 경우에는 자기결정권은 제한받을 수 있다는 것이다. 이는 자기결정권을 가지고 있는 개인이 그들이 원하는 행동을 할 수 있는 권리를 가지고 있다고 해도, 그들의 행동이 다른 사람의 복지와 행복에 위협적인 해를 가하는 경우에는 그들 즉, 서비스 이용자의 권리를 제한할 수 있다는 것이다. 전통적으로 사회복지사는 자신의 서비스 이용자가 자신과 다른 신념을 가지고 다른 행동을 하는 경우에도 서비스 이용자의 결정에 대해 존중해 왔다. 그러나 가령 서비스 이용자의 자녀양육 방식이 아동의 기본 복리를 위협하는 경우, 사회복지사는 부모의 자기결정권리에 제한을 가하는 다음 단계를 택해야 하며 이러한 행동은 사회복지사가 취해야 할 적절한 태도이다.

좀 더 구체적으로 예를 들어 설명하면, 서비스 이용자로부터 자신의 삶을 비관하여 자살을 선택하고, 자살을 할 때, 자신의 장애가 있는 자녀를 살해하고 동반자살을 할 것이라는 이야기를 전해 들었을 때, 사회복지사는 서비스 이용자의 자기결정을 존중해야 하는 실천원칙을 지키는 임무를 수행하기에 앞서 서비스 이용자 자신과 그의 장애 자녀가 피해를 입을 수 있는 상황을 사전에 예방하는 것을 우선 선택해야 할 것이다. 이와 같은 상황에서는 서비스 이용자의 자기결정에 대한 권리는 무시될 수 있는 것이다.

(3) 세 번째 윤리지침

자발적으로 자유롭게 동의한 법, 규칙, 규정 등을 따르는 의무가 개인의 권리를 우선할 수 있다는 것이다. 예를 들면, 출산의 선택과 낙태에 대한 권리를 옹호하는 기관에 속한 사회복지사인 경우, 사회복지사가 기관의 직원들과 자율적으로 낙태에 반대하는 회의에 참석하고 자신이 낙태에 대한 반대 정책을 옹호하는 발언을 한 경우, 다시 말해 사회복지사 개인의 의견이 자신이 속한 기관의 정책과 상반되는 의견을 가지고 있는 경우, 이는 사회복지사가 행하는 정책의 전달을 잘못 수행하고 있음을 뜻하게 되므로 사회복지사의 행위는 당연히 비윤리적인 행위가 된다.

따라서 자신이 속한 기관의 정책에 반대하는 사회복지사는 다른 일자리를 찾아보아야 하거나 혹은 기관의 정책이 잘못되었음을 지적하고 기관의 정책을 변화시킬 수 있도록 노력해야 한다. 또 하나의 예를 들면 사회복지사의 개인적인 의견과 현재 시행 중인 법률, 아동 학대나 방임과 관련하여 강제적으로 보고하도록 되어 있는 법률에 차이가 있어 사회복지사 자신이 법률 규정에 동의하지 않는 경우에도 사회복지사는 제도적인 방법으로 법률의 모순을 지적하고 법률을 개정하기 위해 노력해야 한다. 한편 사회복지사가 법률을 위반하며 서비스를 전달하는 것은 비윤리적인 것이다. 법률은 민주적인 절차를 거쳐서 만들어지고, 사회복지사의 윤리는 이 법률에 의해 구속받게 된다.

(4) 네 번째 윤리지침

개인의 복지권이 법, 규칙, 규례, 지원 단체의 협정에 우선한다는 것이다. 사회복지실천에서 개인의 행복을 위한 권리는 법률, 규칙, 규정 그리고 갈등이 사례에 자발적으로 관여되어 있는 협정을 무시할 수 있다. 법률을 따르고 규칙이나 규정을 지키는 것에 대한 책임은 반드시 당연한 것이 아니며 필요한 경우 때때로 제한을 가할 수 있다. 서비스 이용자의 기본적인 행복에 위협이 가해질 때와 같은 상황이 생겨날 경우, 사회복지사가 법률, 규칙, 규정을 위반하는 일에 대해 정당성을 부여받을 수 있다. '어떤 관점에서 법률 위반이 정당성을 부여받을 수 있는가?' 그리고 '사회복지사가 언제, 어떠한 상황 하에서 법률, 규칙 그리고 규정을 어길 수 있는 피보증 상태가 될 수 있는가?' 하는 문제는 또한 매우 논쟁적인 주제이다.

사회복지사는 사회복지실천에서 어떠한 상황이 불법적인 것인지 혹은 정당화될 수 있는 예외적이고 특별한 상황인지에 관해서 반드시 알고 있어야 한다. 이 밖에도 사회복지사 자신이 속한 전문가협회의 규정들도 만약 그들 각자가 개인적인 행복에 위협을 받는 경우, 자동적으로 인정받을 수 없는 상황이 될 수 있다. 가령 사회복지사가 속한 기관의 제3의 기관으로부터 기금을 제공받는 경우 사회복지사가 속한 기관이 지속적으로 기금을 제공받을 수 있도록 하기 위해, 기관의 책임자가 사회복지사에게 서류를 조작할 것을 명령한 경우, 이 지시를 받은 사회복지사는 이러한 지시를 따라 책임을 수행하는 것을 거부할 수 있음을 뜻한다. 반대로, 사회복지사는 한 걸음 더 나아가 기관 책임자의 비윤리적인 지시에 대항할 수 있는 도전적인 행동단계를 선택하게 될 것이다.

(5) 다섯 번째 윤리지침

기본적인 해악을 방지할 의무와 주거, 교육, 공적 부조 등 공익을 증진할 의무는 개인의 재산 통제권보다 우선한다는 것이다. 인간이 기아 상태에 빠지는 것과 같은 기본적인 욕구에 피해를 입게 되는 것을 예방하기 위한 공적인 책임과 공공의 행동을 변화시키고 기능을 향상시키기 위한 책임, 예를 들어 주택, 교육 그리고 공공부조 등을 제공하기 위한 책임은 특정한 개인 자신이 스스로의 삶을 영위하기 위한 권리에 앞서 행할 수 있다. 이 지침은 욕구가 있음에도 스스로의 힘으로 그 욕구들을 충족시킬 수 없는 사람들에게 도움을 제공하기 위해서 필요한 것이며 동시에 기본적인 욕구에 가해지는 피해를 예방하기 위한 목적일 때 유용하다. 예를 들어 학대아동, 주택과 건강보호를 필요로 하는 사람들 그리고 장애인 등에 대한 서비스 실천을 위해서 큰 힘이 되는 지침이라고 할 수 있다.

이상 5가지 윤리지침은 사회복지사들이 자신의 과업을 수행하는 데 있어서 과업들 가운데 어떤 과업이 우선적으로 실행되어져야 하는지에 대한 고민에 직면했을 때, 이를 해결해 주는 데 도움이 되고 있다. 그럼에도 중요한 사실은 이러한 지침이 얼마나 구체적인지에 관계없이 사회복지실천에서 직면하고 있는 모든 딜레마를 해결해 줄 수는 없다는 것이다. 가장 핵심적인 지침은 서비스 이용자 개인 사례에 이 지침을 적용하는데 어떤 해석을 내려야 할 것인지 신중한 사고를 하는 사회복지사의 능력이라고 하겠다. 그래서 다음으로 다룰 윤리적 원칙은 지금까지 설명한 윤리지침보다 좀 더 구체적이고 실제적인 윤리적 결정에 도움을 줄 것으로 판단된다.

4) 윤리적 원칙

사회복지실천 현장에서 흔히 접하게 되는 윤리적 갈등을 해결하는 가장 보편적인 방법은 원칙들을 서열화하는 것이다. 즉 가장 중요한 것으로부터 덜 중요한 것의 순으로 그 서열을 매기는 것이다. 이렇게 서열화된 원칙은 실제 사회복지실천 현장에서 사회복지사에게 많은 도움을 준다. 특히 신참 사회복지사들에게는 문제해결에 큰 힘이 된다. 그래서 많은 사회복지사들은 비록 원칙을 서열화하는 것이 쉬운 작업은 아니지만 불가피한 일이라고 본다. 그러나 윤리적 원칙들을 서열화하는 것이 사회복지사들에게 어떤 지침을 제공해 주는 것은 사실이지만 지침이라고 해서 그것이 어느 상황에서든 맹목적으로 적용할 수 있는 마술적인 공식을 의미하지는 않는다. 지침은 지침일 뿐이며 완벽한 방정식은 아닌 것이다.

사회복지실천의 윤리적 원칙은 로웬버그와 돌고프의 윤리적 원칙(EPS: Ethical Principles Screem)을 원용하고자 한다. 로웬버그(Lowenberg)와 돌고프(Dolgoff)는 일정 순서에 기초한 윤리원칙을 서열화하여 제시하였다(Lowenberg & Dolgoff, 1996). 로웬버그와 돌고프의 이러한 견해는 윤리적 원칙 스크리닝(EPS: Ethical Principles Screem)으로 사회복지사들에게 널리 활용되고 있다(서미경 외 공역, 2000).

(1) 윤리원칙 1: 생명보호의 원칙

인간의 생명에 대한 보호는 서비스 이용자를 비롯한 모든 사람들에게 적용된다. 이 원칙은 다른 여러 의무나 원칙들에 우선하여 발생한다. 생명에 관한 권리는 모든 권리 중에서 가장 기본적인 것이며, 만약 생명의 권리가 침해되면 어느 누구도 다른 권리를 누릴 수 없다고 볼 수 있다. 그만큼 생명보호의 원칙은 중요하다. 가령 의사는 비록 환자가 몇 년 동안 뇌사상태로 있어 왔고 긍정적인 변화가 일어날 어떤 희망도 없는 상태라 할지라도 생명을 유지하는 기계를 함부로 철회하지 못한다.

(2) 윤리원칙 2: 평등과 불평등의 원칙

평등과 불평등의 원칙은 동등한 사람들이 평등하게 처우되어야 하는 권리를 가지며, 동등하지 않은 사람들은 만약 그 동등하지 않은 이유가 문제가 되고 있는 사안 그 자체에 있다면 불평등하게 처우되어야 한다는 권리를 말한다. 예를 들면 학대받는 아동은 성인과 동등한 위치에 있지 않기 때문에 학대상황이 비록 생과 사의 심각한 경우가 아니어도 학대하는 성인에 대한 비밀보장과 자율성의 원칙은 아동을 보호하는 의무에 비해 더욱 낮은 순위를 차지하는 것이다.

(3) 윤리원칙 3: 자율성과 자유의 원칙

사회복지사는 개인의 자율성과 독립성 그리고 자유를 신장시키는 실천적 결정을 해야 한다. 자유가 매우 중요한 가치이지만 자신이나 다른 사람의 생명의 원칙이 갖는 중요성보다 우선할 수 없다. 어떠한 결정을 하든지 그것은 자신의 자율적인 권리이므로 자신 혹은 다른 사람을 해칠 수 있다는 주장은 그 어느 누구에게도 설득력이 없다.

(4) 윤리원칙 4: 최소 손실의 원칙

사회복지사는 항상 최소한의 손실, 즉 최소한의 영구적인 손상 혹은 가장 쉽게 회복될 수 있는 손실을 초래하는 기회를 선택해야 한다.

(5) 윤리원칙 5: 삶의 질 원칙

사회복지사는 지역사회뿐만 아니라 개인들과 모든 사람들의 삶의 질을 보다 향상시키는 기회를 선택해야 한다.

(6) 윤리원칙 6: 사생활 보호와 비밀보장의 원칙

사회복지사는 모든 사람들의 사생활보호의 권리를 신장시키는 실천적 결정을 해야 한다. 비밀을 누설하지 않고 유지하는 것은 이 의무를 지킨 직접적인 결정이다.

(7) 윤리원칙 7: 진실성과 정보개방의 원칙

사회복지사는 서비스 이용자와 다른 사람들에게 진실을 말하고 모든 관련 정보를 충분히 개방하는 것을 허용하는 실천적 결정을 해야 한다.

5) 윤리적 의사결정 모델

윤리적 의사결정은 로웬버그와 돌고프(Lowenberg & Dolgoff)의 윤리적 의사결정 모델과 에틱(Ethic)의 의사결정 모델(Congress, 1999; 강선경 · 김욱 역, 2005)을 원용하여 설명하고자 한다.

(1) 로웬버그와 돌고프의 윤리적 의사결정 모델

로웬버그와 돌고프의 윤리적 의사결정 모델을 살펴보기 위해서 먼저 윤리적 의사결정 모델의 개념을 살펴보고, 그 다음으로 윤리적 의사결정 모델의 단계들을 정리하고자 한다(이준우 · 이원선 · 이화옥, 2006; 1급 사회복지사 시험연구회, 2008).

① 윤리적 의사결정 모델의 개념

사회복지실천 과정에서의 윤리적 의사결정이란 사회복지실천 과정에서 발생하는 다양한 윤리적 교착상태를 해결하고자 하는 목적에서 사회복지사가 선택할 수 있는 여러 개입행위의 대안들 가운데 가장 윤리적인 것과 관련하여 내리는 윤리적 선택행위를 의미한다. 윤리적 의사결정 모델은 의사결정 과정의 형식에 해당되는 것인데, 어떤 절차를 거치면서 의사결정을 내리는 것이 윤리적으로 의사결정을 내리는 데 도움이 되는지를 제시해 준다.

로웬버그와 돌고프가 제시하는 윤리적 의사결정 모델은 단지 윤리적 의사결정에만 한정되어 사용하는 것이 아니라 일반적인 의사결정단계의 한 모델로서 사회복지실천에서 윤리적 의사결정을 내리는 데 훌륭한 지침이 된다.

② 로웬버그와 돌고프의 윤리적 의사결정 모델

로웬버그와 돌고프의 윤리적 의사결정 모델을 단계별로 세분화하여 살펴보면, [표 1-2]와 같다.

표 1-2 로웬버그와 돌고프의 윤리적 의사결정 모델의 단계별 세부내용

단계	내용
1	• 문제가 무엇인지 그리고 문제를 야기하는 요인은 무엇인지를 확인한다.
2	• 누가 서비스 이용자이고 피해자인지, 지지체계와 다른 전문가 등 해당 문제와 관련된 사람과 단체는 누구누구인지 확인한다.
3	• 사회적 가치, 전문가로서의 가치, 서비스 이용자와 사회복지사의 개인적 가치 등 두 번째 단계에서 확인된 다양한 주체들이 주어진 문제와 관련해서 어떤 가치가 있는지 확인한다.
4	• 주어진 문제를 해결하거나 혹은 최소한 문제의 정도를 경감시킬 수 있는 개입목표를 명확히 한다.
5	• 개입수단과 개입대상을 확인한다.
6	• 확정된 목표에 따라 설정된 각각의 개입 방안의 효과성과 효율성을 평가한다.
7	• 누가 의사결정에 참여할 것인가 결정한다.
8	• 개입방법을 선택한다.
9	• 선택된 개입방법을 수행한다.
10	• 선택된 개입방법이 수행되는 것을 검토하며, 예상하지 않았던 결과가 나타나는지 주의를 기울인다.
11	• 결과를 평가하고 추가적인 문제들이 무엇인지 확인한다.

출처: 1급 사회복지사 시험연구회(2008), 사회복지실천기술론, 나눔의 집, p. 32.

(2) 에틱(ETHIC) 의사결정 모델

앞서 설명한 로웬버그와 돌고프의 윤리적 원칙은 여러 가치들 중에서 우선순위를 매겨 어떤 가치를 우선적으로 고려할 것인가 하는 서열화된 모델을 제안하고 사회복지사가 실천과정에서 최선의 윤리적인 선택을 할 수 있도록 돕고 있다(Lowenberg & Dolgoff, 1996). 하지만 사회복지실천 현장에서 사회복지사들은 짧은 시간 내에 윤리적인 의사결정을 내려야 하는 경우가 빈번하고 일일이 서열을 따지기가 곤란한 상황에 직면하기도 한다. 뿐만 아니라 조직적인 압력에서 벗어나기 위해 속히 의사결정을 내려야 하는 경우도 있기 때문에 심도 깊은 토의나 충분한 논의 없이 의사결정을 속히 해야 하는 경우가 많다.

따라서 사회복지사는 실천 현장에서 윤리적인 결정을 가능한 속히 그리고 효과

적으로 할 수 있는 안내지표나 실천지침이 마련되어야 한다. 다음의 모델은 사회복지사가 윤리적인 결정을 가능한 속히 그리고 효과적으로 하는 데 도움을 제공하기 위해 개발된 것이다(Congress, 1999; 오혜경, 2005 재인용).

① E(Examine, 검토하기)

'E(Examine, 검토하기)' 는 사회복지사의 개인적 · 사회적 가치, 기관의 가치, 서비스 이용자와 전문가의 가치를 검토하는 것이다. 사회복지사의 개인적인 가치, 사회적인 가치, 사회복지실천 기관의 가치, 서비스 이용자의 가치 그리고 실천가인 전문가 가치는 모두 다 사회복지실천과정에서 윤리적인 결정을 하는 데에 영향을 미치게 된다. 이 중에서 사회복지사 자신이 갖고 있는 개인적인 가치 즉, 사회복지사가 자신에 대한 이해는 가장 중요한 검토사항이라고 할 수 있다. 사회복지사는 서비스 실천개입 과정에서 서비스 이용자에게 은연중 나타낼 수 있는 자신의 가치관과 자세를 면밀히 검토할 필요가 있다. 자세는 보통 몸자세와 정신자세 모두를 포함한다.

무엇보다도 중요한 것은 서비스 이용자의 삶에 개입을 하게 되는 사회복지사로서의 마음가짐이나 태도이다. 사회복지사는 전문가이기 이전에 한 개인으로서 자신의 삶의 여러 가지 상황들에 대해 어떤 태도나 마음가짐을 갖고 있는가를 스스로 점검해 볼 필요가 있으며, 이는 전문가로서 서비스를 제공할 때, 매우 중요한 요소가 된다. 우선적으로 사회복지사가 자신에 대해 어떻게 생각하고 느끼는가를 점검하여야 한다. 다시 말해 사회복지사가 자신의 자아존중감 정도를 살펴보아야 한다는 것이다. 사회복지실천 과정에서 사회복지사들은 많은 경우 서비스 이용자의 자아존중감 향상, 사회적 기능 향상, 역량강화 등을 위해 노력한다. 서비스 이용자와 함께 일하는 과정에서 사회복지사들은 서비스 이용자가 처한 다양한 상황으로부터 발생하는 심리사회적 어려움을 직간접적으로 경험하게 된다.

이러한 어려운 상황들을 서비스 이용자로 하여금 원만하게 처리하고 극복해 내도록 노력하는 과정에서 사회복지사 자신의 자아존중감이 중요한 역할을 한다. 사회복지사의 자아존중감이 낮을 경우 이것이 자신도 모르게 서비스 이용자에게 전해져 문제해결을 위한 서비스 이용자의 동기, 의지, 능력 등을 약화시킬 수 있다. 따라서 사회복지사는 자신의 자아존중감의 정도를 주의 깊게 살펴보고, 만일 낮은 자아존중감을 갖고 있다면, 이것이 어디에서 파생되었으며 이것을 향상시키기 위해서는 어떤 노력을 해야 할 것인가를 곰곰이 생각해 봐야 할 것이다.

다음으로는 자신의 욕구를 점검해야 한다. 사회복지사의 충족되지 못한 욕구들이 긍정적이고 건강한 방법으로 충족되지 않는다면 전문적인 원조과정에서 바람직하지 않은 결과로 나타날 수 있다. 즉, 사회복지사가 서비스 이용자와 함께 서비스 이용자의 문제해결을 위해 노력하는 과정에서 사회복지사는 서비스 이용자의 욕구보다는 사회복지사 자신의 충족되지 못한 욕구를 충족시키는 방향으로 문제를 해결해 나가려는 경향을 나타낼 수 있다. 한 예로서, 자기 자신의 명예 욕구를 제대로 충족시키지 못하고 있는 사회복지사는 문제해결 노력 과정에서 서비스 이용자를 조정해 사회복지사 자신에게 너무 의존하게 만듦으로써 권력, 권위, 우월 의식 등의 욕구를 만족시키려 할 수 있다. 따라서 충족되지 못한 욕구의 문제를 갖고 있다고 생각되는 사회복지사는 이들 욕구가 서비스 이용자와의 관계를 통해 은연중에 충족되고 있지는 않은지 경계해야 하며, 궁극적으로는 이렇게 충족되지 못한 욕구를 충족시킬 수 있는 건설적인 방법들을 모색해 보아야 할 것이다.

② T(Think, 고려하기)

'T(Think, 고려하기)' 는 특정 상황, 관련 법률, 사례 결정 등에 사회복지사 윤리강령의 윤리기준을 적용하는 문제를 고려하는 것이다. 우선적으로 사회복지사는 사회복지사 윤리강령을 숙지하고 있어야 한다. 윤리강령에 기초하여 다양한 특정 상황과 법률 등에 맞닥뜨렸을 때, 당황하지 말고 최선의 윤리적 결정을 내려야 한다. 사회복지실천 윤리는 종종 관련 법률과 함께 고려되어야 하기 때문에 사회복지사는 관련 있는 중앙정부, 지방자치단체, 그리고 각 지방의 윤리적 딜레마와 관련될 수 있는 법률규정에 대해 알고 있는 것이 중요하다.

③ H(Hypothesize, 설정하기)

'H(Hypothesize, 설정하기)' 는 각기 다른 결정으로 나타날 수 있는 가능한 결과에 대해 가설을 설정하는 것이다. 여기에서 사회복지사는 윤리적 딜레마를 해결하기 위해 목적론적 가치와 철학을 사용하게 된다. 만약 서비스 이용자의 비밀보장이 확실히 이루어져야 한다고 생각하는 경우에는 사회복지사들은 또 다른 시나리오를 생각해야 한다. 가령 서비스 이용자의 비밀보장이 유지될 경우, 어떤 실천 결과가 나타나게 될 것이며 만약 서비스 이용자의 비밀보장이 유지되지 않을 경우에는 어떤 실천 결과를 기대할 수 있을 것인지에 대해 사회복지사는 실천상 가정이 가능한 가설들을 설정할 수 있어야 한다.

④ I(Identify, 확인하기)

'I(Identify, 확인하기)' 는 사회복지실천에서 가장 상처 입기 쉬운 사람에게 사회복지실천 개입이 우선적으로 수행되었을 때, 이로 인해 혜택을 입은 사람은 누구이며, 혹은 이 경우 피해를 입게 될 사람은 누구인지를 확인해야 한다. 사회복지사가 의사결정을 해야 할 때, 만약 명백하게 옳은 선택이고 다른 대안들은 명백히 옳지 않은 선택인 경우에는 의사결정 사항을 선택하는 일에 있어 어려움이나 갈등을 겪을 필요가 없다. 그러나 사회복지실천에서 이루어지는 선택들의 경우에는 어떤 선택이 가장 바람직하고 유용한 것인지를 파악하기가 어려운 경우가 허다하다. 최선의 선택으로 여기고 결정했음에도 선의의 피해자가 나올 수도 있는 것이다. 그러므로 사회복지사는 마지막까지 선택의 결과를 유추하며 모든 윤리적 과정에 필요한 정보를 확인하는 일이 매우 중요하다.

⑤ C(Consult, 자문 구하기)

'C(Consult, 자문 구하기)' 는 가장 바람직한 윤리적 결정을 위해 슈퍼바이저와 동료들의 자문을 구하는 것이다. 사회복지사들은 중요한 선택의 순간에 가능한 한 다른 사람들의 의견을 경청하고 받아들일 수 있어야 한다. 특히 같은 전문가 집단에 속해 있는 동료들과 상사 그리고 슈퍼바이저로부터의 자문은 대단히 필요하고도 중요하다.

생각 다듬기

1 사회복지사가 여러 영역의 휴먼 서비스 전문가들(예 심리치료사, 재활전문가, 교사, 보조공학 및 의료전문가 등)과 분명하게 차별화되는 요인들을 생각해 보시오.

2 사회복지사의 자질과 역할 그리고 기능에 대해 설명해 보시오.

3 윤리적 딜레마를 분석하고 해결하는 데 유용한 지침들을 설명하시오.

2

Chapter

사회복지와 리더십

1. 리더십의 개념과 유형
2. 사회복지 리더의 책무

모든 조직은 리더십을 필요로 한다. 사회복지기관도 하나의 조직이라 할 수 있다. 그래서 사회복지기관이나 여러 형태의 사회복지 관련 조직도 리더십을 요구한다. 일반적인 조직들은 관료제에 의해 운영되는 경우가 많다. 관료제에서는 리더가 사전 규칙에 의해 위계적으로 설정되어 있다. 이런 조직들과는 달리 사회복지기관에서는 사람과 사람 간, 조직과 사람 간, 조직과 조직 간 연계와 의사소통을 효과적으로 달성해낼 수 있는 사람이 리더가 되어야 한다. 따라서 일반 관료제 리더십이 전통적인 카리스마형 리더십, 제왕적 리더십, 수직관계 중심의 리더십이라면 사회복지기관에서 유용한 리더십은 호감형 리더십, 민주적 리더십, 수평관계 중심의 리더십이라고 할 수 있다(한국사회복지행정학회, 2008).

1 리더십의 개념과 유형

리더의 지위는 특정 시스템에서의 주어진 하나의 역할이다. 리더라는 공식적 역할을 맡은 사람은 리더십을 가지고 있을 수도 있고, 가지고 있지 않을 수도 있으며, 이끌 능력이 있을 수도 있고, 없을 수도 있다. 리더십은 본질적으로 한 사람의 기술과 능력 그리고 그 영향력의 정도와 관련된다. 이끌기는 한 사람이 타인에게 영향을 미치기 위하여 그의 역할과 리더십 능력을 활용한 결과이다. 어떤 사람은 다른 사람보다 더 훌륭한 자연적 은사를 갖고 태어나는 것이 사실이지만, 이끄는 능력은 참으로 온갖 기술의 집합이라고 말할 수 있다(Brueggemann, 2002). 그리고 그 기술들은 거의가 습득되고 향상될 수 있는 것들이다. 그러나 그 과정은 하루아침에 이루어지는 것이 아니다. 리더십은 복합적이다. 리더십은 많은 측면을 갖고 있다. 품위, 경험, 감성, 사람 다루는 법, 자제력, 비전, 추진력, 타이밍 등 헤아릴 수 없이 많은 요소가 필요하다. 효과적인 리더가 되기 위해서는 이런 많은 양념들을 필요로 한다(Brueggemann, 2006).

1) 리더십의 개념

가장 넓게 보면, 리더십은 어떤 목표를 성취하기 위하여 타인에게 영향을 미치는 능력으로 정의될 수 있다. 즉 리더는 어떤 목적을 향하여 한 사람이나 일단의 협력자를 이끈다. 그래서 리더십은 영향력이다. 모든 힘의 본질은 다른 사람들을 참여시키는 데 있다. 자발적인 사회복지기관에서는 따르는 사람들이 억지로 리더를 따르지 않는다. 따라서 리더가 따르는 사람들에게 영향력이 없다면, 그들은 리더를 따르지 않는다(채천석 역, 2002). 물론 리더들은 모든 영역에서 영향력을 소유하지는 못한다. 또한 영향력은 긍정적이기도 하고 부정적이기도 하다. 그래서 영향력에는 책임이 따른다. 리더로서의 무능력을 경험한 많은 사회복지사들은 다른 사람들을 이끌려고 하는 노력을 포기하고 나시금 시노하지 않을 수 있다. 그래서 다른 사람들에게 영향을 주는 것은 선택이다. 그러나 분명한 것은 좋은 리더가 되려고 애써야 하는 직업이 바로 사회복지사라는 점이다(Brueggemann, 2006).

사회복지기관이나 조직에서는 '리더십'을 '관리'와 대조시켜 살펴볼 필요가 있다. 관리는 전형적으로 다른 사람을 통하여 일을 완수하는 것으로 정의된다. 이와는 대조적으로, 리더십은 다른 사람이 일을 완수하도록 하는 것으로 정의된다. 따라서 리더십은 타인의 동기를 유발시키고 영향을 미치는 활동과 밀접하게 관련되어 있다(김광열 · 전경숙 역, 2006). 이러한 리더십의 특성은 사회복지가 지향하는 가치와도 일맥상통한다. 서비스 이용자가 스스로 자기 역량을 갖추어서 자립적인 생활을 해 나갈 수 있게끔 하는 것이 사회복지실천의 가장 중요한 책무 중의 하나인데 이를 실현하기 위해서는 반드시 바람직한 리더십을 통해야 한다는 것이다.

(1) 관리자와 리더의 차이

관리자들은 사람들을 압박하고 강요하지만 사회복지 현장에서 요구하는 진정한 리더들은 스스로 모범을 보임으로써 사람들을 이끈다. 관리자들은 부하들에게 일을 끝내라고 명령하지만 사회복지 리더들은 일을 끝내도록 격려한다. 관리자들은 엉덩이 밑에 불을 놓지만 사회복지 리더들은 배를 따뜻하게 해 준다. 직접 참견하는(Hands on) 관리자들은 복종심을 키우고, 간접적으로 돌보는(Hands off) 사회복지 리더는 독립심과 능력을 키운다. 관리자는 자신이 특별한 클럽에 속한다고 생각하는데, 사회복지 리더는 부하 사회복지사 직원들로부터 존경을 받는다. 관리자는 부하 직원의 성공에 따른 공을 받지만 사회복지 리더는 스포트라이트를 피하고, 그 공을 받아야 할 사람을 빛내준다. 다음은 미 해병대에서 쓰는 관리자와 리더의 차이를 정리해 놓은 것이다. 사회복지 리더가 나아가야 할 방향을 단순하면서도 분명하게 제시해 놓았다고 본다.

> 일이 잘못되었을 때,
> 관리자는 '누구에게 책임이 있는가?' 라고 묻고
> 리더는 내가 책임을 진다고 말한다.
> 관리자는 시간 외 근무를 하고
> 리더는 항상 일한다.
> 관리자는 항상 자신의 존재를 인식시켜야 하지만,
> 리더는 멀리서도 감명을 준다.
> 심지어 무덤에서 조차….

결국 사회복지 리더는 사회복지기관이나 사회복지조직의 체계 안에서 서비스 이용자의 행복한 삶을 구현해야 하는 소명적 직업목표를 달성하기 위하여 일단의 협력자를 '이끄는' 영향력을 사용하는 전문가이다. 이 관점에서 사회복지 리더는 다음의 두 가지로 활동한다. 첫째, 관계성의 촉진(사람), 둘째, 과업 활동의 중심성(일), 즉 리더십의 주된 두 행동은 과업 행동과 관계 행동이다. 이준우 · 이화옥 · 임원선(2006)에 의하면 사회복지실천은 한마디로 말해 '만 · 사 · 대 · 전 · 복' 인데, 이는 서비스 이용자를 만나고 사귀고 대화해서 전문적으로 사회복지 서비스를 제공하는 것이다. 여기에서 '만 · 사 · 대' 는 관계 행동을 의미하며 '전 · 복' 은 과업 활동의 영역에 속한다고 볼 수 있다. 이렇게 볼 때, 사회복지실천의 핵심적인 활동 내용은 사회복지 리더로서 사회복지사가 발휘하는 리더십을 통해 이루어진다고 해도 과언이 아닌 것이다. 따라서 사회복지사는 질 높은 사회복지실천 개입을 실현하기 위해 바람직하면서도 유용한 리더십을 사용할 수 있어야 한다.

2) 리더십의 5가지 수준

리더십에 대한 많은 연구와 주장이 있지만 '존 맥스웰'이 제시한 '리더십' 만큼 사회복지 리더십에 적용될 만한 것은 없다고 본다(강준민 역, 1997; 강준민 역, 2003; 김성 역, 2005). 존 맥스웰은 리더십을 5단계의 수준으로 정리해서 소개하였다(채천석 역, 2002; 김광열 · 전경숙 역, 2006).

(1) 직위

모든 사람 가운데 가장 낮은 수준의 리더십은 칭호나 직위에 근거한 리더십이다. 만약 사람들이 시설장이나 팀장이기 때문에 그를 따른다고 한다면, 그는 단순히 직위 리더를 가진 사람이다. 사람들은 그를 따라야 하기 때문에, 혹은 그들이 해야 한다고 생각하기 때문에 오직 그를 따른다. 사실 모든 리더십은 직위 리더십에서 시작한다. 하지만 오랫동안 이런 수준에만 머물러 있다면 그 리더십은 점점 약화된다. 단지 시설장이기 때문에 그를 따랐다면, 사회복지사들은 곧 그에 대한 존경심을 잃게 된다.

(2) 승인

리더십의 다음 단계는 사람들과 리더의 관계성에 근거한다. 따르는 사람들이 리더를 좋아하고 그를 신뢰하게 될수록 그들은 스스로 원해 그 리더를 따르기 시작한다. 리더의 리더십이 사람들로부터 승인을 얻을 때, 전체 리더십의 과정은 모든 사람에게 즐거운 것이 될 수 있다. 하지만 긍정적인 관계만 가지고 지속적인 리더십을 창출해 내기는 어렵다. 긍정적인 리더십의 보상을 상승시키기 위해서는 다음 단계로 나아가야 한다.

(3) 생산

생산의 단계에서 영향력은 더욱 공고해지고, 리더와 따르는 사람들이 함께 일구어 내는 것이기 때문에 존경심이 상승된다. 사람들은 리더가 팀과 조직을 위해 한 일 때문에 그를 따른다. 사람들은 결과를 좋아한다. 특히 자신들이 그 성공에 참여했을 때 빚어진 결과를 더욱 좋아한다. 생산의 단계에서 리더와 따르는 사람들은 더불어 성공을 즐기기 시작한다.

(4) 사람을 키우는 것

리더들이 갖는 최상의 소명은 사람들의 잠재력을 개발시키는 일이다. 훌륭한 사회복지 리더들은 다른 리더들의 잠재력을 최상에 이르도록 돕는다. 사람을 키우는 리더는 따르는 사람들에게 영감을 주고 이끄는 데서부터 리더들을 키우고 이끄는 대로 전환한다. 리더가 또 다른 리더들을 키우는 사람이 될 때, 사람들 가운데 리더 자신의 리더십을 효과적으로 재생산해 낼 수 있고, 그들의 능력을 극대화해서 발휘하도록 할 수 있다. 리더가 따르는 사람들과 보내는 시간은 투자이다. 결과적으로 팀을 위해 리더가 한 일뿐만 아니라 그들을 위해 리더가 한 일로 인해 리더는 존경을 받게 된다.

(5) 인격

리더십의 마지막이자 다섯 번째 단계는 인격이다. 그것이야말로 참된 존경을 받는 단계를 말한다. 자신의 삶을 서비스 이용자들과 사회복지기관과 조직을 발전시키는 데 헌신한 사회복지 리더는 오랫동안 놀라운 영향을 미친다. 따라서 사람들은 그가 누구이고 진정 어떤 모습이었는가 하는 것 때문에 리더를 따르게 된다. 리더는 최고 가운데 최고라고 말할 수 있다.

3) 리더십의 유형

리더십에는 몇 가지 유형이 있다. 이를 사회복지실천에 적용하여 구체적으로 설명하면 다음과 같다(강준민 역, 1999; 김경섭 · 박창규 역, 2001; 강준민 역, 2003; 김광열 · 전경숙 역, 2006; 정진선 · 문미란 역, 2008).

(1) 독재적 리더십

독재적 리더는 생산이나 효율의 극대화를 위해 완전히 통제하는 것을 목표로 삼고 있으며, 부하 직원들이 반드시 따라야 할 목표를 제시할 필요가 있다고 생각한다. 따라서 사회복지기관장이나 실질적인 운영자들이 제시하는 목표는 곧 조직의 목표가 되며 부하 사회복지사 직원들은 이를 반드시 달성해야 한다. 이러한 형태의 사회복지실천에서 사회복지사 직원들이 자아실현 욕구를 충족시킬 수 있는 여지는 거의 없다고 할 수 있다. 독재적 리더십 행동은 전통적인 관료적 조직에 의한 인간에 대한 비판적인 가정에 근거하고 있다.

(2) 안내와 돌봄의 리더십

안내와 돌봄은 학습과 변화가 일어나는 환경과 관련해서 지원하고 지지하는 행위와 과정을 말한다. 안내하는 일정 경로(path)에 따라 상대를 현재 상태(present state)에서 소망하는 상태(desired state)로 인도하는 행위이며 과정이다. 이는 안내하는 가이드가 전에 그곳에 있어본 적이 있어 그곳에, 즉 소망하는 곳에 도착하는 어떤 길이나 최선의 길을 알고 있다는 것을 전제로 한다. 사회복지 리더가 함께 일하는 부하 사회복지사 직원들의 돌봄이나 후견인(custodian)이 된다는 것은 사회복지사들에게 안전하고 지지하며 후원하는 환경을 조성해 주는 것을 의미한다. 처한 외부 상황(external context)에 지속적으로 주의를 기울이며 상대가 필요로 하는 것들이 있는지 그리고 외부로부터 불필요한 산만함(distractions)이나 방해(interferences)는 없는지 등을 확인한다.

(3) 코칭 리더십

코칭은 사회복지 리더가 부하 사회복지사 직원이 갖고 있는 능력 수준의 절정에서 업무를 수행(performing)하도록 돕는 과정이다. 스포츠 트레이닝 모델에 뿌리를 둔 개인 코칭 방법들은 첫째, 사회복지사 직원들로 하여금 자신이 갖고 있는 자원(resources)과 능력(abilities)을 의식적으로 각성할 수 있도록 촉진시키고(promoting), 둘째 의식적으로 자신의 역량(competence)의 수준을 개발하는(developing) 것이다. 코칭은 주의 깊은 관찰과 피드백을 통해 상대의 장점을 끌어내고, 팀의 일원으로 그 역할을 잘 할 수 있도록 돕는다. 유능한 코치로서의 리더십을 발휘하는 사회복지 리더는 부하 사회복지사 직원의 행위를 관찰하며 상대에게 구체적인 상황이나 상태(specific context and situations)에서 어떻게 보다 더 사회복지실천을 잘 수행할 수 있는지에 대해 도움과 안내 그리고 지침을 준다. 코칭은 사회복지사 직원들이 성취해야 하는 것으로 규정된 사회복지실천의 특정 목표들에 직원들 스스로가 집중하여 이를 통해 궁극적으로 서비스 이용자의 긍정적인 변화를 만들어 낼 수 있는 실질적인 사회복지실천 기술과 능력을 배양하게끔 한다.

(4) 교습 리더십

교습(teaching)은 사회복지사 직원의 인지적 기술과 용량(cognitive skills and capabilities)을 개발하는 것과 연관되어 있다. 교습의 목표는 일반적으로 학습 영역과 관련해서 사회복지사 직원의 '사고 기술(cognitive skills)과 역량(competence)'을 높이는 것이다. 교습은 특별한 상황에 특별한 수행능력보다는 일반적 인지능력을 습득하도록 돕는 데 초점을 둔다. 교사로서의 사회복지 리더는 사회복지사 직원들로 하여금 사고나 행동의 새로운 전략들을 발전 및 개발할 수 있도록 돕는 사람이다. 교습은 이미 습득한 수행능력을 정교히 하는 것보다는 새로운 학습(learning)에 강조점을 둔다. 이를 위해서 사회복지 리더는 늘 새로운 사회복지 경향과 실천기술 등을 부하 사회복지사 직원들보다 먼저 연구하고 숙지해 놓고 있어야 한다. 그래야만 교습 리더십을 효과적으로 발휘할 수 있다.

(5) 멘토링 리더십

멘토링(mentoring)은 사회복지사 직원들을 믿고 그들의 '긍정적 의도(positive intentions)'를 긍정적으로 지지함으로써 사회복지사 직원이 자신의 무의식적 역량(unconscious competence)을 발견해 내고 내적 저항(resistance)과 방해물(interferences)들을 극복하도록 인도하는 것을 의미한다. 멘토로서의 사회복지 리더는 자신을 한 예로 삼아 상대 사회복지사 직원의 내적 지혜와 '공진(共振)하거나(resonating with)' 풀어내주고(releasing) 드러나게(unveiling) 해 긍정적인 방법으로 상대의 신념과 가치를 형성하거나 영향을 주는 사람들이다. 이런 종류의 멘토링은 종종 멘토가 상대의 일부로 내재화되어 더 이상 외적으로 존재할 필요가 없다. 이런 사람들은 삶의 다양한 상황에서도 이러한 '내적 멘토(inter mentors)'들을 품고 다니며 실제적인 도움을 받는다.

(6) 스폰서링 리더십

스폰서링(sponsoring) 리더십은 상대의 본질(essence)이나 정체성(identity)을 보고 곧 알아보며(recognizing) 승인하는(acknowledging) 과정을 의미한다. 상대를 본질로 다시 보고 그것을 축복하는(seeing and blessing) 일체의 것들을 포함한다. 스폰서십(sponsorship)은 상대가 되는 사회복지사 직원의 정체성 발전과 핵심 가치(core values) 개발에 초점을 두며, 그 안에 존재하는 가능성들을 찾아내고 지켜주는 것을 의미한다. 효과적인 스폰서십은 한 사람이나 집단 안에 이미 존재하고 있지만 아직 그 모든 역량이 온전히 드러나지 않은 어떤 것을 찾아내 개발(promotion) 시키고자 하는 헌신의 결과이다. 이런 스폰서십은 상대에게 지속적으로 다음과 같은 메시지들을 전하므로 형성된다. "당신을 보고 있습니다. 당신이 존재하고 있다는 것을 보고 있습니다.", "당신은 소중합니다(valuable).", "당신은 중요하고(important) 특별하며(special) 유일합니다(unique).", "당신은 여기에서 환영받고 있습니다(you are welcomed).", "당신은 여기에 속합니다. 당신은 당신이 있어야 할 곳에 있습니다. 당신은 여기에 있을 자격이 있습니다(you belong here).", "당신은 우리에게 기여할 바가 있습니다.", "당신은 우리에게 의미 있는 존재입니다."

(7) 각성 리더십

각성(awakening)은 코칭, 교습, 멘토링 그리고 스폰서십을 초월해 비전, 소명(mission or calling) 그리고 영적 수준에 깊은 영향을 주는 과정을 의미한다. 각성케 하는 자(awakener)는 상대가 이해하고 있는 사랑, 참자아, 그리고 영성의 최상수준을 끌어낼 수 있는 환경과 경험을 제공하며 상대를 지지하고 인도한다. 각성 리더십을 발휘하는 사회복지 리더는 자기 자신의 신실성(integrity)과 일치성(congruence)을 통해 상대가 되는 사회복지사 직원들을 일깨운다. 자기 자신의 소명과 비전과 온전히 접촉한 상태에서 다른 사람들을 자신의 소명과 비전에 접촉할 수 있도록 인도한다.

(8) 민주적 리더십

민주적 리더십의 특징은 참여적인 의사결정 및 목표 설정에 있다. 즉, 부하 사회복지사 직원은 아이디어와 제안을 사회복지 리더에게 제시할 수 있다. 이와 같은 상황에서는 리더와 부하 직원 간의 협동과 상호 의사소통이 반드시 필요하며, 리더는 부하 직원의 개인적인 욕구를 인정하고 지원해 주어야 한다. 이렇게 민주적 리더십 하에 직원들에게 작업에 대해서 더 많은 자율성과 자기 통제력이 주어질 때, 생산성이 더욱 증대된다.

(9) 자유방임적 리더십

자유방임적 리더십을 가진 사회복지기관장이나 운영자는 자문기관으로서의 역할을 하며, 부하 직원들에게 자신들의 목표를 세우게 하고, 이러한 목표를 달성하는 데 적합한 정책을 수립하도록 허용한다. 즉 의사결정의 책임을 거의 아무런 방향 제시도 없이 부하 직원들에게 돌려 버린다. 이러한 리더십 유형은 스스로의 활동력을 얻기 위해 구성원의 멤버십에 의존해야 하기 때문에 공식 조직에는 도움이 되지 않는다. 또한 공통의 목표 대신에 자신들의 목표만을 추구하고 있는 서로 독립된 집단들도 통합시키지 못한다. 결과적으로 확고한 권한을 가지지 못한 리더는 부하 직원들이 조언을 구하지 않는 한 내부적 갈등이 생겨도 이를 해결하지 못하게 된다. 또한 이러한 상황에서는 문제해결의 속도가 매우 느리고 부하 직원들은 업무를 회피하거나 업무에 흥미를 갖지 않게 되며 따라서 혼란을 초래할 우려도 있다.

2 사회복지 리더의 책무

사회복지 리더는 이상에서 다룬 리더십의 개념과 유형을 분명하게 파악해서 실제적으로 사회복지기관과 조직에서 리더십을 발휘하여야 한다. 사회복지 리더가 리더십을 가지면서 담당해야 할 책임과 의무는 다음과 같다(Brueggemann, 2006; 김경섭 · 박창규 역, 2001; 김광열 · 전경숙 역, 2006).

1) 공유된 비전과 가치 창출

사회복지기관이나 사회복지조직이 '사명선언문' 혹은 '비전선언문'을 갖고 있지 않거나 가지고 있더라도 사회복지조직의 모든 구성원들에게는 사명선언에 대한 깊은 이해가 결여되어 있고, 그래서 당연히 그에 대한 헌신이 없을 경우가 많다. 많은 사회복지기관이나 조직 운영자들은 대부분 조직 내 모든 위계 수준의 구성원들이 공유할 수 있는 비전과 가치를 지닌 사명선언문을 작성하는 것이 무슨 의미가 있는지 실제적으로 깨닫지 못하고 있는 것으로 보인다. 사명선언문을 만드는 일에는 인내와 장기적인 안목, 조직원들의 의미 있는 참여가 필요하다. 그럼에도 우리나라의 많은 사회복지기관이나 조직들은 사명선언문을 설사 가지고 있다 하더라도 대부분의 조직 구성원들은 그 사명선언문의 내용에 헌신하지 않고 있다.

왜냐하면 사명선언문을 개발하는 데 자신들이 직접 참여하지 않았기 때문이다. 따라서 그것은 사회복지조직 문화의 일부로 자리 잡지 못하게 된다. 조직 문화란 조직 내에 공유되고 있는 비전과 가치가 표현되는 하나의 형태를 의미하며 이러한 비전과 가치는 사회복지조직의 사명선언문에 잘 나타나 있어야 한다. 또한 그와 같은 사명선언문은 조직 내 모든 위계수준의 구성원들이 함께 참여해서 작성해야 하고, 모두가 그 내용을 십분 이해하며, 나아가서 그 내용을 실천해야 한다.

사회복지 리더는 자신이 운영하고 있거나 그 운영의 중요한 책임자로서 일하고 있는 사회복지기관이나 조직이 효과적으로 사회복지실천을 해 나가도록 모든 조직 구성원이 공유할 수 있는 비전과 가치를 함께 협력하여 창출해 낼 수 있어야 한다.

2) 전략적 경로 개발

전략이 잘 개발되어 있지 않거나 개발되어 있더라도 현실성이 없을 경우가 있다. 사회복지 리더는 사회복지조직이 성공적으로 사회복지실천을 수행할 수 있도록 그것을 뒷받침할 수 있는 효과적인 전략을 개발해야 할 책무가 있다. 훌륭한 전략은 비전과 환경, 이 두 가지를 모두 반영하고 있어야 한다. 비전과 가치가 충분히 반영되면서 동시에 그 비전을 실현할 수 있는 여건을 조성할 수 있는 전략이 기획되어야 하는 것이다.

또한 좋은 전략은 일사분란하게 조직이 운영될 수 있도록 사회복지조직의 구조와 공유된 가치, 비전과 체계, 조직의 구조와 체계가 각각 한 방향으로 잘 정렬되게끔 한다. 다시 말해 공유된 비전과 가치를 향해 조직의 구조와 체계가 유기적으로 잘 어우러져서 운영될 수 있도록 전략이 기획되어야 그것이 좋은 전략이 될 수 있다는 것이다. 가령 사회복지 리더가 기관이나 조직을 운영하기 위해 전략을 기획할 때, 그 전략의 내용이 공유된 비전이나 가치와 실제 리더의 기관 운영방침이나 방식과 일치하지 않거나 또한 전략에 담겨 있는 리더의 기관운영 형태가 사명선언문의 비전과 가치를 구현함에 있어서 일관성을 유지하지 못하게 되는 경우 그 전략은 문제가 있는 것으로 볼 수 있다. 그리고 그와 같은 전략은 사회복지기관의 발전에 도움이 되는 경로가 되지 못하게 된다.

3) 직원에 대한 신뢰

신뢰는 모든 효과적인 인간관계와 조직 활동의 기초가 된다. 사회복지조직 문화에 높은 수준의 신뢰가 있어야만 사회복지사 직원의 업무능력은 향상될 수 있다. 사회복지사 직원에 대한 신뢰 수준이 낮아지면 사회복지 리더와 직원 간의 의사소통이 폐쇄적으로 되고 문제해결능력이 모자라게 되며 협력과 팀워크는 무너지게 된다. 리더로부터 신뢰를 받지 못하면 직원을 대상으로 아무리 사회복지실천기술을 훈련시킨다 해도 서비스 이용자에 대한 서비스의 질은 떨어지게 된다.

신뢰 수준이란 '나는 당신을 믿을 수 있다.' 거나 혹은 '당신은 신뢰할 만한 사람이다.', '당신은 자기 실수를 인정하는 사람이다.', '당신은 가까이 하기 쉬운 사람이다.', '당신은 개방적이고 배울 자세가 되어 있다.', '당신은 약속을 하면 지키는 사람이다.' 라는 등의 느낌을 가리키는 말로서, 다른 모든 것을 보장해 주는 기반이 된다. 이런 기반 속에서는 각 직원들이 임파워먼트를 받게 될 것이다. 왜냐하면 자신이 존중받고 있으며 인정받고 있다는 사실을 깨닫게 되기 때문이다. 여기에서부터 자신감이 생기고 어느새 자신의 역량이 강화되는 것이다.

그래서 사회복지실천은 사회복지조직의 구조와 운영 방식 그리고 운영의 효율성에 기초를 두는 것이 아니라 사람에 초점을 두는, 사람 중심의 활동이다. 그래서 사회복지실천의 성패를 좌우하는 가장 중요한 요인은 사회복지사의 성품과 능력에 달려 있다고 해도 과언이 아니다. 돈이 부족해도 시설이 열악해도 사회복지사의 열정과 성실이 담보되면 사회복지실천은 구현될 수 있다. 그래서 사회복지실천에서의 리더십은 사람이 최고의 가치를 지니고 있다는 사실에서부터 출발해야 한다. 왜냐하면 사회복지실천에서 사람이야말로 개인 차원, 대인관계 차원, 관리 차원 그리고 조직 차원에서 필요로 하는 모든 것을 생산해 내는 원천이기 때문이다.

4) 직원 임파워먼트 실현

사회복지 리더는 사회복지사 직원들을 임파워먼트 해야 한다. 이를 위해 다음의 5가지를 하여야 한다.

(1) 기대성과의 명시

사회복지 리더가 직원들에게 어떤 성과를 기대하는지 직원들과 함께 논의하면서 밝힐 필요가 있다. 그리고 성과를 양과 질의 모든 면에서 구체적으로 명시하게끔 직원들과 합의하여 발표해야 한다. 또 그에 대한 예산과 일정표를 세워야 한다. 그러면서 직원들에게 그 성과를 산출해야 함을 공식화해야 한다. 그러나 그 성과를 달성하기 위한 최선의 방법과 수단은 사회복지사 직원들이 스스로 찾아내도록 맡겨 둘 필요가 있다. 목표를 완수하는 날짜와 시간의 한계를 정해야 하며 그 목표들은 반드시 사회복지조직의 전략과 목표, 직무설계 등이 개인의 가치와 목표, 욕구와 능력과 일치되는 부분을 나타낼 수 있어야 한다. 이를 통해 사회복지 리더와 사회복지사 직원들이 서로 기대하는 바를 명확히 하고, 그 기대성과를 달성하기 위해 서로 헌신할 것을 다짐해야 한다.

(2) 실행지침 수립

기대성과를 얻기 위해 반드시 필요하다고 생각되는 원칙과 정책, 절차에 관해서라면 사회복지 리더는 비록 그것이 사소한 것이라 해도 무엇이든지 직원들과 의논하는 것이 좋다. 리더와 직원 간의 의사소통에는 최대한의 자율과 유연성을 담보해야 한다. 그래야만 직원들은 두려워하지 않고 자기의 의견을 표현할 수 있다. 이러한 과정을 거치면서 일정한 실행지침을 세워야 한다. 실행지침에는 사회복지조직의 목표를 달성하거나 조직의 가치를 유지시키는 데 해서는 안 될 사항이나 실패 사례까지도 명시되어야 한다.

우리나라의 경우 많은 사회복지조직에서 이러한 실패 사례나 금지 사항을 명시하지 않음으로써 사회복지실천을 통해 추구하는 목표를 실현하는 여러 노력들이 수포로 돌아가 버리곤 한다. 해야 할 것만 명시되고 하지 말아야 할 것과 하지 못했을 때, 대처해야 할 내용이 지침으로 제시되어 있지 않아서 조직의 목표 관리는 어려워지게 된다. 이렇게 되면 해도 되고, 안 해도 되는 식의 사회복지조직 문화가 형성될 수 있다.

(3) 가용자원 명시

사회복지사 직원들이 기대성과를 달성하려 할 때에 도움이 될 수 있는 이용 가능한 재정적 · 인적 · 기술적 · 조직적 자원을 명시해야 할 필요가 있다. 동시에 조직의 구조 및 체계의 배치와 그 과정에 대해 확실히 언급해야 한다. 직원들에게 업무 수행에 필요한 자원을 알려주고, 인적 · 물적 자원을 어떻게 활용할 수 있는지도 알려주어야 한다. 그러나 때로는 직원들이 사회복지 리더에게 접근할 수 있는 일정한 한계를 설정할 필요도 있다. 직원들의 입장에서는 리더도 하나의 자원일 수 있는데, 이 때 직원들이 리더와 상호작용하는 수준과 범위는 어느 정도 정해져야 할 필요가 있다. 가령 인사 발령의 문제에 있어서는 추천이나 의뢰, 청탁 등이 생기지 않게 하는 것 등을 들 수 있다.

(4) 성과평가 규정

사회복지 리더가 사회복지사 직원들에게 성과에 대한 확인을 규정해 주는 것은 사회복지조직을 발전시키는 주요한 방법이 된다. 만일 책임 소재나 한계가 분명치 않다면 직원들은 점차 책임감을 잃어버리게 되고, 업무수행이 부진해지며 이를 상황이나 남의 탓으로 돌리게 될 가능성이 크다. 그러나 직원들 스스로가 수용 가능한 정확한 업무 수행 기준을 설정하는 일에 직접 참여하게 된다면 그들은 기대성과 달성에 대한 막중한 책임감을 느끼게 될 것이다. 업무성과는 측정과 관찰, 면담 등 다양한 방법으로 평가할 수 있다. 사회복지 리더는 업무 수행을 어떤 방법으로 평가할 것인지를 명확하게 해야 한다. 또한 진행 과정에 대한 전반적인 사항을 공지하고, 그 시기와 방법을 정해 주어야 하며, 성과평가가 이루어지는 시기와 방법에 대해서도 미리 명시해야 한다.

(5) 결과에 따른 보상체계 확립

기대성과를 달성하거나 혹은 그렇지 못한 경우, 어떤 상벌이 제시될 것인지에 대한 확실한 이해가 마련되어야 한다. 우리나라의 경우 대부분의 사회복지조직에서 직원의 업무 수행 결과에 따른 보상체계가 분명하게 정립되어 있지 않은 실정이다.

하지만 분명한 보상체계가 확립되어 있어야만 보다 효과적이며 효율적인 사회복지 조직 운영이 가능할 것이다. 따라서 긍정적인 결과에는 인정이나 표창, 새로운 업무 할당이나 훈련 프로그램의 제공, 보다 유연한 업무 일정, 휴가나 책임 범위의 확대, 보너스나 승진 같은 금전적 혹은 심리적인 보상이 포함되며 부정적인 결과에도 징계에서부터 재훈련 혹은 해직에 이르기까지 다양한 처벌 규정이 마련되어 있어야 한다.

생각 다듬기

1 리더십의 유형 중에서 자신에게 가장 적합한 유형이 무엇이며, 앞으로 사회복지 리더로서 가장 선호하는 유형은 어떤 것인지를 말해 보시오.

2 직원들을 임파워먼트 하기 위해 사회복지 리더가 해야 할 일들에 대해 생각해 보시오.

PART II

주요 사회복지실천 모델과 개입기술

사회복지사가 진정으로 사회복지실천 모델과 개입기술에 따라 서비스 개입을 하기 위해서는 특정한 실천 모델과 기술을 숙달하는 것도 중요하지만 그에 앞서서 인간에 대해 깊이 이해하는 것이 매우 필요하다. 물론 유용한 전문 사회복지실천 기술들을 사회복지사는 반드시 익혀야 한다. 그리고 효과적으로 사용할 수 있어야 한다. 그럼에도 사회복지실천에서 역시 가장 소중한 것은 인간에 대한 존중과 배려이다. 그래서 사회복지실천기술은 충고나 훈계 또는 치료보다는 대화가 주를 이루어야 하며 신뢰와 정직, 자기 절제 그리고 상호 책임을 바탕으로 개입실천이 이루어져야 한다. 또한 결과 지향적이고, 목표를 성취하는 데 초점을 맞추면서 약점과 장애물에 대해 논의하지만 강점과 긍정적 변화를 강조해야 한다. 동시에 사람들은 많은 자원들을 활용할 능력이 있으며 문제해결을 향해 목표를 세우고 그것을 성취할 수 있다고 가정할 수 있어야 한다. 그래서 사회복지사는 서비스 이용자들의 최대 수행 능력을 발휘하도록 도울 수 있어야 한다. 변화란 언제나 일어나고 있으며, 때로는 혼란스럽기도 하지만, 한편으로는 종종 긍정적이며 대개의 경우 성장을 가져오는 것임을 인정할 필요가 있다.

그래서 사회복지사는 서비스 이용자를 대할 때, 사랑의 마음으로 듣고 판단이나 정죄를 보류하도록 해야 한다. 이렇게 함으로써 사회복지사는 자주 배신감을 느끼고 무시당했다고 느껴 온 사람들과 신뢰 관계를 형성할 수 있게 된다. 즉 사회복지사는 서비스 이용자를 존중하는 마음을 보여주어야 한다. 사회복지사가 진지하다는 것을 보여주어야 한다. 나아가 서비스 이용자를 복합적인 전체, 즉 약점뿐 아니라 강점을 지니고 있고, 병리적 증상뿐 아니라 건강한 측면을 지니고 있으며, 잘못된 현실인식뿐 아니라 최악의 상황에서 설명할 수 없는 놀라울 만한 현실 판단력을 지니고 있는 존재임을 가슴으로 이해할 수 있어야 한다.

바로 이런 기본적인 전제를 가지고 사회복지사는 여러 실천 모델들과 개입기법들을 익혀 그것들을 통합적으로 활용할 수 있어야 한다. 서비스 이용자의 성향과 문제 상황이 다양한 만큼 사회복지사의 개성도 천차만별이다. 그래서 어느 특정한 모델이 사회복지실천기술 전체를 담아낼 수는 없는 것이다. 그래서 사회복지사라면 여러 실천 모델들과 개입기법들을 통합적 접근으로 개발하는 것이 얼마나 유용한 일인지를 현장에서 일할 때, 분명하게 깨달을 수 있게 될 것이다. 물론 통합의 기준이 되는 준거틀은 역시 생태체계적 관점과 강점 시각이다. 그 준거틀 하에서 다양한 실천 모델들과 개입기법들이 서로 연결되고 정리되어 통합되는 것이다. 이렇게 사회복지사가 실제 적용할 수 있는 통합적 실천 모델과 개입기술을 개발하려면 우선 다양한 실천 모델의 이론을 숙지하고 있어야 한다. 사회복지사 자신만의 통합적인 실천기술을 만든다는 것은 일종의 모험이고 도전이라 할 수 있다. 통합적 실천기술이란 다양한 실천 모델의 이론들을 적당히 짜깁기하여 만드는 것이 아니라 서비스 이용자의 생각과 감정, 행동 차원을 모두 연결시키면서 재정리하는 것이다. 그리고 여기에는 사회복지사의 인간관과 가치관에 기존 실천 모델의 이론과 기술을 결합시켜 독특한 개입기술을 찾아가는 것을 포함한다. 이를 위해서는 통합의 재료가 되는 다양한 이론을 확실하게 파악하고 있어야 하며 이 실천 모델의 이론들로부터 통찰과 아이디어를 얻겠다는 개방적인 마음을 사회복지사가 가져야 한다. 동시에 사회복지사 자신의 성향도 고려할 필요가 있으며 서비스 이용자의 유형이나 특성에 맞추어 방식을 변형하여 응용할 수 있어야 한다. 특정한 문제에 따라 특정한 지식과 기술 그리고 경험을 적용해야 하며 특정한 개입실천을 언제 그리고 어떻게 적용해야 하는지를 알아내는 능력도 요구된다.

얼마 전 제자들과 함께 MT를 갔었다. 산골 깊숙한 수련장이었는데 옛날 같으면 가는 길을 물어보기 위해 전화를 걸든지 전국 지도책을 놓고 고심했을 것이다. 하지만 더 이상 그럴 필요가 없게 되었다. 자기 차로 우리 모두를 태워주던 대학원생이 네비게이션을 켜더니 검색란에 목적지를 입력하였다. 그랬더니 낭랑한 목소리와 함께 자세한 길 안내가 시작되었다. 작은 스크린에는 두서너 가지 경로가 나왔고, 제자는 검토해 보더니 그 중에서 하나를 선택해서 지정하였다. 우리들은 무사히 목적지에 도착할 수 있었다. 만약 네비게이션이 알려준 길을 가다가 잘못 들어섰을 때는 어떠한가? 네비게이션이 마치 내 마음을 읽듯 다른 길을 제시해준다. 심지어 내가 전혀 알지 못한 길을 알려줄 때도 있다. 참 다양한 방법으로 사람을 놀라게 해 준다는 생각이 든다.

사회복지실천기술도 이와 마찬가지이다. 하나의 사례를 접하여 우리가 실천하려고 하는 기술들을 적용하다가 예상치 못한 결과에 부딪혔을 때를 생각하면 말이다. 아마 많은 사회복지사들이 이런 상황에서 소진을 경험하게 될 것이다. 하지만 사회복지실천에는 다양한 기술이 있다. 오로지 한 방향으로만 가는 것이 아닌, 길을 가다 실패하면 다른 길을 갈 수 있는 것처럼 여러 가지 실천 모델과 개입기술들 중에서 가장 적합한 것을 찾아내는 것이 중요하다.

이 장에서는 다양한 사회복지실천기술을 다루어보려 한다. 마치 하나의 목적지를 향해 다른 길을 이용하듯 우리는 사회복지실천현장에서 사용하는 여러 갈래의 사회복지실천의 길을 공부하고, 생각해 보아야 한다.

3

Chapter

정신역동 모델

1. 정신분석적 접근
2. 개인심리학적 접근
3. 분석심리학적 접근

사회복지사는 환경 속에 있는 인간을 대상으로 사회복지실천 개입을 한다. 오늘날 사회복지사는 생태체계적 관점과 강점 관점 하에서 사회복지실천 서비스를 수행하지만 실제 실천개입 시에 활용하는 사회복지실천의 이론과 기법의 상당 부분은 이미 정신역동 모델의 영향을 받았다고 볼 수 있다. 가령 사회복지실천에서 많이 활용하고 있는 면담에서 이루어지는 여러 기술들은 거의 대부분 '대화적 치료(talking cure)' 에 해당될 수 있는데, 이는 정신역동 모델, 좀 더 엄밀하게 말하면 프로이트의 영향을 받은 것이다(권석만 외 역, 2007). 그러므로 사회복지사는 정신역동 모델에 대한 심도 있는 이해를 하고 있어야 한다.

정신역동 모델은 크게 3가지 접근으로 구분해서 살펴볼 수 있다. 첫째, 정신분석적 접근, 둘째 개인심리학적 접근, 셋째 분석심리학적 접근이다. 이 3가지 모두 그 뿌리는 프로이트에 있지만 각각의 세부 내용으로 들어가면 많은 차이를 갖고 있기도 하다. 사회복지실천은 3가지 모델들의 중요한 사항들로부터 영향을 받았다고 볼 수 있다. 물론 정신역동 모델을 직접적으로 활용하는 경우는 사회복지실천에서 매우 드물지만 서비스 이용자를 사정할 때라든지 구체적이면서도 깊이 있는 서비스 이용자에 대한 탐색을 할 때에는 잠재적으로 빈번하게 사용하고 있으며 앞서도 지적한 바와 같이 다양한 실천개입의 지식적 기반이 되고 있다.

이렇게 정신역동 모델은 프로이트의 영향을 절대적으로 받았으며 프로이트에 대한 반동과 보충을 위해 칼 융과 아들러 등이 나름대로 독자적인 이론을 구축하려는 노력들이 어우러져 오늘날까지 발전해 왔던 것이다. 그래서 정신역동 모델의 3가지 접근은 모두 프로이트가 제시한 것처럼 인간의 기본적인 정신이 행동을 변화시킨다는 관점을 가지고 있다. 또한 인생의 초창기 경험이 인생의 전반을 좌우한다고 주장한다.

1 정신분석적 접근

정신분석적 접근이 등장한 이후에 수많은 심리치료 및 상담 이론들이 새로이 등장하였다. 새 이론의 주창자들은 저마다 정신분석은 잘못되었고 한계가 있으며, 자신의 이론이 서비스 이용자를 치료하거나 긍정적으로 변화시키는 데 더 효과적이라고 주장한다. 사회복지실천 분야에서도 정신분석적 접근을 실천 개입의 방법으로 활용하면서 마찬가지의 주장들을 하고 있다. 이는 경우에 따라 맞는 말이고 상당히 일리가 있다. 어떤 심리사회적 문제들의 경우에는 다른 이론들이 더 나은 효과를 낸다. 또한 사회복지실천의 가치관은 역시 생태체계적이며 강점적이다. 그래서 사회복지실천 분야에서는 정신분석을 폄하하려는 경향이 지배적이라고 본다. 하지만 분명한 사실은 사회복지실천 개입을 할 때, 이미 사회복지사는 정신분석적 접근의 영향을 받은 가운데에 자신의 임상 업무를 수행하고 있다는 것이다. 다음의 글은 이를 잘 설명해 준다.

> 거인은 큰 사람이고, 난쟁이는 작은 사람이다. 난쟁이는 시야의 폭이 좁기 때문에 거인이 볼 수 있는 것을 보지 못한다. 하지만 거인의 어깨 위에 난쟁이가 올라선다면 사정은 달라진다. 거인의 어깨 위에 선 난쟁이는 거인보다 훨씬 더 많은 것을 보고 이해할 수 있다. 하지만 그것이 혼자 힘으로 가능한 것이었는가? 그렇지 않다. 거인의 도움이 없다면 난쟁이는 세상을 깊고 넓게 볼 수 없다(이장호 외, 2005).

따라서 정신분석적 접근은 오늘날 사회복지실천 현장에서도 여전히 유력하게 활용하고 있는 사회복지실천의 이론적 모델로서 건재하며 다른 한편으로는 보다 새로운 실천의 이론적 모델이 등장할 수 있는 토대를 마련해 주었다. 이러한 정신분석적 접근에서의 정신분석은 인간의 내면세계를 찾아준다. 자기 마음이면서도 모르고 그 마음의 함정에 빠져서 고통 받는 사람들이 신경증 환자들이고 대부분의 인간 실존이다. 무의식은 암흑 속의 동굴과 같다. 이 어두운 동굴 속 같은 무의식을 밝히는 과정이 정신분석이다(이무석, 2004). 프로이트는 "우리가 알고 있는 의식의 영역은 빙산의 일각에 불과하다."라고 하였다. 인간은 자신도 모르는 무의식의 영역이 훨씬 더 자신을 지배하고 있다는 사실을 알아야 한다는 것이 프로이트의 견해이다. 다시 말하면 나도 모르는 나 자신이 나의 모든 행동과 사고에 영향력을 발휘하고 있다는 것이다(노안영, 2005).

정신분석은 우리의 삶에 의식보다 무의식이 훨씬 더 큰 영향을 준다는 입장을 체계화한 이론이다. 정신분석은 프로이트(Sigmund Freud, 1856~1939)가 인류에게 준 선물이다. 사실 프로이트는 이론가이기 전에 좋은 치료자였다. 정신분석으로 환자가 치료되는 것을 보고 재미를 본 사람이었다. 정신분석은 유용한 치료법이며,

지금도 세계 도처에서 고통 받는 많은 사람들이 도움을 받고 새 인생을 산다(이무석, 2004). 이러한 정신분석은 우리가 알고 있는 의식의 영역보다 억압되어 쉽게 의식화할 수 없는 무의식의 영역을 보다 강조한다는 분명한 특성을 갖고 있다(노안영, 2005).

사회복지실천에서 정신분석적 접근의 가장 큰 공헌이라면 서비스 이용자와 서비스 이용자 체계의 방어기제에 대한 인식과 이를 존중하게끔 한 것이다. 초기 사회복지실천에서는 다양한 방어기제를 불안을 해결하려는 심리적 방어막으로 보기보다는 아예 염두에 두지 않거나 혹은 무조건 극복하거나 해소해야 할 장애로 보았다.

그러나 정신분석적 접근의 영향을 받음으로 사회복지실천 개입 현장에서 이루어지는 수많은 면담, 상담, 치료 등을 통해 나타나는 서비스 이용자의 변화에 대한 저항과 방어 등을 사회복지사가 심도 있게 이해할 수 있게 되었다. 특히 자아가 약한 서비스 이용자와 일하는 사회복지사의 경우 서비스 이용자의 방어적인 말에 잘 적응해 나가게 되었다. 그렇지 않으면 조절할 수 없이 분노가 폭발하고 그 서비스 이용자는 퇴보하거나 치료를 포기하게 될 것이다. 마찬가지로 아동의 미성숙한 자아를 강화시켜 특정 발달시기에 그 아동이 생활해 나가는 데 도움이 되는 필요한 방어기제들을 잘 이해하고 대처할 수 있게 되었다. 뿐만 아니라 정신분석적 접근은 인간의 문제에 대한 탐색을 통해 보다 효과적으로 사정을 할 수 있도록 영향을 미쳤다. 즉, 정신분석적 접근은 사회복지실천이 가난하고 어려운 사람들에게 자원을 제공해 주는 것만이 아니라 구체적인 사정을 통해 문제를 파악하고 현실 가능한 대안을 서비스 이용자와 함께 모색해 나갈 수 있게끔 통찰을 제공해 주었다고 본다.

1) 정신분석적 접근의 철학과 기본 개념

정신분석적 접근은 일반적으로 장기간 진행되는 경향이 있다. 사람을 변화시킨다는 것은 하루아침에 해결될 것이 아니기 때문이다. 인간의 문제는 오랫동안 이미 진행되어 왔던 결과이며 뿌리 깊은 원인이 있기 때문에 그것을 치료하거나 변화시키는 데에도 많은 노력과 시간이 뒤따라야 한다는 것이다. 문제를 갖고 온 서비스 이용자 자신이 어떠한 삶을 살아왔는지, 그것이 현재의 모습에 어떤 방식으로 영향을 미치게 되었는지를 깊고도 철저하게 이해하는 것, 그리고 보다 성숙하게 살 수 있도록 자신의 성격을 근본적으로 어떻게 변화시킬지를 서비스 이용자가 스스로 알아가게끔 하는 것이 정신분석적 접근이 추구하는 경향이라 할 수 있다. 따라서 정신분석적 접근의 철학을 살펴보기 위해서는 정신분석적 접근이 어떻게 인간을 이해하고 있는가를 살펴보는 것이 가장 효과적이라고 할 수 있다. 정신분석적 접근에서의 인간관은 다음과 같다(이무석, 2004; 노안영, 2005; 이장호 외, 2005).

(1) 인간관

프로이트에 의하면 인간은 불완전한 존재이다. 불완전하기 때문에 인간은 갈등의 존재이며 과거에 얽매이기 쉬운 결정론적인 존재일 뿐만 아니라 인생 자체를 비관적으로 볼 수밖에 없는 존재라고 할 수 있다.

① 갈등의 존재

프로이트에 따르면 인간의 본능은 만족이나 쾌락을 추구한다. 쾌락을 추구하는 본능적 욕구는 실제 삶의 현실과 갈등하게 된다. 갈등은 욕구와 금지 사이에 일어나는 충돌이다. 인간은 끊임없는 갈등을 한다. 그래서 프로이트는 인간을 갈등하는 존재로 보았다. 갈등이 인간을 실제적으로 지배한다고 보았다. 따라서 프로이트는 인간은 살아 있는 한 갈등을 겪는다고 주장한다. 즉, 삶이 지속되는 동안 우리가 가진 세 가지 자아인 원초아(id), 자아(ego), 초자아(superego)가 서로 갈등을 겪는다는 것이다. 가령 중간고사 기간에 내일 중요한 시험을 앞두고, 나의 원초아(id)는 '시험이 인생의 전부가 아니고 그토록 좋아하는 술을 밤새껏 먹자!' 고 한다. 그 순간 초자아(superego)가 '술은 무슨? 공부해야지!' 라고 달려든다. 순식간에 이뤄지는 원초아(id)와 초자아(superego) 간의 갈등은 자아(ego)의 '밤 11시까지만 적당하게 먹고, 공부하자!' 는 중재로 정리된다. 물론 이 때, 원초아(id)가 승리할 수도 있고, 초자아(superego)의 입장으로 결론지어질 수도 있다. 중요한 것은 인간은 끊임없는 자아 간의 갈등을 경험하면서 살아가고 있다는 것이다.

② 결정론적인 존재

바람이 불면 나뭇잎이 흔들린다. 그리고 바람이 멈추면 나뭇잎의 흔들림 역시 멈춘다. 빛이 비치면 어둠이 사라지지만 빛이 사라지면 세상은 온통 칠흑 같은 어둠에 휩싸인다. 이는 초등학생 정도만 되어도 다 아는 지극히 당연한 이치이다. 하지만 사람들은 이러한 이치를 너무나 당연한 것으로 받아들일 뿐 그 의미를 깊게 생각하려 하지 않는다.

하지만 프로이트는 그렇지 않았다. 프로이트는 비이성적인 힘인 본능적 충동이나 무의식적 동기가 인간의 행동을 결정한다고 보았다. 즉 인간의 활동이나 행동은 단지 우연히 일어나는 것이 아니라 인간의 사고 과정에서 일어나는 것이며 어떤 원인이 작용했기 때문에 나타난 결과이다. 원인이 존재하는 한 결과는 계속 유지되며, 그 원인이 사라지게 될 때에야 비로소 결과도 사라지게 된다. 이런 의미에서 볼 때, 인간의 겉으로 드러난 감정과 행동 그리고 생각들은 어떤 원인에 의해 미리 결정된 것이다. 프로이트에 따르면 아무런 원인도 가지지 않는, 즉 저절로 발생하는 현상이란 없다. 그 어떤 힘, 곧 원인이 작용했기 때문에 사람들은 기쁘고 슬프며, 괴롭고 분노하게 되는 것이다. 프로이트는 사람들의 일거수일투족을 결정하는 것은 외적인 환경적 조건이 아니라 내적인 그 무엇이라고 하였다. 즉, 사람들을 웃게도 하고, 울게도 만드는 것은 사람들 마음속에 존재하는 정신적 과정인 것이다. 그러므로 프로이트에 의하면 인간은 결정론적인 존재이다.

③ 비관론적인 존재

프로이트는 인간을 비관론적 존재로 보았다. 그는 인간을 '어두운 지하실에서 끊임없이 갈등하는 존재'로 비유하였다. 프로이트는 인간이 쾌락을 추구하는 생물학적인 존재로 보고 본능의 중요성을 강조했다. 프로이트에 의하면 인간은 이미 본능에 의해 정해진 삶을 살고 있다. 또한 인간은 비의식적 죄책감(unconscious sense of guilt)을 갖고 있으며 이는 인간으로 하여금 불행한 느낌을 갖고 살게 한다는 것이다. 그래서 인간은 끊임없이 불안해하고, 힘들어 하는 존재라는 것이다.

(2) 기본 개념

프로이트의 정신분석을 이해하기 위해서는 기본적인 개념인 성격의 지형, 성격의 구조, 불안, 방어기제, 심리성적 발달단계에 대해서 살펴보아야 한다(이무석, 2004; 노안영, 2005; 이장호 외, 2005; 엄신자, 2007; 1급 사회복지사 시험연구회, 2008).

① 성격의 지형

프로이트는 성격을 의식, 전의식, 무의식으로 구분하고 있는데 이를 지형학적 모형(topographic model)이라고 한다. 의식은 우리가 현재 느끼고 있는 사고를 말한다. 새로운 사고가 우리 마음에 들어오고 다른 것들은 의식 밖으로 빠져 나감으로 지속적으로 변화한다. 프로이트에 의하면 마음 속에 생각하고 있는 것은 마음에 의식하고 있는 것이다. 하지만 의식은 마음속에 저장되어 있는 정보 가운데 아주 작은 부분에 지나지 않는다. 전의식은 비교적 쉽게 의식 속으로 끌어올 수 있는 무수한 사고들을 말한다. 가령 누군가가 핸드폰 번호를 물었을 때나 과거 학창시절을 어떻게 보냈는지에 대한 질문을 받았을 때 지금 생각하고 있지 않아도 의식의 단계로 끌어올 수 있다. 프로이트는 인간의 마음에서 의식과 전의식이 차지하고 있는 부분은 빙산의 일각에 지나지 않는다고 보았다. 사고의 상당부분은 무의식에서 찾을 수 있다고 보았다. 인간의 행동에 미치는 무의식의 영향을 이해하는 것이 정신분석적 접근의 핵심인 것이다.

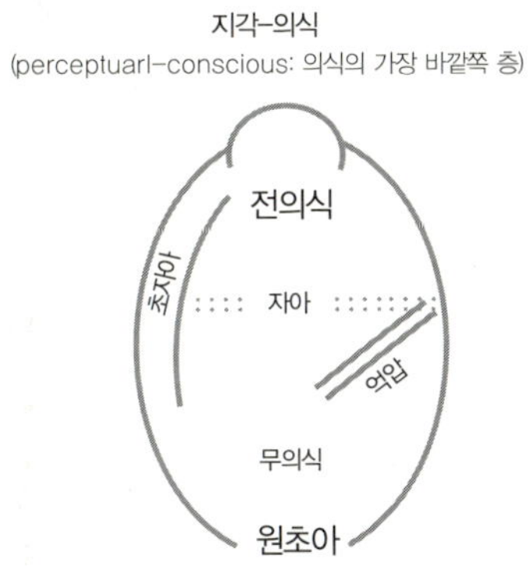

그림 3-1 프로이트의 성격 지형과 구조

출처: Freud, S.(1965), New Introductory Lectures on Psychoanalysis. Strachey, J. (Ed. & Trans.), New York: Norton & Company. Inc., p. 78; 엄신자(2007), 인간행동과 사회환경, 인간과 복지, p. 270.에서 재인용

② 성격 구조

프로이트에 의하면 성격은 세 가지 자아로 구성되어 있다. 이 세 가지 자아는 원초아, 자아, 초자아다. 이러한 견해를 성격의 삼원구조 이론이라고 부른다. 이 세 가지 성격 구조들은 서로 추구하는 바가 다르며, 작동 원리 또한 차이가 있다. 이러한 세 가지 성격 구조들이 어떠한 내용을 포함하고 있으며 각각의 작동 원리가 무엇인지 살펴보자.

- 원초아(이드, Id): 원초아(이드, Id)는 본능적인 욕망과 욕구들을 말한다. 먹고 싶은 욕구, 성적 욕구, 사람을 때리고 싶은 공격 욕구, 의지하고 싶은 욕구들이 모두 원초아에 속한다. 이렇게 원초아는 인간이 생물학적 존재로서 태어나면서 유전적으로 가지고 온 것으로 본능의 지배를 받는다. 원초아는 세 가지 자아 중 가장 막대한 힘을 가진다. 원초아는 무의식이 지배하며 쾌락의 추구가 주요한 목적이다. 원초아는 참을성이 없고 욕구를 연기할 줄 모르고 즉각적인 만족을 요구한다. 그리고 싫은 일이나 의무는 회피해 버리고 만족을 주는 일만 하려고 한다. 이런 원칙에 따라 행동하는 것을 쾌락원칙(pleasure principle)에 따른다고 말한다. 이 원칙은 어리고 미숙할 때 사용하는 행동원칙이다.

  이와 대조적이고 성숙한 행동원칙이 있는데 그것은 현실원칙(reality principle)이다. 궁극적인 만족을 위해서 욕구를 연기할 줄 아는 행동원칙이다. 이는 다음에 설명할 자아가 주로 사용하는 원칙이다. 사람의 행동도 쾌락원칙에 따르는 원초아가 지배하고 있는 사람은 이기적이고 참을성이 없고, 천박하며, 본능적인 행동을 함부로 하게 된다. 가령 시험을 앞두고 있는 한 여학생에게 매력적인 남학생으로부터 데이트 신청이 왔다고 했을 때, 만나고 싶은 욕구를 시험 이후로 연기하지 못하고 달려가 만나게 되었다면, 이 학생은 원초아의 쾌락원칙에 지배당하고 있는 것이다.

  그렇다고 해서 원초아가 모두 나쁜 것은 아니다. 오히려 때때로 원초아가 인생에 대한 만족감과 정신 에너지의 원천이 되기도 한다. 원초아가 과도하게 억압되면 그것 또한 문제가 될 수 있다. 하지만 원초아는 맹목적이며 사람들이 처한 현실적 상황과 어울릴 수 없는 경우가 많다. 왜냐하면 현실에서는 본능적 욕구를 있는 그대로 충족하기 곤란한 상황들이 대부분이기 때문이다. 현실의 강력한 반대와 이러한 반대를 실행하는 자아의 발달로 인해 원초아의 욕구들은 억압될 수밖에 없다. 따라서 이러한 억압된 욕구들은 비록 의식적 현실에서 실행되지 못했다 하더라도 무의식 속에 숨겨진 채, 사람들의 삶에 영향을 미친다.
- 자아(Ego): 자아는 현실 세계와 접촉하는 성격의 한 부분이다. 자아의 주된 임무는 원초아에 담긴 내적인 본능적 욕구들과 외적인 현실 세계를 중재하는 일

이다. 만일 우리에게 자아가 없다면 우리들은 원초아 본능에 따라서만 움직이게 된다. 우리는 자아가 있으므로 인해 욕구의 충족을 지연하거나 다른 것으로 대치하는 것이 가능하다. 자아는 의식의 세 수준인 의식, 전의식, 무의식으로 구성되어 있으며 출생 이후에 개인의 경험을 통해 형성된다. 자아도 역시 쾌락을 추구하지만 현실을 고려하면서 쾌락을 추구한다. 즉, 외부세계에서 경험하는 현실과 쾌락을 원하는 원초아를 조정하며 쾌락을 찾는다. 자아는 욕구를 만족시키거나 긴장을 감소시킬 대상을 발견할 때까지 에너지 방출을 미루는 현실원리에 의해 작동한다. 원초아는 막무가내로 충동을 표출하지만 자아는 긴장을 참고 만족을 지연시킬 수 있다. 자아의 지배자는 원초아, 초자아, 현실이다. 자아는 이 세 지배자를 조정하며 기능하는 성격의 집행자다.

- 초자아(Superego): 초자아도 자아처럼 의식, 전의식, 무의식으로 구성되어 있다. 초자아는 부모의 가치기준을 동화함으로써 자아에서 발달된다. 즉, 초자아는 부모나 사회 환경의 영향을 받아 인생 초반기에 오이디푸스나 엘렉트라 콤플렉스를 겪으면서 형성된 것이다. 초자아는 성격의 도덕적, 사회적, 판단적 측면을 나타낸다. 초자아는 쾌락이나 현실 원리보다는 도덕이나 완벽 원리에 의해 작동한다. 따라서 초자아는 자라는 과정에서 부모의 영향을 받은 전통적인 가치관과 사회적인 규칙 그리고 도덕과 양심이 자리 잡은 곳이다. 무엇이 옳고 그른지, 어떤 일을 해야 하고 어떤 일은 하지 말아야 하는지 등을 판단하는 것은 모두 초자아의 임무이다. 사람들이 무언가 잘못된 행동을 했을 때 수치와 죄책감을 느끼는 것도 모두 초자아의 활동 결과이다. 그래서 역시 초자아도 인간으로서 지켜야 할 외부적 요구와 원초아의 쾌락 추구 간에 갈등을 겪고 있다. 프로이트는 원초아와 초자아가 가진 한 가지 공통점은 과거의 영향으로 인해 형성되었다는 것이다. 즉, 원초아는 유전의 영향을 받았으며, 초자아는 의존적인 어린 시절에 부모나 의미 있는 다른 사람들에 의해 영향을 받아 형성되었다고 본다.

③ 불안

프로이트가 불안에 대하여 관심을 가지게 된 것은 신경증 환자들을 치료하면서였다. 프로이트는 정신의 구조를 원초아, 자아, 초자아로 보고 이 세 가지 자아 간의 마찰이 불안을 야기하는 것으로 보았다. 즉 불안은 갈등의 산물인 것이다. 또한 불안은 자아에게 위험을 알리는 신호라고 할 수 있다. 보다 구체적으로 설명하면, 프로이트는 원인에 대한 명확한 대상이 없이 두려움을 느끼는 것을 불안으로 보았으며 모든 불안의 원형이 출생외상이라고 생각하였다. 불안은 '무엇인가를 하기 위해 동기화시키는 긴장상태'를 말한다. 불안은 억압된 무의식적 욕구가 의식 속으로 침투할 때 부수되어 일어나는 압도적인 불안이나 공황의 위험에 대하여 자아에게 경고하는 신호로 작용한다. 그가 제안했던 세 가지 유형의 불안은 '현실적 불안', '신경증적 불안', '도덕적 불안'이다. 이러한 불안은 앞에서 설명한 성격의 세 가지 구조와 관련해서 이해할 수 있다. 즉, 현실 및 세 가지 자아 간의 갈등에 의해 불안이 야기된다.

- 현실적 불안: 자아가 현실을 지각하여 두려움을 느끼는 불안으로 실제적 위험에서 우리를 보호하는 데 기여한다. 실제 외부의 생활로부터 오는 불안으로 불안의 정도는 실제 위험에 대한 두려움의 정도와 비례한다. 현실세계로부터 위협에 대한 반응의 예로, 차가 내게 달려드는 것을 볼 때 불안을 느낀다거나 독사, 맹수, 지진 혹은 시험에 대한 불안 등이 여기에 속한다. 현실적 불안이나 두려움 혹은 공포와 같은 의미이며 위험을 피하기 위해 무엇인가 하는 게 좋음을 경고한다.
- 신경증적 불안: 신경증적 불안은 원초아의 충동이 의식화될 것이라는 위협을 받고 이에 따라 생긴 불안이다. 원초아의 본능 특히 성적 또는 공격적 본능을 자아가 조절할 수 없을 것이라는 두려움이 신경증적 불안의 원인이 된다. 가령 어린이는 자신의 성적 충동이나 파괴적인 충동이 부모나 다른 사회의 성원들로부터 수용되지 않는다는 것을 알게 된다. 그러므로 신경증적 불안은 처음에는 현실적 불안으로 경험된다. 신경증적 불안은 원초아의 본능적 충동이 자아조절을 파괴하려고 위협할 때 발생하게 된다.
- 도덕적 불안: 도덕적 불안은 자아가 초자아로부터 처벌의 위협을 받을 때 일어난다. 원초아가 비도덕적 생각이나 행동을 표현하려고 애쓸 때, 초자아가 수치, 죄악감, 자기 저주의 감정으로 반응할 때 도덕적 불안이 발생한다. 그러므로 도덕적 불안은 자기 양심에 부끄럽지 않게 행동하도록 한다. 왜냐하면 도덕적 불안은 자신의 행동이 도덕적 기준에서 위배된 생각이나 행동을 했을 경우 생기는 불안이기 때문이다. 프로이트는 초자아의 불안은 죽음에 대한 두려

움과 개인이 죄에 대한 내세의 심판으로까지 연장된다고 믿었다.

④ 방어기제

인간의 마음 속에서는 욕구와 금지 사이의 갈등이 일어나고, 마음의 평화가 깨지면서 불안이 생긴다. 즉 불안은 자아에게 닥친 위험을 알리는 신호이다. 불안은 세 가지 자아 간의 갈등으로 끊임없이 야기된다. 자아는 충동적으로 쾌락을 추구하는 원초아와 완벽성을 추구하는 초자아와의 갈등을 감소시키려고 노력한다. 즉, 불안을 피하려고 노력한다. 프로이트는 모든 행동이 본능에 의해 동기화되는 것처럼 역시 불안을 피하려고 한다는 점에서 방어적이라고 보았다. 인간은 기본적으로 불안을 원치 않으며 그것에서 벗어나기를 원한다. 따라서 인간은 갈등에서 비롯된 불안으로부터 자신을 보호하기 위해 다양한 방어기제를 사용한다. 즉, 방어기제는 압도되는 불안으로부터 자신을 보호하기 위해 사용하는 심리적 기제이다.

모든 방어기제는 크게 두 가지의 특징을 갖고 있다. 첫째, 방어기제는 무의식 차원에서 작용하므로 자기 기만적인 특징이 있다. 둘째, 방어기제는 각 개인으로 하여금 현실을 왜곡하도록 하여 불안감의 위협을 덜 받도록 하는 것이다. 프로이트는 사람들은 불안으로부터 자신을 보호하기 위해 한 가지 방어기제에만 의존하지 않고 여러 가지를 사용한다고 지적하였다.

이러한 방어기제는 고통에서 우리를 보호한다는 점에서 유용하지만, 그것이 무분별하고, 충동적으로 사용될 때는 병리적이 된다. 예를 들면, 원초아의 충동을 일, 유머, 창조적 예술 활동과 같은 수용할 수 있는 사회적 행동으로 변형하는 방어기제가 승화이다. 이러한 승화는 건전하지만 의식에서 밀어냄으로써 고통을 제거하려고 하는 억압이나 초기 발달단계로 돌아감으로써 위협적 상황을 피하려고 하는 퇴행은 정신건강에 해롭다. 다양한 방어기제가 작동되는 구체적 내용에 있어 다르지만 공통적인 두 가지 특성이 있다. 첫째는 현실의 부정 혹은 왜곡이다. 둘째는 방어기제는 무의식적으로 작동된다는 점이다. 주요한 방어기제로는 억압, 합리화, 투사, 부정, 반동형성, 승화, 퇴행 등이 있다.

- 억압(repression): 억압은 방어기제 중에서 가장 일차적이고 원시적이며 가장 많이 사용되는 것이다. 이는 의식에서 용납하기 힘든 생각, 욕망, 충동들을 무의식 속으로 눌러 넣어 버리는 것이다. 억압을 통해서 자아는 위협적인 충동, 감정, 소원, 상상, 기억 등이 의식되는 것을 막아준다. 특히 죄의식, 창피 또는

자존심의 손상을 일으키는 경험들은 고통스러운 불안을 일으키므로 특히 억압의 대상이 된다. 예를 들면 감당하기 어려운 과제가 주어질 때, 그 과제를 아예 잊어버리는 것이다. 이렇게 억압에는 정신에너지가 사용된다. 억압으로 불안을 방어하려고 하다가 실패하면 '투사'와 같은 다른 방어기제가 동원되며 그 결과로 신경증이나 정신증세가 나타나기도 한다. 억압이 많을수록 편견이나 선입견이 많아지는데, 그 이유는 억눌린 생각들이 풀려나오지 못하고 억눌려 있기 때문이다. 억압이 성공적일 때는 본능적인 욕구나 금지된 욕망이 노골적으로 표현되는 것이 방어되므로 사회적으로나 도덕적으로 잘 적응하는 생활이 가능해진다.

- 합리화(rationalization): 인식하지 못한 동기에서 나온 행동을 그럴 듯하게 이치에 닿는 이유를 내세우는 방어기제를 '합리화'라고 한다. 그 행동 속에 숨어 있는 실제 원인은 의식에서 용납할 수 없는 내용이므로 서비스 이용자는 모르고 있으며, 그로서는 가장 도덕적이고 합리적인 설명을 한다. 하지만 이 때 실제의 동기를 지적당하면 화를 낼 것이다. 이솝 우화 중 '여우와 신포도'는 합리화의 좋은 예이다. 합리화는 자기보호와 체면유지를 위한 아주 흔한 방어기제이지만 자기 기만이 지나치거나 병적으로 심할 때는 망상을 만들게 된다. 합리화는 거짓말과는 다르다. 합리화는 무의식의 방어기제로서 자기도 모르게 행동을 합리화한 것이고, 거짓말은 그 행동의 설명이 허구라는 것을 충분히 의식하고 있다.
- 투사(projection): 투사란 자신이 갖고 있는 좋지 않은 충동을 다른 사람의 것인 양 문제를 타인의 탓으로 돌리는 정신기제이다. 가령 시험을 망친 학생이 "시험공부를 할 여유가 없었다." 또는 "시험문제가 너무 황당한 것이었다."라고 말하며 다른 대상을 탓하는 경우를 들 수 있다. 투사는 가장 미숙하고 병적인 정신기제이며 망상이나 환각을 일으키는 정신기제이기도 하다. 투사되는 내용은 투사하고 있는 사람의 무의식에 존재하면서 그에게 불안을 주는 충동이나 욕구들이다. 이것이 사고(thinking)의 형태로 투사되면 망상이 되고, 지각의 형태로 투사되면 환각이 된다.
- 부정(denial): 부정은 현실에서 일어났던 위협적이거나 외상적인 사건을 받아들이지 않고 거절하는 것이다. 의식화하기에는 불쾌한 생각, 욕구, 충동, 현실

등을 무의식적으로 부정함으로써 불안으로부터 자신을 방어하는 것이다. 가령 사랑하는 사람의 죽음을 받아들이려 하지 않는 경우를 들 수 있다.

- 반동형성(reaction formation): 반동형성은 무의식 속의 받아들여질 수 없는 생각, 소원, 충동 등을 정반대의 것으로 표현하는 경우인데 원래의 생각, 소원, 충동 등을 의식화하지 못하게 하는 정신기제이다. 즉 겉으로 드러나는 태도나 언행이 마음 속의 요구나 생각과 정반대인 경우의 방어기제이다. 대표적인 예로는 미운 놈 떡 하나 더 준다는 속담을 들 수 있다.
- 승화(sublimation): 승화는 수용될 수 없는 충동이 사회적으로 받아들여질 수 있는 충동으로 대체되는 것이다. 가장 건강한 방어기제이다. 승화는 다른 기제와는 달리 이드(id)를 반대하지 않고 자아의 억압이 없으며 충동 에너지가 그대로 사회적으로 쓸모 있게 전용된다. 마치 홍수를 막아서 댐을 만들고 수력발전으로 이용하는 것과 같다. 예술은 성적 욕망의 승화이며 외과의사가 되는 것은 잔인한 충동을 승화시키는 길이다.
- 퇴행(regression): 심한 좌절을 당했을 때 현재보다 유치한 과거 수준으로 후퇴하는 것을 퇴행이라고 말한다. 대소변을 잘 가리던 네 살짜리 아이가 동생이 태어나자 오줌을 싸게 되는 경우를 예로 들 수 있다. 실의에 찬 어린 아이가 손가락을 빠는 것도 그 예이다. 나이 많은 교장 선생님들이 중학교 동창생들을 만났을 때 근엄함은 사라지고, 마치 중학생처럼 행동하는 것도 하나의 퇴행으로 볼 수 있다.

⑤ 심리성적 발달단계

성격의 발달과정에 관한 프로이트의 이론을 심리성적 발달이론이라고 부른다. 이 이론은 성적 욕구가 우리 신체의 어느 부위에 집중되는지에 초점을 맞춰 성격의 발달과정을 설명하고 있다. 이렇게 프로이트가 제안한 심리성적 발달단계는 생물학적 발달측면에서 볼 때 생존의 본능적 쾌락이나 기쁨의 단계라고 말할 수 있다. 프로이트가 만들어 낸 '리비도' 란 용어는 '성적 추동의 에너지' 를 의미한다. 앞서도 말한 바와 같이 쾌락을 주는 성적 추동 에너지의 집중(cathexis)이 신체의 어떤 부분에 나타나느냐에 따라 발달 단계가 설명된다. 따라서 심리성적 단계의 주요한 특징은 정신 에너지인 리비도가 신체 부위의 어디에 집중되느냐에 있다. 이는 다섯 단계로 구분된다. 바로 구강기, 항문기, 성기기, 잠복기, 생식기다.

- 구강기: 생후 12~18개월에 이르기까지 성적 에너지가 주로 유아의 구강 부위(예 입술, 혀, 후두 등)에 집중되는 시기를 구강기라 한다. 태아가 세상에 나와 탯줄이 끊어진 순간 아기는 생물학적 독립을 이룬다. 돌봄이 없으면 유아처럼 나약한 존재가 없다. 태어난 아기가 생존하고 기쁨을 느끼는 데 필요한 것은 엄마의 젖꼭지나 우유꼭지를 빠는 것이다. 빨아야 할 때 빠는 것이 없으면 울어댄다. 유아는 생존하기 위해서 운다. 입으로 빠는 것은 기쁨과 생존을 위한 몸부림이다. 유아는 입을 통해 빨고, 먹고, 깨무는 행위에서 긴장감소와 쾌락을 경험한다. 유아는 리비도의 일차적 대상인 어머니의 젖을 빨면서 어머니에게 전적으로 의존한 상태에서 이 세상에 대한 지각을 배우게 된다. 구강기 동안에 나타나는 두 가지 행동방식은 구강 수용적 행동과 구강 공격적 행동이다. 유아로서 구강 만족적 욕구가 지나치게 만족되면, 성인이 되어 세상에 대하여 지나치게 낙관론을 갖거나 의존적인 성격을 갖는 경향이 있다. 구강 공격적 행동에 고착된 사람은 지나친 비관론과 공격성을 보이는 경향이 있다.
- 항문기: 구강기 이후 만 3세 전후의 기간을 항문기라 한다. 이 시기는 성적 욕구가 주로 항문 부위에 집중된다. 유아들은 항문이나 대변을 만지거나, 냄새를 맡거나, 변을 참거나 배설하는 등의 행위를 통해 쾌감을 경험한다. 이 시기의 성격형성은 본능적 충동인 배설과 외부적 현실인 배변훈련과 관련되어 결정된다. 배설물을 방출하는 것은 아이에게 쾌락이지만, 배변훈련의 시작과 함께 아이는 이 쾌락을 지연시키는 것을 배우게 된다. 만약 배변훈련이 순조롭게 진행되지 않으면, 아이는 두 가지 방식으로 반응할 수 있다. 한 가지 방식은 부모가 하지 말라고 한 시간과 장소에 배변을 함으로써 부모의 요구를 거절하는 행동을 한다. 아이가 이러한 행동을 좌절을 감소시키기 위한 만족스런 행동으로 여기고 자주 하면, 항문 공격 성격을 발달시킬 수 있다. 아이가 배변훈련의 좌절에 반응할 수 있는 두 번째 방식은 배설을 보유하는 것이다. 배변을 보유하면서 만족을 느끼고 부모를 조작하는 아이는 고집이 세고 구두쇠로 특징되는 항문 보유 성격 발달을 형성할 수 있다.

인간이 되기 위해 어린 아이는 배변훈련을 통해 배설하는 때와 장소를 학습한다. 당신은 배설하는 시원한 기쁨을 경험해 본 적이 있는가? 당신의 어린 자녀가 다리를 비비꼬거나 궁둥이를 흔들면서 배설하지 않고 있는 행동을 본 적이 있는가? 어린 아이는 똥을 배설하거나 보유하는 것으로 기쁨을 느낀다. 우리는 부모에게서 우리를 어떻게 키웠는가 하는 얘기를 듣곤 한다. 대부분의 부모는 자기 자식의 구린내 나는 똥을 치우는 데 역겨움을 느끼지 않는다고들 한다. 이러한 경험이 부모의 자식사랑이다. 즉, 아무리 자식의 똥이라 할지라도 그래도 똥인데 좋은 냄새는 아니지만 다른 아이의 똥과는 주관적으로 다르게 지각하고 경험한다.

- 성기기[1]: 프로이트의 심리성적 발달단계 중 성격형성에 가장 중요한 시기가 4~5세 중에 나타나는 성기기다. 이 시기에는 아이의 리비도의 초점, 즉 쾌락의 초점이 항문에서 성기로 옮겨진다. 이 단계에서 아이는 성기를 만지거나 환상을 통해서 쾌락을 느낀다. 성기기의 갈등은 아이의 반대 성인 부모와 관련한 근친상간 욕망에 대한 환상과 관련되어 있다.

  가령, 남자 아이가 반대 성인 어머니에 대한 무의식적 욕망에서 비롯된 갈등이 '오이디푸스 콤플렉스'다. 프로이트는 이 용어를 아들과 어머니의 성 관계와 그 결과를 비극적으로 묘사한 그리스 신화에서 가져왔다. 이 단계에서 어머니는 남자 아이의 사랑의 대상이 된다. 남자 아이는 환상과 행동을 통해 어머니에 대한 성적 소망을 나타낸다. 그러나 남자 아이는 아버지를 어머니에 대한 경쟁자이며 위협적 존재로서 여긴다. 또한 그는 아버지와 어머니가 특별한 관계에 있음을 지각하고, 아버지에 대한 질투심과 적대감을 가지게 된다. 연약한 아이가 힘 있는 적대자인 아버지로부터 자신의 성기가 잘려지지 않을까 하는 두려움을 갖게 되는 것을 '거세불안'이라고 한다. 부모는 어린 아이가 슬기롭게 이러한 시기를 거쳐 갈 수 있도록 하기 위해 아이들이 성기를 가지고 노는 행동에 대해 막무가내로 윽박지르며 위협적인 태도로 야단치는 것을 삼가야 할 것이다.

  남자 아이는 자신을 아버지와 동일시함으로써 이러한 오이디푸스 콤플렉스를 극복한다. 더불어 사회적 규범, 도덕적 실체라고 할 수 있는 아버지에 대한 동일시를 통해 초자아를 형성하게 된다. 여자 아이가 성기기에 겪는 갈등을 프로이트는 '엘렉트라 콤플렉스'라고 하였다. 그리스 신화에서 엘렉트라는 동생

1) 국내에 소개된 몇몇 책에서는 '남근기'라고 번역하여 용어로 사용하고 있다. 본서에서 '남근기'로 하지 않은 것은 '남근기'라는 단어는 지나치게 남성 중심이라는 느낌이 들기 때문이다.

을 설득해서 아버지를 살해했던 어머니와 그녀의 정부를 살해케 했다. 성기기 중에 아버지는 여자 아이의 애정의 대상이 된다. 프로이트는 남자 아이의 거세불안과 상반되게 여자 아이는 '남근 선망' 을 갖는다고 보았다. 즉, 여자 아이는 자신의 성기를 잃었다고 믿고, 남자 아이는 자신의 성기를 잃을까 두려워 한다. 여자 아이는 어머니와 동일시를 통해 엘렉트라 콤플렉스를 해결하고 초자아를 형성하게 된다.

- 잠복기: 잠복기는 6세에서 사춘기까지로 말 그대로 성적 욕구가 집중되는 특정한 신체 부위가 존재하지 않는다. 이 시기에 성적 본능은 휴면을 취한다. 대부분의 사회에서 이 시기는 아동에게 문화적, 사회적 지식과 가치를 교육하는 시기와 맞물려 있으며 이 과정에서 아이는 부모를 떠나 학교에서 친구들과 어울리면서 사회화되기 시작한다. 이 시기에 초자아는 더욱 발달한다. 아이들은 이 기간 동안 학교 활동, 취미, 스포츠, 우정관계 등을 통해 성적 충동을 승화시킨다.
- 생식기[2]: 심리성적 발달의 마지막 단계인 생식기는 사춘기에 시작한다. 이 단계에 청소년의 발달 특징은 급격한 신체적 성장과 더불어 호르몬의 변화이다. 이 시기에 여자 아이는 가슴이 커지고 월경이 시작된다. 남자 아이는 성호르몬 분비와 함께 몽정이 시작되는 시기이다. 비로소 아이들은 생식에 접어들어 종의 보존을 위한 신체적 능력을 갖추게 된다. 이러한 신체적 변화에 따라 오랫동안 휴면에 있었던 리비도가 생식기에 집중되면서, 청소년은 이성에 대한 관심과 함께 성행위를 추구하기 시작한다. 소년과 소녀는 서로 다른 성적 정체감을 인식하면서 성 및 대인관계 욕구를 충족할 방법을 찾는다. 생식할 능력을 갖춘 존재로서 인간은 타인과의 관계를 통해 만족을 추구하며 직접적으로 성행위를 충족시키지 못할 경우 자위행위를 통해 긴장을 해소하면서 쾌락을 경험한다.

2) 국내에 소개된 몇몇 책에서는 '성기기' 라고 번역하여 용어로 사용하고 있다. 본서에서 '남근기' 를 '성기기' 로 사용하는 관계로 혼동을 피하기 위하여 '생식기' 로 하였다.

2) 정신분석적 접근의 개입목표와 과정

(1) 개입목표

정신분석적 접근은 서비스 이용자가 겪는 심리사회적 문제의 의미와 원인을 보다 심리적 측면에서 근본적이고도 심층적으로 이해할 수 있다는 점에서 타의 추종을 불허한다. 왜냐하면 이는 심리사회적 문제를 이해하고 해결하는 데 있어서 출생에서 현재에 이르기까지 서비스 이용자가 걸어온 거의 모든 삶의 과정을 고려하기 때문이다. 이런 점에서 정신분석적 접근을 '뿌리치료'라 부르기도 한다. 겉으로 드러난 누렇게 뜬 잎사귀보다는 그러한 불량한 잎사귀를 만들어 낸 뿌리의 문제에 관심을 가지는 것, 즉 외현적인 심리적 문제보다는 그러한 문제를 낳은 근본적 원인을 찾아서 해소하는 것이 정신분석적 접근의 목표가 된다(이장호 외, 2005).

이를 위해 정신분석을 통한 실천개입 목표는 서비스 이용자로 하여금 불안을 야기하고 있는 억압된 충동을 자각하게 하는 것이다. 프로이트에 따르면 왜곡되고 억압된 성적 쾌락이 서비스 이용자의 주요한 문제가 된다. 정신분석을 사용하는 사회복지사는 억압으로 인해 무의식에 숨겨진 비밀을 찾는 작업을 수행한다(노안영, 2005). 프로이트는 치료를 위한 개입의 핵심을 무의식을 의식화하는 것이라고 주장하였다. 이는 떠올릴 수조차 없는 것으로 인식되는 사건들을 기억하고 느낄 수 있게 함으로써 증상을 완화시킬 수 있다는 프로이트의 견해에 기반한다(권석만 외 역, 2005).

프로이트는 "정신분석자는, 발굴 작업을 수행하고 있는 고고학자처럼, 가장 깊숙이 감추어진 가장 값진 보물을 찾을 때까지 환자의 정신을 한 층 한 층 벗겨가야 한다."라고 말했다. 인간에게 문제가 되는 것은 자신도 잘 모르는 내용이다. 자기도 모르게 의식하지 않으려고 숨겨버린 내용이다. 직면해서 똑바로 보면 괴롭고 두렵고 불안하기 때문에 생각하기 싫어 마음속 깊은 곳에 숨겨버린 내용이다. 프로이트에 의하면 전문가는 바로 이렇게 감추어진 문제를 찾아낼 수 있어야 한다(노안영, 2005).

그래서 정신분석적 접근을 하는 사회복지사나 심리치료사, 정신과 의사 등은 정신분석을 통해 서비스 이용자에게 불안을 야기하는 무의식에 억압된 충동을 의식할 수 있도록 한다. 이를 통해 서비스 이용자의 자아기능을 강화하여 심리사회적 증상과 관련된 정신적 갈등을 해소한다. 즉 강화된 자아의 힘으로 증상과 관련된 정신적인 원인을 해결함으로써 심리적 문제를 해소하는 것이다. 뿐만 아니라 정신분석의 목표는 단지 원인을 멈추게 함으로써 결과를 멈추는 것(즉, 원인이 되는 무의식적 갈등을 해소함으로써 심리사회적 증상을 치료하는 것)에 그치지 않는다. 정신분석에서 무의식을 의식화하는 작업은 어둠에 빛을 비추는 것에 비유된다. 자신에 대한 무지에서 벗어나 철저히 이해하는 것, 자신을 맹목적이고 비이성적인 본능적 충동에 휘말리도록 내버려 두지 않고 이성의 힘으로 다스리는 것, 나아가 정신건강을 회복시켜 사랑과 일을 할 수 있는 능력을 갖게 하는 것, 바로 그것이 정신분석적 접근이 지향하는 궁극적인 목표이다(이장호 외, 2005).

(2) 개입 과정

정신분석적 접근은 오랜 시간 동안 전문가와 서비스 이용자가 만나서 대화하는 과정으로 구성된다. 프로이트는 정신분석의 과정을 장기(chess) 게임을 하는 것에 비유하였다. 장기 두는 것의 시작 단계와 마무리 단계의 과정은 대체로 표준 절차에 따르지만 중간 단계는 다양한 변화에 개방적이며 예측하기가 힘들 정도로 복잡하다. 마찬가지로 정신분석적 전문가들은 시작 단계(치료동맹), 중간 단계(훈습), 종결 단계로 정신분석 과정을 구분하며 중간 단계인 훈습에서 가장 많은 시간을 요하는 작업을 수행한다(노안영, 2005). 따라서 정신분석적 접근의 개입 과정은 마치 장기처럼 예측불허의 상황의 연속일 경우가 많다. 또한 그 개입 과정의 진행도 그리 순탄하지만은 않다. 개입 과정에서 서비스 개입실천을 방해하는 수많은 저항이 나타나기도 한다. 그러한 어려움을 잘 극복해야만 정신분석적 접근은 성공적으로 수행된다.

① 치료동맹

서비스 이용자가 분석에 적절한 사람인가를 평가하여 치료계약을 맺고 전이관계를 형성할 때까지가 치료의 초기 단계다. 전통적인 방법에 따른 정신분석은 장기간 동안 진행되는 강렬한 과정이다. 따라서 시작하여 먼저 서비스 이용자가 정신분석에 적절한 능력을 가진 사람인가를 평가하는 것이 요구된다. 전문가는 정신분석에 적합한 서비스 이용자와 치료 계약을 맺어 분석이 시작된다. 전문가는 치료동맹을 형성하는 데 있어 비판하지 않고 공감적으로 경청하며 역전이 반응을 알아채고 필요한 정도로 서비스 이용자에게 치료의 규칙과 기본 틀을 설명한다(노안영, 2005).

② 훈습

훈습(working through)은 전이와 저항에 대한 이해를 확대하고 반복함으로써 이해의 통합을 가져오는 것이다. 이를 통해 서비스 이용자의 불안은 최소화되고 서비스 이용자가 삶의 기쁨을 갖게 되면서 적합한 방법으로 자신의 문제를 이해할 수 있는 능력을 기르게 되는 것이다. 따라서 훈습의 초점은 서비스 이용자의 전이와 저항을 분석하는 것에 있다. 프로이트에 의하면 전이(transference)란 서비스 이용자가 과거의 중요한 인물에 대해 느꼈던 감정을 정신분석자와의 관계로 옮겨 와서 경험하게 되는 것이다. 정신분석가의 중립적 태도에 의해 전이를 분석하는 것이 가능하며 전이를 분석하고 통찰, 해결하는 것이 치료의 핵심이라고 할 수 있다. 특히 심리성적 발달단계 중 어느 시기에 고착시키고, 정서발달을 지연시킨 옛 갈등을 훈습할 수 있도록 하는 것이 중요하다. 또한 프로이트에 의하면 저항(resistance)은 불안을 유발하는 기억과 감정들을 무의식적으로 억압하려는 모든 노력들이다. 즉 무의식적인 갈등이나 욕구를 표출하는 것에 대한 회피행동이다. 훈습을 통해 저항의 무의식적 동기와 원인을 해석하게 된다. 분석적 과정에서 무수히게 반복해서 일어나는 일련의 절차는 첫째, 서비스 이용자의 저항, 둘째 정신분석자의 저항에 대한 해석, 셋째 서비스 이용자의 해석에 대한 반응이다.

③ 종결

전이의 해결이 분석의 종결 단계에서 이루어진다. 즉, 전문가와 서비스 이용자가 분석의 주요한 목적이 달성되고 전이가 충분히 이해됐다는 것을 받아들일 때 정신분석은 종결된다(노안영, 2005).

3) 정신분석적 접근의 개입기법

정신분석 과정에서 사용되는 주요한 실천개입기법인 자유연상, 꿈 분석, 정화, 전이와 역전이, 저항, 해석에 대해 살펴보면 다음과 같다(이무석, 2004; 노안영, 2005; 이장호 외, 2005; 권석만 외 역, 2007).

(1) 자유연상

정신분석적 접근에서 가장 핵심적인 기법으로 들 수 있는 것은 자유연상이다. 프로이트는 환자를 눕게 하고 긴장을 이완시킨 후에 가능한 한 자유롭게 말하게 함으로써 의식에 떠오르는 모든 생각과 감정을 보고하게 하였다. 이것이 자유연상(free association)이다. 즉, 자유연상이란 전문가가 환자로 하여금 마음에 떠오르는 모든 내용, 즉 그러한 내용이 아무리 바보 같고, 괴상하고, 시시하게 보일지라도 검열하지 말고 표현하게 하는 것이다. 자유연상은 서비스 이용자가 방어기제를 사용하여 억압한 무의식에 숨겨진 진실을 찾기 위해 사용하는 기법이다. 서비스 이용자에게 무엇이나 떠오르는 내용을 표현하게 하는 것이다. 물론 하나하나의 내용을 각각 떼어 놓고 보면 무의미할 수 있다. 하지만 연상을 통해 표현된 무의미한 여러 가지 내용이 함께 조각조각 맞추어질 때는 의미를 갖게 된다. 전문가는 이를 통해 서비스 이용자의 증상이 무의식적으로 어떤 의미를 지니는지를 이해하게 된다.

(2) 꿈 분석

서비스 이용자의 무의식에 관한 자료는 자유연상 외에 꿈을 통해서도 얻을 수 있다. 수면 중에는 무의식에 대한 자아의 방어가 약해지므로 억압된 욕구와 본능적 충동들이 의식의 표면으로 쉽게 떠오르게 된다. 즉, 수면 중에 자아는 억압을 감소시키며 꿈을 통해 소망의 충족을 나타낸다. 수면 중에도 자아는 검열을 유지하며 잠재적 꿈 사고는 현재 꿈의 내용을 덜 위협적으로 만들기 위해 왜곡된다. 꿈은 원초아의 억압된 충동과 자아의 방어적 조작 간의 합의를 나타낸다. 꿈의 해석은 꿈 작업 과정에서 위장된 잠재적인 꿈의 내용을 이해하도록 하는 것을 수반한다. 프로이트는 "꿈의 해석은 정신의 무의식적 활동을 이해하는 왕도이다."라고 하였다. 무의식의 영역에 숨겨진 과거에 왜곡되어 억압된 내용을 찾고 이해하는 데 꿈은 최고의 메시지를 전달한다는 의미이다.

(3) 정화

정화란 정서를 표현하게끔 하는 것이다. 프로이트는 히스테리 증세가 매우 고통스러운 기억과 연결되는 방출되지 못한 다량의 정서 때문에 생긴다고 추론하였다. 이 기억들은 마음의 다른 부분과는 연결이 끊어져 있었으나 증상의 형태로 계속 역동적이고 침투적인 효과를 미친다. 따라서 치료의 과제는 방출되지 못한 정서적 쓰레기와 함께 망각된 사건들을 회상토록 하는 데 있었다. 회상을 통해 궁극적으로는 정리해야 할 정서들을 표출하게 되는 것이다. 프로이트는 히스테리를 일으키는 충격적인 사건들은 아동기에 일어나며 언제나 성적인 성질을 갖는다고 결론지었다. 그래서 정화의 과정도 많은 시간과 노력이 필요하다고 보았다.

(4) 해석

해석은 전문가가 꿈, 자유연상, 저항, 전이 등의 의미를 서비스 이용자에게 지적하고 설명하고 가르치는 것이다. 즉, 서비스 이용자가 자유연상에서 보고한 자료, 꿈의 자료, 실언, 증상, 전이 등의 의미를 깨닫도록 하는 전문가의 시도이다. 전문가의 해석은 환자가 사용해 온 방어기제와 저항에 대한 통찰을 얻게 한다. 전문가가 해석을 하는 시점은 매우 중요하다. 조숙한 해석은 환자의 강한 저항에 휘말리게 된다.

① 전이의 해석

프로이트는 환자들이 그를 있는 그대로 보기보다는 마치 과거의 애착대상인 것처럼 그에게 행동한다는 것을 알게 되었는데 이를 '전이'라고 하였다. 전이를 좀 더 구체적으로 설명하면, 전이란 정신분석 과정에서 서비스 이용자가 인생 초기의 의미 있는 대상(주로, 부모)과의 관계에서 발생했으나 억압되어 무의식에 묻어 두었던 감정, 신념, 욕망을 자기도 모르게 전문가에게 표현하는 현상이라 할 수 있다. 다시 말해서 성격에 확고하게 형성된 오래된 관계 패턴이 현재에서 반복되어 나타나는 것을 전이라고 할 수 있다. 전이는 아동기에 정서적으로 의미 있었던 대상과 밀접하게 관련되었던 감정이 전문가에게 이동되어 나타나는 것으로 정의될 수 있다. 즉, 전이는 서비스 이용자가 어린 시절에 부모와 관련된 그의 환상적 소망의 반복을 전문가에게 나타내는 고도의 정서적 태도이다. 서비스 이용자는 전문가에게 감정을 전이함으로써, 현재의 어려움을 야기시키는 초기의 인생갈등을 정서적으로 다시 경험할 수 있다.

정신분석에서 전문가의 주된 업무의 하나는 전이를 유도하고 해석하는 것이다. 전이는 서비스 이용자가 전문가에게 부여하는 모든 투사의 총합이다. 실제 치료관계에서 전이현상이 일어나면 전문가에 대한 지각이 왜곡되고 상황에 걸맞지 않는 체험과 행동 양식이 일어난다. 즉, 이전에 관계양상이 활성화되는 성향으로 많은 옛 체험들이 과거에 지나간 것이 아니라 전문가라는 한 인간과의 실제 관계에서 다시 생생해진다. 전이는 이전의 반복일 뿐만 아니라 이전에는 결코 체험하지 못했던 그리고 생각할 수조차 없던 동경과 감행하지 못한 행동 등을 이제야 처음으로 체험해 볼 수 있는 새로운 관계체험이다. 전문가의 분석은 서비스 이용자가 이전의 의미 있는 사람으로부터 전문가에게 전이되는 감정의 실제와 환상 사이를 구별하는 것을 돕는다. 또한 서비스 이용자 자신이 얼마나 잘못 인식하고 있고 잘못 해석하고 있으며 과거에서 현재와 관련되어 있는지를 이해하도록 돕는다. 대부분의 전이의 감정은 무의식적이며 전문가의 기술은 서비스 이용자가 이러한 왜곡된 관계를 재편성하도록 돕는다.

전이의 해석에 있어서 전문가가 빠질 수 있는 중요한 오류는 전문가에 대한 서비스 이용자의 감정이나 태도를 무조건 '전이'라고 생각해 버리는 것이다. 만일 전문가가 서비스 이용자를 실제로 매정하게 대했다면 서비스 이용자가 전문가를 매정한 사람이라고 여기는 것은 당연하다. 서비스 이용자의 이러한 느낌은 현실적인 것이지 그것 자체가 전이는 아닌 것이다. 그러나 만약 전문가의 실제 행동과는 상관없이 서비스 이용자가 전문가를 매정하다거나 권위적이라고 느낀다면, 이는 서비스 이용자가 자신의 과거 경험을 전문가와 잘못 연관시키는 '전이'일 수 있다. 따라서 전문가는 우선 서비스 이용자의 태도나 행동이 전이를 반영하는지 아닌지를 잘 판단해야 한다. 그것이 만일 '전이'라면 전문가는 그것이 지니는 의미를 서비스 이용자가 이해할 수 있도록 해석하게 된다.

② 역전이

프로이트는 그를 대하는 환자의 태도로 인해서 도움을 주려는 치료적 노력을 방해하는 강한 감정이 치료자에게 유발된다는 것을 알게 되면서, 이러한 현상을 '역전이'라고 불렀다. 바로 전문가가 서비스 이용자에게 일으키는 전이 현상을 역전이라고 한다. 즉, 전문가가 자신의 갈등으로 파생되는 왜곡된 관념이 서비스 이용자로 인하여 발달되는 경우이다. 이것은 서비스 이용자를 싫어하는 감정이나 과잉애착 또는 과잉관여로 나타난다. 이러한 전문가 자신의 왜곡된 반응은 실천개입의 진전을 방해하기 마련이다. 따라서 효과적인 실천개입을 위해 전문가는 서비스 이용자의 분노, 사랑, 아첨, 비판 등의 강력한 감정을 받을 때 발생하는 역전이를 객관적으로 처리할 수 있어야 한다. 역전이는 전문가의 자기자각의 부족을 통해 실천개입에 영향을 미친다. 왜냐하면 역전이는 전문가가 자신의 신념, 욕구, 특성, 태도가 실천개입관계 형성 및 실천개입 과정에 영향을 준다는 것을 인식하지 못하고 있다는 가정에서 일어나기 때문이다. 역전이는 전통적으로 전문가의 무의식적인 불안과 특정 갈등에 기초한 서비스 이용자에 대한 전문가의 반응으로 정의된다.

(5) 저항

저항이란 서비스 이용자가 실천개입에 협조하지 않는 모든 행위를 말한다. 프로이트는 환자들이 정신분석 치료의 과정에서 그들의 마음에 떠오르는 모든 것을 말하지 않으려 하고 새로운 깨달음에 따라 행동하지 않으려 한다는 것을 발견하게 되었다. 가령 정해진 시간에 면담에 참석하지 않거나 면담과정에서 아무런 의미도 없는 말만 되풀이하거나, 중요한 내용은 빠뜨리고 사소한 이야기만 하는 등의 행위이다. 정신분석에서는 이러한 저항이 큰 의미를 지닌다고 본다. 저항하는 데에는 그럴만한 이유가 있다고 보기 때문이다. 무엇보다도 전문가의 분석과 해석으로 서비스 이용자가 느끼는 불안의 위협은 자아 방어체계를 작동시켜 저항을 통해 억압을 유지하려고 시도한다. 저항은 변화보다는 현재 상태를 유지하려고 하는 관성적인 힘이다. 서비스 이용자가 저항을 하는 주요한 이유는 첫째, 변화에 대한 두려움이다. 둘째, 무의식적 소원과 욕구의 충족을 계속 유지하고 싶어서이다. 셋째, 무의식적 갈등을 인식하는 것이 두려워서이다. 전문가는 저항을 극복하는 것이 치료의 법칙임을 알고 많은 시간을 들여 저항을 해결하기 위해 부단한 노력을 기울여야 한다.

2 개인심리학적 접근

의사였던 아들러(Alder, 1870~1937)는 1912년경에 그 자신만의 '개인심리학'에 착수하기 전까지는 프로이트의 동료였다. 아들러는 프로이트가 성심리 발달을 강조한 것에 대해 논박하였고, 대신에 그는 사회적인 범위를 결합하면서 전체적인 관점의 중요성을 강조하였다. 물론 아들러 역시 무의식을 강조하였다. 그러나 그는 무의식을 성적 본능이 아니라 사회적 충동으로 보았다. 아들러는 인간을 출생 순간부터 인간관계에 노출됨으로써 일생 동안 사회에 적응해야만 하는 사회적 존재로 보았다. 그리고 인간이 본능적 충동의 지배를 받는 것이 아니라 자신의 운명을 선택하고 인생계획을 설계하며 자신의 목표 성취를 도와줄 특질, 태도 및 능력을 발전시키는 존재로 인식하였다.

그래서 아들러는 인간을 유일한, 분해할 수 없는, 자아가 일치된, 그리고 통합된 실재로 보았다. 즉 인간은 나누어질 수 없는 전체로서 사회 내에서 자신이 설정한 목표를 달성하기 위해 끊임없이 노력한다는 것이다. 인간에 대한 이러한 기본적 전제를 가지고 아들러는 개인심리학(Individual Psychology)을 개발하였다. 아들러는 정신질환자들보다 일반대중에 대한 관심이 많았으며, 무의식보다 현실의 주관적 지각을 더 중요하게 강조하였다. 특히 인간은 일생동안 사회 속에서 사회적 관심을 얻기 위한 노력을 끊임없이 계속한다는 점을 강조하였다(김동배 · 권중돈, 2001; 이무석, 2004; 노안영, 2005; 이장호 외, 2005; 엄신자, 2007; 1급 사회복지사 시험연구회, 2008).

1) 개인심리학적 접근의 철학과 기본 개념

(1) 인간관

아들러는 인간을 성장지향적 동기를 지니고 있는 총체적 존재로 보았으며, 누구나 느끼는 열등감을 극복하여 자기완성을 이루어 가야 한다고 강조하였다. 즉, 인간의 모든 행동은 미완성을 극복하여 완성에 도달하려는 힘에 의해 동기화된다고 본다. 사실, 어떤 면에서는 아들러의 생애 자체도 열등감을 극복하기 위한 삶, 다시 말해 미완성을 완성으로 채우려는 투쟁의 삶이었다. 허약한 몸, 동생의 죽음, 급성폐렴으로 인한 죽음에 대한 직접적 경험 등으로 불행한 어린 시절을 보냈던 아들러는 성장하면서 자신의 열등한 측면을 극복하기 위해 최선을 다하였다. 그가 개발한 개인심리학은 이러한 자신의 초기경험을 바탕으로 형성되었다(노안영, 2005).

특히 아들러에 의하면 인간은 스스로가 자신의 행동을 동기화하는 장단기 목표를 설정하는 경향이 있으며 이에 근거해 인격의 발달이 이루어지는 것이라고 가정한다. 인간은 원했던 목표를 마무리하고 때로는 완벽을 추구해가려고 한다. 이런 인간의 성향은 사회적 관심으로 표현된다. 사회적 관심은 보다 나은 세상을 만들려는 인간의 기본적 관심을 의미한다. 사회적 관심은 세상 사람들을 향한 개개인의 긍정적 태도이자 타인에 대한 공감과 배려로서 사회적 고립과 자기몰입에 대한 해결책이다. 사회적 관심은 용기와 낙관주의 그리고 진정한 소속감 등을 유발시키는 원천이다. 대부분의 행복과 성공은 우리가 사회의 일원이기 때문에 가능한 것이다. 사회적 존재로서 우리는 다른 사람의 도움을 받을 수밖에 없고 또 그들의 필요를 채워줌으로써 의미 있는 관계를 유지하는 것이다. 우리는 혼자 살아갈 수 없으며 진정한 인간성의 실현은 사회적 맥락에서 획득되는 것이다.

① 열등감의 존재

아들러에 의하면 모든 인간은 불완전한 존재이다. 아들러는 발달이 덜 되고 신체 기능이 미흡하며 대체로 태어날 때부터 열등한 신체 부분이 병에 걸리기 쉽다는 사실을 이론화하면서 인간은 부족한 점이 매우 많다고 주장하였다. 이렇게 불완전하기 때문에 인간은 누구나 어떤 측면에서 열등감을 느끼고 있다. 아들러에 의하면 인간이 된다는 것은 자신이 열등하다는 것을 느끼는 것을 의미한다. 인간의 열등감은 연약한 유아기 때부터 이미 시작되었다. 인간은 사회적 존재로서 다른 사람들과 비교하여 자신을 평가한다. 열등감은 비교에 의해 자신이 떨어지거나 부족하다는 느낌으로 개인에게 극복해야 할 동기로서 기여한다. 그래서 각각의 인간은 계속해서 열등감으로 채워지며 열등감에 의해 동기화된다. 더불어 인간은 자기완성을 이루기 위해 자신이 느끼는 열등감을 극복해야 한다. 아들러는 자기완성을 위한 필수 요인으로 열등감을 봄으로써 열등감을 긍정적인 측면에서 보았다. 자신의 부족한 점을 스스로 인정하고 그것을 극복하려는 의지와 노력이 중요하다고 생각하였다. 즉, 개인이 열등감을 파악하고 지배하는 게 필요하다고 보았다.

② 타인과 사회적 관심에 영향을 받는 존재

아들러는 개인(individual)을 '나누어질 수 없는(in+divisible)' 존재로 생각한다. 인간은 전체로서 사회 속에서 의미를 부여하며 살아가는 존재이다. 인간은 자신이 경험하고 있는 현재의 상태에서 매 순간 주관적으로 선택하는 현상학적 존재이다. 인간은 사회적 관심을 받기 위해 노력하는 존재이다. 더불어 현재를 바탕으로 미래 지향적인 삶의 목적을 향해 노력하는 목적론적 존재이다(노안영, 2005).

③ 낙관론적 존재

아들러는 인간을 낙관적으로 보았으며 우리 스스로가 우리 자신을 개발하고 우리의 운명을 형성한다고 주장한다. 무의식을 강조한 프로이트와 다르게 우리가 볼 수 없고 통제할 수 없는 무의식의 힘보다 의식의 힘을 강조한다. 우리는 스스로 자신의 삶을 위해 힘을 형성하고 창조적 방법으로 자신의 독특한 생활양식을 구성하기 위해 그 힘을 사용하는 존재이다. 인간은 누구나 독특성이 있고 자기 자신을 보다 훌륭하게 창조하고 완성하기 위한 자유의지와 선택을 가지고 있다고 보았다. 아들러는 인간은 성적 동기보다 사회적 동기에 의해 주로 동기화된다고 본다. 개인은 사회 속에서 목표 지향적으로 행동한다. 개인은 자신의 행동을 선택하며 그에 대한 책임을 진다. 사회 속에서 삶의 의미, 성공, 완전성을 추구한다(노안영, 2005).

결국 아들러에 의하면 인간은 사회적 맥락에서 끊임없이 변화하고 발전하는 존재이다. 인간은 각기 독특한 인지적 구조를 갖고 스스로를 창조해 가며 자신이 갖는 열등감을 극복하여 자기완성을 추구하는 존재이다. 인간은 자신의 운명을 위해 선택하는 존재이며 역시 그러한 선택에 책임을 져야 하는 것도 자신이다.

(2) 기본 개념

아들러 개인심리학의 기본 개념인 사회적 관심, 생활양식, 인생과제, 열등감, 우월성 추구, 가족구도 및 출생순위 등에 대해서 살펴보고자 한다(이무석, 2004; 노안영, 2005; 이장호 외, 2005; 엄신자, 2007; 1급 사회복지사 시험연구회, 2008).

① 사회적 관심

아들러에 의하면, 사회적 관심이란 각 개인이 이상적인 공동사회의 목표를 달성하고자 사회에 공헌하려는 성향을 의미한다. 그래서 사회적 관심의 동의어는 우정, 동료애, 이웃사랑, 애타적 마음 등으로 매우 다양하게 표현된다. 사회적 관심은 다른 사람의 눈으로 보고, 다른 사람의 귀로 듣고, 다른 사람의 마음으로 느끼는 것을 의미한다. 즉, 사회적 관심은 공감, 타인과의 동일시, 타인지향을 의미한다. 개인심리학에서는 사회적 관심을 개인의 정신건강에 중요한 준거로 본다. 즉, 사회적 관심을 가진 사람은 정신적으로 건강하고 행복하며 사회에 기여하는 사람이다. 반면에 사회적 관심이 결여된 사람은 부적응한 사람으로 인생의 실패자다. 부적응한 사람은 단지 자신의 욕구에만 관심을 두며 사회적 맥락에서 타인 욕구의 중요성을 인식하지 못한다. 이러한 사회적 관심은 선천적으로 타고나는 것이긴 하지만 의식적인 개발을 필요로 한다. 그래서 적절한 지도와 훈련으로 사회적 관심이 향상되게끔 해야 한다.

② 생활양식

아들러에 의하면 생활양식은 인생의 목표뿐만 아니라 자아개념, 타인에 대한 감정, 세상에 대한 태도를 포함한 한 개인의 독특한 특징을 포괄하는 개념이다. 즉 생활양식(life style)은 삶을 영위하는 근거가 되는 기본적 전제와 가정을 의미한다. 인간은 생활양식에 따라 생각하고, 느끼고, 행동한다. 생활양식이 어떻게 발달하는가를 이해하기 위해서는 열등감과 보상의 개념을 이해하는 것이 필요하다. 왜냐하면 이 개념들이 생활양식의 근본을 결정하기 때문이다.

아들러는 열등감이 근본적으로 모든 인간의 추구에 대한 동기유발의 근거가 된다고 보았다. 아들러는 인간은 모두가 다 어릴 때 상상이든 실제로든 열등감을 경험하고, 열등감을 딛고 어떤 방법으로든 보상을 하게끔 노력한다고 가정하였다. 예를 들면 말을 더듬던 아이가 위대한 연설가가 된다거나, 신체적으로 허약한 어린이가 운동선수가 되는 것처럼 사람들이 자신의 약점이나 열등감을 어떻게 극복하는가가 그 사람의 생활양식의 한 부분이 된다고 아들러는 보았다. 구체적으로 말하면, 신체적으로 허약한 어린이는 체력을 보다 훌륭하게 발달시키는 쪽으로 보상하려고 애쓸 것이다. 개인의 행동은 자신의 신체적 한계점을 의식함으로써 형성되는 것이므로, 이것은 차츰 그의 생활양식, 즉 열등감을 보상하기 위한 행동이 되어 버린다. 따라서 우리의 생활양식은 우리의 독특한 열등감을 극복하기 위한 노력을 나타낸다.

아들러의 견해에 따르면, 생활양식은 대부분 네 살부터 다섯 살 때 형성되며 이 시기 이후 개인의 생활양식은 거의 변하지 않는다. 물론 사람들은 계속 그들의 독특한 생활양식을 새로운 방식으로 나타내는 것을 배우지만, 그것은 단순히 어릴 때 정착된 기본 구조의 확대일 뿐이다. 이렇게 형성된 생활양식은 계속 유지되어 그 후의 행동의 뼈대를 이룬다. 개인의 독특한 생활양식은 그가 생각하고 느끼고 행하는 모든 것의 기반이 된다. 일단 생활양식이 형성되면, 이것은 우리의 외부 세계에 대한 전반적인 태도를 결정할 뿐 아니라 우리의 기본 성격구조가 일생을 통하여 일관성이 유지되게 한다.

아들러는 사회적 관심과 활동수준에 따른 생활양식을 네 가지, 즉 지배형(the ruling type), 기생형(the getting type), 회피형(the avoiding type), 사회적 유용형(the socially useful type)으로 설명하였다. 지배형, 기생형, 회피형은 바람직하지 않는 유형으로, 사회적 관심이 부족하다는 공통점이 있으나 활동수준에는 차이가 있다. 사회적 유용형은 바람직한 형으로 사회적 관심과 아울러 활동수준도 높다. 아들러는 이러한 생활유형은 가정에서 어린 시절에 부모의 영향 하에서 주로 형성된다고 보았다(김동배 · 권중돈, 2001; 노안영, 2005).

- 지배형: 지배형은 독단적이고 공격적이며 활동적이지만, 사회적인 인식이나 관심이 거의 없다. 이러한 사람은 비사회적인 측면에서 활동적이며, 타인의 안녕에는 아랑곳하지 않고 행동한다. 그들은 외부세계에 대해 지배하려는 태도를 가지고 있으며, 인생과업에 공격적이고 반사회적인 방법으로 대처해 나간다. 대체로 지배형은 부모가 지배하고 통제하는 독재형으로 자녀를 양육할 때 나타나는 생활양식이기도 하다. 민주사회에서 요구하는 바람직한 시민상을 고려할 때 상대방에게 지배와 복종을 강요하는 생활양식이 적절하지 않다는 것을 쉽게 알 수 있다. 우리 사회가 오랫동안 가부장적 가족문화, 유교문화로 권위를 중시한 문화였기 때문에 아직도 아버지가 가정에서 힘을 휘두르는 경우가 많다고 여겨진다. 부모가 막무가내로 힘을 통해 자녀를 지배하고 통제할 때 자녀의 생활양식은 지배형으로 형성된다.
- 기생형: 기생형은 기생적인 방법으로 외부 세계와 관계를 맺으며 다른 사람에게 의존하여 대부분의 욕구를 충족하는 생활 유형이다. 따라서 기생형의 주요한 특징은 의존성이다. 이러한 생활양식은 부모가 자녀를 지나치게 과잉보호할 때 나타나는 태도이다. 부모가 자식사랑이란 미명 아래 자녀를 지나치게 보호하여 독립심을 길러주지 못할 때 생기는 생활태도이다. 우리는 누구도 자녀가 사회의 기생충이 되기를 원하지 않는다. 스스로 자신의 문제를 해결하고 자신의 인생을 개척해 갈 수 있는 사람이기를 원한다. 자신이 노력하여 떳떳하게 성취할 수 있는 사람을 원한다. 사랑하는 자녀가 원한다 하여 무엇이나 들어줄 때 자녀는 이러한 기생형의 생활양식을 배운다는 것을 명심할 필요가 있다. 새가 껍질이 깨지는 아픔을 겪고 태어나 많은 시련을 통해 나는 것을 배우는 것처럼 자녀가 스스로 어떤 일을 할 수 있도록 조력하는 것이 필요하다. 자본주의 사회에서 부모의 재산을 보고 빈둥대는 많은 사람들이 기생형의 한 예라 볼 수 있다.
- 회피형: 회피형의 생활양식을 가진 사람은 매사에 소극적이며 부정적인 특징

을 가진다. 이러한 생활양식을 가진 사람은 자신감이 없기 때문에 적극적으로 직면하는 것을 피한다. 회피형의 사람은 마냥 시도하지도 않고 불평만 하기 때문에 사회적 관심이 떨어져 고립되게 된다. 회피형은 어떠한 방법으로든 참여하려는 사회적 관심도 적고 어떤 형식으로든 인생에 참여하려는 활동도 하지 않는다. 성공을 바라기보다는 실패하는 것을 더 두려워하므로 이들의 삶은 인생과업으로부터 도피하는 사회적으로 무익한 행동이 주가 된다. 바꾸어 말하면, 그들의 목표는 인생의 모든 문제를 회피함으로써 한 치의 실패 가능성조차도 모면하려는 것이다.

- 사회적 유용형: 사회적 유용형은 심리적으로 건강한 사람의 표본이 된다. 이러한 유형은 높은 사회적 관심과 높은 수준의 활동을 보인다. 아들러 이론에서 이 형의 사람은 성숙하고 긍정적이고, 심리적으로 건강한 사람의 표본이 된다. 이들은 사회적인 관심이 많아서 자신과 타인의 욕구를 동시에 충족시키는 한편, 인생과제를 완수하기 위해 기꺼이 다른 사람과 협동한다. 이들은 또한 사회 문제를 해결하기 위해서는 협동, 개인적인 용기, 타인의 안녕에 공헌하려는 의지가 필수적임을 인식하고 있다.

③ 인생과제

아들러는 사람이면 누구나 적어도 세 가지 주요 인생과제인 '일과 여가', '우정이나 사회적 관심', '사랑과 결혼'에 직면하게 된다고 믿었다. 이러한 주요 인생과제는 인간의 자기 존엄성을 확립하고 사회적 관심을 발전시키는 데 결정적 의미를 갖는다(노안영, 2005). 이러한 세 가지 인생과제들을 통해서 각 개인들은 지역사회와 연결되는 것이다. 이 세 가지 인생과제를 성공적으로 수행하면 자아기능은 강화되고 자기발전을 위한 노력도 증진되며 나아가 다른 사람들에게 이익을 줄 수 있는 계기를 마련한다. 이 세 가지 중 어느 것 하나라도 잘 수행되지 못하면 열등감을 강화시키거나 또는 잘못된 우월을 향한 복수심에 찬 노력을 유발하여 결과적으로 지역사회의 삶을 손상시키는 계기가 될 수도 있다(김동배 · 권중돈, 2001). 아들러는 이후 수십 년간의 연구들을 통해서 이 세 가지 주요 인생과제야말로 건강과 안녕에 있어 핵심이라는 입장을 더욱 공고히 해왔다. 특히 아들러에 의해 암시되기만 했던 다른 두 가지 인생과제를 확인할 수 있는데 네 번째 인생과제는 '영성'으로서, 우주, 신과 관련된 개인의 영적 자아를 다루는 것이다. 다섯 번째 과제는 '자기지향성'으로 주체로서의 나와 객체로서의 나를 다루는 데 있어 개인의 성공을 다루고 있다. 자기지향성을 구성하는 열두 가지 내용은 가치감, 통제감, 현실적 신념, 정서적 자각 및 대처, 문제해결 및 창의성, 유머감, 영양, 운동, 자기 보살핌, 스트레스 관리, 성정체감, 문화정체감이다(노안영, 2005).

④ 열등감

모든 인간은 누구나 열등감을 느끼고 있다. 인간은 현재보다 나은 상태인 완전성을 실현하기 위해 노력하는 존재이다. 그리고 사회적 존재로서 다른 사람들과 비교하여 자신을 평가한다. 더불어 아들러는 우리 각자가 자기완성을 이루기 위해 자신이 느끼는 열등감을 극복해야 한다는 것을 강조하였다. 즉, 심리사회적 건강을 위해 우리가 열등감을 지배하는 일이 필요하다. 반면에 개인이 열등감으로 인해 개인적 우월성 추구에 집착하면 파괴적 생활양식을 갖게 되어 신경증에 빠지게 된다. 열등감에 사로잡혀 열등감의 노예가 된다면 열등감이 우리를 지배하게 된다. 이렇게 된다면 우리의 삶은 열등감 콤플렉스에 빠져버리게 된다. 이러한 콤플렉스는 아동기 때 어른들이 그들의 아이들을 다루는 방식에 의해 나타나는 것임을 발견했다. 아들러는 열등감 콤플렉스의 세 가지 원인을 '신체적 열등감, 과잉보호, 방임'이라고 하였다(노안영, 2005; 엄신자, 2007).

- 신체적 열등감: 이 원인은 개인의 신체와 관련된 것이다. 즉, 개인이 부모에게서 물려받은 자신의 신체에 대하여 어떻게 생각하는가와 관련된 것이다. 외모에 대해서 어떻게 생각하는가? 신체적으로 건강한가? 아니면 자주 아픈가? 신체적으로 불완전하거나 만성적으로 아픈 아이들은 다른 아이들과 성공적으로 경쟁할 수 없다. 그래서 이런 아이는 열등감이라는 소라껍질 속에 움츠러든다. 이렇게 신체적으로 불완전하거나 만성질환을 앓고 있는 아동은 다른 아동과의 경쟁에서 승리할 수 없으며, 그로 인해 열등감에 빠지게 된다.
- 과잉보호: 과잉보호를 받고 자란 아이들은 버릇이 나쁘거나 응석받이가 되기 쉽다. 이런 아동들은 다른 사람들이 항상 자신들을 위해 모든 것을 해 주기 때문에 자신감이 부족하게 되어 그들 자신이 인생의 어려운 고비에 부딪혔을 경우 해결할 능력이 없다고 믿고 깊은 열등감에 빠진다. 이렇게 된 원인은 부모의 자녀교육과 관련된 것이다. 자녀를 얼마나 독립적으로 키우느냐 의존적으로 키우느냐는 부모의 교육방식에 따라 달라진다. 가족이 핵가족화 됨으로써

'내 자식 위주' 의 사고를 가진 부모들이 많아졌다. 아이가 학교나 사회에서 어떤 문제를 일으켰을 때, 아이 스스로 해결할 수 있도록 기회를 주기보다는 부모들이 먼저 나서서 모든 일을 해결해 버리는 경우가 많다. 이렇게 되면 아이들은 자립하기가 어렵다.

- 방임: 방임된 아동은 근본적으로 자기가 필요 없다고 느끼고 있기 때문에 병적 열등감에 빠질 수 있다. 방임의 원인은 부모가 자녀에 대한 최소한의 도리를 하지 않는 것과 관련된다. 아이들의 성장에 있어서 부모의 사랑과 관심은 매우 중요한 요소이다. 아이들은 부모와의 신체접촉, 놀이를 통해 안정된 정서를 갖게 되며 자신의 존재 가치를 느끼게 된다. 사회의 급격한 변화와 더불어 이혼율과 여성의 사회참여가 증가하면서, 자녀에 대한 사랑과 관심이 줄어들고 있다. 부모의 역할을 태만히 하는 경우가 많다. 이렇게 방임된 아이들은 열등감을 극복하기보다는 오히려 문제에 대해 회피하거나 도피한다. 즉, 이러한 아이들은 자신의 능력을 인정받고 애정을 얻거나 남으로부터 존경받을 수 있다는 자신감을 잃고 세상을 살아간다.

이상에서 다룬 세 가지 어릴 때의 상황은 성년이 된 후에 다양한 심리사회적 문제를 일으키는 중요한 요인이 된다. 이처럼 부모역할이 아동, 즉 인간의 생활양식에 강력한 영향을 준다는 것을 아들러 개념을 통해 이해할 수 있다.

⑤ 우월성 추구

아들러는 인간의 자기 신장, 성장, 능력을 위한 모든 노력의 근원이 열등감이라고 말했다. 그러나 '인간이 추구하는 궁극적인 목적은 무엇인가?', '삶의 일관성과 통일성을 부여하는 것은 무엇인가?', '인간은 단지 타인을 능가하기 위해서만 동기화되는가?' 아들러는 이러한 질문들에 대해 1908년까지는 '공격성' 으로 1910년경에는 '권력에 대한 의지' 로 그 후부터는 '우월성 추구' 의 개념으로 설명하였다. 즉 아들러는 초기에 인간행동을 좌우하는 위대한 역동적인 힘은 공격성, 다시 말해 방해물을 극복하기 위한 강한 동기라고 믿었다. 그러나 곧 그는 공격적인 충동을 포기하고 권력에 대한 의지로 생각이 바뀌었다. 이 개념 속에는 유약성을 여성적인 것으로, 권력을 남성적인 것으로 동일시하였다. 이때에 아들러는 남녀가 부족감과 열등감을 대체하려는 노력으로 갖게 되는 것이 우월성 추구라고 제시하였다(이우석, 2004; 노안영, 2005).

마침내 아들러는 우월성 추구가 인간 생활의 기초이며 이는 선천적으로 타고나지만 인생의 발달단계에서 적절히 신장되어야 한다고 보았다. 출생 시 그것은 실재가 아닌 잠재력으로 존재하기 때문이다. 아들러는 이런 우월성(superiority)이란 개념을 자기완성 혹은 자아실현이란 의미로 사용하였다. 이렇게 우월성의 추구는 삶의 기초적인 사실로 모든 인간이 문제에 직면하였을 때 부족한 것은 보충하며, 낮은 것은 높이고, 미완성의 것은 완성하며, 무능한 것은 유능한 것으로 만드는 경향성이다. 즉, 우월성의 추구는 모든 사람의 선천적 경향성으로 일생을 통해 환경을 적절히 다스리며 동기의 지침이 되어 심리적인 활동은 물론 행동을 안내한다. 아들러는 우월성의 추구를 모든 인생의 문제해결의 기초에서 볼 수 있으며 사람들이 인생의 문제에 부딪치는 양식에서 나타난다고 하였다. 출생에서 사망에 이르기까지 우월성 추구의 노력은 인간을 현 단계보다 높은 다음 단계의 발달로 이끌어 준다. 모든 욕구는 완성을 위한 노력에서 힘을 얻고 있기 때문에 분리된 욕구란 존재하지 않는다. 아들러는 우월성의 추구가 건전하게 이루어진 성격에 사회적 관심을 가미하고 있다고 이해하였다. 즉, 사회적 관심을 가진 바람직한 생활양식을 바탕으로 한 우월성 추구가 건강한 삶이라고 할 수 있다(노안영, 2005; 이장호 외, 2005).

⑥ 가족구도 및 출생순위

아들러는 가족구도와 출생순위를 매우 중시하였으며 특히 각 출생순위에 수반되는 상황에 대한 지각이 중요하다고 하였다. 가정에서 부모를 중심으로 자녀와의 가족관계가 어떠한 가족구도를 형성하고 있는가는 자녀의 생활양식을 형성하는 데 매우 중요하다. 역시 자녀의 수가 몇 명인가와 출생순위도 성격형성에 영향을 준다. 아들러에 의하면 일반적으로 어떤 특정 출생순위에 태어난 아이들은 비슷한 특징들을 갖고 있는 것으로 알려지고 있다. 아들러는 다음 네 가지의 출생순위를 강조하였다(노안영, 2005; 엄신자, 2007; 1급 사회복지사 시험연구회, 2008).

첫째 아이는 처음 태어나서 홀로 있을 때까지는 부러워할 만한 위치에 있다. 대개 부모들은 첫 아이의 출생에 대해 신기해하며 신생아를 위해서 좋다는 일은 모두 다 하려는 경향이 있다. 그래서 첫 아이는 부모의 끊임없는 사랑과 관심을 받는다. 그는 다음 아이가 태어나서 그의 즐거웠던 자리를 빼앗기기까지는 안전하고 평화스런 생활을 즐긴다. 동생의 출생은 첫째 아이의 처지와 생각을 통째로 바꾸어 놓는다. 그래서 아들러는 첫 아이를 폐위된 왕에 비유하기도 하였다. 아무리 노력해도 원래의 사랑을 되찾기란 불가능하며 이를 깨닫게 되면서 혼자 생존해 나가는 전략을 습득한다.

둘째 아이는 처음 태어날 때부터 형이나 누나라는 속도 조정자를 가지고 있으므로 그들의 장점을 능가하기 위한 자극과 도전을 받고 자란다. 이로 인해 둘째 아이는 열심히 생활하게 되며 경쟁심이 아주 강하고 큰 야망을 가지게 된다. 둘째 아이의 생활양식은 항상 자기가 형보다 뛰어나다는 것을 증명하기 위해 노력하는 것이다. 그러므로 둘째 아이는 형을 이기기 위해 무던히 애를 쓴다.

막내 아이의 상황은 여러 면에서 독특하다. 우선 그는 동생에게 자리를 빼앗기는 충격을 경험하지 않고, 가족의 귀염둥이로 부모나 형제들에 의해 응석받이로 자라게 된다. 다음으로 만약 부모가 경제적으로 넉넉하지 못할 경우, 그는 자기 것이라고는 아무것도 없고 다른 가족으로부터 물려받아야 하는 거추장스러운 아이로 전락할 수 있다. 끝으로 모두가 자기보다 크고 힘세고 특권이 있는 형제들에게 둘러싸여 있으므로 독립심의 부족과 함께 강한 열등감을 경험하기 쉽다. 그럼에도 불구하고 막내는 한 가지 이점을 갖고 있는데 그것은 위의 형제를 이기려는 강한 동기가 작용한다는 것이다. 아들러는 때때로 도전적인 막내가 혁명가로 성장할 가능성이 많다고 하였다.

독자는 경쟁할 형제가 없는 독특한 위치에 있다. 그러므로 어머니가 응석받이로 기르기 쉬운 약점이 있고, 아버지와 강한 라이벌 의식을 갖게 된다. 그는 어머니의 끊임없는 보호를 갈망한다. 그래서 독자의 생활양식에서는 의존심과 자기중심성이 현저하게 나타난다. 독자는 어린 시절 계속해서 가족의 관심의 초점이 된다. 그러나 나중에 그가 이미 관심의 주요 대상이 아니라는 사실을 알아가게 된다. 독자는 한 번도 중심 위치를 나누거나 그 위치를 차지하기 위해 형제와 경쟁해 본 적이 없다.

아들러에 의하면 출생순위와 가족 내 위치에 대한 해석은, 어른이 되었을 때 세상과 상호작용하는 방식에 큰 영향을 미친다. 아동기에 타인과 관계하는 독특한 스타일을 배워서 익히게 되며, 그들은 성인이 되었을 때도 그 상호작용 양식을 답습한다. 아들러는 가족역동 특히 형제 간의 관계를 다루는 것을 매우 중요시한다. 개인을 어떤 유목으로 전형화하는 것은 피해야 할 일이지만 아동기에 형제 간의 경쟁의 결과로 생겨난 성격 경향이 개인의 남은 삶을 통해서 재현되는가를 살피는 것은 도움이 될 것이다.

2) 개인심리학적 접근의 개입목표와 과정

아들러의 개인심리학적 접근에서는 서비스 이용자가 자신의 사고, 느낌, 행동에 책임을 질 수 있도록 원조하는 데에 목표를 둔다. 이를 통해 서비스 이용자의 사회적 관심, 즉 잘못된 사회적 가치를 바꾸려고 한다. 즉 서비스 이용자로 하여금 삶에 대한 잘못된 신념을 확인하고 변화시키도록 돕는 데 증상의 경감이나 제거보다는 기본적인 삶의 기준 내지 근거를 수정하고 왜곡된 삶의 동기를 수정하는 데에 초점을 둔다. 또한 개입의 과정은 관계를 형성하고 서비스 이용자에 대한 탐색을 통한 평가와 분석, 해석과 통찰, 재교육을 통한 원조라는 4단계로 구성되어 있다(이무석, 2004; 노안영, 2005; 이장호 외, 2005; 엄신자, 2007; 1급 사회복지사 시험연구회, 2008).

(1) 개입목표

아들러는 사람들의 주요한 문제가 세 가지 측면에서의 결여, 즉 '사회적 관심의 결여', '상식의 결여', '용기의 결여'라고 하였다. 다시 말하면 아들러식 전문가들은 서비스 이용자의 문제해결을 위해 그에게 부족한 사회적 관심, 상식, 용기를 불어넣어 바람직한 삶을 영위하도록 조력한다. 전문가들은 면담이나 상담을 통해 서비스 이용자의 생활양식을 파악하여 바람직한 방향으로 생활양식을 바꾸도록 원조한다. 따라서 아들러에 의하면 실천개입은 생활양식의 변화를 목표로 하는 것이고, 실천개입의 목표는 현존하는 생활양식 내에서 행동이 변화하는 것이라고 할 수 있다. 또한 실천개입의 초기와 종결에 있어서 초기회상에 대한 의미 있는 변화가 일어난다면, 이것은 생활양식의 변화를 반영하는 것이라고 할 수 있다.

(2) 개입 과정

아들러 학파가 일반적으로 가정하는 실천개입 과정의 네 가지 단계는 다음과 같다(노안영, 2005).

① 실천개입 관계 형성

아들러는 전문가와 서비스 이용자가 우호적이며 대등한 관계를 형성할 것을 강조한다. 관계 형성은 협동적인 관계의 유지가 필수이다. 또한 전문가들의 관심과 경청을 바탕으로 공감적 관계를 형성한다.

② 평가와 분석

전문가는 서비스 이용자의 부적절한 생활양식에 영향을 준 요인들을 평가하고 분석한다. 서비스 이용자에 대한 평가와 분석에 사용되는 전형적인 생활양식조사 영역은 초기회상, 가족구도, 기본적 오류, 자질, 꿈의 내용 등이 포함된다. 이러한 내용의 조사를 통해 현재의 부적절한 생활양식을 파악하고 서비스 이용자의 역동성을 탐색하여 그의 신념, 감정, 동기, 목표를 이해한다.

③ 해석과 통찰

전문가는 파악한 생활양식조사의 내용에 대한 평가와 분석을 바탕으로 서비스 이용자의 부적응에 대한 해석을 한다. 전문가는 해석을 통해 서비스 이용자의 자기 이해와 통찰을 촉진한다. 이것은 개인의 삶의 방향과 목표에 대한 자각을 일깨우고 개인적 논리를 각성시키며 그것이 어떻게 현재 행동에 작용하는지를 알게 해 준다.

④ 재교육을 통한 원조

전문가는 재교육을 통해 서비스 이용자가 목표를 성취할 신념과 행동에 있어 변화를 만들도록 한다. 초기회상, 가족역동성, 꿈에서 도출된 통찰을 바탕으로 이전에 가졌던 비효과적인 신념과 행동에 대해 대안적인 방안을 찾도록 도와준다.

3) 개인심리학적 접근의 개입기법

아들러 학파는 행동의 새로운 양식을 이끌 수 있는 행동지향적인 기법을 발달시키는 데 풍부한 상상력을 발휘했다. 생활양식의 변화를 위해 사용되는 기법들을 살펴보면 다음과 같다(노안영, 2005).

(1) 즉시성

실천개입 중에 나타나는 서비스 이용자의 경험의 표현을 즉시성이라고 한다. 즉시성은 현재 이 순간에 무엇이 일어나고 있는지를 다루는 기법이다. 그래서 즉시성은 실천개입 중에 일어나는 것이 일상생활에서 생기는 것의 표본이라는 사실을 서비스 이용자가 깨닫도록 해야 한다. 언어적이거나 비언어적인 서비스 이용자의 의사소통은 치료의 목표와 연관된다. 서비스 이용자가 보이는 의사소통은 서비스 이용자에게 갑자기 나타나는 것이 아니기 때문에, 전문가가 이러한 의사소통에 대해 추측할 수 있도록 도와준다.

(2) 격려

아들러 실천개입의 가장 중요한 중재기법 중의 하나가 격려이다. 격려는 서비스 이용자의 신념을 변화시킬 수 있는 가장 강력한 방법으로서 서비스 이용자의 기를 살려주는 작업이다. 격려는 아들러 학파의 심리치료 과정 동안 계속해서 사용되어지며, 서비스 이용자의 생활양식에 접근하고 관계를 형성하는 데 유용하다. 이와 같은 격려기법을 사용하는 전문가의 주요한 역할은 낙담한 서비스 이용자에게 용기를 불어넣는 것이다. 우리는 각자 크고 작은 많은 어려움에 부딪히며 삶을 영위한다. 사람들을 크게 두 부류로 나누면, 어려움에 포기하고 용기를 잃고 낙담한 사람들과 자신이 아무리 어려운 상황에 처해도 좌절하지 않고 용기를 가진 사람들로 구분할 수 있다. 정신적으로 건강한 사람이라면 끊임없이 자신을 격려하면서 용기를 잃지 않는 사람이라고 할 수 있다. 심리적으로 고통을 받고 있는 사람이라면 용기를 잃고 자신감과 책임감을 상실한 낙담한 사람이라고 할 수 있다. 그러므로 우리의 삶에 중요한 것은 용기를 갖게 하는 격려이다.

(3) '마치~처럼' 행동하기

이 기법은 서비스 이용자가 마치 자신이 그런 상황에 있는 것처럼 상상하고 행동하도록 하는 역할극 기법이다. 서비스 이용자가 "만약 내가 ~만 할 수 있다면" 이라고 말하면, 전문가는 서비스 이용자에게 최소한 일주일 정도는 그 일이 실제 일어난 것처럼 생각하고 행동하도록 격려한다. 이 기법은 서비스 이용자에게 새로운 감정, 아마도 자신감을 주는 데에 크게 유용하다.

(4) 자기 모습의 파악

서비스 이용자가 자신의 목표를 이해하고 변화하려고 노력함에 따라, 자신들이 열망하는 변화된 행동을 하기 위해서는 '자기 모습을 있는 그대로 파악해 보는 것'이 필요하다. 행동은 서비스 이용자의 일생동안 계속해서 반복되기 때문에, 서비스 이용자는 '자기 모습을 있는 그대로 파악하는' 부가적인 노력이 필요하다. 이렇게 함에 따라, 서비스 이용자는 효과적인 변화를 실행시키는 것을 배우고 더 쉽게 자신의 목표를 성취할 수 있음을 안다.

(5) 질문 기법

질문은 일반적으로 서비스 이용자의 문제가 성격상 신체적인 것인지, 또는 심리적인 것인지 결정하기 위한 진단도구로 사용되지만, 서비스 이용자가 하는 응답에 대하여 반영하거나 해석할 수 있다는 점에서 치료적 가치도 지닌다. 아들러 학파는 다음과 같은 질문을 할 수 있다. "만일 내가 당신의 증상들을 즉시 제거할 수 있는 마술 지팡이나 마술약을 가지고 있다면, 당신의 인생에서 무엇이 달라지겠습니까?" 이때 서비스 이용자가 "나는 더 자주 사교 모임에 갈 것입니다." 혹은 "나는 책을 쓸 것입니다."라고 대답한다면 그 증상은 심인성일 가능성이 크다. 만일 서비스 이용자가 "나는 이러한 격심한 고통을 받지 않겠지요."라고 반응한다면, 그 증상은 기질적인 가능성이 매우 크다. 질문에 대한 응답에 따라 전문가는 서비스 이용자의 문제를 다루는 방식을 달리 할 수 있다.

(6) 단추 누르기 기법

단추 누르기 기법은 서비스 이용자가 유쾌한 경험과 유쾌하지 않는 경험을 번갈아 가면서 생각하도록 하고 각 경험과 관련된 감정에 관심을 가지도록 하는 것이다. 이 기법의 목적은 서비스 이용자에게 그들이 무엇을 생각할지를 결정하여 자신이 원하는 감정은 무엇이든지 만들어 낼 수 있다는 사실을 가르치려는 것이다. 전문가는 서비스 이용자에게 두 가지 단추 즉, 우울 단추와 행복 단추를 가지고 집에 가라고 하며, 그에게 앞으로 겪게 될 사건에 어느 단추를 쓸 것인지는 자기가 통제할 수 있다고 말한다.

(7) 역설적 전략

역설적 전략은 서비스 이용자의 의도와 반대되는 방향으로 개입하는 것을 의미한다. 아들러는 변화를 위한 책략으로 역설적 전략을 처음 사용하였다. 이는 서비스 이용자에게 자신을 나약하게 만드는 생각이나 행동에 의도적으로 관심을 가지고 과장하는 것을 말한다.

예를 들면, 늑장 부리는 서비스 이용자들에게 과제를 더 미루라고 말한다. 오랫동안 걱정하는 서비스 이용자들에게는 매일매일 가능한 모든 것에 대해 걱정하는 데에만 전적으로 전념하는 시간 계획을 짜도록 할 수도 있다. 교실에서 말하는 것을 두려워하는 서비스 이용자에게는 교실 뒤에 앉아서 아무 말도 하지 않도록 한다. 이 절차를 사용하여 특정 시간 동안 행동 양상을 과장하도록 함으로써, 서비스 이용자 자신이 이 실험에서 무엇을 배울지를 스스로 알도록 하는 것이 좋다. 사람들이 어떤 상황에서 자신이 어떻게 행동하는지를 극적으로 인식할 수 있도록 도와주고, 그 행동의 결과에 대한 책임이 자신에게 있는 사실을 보여 주는 것이 역설적 의도의 논리인 것이다.

(8) 과제부여

과제부여 기법은 서비스 이용자의 문제해결을 위해서 전문가가 특정한 과제를 개발하여 서비스 이용자에게 이를 부과하고 이행하도록 함으로써 서비스 이용자가 성취감을 경험하게 하고 이를 기반으로 새로운 일에 대한 자신감을 갖고 도전할 수 있도록 하는 기법이다. 유의해야 할 사항으로는 과제는 대개 치료회기 동안에 충분히 해낼 수 있는 것들이어야 하며 또한 전문가가 서비스 이용자의 인생에 직접적으로 끼어들지 않기 위해서 노력해야 한다는 것이다.

3 분석심리학적 접근

분석심리학적 접근에 들어가기에 앞서, 이상에서 살펴본 내용을 먼저 정리해 보자. 프로이트는 무의식을 강조했다. 아들러는 무의식뿐만 아니라 의식도 중요하게 여겼던 것을 충분하게 설명하였다. 그렇다면 융은 어떤가? 융은 프로이트보다 한술 더 떠서 무의식을 강조하였다. 인간의 무의식을 프로이트보다 한층 더 심층적으로 연구한 사람이 융(Carl G. Jung, 1875~1961)이다. 융은 프로이트가 평생을 통해 주장한 심리성적 발달과 인생 초기에 성격이 결정된다는 결정론에 반대하여 인간 정신에 대한 분석을 주관적 체험과 현상학을 바탕으로 체계화하였다. 융을 추종하는 사람들과 프로이트를 추종하는 사람들이 각기 다르게 그들의 관계를 주장한다. 하지만 융에게 가장 많은 영향을 준 사람이 프로이트라는 것은 누구도 부정할 수 없을 것이다. 융은 인간 정신의 소인인 원형이 유전된다는 것과 원형들로 구성된 집단 무의식의 개념을 바탕으로 분석심리학을 개발하였다. 융도 프로이트처럼 정신을 의식과 무의식의 구조로 보았다. 하지만 그는 인간이 생물학적인 본능에 지배되는 것 이상으로 인류의 역사를 통해 발달된 인간의 정신구조를 이해하려고 시도하였다. 여기에서 나온 것이 그 유명한 '집단 무의식'이라는 개념이다. 융의 분석심리학적 접근은 사회복지실천 분야에서 인간행동과 인간발달에 관한 이해의 지평을 확장하는 데 크게 기여하였다(이무석, 2004; 노안영, 2005; 이장호 외, 2005; 엄신자, 2007; 1급 사회복지사 시험연구회, 2008).

1) 분석심리학적 접근의 철학과 기본 개념

(1) 인간관

융에 의하면 인간에게 영향을 미치고 인간을 지배하는 힘의 원동력은 인류 역사와 더불어 시작되었다. 인간은 생물학적 유전뿐만 아니라 문화적, 정신적 유전을 우리의 선조로부터 물려받았다. 융은 문화나 민족에 따라 다소 다르지만 집단 무의식을 통해 인간이 갖는 기본적인 정신이 유전된다고 보았다. 그는 이러한 자각, 정서, 행동에 대한 생득적인 정신적 소인을 원형이라고 부른다. 원형은 타고난 생각이나 기억으로, 개인이 어떤 방식으로 자신이 접하는 세계를 지각하고, 경험하고, 반응하게 하는 정신적 소인이다. 집단 무의식에는 페르소나, 그림자, 아니마와 아니무스, 자기 등 다양한 원형이 있다. 따라서 나를 이해하고 실현시키는 작업은 인간의 뿌리인 다양한 원형을 이해하고 파악하는 작업이다. 그런 점에서 인생은 무의식의 자기실현에 관한 이야기이다(노안영, 2005; 엄신자, 2007).

인간의 내부에는 역동적으로 작용하는 정신 에너지가 있다. 정신은 신체에 영향을 주고 신체는 정신에 영향을 준다. 이러한 정신 에너지는 무엇인가를 표현하려고 끊임없이 노력한다. 그래서 인간 스스로가 의식해서 알고 있는 자아(ego)는 태어난 이후에 현실 경험을 통해 형성된 것이다. 인간은 각자 다른 경험을 하며 독특한 자신을 실현시키려는 작업을 수행한다.

또한 인류가 보다 발전하기 위해 그리고 각 개인이 자기실현을 이루기 위해 필요한 것은 인류의 뿌리를 이해하는 것이다. 인류 역사의 이해는 나를 이해하는 데 소중하다. 문화유산을 이해하는 것은 내가 누구인가를 파악하는 데 귀중한 자료이다. 정신적 유산은 그 당시의 자기를 형성하는 데 주요한 역할을 해 왔다. 주관적으로 자기를 실현하는 것은, 의식보다 더 크게 인간을 지배하는 무의식의 갈등을 이해하는 것이다. 이런 점에서 융은 인간의 무의식을 이해하기 위해 프로이트보다 훨씬 더 꿈의 해석을 강조하였다. 꿈은 무의식의 메시지를 상징적으로 전달한다. 융에 의하면 꿈은 의식이 억압되어 무의식에 있는 메시지를 전달하는 것이 아니라 드러나려고 애쓰는 무의식이다.

(2) 기본 개념

융이 제안한 개념인 정신의 구조, 원형, 정신에너지의 원리 등을 살펴보고자 한다(노안영, 2005; 엄신자, 2007; 이인정 · 최해경, 2007).

① 정신의 구조

융에 의하면 정신은 인격 전체를 의미한다. 여기서 정신에는 의식적, 무의식적인 모든 사고 · 감정 · 행동이 포함된다. 정신은 개인을 규정하고 그가 속한 사회적 · 물리적 환경에 적응하게 하는 지침의 역할을 한다. 융은 [그림 3-2]에서 보는 것처럼 정신은 분리되어 있지만 통합된 3개의 부분으로 구성되어 있다고 보았다. 첫째, 의식(conscious), 둘째 개인 무의식(personal unconscious), 셋째 집단 무의식(collective unconscious)이다.

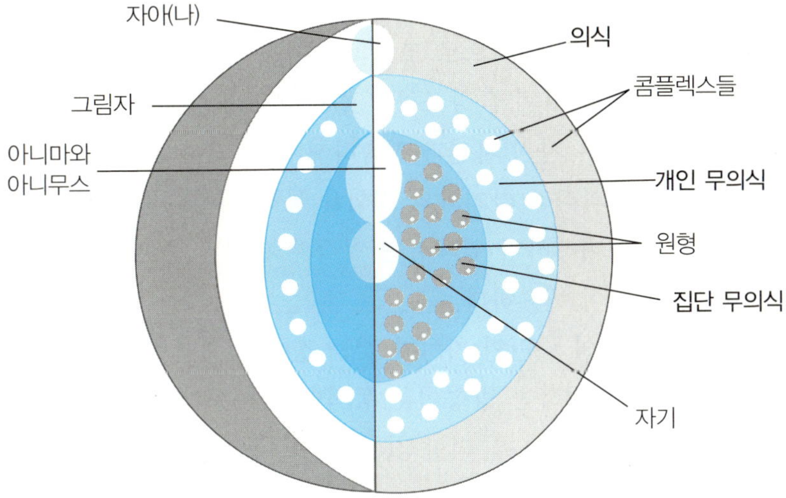

그림 3-2 **정신의 구조**

출처: 이부영(2001), 아니마와 아니무스, 한길사, p. 34; 엄신자(2007), 인간행동과 사회환경, 인간과 복지, p. 270.에서 재인용

이렇게 융이 정신의 구조를 의식과 무의식으로 구분한 것은 프로이트와 비슷하지만 무의식을 이해하는 데 있어 큰 차이점을 보인다. [그림 3-2]에서 보는 바와 같이 융은 무의식을 개인 무의식과 집단 무의식으로 구분하였다. 개인 무의식은 프로이트가 제안한 무의식과 유사한 개념이며 집단 무의식은 융이 독창적으로 주장한 그의 이론의 가장 중요한 개념이라 할 수 있다. 그는 집단 무의식을 중심으로 그의 분석심리학을 확립하였다. 의식의 주인은 자아(ego)이며 집단 무의식의 주인은 자기(self)란 원형이다. 융은 자아를 자기 원형에서 분화되어 발달되다가 다시 자기로 통합되는 것으로 설명하였다. 좀 더 자세하게 정신의 구조인 의식, 개인 무의식, 집단 무의식에 대해 살펴보고자 한다.

- 의식: 우리가 직접 알고 있는 정신의 부분이 의식이다. 의식은 자아(ego)에 의해 깨달은 것인 반면에 무의식적 요소들은 자아와는 아무런 관계가 없다. 융은 자아를 의식의 중심으로 보았지만 성격의 핵심은 아니라고 보았다. 물론 의

식은 자아에 의해 지배된다. 자아는 비록 정신 전체 속에서는 작은 부분을 차지하고 있지만 의식에 이르는 문지기라는 대단히 중요한 역할을 하고 있다. 인간은 자아를 통해 자신을 외부에 표현하고 외부 현실을 인식한다. 이와 같이 의식은 융에 의하면 상대적으로 조연의 역할을 하며 가령 어떤 사람이 의식적인 정신의 확장을 지나치게 강조하면 심리적으로 불균형을 초래할 수 있다고 본다. 건강한 사람은 자기 자신과 접촉하고 또한 외부세계와도 접촉한다. 자기 스스로 자신의 무의식적 자기와의 경험을 통해 개성화를 이루게 된다. 의식을 보다 구체적으로 이해하기 위해서는 의식과 관련된 중요한 내용인 태도와 기능을 이해하는 것이 필요하다.

첫째, 태도는 의식의 주인인 자아가 갖는 정신적 에너지의 방향이다. 즉, 자아가 외부 대상에 지향하는 방향이 수동적인가 능동적인가에 따라 성격태도가 결정된다. 능동적인 태도를 외향성(extroversion)이라 한다. 외향성은 의식을 외적 세계 및 타인에게 향하게 하는 성격태도이다. 내향성(introversion)은 의식을 자신의 내적 주관적 세계로 향하게 하는 성격태도이다. 융은 우리 모두가 이러한 두 가지 성격태도를 가지고 있으며 둘 중 어느 태도가 지배적이냐에 따라 태도가 결정된다고 보았다.

둘째, 의식의 기능은 주관적 세계와 외부 세계를 지각하고 이해하는 서로 다른 방식을 의미한다. 융이 제안한 정신적 기능의 구성요소는 사고, 감정, 감각, 직관이다. 이러한 구성요소는 그가 제안한 정신의 반대 원리에 따라 합리적 차원(사고-감정)과 비합리적 차원(감각-직관)으로 구분된다. 이러한 기능 중 어느 것을 우선적으로 사용하는가에 따라 기본적인 성격이 달라진다고 하였다. 융은 심리적 태도와 기능을 조합하여 여덟 가지 심리적 유형인 외향적 사고형, 외향적 감정형, 외향적 감각형, 외향적 직관형, 내향적 사고형, 내향적 감정형, 내향적 감각형, 내향적 직관형이 결정된다고 보았다. 나아가 융은 심리적 건강은 내향성과 외향성의 균형을 유지해야 한다고 보고 있으며, 건전한 발달을 위해서는 인격의 모든 면에 평등하게 개별화의 기회를 주어야 한다고 주장하였다. 이런 융의 분석심리학적 접근은 사회복지실천을 수행하는 사회복지사로 하여금 개인의 성격 성향을 검사하여 균형 있는 개별화를 이루도록 개입할 수 있다고 할 수 있다. 인간의 타고난 성격유형을 검사하는 데 현재 많이 쓰이는 MBTI(Myers-Briggs Type Indicator)는 이러한 융의 이론에 기초하고 있으며 오늘날 많은 사회복지사들이 즐겨 사용하고 있다.

- 개인 무의식: 개인 무의식은 의식에 인접해 있는 부분으로 쉽게 의식화될 수 있는 망각된 경험이나 감각경험으로 구성된다. 개인 무의식의 자료는 개인의 과거경험에서 비롯된 내용이다. 이런 점에서 개인 무의식은 프로이트의 전의식과 유사한 개념이지만 무의식까지 포함한 개념이라고 할 수 있다. 개인 무의식은 의식되었지만 그

내용이 중요하지 않거나 고통스러운 것이기 때문에 망각되었거나 억제된 자료의 저장소다. 즉, 너무 약하기 때문에 의식에 도달할 수 없거나, 또는 의식에 머물 수 없는 경험은 모두 개인 무의식에 저장된다. 사람들의 개인 무의식은 개인적인 경험으로 형성되기 때문에 사람마다 독특하다. 개인 무의식에 있는 어떤 이미지는 쉽게 생각해 낼 수 있고, 어떤 것은 기억하기가 어려우며, 다른 것은 여전히 의식이 미치지 않는 것이 있다. 융의 개인 무의식 개념은 프로이트의 무의식과 다소 달라 전의식이 포함되어 있다.

- 콤플렉스: 융에 의하면 콤플렉스는 개인 무의식의 내용들이다. 즉, 특수한 종류의 감정으로 이루어진 무의식 속의 관념덩어리이다. 가령, 김 씨의 정체성 혹은 이 씨의 열등감과 같이 특정 주제와 관련된 모든 정서적으로 긴장된 감정, 사고, 관념의 덩어리를 말한다. 콤플렉스의 내용은 완전히 무의식일 수도 있고 어떤 때는 의식하다가 다시 의식하지 못하게 되는 상대적 무의식일 수도 있다. 콤플렉스는 주로 개인적이지만 부분적으로 인간의 집단적 경험에서도 유래할 수 있다. 콤플렉스의 강도는 리비도에 의해서 결정된다. 융의 리비도는 프로이트의 리비도와는 차이가 있어서 성적 본능만이 아니라 일반적인 정신적 에너지를 말한다. 즉, 융의 리비도는 생물학적, 성적, 사회적, 문화적, 창조적인 모든 형태의 활동에 에너지를 제공하는 전반적인 생명력을 의미한다고 보았다.
- 집단 무의식: 융이 제안한 독창적 개념으로 분석심리학의 이론 체계에서 가장 핵심적인 개념이다. 집단 무의식은 개인적 경험이 아니라 사람들이 역사와 문화를 통해 공유해 온 모든 정신적 자료의 저장소다. 융은 인간의 정신적 소인이 유전된 것으로 생각하였다. 따라서 집단 무의식은 인류역사를 통해 선조로

부터 물려받은 우리의 행동에 영향을 주는 정신적 소인인 수없이 많은 원형(archetypes)으로 구성되어 있다. 즉 집단 무의식은 무의식 깊숙이 있으며 원형이라고 하는 강력한 정서적인 상징으로 구성되어 있다. 원형은 집단 무의식의 내용물로 원형의 이미지는 모든 사람이 공유하는 것이며 개인적인 차원이 아니라 개인을 초월한 태초부터 형성된 것이다. 개인적 경험의 결과인 개인 무의식과는 대조적으로 집단 무의식은 인류전체 조상의 과거에 뿌리를 두고 있다. 집단 무의식은 직접적으로 의식화되지는 않지만 인류역사의 산물인 신화, 민속, 예술 등이 지니고 있는 영원한 주제의 현시를 통해 간접적으로 관찰될 수 있다.

② 원형

융의 독특한 공헌은 현대인의 심리학적 감각에 원형이라는 개념을 사용한 것이다. 원형은 감정적으로 비슷한 부분들이 연합된 이미지의 집합인 점에서는 콤플렉스와 유사하다. 하지만 콤플렉스가 개별화된 개인의 무의식으로 구성된 반면에 원형은 일반화된 것이며 집단 무의식의 내용에서 유래한다. 원형은 형태를 가진 이미지나 심상이지 내용은 아니다. 상징은 원형의 내용이며 원형의 외적 표현이다. 원형은 꿈, 신화, 동화, 예술 등에서 나타나는 상징을 통해서만 표현된다. 원형은 인간이 갖는 보편적, 집단적, 선험적인 심상들로 융의 분석심리학에서 성격의 주요한 구성요소라 할 수 있다. 원형의 수는 무수히 많다. 예를 들면, 신, 악마, 부모, 대모, 현자, 사기꾼, 영웅, 지도자 등 사람들이 삶을 영위하면서 형성해 온 수없이 많은 원초적 이미지가 원형이다. 여기서는 융이 언급한 대표적인 원형인 페르소나(persona), 아니마와 아니무스(anima & animus), 그림자(shadow), 자기(self)에 대해서 살펴보고자 한다.

- 페르소나: 페르소나는 환경의 요구에 조화를 이루려고 하는 적응의 원형이다. 즉, 페르소나는 개인이 사회에 대한 이해를 바탕으로 사회에서 가정하는 자신의 역할을 의미한다. 페르소나는 가면을 뜻하는 희랍어로 개인이 사회적 요구들에 대한 반응으로서 밖으로 내놓은 공적 얼굴이다. 정리하면, 페르소나는 자아의 가면으로 개인이 외부세계에 내보이는 이미지, 즉 개인이 사회적 요구에 대한 반응으로 내보이는 사회적 모습이다. 다시 말해 사회의 기대치에 부응하는 개인의 역할을 말한다. 인간이 사회에 적응하기 위해서는 어느 정도 페르

소나가 발달하는 것이 필요하다. 실제 사람들은 사회생활 가운데에 페르소나를 통해 다른 사람과 관계하면서 좋은 인상을 주거나 자신을 은폐시킨다. 하지만 겉으로 표현된 페르소나와 내면의 자기가 너무 불일치하면 표리부동한 이중적인 성격으로 사회적 적응에 오히려 곤란을 겪게 된다.

- 아니마와 아니무스: 융에 의하면 인간은 잠재적으로 심리적으로뿐만 아니라 신체적으로도 양성애자이다. 이러한 이론적 입장을 반영한 개념이 아니마와 아니무스이다. 즉, 남성의 내부에 있는 여성성을 아니마라고 하고, 여성 내부에 있는 남성성을 아니무스라고 한다. 남성성의 속성은 이성(logos)이고 여성성의 속성은 사랑(eros)이다. 인간은 누구나 양성성을 갖고 태어났기 때문에 이성과 사랑을 겸비하고 있다고 볼 수 있다. 따라서 성숙된 인간이 되기 위해서는 남자는 내부에 잠재해 있는 여성성, 즉 사랑을 이해하고 개발해야 하며 여자는 내부에 있는 남성성, 즉 이성을 이해하고 개발하는 것이 필요하다. 즉, 현명한 여자가 되기 위해서는 사랑뿐만 아니라 이성을 갖추는 게 요구된다. 그런데 인간은 종종 자신이 갖고 있는 여성적인 부분과 남성적인 부분이 서로 갈등을 겪게 되는 경험을 한다. 만약 남성이 자신의 여성적인 면을 거부하고 지배력과 힘을 지나치게 강조한다면 다른 사람에게 차갑고 감정이 없는 사람으로 보일 수 있다. 만약 여성이 자신의 남성적인 면을 거부한다면 지나치게 모성적인 특성에 빠질 수 있다.
- 그림자: 그림자는 인간의 어둡거나 사악한 측면을 나타내는 원형이다. 즉, 인류 역사를 통해 의식에서 억압되어 어두운 무의식에 있는 자료 및 인간의 원초적인 동물적 욕망에 기여하는 원형이다. 그림자는 모든 원형 중에서 가장 강력하고 잠재적으로 가장 위험하다고 할 수 있다. 그림자는 특히 동성인 다른 사람과의 관계에 있어서 인간의 최선의 것과 최악의 것의 원천이다. 그림자가 자아에 의해 받아들여지고 조화 있게 정신 속에 들어가 있는가, 아니면 자아에게 배격을 당해 무의식 속에 내쫓겨 있는가에 따라 동성과의 관계는 우호적이 되기도 하고 적대적이 되기도 한다. 이렇게 그림자는 부정적인 측면이 많지만 동시에 생명력, 자발성, 창조성의 원천이 되기도 하여 이로움을 주기도 한다. 그림자는 인간의 양면성, 밝고 긍정적인 면과 어둡고 부정적인 면을 반영한 원형이다. 빛이 없이 그림자를 상정할 수 없다. 사회에서 부정되거나 부

도덕하고 악하다고 생각되는 것은 그림자 원형과 관련되어 있다. 따라서 실천 개입 및 심리치료에서 가장 장애가 되는 원형이 그림자이다. 전문가는 인간의 이러한 부정적인 측면을 서비스 이용자가 조절할 수 있도록 돕는 것이 필요하다. 인간이 공동체 사회에 없어서는 안 되는 일원이 되기 위해서는 그림자에 포함되어 있는 동물적인 정신을 잘 길들일 필요가 있다.

- 자기: 자기는 모든 의식과 무의식의 주인이다. 태양이 태양계의 중심인 것처럼 자기는 집단 무의식 속의 중심적인 원형이다. 자기는 전체로서 인간 성격의 조화와 통합을 위해 노력하는 원형이다. 즉 자기는 인격을 통일하고 거기에 일체성(oneness)과 불변성의 감각을 제공해 준다. 어떤 사람이 자신이 세상과 조화되어 있다고 느낀다면 그것은 자기의 원형이 그 역할을 효과적으로 수행하고 있다는 것이고, 반면 불쾌하고 불만족스러우며 심한 갈등에 시달려 '산산조각이 날 것 같다.' 고 느낀다면, 그것은 '자기' 의 역할이 적절하지 못하다는 것을 의미한다. 자기는 거의 중년이 되기까지는 표면화되지 않는데 그것은 자기가 어느 정도 완전히 드러나기 위해서는 인격이 개성화를 통해 충분히 발달되어야 하기 때문이다. 융은 인간이 자기실현을 하기 위해 타고난 청사진을 자기로 보았다. 그런데 융은 완전한 자기실현을 달성하는 것보다 자기를 인식하는 데 중점을 두어야 한다고 권고하고 있다. 자기인식은 자기실현에의 길이다. 자기실현을 위해서는 끊임없는 수련, 지속적인 노력, 최고의 책임과 지혜 등을 필요로 한다. 무의식적인 것을 의식화함으로써 인간은 자기 자신의 본성과 보다 조화로운 생활을 할 수 있다.

③ 정신에너지의 원리

융은 전체적 성격을 정신이라고 불렀으며, 정신에너지인 리비도를 통해 지각하고, 생각하고, 느끼고 소망하는 심리적 활동이 수행된다고 보았다. 융에게 리비도는 전반적인 '인생과정 에너지' 이며 여기에서는 융이 제안했던 정신에너지가 기능하는 세 가지 원리인 대립(opposition), 등가(equivalence), 균형(entropy)에 대해서 살펴보고자 한다(노안영, 2005).

- 대립 원리: 융은 정신을 대립 원리에 작동하는 실체로서 생각하였다. 융은 대립 원리는 신체 에너지 내에 반대되는 힘이 대립 혹은 양극성으로 존재하여 갈등을 야기하며 이러한 갈등이 정신에너지를 생성하는 데 필요하다고 생각하였

다. 즉, 융의 체계에서 정신에너지는 성격 내에 있는 힘들 간의 갈등의 결과로 여겨졌다. 갈등이 없으면 에너지가 없으며 인생도 없다고 본다. 즉, 개인의 사랑과 증오는 정신 내에 존재하면서 행동으로 표현을 추구하는 긴장과 새로운 에너지를 창조한다. 이러한 대립 혹은 양극성의 갈등이 모든 행동의 일차적 동인이며 모든 에너지를 창조한다. 따라서 양극성들 간에 갈등이 커질수록 에너지는 더 많이 생성된다.

- 등가 원리: 융은 물리학의 열역학 법칙인 에너지 보존 원리를 정신적 기능에 적용하여 등가 원리를 가정하였다. 등가 원리는 어떤 조건을 생성하는 데 사용된 에너지는 상실되지 않고 성격의 다른 부분으로 전환되어 성격 내에서 에너지의 계속되는 재분배가 이루어진다는 것이다. 그러므로 어떤 특별한 영역에서 정신가치가 약해지거나 사라지면, 그러한 에너지는 정신 내에 다른 영역으로 전환된다. 예를 들면 우리가 어떤 취미활동(예 당구)에 관심을 상실하면, 그러한 활동에 쏟았던 정신에너지가 새로운 취미활동(예 골프)으로 전환된다. 또한 우리가 깨어 있는 동안에 의식 활동을 위해 사용하는 정신에너지는 잠자는 동안에는 꿈으로 전환된다. 여기서 등가란 말은 에너지가 변환된 새로운 영역이 동등한 정신가치를 가져야 한다는 것을 함축한다. 에너지가 어떤 방향이나 방식으로 이동하는지 등가 원리는 그러한 에너지가 계속적으로 성격 내에서 재분배된다는 것을 제안한다.
- 균형 원리: 물리학에서 균형 원리는 에너지 차이의 평형을 의미한다. 예를 들면, 뜨거운 대상과 차가운 대상이 접촉하면 열은 같은 온도로 평형 상태가 될 때까지 뜨거운 대상에서 차가운 대상으로 이동한다. 융은 이러한 열역학 원리를 정신에너지에 적용하여 성격 내에 균형 혹은 평형에 대한 경향성이 있다는 균형 원리를 제안하였다. 만약 두 가지 욕망이 정신가치에서 크게 다르다면, 에너지는 보다 강한 욕망에서 약한 욕망으로 흐를 것이다. 이상적으로, 성격은 모든 측면에서 정신에너지의 동등한 분배를 가지지만, 이러한 이상적 상태는 결코 성취되지 않는다. 만약 완전한 균형 혹은 평형이 달성되면, 성격은 정신에너지를 갖지 못할 것이다. 왜냐하면 이미 지적한 것처럼, 대립 원리가 정신에너지를 생성하기 위해서 갈등을 요구하기 때문이다.

2) 분석심리학적 접근의 개입목표와 과정

융의 분석심리학적 접근에 의하면, 서비스 이용자의 문제 증상을 경감시키기 위해서 전문가들이 해야 할 일은 개인 무의식과 집단 무의식의 내용을 용납하며 종합하는 것이라고 하였다. 무의식의 파편들이 일상에 투사됨으로써 고통 받거나 혼란스럽게 된 개인의 경향을 서비스 이용자와 전문가가 함께 인식해 나가기 위해 노력하는 일이야말로 건강하고 건전한 삶을 위한 가장 중요한 요인이 된다고 융은 보았다. 이러한 분석심리학적 접근의 개입목표와 과정은 다음과 같다(이무석, 2004; 노안영, 2005; 이장호 외, 2005; 엄신자, 2007).

(1) 개입목표

융의 분석심리학적 접근의 실천개입 목표는 무의식적인 것을 의식적으로 되게 도와주는 것이다. 즉, 서비스 이용자로 하여금 무의식적으로 작동하는 정신원리를 의식화하고 개별화 과정을 촉진하는 것이다. 여기에서 전문가는 '무의식이 원형을 통하여 제공하는 방향과 안내' 가 어떻게 이루어지든지 간에 그것을 인정해 주는 것이 중요하다. 왜냐하면 융에 있어 인간의 성격발달의 목표는 개별화 혹은 자기실현이기 때문이다. 자기실현이란 일반적으로 개별화라는 인생 여정의 마지막 단계로서 여겨진다. 그래서 자기실현은 어떤 사람의 삶의 여정에서 성취될 수 있는 현실성이라기보다는 추구해야 가야 할 하나의 이상이라 할 수 있다. 즉 자기실현은 이상을 향해 끊임없이 개별화해 가려고 노력하는 과정이다. 이러한 개별화는 인생의 전반기에는 분화를 통해 이루어지고, 인생의 후반기에는 통합을 통해 달성된다. 즉, 전체로서 집단 무의식을 갖고 태어난 개인은 인생의 초기에 자기에서 분화된 자아가 인생 중반까지 발달하다가 다시 자아가 자기에게 통합되는 과정이 인생 중반 이후에 이루어진다. 따라서 전문가는 서비스 이용자를 돕기 위해 분화와 통합 과정을 통해 성격발달이 이루어지는 단계의 특징을 이해하는 것뿐만 아니라 타고난 자기의 목소리에 귀를 기울여 그것을 이해하는 것이 필요하다. 그래서 분석심리학적 접근에서는 전문가와 서비스 이용자 간에 이루어지는 관계에 깊은 존중심을 가져야 될 것이 강조된다.

또한 융은 프로이트보다 훨씬 꿈의 해석을 실천개입 및 심리치료의 방법으로서 중요시하였다. 융에 의하면 무의식의 의미를 파악하는 데 꿈은 가장 의미 있는 자료로서 우리에게 상징으로서의 메시지를 전달하는 것으로 본다. 꿈은 우리에게 무엇인가를 알리려고 한다. 우리가 꿈을 꾸고 꿈을 실현시키려고 노력하는 것처럼 자신의 깊은 무의식의 외침인 꿈을 파악하여 부단한 자기분석을 통해 자기실현을 이루는 게 필요하다.

그리고 알게 모르게 물려받은 인류의 정신적, 문화적 유산을 통해 현재를 살아가는 인간이 존재한다. 인간이 갖고 있는 수없이 많은 집단 무의식의 원형을 파악하여 이해하는 것은 인간이 자신을 성숙시켜 자기실현으로 이끄는 데 도움이 될 것이다. 그래서 융의 분석심리학적 접근의 주요한 목표는 그 자체이면서 동시에 하나의 종착지로서 "너 자신을 알아가라!"는 것처럼 보이며 이는 참된 자아가 드러나게끔 하는 것이라고 할 수 있다.

(2) 개입 과정

융은 중년의 문제를 다루는 데 많은 노력을 기울였다. 때문에 융의 분석심리학적 접근은 '생애 후반기 심리학'으로 불렸다. 심리치료는 서비스 이용자가 자신의 내면의 삶을 탐색함으로써 성격을 확장시켜 나갈 수 있으며 자신의 존재에 대한 영적 혹은 종교적인 태도를 개발해 나가는 과정이라고 여겼다. 사회복지실천을 수행하는 사회복지사들에게 융의 이론은 중년기의 위기, 노년기의 죽음 등과 같은 문제들로 고민하고 있는 서비스 이용자들을 이해하는 데에 큰 도움이 될 것으로 본다. 자기발견과 지속적인 개인의 성장을 강조하는 있는 융의 분석심리학적 접근은 중년기에 좌절하고 인생을 무의미하게 보내는 사람에게 삶의 의미를 다시 생각할 수 있는 계기를 마련해 줄 수 있다. 또한 융의 분석심리학적 접근은 전문가와 서비스 이용자 간의 신뢰와 이해에 기반을 둔 상호작용을 강조하고 있는데 이는 사회복지실천에서도 마찬가지로 적용될 수 있다고 하겠다. 즉 사회복지사는 서비스 이용자와 지속적인 대화를 나누고 그들의 삶에 대한 깊이 있는 이해를 할 때에만 그들 문제의 핵심에 다가갈 수 있을 것이다. 분석심리학적 접근에서 제시하는 개입 과정은 이상의 내용을 충분히 반영한 것이라 할 수 있다. 이는 고백(confession), 명료화(elucidation), 교육(education), 변형(transformation)의 네 단계로 구분된다. 이러한 네 단계에 대해 살펴보면 다음과 같다(Douglas, 2005; 노안영, 2005 재인용).

① 고백 단계

이 단계의 주요한 특징은 서비스 이용자의 강렬한 정서의 방출과 치료적 동맹 형성이다. 서비스 이용자는 자신의 개인사를 고백함으로써 정화를 경험하며 의식적 및 무의식적 비밀을 전문가와 공유한다. 전문가는 무비판적이고 공감적 태도를 유지한다. 고백을 통해 서비스 이용자와 전문가의 치료적 동맹 관계가 이루어지면서 서비스 이용자는 전이를 경험하게 된다.

② 명료화 단계

이 단계의 목표는 서비스 이용자가 정서적이거나 지적으로 자신의 문제에 대한 통찰을 얻게 하는 것이다. 서비스 이용자가 갖는 증상의 의미, 아니마와 아니무스, 그림자, 현재 생활 상황과 고통 등이 명료화된다. 또한 현재 겪는 정서적 어려움이나 비현실적 생각과 환상이 아동기에 어떻게 시작되었는가에 대한 해석이 이루어진다. 이 단계에서 전이와 역전이가 탐색된다. 전이를 이해하는 과정에서 서비스 이용자는 전문가가 명료화하는 무의식적인 내용을 표면으로 이끌어낼 수 있게 된다. 서비스 이용자는 명료화 과정을 통해 문제의 기원에 대해 알게 된다.

③ 교육 단계

이 단계에서는 서비스 이용자가 사회적 존재로서 부적응이나 불균형적 삶을 초래한 발달과정의 문제에 초점이 맞춰진다. 즉, 고백과 명료화 단계에선 초점이 개인 무의식에 맞춰지지만 교육 단계에서는 서비스 이용자의 페르소나와 자아에 초점을 맞춰서 슬기롭게 현실적인 사회 적응을 할 수 있도록 한다. 많은 경우에 서비스 이용자는 이 단계를 마치고 치료를 종결한다.

④ 변형 단계

이 단계에서는 서비스 이용자와 전문가 간의 역동적인 상호작용을 통해 단순히 사회에 대한 적응을 넘어서 자기실현에로의 변화가 도모된다. 이런 점에서 융은 변형단계를 자기실험 기간으로 기술하였다. 변형 단계의 초점은 서비스 이용자의 의식과 무의식을 포함한 전체적 성격의 주인인 자기(self)의 실현을 이루기 위한 과정, 즉 개별화를 지향하는 과정에 맞춰진다.

3) 분석심리학적 접근의 개입기법

분석심리학자들이 개인을 이해하고 조력하기 위해 사용하는 기법은 객관적 검사와 투사법에서 꿈 분석의 사용에 걸쳐 다양하다. 융이 개인을 이해하는 데 사용한 주요한 네 가지 평가방법은 단어연상검사, 증상분석, 사례사, 꿈 분석이다. 꿈 이외에 다른 많은 상징을 이용하여 서비스 이용자를 조력하였다. 또한 융은 개인의 성격태도와 기능을 바탕으로 한 심리유형을 분류하였다. 이러한 융의 이론을 기초로 하여 만들어진 표준화된 성격검사로, 현재 광범위하게 적용되는 성격유형검사인 MBTI(Myers-Briggs Type Indicator)가 있다. 여기서는 이러한 기법들에 대해 간단하게 살펴보고자 한다(이무석, 2004; 노안영, 2005; 이장호 외, 2005; 엄신자, 2007; 1급 사회복지사 시험연구회, 2008).

(1) 꿈 분석

꿈 분석은 융의 분석심리학에서 가장 중요한 방법으로 환자의 무의식을 이해하는 데 사용된다. 융은 꿈이 무의식적 소망 이상의 의미를 가지고 있다고 믿었다. 융은 꿈이 미래를 예견해 준다고 보았다. 따라서 꿈은 개인으로 하여금 그가 일어나리라고 기대하는 경험과 사건을 준비하도록 도와준다고 믿었다. 융이 제안했던 자기실현으로 이끄는 주요한 개념인 동시성(synchronicity)은 꿈의 예견성을 뒷받침해 주는 것이다. 동시성은 두 사건이 논리적으로 인과관계가 없이 독립적으로 일어나지만 서로 밀접하게 관련된 의미를 가지는 현상을 의미한다. 예를 들면, 당신이 오랫동안 보지 못했던 친구를 꿈에서 보았는데, 다음날 그 친구가 전날 밤에 죽었다는 소식을 듣는 것이다. 둘째 융은 꿈이 보상적이라고 믿었다. 즉, 꿈은 어떤 정신구조의 지나친 발달을 보상함으로써 상반되는 정신과의 균형을 유지하도록 도와준다고 보았다. 이런 점에서 꿈은 적응을 위한 노력이며, 성격의 결함을 교정하려는 시도이다. 예를 들면, 몹시 수줍어하는 사람은 자신이 파티에서 매우 활동적인 역할을 하는 꿈을 꿀 수 있다. 또한 사업에 실패한 사람이 성공한 꿈을 꿀 수 있다.

또한 융은 꿈을 해석하는 데 있어, 프로이트처럼 각각의 꿈을 따로따로 해석하지 않고 일정한 기간에 걸쳐 환자가 보고하는 일련의 꿈들을 함께 분석하였다. 이러한 방식으로 융은 환자의 무의식에 지속된 반복되는 주제, 문제를 발견할 수 있다고 믿었다. 또한 융은 꿈이 보여 주려고 하는 가능한 의미를 밝히기 위해 확충법을 사용하였다. 특별한 상징으로 시작하여 그것에서 점점 발전해 가는 자유연상과 다르게, 확충법은 환자와 분석자가 상징들의 이해를 확장하려는 시도로 어떤 주제가 탐색될 때까지 같은 상징들을 계속해서 재평가하고 재해석하는 치료기법이다. 융은 단일한 꿈의 분석은 잘못된 해석으로 이끌 수 있지만 일련의 꿈들의 분석은 환자가 직면하는 문제에 대한 보다 정확한 해석을 달성하는 수단으로서 기여할 수 있다고 믿었다.

(2) 상징의 사용

융은 서비스 이용자의 사고, 감정, 행동을 추동하는 역동성과 패턴을 상징적으로 생각하고 이해할 능력을 강조하였다. 이러한 패턴은 서비스 이용자의 꿈, 증상, 환상 등에서 상징적이거나 간접적 형태로 나타날 수 있다. 전문가가 이러한 심리적으로 의미를 이해할 능력은 우리의 문화적 저장고인 신화, 동화, 예술작품, 문학, 종교 등에서 발견되는 많은 상징들을 이해함으로써 향상될 수 있다. 특히 융은 깊은 상징을 가진 어떤 이미지들이 되풀이해서 나타나는 것에 주목했다. 융은 어떤 상징은 우주적 의미를 지닐 뿐 아니라 상징적 표현은 인간의 사고와 노력의 모든 측면에 영향을 미치는 심리적 과정에서 중요한 역할을 한다는 결론을 내렸다.

(3) 단어연상검사

이 검사는 개인이 어떤 자극단어에 마음에 떠오르는 어떤 단어로 반응하는 투사기법이다. 1900년대 초에 융은 정서를 야기하리라고 믿었던 100개의 단어 목록을 가진 단어연상검사로 그의 환자들이 갖는 콤플렉스를 밝히는 데 사용하였다. 100개의 단어 목록은 명사와 형용사 또는 부사를 번갈아 무작위 나열한 것이다. 단어연상검사를 통해 융은 각 자극단어에 환자가 반응하는 데 걸리는 시간 및 자극단어의 정서적 효과를 결정하기 위해 생리적 반응을 측정하였다. 융에 의해 시작된 이래로, 피험자가 자극단어에 즉각적으로 마음에 떠오르는 어떤 단어로 반응하는지를 보는 단어연상검사는 실험적 및 임상적 도구로 심리학 연구에 적용되어 왔다. 이 검사는 통계적 연구의 대상이거나 진단용 심리검사가 아니고, 분석가의 분석과정에서 피분석자의 무의식적인 콤플렉스를 환기시켜 이를 의식화시키는 도구로 주로 쓰인다.

검사자는 피검자에게 "이제부터 단어 하나씩을 부를 텐데, 그 단어를 듣고 제일 먼저 머리에 떠오르는 단어 한 개를 될 수 있는 대로 빨리 대답하라."고 한다. 꼭 단어 한 개로 응답하라고 하고 대답할 때까지 시간을 재겠다고 하며 이런 지시가 상대방에게 제대로 이해되었는지 확인한 후, 피검자의 반응시간과 대답한 반응어를 적는다. 이렇게 해서 100개의 자극어에 대한 반응시간과 반응어를 모두 기록하고 나면 검사자는 검사를 다시 반복한다. 즉 피검자에게 "같은 자극어를 다시 부를 테니 아까 대답했던 단어로 대답해 보라. 이번에는 시간을 재지 않을 것이니 충분히 회상해볼 수 있다."고 말한다. 같은 반응어를 기억해 내면 해당 반응 뒤에 '+' 표를, 기억이 나지 않을 경우에는 '-' 표, 머리에 떠오른 단어가 먼젓번 반응어와 틀리면 그대로 기록해 넣는다. 검사소요 시간은 대개 한 시간 내외가 된다. 검사결과의 평가는 결국 콤플렉스가 어디에 있는가를 찾는 것을 목적으로 한다. 우선 문제가 되는 것은 반응시간이다. 융에 의하면, 건강한 사람을 대상으로 한 반응시간의 통계적 고찰에서 평균 반응시간은 남자 1.6초, 여자 2.0초이다. 콤플렉스 징후의 진단해석은 반응시간의 지연을 포함해서 다음 여러 가지가 있다. ① 반응시간의 지연, ② 재생의 결손, ③ 보속-자극어에 의해서 제기된 감정이 다음 반응에까지 영향을 주어 반응시간의 지연을 보이거나 먼젓번 자극어와 관계되는 반응을 하는 것, ④ 반응실패-자극어에 전혀 대답을 하지 못하는 경우 40초를 기다려서 없으면 반응실패로 판단하는 것, ⑤ 자극어를 반복하는 것, ⑥ 자극어를 잘 못 듣거나 무슨 뜻인지 이해를 하지 못할 때, ⑦ 특이한 감정반응-표정이나 말에 두드러지게 감정이 나타날 때 말을 더듬거나 감탄하거나 얼굴이 붉어지거나 숨을 몰아쉬거나 하는 표현, ⑧ 의미 없는 반응-자극어나 반응어 사이의 문법적 또는 의미 관련성을 전혀 볼 수 없는 반응, ⑨ 소리반응, ⑩ 단어의 보충, ⑪ 여러 개의 단어로 반응할 때-문장으로 대답하는 경우도 이에 해당, ⑫ 외국어로 반응하는 것, ⑬ 반응어의 반복, 이상과 같은 징후에 입각해서 전체의 검사결과를 살펴나가면 특히 어떤 자극어를 중심으로 콤플렉스가 작용했는가가 드러나고 이에 대하여 본인의 기억을 되물어 보면 어느 정도 그것이 무엇인가를 알 수 있게 된다.

'100개의 단어 목록'에 들어가는 단어들은 다음과 같다(http://cafe.daum.net/mind-stay, 2009).

1. 머리	2. 초록색	3. 물	4. 노래한다
5. 죽음	6. 기다란	7. 기선	8. 돈 낸다
9. 창문	10. 다정한	11. 책상	12. 질문한다
13. 마을	14. 추운	15. 줄기	16. 춤춘다
17. 호수	18. 병든	19. 자랑	20. 요리한다
21. 잉크	22. 나쁜	23. 바늘	24. 헤엄친다
25. 여행	26. 푸른	27. 등불	28. 죄짓는다
29. 밥	30. 풍부한	31. 나무	32. 찌른다
33. 동정	34. 노란	35. 산	36. 죽는다
37. 소금	38. 새로운	39. 풍습	40. 기도한다
41. 돈	42. 미련한	43. 공책	44. 멸시한다
45. 손가락	46. 소중한	47. 새	48. 떨어진다
49. 책	50. 부당한	51. 개구리	52. 가른다
53. 굶주림	54. 하얀	55. 아이	56. 주의하다
57. 연필	58. 슬픈	59. 살구	60. 결혼한다
61. 집	62. 사랑스런	63. 유리컵	64. 다툰다
65. 모피	66. 커다란	67. 당근	68. 칠한다
69. 부분	70. 늙은	71. 꽃	72. 때린다
73. 상자	74. 사나운	75. 가족	76. 씻는다
77. 젖소	78. 낯선	79. 행복	80. 속인다
81. 위	82. 좁은	83. 형제	84. 겁낸다
85. 황새	86. 틀린	87. 불안	88. 키스한다
89. 새색시	90. 맑은	91. 문	92. 고른다
93. 마른 풀	94. 만족한	95. 비웃음	96. 잠긴다
97. 달	98. 예쁜	99. 여자	100. 욕한다

(4) 증상분석

이 기법은 환자가 보고하는 증상에 초점을 둔다. 즉, 분석자로서의 전문가는 서비스 이용자로 하여금 증상에 대한 자유연상을 하도록 하여 그러한 내용을 해석하는 것으로 프로이트의 정화 방법과 유사하다. 환자의 증상은 분석자의 증상 원인에 대한 해석을 통해 감소되거나 사라지게 된다. 융은 이 기법이 단지 '외상 후 스트레스 장애'에 도움이 된다고 생각하였다.

(5) 사례사(생애사, 가족력 포함)

이 방법은 심리적 장애의 발달사를 추적하는 데 사용된다. 융은 이 방법이 자주 환자로 하여금 태도 변화를 야기하는 데 도움이 된다는 것을 발견하였다. 융은 자신의 사례연구를 '생애사 재구성'이라고 불렀다. 융은 환자로 하여금 과거경험에 대해 회상하도록 하여 조사함으로써 현재의 신경증을 설명할 수 있는 발달패턴을 확인하여 생애사 재구성을 하도록 하였다.

(6) MBTI

MBTI(Myers-Briggs Type Indicator)는 융의 심리유형론을 근거로 하여 보다 쉽고 일상생활에 유용하게 활용할 수 있도록 고안한 자기보고식 성격유형지표이다. 융의 심리유형론은 인간행동이 그 다양성으로 인해 종잡을 수 없는 것같이 보여도, 사실은 아주 질서정연하고 일관된 경향이 있다는 데서 출발하였다. 그리고 인간행동의 다양성은 개인이 지각하고 판단하는 특징이 다르기 때문이라고 보았다. MBTI의 바탕이 되는 융의 심리유형론의 요점은 각 개인이 외부로부터 정보를 수집하고(지각기능), 자신이 수집한 정보에 근거해서 행동을 위한 결정을 내리는 데(판단기능) 있어서 각 개인이 선호하는 방법이 근본적으로 다르다는 것이다. 융의 심리유형론은 경험적으로 감각과 지각으로 구분하여 사물, 사람, 사건, 생각들을 지각하게 될 때 나타나는 차이점을 이해할 수 있도록 해 주며, 판단과정은 사고와 감정으로 구분하여 우리가 인식한 바에 의거해서 결론을 이끌어 내는 방법 간의 차이점을 알 수 있도록 해 준다. 그리고 이러한 기능을 사용할 때 어떤 태도를 취하는 가에 따라 외향성과 내향성 및 판단과 지각으로 구분하여 심리적으로 흐르는 에너지의 방향 및 생활양식들을 이해할 수 있도록 해 준다.

따라서 MBTI는 융의 이론에 바탕을 둔 성격유형 검사로서 네 가지 차원을 조합한 것이다. 이러한 네 가지 차원은 다음과 같다. 첫째, 자아(ego)와 대상(object)과의 관계에서 자아가 주체가 되어 반응하는 외향성과 외부 자극이 왔을 때만 반응을 나타내는 내향성이다(내향성-외향성). 둘째, 자아와 관련된 정신적 기능에서 합리적 차원인 사고-감정이다. 셋째, 자아와 관련된 비합리적 차원의 직관-감각이다. 넷째, 감각과 직관을 통한 지각과 사고의 감정을 통한 판단으로 이루어진 지각-판단 차원이다. 이러한 네 가지 차원을 조합하여 MBTI는 2^4=16가지 성격유형으로 나타낼 수 있다. 좀 더 구체적으로 살펴보면, 다음과 같다.

비합리적 기능: 인식형-직관(Intuition)과 감각(Sensation)
- 직관적 인식(Intuition): 이상지향적, 나무보다 숲을 강조
- 감각적 인식(Sensation): 현실지향적, 숲보다 나무를 강조

합리적 기능: 판단형-사고(Thinking)와 감정(Feeling)
- 사고적 판단(Thinking): 보편적 원리에 근거한 맞다-틀리다, 옳다-그르다 식의 판단을 강조
- 감정적 판단(Feeling): 상대적 원리를 강조하며, 좋다-싫다 등을 통해 판단, 조화의 강조

인식(Perceiving, 이해)과 판단(Judgement) 기능: 융이 원래 자신의 심리유형론에서 언급하지 않은 기능으로서 뒤에 MBTI 검사를 제작한 Myers와 Briggs가 추가한 정신기능으로 외부세계에서의 행동방식을 의미
- 인식적 태도(Perceiving): 행동과 결정보다는 관조와 기다림을 중시
- 판단적 태도(Judgement): 관조와 기다림보다는 결정과 행동을 중시

MBTI 검사는 대인관계나 부부관계의 갈등에서 서로 다른 성격유형을 서로가 이해하게 되고, 이를 통해 상대방의 독특성을 수용하고 인정하게 함으로써 해결의 실마리를 제공할 수 있게 한다.

생각 다듬기

1 생태체계학적 관점과 강점 관점을 지향하는 사회복지실천 영역에서 정신역동 모델은 어떤 의미가 있는지를 생각해 보시오.

2 프로이트의 정신분석적 접근이 사회복지실천의 서비스 개입과정인 사정에서 어떻게 활용될 수 있는지를 생각해 보시오.

3 프로이트가 주장한 방어기제들 중 자신이 많이 사용하는 것이 무엇인지를 생각해 보시오.

4 아들러의 개인심리학적 접근에서 말하는 생활양식과 열등감에 대해서 설명하시오.

5 융의 집단 무의식에 대해서 설명하시오.

6 융의 '꿈 분석'과 '상징의 사용'이 사회복지실천에서 어떻게 활용될 수 있는지를 생각해 보시오.

4

Chapter

심리사회 모델

1. 심리사회 모델의 철학과 기본 개념
2. 심리사회 모델의 개입목표와 과정
3. 심리사회 모델의 개입기법

1900년대 초 사회복지실천은 전형적인 박애주의 접근이었던 19세기 말의 우애방문단과 자선조직협회의 활동 등으로 대표되는 빈민과 소외된 사람들을 돕는 일반사회복지실천이었다고 할 수 있다. 이후 사회복지실천은 여전히 사회적으로 소외된 사람들에 대한 초점을 유지해 나갔던 리치몬드(Richmond)의 실천 모델을 전승함으로써 사회복지 정체성을 고수해 나갔으나 한편으로는 당시 과학적이고 전문적인 것처럼 보였던 정신분석적 접근에 점차 영향을 받게 되었다. 이러한 흐름에 다시 변화가 시작된 것은 1950년대에 플로렌스 홀리스(Florence Hollis)를 비롯한 사회복지사들이 사회복지전문직이 독특하게 지향하는 바가 심리사회적 원조라는 것을 표명하면서부터이다(배태순 외 역, 2007). 이렇게 심리사회 모델은 전통적인 일반사회복지실천의 이론과 기술을 기반으로 하여 프로이트(Freud) 정신분석이론에서 파생된 자아심리학의 영향을 받았고, 뿐만 아니라 생태체계적 이론, 문화인류학 등 인접 사회과학에 이르기까지, 어떤 특정 이론에 근거하여 발달하였다고 하기보다는 사회복지실천의 과정에서 여러 요소들이 절충되어 이루어졌다고 할 수 있다(한국전문대학사회복지교육협의회, 2005; 신성자 외, 2007 재인용).

다시 말해 심리사회 모델은 사회복지실천 분야의 진단주의와 기능주의 간의 논쟁에서 진단주의의 실천양식에 뿌리를 둔 모델이기 때문에 어떤 사례를 이해하기 위해 서비스 이용자의 근접 환경을 현재 및 과거 시점에서 조사했던 리치몬드(Richmond)의 영향을 받고 있으며, 관련된 과거 사실에 대한 세심한 개인력 조사를 통한 사회연구를 강조한 프로이트의 관점도 반영하고 있다. 따라서 이 모델에서는 가족, 개인 및 가족의 최근접 환경, 상황 속의 인간 등을 철저히 조사하는 사정(Assessment) 혹은 진단(Diagnosis)이 강조된다. 이는 개인의 현재 기능은 현재는 물론 과거 사건들의 영향을 받는다는 생각에 기초하고 있다(이영호, 2008).

그래서 심리사회적 접근은 서비스 이용자 상황에서의 정신 내부적, 대인관계적, 그리고 환경적 측면들을 완전하게 이해하기 위해 새로운 이론과 다양한 지식을 받아들이는 개방체계로서의 성격을 가지면서 절충주의를 취하고 있다. 아무리 우수한 생각이나 실천기술이라도 그 하나만으로 서비스 이용자의 복잡하고 광범위한 문제를 모두 포괄할 수는 없다. 그러한 점에서 심리사회 모델은 사회복지 영역뿐만 아니라 정신의학, 심리학, 사회학, 인류학 등을 포함하는 다양한 지식체계들로부터 서비스 이용자의 상황에 대한 더 나은 이해를 도모한다. 또한 다양한 수준, 가령 개인, 소집단, 가족, 중요한 타인들, 다른 영역의 전문가들 그리고 서비스 이용자 생활 내의 여러 체계들과 같은 수준에서의 원조 제공을 강조함으로써 복잡하고 복합적인 사안들에 효과적으로 대처하고자 하는 경향을 보이고 있다(김기태 외, 2006).

역사적 관점에서 심리사회 모델은 정신분석이론에 기반을 두고 진단주의의 옹호자였던 해밀톤(Hamilton, 1940)에 의해 사회복지실천의 학문으로 정착되었다. 우즈(Woods)와 홀리스(Hollis)는 심리사회 모델의 이론적 배경으로 생태체계이론, 정신역동이론, 역할이론, 의사소통이론 등을 제시하였다(김혜란 외, 2003).

1 심리사회 모델의 철학과 기본 개념

1) 인간관

심리사회 모델에서는 서비스 이용자를 '상황 속의 인간' 이라는 개념으로 파악한다. 즉, 심리사회 모델은 개인의 심리적 특성뿐만 아니라, 신체적인 현상과 사회적인 환경까지도 모두 고려하는 특성이 있다. 하지만 초창기 심리사회 모델은 정신분석, 자아심리학, 대상관계 이론 등의 정신역동심리 이론을 주로 적용함으로써 실제 개입에 있어 서비스 이용자의 사회적 환경이나 환경과의 상호작용보다는 서비스 이용자의 심리 내적인 과정에 치중되었다. 하지만 최근에 이르러는 사회적 환경과 상호작용에 점차 관심이 증대되고 있다(윤현숙 외, 2001).

심리사회 모델은 기본적으로 정신분석적 접근에 뿌리를 두고 있으며, 자아심리학[1]과 체계이론 등의 영향을 받아 형성되었기 때문에 다음과 같은 인간관을 견지한다고 볼 수 있다(Woods & Robinson, 1996; 신성자 외, 2007).

첫째, 모든 인간은 생래적 가치 또는 존엄성을 갖고 있다. 그러므로 사회복지사는 서비스 이용자의 존엄성을 존중하기 위해 그를 현재 상황에서 있는 그대로 받아들여야 한다.

둘째, 모든 인간은 연령에 상관없이 성장 능력, 학습 능력, 적응력, 그리고 사회적 또는 물리적 환경을 변화시킬 수 있는 능력을 가진 존재로 간주된다.

셋째, 인간의 주요 감정과 생각들은 의식 밖에 존재하며 성격은 인간행동에 영향을 주는 유동적이고 역동적인 체계이다. 또한 인간의 방어기제는 긍정적이든 부정적이든 모두 사용될 수 있으며 신경증은 선천적으로 취약한 부분이 드러난 것이 아니라 개인의 인간관계 경험에 뿌리를 두고 있는 것으로 그 기원이 사회적이라 할 수 있다.

넷째, 인간의 심리체계는 독립적으로 존재하는 것이 아니라 생물학적 체계, 사회적 체계와 끊임없이 상호작용한다고 전제된다. 따라서 사회복지사는 서비스 이용자의 현재 문제 상황에 영향을 주는 생물 · 심리 · 사회체계 등 모든 관련 체계에 관여해야 한다.

2) 기본 개념

심리사회 모델은 인간의 성격이나 문제가 생활상의 다양한 요인에 의해서 형성된다고 생각하는 다원성과 공통적인 사회 환경을 경험하더라도 개개인은 다르게 반응한다고 하는 인간의 개별성을 동시에 중시한다(이준우, 2003). 그래서 심리사회 모델은 서비스 이용자의 다양한 생활사(life history)를 다각적으로 사정하는 것을 매우 중요하게 본다. 심리사회 모델은 이러한 사정을 통해 사회복지사가 서비스 이용자로 하여금 자신의 과거 혹은 현재의 경험과 관련한 내적 갈등을 이해하고 통찰함으로써 성장하도록 원조하는 것을 강조한다(신성자 외, 2007).

심리사회 모델과 관련해서 다양한 학자들이 거론된다. 그들 중에서 메리 리치몬드는 심리사회적인 접근을 처음 시도했던 학자로 인식된다. 하지만 메리 리치몬드는 '심리사회적 이론'이라는 용어를 공식적으로 사용하지 않았다. 다만 접근이나 방법적 측면이 '심리사회적'이었다고 할 수 있다. 리치몬드가 저술한 사회진단(Social Diagnosis)에서 그녀는 서비스 이용자를 이해하기 위해서는 서비스 이용자의 사회적 환경, 현재 및 과거를 철저히 이해할 것을 강조하였는데 이것은 심리 내

1) 자아심리학은 정신분석 이론에 기초하고 있으면서도 다분히 프로이트의 초기 개념들로부터는 구분되는 특징을 지니고 있다. 자아를 무의식적이고 원초적 힘의 영향을 받는 빙산의 일각으로만 규정짓던 프로이트식 사고와는 대조적으로 자아심리학에서는 자율성을 지닌 독립적 존재로서 자아를 보고자 한다. 이로써 무의식적인 일들에 대한 직접적인 분석이 없이도 정신 내부의 작용에 관한 중요한 설명들을 할 수 있게 된다. 자아기능에 대한 새로운 설명은 인간에 대한 관점의 변화를 가져오게 되었다. 즉, 과거의 사건이나 억압된 갈등에 의해 수동적으로 조형된 존재가 아니라 변화를 적극적으로 초래할 수 있는 강력한 힘의 원천으로서 개인을 바라보게 되었다. 동시에 이러한 개인의 자아기능을 유지, 강화, 회복시키려는 목적의 자아지지 치료가 주목을 받게 되었다.

적인 측면을 지나치게 강조하던 기존의 접근들이 가지는 한계를 벗어나 인간에 대한 이해의 시각을 심리사회적으로 확대하였다는 측면에서 심리사회적 기원으로 받아들여지고 있는 것이다. 또한 리치몬드의 실천 활동 속에서 보이는 접근들 역시 이러한 관점을 반영하고 있다(1급 사회복지사 시험연구회, 2007).

심리사회 모델은 1930년대 후반 고든 해밀튼(Gordon Hamilton)에 의해 심리사회적 이론으로 처음 불리기 시작하였는데 고든 해밀튼은 1931년 핸킨스(Hankins)에 의해 처음 사용된 '상황 속의 인간' 이라는 개념을 실질적으로 활용하였다. 이는 인간을 이해하기 위해서는 인간의 심리 내적인 특성만을 고려할 것이 아니라 인간을 둘러싸고 있는 환경까지도 모두 고려해야 한다는 것이다. 여기에서 특기할 만한 사항은 인간과 환경을 각각 따로 이해하기보다는 인간과 환경 혹은 그를 둘러싼 환경이 서로 상호작용하는 과정이나 결과까지도 함께 고려해야 한다는 것이다. 이런 관점에서 문제를 바라보게 되면 문제를 해결하기 위한 접근방법도 달라져야 하는데 서비스 이용자의 문제를 해결하기 위해서는 개인에 대한 개입, 환경에 대한 개입, 개인과 환경과의 상호작용에 대한 개입이 이루어져야 한다는 결론에 이르게 한다. 이후 1960년대에 와서 플로렌스 홀리스(Florence Hollis)는 개입방법을 직접적 기법과 간접적 기법으로 나누는 등 사회복지의 실천이론과 접근방법을 구체화시켰다(Woods & Hollis, 1990).

2 심리사회 모델의 개입목표와 과정

1) 개입목표

심리사회 모델에서 실천개입의 목표는 대략 다음과 같이 정리될 수 있다(신성자 외, 2007; 이영호, 2008). 첫째, 관계를 형성하기 위해 서비스 이용자를 수용하고 개별화하며, 서비스 이용자의 상황에 대한 공감을 얻고자 한다. 둘째, 서비스 이용자의 과거 경험이 현재 심리 내적 혹은 사회적 기능에 미치는 영향을 강조하고자 한다. 셋째, 서비스 이용자가 자신의 과거 혹은 현재의 경험과 관련해서 내적 갈등을 이해하고 통합해서 성장할 수 있도록 원조한다.

따라서 심리사회 모델에서 사회복지사의 궁극적인 개입목표는 서비스 이용자의 편안함, 만족 그리고 자아실현을 증진시키기 위한 것이다. 이러한 목적을 실현하기 위해서 자아(ego) 적응기술과 사람과 환경 체계의 기능증진, 사람이나 상황의 변화 그리고 때로는 사람과 상황 모두의 변화가 필요할 수도 있다(Robert & Nee, 1972; 김정진 외, 2007 재인용).

2) 심리사회 모델이 현대 사회복지실천기술에 미친 영향

심리사회 모델에서 사회복지실천의 목적은 인간과 환경 간의 최상의 적합한 적응 상태를 형성하여 제공하는 것이라 할 수 있다. 그러므로 상황과 동떨어진 개인이 아니라 환경 속에 있는 개인을 파악하고, 개입할 때에도 서비스 이용자가 제대로 기능할 수 있도록 사회복지사가 직접적으로 개입하는 경우와 서비스 이용자가 환경에 잘 적응할 수 있도록 간접적으로 원조하는 경우가 있을 수 있다(이영호, 2008). 이렇게 심리사회 모델에서는 환경적 압력이 직접적으로 수정될 수도 있고, 서비스 이용자가 자신을 변화시키도록 도움을 받아 심리적 기능을 향상시킬 수도 있다. 또는 서비스 이용자 내에 작용하고 있는 것으로 가정되는 힘의 균형을 수정함으로써 마음의 문제를 다룰 수도 있다(조휘일 외, 2002).

이에 따라 심리사회 모델은 사회복지사가 '환경 속에 있는 서비스 이용자'를 심리사회적으로 사정하고, 개입하는 과정 속에서 사회복지사와 서비스 이용자 간의 의사소통이 핵심적인 부분이 되게끔 크게 기여하였다. 또한 서비스 이용자에 대한 사회복지사의 사정과 평가에서 정확한 분석이 이루어지도록 과학적이고 객관적인 접근이 가능하게끔 하였다. 다른 말로 하면, 사회복지실천이 실제 실천경험으로부터 수집된 정보를 토대로 과학적 근거를 갖게 함으로써 진정한 전문직으로 출발할 수 있게끔 한 것이다. 이러한 활동은 단순한 자선을 베푸는 것이 아닌 사회조사, 진단, 치료계획과 같은 전문적 원조과정을 가진 전문가로서 사회복지사를 양성하는 데 기초가 되었다(이영호, 2008).

이렇게 심리사회 모델은 개인과 환경의 상호작용에 초점을 두었다는 점에서 앞서 설명한 정신분석적 접근이 가지고 있는 한계, 즉 개인의 외부 환경을 무시한 내면적 갈등을 강조한 점을 넘어선 개입방법으로 평가되고 있다. 하지만 실질적인 개입방법에 있어서는 환경에 대한 개입기술이나 전략이 미흡하여, 궁극적으로 개인에 대한 개입에 비중을 크게 두고 있으며, 개입의 효과성에 대한 평가에서도 경험적 사례연구에 의존하고 있는 형편이다(엄명용 외, 2005). 반면 이론적 틀을 체계 이론에 두고 있어 새롭게 제시되는 이론과 연구결과를 수용하고 적용하는 절충주의적 접근방법을 택하기 때문에 이론적 · 실천적 범위가 확장될 수 있는 가능성을 열어 놓고 있다(엄명용 외, 2008). 심리사회 모델이 현대 사회복지실천기술에 미친 영향을 구체적으로 살펴보면 다음과 같다.

(1) 사정과 진단의 필요성 및 중요성 부각

사정과 진단은 실무에 있어 심리사회적인 접근의 본질적인 요소이다. 심리사회적인 접근에서는 사정과 진단을 하지 않고 사회복지실천이 수행된다면 서비스 이용자의 문제해결은 이루어질 수 없다고 본다. 그만큼 심리사회적 접근은 사정과 진단을 중요시한다. 심리사회적 접근에서 진단과 사정은 단지 서비스 이용자의 제반 문제나 약점을 기록함으로써 서비스 이용자에게 '마치 의사가 환자의 병명을 붙이듯이' 단정하는 것이 아니다. 적절한 전문적인 개입은 상황 속의 인간의 결점을 정확하게 평가하는 것뿐만 아니라 인간의 강점까지 볼 수 있어야 한다. 그러므로 심리사회적 접근의 진단과 사정은 서비스 이용자에 대한 평가를 신중하게 하는 데 있어서 임상사회복지실천에 크게 기여하였다고 본다(이준우, 2002).

심리사회적 접근은 사정의 과정에서부터 '진단'을 사용함으로써 어떤 연구자들은 심리사회적 접근을 '의료 모델' 또는 '질병 모델'로 호칭한다. 하지만 심리사회적 접근을 단순히 의료적인 모델이라는 측면에서만 보기는 어렵다. 왜냐하면 진단이라는 개념이 단순히 의학적 진단만이 아닌 사회부적응 문제를 해소하게끔 돕는 서비스 이용자의 기능 향상이라는 면과 상황의 영향에도 관심을 가지는 등 보다 광범위한 의미를 갖고 있기 때문이다(이영호, 2008).

심리사회적 접근에서 모든 유형의 진단은 사람과 상황의 복합체에서 새로운 양상이 나타나면 언제든지 수정하기 위한 문호를 개방하는 진행 중인 과정인 것이다. 서비스 이용자를 위해서 필요하다면 진단은 언제든지 수정될 수 있어야 한다. 우리가 대처하는 대부분의 상황은 복잡하며 언제나 변화되고 있다. 따라서 진단의 과정은 지속적이어야만 한다. 진단은 서비스 이용자를 처음 보고 서비스 이용자의 음성을 처음 듣는 데서 시작된다. 진단은 심지어 사례가 종료된 후, 사회복지사가 서비스개입실천에 대한 결과보고서를 쓰고 있는 과정에까지 지속된다(이준우, 2003).

(2) 변화를 위한 개입수준 결정

진단과 사정의 과정과 마찬가지로 심리사회적 접근의 중요한 부분은 변화를 위한 구체적인 개입을 어느 정도까지, 그리고 어떻게 할 것인지를 결정하는 것이다(장인협, 1996a). 여기서 서비스 이용자의 문제해결을 향한 동기와 역량, 의지 등에 대해 생각해 보아야 한다. 또한 문제의 원인으로 보이는 요인들의 수정 가능성을 평가하기 위해서 어떻게 문제 상황의 여러 요소들이 수정될 수 있는지를 예측해 보아야 한다. 문제의 원인이 되는 요소들을 거의 개선할 수 없는 경우에는 서비스 이용자가 자신의 문제를 해결하고자 하는 의욕에 변화를 가져올 수 있는 보상 기회나 만족이 있을 것인지, 사회 부적응의 원인이 되는 성격적 요소를 없애거나 또는 수정하려는 강력한 의지가 서비스 이용자에게 있는지, 어떤 치료목표가 설정되어 있는지, 치료목표를 달성하기 위해서는 어떤 치료기술이 필요할지 등을 살펴보아야 한다. 또 변화를 위한 개입수준을 결정하기 위해서는 서비스 이용자의 단점, 한계, 문제, 약점 등과 동등하게 강점이나 장점 등에 대해서도 파악할 필요가 있다.

강점이나 장점들은 서비스 이용자의 변화와 문제 상황의 개선 등을 가져올 수 있는 잠재력으로 간주될 수 있다(장인협, 1996b). 서비스 이용자 자신의 문제해결을 향한 목표가 되거나 목표를 달성하고자 하는 강점이 될 수 있는 '동기부여'는 사회복지사가 제공하는 것 중의 중요한 결정요인이다. 목표라 함은 서비스 이용자 스스로 이해하며 바라고 있는 것과 사회복지사가 서비스 이용자에 대한 변화의 기대치를 실현할 수 있는 지원서비스 수준이라고 생각하는 것들이 서로 합의된 서비스 방향의 구체적인 내용이다. 여기에서 사회복지사가 서비스 이용자를 위해서 할애할 수 있는 시간, 기관의 기능, 사회복지사의 능력 등은 사회복지사가 실행 가능한 것이 무엇인가를 찾아내는 데 결정적인 것이 된다. 그 목표달성이 곤란하거나 서비스 이용자나 타인에게 좋지 않다고 개별 수준의 개입실천을 수행하는 사회복지사가 판단한 경우, 서비스 이용자가 바라고 있는 목표달성을 위해서 사회복지사가 무조건 참여하는 것은 무책임한 일이다. 보다 구체적으로 예를 들어 설명하면, 처음에 서비스 이용자가 바라지 않았고, 또한 불가능하다고 생각하고 있었어도 사회복지사가 도달 가능하다고 생각되었고, 그래서 그 목표를 사회복지사가 일방적으로 달성하고자 하거나, 반면 서비스 이용자의 이익을 위해서라고 하면서 아예 서비스개입실천을 시도조차 하지 않는다고 하면 그것 또한 무책임한 일이다. 그래서 서비스 이용자와 사회복지사 간의 의사소통은 열려 있으며 분명하게 진행되어야 한다. 사회복지사는 서비스 이용자의 반응이나 요구에 대해서 항상 민감하게 지각하며 반응하어야 한다.

(3) 환경 속의 인간 강조

심리사회적 접근의 궁극적인 목적은 서비스 이용자의 어려움을 경감시키며 사람과 환경의 체계에 있어서의 기능부적응을 감소시키고자 하는 대단히 광범위한 것이다. 이것을 더욱 적극적인 말로 표현한다면 서비스 이용자의 쾌감, 만족, 자기실현을 고양시키는 것이다. 이를 위해서는 자아의 적응기술과 사람과 환경 간의 상호작용을 높여야 하며, 동시에 사람과 환경 중 한쪽, 때로는 이 양쪽의 변화가 모두 필요하다(장인협, 1996a; 이준우, 2000). 왜냐하면 개인과 환경 간의 상호작용에 의해서 일어나는 환경의 변화가 개인의 기능에 영향을 미치며, 또한 개인의 변화가 사회 환경의 여러 가지 요소의 기능에 영향을 미치기 때문이다(장인협, 1996a; 1996b; 이준우, 2003).

(4) 서비스 이용자 지지를 통한 전문적인 개입 실행

사회복지사는 서비스 이용자를 정서적으로 지지함으로써 서비스 이용자가 자신의 억압된 생각과 감정, 특히 부모에 대한 억압된 부정적 반응을 인식하고 적절히 표출하도록 도우며, 더 나아가 서비스 이용자의 자신감과 자존감을 향상시킴으로써 자신이 원하는 삶을 선택할 수 있도록 이끌 수 있다. 심리사회적 접근은 사정을 통한 역동적 진단, 원인론적 진단, 임상적 진단으로 서비스 이용자의 자아의 힘, 양심의 내용, 이상과 포부, 타인과의 성숙도 등을 파악하여 치료나 개입에 크게 이바지할 수 있을 것이다. 또한 진단을 통해 개별 수준의 사회복지실천의 효율적 치료계획을 수립하며 또한 문제해결 능력 등에 크게 기여할 수 있음을 잘 설명해 주고 있다. 결국 심리사회 모델은 이전의 구빈적 자선 내지 단순한 원조가 사회복지실천이라는 인식을 넘어서게 하는 서비스 이용자의 변화를 위한 전문적인 개입을 함으로써 현대 임상사회복지실천을 형성하고 발전하게끔 하는 데에 크게 기여하였다고 생각된다(장인협, 1996a). 이렇게 사회복지실천의 발전에 공헌할 수 있었던 원인을 정리해 보면 다음과 같다(장인협, 1996a; 1996b; 이준우 · 이화옥 · 임원선, 2006 재인용).

첫째, 심리사회 모델은 인간의 성격이나 문제는 생활의 다양한 요인 때문에 형성된다고 보며, 둘째 인간은 똑같은 상황을 경험하더라도 각기 다른 반응을 보이는 개별적인 존재라는 것이다. 셋째, 심리사회 모델은 서비스 이용자의 생활사에 대해 다각적으로 사정하는 것을 중요하게 여기며, 넷째 서비스 이용자의 개별성을 이해하기 위해 '여기-지금' 이라는 관점에서 문제를 인지하고 서비스 이용자의 행동을 파악한다는 것이다. 다섯째, '상황 속의 인간' 을 중요하게 여기기 때문에 사회복지실천을 할 때에도 서비스 이용자와 사회적 환경 간의 상호작용에 초점을 둔다. 그래서 서비스 이용자의 심리적인 부분과 사회적 환경의 변화를 모두 추구한다. 여섯째, 이러한 이중적인 개입은 다른 전문직과 사회복지전문직을 구분 짓는 중요한 요인으로 작용했다는 것이다.

3) 개입과정

심리사회 모델의 개입과정은 초기단계, 심리사회 사정과 진단(평가) 단계, 개입단계로 구성되어 있다(Robert & Nee, 1972).

(1) 초기단계: 심리사회조사

초기단계의 기간은 치료 전체의 길이에 따라서 변한다. 매우 짧은 기간의 개별적 수준의 개입실천에서는 1회 면접의 첫 부분에 한정될 수 있다. 모든 치료가 2~3회의 면접으로 이루어진 경우에는 제일 처음의 면접이 '초기단계' 가 될 것이다. 심도 있는 내용으로 구성된 치료의 경우에는 최초의 3~5회까지의 면접이 '초기단계' 에 해당된다(김정진 외, 2007). 초기단계의 기본적인 과제로서는 왜 접촉해야 하는지를 서비스 이용자가 이해하도록 하는 일, 서비스 이용자가 사회복지사의 원조를 활용할 수 있도록 사회복지사와 서비스 이용자 간의 관계를 확립하는 일, 서비스 이용자를 원조에 참가시키는 일, 치료를 시작하는 일, 심리사회적 진단과 치료에 필요한 정보를 수집하는 일 등을 들 수 있다(Hollis, 1964).

따라서 초기단계에서는 심리사회조사가 강조된다. 심리사회조사는 초기면접을 통해 서비스 이용자의 문제 상황과 문제 상황에 기여한 요소와 관련된 사실을 수집하며, 서비스 이용자의 상황에 대한 사실을 관찰하고 조사하여 논리적으로 정리하는 과정이다. 심리사회조사의 과정에서 서비스 이용자는 사회복지사의 질문을 통해 자신의 문제에 대해 인식하게 되고, 다시 생각해 보는 기회를 갖게 된다. 한편 사회복지사는 심리사회조사를 이용해서 서비스 이용자의 문제와 관련이 있다고 생각되는 초기 발달 과정에 대한 정보와 원가족에 대한 정보도 수집한다. 또한 언어적인 정보 이외에 비언어적인 표현으로 이루어진 정보도 수집해야 한다. 나아가 치료기간의 결정과 문제 규명 작업이 과제로서 수행되어야 한다.

(2) 심리사회 사정과 진단(평가) 단계

심리사회 사정과 진단(평가) 단계에서는 환경 속의 서비스 이용자에 대한 사정과 진단을 한다. 이 단계에서 사회복지사는 첫째, '서비스 이용자의 문제가 무엇인가?', 둘째 '문제를 유발한다고 보이는 요인은 무엇인가?', 셋째 '변화되고 수정될 수 있는 것은 무엇인가?' 등을 조사하고 그렇게 조사되고 수집된 자료들을 통해서 추론하는 노력을 해야 한다.

초기 심리사회 모델을 진단주의라고 하였는데, 이는 개별적 수준에서 수행되는 사회복지실천을 위해 진단을 필수적인 요소로 보았기 때문이었다(Hollis, 1964). 최근에는 '진단'이라는 용어 대신 '평가'라는 말로 대신하고 있다. 어쨌든 심리사회 모델에서 진단은 문제의 성격을 상세하고 엄밀하게 이해하기 위해 서비스 이용자와 상황 간의 상호작용, 그리고 도움이 요청되는 문제에 대해서 비판적으로 검토하는 것이다. 진단에는 3가지 영역이 있다(장인협, 1996a; 1996b). 첫째, 역동적 진단으로 서비스 이용자가 충분히 기능하기 위해서는 그의 성격의 제 측면이 어떻게 상호작용하는가 하는 점을 검토해야 한다. 둘째, 원인론적 진단에서는 요인이 현재의 상호작용 내에 있는지, 현재에까지 영향을 미치는 과거의 사건이 있는지, 또한 서비스 이용자의 딜레마의 원인 속에 있는지를 찾아내야 한다. 셋째, 임상적 진단에서는 서비스 이용자의 여러 가지 기능적 측면을 '분류하는' 노력이 행해져야 한다.

그리고 이러한 진단적 사정의 방법은 서비스 이용자가 말하는 것에 귀 기울이면서 앞의 3가지 질문(문제가 무엇인가? 문제를 유발한다고 보이는 요인은 무엇인가? 변화되고 수정될 수 있는 것은 무엇인가?)에 대한 답을 찾으려 계속적으로 노력하는 것이다. 또한 '인간-환경'에 대해 알고 있는 것을 모두 종합하여 이를 바탕으로 위의 세 질문에 보다 충분히 답하려고 하는 것이다.

(3) 개입단계

개입단계에서는 치료의 목표와 계획을 수립한다. 그러나 치료의 목표와 방법은 상황에 의해 변화될 수 있으므로 고정시키거나 변화할 수 없다는 결정은 곤란하다. 목표와 방법은 서비스 이용자에게 유익하여야 하며 사회복지사는 항상 서비스 이용자에게 이익을 제공하여야 한다(김정진 외, 2007). 개입과정에서는 사회복지사가 환경에 개입할 것인지 개별적 개입을 할 것인지, 아니면 통합적으로 개입할 것인지에 따라 방법을 선택하여야 한다. 즉, 개입단계에서는 첫째, 목표와 치료계획을 수립하여야 하며, 둘째 치료의 목표와 방법을 결정하고, 셋째 치료과정을 점검하고 실행하여야 한다.

3 심리사회 모델의 개입기법

심리사회 모델에서의 개입기법은 서비스 이용자와 관계하면서 심리적인 변화를 추구하는 직접적 기법과 환경에 관련되는 사람과의 관계에 개입하거나 사회 환경적인 변화를 추구하는 간접적 개입으로 나눈다. 심리사회 모델의 주요 개입기법은 다음과 같다(Woods & Hollis, 1990; Woods & Robinson, 1996). 이러한 기법들은 심리사회 모델에 근거하여 수행되는 모든 개입실천에서 필수적으로 활용되는 사회복지사와 서비스 이용자 간의 의사소통 형태라고 볼 수 있다.

1) 직접적 개입

직접적 개입은 사회복지사와 서비스 이용자와의 신뢰관계를 바탕으로 서비스 이용자에게 제안과 설득을 제공함으로써 이루어진다. 직접적 개입기법으로는 '지지', 직접적 영향주기, '탐색 · 기술 · 환기', '서비스 이용자를 상황 속의 인간이라는 관점에서 고찰하기', '서비스 이용자의 성격과 행동의 역동성을 고찰하기', '서비스 이용자의 사회적 기능에 영향을 미치는 과거와 현재의 경험 고찰하기'가 있다(장인협, 1996a; 1996b; 이영호, 2008).

(1) 지지

서비스 이용자에 대한 '지지' 과정은 심리사회 모델에서 사회복지사가 활용할 수 있는 가장 기본적이며 핵심적인 기술이다. 사회복지사는 '지지'를 통해 서비스 이용자를 수용하고 원조 의사를 표현하며 문제해결 능력에 대한 확신을 표현함으로써 서비스 이용자가 갖고 있는 불안을 줄이고 자기존중감을 증진시킬 수 있다. 서비스 이용자에 대한 사회복지사의 지지(Support)는 언어적, 비언어적 의사소통으로 전달할 수 있으며 이 외에도 더 실실적인 도움(경세적인 지원 등)을 제공할 수도 있다. 구체적인 기법으로는 재보증(안심), 격려, 경청, 선물주기, 비언어적 지지 등이 있다.

(2) 문제를 해결하기 위해 직접 영향 주기

서비스 이용자의 행동을 향상시키기 위해 사회복지사의 생각을 말해주면서 보다 구체적으로 조언하거나 제안한다. 중요한 것은 서비스 이용자의 욕구에 따라 조언해야 한다는 점이다. 사회복지사가 조언하고 싶은 욕구를 강요하는 것이 아니라 서비스 이용자가 가진 욕구를 명료화하여 조언해야 한다. 그러므로 조언하기 위해서는 충분히 경청하고 서비스 이용자가 서 있는 곳에서 출발해야 한다. 이 기술은 다양한 수준의 조심스러운 제안이나 충고를 제시하는 것이기 때문에 특히 지지과정을 통해 충분하게 관계를 형성한 후에 직접적인 영향을 주는 것이 중요하다. 구체적인 기법으로는 서비스 이용자의 제안을 격려하고 강화하거나 장려하기, 현실적인 제한을 설정하기, 직접적인 조언하기, 대변적인 행동하기 등이 있다.

(3) 서비스 이용자의 감정을 탐색하고 기술하고 환기시키기

탐색과 기술은 서비스 이용자의 문제와 관련해서 서비스 이용자, 서비스 이용자 환경, 서비스 이용자와 환경의 상호작용에 관해 사실을 진술하고 설명하도록 원조하는 것이다. 환기는 사실과 관련된 감정을 표현하게 하여 카타르시스를 경험하도록 원조하는 것을 말한다. 서비스 이용자는 이러한 과정에서 자연스럽게 자신의 감정을 표현하고 환기를 경험하는 것 자체로 문제를 해결하기도 한다. 구체적인 기법으로는 초점 잡아주기, 부분화하기, 화제 전환하기 등이 있다.

(4) 서비스 이용자를 상황 속의 인간이라는 관점에서 고찰하기

서비스 이용자를 둘러싸고 있는 환경이나 최근 관련된 사건에 대해 고찰하는 것이다. 이는 서비스 이용자의 외부환경, 서비스 이용자의 주관적인 내부 상황, 그리고 원조상황으로 나누어 살펴볼 수 있다. 구체적인 기법으로는 현재에 초점두기, 현실성 있는 판단하도록 돕기, 논리적 토의 및 추론, 설명, 일반화, 변호, 역할극, 강화, 명확화, 교육 등이 있다.

① 서비스 이용자의 외부환경

사회복지사는 직접적인 설명, 질문, 언급 등을 통해서 서비스 이용자를 둘러싸고 있는 사람과 상황에 대해 서비스 이용자가 스스로 깨닫도록 돕는다. 그리고 서비스 이용자의 행동이 자신과 다른 사람들에게 영향을 미치는지 깨닫도록 돕는다.

② 서비스 이용자의 주관적인 내부 상황

서비스 이용자 자신의 숨겨진 반응, 사고, 감정의 성격 등에 대해 스스로 통찰할 수 있도록 돕는다. 또한 다른 사람과 상호작용하거나 상황에서 유발하는 자극에 대해 서비스 이용자가 어떻게 반응하고 행동하는지 그 원인을 스스로 이해하도록 원조한다. 그리고 서비스 이용자의 도덕과 양심, 자신에 대한 이미지, 가치 등에 관해 스스로 평가하도록 원조한다.

③ 원조상황

치료 내지 개입실천의 모든 과정에 대한 서비스 이용자의 반응과 이해 정도를 탐색하여 원조과정의 효과를 높인다.

(5) 서비스 이용자의 성격과 행동의 역동성을 고찰하기

서비스 이용자의 성격유형, 행동유형, 방어기제 등 심리내적 역동에 대해 고찰한다. 즉 서비스 이용자의 행동 경향, 서비스 이용자로 하여금 어떤 특정 행위에 이르게끔 하는 생각이나 감정의 패턴 또는 사건에 대한 생각들을 서비스 이용자 스스로 찾아낼 수 있도록 원조하는 것이다. 구체적인 기법으로는 명확화, 해석, 통찰 등이 있다.

(6) 서비스 이용자의 사회적 기능에 영향을 미치는 과거와 현재의 경험 고찰하기

성인기 이전 생애경험이 과거와 현재 사회적 기능에 어떻게 영향을 미치는지 고찰한다. 구체적인 기법으로는 명확화, 해석, 통찰, 논리적 토의 및 추론, 설명, 일반화, 역할극, 강화, 교육 등이 있다.

2) 간접적 개입

간접적 개입은 환경을 조정함으로써 이루어진다. 즉 사회 환경적인 변화를 추구한다. 이렇게 사회복지사가 환경에 개입할 때에는 여러 가지 다른 역할을 할 수 있다. 즉 자원제공자, 자원발굴자, 서비스 이용자의 욕구해석자, 조정자, 옹호자 등이다. 최근에는 서비스 이용자를 위한 재정원조, 적절한 건강보호, 주택, 그리고 때에 따라서는 교육자료 등을 확보해야 될 경우도 있다. 더 나아가서는 자원창출 또는 자원창출 원조도 해야 한다(김정진 외, 2007). 간접적 개입 시에 실제적으로 활용되는 구체적인 기법으로는 직접적 개입기법들이 활용된다.

생각 다듬기

1 심리사회 모델이 현대 사회복지실천기술에 미친 영향에 대해 생각해 보시오.

2 심리사회 모델에 대한 보다 심도 있는 연구를 원하는 독자들은 다음의 책들을 참고하시오.

- 감정기 · 최원규 · 진재문(2002), 『사회복지의 역사』, 나남출판
- 림 링거(1991), 『사회복지의 사상과 역사』, 한국사회복지학 연구회(역), 한울아카데미
- 장인협(1996), 『사회사업방법론 上』, 서울대학교 출판부
- 장인협(1996), 『사회사업방법론 下』, 서울대학교 출판부

5

Chapter

인지행동 모델

1. 인지행동 모델의 철학과 기본 개념
2. 인지행동 모델의 개입목표와 과정
3. 인지행동 모델의 개입기법

사회복지실천의 변천사에서 항상 제기되어 왔던 주요한 쟁점은 서비스 이용자와 그들의 다양한 문제에 모두 적용될 수 있는 통합적인 이론과 서비스 이용자와 상황 간의 상호작용에 대한 포괄적인 이해의 추구이다. 그러나 통합적인 이론과 지식은 결여되어 있었으므로 사회복지사들은 단편적 이론에 의존하기도 하고 이론을 배제한 상태에서 기술적으로 절충하려는 시도가 빈번하게 이루어져 왔다. 사회복지실천에서의 이러한 쟁점들을 포괄하는 새로운 대안적인 관점 중의 하나가 바로 인지행동 모델이라고 할 수 있다. 그래서 인지행동 모델은 하나의 실천 모델이 아니라 여러 모델 내지 접근들을 총칭하는 용어라고 할 수 있다. 특히 1960년대에 여러 가지 인지행동적인 접근들이 등장하였으며 어떤 학자는 정신분석적인 배경을 가지기도 하고, 다른 학자들은 행동주의적인 입장을 강조하기도 하였다(김정진 외, 2007).

1 인지행동 모델의 철학과 기본 개념

하나의 실천 모델이 아닌 여러 모델을 총칭하는 인지행동주의 모델은 다양성과 함께 기본적인 가정을 공통적으로 가진다. 첫째, 인지활동은 행동에 영향을 미친다. 둘째, 인지활동은 점검(monitor)되고, 변경될 수 있다. 셋째, 바람직한 행동변화는 인지변화를 통해 영향을 받는다. 또한 인지행동 모델은 문제에 초점을 둔 시간제한적인 접근으로서 서비스 이용자가 자신의 사고와 행동을 통제하기 위한 대처기제를 학습하는 교육적 접근을 강조한다. 그래서 인지변화를 행동변화로 이끌기 위해 다양한 행동주의 기술과 기법을 활용한다. 즉, 인지행동 모델은 생각하고 정보를 처리하는 과정인 인지과정 연구에서 도출한 개념, 그리고 행동주의와 사회학습이론에서 나온 개념들을 통합해서 적용한 것이다.

주요학자로는 엘리스(Ellis), 벡(Beck), 마이켄 바움(Meichen Baum) 등이 있다. 특히 인지치료에 행동주의적 기법을 적용한 최초의 임상가로서 엘리스와 벡은 인지 · 정서 · 행동의 상호작용 과정을 효과적으로 설명하였다. 엘리스(Ellis, 1957; 1962; 1971; 1973)의 합리적-정서적 행동치료는 서비스 이용자가 자신의 비합리적 신념을 수정할 수 있도록 고안되었다. 벡(Beck, 1963)은 인지의 형성 및 정서, 행동과의 상호작용 과정을 구체적으로 밝히고자 노력하였다. 이러한 인지행동 모델의 치료과정은 문제를 일으키는 잘못된 가정과 사고의 유형을 확인, 점검하고, 재평가해서 수정하도록 격려하고 원조하는 것이다(서진환 외, 2001).

1) 이론적 기반

인지행동 모델의 이론적 기반을 인간에 대한 관점과 행동주의이론 및 인지이론을 중심으로 살펴보고자 한다(서진환 외, 2001; 엄명용 외, 2008).

(1) 인간에 대한 관점

인간은 개인적, 환경적, 인지적 영향력 사이에서 끊임없이 상호작용하면서 행동하는 존재이다. 환경 조건은 개인의 행동을 만들고 개인의 조건은 다시 환경을 형성한다. 이는 상호결정론적 입장이라 할 수 있다. 또한 인간은 고유한 인지과정을 통해 환경에서 자신이 경험한 것을 해석하고 행동한다. 행동 결과는 다시 주위 반응에 영향을 받는 순환적인 상호과정이다(이준우 · 이화옥 · 임원선, 2006). 인간은 합리적이고 논리적으로 될 가능성과 비합리적이고 비논리적이 될 가능성을 동시에 갖고 태어난 존재라는 가정에 기초한다. 여기서 '이성적 또는 합리적' 이라는 말은 개인이 자신의 삶의 행복 추구에 도움을 주는 사고, 감정, 행동을 가리킨다. 엘리스가 지적한 인간에 대한 기본 가정들을 요약하면 다음과 같다(Ellis, 1979; 김정진 외, 2007 재인용).

첫째, 인간의 정서적 혼란은 외부의 조건보다는 스스로가 이를 야기하는 여건을 만든다. 특히 정서적 혼란을 가져오는 신념을 자신이 창출하고, 그 신념에 따라 스스로 정서적으로 혼란하게 되는 경향성이 있다. 둘째, 인간은 사실을 왜곡하고 정서적 혼란을 일으키게 하는 생득적이면서 문화적인 경향성을 갖고 있다. 셋째, 인간은 사고하고, 동시에 느끼며 행동한다. 인간의 인지 · 정서행동은 상호 연결되어 영향을 주고받는다. 넷째, 인간은 자신의 사고, 정서와 행동의 과정을 바꿀 수 있는 능력이 있다. 즉, 인간은 자신이 늘 사용하던 행동유형과는 다른 형태를 선택할 수 있으며 그리하여 여생을 편안한 마음으로 살아갈 수 있도록 스스로를 훈련할 수 있다.

엘리스는 인간을 자기와 대화하고, 자기를 평가하며 자기를 유지하는 존재로 보았다. 인간은 선천적으로 성장과 자기실현의 경향성을 가지고 있지만 잘못 학습된 생각이나 자기 패배적 신념으로 인하여 때로는 성장이 정체된다고 보았다. 그러므로 자신의 잘못된 신념체제에 도전함으로써 과거와는 다른 신념, 생각, 가치로 대체함으로써 과거와는 다른 방식으로 행동할 수 있다는 것이다(김정진 외, 2007).

(2) 행동주의이론

일반적으로 행동주의이론은 행동주의의 여러 학파에 따라 약간씩 다르다. 여기서는 스키너(Skinner)의 행동주의이론과 반두라(Bandura)의 학습이론에서 제시하는 기본적인 내용과 브루스와 프레드릭(Bruce & Fedric, 1997)이 언급한 학습이론의 기본 원칙과 가정을 토대로 정리하였다. 브루스와 프레드릭의 학습이론의 기본 원칙과 가정은 다음과 같다(양옥경 외, 2000; 엄명용 외, 2008 재인용).

첫째, 인간에 의해 일어나는 모든 현상들(예 분명한 행동과 언어, 숨겨진 사고와 인지, 느낌, 꿈 등)은 관찰이 가능하건 불가능하건 모두 행동으로 간주한다. 둘째, 인간행동은 생활경험에서 광범위하게 학습되며, 이러한 학습은 전 생애에 걸쳐 일어난다. 셋째, 기본적인 학습은 여러 문화와 생활환경을 통하여 개인의 행동으로 나타나며, 정상적이거나 역기능적인 행동, 느낌, 사고 등은 학습의 결과이다. 넷째, 대인적 행동 역시 학습과정에 의한 기능이며, 행동의 범위가 커질수록 기본적인 학습기제가 보다 복잡하게 작용한다. 다섯째, 주요 학습과정은 반응적 조건화, 조작적 조건화, 관찰학습의 세 가지로 대표된다.

학습과정의 측면에서 좀 더 구체적으로 행동주의이론을 살펴보면 다음과 같이 정리될 수 있다(엄명용 외, 2008).

① 고전적 학습(반응적 조건화)

음식을 보면 침을 흘리는 개의 반사반응은 무조건 반응(unconditioned stimulus: US)이며, 이때 음식물은 무조건 자극(unconditioned response: UR)이다. 이 과정에 음식물과 종소리를 함께 반복하여 제시하다가 나중에 종소리만 울려도 침이 나오는 새로운 연합을 관찰할 수 있는데, 이 과정을 조건화라고 한다. 이때 종소리는 조건자극(conditioned stimulus: CS)이고, 이에 반응해서 침을 흘리는 것은 조건반응(conditioned response: CR)이다. 스키너와 반두라는 모두 인간 행동이 환경적 자극에 의해 동기화된다고 전제하였다. 하지만 스키너가 강화에 의해 인간 행동의 빈도와 강도가 결정된다고 본 반면, 반두라는 개인의 인지적 요인과 다른 내적 사건들에 의해 중재되어 최종적으로 표현되는 행동이 결정된다고 주장한다.

② 조작적 학습(조작적 조건화)

선행사건에 반응하는 행동에 어떤 결과가 발생하고, 그 결과 특성에 따라 유기체가 미래에 그 행위를 반복하거나 멈추는 경향이 있다. 즉 칭찬과 인정하는 등 보상이 따르는 행동은 반복하는 경향이 있고(강화), 결과가 불리하거나 비강화적이면 그 행동을 반복할 가능성은 희박해진다(소거). 이처럼 적응적이고 긍정적인 행동은 보상으로 향상시키고, 부정적이고 파괴적인 행동은 처벌 또는 무시로 소거할 수 있다고 보기 때문에 이를 조작적 학습이라고 한다. 스키너는 인간이 자신의 행동을 통제할 수 있는 힘이 없다고 보았지만, 반두라는 인간은 자기효율성을 성취하는 방향으로 행동을 규제할 수 있다고 믿었다.

③ 사회학습(관찰학습)

타인의 행동을 관찰하고 모방해서 행동을 습득하는 학습유형이다. 사회학습이론은 행동의 환경적 또는 상황적 결정 요인을 중시한다. 행동을 개인적 변인과 환경적 변인이 계속 상호작용하는 것으로 보기 때문에 인간의 인지적 기능을 강조한다. 행동은 직접 경험하고 관찰을 통해 학습된다. 스키너는 외적 강화가 없이는 행동의 학습이나 수정이 불가능하다고 여겼지만, 반두라는 새로운 행동의 학습은 외적 강화 없이도 이루어질 수 있다고 여겼다(김동배 · 권중돈, 2000; 엄명용 외, 2008 재인용).

(3) 인지이론

인지이론은 인간의 사고가 정서와 행동을 결정하는 인자라고 본다. 즉 사람의 감정이나 행동은 어떤 사건을 어떻게 지각하는지에 따라 영향을 받는다고 가정한다. 그리고 사람들의 느낌을 결정하는 것은 그 상황을 해석하는 방식에 달려 있다. 따라서 사고를 현실적으로 평가하여 서비스 이용자에게 내재하는 역기능적인 믿음을 수정해야 한다고 가정한다. 따라서 인지이론에 기반한 치료과정에서는 부적응적인 사고유형을 파악하고 이에 직면하여 변화할 수 있도록 돕는다. 이러한 점에서 인지이론이 제시하는 몇 가지 기본 가정을 살펴보면 다음과 같다(엄명용 외, 2008).

첫째, 인간의 행동은 무의식적인 힘이 아닌 의지에 의해 결정된다. 둘째, 인간의 행동은 사고에 의해 결정되며, 부정확한 지각과 생각이 부적응적인 행동을 초래한다. 셋째, 잘못된 인지, 왜곡된 생각, 비합리적인 신념은 개인의 의식수준 밖에서 일어난다. 특히 잘못된 생각을 학습하고 이를 지속적으로 사용하면서 인지적 신념들이 '자동적(automatic)'으로 활용되어 자신도 모르게 역기능적인 정서가 형성된다. 넷째, 인간의 감정은 자신과 사회적 상황에 대해 생각하고 말하고 가정하고 믿는 것으로부터 초래된다. 인간이 가지는 감정의 대부분은 사람들의 생각, 스스로에게 하는 말 그리고 자신이나 자신의 환경에 대해서 믿거나 가정하는 바에서 직접적으로 파생되는 결과이다. 다섯째, 인간은 창조적이고 성장의 욕구를 가지고 자신의 능력을 최대한 개발하고 목표 달성을 추구하는 기본적인 경향을 가지고 있다.

2) 주요개념

인지행동 모델은 인지치료와 행동치료를 혼합한 접근 방법으로 사람들의 감정이나 행동이 어떤 사건에 대한 그들의 자극에 의해서 영향을 받는다고 가정한다. 사람들의 느낌을 결정하는 것은 그 상황 자체가 아니고 그들이 그 상황을 해석하는 방식에 달려 있다는 것이다. 인지행동 모델에서 다루어야 할 주요개념은 다음과 같다(양옥경 외, 2001; 김동배 · 권중돈, 2000).

(1) 주관적 경험의 독특성

각 개인은 자신의 삶에서 경험한 사건과 정서 반응에 독특한 의미를 부여한다. 즉, 현실을 조직하는 데 작용하는 정보전달과정, 신념, 신념구조 같은 주관적 경험을 중시한다. 이에 따라 서비스 이용자와 사회복지사는 서비스 이용자의 정서적, 행동적 반응과 관련이 있는 인지적 기능에 대해 협력하여 경험적인 영역을 집중적으로 탐구한다.

(2) 핵심 신념

사람들은 어린 시절부터 자신과 다른 사람들 그리고 세상에 대해 믿음을 형성해 나가는데 그와 같은 믿음들 중 핵심 신념(Core Belief)은 자기 스스로는 인식하지 못하지만 아주 근본적인 믿음으로 형성된다. 사람들은 이러한 핵심 신념을 의문 없이 당연한 것으로 여기고 절대적인 진리로 받아들인다. 그래서 때때로 사람들은 핵심 신념이 부정확하고 역기능적일지라도 그것을 계속 믿게 된다. 자칫 핵심 신념은 지나치게 일반화되고 절대화되기 쉽다.

(3) 중간 신념

핵심 신념은 태도나 규칙, 가정들로 구성되어 있는 중간 신념(intermediate)의 형성에 영향을 주며, 본인도 이 중간 신념을 잘 인식하지 못하는 경우가 흔하다. 이러한 신념은 어떤 상황을 보는 관점에 영향을 주게 되며, 그것은 또다시 그 사람이 어떻게 생각하고 느끼고 행동하는지에 영향을 준다. 사람들은 세상이나 다른 사람들과의 상호작용을 통하여 어떤 이해나 학습, 즉 신념을 형성하게 되는데 이러한 신념들은 정확성과 기능적인 면에서 다양할 수 있다. 사회복지사들이 역기능적인 신념은 탈학습될 수 있으며, 치료를 통해 보다 현실적이고 기능적인 새로운 신념이 개발되고 학습될 수 있다고 믿는 것은 중요하다.

(4) 자동적 사고

사람들은 어떤 상황에서 사실적 정보를 이해하고 통합한다. 그러나 이와는 다른 수준에서 매우 빠른 평가적 사고를 지닐 수 있는데 이러한 사고들은 자동적 사고(automatic thinking)라고 불리며, 심사숙고하거나 합리적으로 판단한 결과가 아니다. 오히려 이러한 사고들은 자동적으로 튀어나오는 것처럼 보이며 흔히 아주 빠르고 짧게 나타난다. 어떤 특정 상황에서 한 사람의 내재된 신념은 그 사람의 지각에 영향을 주고, 이것은 상황에 따른 특정적인 자동적 사고를 통해 표현된다. 그리고 이러한 자동적 사고들은 그 사람의 감정, 행동, 그리고 생리적 반응에까지 영향을 준다.

(5) 인지 과정

인지적, 정서적, 행동적, 신체 생리적, 사회 환경적 영역에서 복합적으로 발생하는 특정 문제에 대해 사람은 구조화된 절차에 따라 인지하게 된다. 이렇게 자극이나 정보가 선택적 관심에 의해 선택되고, 개인의 인지적 구조에서 변형, 전달되는 과정을 인지과정이라고 한다. 외부의 자극들은 인지적 왜곡을 통해 변형되고, 이것들은 정신 병리의 주요 역할을 하게 된다.

(6) 인지 재구조화

인지 재구조화는 개인이 자신과 환경에 대해 지각하고 있는 인지나 인지 과정에 대해 인지적 · 행동적 기법들을 통해 반박하여 수정하고 변화시키는 일련의 절차를 의미한다. 인지 재구조화는 개인이 가지고 있는 인지구조의 합리성과 타당성 조사를 통해 이루어지며, 서비스 이용자의 신념이나 인지 과정을 뒷받침해 줄 만한 논리적이며 경험적인 증거가 있는지 검토한다.

(7) 행동 조성

기대하는 반응이나 행동을 학습할 수 있도록 기대에 부응하는 행동에 대해 강화를 함으로써 행동을 점진적으로 만들어 가는 것이다. 이러한 행동 조성(shaping)은 복잡한 행동이나 기술을 학습시키는 데 매우 유용한 방법으로서 원하는 반응에 접근할 때마다 강화가 주어지는 점진적 접근이다.

3) 인지행동 모델에 근거한 사회복지실천의 특징

인지행동 모델은 서비스 이용자가 자신의 생활경험을 보다 현실적이고 긍정적으로 인식, 사고, 해석하는 방법을 학습하도록 지지함으로써 사회적 기능을 향상시킨다. 인지행동주의 모델은 특히 우울증, 낮은 자존감, 자아가 고갈된 사고와 행동을 가진 서비스 이용자에게 효과적이다. 인지행동 모델의 치료과정에서 서비스 이용자는 문제를 일으키는 잘못된 가정 사고의 유형을 확인하고, 모니터하고, 재평가하여 수정하도록 고무되고 원조를 받는다. 서비스 이용자는 그들이 인지한 내용과 영향을 이해하고, 인식과 가정들의 타당성을 평가하고, 사건과 상황을 객관적으로 바라볼 수 있는 특정한 절차와 기술을 배워야 한다(서진환 외, 2001; 이영분 외, 2001).

4) 사회복지실천에서의 활용

인지행동 모델에는 합리적 정서치료(rational emotive therapy)와 인지치료, 문제해결치료 등과 같은 하위영역들이 있다. 다음의 [그림 5-1]은 7가지 인지행동 모델을 체계적으로 잘 보여주고 있다.

그림 5-1 인지행동 모델의 구분

출처: 1급 사회복지사 시험연구회(2007), 1급 사회복지사 기본서: 사회복지실천기술론, 도서출판 나눔의 집, p. 85.

이상에서 제시한 7가지 모델들은 앞서도 지적한 바와 같이 인지행동 모델이 하나의 모델만을 칭하는 것이 아니며 인지적 측면과 행동적 측면 중 어느 것을 더 강조하느냐에 따라 이렇게 다양한 모델로 구분된다는 것을 실제적으로 보여준다. 이렇게 인지행동 모델은 실천가와 이론가들마다 차이가 있다. 또한 인식, 기억, 정보처리과정, 판단, 의사결정 같은 기본적인 인지과정을 수정하기 위해 어느 정도로 활동해야 하는지에 대해서도 사람들마다 차이가 있다.

아래의 [표 5-1]은 인지행동주의 모델의 하위영역들을 구체적으로 파악할 수 있게끔 정리해 놓은 것이다. 사회복지실천에서 활용하는 인지행동 모델의 하위영역들 중 가장 중요한 것은 '합리정서행동 치료와 인지 치료, 문제해결 치료'라고 할 수 있다. 왜냐하면 현대 사회복지실천에서 가장 많이 활용되고 중요시되는 접근이기 때문이다. 다만 문제해결 치료는 펄만(Perlman)의 문제해결 모델[2]과는 전혀 다른 이론임을 주의 깊게 인식할 필요가 있다.

표 5-1 인지행동주의 모델의 연보

출판 연도	치료 명칭	저자
1962	합리적 정서 치료(Rational-Emotive Therapy)	엘리스(Ellis)
1963	인지 치료(Cognitive Therapy)	벡(Beck)
1971	자기지시 훈련(Self-Instructional Training)	마이켄바움(Meichenbaum)
1971	불안관리 훈련(Anxiety-Management Training)	수인 & 리차드슨(Suin & Richardson)
1971	문제해결 치료(Problem-Solving Therapy)	즈릴라 & 골드프라이드(D'Zurilla & Goldfried)
1971	문제해결 치료(Problem-Solving Therapy)	스파이벡 & 셔(Spivack & Shure)
1973	스트레스면역 훈련(Stress Inoculation Training)	마이켄바움(Meichenbaum)
1974	체계적인 합리적 재구조화(Systematic Rational Restructuring)	골드프라이드(Goldfried)
1974	개인과학(Personal Science)	마호니(Mahoneey)
1975	합리적 행동 치료(Rational Behavior Therapy)	몰츠비(Maultsby)
1977	자기통제 치료(Self-Control Therapy)	렘(Rehm)
1983	구조적 심리 치료(Structural Psycho Therapy)	구이다노 & 리오티(Guidano & Liotti)

출처: Dobson & Block(1988), p. 12.; 김혜란 · 홍선미 · 공계순(2006), 사회복지실천기술론, 나남출판, p. 83.

2) 문제해결 모델은 1950년에 시카고 대학의 펄만(Perlman) 교수에 의해 개발되었다. 문제해결 모델은 개인의 심리역동적인 측면을 중시하는 진단주의 입장과 서비스 이용자의 창조적 자아능력을 강조한 기능주의 견해를 수용한 절충주의적 방식을 제시한다. 1970년대 생태체계적 관점이 문제해결 모델에 통합되면서 개인뿐만 아니라 집단, 조직, 지역사회까지 확대되었다. 심리사회 모델이 진단주의와 기능주의를 통합적으로 접근한다고 하면서도 여전히 진단주의 입장에 그 비중을 훨씬 더 많이 두었던 것에 비해 문제해결 모델은 정신분석적 접근과 자아심리학, 존 듀이의 실용주의 철학, 사회학에서의 역할이론, 사회심리학, 문화인류학 등을 두루 연결하여 사회복지실천에서 합리적으로 문제를 해결하고자 노력을 기울인 절충주의의 성공적 모델이라고 평가할 수 있다. 이러한 문제해결 모델은 사회복지실천이 개별사회사업, 집단사회사업, 지역사회조직 등과 같이 파편화되어 있었던 것을 통합적으로 접근하는 이론적 토대로서 그 역할을 충실하게 하였다고 볼 수 있다.

2 인지행동 모델의 개입목표와 과정

1) 개입목표

인지행동 모델은 인지치료적 방법으로 교육을 통해 상황을 왜곡하여 해석하는 방식을 변화시키거나 기능적인 차원에서 해석하는 방식을 배움으로써 정서의 변화를 꾀하는 동시에 관찰학습을 통해 새로운 기능적 행동 기술을 학습하고 실제 상황에 적용하도록 격려하면서 행동주의적 강화를 통해 행동의 변화를 유지시키는 것을 개입목표로 한다(양옥경, 2000; 김정진 외, 2007 재인용). 좀 더 구체적으로 말하면 개인이 가지고 있는 비합리적인 신념이나 인지적 오류, 자기패배적인 사고를 변하게 함으로써 그의 감정이나 행동을 수정하게 한다.

또한 서비스 이용자가 자기 자신과 다른 사람들, 그리고 삶에 대해 정확하고 객관적인 평가를 내리게 함으로써 좀 더 건설적인 인지들을 창출하거나 발견해낼 수 있도록 원조한다(1급 사회복지사 시험연구회, 2007). 인지행동 모델은 다양한 접근들로 구성되어 있기 때문에 개입과정이 각 모델별로 상이하다. 그래서 먼저 일반적인 내용을 살펴보고, 그 다음으로 엘리스의 ABCDE 모델의 개입 과정, 끝으로 즈릴라와 골드프라이드의 개입과정을 살펴보고자 한다.

2) 일반적인 개입과정

일반적인 개입과정의 내용은 다음과 같다(장인협, 1996b; 1급 사회복지사 시험연구회, 2007 재인용).

(1) 초기단계

① 접수한 후, 문제에 대해 듣기

서비스 이용자가 접수하게 되면 사회복지사는 인지행동 모델에 대한 오리엔테이션 및 개입을 구조화해야 한다. 그러면서 신념이나 가정 등이 감정이나 행동에 미치는 관련성에 대해 설명한다. 그런 후 서비스 이용자의 관점에서 문제를 경청하고, 이해해서 수용하려고 노력한다.

② 우선순위 결정

서비스 이용자의 문제 상황을 파악한 이후에는 개입에서 우선적으로 다루어져야 할 문제의 우선순위를 정한다. 이는 문제해결을 위한 사회복지사의 개입실천 순서와 내용을 좌우하는 중요한 요인이 된다.

③ 부정적 인지의 사고체계 탐색

문제의 원인이 되는 역기능적이고 비합리적인 신념, 인지적 왜곡이나 오류 등을 찾아내도록 원조한다. 가령 서비스 이용자가 가지고 있는 인식 및 사고체계가 어떻게 작용하며 어떤 결과를 낳게 하였으며 따라서 인식 및 사고체계를 변화시켜야 하는 이유가 무엇인지 충분한 토의를 하는 것을 들 수 있다. 부정적 인지의 사고체계를 효과적으로 파악하기 위해서는 서비스 이용자의 잘못된 신념체계를 확인하는 3단계를 통해 구체적으로 탐색한다.

첫째, 1단계: 어떻게 해서 자신의 믿음을 갖게 되었는지 질문한다.

둘째, 2단계: 현재의 역기능적인 관점이나 믿음에 대한 증거를 제시해 보게 한다.

셋째, 3단계: 어떤 행위 뒤에 일어날 결과에 대해 지나친 걱정이나 두려움을 갖게 된 논리에 도전해 본다.

④ 정보수집

문제 상황에 대한 정확한 사정과 문제 수준에 대한 객관적인 평가를 위해 문제의 발생 빈도, 정도나 강도, 지속기간 등의 형태 등에 관한 정보를 수집한다. 정보수집을 통해 사회복지사는 부정적 인지의 사고체계의 원인이 되는 서비스 이용자의 다양한 배경을 살펴볼 수 있다.

(2) 개입단계

서비스 이용자에 대한 사회복지사의 개입은 서비스 이용자 개인의 대처능력을 증대시키고, 긴장을 감소시키는 방향으로 이루어진다. 여기에서 개입의 초점은 문제 상황에 대한 서비스 이용자의 인식과 평가, 서비스 이용자 개인의 속성과 기대, 문제해결기술, 사회적 자원과 대인적 지지의 접근성 등이다. 개입 전략에는 인지적 전략, 행동적 전략, 정서적 전략, 사회 환경적 전략이 있다.

① 인지적 전략

- 부정적 인지(사고) 체계의 분석: 서비스 이용자로 하여금 부정확한 인식이나 잘못된 생각 등을 갖게 한 주변의 상황이나 사건을 스스로 분석하여 그 당시 자신의 생각이나 믿음의 합리성 정도를 평가하게 한다.
- 순기능적 인지(사고) 체계로 전환: 역기능적이고 자기 파괴적인 인식체계를 순기능적 자기 진술로 바꾸어 보게 하는 것이다. 가령 "내가 발표할 때 사람들이 나를 쳐다보는 것은 내가 말도 더듬고 서투르기 때문이야!"라는 인지체계를 "내가 발표할 때 사람들이 나를 쳐다보는 것은 나의 발표에 관심이 있고 집중하기 때문이야!"라고 전환시키는 것을 들 수 있다.
- 구체적 기법들: 비합리적 신념 논박하기, 인지적 과제 부여, 소크라테스식 대화법, 합리적 자기진술 연습하기, 독서 및 시청각 치료기법, 자신의 상담을 녹음한 내용 들어보기 등이다.

② 행동적 전략

- 서비스 이용자의 학습목표를 성취 가능한 과업으로 조직한다.
- 서비스 이용자의 행동연습을 가르치고 격려하며 성공을 확신시켜 주고 실수를 교정하는 것에 대한 적절한 제안을 해 준다.
- 구체적 기법들: 역할연기, 역할 바꾸기, 과제부여, 벌과 강화 사용, 기술훈련 등이 있다.

③ 정서적 전략

- 서비스 이용자가 자신의 감정을 객관적으로 인식하기 위해서는 그러한 상황을 떨어져서 관찰해볼 필요가 있으며, 그것은 부인이나 회피가 아닌 분류와 방치의 의미임을 설명해 주어야 한다.
- 정서적 장애를 제거하는 다른 방법으로, 서비스 이용자에게 숨을 깊이 들이쉬고 근육을 이완시키는 법을 가르치는 것이 있다. 먼저, 불안과 관련된 신체적 단서를 인식하는 법을 배우고 다음으로, 근육긴장과 불안을 줄이는 이완절차를 배운다.
- 구체적 기법들: 합리적 · 정서적 상상(심상)법, 서비스 이용자의 무조건적 수용, 치료자의 자기개방, 유머스러운 기법의 활용, 수치감 공격 연습 등이 있다.

(3) 종결

종결은 개입의 효과성 및 목표달성 정도를 평가하는 단계이다. 문제가 되었던 역기능적 인지체계나 사고체계(비합리적 신념, 자동적 사고, 인지적 왜곡 등)가 어느 정도 합리적인 대안체계로 변화되었는지 확인하고 평가한다. 나아가 서비스 이용자의 인지 및 사고체계의 변화가 일상생활 속에서 어떻게 적용되고 있는지 확인한다.

3) 엘리스의 ABCDE 모델의 개입 과정

엘리스는 자신의 합리정서행동 모델에서 개입이 이루어지는 과정을 ABCDE 모델로 제시하였다. 사람들은 어떤 사실 자체에 의해서가 아니라 그것을 바라보는 시각에 의해 혼란을 경험하고 장애가 유발될 수 있다고 보며 인간의 정서적 · 행동적 결과에 영향을 미치는 원인으로 사건보다는 신념체계의 중요성을 강조한다. 그러면 엘리스의 ABCDE 모델에서 'ABCDE' 의 의미를 먼저 살펴보고, 그 다음 구체적인 개입 과정을 단계별로 살펴보고자 한다.

- A(Accident, 실재하는 사건): 인간의 정서를 유발하는 어떤 사건이나 현상 또는 행위
- B(Belief, 신념체계): A에 대해서 가지고 있는 신념이나 생각
- C(Consequence, 정서적 · 행동적 결과): 각 개인의 반응이나 정서적 결과
- D(Dispute, 논의 · 논박): 비합리적 신념체계를 논박, 즉 치료의 논박 과정
- E(Effect, 효과): D를 통하여 합리적인 신념으로 재구조화된 이후에 갖게 되는 태도와 감정의 결과, 효과

사건 A는 C라는 정서상태의 원인이 아니라, 사건 A에 대해 개인이 갖는 신념체계인 B가 바로 C를 유발하는 주요 원인이다. 따라서 B 지점이 가장 중요한 부분이다. 개인에게 있는 비합리적인 신념체계를 철저히 논박해서(D) 합리적인 신념체계로 바꾸도록 시도한다. 이렇게 하면 그동안 경험했던 부당한 죄책감, 불안, 적개심 같은 부정적 정서와 자기 파괴적인 행동은 줄어들거나 제거될 것이다(E). ABCDE 모델은 개입과정 동안 다음 4단계를 거치면서 진행된다. 서비스 이용자에게 A-B-C 관계를 설명하고, B의 비합리적인 생각을, 논박을 통해(D), 재구조화하도록 돕는 과정(E)이다.

(1) 1단계

사회복지사는 서비스 이용자의 비합리적인 생각과 신념을 찾아내서 서비스 이용자에게 보여 준다. 서비스 이용자는 자신에게 비합리적이고 자학적인 사고방식과 태도가 있음을 분명하게 자각하고 인식한다. 그리고 평소 행동과 생각을 검토하여 그 속에 있는 비합리성을 발견할 수 있도록 촉구한다.

(2) 2단계

서비스 이용자의 상념이나 신념이 어떻게 심리적인 고민과 정서적 혼란의 원인이 되는지 보여 준다.

(3) 3단계

개인에게 있는 비논리적인 상념들이 내면화된 자기 독백, 자기 대화 내용과 어떻게 연결되는지 깨닫도록 인도하기 위해 서비스 이용자의 상념들을 구체적인 문자로 정확하게 표현하도록 한다.

(4) 4단계

비합리적인 신념을 반박해 보도록 자기 사고방식을 분석하고 교정하는 시간을 갖는다. 그리고 지금까지와 다른 새로운 신념체계인 합리적이고 융통성 있는 효율적 사고로 바꾼다.

4) 즈릴라와 골드프라이드의 문제해결치료 개입과정

즈릴라와 골드프라이드(D' Zurilla & Goldfried, 1988)는 다음 5가지로 개입과정을 설명하였다(Turnet & Jaco, 1996).

(1) 문제지향

문제지향 단계에서는 서비스 이용자의 문제에 대한 인식, 문제에 대한 귀인, 문제에 대한 평가, 문제에 대한 개인적인 통제, 문제해결을 위한 시간과 노력의 헌신을 평가한다.

(2) 문제규정과 형성

이 단계에서는 문제와 관련된 사실 정보를 수집하고, 수집된 정보를 이해하는 데 인지적 왜곡이 없도록 교육한다. 또한 현재 문제를 해결하기 위해 문제해결의 목표를 구체적이고 현실적으로 설정하고 문제해결에 대한 비용분석을 통해 문제에 대한 재평가를 하도록 돕는다.

(3) 해결대안들의 창출

해결대안을 창출하는 단계에서 사회복지사는 서비스 이용자에게 다음의 3가지 원칙을 교육한다.

첫째, 대안이 많을수록 바람직한 대안이 나올 수 있다는 양(quantity)의 원칙이다. 둘째, 가능한 많은 대안들을 창출하고 의사를 결정할 때까지 판단을 유보할 때 바람직한 해결책이 나올 수 있다는 판단유보의 원칙이다. 셋째, 다양한 대안들이 창출될 때 바람직한 해결책이 나올 수 있다는 다양성의 원칙이다.

(4) 의사결정

해결대안들을 객관적으로 평가하고 가장 바람직한 대안을 선정하는 단계이다. 전 단계에서 창출된 대안들 가운데 적절한 대안을 선택하여 각각 예상되는 결과를 평가하도록 교육한다. 평가는 문제의 해결 정도, 정서적 결과, 필요한 시간과 노력, 전반적인 개인적 · 사회적 결과를 고려한다.

(5) 해결책 실행과 검증

서비스 이용자가 해결계획을 실행하고 실행과정을 스스로 모니터링하고 평가, 강화하도록 교육한다. 해결책의 결과가 예측한 결과와 다를 경우 이전 단계로 돌아가 다시 문제해결책을 모색한다.

3 인지행동 모델의 개입기법

인지행동 모델의 개입기법에 대해서는 가장 보편적으로 널리 사용되고 있는 엘리스(Ellis)와 벡(Beck)의 기법을 중심으로 살펴보고자 한다.

1) 엘리스(Ellis)의 합리정서행동 치료(Rational Emotive Behavior Therapy)

인간은 합리적인 사고를 하는 동시에 비합리적으로도 사고한다. 인간은 비합리적 사고에 빠질 위험을 갖고 있으며 이전의 비합리적 사고에 의해 형성된 신념들을 자기 속에 주입시키는 경향을 지니고 있다. 따라서 엘리스의 합리정서행동 치료모델은 인지적 · 행동적 · 행위적이며 사고, 판단, 분석, 행동, 재결정을 중시한다. 또한 이 모델은 교훈적이고 직접적이며, 여기에서 치료는 재교육의 과정이다(이준우, 2003).

(1) 핵심개념

엘리스의 합리정서행동 치료에서 가장 중요하게 생각하는 개념은 첫째, 비합리적 신념과 둘째, 재구조화이다. 비합리적 신념이란 인간의 사고와 감정은 매우 연관되어 있으며, 부정적인 감정과 증상들은 비합리적인 신념에서 비롯된다는 것이다. 재구조화라는 것은 부정적인 감정이 아닌 비합리적인 신념에 초점을 두는 것을 의미하며, 부정적 감정의 뿌리가 되는 비합리적 신념을 규명하고 도전함으로써 이를 재구조화한다는 것이다. 합리적 정서 치료의 목표는 서비스 이용자의 재구조화라고 할 수 있다(서진환 외, 2001).

사실 비합리적 신념은 여러 학자들로부터 비난을 받았는데 엘리스는 자신이 제시한 비합리적인 신념과 이에 대한 반박의 근거를 다음과 같이 정리하여 대응하였다(양옥경 외, 2001).

첫째, 모든 주요 타인들로부터 사랑과 인정을 받는 것은 성인에게 절대적으로 필요하다. 자신의 욕구를 포기한 채 주요 타인으로부터 사랑과 인정을 받기 위해 노력하는 것은 자기 지향적이지 않고 이런 노력에도 주요 타인들은 자신의 편견이나 선호에 의해 좋아하지 않거나 무관심할 수 있다.

둘째, 가치 있는 사람이 되기 위해서는 가능한 모든 면에서 완전히 능력이 있고 적절하며, 성취적이어야 한다. 결과보다는 과정이 중요하다. 다른 사람을 이기기 위해서보다는 자신을 위해 노력하는 것이 바람직하다.

셋째, 어떤 사람들은 사악하고 나쁘며 이런 사람들은 자신들의 악행에 대해 심하게 비난받고 처벌받아야 한다. 악행을 하는 사람이 반드시 악한 사람은 아니며 악행을 처벌하여 줄어들기보다 오히려 악화되기도 한다.

넷째, 원하는 대로 상황이 되지 않는다면 이는 끔찍하고 파멸적이다. 현실을 도전으로 수용하고 자신의 삶에 유용하게 통합하는 방법을 배워야 한다.

다섯째, 불행은 외부적인 요인에 기인하며, 사람들은 자신의 슬픔과 근심을 조절할 능력이 거의 없거나 전혀 없다. 자신의 부정적인 감정은 자기 스스로가 슬픈 감정에 빠지도록 만들었기 때문이다.

여섯째, 위험하거나 두려운 것에 대해서는 매우 염려해야 하며, 이것이 일어날 가능성을 늘 염두에 두어야 한다. 사전에 대비하는 것은 필요하지만 지나치게 염려하고 두려워하면 대처능력이 떨어지고 그 일이 실제로 일어나는 데 기여할 수도 있다.

일곱째, 인생의 어려움과 책임을 대면하는 것보다 회피하는 것이 쉽다. 싫더라도 자신이 수행해야 하는 것은 불필요한 고통을 최소화하기 위해 자신이 수행하며 이로부터 자신감을 얻는다.

여덟째, 우리는 다른 사람들에게 의존해야 하고 의존할 수 있는 강한 사람을 필요로 한다. 의존하면 의존할수록 더 의존하게 되며 결국 인생이 다른 사람에 의해 결정된다.

아홉째, 과거는 현재 행동의 전적인 결정요인이며, 과거에 영향을 미친 것은 현재에도 비슷한 영향을 미친다. 과잉일반화로 과거가 현재에 영향을 미치기는 하나 현재는 미래의 과거이므로 현재를 변화시켜 현재보다 나은 미래를 만들 수 있다.

열 번째, 우리는 다른 사람들의 문제에 대해 매우 근심해야 한다. 관심을 가질 수 있지만 변화할 수 있는 실제 능력이 부족한 상황에서 매우 근심해야만 하는 생각은 비합리적이다.

열한 번째, 인간 문제에는 옳고 정확하며 완벽한 해결이 있으며 이런 해결책을 찾지 못한다면 이는 파멸이다. 완벽하고 절대적인 진리는 없는 것이며 가장 현실적인 선택을 하는 것이 바람직하다.

(2) 합리정서행동 치료의 개입기법

합리정서행동 치료의 개입방법은 다음과 같이 설명할 수 있다(서진환 외, 2001).

첫째, 비합리적인 신념을 합리적 신념으로 바꾸도록 원조한다. 둘째, 부정적 감정 혹은 행동과 연관된 비합리적 신념을 찾아내고 소크라테스 산문법을 사용하여 비합리적 신념과 합리적 신념을 스스로 구분하도록 교육하고, 자신의 논리를 비판적으로 검토하도록 원조한다. 셋째, 고안된 양식을 작성하는 숙제를 부여하기도 하며 이 양식은 ① 부정적 감정 혹은 행동에 선행하는 사건, ② 부정적 감정 혹은 행동, ③ 부정적 감정 혹은 행동으로 이끈 비합리적 신념, ④ 비합리적 신념에 대한 반박, ⑤ 효과적인 합리적 신념, ⑥ 합리적 신념에 따르는 감정과 행동의 내용으로 구성되어 있다.

2) 벡(Beck)의 인지치료(Cognitive Therapy)

벡의 인지치료를 핵심개념과 개입방법을 중심으로 살펴보면 다음과 같다.

(1) 핵심개념

벡의 인지치료에서 다루는 핵심적인 이슈는 다음과 같다(김혜란 외, 2006).

첫째, 인간은 자극에 대해 선별적으로 주의를 기울이면서 자극을 유형으로 결합하고 상황을 개념화한다.

둘째, 벡은 도식(shema)을 강조하는데, 이는 고정된 인지유형을 말한다. 특정 사람은 비슷한 사건 유형에 대해 일관성 있게 반응하는데 이는 특정상황을 상대적으로 고정된 인지유형에 따라 해석하기 때문이다.

셋째, 정서문제를 가지고 있는 사람은 논리적 오류가 있는 역기능적 도식에 따라 정보를 처리하게 되고 결과적으로 현실을 부정적으로 왜곡한다.

이상의 이슈를 기반으로 하여 형성된 인지 치료의 핵심적 개념은 '인지적 오류'라고 말할 수 있다. 벡(Beck)은 정서문제를 생활사건에 대한 왜곡된 사고나 비현실적인 인지적 평가의 결과로 설명하면서 다음과 같이 인지적 오류를 제시했다(Beck et al., 1979; 김혜란 외, 2006 재인용).

① 임의적 추론(arbitrary inference)

결론을 지지하는 증거가 없거나 반대 증거가 있음에도 그와 같이 결론을 내리는 것이다.

② 선택적 요약(selective abstraction)

상황에 대한 분명하고 현저한 특성을 무시한 채 맥락에서 벗어난 세부내용에 초점을 두는 것이다. 서비스 이용자 자신의 많은 강점들에도 불구하고 몇몇 단점에만 집착하거나 잘 한 것보다는 잘못 한 것에 연연하고, 현재 자신이 가지고 있는 것들보다 가지고 있지 못한 것들에 집착하는 경우를 말한다.

③ 과잉 일반화(overgeneralization)

분리된 사건들에 대한 결론을 연관되거나 연관되지 않은 상황전반에 적용하는 유형이다. 가령 좋아하는 남학생에게 고백을 했다가 거절당한 여학생이 자신은 못생겼으며 할 줄 아는 것이 하나도 없는 무가치한 사람이라고 결론을 내리는 경우이다.

④ 확대와 축소(magnification & minization)

사건의 의미와 크기를 왜곡하는 것이다. 가령 우울증 환자들은 부정적 사건의 의미나 크기를 확대하는 반면, 긍정적 사건의 의미나 크기는 축소하는 경향이 있다.

⑤ 개인화(personalization)

외부사건이 자신과 관련이 없음에도 불구하고 자신과 연관시키는 것이다. 가령 잘못된 외부사건을 자신의 탓으로 생각하는 경우를 들 수 있다.

⑥ 절대적 · 이분법적 사고(absolutistic, dichotomous thinking)

모든 경험을 상반되는 양 범주로 이해하는 경향을 말한다. 가령 결함이 전혀 없는 사람 아니면 결함투성이, 성자 아니면 죄인 등으로 이해하는 경향이다. 우울증 환자들은 자신을 부정적 극단으로 생각한다.

(2) 인지 치료의 개입기법

인지행동 모델에서는 여러 가지 개입기법을 사용한다. 주요 기법으로는 인지적 기법, 정서적 기법, 그리고 행동적 기법 등이 있다(김정진 외, 2007).

① 인지적 기법

이 기법은 인지를 통해 서비스 이용자를 변화시키려는 것이다. 사회복지사는 ABC의 분석을 통하여 서비스 이용자로 하여금 당위적이고 요구적인 신념체계(예 '~해야만 한다.' 등)를 깨닫게 해 주고, 보다 합리적인 사고방식을 제시해 준다. 구체적 기법은 다음과 같다. 첫째, 자조양식의 활용 기법, 둘째 자기진술 카드 사용, 셋째 숙제 부과하기, 넷째 어의학적 용법의 변화 훈련, 다섯째 문제원인 탐색을 위한 유추의 기법 등이다.

② 정서적 기법

정서적 기법은 주로 서비스 이용자가 자신을 정직하게 나타내도록 하고, 정서적 모험을 경험하게 하여 자신을 개방하도록 도와주려는 데 초점을 둔다. 구체적 기법은 다음과 같다.

첫째, 유머 사용-유머는 비합리적 신념에서 오는 서비스 이용자의 불안을 감소시키는 데에 크게 유용하다.

둘째, 서비스 이용자에 대한 사회복지사의 적절한 자기노출-사회복지사도 서비스 이용자와 비슷한 문제로 고통당한 경험이 있었으며 인지행동 모델을 통해 문제를 극복했음을 피력하는 것은 서비스 이용자에게 많은 도움이 될 수 있다.

셋째, 비유나 재미있는 노래 사용-문제를 이해하고 정리하는 데 적합한 비유는 서비스 이용자가 자신의 문제를 정확히 파악하는 데 큰 도움이 되며 흥겹고 재미있는 노래는 서비스 이용자의 긴장을 해소하는 데 유익하다.

넷째, 구호처럼 제창하기-문제 상황을 이겨내는 데 도움이 되는 말을 구호처럼 만들어서 제창하게 함으로써 자신감을 부여하고 나아가 수치심을 극복할 수 있다. 이러한 정서적 기법은 개입의 전 과정에 걸쳐서 이루어지는 것이 아니라 개입의 초기단계나 혹은 개입 상의 한 단계에서 주로 활용된다.

③ 행동적 기법

행동적 기법은 서비스 이용자에게 어떤 행동을 하게 하여 그의 신념체계를 변화시키고, 이 변화된 신념체계를 통해 혼란된 정서에서 벗어나게 하며 역기능적인 증상에서 벗어나 보다 생산적인 행동을 할 수 있도록 돕는 기법이다. 구체적 기법은 다음과 같다. 첫째, 행동적 숙제의 부과, 둘째 발달시키고자 하는 행동을 반복적으로 연습함으로써 행동으로 숙달되게끔 하여 비능률적인 습관 제거, 셋째 불안한 감정을 장시간 경험해 보도록 권장함으로써 불안한 감정에 대처하는 기능 향상시키기, 넷째 상과 벌의 사용, 다섯째 일상생활에서 유발되는 스트레스에 대처할 수 있도록 이완훈련 하기 등이 있다.

3) 사회복지사의 역할과 기능

(1) 사회복지사의 역할

인지행동 치료에서 사회복지사의 역할은 서비스 이용자의 계속되는 생각이나 이미지에 대해 질문하고, 이런 생각이나 이미지가 어떤 의미를 갖는지 확인한다. 이 과정을 통해 개별 서비스 이용자의 의미체계를 이해하며, 이들이 좀 더 현실적으로 변화하도록 교육한다. 치료가 진행됨에 따라 서비스 이용자는 더욱 많은 책임을 지게 되고, 사회복지사는 치료자가 아닌 자문 역할을 하게 된다.

(2) 사회복지사의 기능

첫째, 서비스 이용자의 학습 경험을 강조한다.

- 자신의 부정적 자동사고(automatic thought)를 점검하기
- 인지와 정서, 행동의 연관성을 인식하기
- 자신의 왜곡된 자동적 사고를 뒷받침하거나 반박하는 근거를 점검하기
- 왜곡된 인지 유형으로 기울어지게 된 저변의 가정들과 믿음을 규명하고 변경할 수 있도록 학습하기

둘째, 서비스 이용자의 의미체계가 서로 다르다는 것을 강조한다.

서비스 이용자의 반응을 추측하지 않고 계속되는 생각과 이미지들에 대해 확인하고 개별 서비스 이용자의 의미체계를 이해하며 이들이 현실적으로 변화하도록 교육한다.

셋째, 치료가 진행됨에 따라 서비스 이용자는 보다 많은 책임을 지게 되고, 사회복지사는 치료사가 아닌 자문의 역할을 수행한다.

넷째, 역기능적 사고에 대한 인식을 구체적으로 한다. 일상생활에서 불쾌한 감정을 경험할 때마다 상황과 감정, 감정에 선행한 자동적 사고, 자동적 사고에 대한 합리적 반응, 합리적 반응에 따르는 결과를 작성하도록 교육하기 위한 도구이다.

생각 다듬기

1 내가 갖고 있는 '비합리적 신념' 의 실제적인 사례들을 생각해 보시오.

2 엘리스의 ABCDE 모델의 개입과정을 설명하시오.

3 인지행동 모델을 사용하는 사회복지사의 역할과 기능을 간략하게 정리해 보시오.

6

Chapter

과제중심 모델

1. 과제중심 모델의 철학과 기본 개념
2. 과제중심 모델의 개입목표와 과정
3. 과제중심 모델의 개입기법

과제중심 모델은 미국 시카고 대학교(University of Chicago)의 리드(Reid)와 엡스타인(Epstein)에 의해 1970년대에 단기치료의 우수성을 입증하는 실험연구를 기초로 형성된 실천 모델이다(Skidmore, 2000).

1 과제중심 모델의 철학과 기본 개념

1) 철학과 이론적 기반

과제중심 모델은 1960년대에 시작한 단기치료의 영향을 받아 1970년대에 생성된 모델이다. 단기치료는 장기간 필요한 정신분석이나 정신역동적인 치료방법과 달리 현재의 갈등에 초점을 두어 단기간 개입하는 방식이다. 또한 과제중심 모델은 경험적인 조사연구를 통해 그 체계가 형성되었다. 즉 조사연구 결과에 기반을 두어 지식체계 우위를 강조한다(장인협, 1996c). 이러한 과제중심 모델은 시카고 대학교 펄만(Perlman)의 문제해결중심 방법론에 행동주의 이론과 스텃(Studt)의 과업에 대한 개념을 접목하여 서비스 이용자가 자신에게 주어진 행동적 과업을 통해 스스로 문제를 해결할 수 있도록 원조하는 사회복지의 대표적인 실천방법이다. 과제중심 모델은 특정한 이론에 근거하기보다는 다양한 이론을 통합하고 사회복지사의 임상 실험과 실천 경험에서 나온 실천적 틀이다. 그러므로 단기치료의 한 형태로 대인관계와 사회관계의 어려움, 역할수행의 어려움, 정서적 고통 등 생활에서 경험하는 문제들을 주로 다루는 매우 실용적인 치료 모델로서 각광을 받았다(양옥경 외, 2001). 당시 심리치료 분야는 장기치료에 대한 회의와 비판이 확대되어, 현재 문제 상황에 초점을 두는 단기치료 방식에 대한 관심이 커지고 있던 시기였다. 개입에서 서비스 이용자가 표현하고 도움을 요청한 욕구를 가장 우선시하며, 치료과정으로 이를 조율해 나가는 방식을 취한다(Skidmore, 2000).

2) 기본 개념

어떤 서비스 이용자들은 그들의 문제나 상황을 논의한 후에 무엇을 해야 되는지는 알지만 더 나아가서 그들의 상황을 중대하게 변화시킬 수 있는 활동들을 수행할 수 없는 경우가 있다. 이 모델은 서비스 이용자가 바로 그 활동들을 수행하도록 돕는 것을 강조한다. 구체적인 행동들을 '과제'라고 부른다. 이 모델이 강조하는 활동과 과제수행을 할 때 서비스 이용자의 내적 사고와 감정을 충분히 이해해야 한다. 하지만 이 접근법은 사람들이 그들의 생각과 감정을 털어놓는 것보다는 행동을 취하는 것이 변화의 가능성을 더 높인다는 신념에 기초하고 있다(양옥경 외, 2001; 장인협, 1996c).

그래서 과제중심 모델은 서비스 이용자와 사회복지사가 동의하여 계획한 특정 유형의 문제해결 활동으로서 회기 내에서 뿐만 아니라 회기 밖에서도 실행하는 실천개입이다. 또한 서비스 이용자가 해야 할 과제는 표적문제를 감소시키기 위한 활동이다. 사회복지사는 서비스 이용자의 활동을 보완하고 서비스 이용자의 장점을 촉진시키는 일을 한다. 과제는 표적문제를 명확히 한 후 세우며, 서비스 이용자와 사회복지사가 함께 토론하면서 대안적인 과제들을 제시하고, 행동과 전략적인 계획을 구체화한다. 사례가 진행되는 동안 문제가 해결되지 않으면 과제를 바꾸어야 하고, 과제를 수행했거나 필요하지 않거나 달성되지 않는 과제라면 달성될 수 있는 과제로 변경한다. 이러한 과제는 성격과 유형에 따라서 여러 가지로 설명할 수 있다. 먼저 성격에 따라서는 일반적 과제와 조작적 과제로 나누어 볼 수 있다(양옥경 외, 2001; 이영분 외, 2001).

(1) 일반적 과제

일반적 과제는 행동의 방향만 제시하고 구체적으로 무엇을 해야 하는지 제시하지 않는다. 일반적 과제는 서비스 이용자의 목표를 내포한다. 즉, 서비스 이용자가 수행해야 할 과제와 서비스 이용자의 목표가 같음을 의미한다. 가령 'A는 자기주장훈련 프로그램에 등록해야 한다.'와 같은 것으로 말할 수 있다.

(2) 조작적 과제

조작적 과제는 서비스 이용자가 수행해야 하는 구체적인 활동을 말한다. 일반적 과제에 기반을 두며, 활동에 대한 명확한 정보를 포함하기 때문에 일종의 하위 과제 형태를 띤다. 가령 '자기주장훈련센터에 가서 지원서를 작성하고 제출한다.' 이다.

유형에 따라서는 다음과 같이 설명해 볼 수 있다(양옥경 외, 2001; 엄명용 외, 2000).

첫째, 유일 과제-한 번 수행하는 것
둘째, 되풀이 과제-반복적으로 수행하는 것
셋째, 단일 과제-여러 단계가 있는 하나의 활동
넷째, 개인 과제-한 사람이 수행하는 것
다섯째, 상호 과제-연관되어 있지만 둘 이상의 사람이 구분되어 수행하는 것
여섯째, 공유 과제-둘 이상의 사람이 함께 수행하는 것
일곱째, 인지적 과제-정신적인 활동을 검토해서 명확하게 하는 것

2 과제중심 모델의 개입목표와 과정

1) 개입목표

과제중심 모델의 개입목표는 서비스 이용자와 환경이 문제해결을 위한 노력에 관련되게끔 함으로써 서비스 이용자의 변화를 이끌어내는 데에 있다. 이를 위해 과제중심 모델 서비스의 초점은 서비스 이용자가 자신의 문제를 인식하고, 문제를 해결하기 위한 능력을 가질 수 있도록 돕는 것이다. 이러한 과제중심 모델의 개입목표를 보다 구체적으로 정리하면 다음과 같이 두 가지로 정리할 수 있다. 첫째, 서비스 이용자가 관심을 가지고 있는 문제를 해결하도록 서비스 이용자를 돕는 것이다. 둘째, 서비스 이용자가 자신의 문제를 훌륭하게 해결한 경험을 통하여 향후에 부딪치는 어려움들을 극복할 수 있는 능력을 향상시키고자 하는 것이다(Payne, 1991).

2) 개입원칙

사회복지실천 현장에서 과제중심 모델을 활용할 때 염두에 두어야 할 개입원칙은 다음과 같이 요약하여 설명할 수 있다(양옥경 외, 2001).

(1) 경험적인 기원

경험적인 연구로 검증된 방법과 이론을 선호한다. 때문에 서비스 이용자의 문제와 행동에 대해 추리해서 이론화하는 것은 피한다. 따라서 사정과 과정, 성과에 관한 자료를 각 사례마다 체계적으로 수집한다. 과제중심 모델을 발전시키기 위해 조사연구에 관한 프로그램을 지속적으로 시행한다.

(2) 통합적인 자세

문제해결, 인지행동, 인지적, 구조적 접근방법 등 다양한 접근방법을 통해 경험적으로 도출한 이론과 방법을 선택적으로 사용한다.

(3) 서비스 이용자가 인식한 문제에 초점

서비스 이용자가 관심을 갖고 있고 명확하게 인식하는 특정 문제에 초점을 맞추어서 서비스 이용자가 문제라고 생각하고 있는 측면이 분명하게 나타나게 하여야 한다.

(4) 체계와 상황

문제는 다양한 체계와 상황에서 발생한다. 상황을 바꾸는 것은 문제를 해결하고 또한 문제가 재발되지 않도록 방지하는 데 필요하다.

(5) 단기 계획

4개월 내에 6~12회 정도, 단기간 서비스를 설계한다. 이러한 단기간은 많은 조사연구를 바탕으로 결정한 것이다.

(6) 협조적인 관계

서비스 이용자와 협조해서 노력하는 관계를 강조한다. 서비스 이용자의 문제해결 능력을 발달시키기 위해 전 과정에 광범위하게 참여시킨다.

(7) 구조화

개입실천 단계에서의 회기를 포함하여 개입 프로그램은 잘 계획된 연속적인 활동들로 구조화한다.

(8) 문제해결을 위한 행동 과제

서비스 이용자가 수행한 문제해결행동 즉 과제를 통해 변화를 달성한다. 특히 과제는 서비스 이용자 자신의 환경 내에서 자신의 행동을 동기화하는 데 초점을 둔다. 사회복지사의 과제는 서비스 이용자의 환경적 변화에 영향을 미치는 수단을 제공하는 것이다.

3) 개입과정

과제 중심 모델에 근거한 사회복지실천의 개입과정은 다음과 같다(장인협, 1996b).

(1) 시작 단계

① 서비스 이용자가 스스로 사회복지사를 찾아온 경우는 바로 문제규명 단계로 넘어간다.

② 다른 기관에서 의뢰한 경우는 의뢰 이유, 의뢰기관이 제시하는 서비스 이용자의 문제와 목표, 이 문제와 목표가 서비스 이용자 자신이 제시하는 내용과 일치하는지 탐색한다. 서비스 이용자가 의뢰기관에서 위임받은 목표를 이해하고 있는지, 또 목표를 달성하기 위해 의뢰기관에 자원이 있는지 파악한다.

(2) 문제규명 단계

① 서비스 이용자가 자신의 문제로 인식하고, 사회복지사도 전문적 판단으로 인정한 표적문제를 설정한다.

② 표적문제 설정에는 서비스 이용자의 견해를 최대한 반영한다. 그리고 사회복지사와 서비스 이용자가 분명하게 이해하고 있어야 한다.

③ 표적문제는 구체적으로 설정해야 한다.

(3) 계약 단계

① 구두 혹은 서면으로 계약한다. 계약 내용은 표적문제, 목표, 서비스 이용자의 과제, 사회복지사의 과제, 개입기간과 일정, 면접일정, 서비스 이용자와 사회복지사 외의 참여자 등을 포함한다.

② 과제는 목표를 달성하기 위해 서비스 이용자와 사회복지사가 해야 하는 문제해결활동으로, 구체적으로 서술한다.

(4) 실행 단계

① 문제에 대해 집중적으로 사정하고, 대안을 모색하고 결정하며, 문제를 해결하기 위한 과제들을 수행하고 과제수행 정도를 점검, 모니터한다.

② 서비스 이용자와 사회복지사는 과제를 개발하고, 수행하며, 과제수행 단계에서 예견되는 어려움과 장애물을 검토한다. 그리고 이를 제거, 감소, 변경하기 위한 활동을 계획한다.

③ 과제수행에서 실제 장애물은 서비스 이용자의 기술부족, 다른 사람들의 협력과 지지부족, 자원부족 등이다.

(5) 종결

① 종결은 계약단계에 이미 정한 것으로, 서비스 이용자와 사회복지사 모두 예상하고 있다.

② 사회복지사는 개입과정에서 성취한 것을 점검하고, 필요한 경우 연장하거나 사후지도 한다.

③ 사회복지사는 서비스 이용자에게 개입에 대한 피드백을 요청하고, 사회복지사 자신의 활동을 평가한다.

3 과제중심 모델의 개입기법

1) 과제중심 모델의 특징과 개입기법

여러 이론들을 절충하여 사용할 수 있는 실천틀로서, 사회복지사가 효율적으로 학습할 수 있다. 실천의 효과성과 효율성을 증진하는 특징적인 요소와 그에 따른 기법은 다음과 같다(장인협, 1996b).

(1) 단기 개입

약 2~3개월 동안 8~12회를 전후로 한다. 이는 서비스 이용자는 대부분 8회 이내에 개입 효과를 보고한다는 연구 결과에 근거한다. 만일 서비스 이용자가 장기보호와 상담을 받을 경우에는, 각각의 과제중심 접근을 연속적으로 실시하거나 필요한 시점에서 과제중심 모델을 적용할 수 있다.

(2) 구조화된 접근

5단계로 이루어진(시작→문제규명→계약→실행→종결) 구조화된 접근으로, 각 단계마다 사회복지사와 서비스 이용자의 역할을 구체적으로 명시한다.

(3) 서비스 이용자의 자기결정권 강조

첫째, 표적문제를 규명하는 데 서비스 이용자의 견해를 우선적으로 반영한다.

둘째, 서비스 이용자와 사회복지사가 함께 개입방향을 계약한다.

셋째, 서비스 이용자는 과제를 설정하고 실행, 평가하는 문제해결 전 과정에서 주체자로서 역할을 한다.

(4) 서비스 이용자의 환경에 대한 개입 강조

서비스 이용자의 문제를 자원 부족, 혹은 기술 부족과 관련한 것으로 이해한다. 따라서 문제와 관련이 있는 환경과 자원을 탐색하고, 활성화하는 방안을 강조한다.

(5) 책임 있는 개입 강조

개입과정을 객관적으로 기록하고 상황을 각 회기마다 모니터한다. 전체 사회복지 실천과정을 서비스 이용자와 사회복지사가 평가하는 등 개입의 책임성을 강조한다.

이렇게 과제중심 모델은 서비스 이용자에 의한 활동단계들을 강조하는 개입구조의 활용을 통해 서비스 이용자의 사회적 기능을 향상시킨다. 또한 이 모델은 개인, 부부, 가족, 소집단에 활용될 수 있으며 비자발적인 서비스 이용자에게도 적용이 가능하다. 이 모델은 활동과 합의된 과제의 완수를 강조하기 때문에 직장, 주택문제, 주간보호, 운송수단 등과 같이 불충분한 자원들로 인한 문제를 해결하려는 서비스 이용자에게 특히 유용하다(Saleebey, 2002). 그래서 과제중심 모델은 모델의 간결성과 단기접근법으로 인하여 그동안 부부갈등, 청소년 비행, 학교 부적응, 재가노인 문제 등 사회복지의 다양한 실천현장에서 다양한 사람들에게 적용되어 왔으며, 미국뿐만 아니라 영국, 네덜란드 등에서 실시한 경험적 연구들을 통해 이 모델의 효과성과 효율성이 인정되었다(양옥경 외, 2001).

2) 사회복지실천에서의 활용

첫째, 제한된 표적문제에 초점을 두고, 단기간 개입을 하기 때문에 사회복지실천에서 효율적인 방법으로 인식되어 있다.

둘째, 개입의 효과성을 검증하는 객관적인 실천방법으로 자주 활용되고 있다.

셋째, 이론보다는 실천경험과 과제수행을 강조하기 때문에 다양한 이론들을 융통성 있게 통합할 수 있다는 장점이 있다. 그래서 다양한 사회복지실천 현장에서 적용할 수 있다.

생각 다듬기

1 다음은 과제중심 모델 계약서의 한 실례이다. 꼼꼼하게 읽어보길 바란다.

기관: ○○종합사회복지관
담당 사회복지사: ○○○

계 약 서

표적문제	① 정호의 가출과 잦은 외박 ② 정호의 낮은 학교성적 ③ 할머니가 사촌과 비교하는 잔소리
목적	① 정호가 가출하지 않고 전화하기 ② 정호의 고교 진학에 대해 결정하기 ③ 할머니가 다른 아이와 비교하지 않고 믿어 주기
서비스 이용자의 과제	
정호	① 매일 집에 들어오기 ② 늦을 경우에는 전화하기 ③ 학교에 나가 수업일수 채우기 ④ 실업계 고교 진학 상담하기
할머니	① 이모에게 정호 양육은 당분간 혼자 하겠다고 말하기 ② 이모 아들과 비교 안 하기 ③ 늦는다고 전화하면 알았다고 이해해 주기
사회복지사의 과제	① 정호가 갈 수 있는 실업계 고교 알아봐 주기 ② 담임 선생님과 정호의 졸업 가능성 상담하기 ③ 할머니에게 매일 저녁 전화하여 격려해 주기 ④ 할머니가 참석할 수 있는 복지관 부모 모임 소개하기 ⑤ 정호에게 빅 브라더(big brother) 알선해 주기
개입 계획	① 2○○○년 ○○월 ○○일~○○월 ○○일까지 8주간 ② 주 1회 정호와 할머니 개별 면담함 ③ 격주로 할머니와 정호 함께 면담함

위 과제는 사정에 따라 수정 변경될 수 있음

- 면담 일시: 매주 토요일 오후 3:00~4:00
- 면담 장소: ○○종합사회복지관 상담실

위와 같은 사항에 합의하며 합의 사항을 준수하기로 약속합니다.

2○○○. ○○. ○○.

서비스 이용자 서명
사회복지사 서명

출처: Epstein(1988); 엄명용 외(2006), pp. 445~446., 재인용

7

Chapter

임파워먼트 모델

1. 임파워먼트 모델의 철학과 기본 개념
2. 임파워먼트 모델의 개입목표와 과정
3. 임파워먼트 모델의 개입기법

1 임파워먼트 모델의 철학과 기본 개념

1) 임파워먼트 모델의 철학과 이론적 기반

(1) 임파워먼트 모델의 철학과 배경

사회복지실천에서 임파워먼트는 철학으로서 그리고 방법론으로서 혼재되어 사용되고 있다. 서비스 이용자 개인, 가족, 집단, 지역사회와의 실천을 중심으로 볼 때, 철학적 기반으로서의 임파워먼트는 사회복지실천에서 사회복지사의 가치, 태도, 서비스 이용자와 사회복지사 간의 관계에 영향을 미치고, 방법론으로서의 임파워먼트는 사회복지사의 구체적인 사회복지 지식과 기술의 활용에 영향을 준다고 볼 수 있다. 가치와 철학적 개념 틀로서의 임파워먼트는 사회복지실천에서 서비스 이용자 중심의 가치를 강화하고 서비스 이용자 개인, 가족, 집단, 지역사회가 나름의 잠재력을 지닌 능력 있는 체계로서 존중받게 하는 데 기여한다. 아울러 서비스 이용자와 사회복지사는 각자의 생활과 소속 환경에 대해 잘 알고 있는 전문가로 간주되며 평등한 관계를 이루게 된다(이준우 · 임원선 · 이화옥, 2006).

방법론으로서 임파워먼트는 사회복지실천의 구체적인 실천지식과 기술에 영향을 미치고, 따라서 기존 사회복지실천과는 다른 과정과 성과를 가져오게 된다. 자기 삶의 전문가인 서비스 이용자가 자신의 욕구에 기반한 목표를 스스로 설정하여 내 · 외적 자원을 활용하며, 힘을 얻게 됨으로써 안녕을 누리는 상태를 성과로 볼 때 기존의 전문가가 중심이 되어 주도하는 실천과는 달리, 사회복지사는 당연히 서비스 이용자 중심으로 협동하게 된다(이준우 · 손덕순, 2007). 지식적인 면에서 서비스 이용자는 일방적으로 빈곤이나 열악한 환경의 조정을 받거나, 다른 사람이나 정부의 도움을 무상으로 받는 수혜자라기보다는 능동적이고 자율적인 힘을 가진 사람으로 인식된다. 따라서 학습된 무력감이나 우울 등 병리적 측면보다는 인간이 가진 회복능력, 희망감, 잠재력, 변화가능성 등의 측면에서 지식이 탐구되고 활용된다. 기술적인 면에서도 사회복지사의 의도된 목적 하에 서비스 이용자를 변화시키려는 전문가 중심주의로 사회복지의 면접, 관계형성, 지도 등의 기술이 사용되는 것은 지양된다. 대신에 서비스 이용자가 스스로의 욕구를 목표로 전환하고 힘을 추슬러 자신의 내적 그리고 외부적 자원을 활용해 일상에 잘 대처해 나가도록 돕는데 주안점을 두고 필요한 기술을 활용한다(정순둘 외, 2007).

따라서 임파워먼트(empowerment) 모델은 사회적 · 조직적 환경에 서비스 이용자의 통제력을 키우는 임상실천의 과정과 개입기술을 의미한다. 이 같은 임파워먼트 모델에서 임파워먼트의 기본적인 이념은 사회복지 발달의 근간이 된 인보관 운동으로부터 그 토대가 마련되었다. 1950년대 후반, 문제해결 모델이 사회복지실천 모델의 주류를 이루게 되면서 사회복지사의 논리적, 실제적인 개입 준거틀로 임파워먼트 개념들이 부분적으로 활용되면서부터였다. 1970년대에 들어서면서 일반체계이론과 생태체계이론이 사회복지의 주요 이론틀로 활용되면서, 서비스 이용자의 강점을 지향하고 해결중심적 접근인 임파워먼트의 중요성이 더욱 대두되었다. 1970년대의 이러한 이론과 모델들이 통합되면서 임파워먼트 모델로 새롭게 등장하게 된 것이다(장인협, 2004).

그러나 우리나라의 경우 불과 10년 전만 해도 임파워먼트는 거의 언급되지 않던 개념이다. 2000년대에 접어들면서 비로소 사회복지 현장에 본격적으로 도입되기 시작했으며 최근에는 대부분의 사회복지실천에서 크게 활용되고 있다. 하지만 임파워먼트 모델은 어떤 단일한 사회복지실천 방법에만 부합되는 것은 아니라고 본다. 다시 말해 개별적 기반을 둔 접근, 인간 중심 접근이나 문제 중심의 접근 또는 사회적 · 환경적 접근으로부터 각각 별개로 도출된 것이 아니라는 것이다. 임파워먼트의 원류는 상호부조, 자조 그리고 최근에는 해방과 권리, 사회운동의 전통이 결합된 것으로 볼 수 있으며, 반인종주의, 페미니즘과 계층, 나이, 장애, 성, 지역적 차별에 대한 비판에 의해 강화되었다(최명민 역, 2007).

그래서 임파워먼트 모델에서는 서비스 이용자를 문제 중심이 아닌 강점 중심으로 보며, 인간의 잠재력과 자원을 인정하고, 서비스 이용자에게 탄력성이 있음을 전제한다. 이 전제는 서비스 이용자가 자신의 삶을 통제할 수 있는 역량이 있음을 인정하는 것이다. 서비스 이용자와 사회복지사의 관계는 협력적인 파트너로, 문제해결 과정에 함께 참여한다. 임파워먼트 모델의 시행 결과, 다양한 인구집단에서 효과적인 것으로 나타났는데, 특히 에이즈집단, 수용시설거주자, 청소년집단 등에 효과적인 것으로 밝혀지고 있다(양옥경 외, 2006).

(2) 이론적 기반

임파워먼트에 대해 하나로 통일된 개념이나 접근은 존재하지 않는다. 개념에 대한 통일된 규정이 없다는 것은 다양한 임파워먼트 이론과 모델들을 보면 알 수 있다. 보수적인 자본주의에서부터 급진적 행동주의 막시스트에 이르기까지 임파워먼트 모델은 완전히 상이한 접근으로 활용되고 있다(Gutierrez, 1990; Rapp, 1998). 자유방임주의 경제와 최소한의 정부를 지지하는 보수적인 자본주의자들의 견해에 따르면, 임파워먼트는 더 나은 삶을 만들기 위한 사람들의 노력에 간섭하지 않는 것이다(Simon, 1994). 이에 반해 급진적인 막시스트에 의하면, 임파워먼트는 복지국가의 틀 속에서 체계적으로 배제당해 온 사람들의 손 안으로 힘을 이동시키는 과정이다.

이렇게 다양한 의미로 사용되는 임파워먼트를 사회복지사는 억압받는 집단의 사회정의를 촉진시키고 고통 받는 사람들을 돕기 위해 적극적으로 활용하고 있다. 그래서 사회복지실천에서 적용하고 있는 임파워먼트 개념의 뿌리는 상호부조와 자조가 합쳐진 데 있으며, 근래에는 해방, 정의, 사회운동에 그 기원을 두고 있다고 볼 수 있다. 그러나 사회복지실천에서 사용하는 임파워먼트 모델은 기존의 것들을 단지 응용하거나 확장한 것이라기보다는 새로운 패러다임을 제공하는 것이다. 바로 생태체계 관점과 강점 시각을 기반으로 하여 과거로부터 다루어져 왔던 상호부조, 자조, 해방, 정의, 사회운동 등의 개념을 통합해서 완전히 새로운 하나의 패러다임으로 재창출한 것이다. 여기에서 가장 중요한 것은 이 모든 것을 묶어낼 수 있는 개념적 틀이 무엇이냐는 것이다. 그 개념적 틀은 바로 생태체계 관점과 강점 시각이다. 임파워먼트 모델은 생태체계적 관점에 기초하면서 강점을 철저히 지향한다. 서비스 이용자 체계의 능력을 신뢰하고, 현재 또는 잠재능력 위에서 해결책을 모색하며, 환경적 자원을 활성화한다(장인협, 2004).

① 생태체계 관점

생태체계 관점은 일반체계 이론(General System Theory)과 생태학 이론(Ecological Approach)의 사고(思考)를 통합한 것이다. 인간과 환경 사이의 상호교환이 기반이 된 많은 이론들의 공통된 관점으로 인간행동에 대한 다양한 이론들을 통합한다(Bookman & Morgen, 1988). 생태체계 관점은 인간과 환경을 지속적으로 상호교류하는 하나의 체계로 본다. 따라서 인간과 환경이 어떻게 서로 영향을 주고받는지 보여주는 준거틀을 제공해 준다. 나아가 환경적 맥락에서 서비스 이용자 체계를 조망하게 해 주며 사정과 계획단계에 매우 유용하다. 생태체계 관점을 좀 더 세부적으로 살펴보면 다음과 같이 구분하여 설명할 수 있다(김기태 외, 2002; 엄명용 외, 2000; 장인협, 1999).

◦ 인간에 대한 관점

· 인간은 매우 복잡한 존재이다.

· 인간에 대한 낙관론적인 시각을 갖는다.

· 인간과 환경이 지속적으로 상호작용하면서 서로 영향을 미치고 형성하며, 상호 적응하는 호혜적 관계를 유지한다.

· 기본적으로 '환경 속의 인간' 이라는 관점에 기초한다.

◦ 행동과 부적응에 대한 관점

· 생태체계 관점에서 행동이란, 인간과 환경이 모두 상호이익을 추구하는 과정에서 나타나는 것이다. 즉 개인과 사회체계는 자원과 욕구 사이에서 상호이익을 달성할 수 있는 균형점을 찾고 거기에서 동기가 유발되어 '행동' 이라는 실체로 구체화되는 것이다.

· 모든 인간행동은 내적 욕구와 환경적 욕구 사이에서 조화를 찾기 위한 적응과정이다. 생태체계 관점에서 부적응이란 존재하지 않는다.

· 생태체계 관점에서 문제는 환경의 자원 유무와 관련 있기 때문에 부적응적인 행동은 환경 안에서 자원을 조정하면서 바꿀 수 있다고 본다.

· 서비스 이용자의 부적응에 대해 낙인찍거나 비난하지 않고, 문제행동을 변화 가능한 것으로 간주한다.

◦ 변화에 대한 관점

· 변화에 대해 개방적이다.

· 서비스 이용자의 문제행동이 서비스 이용자의 내적 욕구와 환경적 자원 간의 불일치에서 비롯되므로 다양한 가능성이 존재한다고 본다. 서비스 이용자가 가진 어떠한 문제도 서비스 이용자와 환경 간 상호작용의 산물로, 서비스 이용자 개인의 책임이 아니다.

· 생태체계 관점을 가진 사회복지사는 서비스 이용자의 병리보다 강점에 초점을 두고 서비스 이용자와 파트너십을 형성한다. 개인과 환경의 상호작용에 개

입해서 변화 가능성을 확대하고자 한다.

- 사회체계에 대한 이해
  · 생태체계 관점에서는 다양한 체계 수준에서 개인들이 서로 어떻게 관련을 맺는지를 중요하게 여긴다. 이러한 다양한 체계 수준을 생태학적 환경으로 규정할 수 있다. 즉, 이들 사이에는 위계질서가 존재하며, 경계가 있고, 자율성을 갖고 다른 체계와 긴밀하게 상호작용하는 것으로 본다.
- 사회복지실천을 위한 준거틀에 대한 이해
  · 생태체계 관점은 인간의 다양성과 환경 사이의 관계를 이해하는 데 유용한 개념적 준거틀을 제시할 뿐 아니라, 사회복지실천에서 사회복지사가 서비스 이용자와 역량강화 관계를 형성하고, 서비스 이용자 체계의 자원을 발견하며, 역량을 강화하는 구체적이고 개념적인 방법을 제공한다. 또한 서비스 이용자의 현재 상황을 체계적, 전체적 관점에서 이해하고 사정하는 효율적인 사정도구 역할을 한다. 가령 생태체계도, 사회적 관계망 구성, 가계도 등이다.

② 강점 시각

강점 시각은 서비스 이용자의 문제를 병리적으로 보지 않고 오히려 강점으로 보는 것이다. 즉 문제가 아닌 변화되기 이전의 있는 그대로의 상황으로 인식하는 것이다. 강점 시각을 구체적으로 살펴보면 다음과 같다(김기태 외, 2002).

- 서비스 이용자의 강점을 강화하는 것이 서비스 이용자의 역량을 가장 신속하게 향상시킬 수 있는 전략이라고 본다.
- 문제에 관심을 두기보다는 해결점을 발견하고 강점을 강화하는 데 초점을 둔다.
- 서비스 이용자를 독특한 존재로 보고, 다양성을 인정하고 존중하면서 서비스 이용자의 강점에 초점을 둔다. 가능한 모든 자원을 활용해서 서비스 이용자의 역량을 실현하도록 돕는다.
- 사회복지의 기본 가치와 맥을 같이 한다. 이러한 강점 관점은 사회복지의 전문적 가치를 실천하는 데 필수적이다.

이러한 강점 시각으로 인해 사회복지실천에는 중요한 몇 가지 변화가 일어났다(이영분 외, 2001; 양옥경 외, 2001; 장인협, 1999).

첫째, 서비스 이용자의 문제를 '도전'으로 인식하기 시작했다는 것이다. 기존의 사회복지실천에서 개입의 초점은 문제를 정확히 사정하고 해결하는 것이었다. 그러나 문제는 수치, 비난, 죄의식 같은 부정적인 감정을 전달하기 때문에, 문제를 강조하는 것은 오히려 문제를 더 확대시켜 서비스 이용자의 역량을 강화하지 못하게 하는 한계를 낳게 될 우려가 있었다. 반면 문제를 도전, 전환점, 성장을 위한 기회로 간주할 때 서비스 이용자의 문제를 바라보는 시각도 의미 있게 변화한다. 이는 사회복지실천의 새로운 방법을 제시하는 사고의 전환인 것이다.

둘째, 병리적인 시각에서 강점 시각으로의 변화가 일어났다.

병리적 시각에 초점을 둔 문제 중심의 부정적인 준거틀은 서비스 이용자와 사회복지사의 강점을 모두 발견하지 못하게 한다. 부정적 준거틀은 서비스 이용자를 병리적인 사람, 환자, 희생자로 보게 한다. 하지만 강점 시각을 지향하면 병리에 초점을 둔 접근에 내포된 함정을 피할 수 있다.

셋째, 과거지향에서 '지금-여기'를 기반으로 한 현재와 미래를 강조하게 되었다. 임파워먼트 모델은 서비스 이용자의 문제에 대해 과거를 탐색하는 데 초점을 두지 않는다.

병리관점을 기반으로 하는 의료 모델이 과거를 탐색하여 언제, 왜 서비스 이용자 체계가 잘못되었는지를 조사한다면 강점 중심 개입은 현재 시점에서 서비스 이용자 체계에 있는 자원을 발견하고 현재 상황에서 무엇을 할 수 있는지, 어떤 대안이 있는지 사고를 전환하도록 유도한다. 과거지향적인 사회복지사는 현재 일어나는 것들을 간과하기 쉽지만, 미래지향적이 되면 현재 있는 자원, 습득하는 것, 도전을 극복하기 위한 대안이 있는지 탐색하게 되고 그 과정을 통해 현재 갖고 있는 강점과 부족한 자원을 파악하게 되어 통합하는 기회를 갖는다(Dubois & Miley, 1996).

표 7-1 병리 중심과 강점 중심 비교

병리 중심	강점 중심
• 진단에 따라 증상이 있는 개인으로 본다.	• 개인은 독특한 존재로, 강점과 기질, 재능, 자원이 있는 존재이다.
• 치료의 초점은 문제이다.	• 치료의 초점은 가능성이다.
• 서비스 이용자가 말한 진술은 전문가에 따라 재해석된다.	• 서비스 이용자가 말한 진술은 그 사람에 대해 알아가는 중요한 방법 중 하나이다.
• 사회복지사는 서비스 이용자 진술에 회의적이다.	• 사회복지사는 서비스 이용자 진술을 인정한다.
• 어린 시절의 상처는 성인기 병리를 예측할 수 있는 전조이다.	• 어린 시절의 상처는 개인을 약하게 또는 강하게 할 수 있다.
• 치료의 핵심은 전문가가 세운 치료계획이다.	• 치료의 핵심은 개인, 가족, 지역사회의 참여이다.
• 사회복지사는 서비스 이용자 삶의 전문가이다.	• 개인, 가족, 지역사회가 서비스 이용자 삶의 전문가이다.
• 개인의 발전은 병리로 제한된다.	• 개인의 발전은 항상 개방되어 있다.
• 변화의 자원은 전문가의 지식과 기술이다.	• 변화의 자원은 개인, 가족, 지역사회의 장점, 능력, 적응기술이다.
• 원조목적은 행동, 감정, 사고, 관계에서 부정적인 결과와 증상의 영향을 감소하는 것이다.	• 원조목적은 그 사람의 삶의 가치를 확고하게 하는 것이다.

출처: Saleebey, D.(2002), The Strengths Perspective in Social Work Practice, Allyn and Bacon; 이준우 · 임원선 · 이화옥(2006), 사회복지실천론, 인간과 복지, p. 422. 재인용

2) 기본 개념

(1) 임파워먼트

임파워먼트(empowerment)는 형질을 바꾸는 활동이다. 즉 사회복지사는 임파워먼트를 통해 자신의 실천에 변화를 가져올 수 있다는 것이다(최명민 역, 2007). 그렇다면 임파워먼트는 무엇인가? 임파워먼트는 글자 그대로 강력해지는 것(becoming powerful)을 의미한다(장인협, 2004). 다시 말해 임파워먼트는 서비스 이용자로 하여금 자기 삶에 대한 결정과 행위에 힘(Power)을 가질 수 있도록 돕는 것인데, 이는 서비스 이용자가 기존에 가지고 있는 힘을 행사하는 데 있어서 방해가 되는 사회적 · 개인적 장애들의 영향을 감소시키고, 힘을 사용하는 데에 필요한 역량과 자신감을 증가시키며 환경으로부터 개인에게로 힘을 전환시킴으로써 가능하다

(서진환 외, 2001).

하지만 임파워먼트(empowerment)는 이념적 배경과 접근방식에 따라 다양한 개념으로 해석된다. 신자유주의에 근거하여 사회복지실천을 하는 경우는 '역량강화' 또는 '능력고취' 로, 급진사회주의 이념에 따라 사회적 불평등 제거에 초점을 두는 경우는 '세력화' 로, 그리고 생태체계이론에 근거하여 자조와 개혁을 강조하는 경우는 '권한부여' 의 의미로 사용된다.[1)]

결국 임파워먼트는 개인, 집단, 지역사회가 그들의 환경에 대한 통제력을 얻고, 그들 자신의 목표를 달성하여, 결과적으로 그들 자신과 다른 사람을 원조하여 삶의 질을 최대화시켜 나가는 수단으로 정의될 수 있다(장인협, 2004).

(2) 임파워먼트의 차원

임파워먼트 모델은 미시적인 개인적 문제에 대한 심리사회적 기능의 향상과 거시적인 사회구조의 개혁이나 사회정책의 전환을 동시에 원조하는 실천 모델이라고 할 수 있다. 이에 따라 임파워먼트는 개인, 대인관계, 구조적 차원 등 모든 사회체계 수준에 적용이 가능하다. 이 세 차원은 모두 관련이 있어서 한 영역에 자원을 투입하면 다른 영역에도 기여한다. 서비스 이용자의 역량을 강화하고자 하는 사회복지사는 개인, 대인관계, 구조적 차원들을 고려하고 접근할 수 있어야 한다.

이를 좀 더 구체적으로 살펴보면 다음과 같다(김현훈, 2003).

첫째, 개인적 차원에서의 임파워먼트는 개인의 역량, 지배감, 강점, 변화능력을 포함한다. 또한 개인적 차원에서의 역량강화는 인성, 인지, 동기에서 자신의 삶에 대한 통제감이며, 가치에 대한 생각이나 느낌의 수준, 자신을 둘러싼 외부세계와 차별할 수 있는 수준, 좀 더 영적인 것을 추구하는 수준까지 나타난다.

둘째, 대인관계 차원에서의 임파워먼트는 다른 사람에 대한 영향력이다. 대인관계 차원에서 역량을 강화한다는 것은 다른 사람과의 관계에서 효율적으로 상호작용 한다는 것을 의미한다.

1) 영어인 'empowerment' 에는 이 모든 뜻이 포함되지만, 우리말로 번역하는 과정에서는 이 개념이 쓰이는 맥락과 강조점에 따라 다르게 사용될 수 있다고 본다. 그래서 한 가지 의미에 국한되는 것을 피하기 위하여 가능한 원어 그대로 '임파워먼트' 라는 단어를 사용하는 것이 아직까지의 우리나라 여건에서는 바람직하다고 본다. 다만 임파워먼트로 사용하기가 애매할 경우에는 세력화보다는 역량강화로 통일하는 것이 좋을 것이라 판단된다.

셋째, 구조적 차원에서의 임파워먼트는 사회구조의 관계를 의미한다. 사회구조를 바꿔서 힘을 얻고, 새로운 기회를 창출할 수 있다. 사회적 수준에서 자원을 창출하는 것은 그 사회의 모든 개인에게 힘을 부여한다.

(3) 협력과 파트너십

임파워먼트 모델은 서비스 이용자가 잠재적으로 가지고 있고 더욱이 이미 파악된 가용자원을 활용하여 창조적인 힘으로 전환시킬 수 있다. 이를 위해 사회복지사는 서비스 이용자와 협동관계를 구축할 필요가 있다(이준우, 2003).

① 전문적 관계에 대한 시각: 협력과 파트너십

첫째, 서비스 이용자는 경험과 역량을 가진 원조과정의 파트너이다. 즉 서비스 이용자는 잠재력이 있는 존엄한 인간이며 자원이다. 따라서 서비스 이용자가 참여하는 것은 중요하며, 변화노력의 전 과정에서 서비스 이용자의 자기결정권을 강조한다.

둘째, 서비스 이용자는 변화과정에 능동적으로 참여하는 파트너이며, 자신이 처한 환경과 능력을 가장 잘 알고 있는 사람이다. 이에 수용, 존중, 신뢰에 바탕을 둔 파트너십 형성이 필요하다.

셋째, 서비스 이용자와 협력하면서 얻는 장점은, 서로의 자원을 상호 협력하여 활용하기 때문에 문제를 해결하는 데 필요한 자원의 범위를 확대할 수 있다는 것이다. 또 상호책임에 바탕을 두기 때문에 변화 책임에 대한 전문가의 부담을 나눌 수 있다.

② 서비스 이용자에 대한 시각: 소비자

임파워먼트 모델에서는 '클라이언트' 라고 하는 전통적인 서비스 이용자에 대한 시각을 지양하고 복지 소비자로서의 인식을 새롭게 형성하였다. 좀 더 구체적으로 살펴보면 첫째, 1990년대 전문가의 우월적인 지위에 도전하여 자기결정권을 강조한 소비자 모델이 등장하였다. 둘째, 사회복지사와 서비스 이용자의 파트너십을 강조한 수평관계와 서비스 이용자를 개입의 주체로 보는 관점에 따라 서비스 이용자의 자기결정권이 보호되고 반영된다. 셋째, 서비스 이용자에 대한 기존의 수혜자, 환자, 도움을 받는 사람들이라는 낙인에서 적극적이고 자기결정권을 보호받고 활동적으로 역할을 하는 소비자라는 시각으로 바뀌었다. 넷째, 인간서비스 체계에서 소비자주의의 기본원리는, 특정한 생활경험(노인, 정신장애인, 장애인 등)으로 특별한 욕구가 있는 개인이 전문가보다 자신의 욕구와 관심에 대해 더 잘 알고 있다는 가정에 근거한다. 개인이 자신을 소비자로 규정할 때 자신의 삶에 대한 통제력은 증가한다.

③ 역량(Empower)

임파워먼트 모델은 서비스 이용자의 역량(Empower)을 강화시켜 줌으로써 서비스 이용자가 스스로 문제를 해결할 수 있는 힘(Power)을 갖게끔 해준다. 여기에서 중요한 개념이 '역량' 이다. '역량' 의 개념을 정리하면 다음과 같다(장인협, 1999).

첫째, 역량은 인간체계의 구성원을 돌보는 기능을 수행할 수 있으며, 다른 체계와 상호작용하고 사회적 · 물리적 환경의 자원체계에 기여할 수 있는 능력이다.

둘째, 역량은 개인의 특성, 대인관계, 사회적 · 물리적 환경에서 비롯된다.

셋째, 개인적 역량과 환경적 요구가 일치하지 않아 발생하는 개인의 문제를 해결하기 위해서는 자원에 대해 정확하게 사정하고 활용하는 것이 중요하다. 강점을 확장하고 역량을 강조하는 그 자체만으로도 역량을 강화할 수 있다.

넷째, 서비스 이용자의 역량이 강화되면 일상생활에서 사용하는 대처기술은 향상된다.

2 임파워먼트 모델의 개입목표와 과정

임파워먼트 모델을 사회복지실천 현장에서 활용할 때, 염두에 두어야 할 원칙으로는 첫째, 문제해결 과정에서 강점을 부각하기 위해 실천개입 시에 초점을 문제가 아닌 서비스 이용자의 강점, 환경의 자원, 기대되는 해결방안으로 대체해야 한다. 둘째, 사회복지사는 서비스 이용자의 강점을 강조하고 전문가적 전문성을 지양하면서, 변화과정의 협력자인 서비스 이용자와 함께 해결지향적 접근을 하여야 한다 (Brueggemann, 2006).

1) 개입목표

임파워먼트 모델에 기반을 둔 사회복지실천의 개입목표는 다음과 같이 정리해 볼 수 있다(Dubois & Miley, 1992).

첫째, 무기력을 경험하는 서비스 이용자가 자신의 잠재된 역량을 개발하고 힘을 발휘하여 필요한 자원을 획득하도록 원조하고자 한다. 취약한 서비스 이용자들은 필요한 자원을 스스로 찾아내거나 이용하지 못하고, 스트레스 상황에 효과적으로 대처하지 못한다. 임파워먼트 모델은 이러한 서비스 이용자가 자신의 삶을 스스로 통제할 수 있도록 원조하는 것이다.

둘째, 서비스 이용자가 자신의 삶과 자신이 배려하는 사람들에게 영향을 미치는 사건에 참여하고, 자신의 욕구, 복지, 만족감을 강화하는 데 환경과 상호작용할 수 있는 능력을 높이고자 한다.

셋째, 힘을 행사하는 데 방해가 되는 사회적 혹은 개인적 장애의 영향을 감소시키고자 한다. 이를 위해 힘의 상황을 재분배하기 위해서 구조적 상황이 수정되게끔 노력하고자 한다.

2) 실천 과정

임파워먼트 모델은 서비스 이용자 체계가 갖고 있는 다양한 강점을 인정하고, 따라서 문제를 해결하기 위한 해결책도 다양하게 존재함을 인식한다. 이러한 관점은 서비스 이용자를 자원으로서 보게 하며, 나아가 서비스 이용자로 하여금 자신들을 자원으로서 보도록 돕는다. 그러면서도 동시에 서비스 이용자의 완전한 참여를 격려하며, 서비스 이용자를 자원으로서 활용하기보다는 권리와 책임을 지닌 진정한 동반자로서 신뢰하게 한다. 즉 서비스 이용자의 입장에서는 자신을 소중한 자원으로 인식하게 하면서 사회복지사와는 철저한 동반자로서의 파트너십을 통해 함께 문제를 해결해 나가는 힘을 형성해 나가는 것이다(Fast & Chapin, 2002). 여기에서 바로 참여가 중요하게 대두된다. 실천 개입의 상황에서 서비스 이용자는 적극적으로 자신의 힘을 키우기 위해 참여해야 하며 사회복지사는 이를 적극 지지하고 지원해야 한다. 이러한 참여를 통해 서비스 이용자는 자기 스스로 해결책을 발견하도록 격려되며, 자신의 변화에 대한 책임을 지게 된다.

이와 같은 임파워먼트 모델에 근거한 사회복지실천의 과정은 '대화단계→발견단계→발전단계' 로 이루어진다(장인협, 2004).

(1) 대화단계: 협력관계 발전시키기-나눔

대화단계는 사회복지사와 서비스 이용자 간의 대화를 통해서 서비스 이용자의 현재 상황과 욕구 등을 공유해나가는 과정이다(Miley, O' Melia & DuBois, 1995).

① 대화단계의 의미

사회복지실천이 성공적으로 수행되기 위해서는 서비스 이용자와 함께 그들의 현 상황과 목적, 강점에 대한 지속적인 대화가 요구된다. 왜냐하면 대화는 사회복지사와 서비스 이용자가 상호 협력하는 관계를 시작하도록 돕고 이를 유지시켜주기 때문이다. 또한 대화를 통해 서비스 이용자는 자신이 처한 상황을 어떻게 인식하고 있는지 스스로 깨닫게 되고, 사회복지사는 서비스 이용자의 강점을 파악하게 된다.

② 사회복지사와 서비스 이용자의 목표

대화단계에서 사회복지사와 서비스 이용자가 설정해야 할 실천 개입의 목표는 다음과 같다.

- 수용, 존중, 신뢰에 근거하여 파트너십 형성하기
- 사회복지사와 서비스 이용자 각자의 역할 설정하기
- 서비스 이용자 상황에 대해 스스로 명확하게 인지하기
- 쉽게 활용할 수 있는 자원을 확보하기
- 서비스 이용자의 경험을 구체적으로 묘사하기
- 서비스 이용자의 감정을 구체화하기
- 함께 작업하기 위해 목적 정하기
- 협력관계 형성을 위한 일치감과 유대감 갖기

③ 대화단계의 주요 과제

- 함께 준비하기: 사회복지사는 서비스 이용자의 개인적 · 전문적 가치를 구체화하고, 서비스 이용자의 지지체계를 분명히 밝혀 그들의 지식과 능력, 기술을 파악해 냄으로써 실천개입을 위한 준비를 한다. 서비스 이용자에 대한 긍정적인 기대로 준비된 사회복지사는 서비스 이용자의 강점을 활성화시킬 수 있다.

- 파트너십(동반자 관계) 형성: 사회복지사와 서비스 이용자 체계가 사회복지실천의 목적과 윤리적 원칙, 규범을 반영하는 여러 방식에 따라 그들의 관계를 규정하는 과정이다. 사회복지사와 서비스 이용자는 상황을 이해하고 변화를 이루기 위하여 함께 하는 협력자이다.
- 현재 상황의 명확화(도전들을 자세히 설명하기): 서비스 이용자가 사회복지실천 서비스를 제공받는 것을 촉진시키기 위하여 사회복지사와 서비스 이용자의 상호 이해를 발전시키는 과정이다. 이를 위하여 사회복지사는 서비스 이용자의 말을 적극적으로 경청하고 그 메시지에 담겨 있는 정보와 감정에 반응해야 한다.
- 강점 확인하기: 대화를 통해 현재 상황이 확실하게 드러나게 되면 사회복지사는 서비스 이용자의 강점을 발견할 기회를 가지게 된다. 강점을 확인하는 과정은 서비스 이용자의 강점이 변화하도록 돕는 중요한 초석이다. 사회복지사는 서비스 이용자의 특성, 대인관계, 자원망, 문화적 정체성, 지역사회 연계 등을 포함하는 생태체계 각각의 측면을 검토함으로써 강점을 확인할 수 있다.
- 방향 설정: 사회복지사와 서비스 이용자는 특정 목적을 위하여 함께 나갈 방향을 정한다. 이러한 구체적인 방향 감각은 서비스 이용자가 직면하는 여러 도전을 적절하게 만들어주고, 문제해결책을 만드는 데 유용한 자원과 강점이 무엇인지 결정하게 해 준다. 여러 가지 방향을 설정함으로써 목적의식이 구체화되고 서비스 이용자의 참여를 동기화한다.

(2) 발견단계: 사정, 분석, 계획하기-탐색

발견단계에서 사회복지사와 서비스 이용자는 체계적으로 문제해결에 필요한 자원 발굴 방법을 모색한다. 이들 자원은 서비스 이용자 체계 내에 있을 수도 있으며, 그들의 생태체계 외부에 있을 수도 있다. 상호 협력하여 사회복지사와 서비스 이용자는 수집된 정보를 분석하고, 변화를 위한 전략을 개발한다(장인협, 2004).

① 발견단계의 의미

발견단계는 서비스 이용자와 사회복지사 각자가 모르고 있는 자원과 자원이 있는 곳을 서로 힘을 합쳐 체계적으로 탐색한다는 데에 의미가 있다. 자원은 서비스 이용자의 생태체계 내·외부에 존재하며, 사회복지사와 서비스 이용자는 함께 수집한 정보를 분석하고 전략을 개발한다.

② 발견단계의 내용

- 변화를 위한 자원인 서비스 이용자의 강점 탐색하기
- 서비스 이용자의 사회적 · 물리적 환경을 검토해서 도전에 대한 상호 교류적 관점 확인하기
- 서비스 이용자와 관련된 정보와 자원을 찾고 연결하기
- 이용 가능한 자원체계의 능력 분석하기
- 목적을 설정하고 목표를 구체화하기
- 행동계획 구성하기
- 변화를 목표로 계약 협상하기

③ 발견단계의 주요 과제

- 자원체계 사정하기: 이 과정은 서비스 이용자의 상황에 대한 이해와 더불어 서비스 이용자와 관련된 잠재적인 자원들까지 포함하여 사정하는 것이다. 사회복지사와 서비스 이용자는 함께 이용 가능한 개인적 · 대인간 · 환경적 자원을 평가한다. 이러한 평가는 결과물이자 과정이다(Johnson, 1992; 장인협, 2004 재인용). 즉 사정은 서비스 이용자 체계와 환경 상에 있는 자원에 관한 포괄적인 기술이다. 동시에 사정은 서비스 이용자와 사회복지사가 상황을 함께 조사하는 방법이기도 하다. 이러한 사정은 서비스 이용자와 사회복지사의 전체 생태체계를 기술한다. 그것은 서비스 이용자 내부와 외부에서 이용가능한 자원에 관한 광범위한 정보를 제공한다. 이는 학교 혹은 슈퍼바이저의 지지, 사회적 서비스 전달망, 사회복지 절차 및 정책과 같은 사회복지사 세계에 존재하는 자원을 고려한다. 또한 사정의 방법은 발견된 정보만큼 중요하다. 임파워먼트 모델의 발견단계에서 이루어지는 사정의 과정은 그 자체가 의미 있는 자원을 발생시킬 수 있다. 서비스 이용자가 과감하게 그들 자신의 능력, 자원, 대안들을 발견해 나가는 사정 과정에서, 서비스 이용자는 그들 상황에 대한 책임을 경험하게 된다.
- 자원의 능력 분석하기: 이 과정은 서비스 이용자와 사회복지사가 함께 설정한 변화의 목표를 실현하기 위해 어떤 자원체계를 활성화시켜야 하는지를 숙고하는 것이다. 즉 수집된 정보를 종합하고 조직화하는 과정이라 할 수 있다. 사회

복지사와 서비스 이용자는 서비스 이용자가 통제력을 획득하고 필요한 자원에 연결될 수 있는 방법을 찾는다. 사회복지사와 서비스 이용자 체계는 정보를 분석하는 과정에 대한 책임을 공유한다. 서비스 이용자는 그들의 생각, 감정, 선호에 기여하고, 사회복지사는 서비스 이용자와 함께 했던 분석을 서비스 이용자와 개방적으로 공유하고, 서비스 이용자로부터 피드백을 적극적으로 이끌어 낸다. 분석은 이용 가능한 자원을 조직하고, 연관되는 정보를 한데 모으고, 주제를 찾고, 추가적인 정보의 필요성을 결정하는 것이다.

- 해결방안 수립하기: 이 과정에서 사회복지사와 서비스 이용자는 문제해결을 위한 개입실천의 구체적인 목적을 설정하고 행동계획을 세운다. 행동계획에는 서비스 이용자가 달성하려는 희망사항에 관한 진술은 물론 여러 목적과 그에 따른 세부 목표의 성취를 위한 전략수립이 포함된다.

(3) 발전단계: 실행과 변화, 안정화하기-강화

발견단계가 지나면 발전단계에 이르게 된다. 발전단계에 대한 주요 내용은 다음과 같다(장인협, 2004; 이준우 · 손덕순, 2007).

① 발전단계의 의미

발전단계에서 사회복지사와 서비스 이용자는 기존 자원을 활성화하고 서비스 이용자의 목적을 달성하기 위해 새로운 대안을 형성한다. 또한 이 단계의 모든 활동은 서비스 이용자 체계와 사회적 · 물리적 환경을 변화시키는 데에서 시작하고, 이를 강화하고 안정시키는 데에 초점을 둔다.

② 발전단계의 주요 내용

- 행동계획 실행하기
- 서비스 이용자 체계 역량경험 증가시키기
- 목표달성에 필수적인 자원 사정하기
- 계획 완수를 위해 개인과 조직의 동맹관계 창출하기
- 추가적인 자원을 형성하기 위해 기회와 선택 강화하기
- 지속적으로 진전 상황과 결과 평가하기
- 달성한 목표를 구체화하고 일반화시키기
- 전문적 관계 종결하기

③ 발전단계의 주요 과제

- 자원 활성화시키기: 이 과정은 이미 접근 가능한 자원을 동원하는 활동들이 수행되는 것을 의미한다. 사회복지사와 서비스 이용자는 약속한 계획을 수행하기 위하여 협력한다. 서비스 이용자는 필요한 대인관계 및 제도적 자원에 연결되고, 새로운 행동방식과 상호작용을 실험적으로 경험하며 사회복지사와의 만남에서 발전된 의무를 수행한다. 사회복지사는 개입활동을 조직하고 점검하며 서비스 이용자를 계획에 참여시키도록 동기를 부여한다. 여러 선택과 기회를 세분화하고 서비스 이용자에게 도움이 될 만한 피드백을 제공한다.
- 동맹관계 창출하기: 동맹관계를 창출함으로써 사회복지사와 서비스 이용자는 임파워먼트 집단 내의 여러 서비스 이용자의 노력과 제휴하고, 또한 기존 원조망 내부에 있는 서비스 이용자의 기능을 강화하며, 서비스 전달망을 조직한다. 사회복지사 자신이 지원을 받는다고 느끼고 자신의 역량을 경험할 때 대부분 서비스 이용자에게도 같은 느낌이 생기는 경향이 있다.
- 기회 확대하기: 이 과정은 환경 내에서 현재 이용이 가능하지 않는 자원을 이용이 가능하도록 새롭게 창출해 가는 것이다. 예를 들면 서비스 이용자에게 필요한 자원이 현재 이용 가능하지 않거나, 또는 서비스 이용자의 접근을 거부하는 규정이나 공식적인 해석이 있을 수 있다. 이러한 상황에서 사회복지사와 서비스 이용자는 자원개발을 위해 노력한다. 서비스를 조정하고, 기존 서비스에 대한 접근을 새롭게 규정하며 새로운 프로그램들을 창출하게 되는 것이다.
- 성공 인식하기: 모든 효과적인 행동계획은 평가 절차를 포함한다. 이 과정은 목적 달성을 측정하는 많은 방법들을 드러나게 하여 서비스 효율성을 평가한다. 결과의 평가는 서비스 이용자 체계와 실천 현장에 대한 사회복지사의 책무를 보장하고, 서비스 이용자가 성공에 공헌하는 것을 신뢰하게 하며, 전문적 관계를 종결하기 위한 과정으로서 기능한다. 성공을 측정함으로써 서비스 이용자와 사회복지사에게 성취감을 주고, 서비스 이용자와 사회복지사 각각이 직면하게 될 다른 상황에 대처하기 위해 현재 각자의 성공 노력을 일반화시킨다. 이렇게 성공을 측정함으로써 성공에 대한 인식은 파악될 수 있으며 이는 서비스 이용자와 사회복지사 모두에게 실천개입의 목표를 달성했다는 성취감을 제공한다.

- 성과 집대성하기: 마지막 과정인 성과의 집대성은 서비스 이용자가 사회복지사와의 노력 끝에 성장하고 발전하고 변화한다는 것을 강조한다. 서비스 이용자의 독립성과 성공의 지속을 격려하기 위하여 사회복지사는 종결과정을 쉽게 함으로써 서비스 이용자에게 지난 과정을 검토하도록 도우며, 종결에 대한 서비스 이용자의 의견과 느낌을 표현하게 하고, 또한 이 과정의 결과를 비슷한 다른 문제의 처리에도 적용할 수 있도록 한다.

3 임파워먼트 모델의 개입기법

임파워먼트 모델에서 많이 사용하고 있는 개입기법으로는 강점 사정하기, 문제해결기술 습득시키기, 자원 확보와 체계 활용하기, 촉진적 개입하기 등을 들 수 있다.

1) 강점 사정하기

임파워먼트 모델을 사용하는 사회복지사와 서비스 이용자는 지속적인 사정과정에서 발견된 서비스 이용자의 강점을 십분 활용해야 한다. 서비스 이용자의 강점은 [표 7-2]와 같은 체계적 지침을 활용하여 인지, 정서, 동기, 대처 그리고 대인 관계적 측면 등 다차원적으로 발견할 수 있다(정순둘 외, 2007).

표 7-2 서비스 이용자에 대한 강점 사정의 주요 사항

인지적 측면	① 소속 문화 내에서 여느 사람들과 같은 방식으로 세상을 본다. ② 소속 문화 및 윤리적 시각을 바탕으로 옳고 그름에 대해 이해한다. ③ 통찰력이 있다. 한 사람의 행동이 다른 사람의 행동에 영향을 미친다는 것을 이해한다. ④ 일에 대한 다양한 사고방식에 대해 개방적이다. ⑤ 논리를 따르기 쉽다. ⑥ 문제해결과정에서 대안들을 고려하고 그들의 경중을 따질 수 있다.
정서적 측면	① 감정을 느끼고 격려를 받으면 이를 표현할 수 있다. ② 친밀한 사람들에 대한 사랑과 관심을 표현할 수 있다. ③ 어느 정도의 자기통제를 나타낸다. ④ 스트레스를 받는 상황을 합리적으로 잘 처리할 수 있다. ⑤ 생에 대해 긍정적이고 희망을 가지고 있다. ⑥ 일정 범위의 정서를 가지고 있다. ⑦ 정서는 상황과 일관된다.
동기의 측면	① 문제가 되는 상황에서 숨거나 회피하거나 거부하지 않는다. ② 기꺼이 도움을 청하고 신뢰할 수 있는 사람들과 문제 상황에 대해 이야기한다. ③ 문제 상황에서 자신의 부분이나 역할에 대한 책임을 기꺼이 수용하려 한다. ④ 현재 그리고 미래의 상황이 향상되기를 원한다. ⑤ 다른 사람들에게 의존적이지 않다. ⑥ 더 나은 지식, 교육 그리고 기술을 통해 자신을 향상시키려고 노력한다.
대처의 측면	① 가족의 위기를 처리하는 데 끈기가 있다. ② 잘 조직화되어 있다. ③ 결정에 따라 해낸다. ④ 자원이 풍부하고 제한된 자원을 다루는 데에도 창의적이다. ⑤ 불의에 굴복하기보다 자신을 위해 맞선다. ⑥ 재정적 어려움에도 불구하고 빚을 갚으려 한다. ⑦ 새로운 상황에 준비하고 그 상황을 잘 다룬다. ⑧ 과거에 관련된 문제들을 성공적으로 처리한 적이 있다.
대인 관계적 측면	① 친구가 있다. ② 친구, 가족 구성원 그리고 다른 사람들을 이해하려고 한다. ③ 친구, 가족 구성원 그리고 다른 사람들을 위해 희생한다. ④ 사회적 역할을 적절히 수행한다(예를 들면, 부모, 배우자, 자녀, 지역사회). ⑤ 외향적이고 친근하다. ⑥ 믿을 만하다. ⑦ 가족, 친구들과 관계하는 데 협력적이고 융통성이 있다. ⑧ 다른 사람들과의 관계에서 자신감이 있다. ⑨ 다른 사람을 따뜻하게 수용한다.

대인 관계적 측면 (계속)	⑩ 다른 사람들로부터 애정어리고 염려하는 느낌을 수용할 수 있다. ⑪ 예의 바른 좋은 예법에 대한 감각을 가지고 있다. ⑫ 좋은 경청자이다. ⑬ 자신을 즉각적으로 표현한다. ⑭ 인내심이 있다. ⑮ 다른 사람들과의 관계에서 현실적인 기대를 가지고 있다. ⑯ 유머 감각이 있다. ⑰ 다른 사람들과의 역할 수행에서 만족감을 갖는다. ⑱ 다른 사람들과의 관계에서 자신의 개인적 경계를 유지할 능력이 있다. ⑲ 성적 역할 · 정체감에서 편안함을 나타낸다. ⑳ 용서할 능력을 가지고 있다 ㉑ 시간과 돈에 대해 관대하다. ㉒ 언어적으로 유창하다. ㉓ 야심 차고 부지런하다. ㉔ 지원이 많다.

출처: 정순둘 외(2007), 사회복지와 임파워먼트, 학지사, pp. 66~68.

2) 문제해결기술 습득시키기

'문제해결기술 습득시키기'는 서비스 이용자의 강점과 그들이 이미 가지고 있는 대처방식을 기반으로 도움이 될 자원에 대한 정보와 지식을 습득하게 하고 그러한 자원을 활용하여 그들의 문제를 해결할 수 있도록 필요한 기술을 습득하게 하는 기법이다(Brueggemann, 2006). 문제해결을 위한 정보와 지식 그리고 문제에 대처하는 효과적인 기술의 습득은 실제로 서비스 이용자 자신의 상황에 대해 다른 사람들에게 알리고, 스스로를 대변하는 기술을 향상시키는 것으로 이어진다. 나아가 자신과 유사한 상황에 처한 다른 동료들에게 자신이 배운 것을 알려 주고 서로 돕는 관계를 형성함으로써 임파워먼트가 되는 것이다.

3) 자원 확보와 체계 활용하기

'자원 확보와 체계 활용하기'는 서비스 이용자의 어려움에 도움이 되는 자원을 확보하기 위해 사회복지사가 대변하고, 여러 관련 체계들을 중재하는 일을 수행하는 기술이다(이준우 · 이화옥 · 임원선, 2006). 사회복지사와 서비스 이용자는 욕구충족과 문제해결에 도움이 되는 주변의 자원체계가 무엇인지 확인하고 잠재자원을 찾으며 그에 대한 접근 방법을 사정하고 동원 가능성을 최대화하는 일이 중요하다.

4) 촉진적 개입하기

촉진적인 활동들은 사회복지사에게 보다 명확한 임파워먼트의 가능성을 제공해준다. 촉진적 개입을 하기 위해 널리 활용되는 구체적인 기법으로는 다음과 같은 것들이 있다(정순둘 외, 2007).

(1) 카타르시스 제공

서비스 이용자가 슬픔이나 분노와 같이 고통스러워하는 감정을 발산할 수 있도록 돕는 것이다. 이를 위하여 개인의 경험에서부터 임파워먼트를 시작하도록 하며, 서비스 이용자가 가고자 하는 방향과 속도에 보조를 맞춤으로써 욕구를 충족시키게 된다.

(2) 촉매

여기서 추구하는 것은 서비스 이용자가 자기발견, 자기 주도적 삶 · 학습 · 문제해결에 참여할 수 있도록 하는 것이다. 다시 말하면 그 과정의 출발 지점을 각 개인의 과정과 방향에 부합되도록 해서 개인의 임파워먼트를 극대화하고자 하는 것이다.

(3) 지지

이것은 서비스 이용자의 개인적 성격, 태도 및 행동의 가치를 확고히 하고자 하는 것이다. 지지 작업이 의도하는 바는 개인의 느낌과 생각을 확고하게 함으로써 달성될 수 있다. 또한 그 방법이 임파워먼트의 방식이 되도록 개발해 감으로써 달성될 수 있는 것이다.

(4) 옹호

여기에는 시민옹호에서부터 사회복지사에 의한 옹호에 이르기까지 다양한 범주의 활동들이 포함된다. 옹호에는 여러 가지 유형이 있다. 즉, 개인옹호, 시민옹호,

보호자에 의한 자기옹호, 전문적 옹호, 그리고 어떤 유형의 사람들이나 집단에 변화를 가져오기 위한 집합적 옹호 등이 있다. 이 중에서 한 사람이 여러 사람들을 위해서 하는 개인옹호는 타인의 권한을 위탁받은 것이기 때문에 그들의 자율성 및 독립성을 훼손할 수 있는 약점이 있다.

생각 다듬기

1 만약 당신이 사회복지사로서 임파워먼트 모델을 사용한다면 구체적으로 어떤 영역에서, 어떻게 활용할 것인지를 말해 보시오.

2 임파워먼트 모델을 기반으로 사회복지실천 개입을 수행할 때, 정신역동 모델과 인지행동 모델의 실천기법들 중에서 효과적으로 활용할 수 있는 것들이 무엇인지를 생각해 보시오.

PART III

대상별 실천기술

사회복지실천 가운데 개인(개별), 가족, 집단 등을 대상으로 하는 미시적 실천방법과 지역사회와 국가 및 시민 등을 주된 대상으로 하는 거시적 실천방법에서 사회복지사가 기본적으로 익혀서 활용해야 할 실천기술은 매우 다양하다. 하지만 우리나라 사회복지실천 현장의 현실에서 사회복지사가 갖추어야 할 가장 핵심적인 기술은 면담(혹은 상담) 기술과 의사소통 기술 그리고 조직화 기술이라고 볼 수 있다. 면접 기술이나 의사소통 기술은 공통적으로 개인 수준만이 아니라 가족, 집단, 지역사회 등의 모든 사회복지실천에서 흔히 사용하는 기본적인 기술이다(이준우 · 이화옥 · 임원선, 2006). 또한 조직화 기술은 사회복지사의 지역사회 기반 활동에서는 핵심 기술로, 개인이나 가족 및 집단 중심 개입에서는 공조 기술로 활용된다(최옥채, 2005).

제3부에서는 면담 기술과 의사소통 기술을 중점적으로 살펴보면서 개인(개별), 가족, 집단의 수준에 따라 특화된 서비스실천 전략과 절차 등을 구체적으로 정리하여 설명하고자 한다. 면담 기술과 의사소통 기술은 모든 실천 현장에서 다 사용되지만 개인(개별) 수준의 실천기술을 다룰 때 대부분의 내용을 모두 정리하였다. 그래서 부득이하게 제8장의 내용이 다른 장들에 비해 많아질 수밖에 없었다. 조직화 기술은 거시적 실천기술에서 구체적으로 정리하였다.

제3부에서 다루는 대상별 실천기술들은 제2부에서 살펴본 각 실천모델별로 제시된 실천개입기법들과 유사성과 차이성을 동시에 갖고 있으나 중요한 것은 앞서 고찰된 내용이 각 모델의 내용을 충실하게 소개한 것이라면 제3부는 실제 사회복지사가 활용하게끔 실용적이 되도록 주안점을 두었다. 나아가 제3부와 제4부 모두 국내외 여러 사회복지 분야에서 일하게 될 예비 사회복지사들과 기존 사회복지사들에게 실질적인 배움과 도움이 되게끔 현실성 있는 내용들로 구성하고자 노력하였다.

8

Chapter

개인과의 사회복지실천

1. 개인(개별) 수준 사회복지실천의 개념과 특성
2. 개인(개별) 수준 사회복지실천의 기술

개인(개별) 수준의 사회복지실천은 오랫동안 사회복지실천을 대표하는 방법으로 인식되고 있다. 즉, 개인과 일 대 일 형태의 실천방법은 가장 오래된 사회복지실천이라 할 수 있다. 이러한 개인 수준의 사회복지실천은 전통적 사회복지실천 고유의 방법인 개별사회사업(Casework)이라는 전문용어로 그동안 이해되어 왔다(이준우·이화옥·임원선, 2006).

개별사회사업을 위한 이론적 기반을 닦은 사람은 메리 리치몬드(Mary Richmond)이다. 그녀는 『사회진단(Social Diagnosis)』(1917)과 『개별사회사업이란 무엇인가(What is Social Casework)?』(1922)라는 책을 집필함으로써 개별사회사업을 이론화·체계화하였다(이용교, 2005). 리치몬드에 의하면 '개별사회사업(Casework)' 이라는 용어는 원래 개별적인 효과를 나타내기 위한 지원방법을 의미하는 개념으로 '케이스(Case)' 와 '워크(Work)' 라는 두 단어를 합성하여 '케이스워크(Casework)' 라는 전문용어로 일반화되었던 것이다. '케이스(Case)' 란 서비스 이용자에의 지원(서비스)을 개별화하여 서비스 이용자와 상황의 특수성을 이해하고, 최적의 지원을 제공하려는 것이다. 기본적으로 서비스 이용자 중심의 지원을 의미한다. 또한 '워크(Work)' 란 지원(서비스)을 제공하기 위한 역할과 거기서 사용되는 기능으로서의 지원효과를 의미한다(전재일 외, 1996).

사회복지실천의 역사적 발달과정을 살펴보면, 개별사회사업(Casework)의 이론과 실천은 개인의 심리문제에 대한 접근만을 중시해 결과적으로 사회복지실천 내에서 분화된 접근을 지나치게 강조함으로써 합리성과 효과성, 효율성 등의 결여를 초래하였다. 즉 사회복지사는 개인, 가족, 집단, 지역사회를 다루는 분야에서 오랫동안 오직 하나의 기술 영역만을 강조하거나 아동이나 가족, 정책, 행정 등과 같은 분야에서는 하나의 실천 영역만을 교육시킴으로써 다양한 요인이 복합적으로 작용하는 문제에 효과적으로 대처해 오지 못하였다. 그래서 개인의 문제에 대한 사회적 요인이 강조되고, 생태체계적 관점이 도입됨에 따라 사회적 문제는 서비스 이용자의 심리에서 비롯되기보다는 서비스 이용자와 환경 간의 상호작용의 결과물이라는 인식이 증대되었다.

이와 같은 인간과 환경 간의 상호작용에 대한 인식의 증대는 사회복지실천과 교육에서 제너럴리스트 사회복지실천(Generalist Social Work Practice)을 태동케 하였다(장인협, 2004). 바야흐로 현대 사회복지실천 현장에서 활용되고 있는 개인 수준의 사회복지실천은 이제는 제너럴리스트 사회복지실천(Generalist Social Work Practice)의 틀을 기반으로 수행된다. 물론 제너럴리스트 사회복지실천(Generalist Social Work Practice)은 개인 수준의 개입에서만이 아니라 가족, 집단, 지역사회 등에 이르기까지 폭넓게 사용되고 있으며 최근에는 서비스 이용자의 주변체계에 대한 개입과 서비스 전달체계 내의 자원을 연결하고 조정하는 간접적 역할이 더더욱 강조되면서 사례관리(Case management)[1)]가 개인 대상 사회복지실천을 대체하는 용어로 사용되기도 한다. 이로 인해 개인 대상 사회복지실천에 대한 개념의 혼란이 가중되고 있는 현실이다. 그럼에도 불구하고 분명히 개인 대상 사회복지실천의 개념이란 서비스 이용자와의 일 대 일 관계 속에서 이루어지는 직접 실천이라고 정의할 수 있다(김혜란 외, 2002). 여기에서 수행되는 직접 실천은 개별 서비스 이용자가 가진 문제에 초점을 두고, 서비스 이용자를 둘러싼 다양한 체계들과의 관련 속에서 개별화된 원조과정을 진행하는 것이다. 즉 개별 서비스 이용자와 그를 둘러싸고 있는 체계들을 직접적으로 활용하는 전문적인 활동이라고 할 수 있다.

1 개인(개별) 수준 사회복지실천의 개념과 특성

1) 개인(개별) 수준 사회복지실천의 개념

서비스 이용자의 기능이나 외부 환경조건이 불충분할 때, 서비스 이용자의 욕구충족이 정상적으로 이루어지지 않게 되는데, 이때 외부의 전문적 도움을 통한 변화를 필요로 하게 된다. 개인(개별) 대상의 사회복지실천은 개인이 지닌 문제에 관심을 갖고 사회복지사와 서비스 이용자와의 긴밀한 관계 속에서 개입이 이루어지는 사회복지실천방법의 하나이다.

개인(개별) 수준의 사회복지실천을 수행하는 사회복지사는 서비스 이용자 각 개

1) 본서에서는 사례관리를 거시적 실천의 영역에 두었다. 비록 사례관리의 접근이 개인(개별) 수준의 사회복지실천방법으로 수행될 때가 많다고 하더라도 사례관리에서의 구체적 업무는 서비스 영역에 따라서 크게 달라질 수 있기 때문에 거시적 측면에서 정리하는 것이 보다 수월하였다. 자세한 설명은 이후 사례관리 부분에서 다루고자 한다.

인들이 현재 있는 위치에서 그들이 도달하고자 하는 곳으로 옮겨갈 수 있도록 도와준다. 이 과정에서 사회복지사는 서비스 이용자들이 자기 자신이나 가족, 집단, 학교, 직장 등을 면밀히 살펴보도록 개인을 대상으로 서비스 개입을 한다. 사회복지사는 서비스 이용자 개인이 자신의 가치관과 삶의 목적, 재능과 능력 그리고 이미 갖고 있는 장점과 강점 등을 명료화하게끔 돕는다. 사회복지사는 문제해결을 방해하는 태도나 두려움, 불안감 같은 장애물들에 주목하도록 돕고 궁극적으로는 서비스 이용자가 스스로 그 모든 어려움을 딛고 일어설 수 있도록 지원한다.

그래서 개인(개별) 수준의 사회복지실천에서 그 기술로 면담 및 상담기법을 사용한다 하더라도 사회복지실천과 상담은 다르다. 상담자는 문제해결에 중심을 두지만 사회복지실천은 문제해결의 가능성에 초점을 맞춘다. 상담은 사람들이 과거의 정서적 · 인지적 · 영적 고통 등으로부터 회복되도록 돕는 데에 국한되지만 사회복지실천은 이 모든 것을 포함하면서도 한 걸음 더 나아가 서비스 이용자들이 목표를 설정하고, 좀 더 보람 있는 미래를 향해 나아가도록 돕는다. 상담은 상당히 힘든 작업이 될 수 있지만, 사회복지실천은 더욱 유쾌하며, 성취감을 안겨 주는 과정이 될 수 있다. 왜냐하면 모든 변화의 방향과 범위, 수준 등을 사회복지사와 서비스 이용자가 함께 결정하고 그에 따른 실천도 함께 하는 과정으로 자연히 전문가의 일방통행식 접근이 아니어서 사회복지사와 서비스 이용자가 서로 만족할 수 있기 때문이다.

이런 맥락에서 복잡하고 다양화된 현대사회에서 개인(개별)을 대상으로 하는 사회복지실천의 가장 효과적이며 효율적인 사회복지실천 개입방법은 자연적 지지체계를 활용하는 것이라는 데 대해 계속적인 합의가 이루어지고 있다. 과거 개별사회사업(Casework), 집단사회사업(Group Work), 지역사회복지(Community Welfare) 등으로 파편화되어 각각 접근했던 전통적인 개입방법은 서비스 이용자를 '환자' 나 '서비스 이용자' 라고 보는 기본 시각을 고수하면서 서비스 실천을 하였기 때문에 사실상 서비스 이용자들을 고립시켰다. 따라서 전통적인 개입방법은 너무도 중요한 가족체계와 친구체계, 지역사회체계 등을 통합하지 못했기 때문에 성공하기가 어려웠다. 사실상 가족체계와 지역사회체계는 잠재적인 강점자원이라기보다는 오히려 경쟁자 혹은 부정적인 영향력으로 빈번하게 인식되었다(Rapp, 1998). 긍정적인 변화와 발전의 동력으로 기능할 수 있었던 이러한 동일한 체계가 궁극적으로는 사회복지사에게 대항하는(against) 역할을 했던 것이다. 불행하게도 사회체계에 대한 분노, 수치심, 죄책감, 거부감의 정도가 서비스 이용자와 체계들 간의 관계를 분리시키는 요인이 되었다. 하지만 개인은 사회체계와 상호작용하고, 사회체계를 개발하며 유지할 수 있는 능력을 가지고 있다. 물론 역기능적이거나 정신적으로 문제가 있는 개인도 있다. 이와 같은 개인이 서비스 이용자가 된다는 것은 가족이나 친구체계와 건강한 대인관계를 긍정적으로 유지할 능력이 없는 경우를 의미한다. 사회복지사들이 정의하는 서비스 이용자는 거의 일관되게 역기능적이거나 실제로 존재하지 않는 사회체계와 관계를 맺고 있는 사람들이다. 일반적으로 들 수 있는 사례를 제시하면 다음과 같다(배태순 외 역, 2007).

- 낙담해 있고 지지를 받지 못한 가운데 우울증을 가지고 있는 어머니
- 자신과 유사하게 역기능적이고 우울증이 있는 동료 알코올중독자들을 제외하고는 가족이나 친구가 없는 알코올중독자
- 친구가 없거나 또래 혹은 이성친구로부터 거부를 당했기 때문에 자살을 시도하는 10대 청소년
- 서로가 돌봐주지 않는다고 느끼기 때문에 헤어진 부부
- 가족들이 찾아와 주지 않고 아주 가까운 친구가 죽었기 때문에 스스로 무가치하다고 느끼는 노인
- 자신이 '짐'이 되지 않으려고 과거 연결되었던 이전 체계와의 상호작용을 중단한 이동이 불편한 지체장애인

이렇게 개인(개별) 수준 사회복지실천의 대상이 되는 서비스 이용자들은 공통적으로 미흡하거나 역기능적인 사회체계를 가지고 있거나 혹은 사회체계를 전혀 가지고 있지 않은 경우가 대부분이다. 그러므로 사회복지사의 초기 임무는 서비스 이용자의 사회체계 내에서 확인되는 문제를 사정하는 것이다.

그런 이후 사회복지사는 가족이나 친구와 같이 이전에 존재했던 비공식적 체계가 최대한 실질적인 수준으로 활용될 수 있도록 체계를 개발해야 한다. 최종적으로 사회복지사는 지역사회에서 공식적인 전문적 자원을 활용해서 새롭고 효과적이며 효율적인 체계들을 개발하고 조성하며 유지해야 한다. 그래서 사회복지사는 서비스 이용자의 체계를 활용하는 전문직이라고도 정의할 수 있다. 이러한 역할은 전문적 실천, 일반사회복지 방법들, 생태학적 접근, 사례관리, 집단과 가족체계 개입을

포함하는 광범위한 제너럴리스트 사회복지실천을 통해서 수행된다.

이에 따라, 개인(개별) 수준 사회복지실천에서 최근 사회복지사의 개입방식은 크게 대면 접촉을 통해 서비스를 제공하는 직접실천과 자원연계나 환경적 조정과 같은 개입을 하는 간접실천으로 나누어진다. 직접실천은 임상사회사업 분야에서 서비스 이용자에 대한 면담이나 상담을 주로 활용하여 접근하는 반면, 간접실천은 지역사회를 중심으로 서비스 이용자의 주변체계에 개입하여 사회지지체계나 관련자원들을 활용하는 방법이다. 점차 간접실천이 확대되어 갈 것으로 보이지만 여전히 개인(개별) 수준 사회복지실천은 일 대 일 대면접촉을 가장 큰 비중으로 두고 있다.

한편 개인(개별) 대상의 사회복지실천을 개입자의 수에 따라 단독형과 지지망형으로 구분하기도 한다. 단독형은 1인의 서비스 이용자에게 사회복지사 1인이 개입하는 것이다. 즉 사회복지사 단독으로 개별사례를 맡아 문제해결과정에 직접 개입하는 것을 말한다. 이러한 단독형은 서비스 이용자의 문제에 대한 개입의 초점을 개인에게 두고 개인의 심리 내적 기능이나 대인 관계적 측면을 강조하던 전통적인 개별사회사업의 개념에 가깝다고 할 수 있다. 다음으로 지지망형은 1인의 서비스 이용자에게 사회복지사 외에 다수의 전문가가 개입하는 모형으로 사회복지사는 서비스 이용자의 문제해결을 위한 공식적 · 비공식적 지원체계를 조직하고 활용하며, 필요로 하는 서비스가 적절히 제공되는가를 모니터링 하는 역할을 한다. 지지망형은 서비스 이용자 체계는 개인이지만 다양한 행동체계와 자원을 활용하기 때문에 통합적 접근에 가깝다(김혜란 외, 2006).

2) 개인(개별) 수준 사회복지실천의 특성

개인(개별) 서비스 이용자를 대상으로 개입하는 현대 사회복지실천은 다음과 같은 특성을 갖고 있어야 한다(조휘일 외, 2005; 김혜란 외, 2006; 이준우 · 이화옥 · 임원선, 2006; 배태순 외 역, 2007; 한덕연, 2008).

첫째, 개별적인 개입은 과정이며 기술이다. 그래서 예방보다는 치료적 입장에서 문제해결과 재조정을 중요시한다. 사회복지실천기술들 중에서 개별적인 개입에서 활용되는 기술은 서비스 이용자와의 효과적인 만남을 통해서 활발하게 의사소통하는 가운데 주로 발휘된다. 서비스 이용자와의 만남과 상호작용에는 단계적 과정이 필요하다. 사회복지사는 각 단계마다 서비스 이용자의 상황에 따른 적절한 대처 능력을 발휘할 수 있어야 한다.

둘째, 사회복지사와 서비스 이용자와의 일 대 일 파트너십이 구축된다. 진정한 사회복지실천이라면 서비스 이용자가 사회복지사를 찾아온 동기가 무엇이든 간에 사회복지사는 상황을 개선하기 위해 서비스 이용자의 파트너로 협력하는 일에 혼신을 다하겠다는 각오를 서비스 이용자가 충분하게 느낄 수 있다.

셋째, 1인의 서비스 이용자 체계를 문제해결을 위한 변화의 표적으로써 설정하되, 서비스 이용자와 관련된 미시 · 중시 · 거시체계를 포함한다. 사회복지실천의 핵심은 서비스 이용자와 그를 둘러싸고 있는 체계들에 영향을 주는 데 있다. 체계와 영향을 주고받는다는 것은 체계와의 상호작용을 통해서 각각의 체계가 연결된다는 것을 의미한다. 따라서 사회복지실천은 사회복지사가 서비스 이용자와 그를 둘러싸고 있는 다양한 체계들과 관계를 형성하고, 발전시켜서 그 관계의 힘을 통해 체계를 필요에 따라 변화시키는 것이다. 그러므로 사회복지실천은 '관계'에 초점을 맞춘다. 사실 인간이 된다는 것은 다른 사람과 연결되는 것이다. 혼자 사는 은둔자가 아닌 한, 모든 사람은 다른 인간에게 둘러싸여 살고 있다. 좋은 인간관계는 우리를 형성하며 격려하고, 가르치며 동기를 부여하고 세워줄 수 있다. 좋은 관계는 우리를 회복시킬 수도 있고 자극을 주기도 하며 건강한 상호책임 관계를 맺게 해주고 우리 자신을 더 잘 이해할 수 있도록 만들어 준다. 관계 속에서 우리는 인생에서 가장 큰 기쁨과 가장 만족스러운 행복을 경험한다. 이 세상에서 가장 풍요로운 사람은 돌아보고 지지해 주는 친구들이 많으며 그들과 돈독한 우정을 누리는 사람이다. 개인(개별) 수준의 사회복지실천은 서비스 이용자 개인과 관련된 많은 체계들과의 상호작용을 통해서 수행되는 것이라 할 수 있다.

넷째, 개인의 문제해결을 위해 다양한 개입모델을 활용한다. 과학적인 지식과 전문성을 갖춘 사회복지사에 의해 서비스 이용자의 실질적인 변화를 도모할 수 있는 여러 개입모델들이 서비스 실천으로 제공된다. 이렇게 여러 가지 관점을 통해서 거의 대부분의 문제들이 설명될 수 있다.

다섯째, 개인(개별) 수준의 사회복지실천은 유연한 문제해결 방법을 사용한다. 특히 문제해결 방법에서 서비스 이용자의 성장, 발달과 환경에의 적응을 다루는 계획된 원조과정을 가진다.

2 개인(개별) 수준 사회복지실천의 기술

일반적으로 개인(개별) 수준의 사회복지실천에서는 서비스 이용자와의 일 대 일 관계 속에서 이루어지는 직접적인 만남을 통해 문제를 해결하는 방법에 관심을 갖기 때문에, 주변체계에 대한 개입이나 간접적인 원조기술보다는 대면접촉을 통한 면접기술이나 상담기법을 실천과정 전반에 걸쳐 보다 빈번하게 활용하는 특징이 있다(이준우 · 이화옥 · 임원선, 2006). 그래서 개인(개별) 수준의 사회복지실천기술은 상담과 상당히 유사한 측면이 많다. 하지만 앞서도 지적한 바와 같이 사회복지실천기술은 상담이 아니다. 사회복지실천기술은 과거로부터 받은 고통스러운 영향을 극복하기 위해 심리치료를 필요로 하는 사람들을 위한 것이 아니다.

사회복지실천기술은 상담을 도구로 활용하여 서비스 이용자가 비전을 세워서 미래를 향해 나아가도록 돕는 것이다. 사회복지실천기술은 역행적으로 과거를 돌아보는 것이 아니라 주도적으로 앞을 바라보는 것이다. 사회복지실천기술은 치료와 재활만이 아니라 그것을 포함하여 자원을 활용하고 환경을 개선함으로써 궁극적으로는 서비스 이용자가 성장하게끔 하는 것이다. 그래서 사회복지실천기술은 약점을 극복하는 데에만 초점을 맞추기보다는 서비스 이용자의 문제해결 기술과 힘을 기르는 데에 역점을 둔다. 일반적으로 사회복지사는 '상담자-서비스 이용자' 관계보다 덜 형식적이며 대등한 두 사람 사이의 파트너십에 더 가깝다. 두 사람 중 한 사람이 상대에게 도움이 될 수 있는 경험이나 시각 또는 지식을 갖고 있는 동반자 관계라고 할 수 있다. 그러므로 사회복지실천의 목표는 깨어진 것을 고치는 데 있지 않고 오래된 재능을 사용하여 더 큰 효과를 낼 수 있는 새로운 재능과 새로운 방법을 발견하는 데 있다(이준우 외, 2006; 한덕연, 2008).

이러한 관점에서 개인을 대상으로 개입에 활용되는 사회복지실천기술은 크게 두 가지 차원으로 구분하여 정리할 수 있다. 첫째, 기능에 따라 관계형성이나 의사소통에 도움이 되는 대인관계의 기술과 둘째, 목적지향적인 원조과정을 효과적으로 진행하는 데 필요한 실천과정의 기술로 나누어진다(배태순 외 역, 2007). 먼저 실천과정에서 필요로 하는 사회복지실천기술부터 살펴보고, 다음으로 관계형성과 의사소통을 원활하게 하는 실질적인 면담 기술을 설명하고자 한다.

1) 실천과정 상의 사회복지실천기술

미국 사회복지교육협의회(CSWE)의 실천지침(2001)은 사회복지 전공 학생들이 사회복지실천 과정을 이해하기 위해서는 10가지 기술을 이해하고 개발해야 한다고 제안한다. 쟁점의 명확한 규정, 자료의 수집과 사정, 계획, 대안적 개입의 확인, 적절한 행동과정의 선택과 수행, 정보검색과 활용, 결과평가를 위한 적절한 조사연구 방법의 활용, 효과성 개선을 위한 슈퍼비전의 활용, 다양한 의사소통 기술의 활용, 사회경제적 정의의 실현과 신장이 그것이다(배태순 외 역, 2007).

(1) 쟁점을 명확하게 규정하는 기술

사회복지실천 과정에서 가장 먼저 다루는 기술은 사회복지사가 다루어야 할 문제와 쟁점을 분명히게 정의하는 것이다. 이는 사회복지실천 과정의 시삭으로써 서비스 개입의 방향을 설정하기 때문에 중요하다. 사회복지사는 겉으로 보기에는 일상적인 복잡한 업무에 대해 오랫동안 너무나 익숙해져 있다. 그래서 사회복지사는 손쉽게 서비스 이용자의 문제나 쟁점을 정확하게 정의내릴 수 있을 것으로 인식될 수 있지만 실제로는 서비스 이용자의 문제나 쟁점을 명확하게 규정하기란 그리 쉬운 일이 아니다. 일반적으로 문제와 쟁점을 정의내리는 데에는 다음의 네 가지 요소를 필요로 한다. 이 네 가지 요소는 서비스 이용자가 갖고 있는 동일한 문제 현상을 각각의 사회복지사가 다르게 볼 수 있게 한다.

첫째, 문제나 쟁점은 맥락(context)과 배경(setting)에 따라 차이가 있다는 것이다. 왜냐하면 '문제'나 '쟁점'은 다양한 사회복지실천 환경에서 상이하게 정의될 여지가 많기 때문이다. 가령 사회복지실천 분야가 정신과 병동 등과 같은 정신보건 영역이라면, 문제나 쟁점은 실질적으로 DSM-IV-TR(2000) 등을 사용해서 서비스 이용자를 진단함으로써 파악할 수 있을 것이다. 만약 사회복지실천 분야가 가족과 아동을 돕는 전형적인 사회복지기관이라면, 사회복지사는 환경 속의 인간(PIE) 체계를 수행할 것이다(Karls & Wandrei, 1994). 혹은 국민연금관리공단이나 노인장기요양보험공단 등과 같은 대규모의 공공 사회서비스기관이라면, 이미 표준화되어서 사회복지사에게 제공된 '사정지(Assessment Report)'의 항목으로 나와 있는 '문제

진술' 을 활용함으로써 나타나게 될 것이다.

둘째, 사회복지사가 개입 실천을 수행할 때, 결정해야 하는 변화 혹은 치료의 방향에 따라 차이가 있다는 것이다. 가령 행동주의 계열의 이론에 기반을 두고 있는 사회복지사는 '문제' 를 정확하게 관찰할 수 있으며, 측정 가능한 용어를 사용하여 문제를 정의한다. 정신역동 계열의 모델에 따른 접근을 하는 사회복지사는 서비스 이용자의 '문제' 를 어린 시절의 학대와 관련된 미해결된 외상의 하나로 정의할 수 있다. 각각의 변화 내지 치료의 방향들은 사회복지사가 규정하는 자체적인 용어로 표현되고, 또한 사회복지사가 이미 갖고 있는 실천모델에 따라 개입과정은 상당히 다양하게 나타날 수 있는 것이다.

셋째, 사회복지사의 가치관에 따라 문제나 쟁점은 차이가 날 수 있다. 예를 들면 성적 관계를 갖는 커플 사이에 학대와 위협이 일어난다면, 남자 사회복지사는 아내 혹은 여성 파트너가 남자 배우자 혹은 파트너에게 강압적인 어떤 행동을 유발했을 것이라고 속단하고 그것이 학대 행위 자체보다 더 큰 문제라고 본다. 이렇게 되면 학대받고 있는 여성은 학대를 용납될 수 없는 것으로 인식하기보다는 오히려 자신에게 문제가 있어서 학대를 받았다고 여기면서 학대행위를 자기 비난으로 받아들일 수 있다. 이 경우, 학대받는 여성은 학대는 결코 그녀의 잘못이 아니라는 것을 인식할 수 있도록 도움을 받아야 하고, 학대관계에서의 '쟁점' 은 재정의될 필요가 있다. 이는 변화 내지 치료의 초점이 정확하고도 적절하게 재정의되어야만 한다는 것을 분명하게 보여준다. 여기에서 개입의 목표는 여성의 자신감, 독립성, 자존감을 향상시키는 것이어야 하고, 남자 사회복지사에게 학대 혹은 위협의 부적절함과 위험을 인식하게 하는 일이 필요하다. 이렇게 사회복지사가 갖고 있는 가치관은 사회복지실천에 큰 영향을 미칠 수 있다.

넷째, 문제나 쟁점은 어떤 용어와 문장으로 표현되느냐에 따라 차이가 날 수 있다. 문제나 쟁점은 너무 난해하거나 복잡하며 동일한 용어의 지나친 반복 등으로 진술되어서는 안 된다. 만약 이렇게 되면 문제나 쟁점은 매우 혼란스럽고 이해하기 어려운 내용으로 나타날 가능성이 높다. 필요하다면 이렇게 표현된 문제나 쟁점은 재정의될 필요가 있으며 사회복지사와 서비스 이용자가 모두 이해할 수 있는 용어로 명확히 표현되어야만 한다. 궁극적으로 사회복지사가 개입 가능한 업무와 성취 가능한 목표로 적응할 수 있도록 재정의되어야 한다.

(2) 자료의 수집과 사정 기술

자료의 수집과 사정이라는 두 번째 실천기술은 분명하고 객관적인 자료에 강조를 두고 있다. 사실 자료의 유형과 성질에 따라 개입실천의 방향이 결정될 수 있다. 개인(개별) 수준의 사회복지실천이라고 해도 사실은 모든 사회복지실천은 포괄적이다. 그러므로 수집된 자료의 유형은 연령, 교육, 수입, 직업력, 가족력, 개인력과 같은 인구사회학적 배경과 쟁점 및 문제를 촉진, 유지, 동기화 혹은 강화시켰던 사회환경적 요소들을 모두 포함하고 있어야 한다. 자료는 매우 구체적이어야 하며 특히 중요한 가족력 혹은 사회력에 관한 쟁점이 있을 때는 더욱 그러하다.

(3) 서비스 계획 수립 기술

세 번째 기술은 문제를 감소시키기 위한 실질적인 행위로써 서비스 이용자와 함께 분명한 작업계획과 동의를 수립하는 것이다. 이것은 흔히 문서화된 개입 계획 혹은 계약의 형태를 취하며 법적으로 구속력이 있는 동의서와 유사하다. 이 개입 계약에는 서비스 이용자와 사회복지사 간에 상호 동의한 문제에 직접적으로 영향을 미칠 수 있는 특정업무에 서로 동의한다는 내용이 포함되어 있다. 전체적인 공식 개입 계획이 반드시 사회복지사와 서비스 이용자의 합작품일 필요는 없다. 그러나 일반적인 개입 계획은 상세하게 토의되어야 하며, 문서화된 계약이나 명확한 계획이 유용하다.

공식적으로 문서화된 개입 계약서에는 문제, 행동계획, 희망하는 목표가 명확하게 나타나 있어야 하며, 공식적인 사회복지실천 개입 계약서는 적어도 네 가지 분명한 이점이 있다. 첫째, 개입 계약은 동의된 문제를 정확하고 분명하게 정의한다. 이것은 관련된 사람들이 후에 언급된 문제 및 계속되는 업무와 목표에 동의하지 않을 가능성을 최소화하는 데 도움이 된다. 개입에서 가장 큰 문제는 시간이 흐르면 다른 문제로 옮겨 가는 경향이 있고, 흔히 희망하던 결과나 종결단계가 모호하고, 방향성이 없고, 계속적인 경로로 끝날 수 있기 때문에 공식적인 개입 계약은 중요하다. 둘째, 공식적인 계약은 특히 문서로 작성되고 서비스 이용자와 사회복지사가 서명을 한 경우에는 동의에 대한 법적 구속력을 가진다. 그것은 문제에 따라서 심각하게 행동하기 위한 약속, 동의, 구속력 있는 계약이다. 공식적인 개입 계약의 세 번째 이점은 계약서가 후에 '실질적인' 문제와 각 사람들이 수용하거나 동의한 것과 관련해서 논쟁이 발생하는 경우 조회할 수 있는 기록이라는 점이다. 이러한 공식적인 계약서는 치료 상황에서의 공통적인 문제를 피할 수 있게 하면서, 분쟁이 시작되기 전에 상황을 안정시킬 수 있다. 공식적 개입 계약의 네 번째 이점은 합의된 행동계획을 명확화함으로써 관련된 사람들을 개입 계획에 효과적으로 참여시킨다는 점이다.

(4) 대안적 개입을 확인하는 기술

근거 중심의 대안적 사회복지실천 개입을 수행하기 위해서는 효과적인 대안이 되는 효과적인 개입들을 확인해야 한다. 어느 누구도 불가피하게 발생하는 문제를 예견할 수 없다. 처음에 도움이 되었던 교사가 장기휴가를 갈 수도 있고, 학교의 심리상담사가 목표의 변화를 주장할 수도 있으며 혹은 기가 죽어 있는 청소년 서비스 이용자는 사회복지사에게 자신의 인터넷 중독 문제를 숨길 수도 있다. 그것들이 드러난다면 필히 계약서를 완전히 다시 작성해야 한다. 이러한 것들은 실수가 아니다. 그것들은 삶의 예기치 않는 사건이기 때문에 실질적인 교체가 필요하다. 서비스 이용자와의 첫 만남에서, 사회복지사는 계약상 유연성의 필요성과 대안들을 고려하고 필요할 경우 교체해야만 한다. 서비스 이용자와 사회복지사는 문제서술, 과업설정, 계획과 목표 수립과정에서 변화, 구체화, 심지어는 상당한 교체가 불가피하다는 것을 짐작하고 있어야만 한다. 그러나 사회복지사의 지속적인 의무는 사회복지실천 개입 계획을 달성하기 위해 일부 계획을 수정하기에 앞서 표적에 대한 초점을 유지하고, 효과적이고 효율적으로 서비스 개입이 진행되도록 하는 것이다.

(5) 적절한 행동과정을 선택하고 수행해내는 기술

서비스 이용자에 대한 적절한 행동계획을 선택하고 수행하기 위해 개인(개별) 수준의 사회복지실천은 분명하고, 일관적이며, 합의된 행동과정을 개별 서비스 이용자에 대해 적용해야 한다. 이 때, 개입의 목표는 당면한 문제의 해결뿐만 아니라 서비스 이용자가 미래에 동일하거나 유사한 문제를 다루는 데 필요한 기술을 배울 수 있도록 하는 데에까지 이르러야 한다. 경험이 부족한 신참 사회복지사들이 흔히 부딪치는 문제는 한 문제에 너무 집착해서 서비스 이용자를 관여시키지 않거나 충분한 투입이 없이 무리한 계획을 하는 점이다. 이것은 종종 서비스개입 과정을 지연시키거나 혹은 중단하는 결과를 가져온다. 사실상, 서비스 이용자는 가능한 다양한 행동양식에 대해 사회복지사보다 더 잘 이해하고 있을 수 있다. 서비스 이용자의 모든 가능한 문제해결에 도움이 되는 체계가 탐색되어야 한다.

(6) 정보검색과 활용 기술

오늘날 사회복지사가 가장 효과적으로 정보를 검색하고 활용할 수 있는 도구는 역시 컴퓨터라고 할 수 있다. 컴퓨터는 명백하게 모든 프로그램에서 이용가능하기 때문이다. 컴퓨터는 사회복지사들이 보다 나은 임상 기록들을 유지하고, 심리사회적 문제의 요인과 서비스개입 실천과정에 새로운 개발이 병행될 수 있도록 해준다. 사례기록들이 정규적으로 컴퓨터로 처리되면 사회복지사는 서비스 이용자의 변화과정에 관련된 자료에 쉽게 접근하고 이용할 수 있다. 또한 사회복지사들은 편리하게 서비스 이용자의 행동을 도표화할 수 있고, 웹에서 도움이 되는 참고문헌을 확인할 수도 있다. 지역사회 자원 또한 손쉽게 접근이 가능하므로 사회복지사들은 컴퓨터 정보검색을 통해서 발견되는 자원과 정보들을 활용함으로써 서비스 이용자들의 능력을 강화시킬 수 있다.

(7) 결과평가를 위한 적절한 조사연구방법 활용 기술

사회복지실천은 지속적이고 객관적인 평가와 모니터링을 필요로 한다(Mattaini, 1997). 다양한 시간 간격을 두고 달성되는 구체적인 목표와 일정을 명확히 기록하는 것은 계획 달성을 위해 모니터링 진행과정을 촉진함으로써 도움이 된다. 단일사례 연구방법이 추천되는데, 이것은 전형적으로 시계열분석 혹은 초기행동 기초선을 설정한 후 중복적인 평가를 하는 형태를 말한다(Tripodi, 1994). 이외에도 많은 임상적인 성과도구들 중 하나를 사용해서 서비스 이용자의 변화 여부에 대한 객관적 측정을 수행할 수 있다. 모든 사회복지사들은 새롭게 진보하는 평가 및 연구조사 기술을 습득하고자 희망한다.

(8) 효과성 개선을 위한 슈퍼비전 활용 기술

사회복지실천의 효과성을 개선하기 위해 슈퍼비전과 자문을 활용하는 것도 매우 중요한 기술이 된다. 슈퍼비전과 사례에 대한 자문은 사회복지실천의 효과성을 향상시키는 데 크게 유용하다. 사회복지사들도 인간이므로 다양한 면에서 서비스개입 과정에 영향을 줄 수 있는 편견과 선입관을 가질 수 있다. 그와 같은 편견들은 때로는 긍정적이고, 건설적이며, 개입 과정에 도움이 되기도 하지만 더 많은 부분에서는 서비스 이용자의 긍정적 변화에 장애요소가 된다. 슈퍼비전은 사회복지사가 미처 보지 못하는 한계와 약점을 수정하는 데에 필수적인 통찰을 제공해 준다.

(9) 다양한 의사소통 기술의 활용

다양한 체계만큼 그 체계들과 끊임없이 상호작용을 해야 하는 사회복지사는 서비스 대상이 되는 체계에 따라 상이한 의사소통기술을 효과적으로 활용할 수 있어야 한다. 사회복지사들은 서비스 이용자의 사회체계, 이웃, 동료, 정책을 개발하는 정치체계, 사회를 지지해 주는 경제체계를 대상으로 일한다. 어떤 체계에서 일하든지 사회복지사는 각 체계의 성향에 적응하여 서비스 대상자와 어떻게, 언제, 어디서, 무슨 욕구, 요구, 충고, 생각 등을 의사소통해야 하는지를 인식하고 있어야 한다.

(10) 사회경제적 정의를 실현하고 신장하는 기술

사회복지사는 리더(지도자)이다. 리더십(지도력)은 기술을 요구한다. 효과적인 리더가 되기 위해서 사회복지사는 변화를 분석하고, 개발하고, 옹호하는 기술을 필요로 한다. 사회적 · 경제적 정의는 정의로운 사회 내에서 적절한 생활의 질을 개선하기 위한 토대이다. 개입기술과 임상지식은 필수적이고 중요하다. 그러나 사회복지사는 억압하는 사람, 해를 입히는 사람, 서비스 이용자의 필요와 문제를 무시하는 사람을 향해 도전하는 변함없는 대변자이다. 사회복지사는 서비스 이용자에게 그들의 권리를 보호하고 방어할 권리를 가르친다. 사회복지사는 서비스 이용자가 그들 자신 혹은 가족, 지역사회에 영향을 주는 체계와 미래에 상호작용할 때, 손해를 당하거나 불리한 입장에 몰리지 않도록 서비스 이용자의 역량을 강화시키는 행동들을 보여준다.

2) 실질적인 면담 기술

사회복지사가 개인(개별) 수준의 사회복지실천을 효과적으로 수행하기 위해서는 서비스 이용자와의 면담 즉, 만남이 잘 되어야 한다. 면담에서 가장 중요한 것은 원활한 의사소통이다. 면담을 통해 사회복지실천 업무를 수행해야 하는 사회복지사는 의사소통 능력이 있어야 한다(이준우 · 이화옥 · 임원선, 2006). 의사소통이란 두 사람 이상의 사이에서 언어적 · 비언어적인 수단을 통해 감정, 태도, 사실이나 정보, 신념, 생각 등을 전달하는 과정이다(Brueggemanan, 2006). 사회복지사가 서비스 이용자를 만날 때, 언어적이거나 비언어적인 수단을 통해서 감정이나 태도, 정보 등을 교류하는 바람직한 방법을 학습하는 것은 서비스 이용자를 돕기 위해 기본적으로 요구되는 친밀한 관계를 맺는 데 매우 유용하다.

왜냐하면 사회복지실천은 사회복지사와 서비스 이용자 간의 만남을 통해서 효과적인 변화를 수행해 나가는 전문적인 활동이라고도 할 수 있기 때문이다. 사회복지실천은 한 마디로 '만 · 사 · 대 · 전 · 복' 이라고 할 수 있다. 풀어 설명하면, 사회복지실천은 서비스 이용자를 만나고 사귀고 대화해서 전문적으로 사회복지서비스를 제공하는 것이다. 전문적으로 사회복지실천을 수행하기 위해서는 '만 · 사 · 대' 즉, 서비스 이용자와 만나고 사귀고 대화하는 일이 우선적으로 잘 되어야 한다는 것이다(이준우 · 이화옥 · 임원선, 2006). 그러므로 사회복지사는 탁월한 면담 전문가이어야 하며 이를 위해 다양한 면담 기술을 이해하고 습득하여야 한다. 효과적인 면담 업무를 수행하는 데 필요한 사회복지실천기술들을 살펴보면 다음과 같다.

(1) 어투와 어휘선택 기술

사회복지사는 서비스 이용자와의 만남에서 친절하고 친근하며 부드러운 어투로 쉽게 이해할 수 있는 말과 어휘를 선택해서 대화하여야 한다. 우선 무엇보다도 간단명료한 방식으로 말하는 것이 좋다. 전문가적인 용어와 잘난 척해 보이는 어휘를 사용하거나 평가하는 것 같은 용어를 쓰지 않도록 노력해야 한다. 서비스 이용자가 기분 나빠할 상황이나 느낌을 표현하는 말도 삼가는 것이 좋다. 특히 개입 초기 단계에서는 더더욱 어투와 어휘선택을 신중하게 할 필요가 있다(Chenoweth & McAuliffe, 2005). 진단적이거나 전문적인 사회복지 용어를 사용하면 서비스 이용자에게는 자신이 처한 상황에 대한 충분한 이해도 없이 사회복지사가 함부로 속단해서 접근하는 것으로 오해할 수 있다. 그래서 사회복지사는 지나치게 단정적인 어휘를 사용하지 않도록 주의해야 한다. 또한 너무 빨리 말하거나 너무 천천히 말하거나 혹은 말을 더듬거나 똑같은 의성어(예 '에-', '어음-' 등)를 너무 자주 사용하지 않도록 하는 것도 중요하다고 볼 수 있다(이준우 · 이화옥 · 임원선, 2006). 사회복지사가 이미 고착되었다고 스스로 생각하는 잘못된 어투와 어휘선택도 훈련을 통해 개선할 수 있다. 그래서 서비스 이용자에게 도움이 되는 어투를 개발하고 바람직한 어휘를 선택하는 것도 중요한 사회복지실천기술 중의 하나이다.

(2) 신체언어 활용 기술

사회복지사의 외모, 자세, 눈빛, 미소 그리고 액세서리나 헤어스타일, 옷 입은 맵시, 향수 냄새 등은 서비스 이용자를 포함하여 사회복지사가 상호작용하는 다른 사람들에게 많은 것을 전달한다. 이렇게 사회복지사가 표현하는 신체언어도 의사소통에서 어투나 어휘 선택 못지않게 큰 비중을 차지한다. 그렇다면 신체언어는 도대체 무엇인가? 이에 대한 대답은 학자들마다 다소간의 차이가 있는 것이 사실이지만 대략 얼굴표정, 제스처, 몸의 자세, 눈의 움직임 등 신체 움직임에 의한 비언어적 의사소통 행위를 말하는 것으로 정리되고 있다. 이 영역에는 바디 모션(Body Motion)인 손짓, 얼굴표정, 눈의 움직임, 눈썹 치켜 올리기, 어깨 으쓱하기, 입의 움직임, 몸자세 변화 등의 분야가 있다. 의사소통에 작용하는 이러한 신체동작은 그 사람의 태도, 지위, 정서적 상태, 찬반, 무의식적 자기표출 및 은폐, 상대방에 대한 호감 등을 암시해 주고 있다(김우룡 · 장소원, 2004; 이준우 · 이화옥 · 임원선, 2006).

① 제스처(몸짓)

인간의 몸통에서 여러 가지 작용과 활동이 나오는데, 그것이 제스처(몸짓)이다. 춤을 추거나 운동을 할 때, 싸우거나 감정을 표현할 때와 같이 우리의 생활에서 몸은 고정되어 있지 않고, 흐르는 물처럼 끊임없이 유동한다. 몸에서 드러나는 활동성의 총체를 '몸의 짓', 즉 '몸짓'이라고 한다. 제스처(몸짓)는 아이디어, 의도 또는 느낌을 전달하는 데 사용되는 몸(또는 몸의 일부분)의 움직임이다. 이러한 움직임 중 많은 부분은 팔과 손으로 이루어지지만 얼굴과 머리 등 그 외 부분도 사용된다(최재목, 2000; 이준우, 2004).

여러 제스처들을 심리적으로 분석해 보면, 상대의 마음 상태를 이해할 수 있으며 어떤 의미를 발견할 수도 있다. 실제로 우리가 분석해야 하는 것은 한 번으로 끝나는 제스처가 아니라 조합을 통해 하나의 군을 이루는 제스처들이다. 또한 대화할 때, 완전한 의사전달을 위해서는 적절한 제스처의 사용이 매우 중요하다. '조화'는 인간행동에 순번을 정하여 좀 더 쉽게 기억할 수 있는 어떤 체계를 제공해 준다. '조화'를 관찰하는 데는 언어뿐만 아니라 제스처까지 보내고, 또 포착하려 세심한 주의를 기울여야 한다. 서비스 이용자와 면담할 때, 사회복지사는 적절한 제스처(몸짓)를 알맞게 잘 사용함으로써 성공적인 사회복지실천을 감당할 수 있게 된다. 여기서 주의해야 할 것은 지나치게 과장되거나 자주 제스처(몸짓)를 사용해서는 안 된다는 것이다. 과도한 제스처(몸짓) 사용은 서비스 이용자로 하여금 산만하다는 느낌을 갖게 하거나 짜증이 나게 하는 등 면담에 오히려 역효과가 나게 만들 수 있다. 또한 아무리 좋은 제스처(몸짓)라도 사회복지사 자신에게 잘 맞는 것인지를 점검하여야 한다. 자신의 개성을 살릴 수 있으며 서비스 이용자에게 호감과 편안함을 주는 제스처(몸짓)를 할 수 있어야 한다. 따라서 사회복지사는 자신의 신체 구조와 성격 유형 등을 고려하여 적절하게 활용할 수 있는 제스처(몸짓)를 개발해야 한다.

② 자세

자세는 사람의 인상을 결정짓는 데 중요한 역할을 한다. 왜냐하면 가까운 거리에서는 상대의 얼굴만이 주로 시야에 들어오지만, 멀리 떨어져 있으면 그 사람의 몸 전체가 보이기 때문이다. 그리고 상황에 적절하지 않은 자세는 본인의 의도와는 상관없이 부정적인 이미지를 만들어 낸다. 세 가지 중요한 인간의 자세는 첫째, 서기, 둘째 앉기, 웅크리기, 그리고 무릎 꿇기, 셋째 눕기로 제시할 수 있다. 이 세 유형의 자세는 팔과 다리의 상이한 위치, 그리고 신체의 다른 각도에 상응하는 그 이상의 다양성을 지니고 있다(김우룡 · 장소원, 2004). 예를 들면 팔을 접고 자신을 감싸는 자세는 흔히 자기 방어, 특히 가슴을 방어하거나 어떤 힘에 대해 물러나려고 하는 의미로 해석된다. 또한 어깨를 움츠리거나 손바닥을 내놓는 자세는 수동적인 무력감을 표현하는 것으로 이해될 수 있으며 여성이 과시하는 것처럼 다리를 꼰다면 그것은 누군가를 무시하거나 희롱하는 것으로 볼 수 있다. 또 다른 예로는 딱딱함, 군인다운 태도, 우월한 사람으로 가장한 자세는 똑바로 선 꼿꼿하고 당당한 자세일 것이다(Scheflen & Scheflen, 1972).

이렇게 자세는 사람을 대하는 태도를 전달하는 데 중요한 의미를 지닌다. 그러므로 자세가 어떤 의미를 주는지 잘 알고 이용하는 사회복지사는 서비스 이용자가 깨닫지 못하더라도 서비스 이용자의 자세를 통해 그의 심리적 상태를 파악할 수 있는 능력을 가질 수 있게 된다. 나아가 그것을 서비스 이용자의 감정 상태와 연관시킬 수 있다. 이렇게 함으로써 사회복지사는 서비스 이용자와의 면담을 보다 효과적으로 수행해 낼 수 있는 것이다. 그러므로 사회복지사는 서비스 이용자의 자세가 갖고 있는 의미를 구체적으로 파악해 낼 수 있어야 하며 동시에 서비스 이용자에게 신뢰를 주고 편안함을 줄 수 있는 겸손하고 진지한 자세가 습관으로 형성되도록 훈련해야 한다. 만약 사회복지사가 서비스 이용자 앞에서 팔짱을 끼거나 다리를 포갠다면 거만하고 몰상식한 사람이란 평을 들을 수 있다. 그래서 사회복지사는 다리 떨기, 머리카락 만지기, 손 비비기, 손톱 깨물기, 몸 흔들기 등 좋지 않은 자세가 습관적으로 자신도 모르는 사이에 드러나지 않도록 주의해야 한다.

그림 8-1 다양한 제스처들과 자세의 모습들

출처: 김우룡 · 장소원(2004), 비언어적 커뮤니케이션론, 나남출판, pp. 142~143.

제스처와 자세가 주는 의미: (1) 호기심, (2) 당혹, (3) 무관심, (4) 거부, (5) 관찰, (6) 자족, (7) 환영, (8) 단호함, (9) 은밀함, (10) 찾음, (11) 휴식, (12) 주목, (13) 격노, (14) 흥분, (15) 기지개, (16) 놀람, 의구심, (17) 슬머시, (18) 수줍음, (19) 생각, (20) 감동

③ 얼굴 표정

사람 얼굴의 특징은 개인과 개인을 구별하는 것을 가능하게 해 주며, 개개인의 인상을 결정하는 요소로 작용한다. 이러한 얼굴은 다양한 표정을 나타낸다. 우리는 얼굴 표정을 통해서 분노나 기쁨, 두려움과 같은 감정을 표현하기도 한다. 얼굴 표정은 감정을 표현하는 것 외에도 언어적 메시지를 대신하거나 보완하기 위해, 또는 언어적 메시지와 동반하여 사용되기도 한다(이준우, 2004; 이준우 · 이화옥 · 임원선, 2006).

또한 얼굴 표정은 감정을 표현하거나 특정 행위를 흉내 내기 위해 사용되기도 한다. 예를 들어 마음에 썩 들지 않는 선물을 받았을 때 기쁜 척하는 표정을 짓는다거나, 다른 사람이 하는 이야기에 흥미가 없으면서도 재미있는 척하는 경우, 이러한 얼굴 표정은 기쁘다 혹은 흥미 있다 등의 감정을 흉내 내기 위한 하나의 상징적 기호체계로 작용하게 된다. 속이려는 의도가 없는 경우에도 어떤 이야기를 할 때나 개인의 경험을 표현할 때, 우리는 종종 감정 표현을 가장해서 보여주게 된다. 그래서 얼굴 표정도 경우에 따라서는 상징적 기호로 작용한다. 졸림을 흉내 내는 고의적 하품은 지루하다는 것을 표현해 주며, 입술을 오므리고 키스를 흉내 내는 행위로서 사랑하는 이에게 관심이 있음을 표현할 수도 있다(김우룡 · 장소원, 2004). 다음의 [그림 8-2]는 다양한 얼굴 표정을 상징화한 기호들인데, 사회복지사가 서비스 이용자를 면담할 때, 서비스 이용자의 심리적 상황을 파악하는 데에 큰 도움이 될 수 있을 것으로 본다.

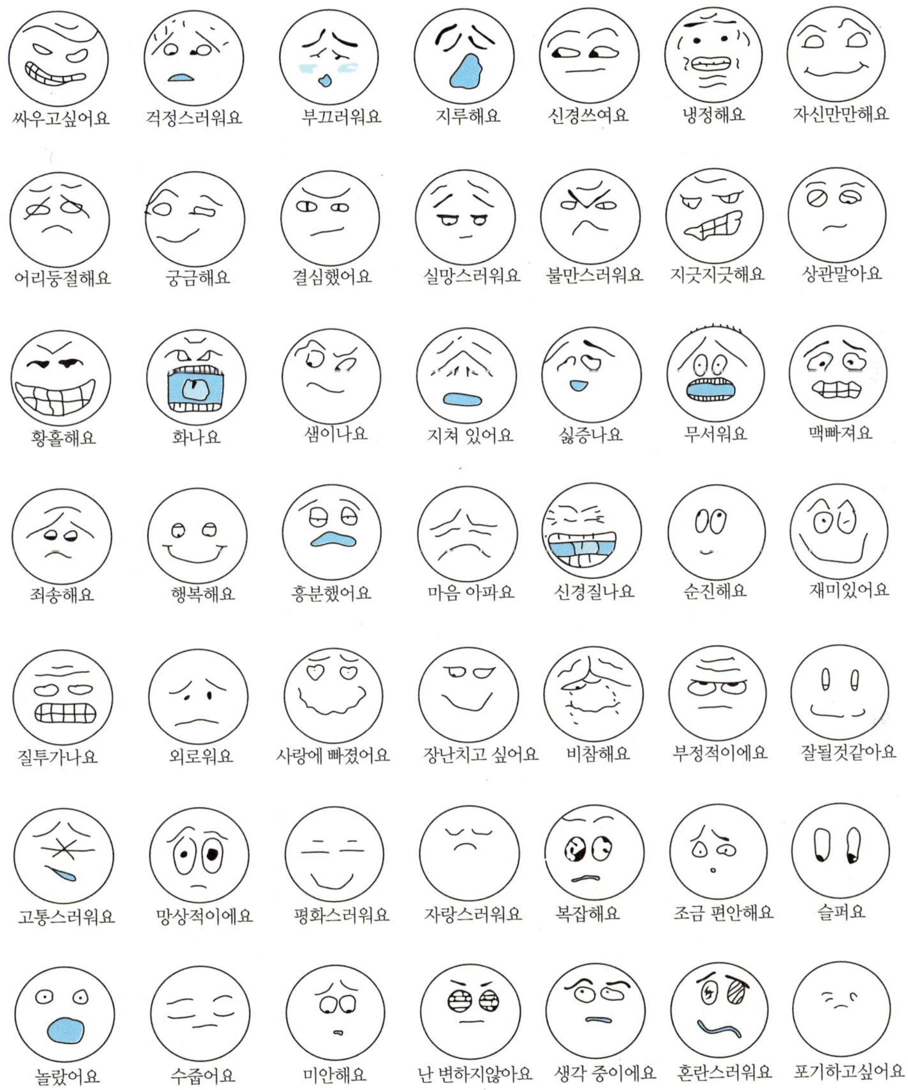

그림 8-2 **다양한 얼굴 표정을 상징화한 기호들**

출처: 김우룡 · 장소원(2004), 비언어적 커뮤니케이션론, 나남출판, p. 144.의 내용과 인터넷(www.daum.net) 검색창에서 '얼굴표정' 부분을 토대로 재정리함

이렇게 얼굴은 다양한 표정으로 기호화될 수 있다. 에크먼(Ekman)과 프리즌(Friesen)은 얼굴에 여섯 개의 기본 감정이 어떻게 나타나는지 보여주는 얼굴도감을 개발하였다. 여섯 가지 기본 감정은 놀람, 두려움, 혐오감, 분노, 행복, 슬픔이다.

표 8-1 기본적 여섯 감정의 얼굴 표정

감정 \ 위치	윗부분	중간부분	아랫부분
놀람	• 눈썹 올라감 • 이마 주름 형성	• 크게 뜬 눈: 위쪽 눈꺼풀 올라가고 아래쪽 눈꺼풀 내려감	• 턱 내려감 • 입술과 치아 드러냄
두려움	• 눈썹 올라가고 몰림 • 이마 중간에 주름 형성	• 위쪽 눈꺼풀 올라감 • 눈꺼풀 올라가고 팽팽해짐	• 아래쪽 입 벌어짐 • 입술 팽팽해지고 뒤로 약간 잡아당겨짐
혐오감	• 눈썹 내려감	• 코 구겨짐/볼 올라감	• 위쪽 입술 올라감
분노	• 눈썹 내려가고 몰림	• 눈꺼풀 팽팽해짐 • 눈 튀어나옴	• 콧구멍 넓어질 수 있음 • 입술 다물거나 팽팽하고 벌어짐
행복감	• 나타나지 않음	• 볼 올라감 • 아래쪽 눈꺼풀 올라감 • 눈 주위와 밑에 주름 형성	• 입 모서리 뒤로 잡아당겨짐 • 입 주위에 주름 형성
슬픔	• 안쪽 눈썹 모서리 올라감	• 위쪽 눈꺼풀 모서리 올라감	• 입 모서리 내려감

출처: 김우룡 · 장소원(2004), 비언어적 커뮤니케이션론, 나남출판, p. 210.에서 인용한 Ekman & W. V. Friesen(1975), Unmasking the Face, NJ: Englewood Cliffs.의 내용을 재인용함

이렇게 대인관계에서 작용하는 얼굴 표정의 대부분은 상호 우호적 관계를 유지하기 위해 사용된다. 이를 위해서는 얼굴 표정을 관리하는 것이 필수적이라 할 수 있다. 따라서 사회복지사는 서비스 이용자에게 혐오감을 주거나 불쾌한 느낌을 주지 않도록 좋은 얼굴 표정을 만들어 가도록 애써야 한다. 무엇보다도 사회복지사는 어떤 상황에서도 감정의 노출을 피함으로써 표정을 통제할 수 있는 능력을 배양해야 한다. 또한 서비스 이용자의 기대에 맞추기 위해 표정을 필요할 때에 과장하여 표현할 수도 있어야 한다. 가령 서비스 이용자가 사회복지사의 기대에 부응했을

때, 다소 마음에 들지 않을지라도 기쁨이나 놀라움, 좋아하는 감정을 적극적으로 드러낼 수 있어야 하는 것을 들 수 있다. 나아가 서비스 이용자와의 관계에서 친밀감과 부드러움을 나타낼 수 있는 웃는 표정을 적극적으로 사용할 수 있어야 한다. 일반적으로 미소는 친절한 신호로 느껴질 수 있기 때문이다.

다음은 서비스 이용자를 대하는 사회복지사가 자연스런 표정을 연출하기 위해 연습할 수 있는 표정 스트레칭이다. 사회복지사들에게 매우 유용한 표정관리 연습이 될 수 있을 것으로 본다(www.daum.net/의사소통기술 검색/표정관리, 2009).

◈ 자연스런 표정 연출을 위한 스트레칭 (연습)

볼 부풀리기

- 느린 속도로 양 볼을 번갈아 가면서 부풀린다. 이때, 볼이 터질 것 같이 팽팽하게 부풀려야 한다(5~6회 반복).
- 양 볼을 동시에 최대한 부풀린 다음, 양 볼이 쏙 들어가도록 최대한 빨아 당긴다.

아, 에, 이, 오, 우

- 입을 최대한 크게 벌리고, 볼이 얼얼할 정도로 '아, 에, 이, 오, 우'라고 발음한다.
- 다시 한 번 큰 소리로 '하, 헤, 히, 호, 후'라고 발음한다.

◈ 미소 연습

자연스러운 미소는 어떤 미소일까? 이가 보일 정도로 활짝 웃는 미소도 필요하지만, 일상적인 의사소통 상황에서 공감적 경청과 관심을 표현하기 위한 적당한 수준의 미소 연습도 사회복지사에게는 필요하다. 예비 사회복지사들과 현직에 있는 사회복지사들은 사회복지실천 현장에서 활용되는 데 유용한 미소를 위해 거울을 보면서 아래 미소를 연습해 보라.

모나리자의 미소

- 웃는 듯 마는 듯한 모습이다. 미소 짓고 있다기보다는 입 꼬리가 약간 올라간 표정으로 상대에게 편안하고 부드러운 인상을 줄 수 있다.

1/3의 미소 또는 2/3의 미소

- 치아의 일부가 보이는 정도의 미소를 의미한다.
- 이야기 중간에 보이는 1/3 또는 2/3 미소는 상대방으로 하여금 '이야기를 긍정적으로 받아들이고 있다', '동의한다'는 인상을 줄 수 있다.

풀 스마일(Full Smile)

- 치아가 다 드러날 정도로 활짝 웃는 모습을 말한다.

얼굴의 긴장이 풀리고 입가에 자연스러운 미소를 머금고 있는가? 인상은 스스로 만드는 것이다. 꾸준한 얼굴 근육의 스트레칭과 미소 연습을 통해 자연스러운 표정으로 가꾸어 가기 바란다. 하지만, 모든 근육이 의식적으로 통제가 가능한 것은 아니다. 서비스 이용자의 마음을 여는 진실한 미소는 진실한 감정을 담을 때 가능하며, 진실한 감정을 담기 위해서는 사회복지사로서 일하는 자신의 상태를 최적으로 유지할 수 있을 때 가능하다는 것을 기억해야 한다.

④ 응시

사람들은 원래 정보를 보내기보다는 얻기 위하여 서로 쳐다본다. 두 눈이 수신장치가 되어 다른 사람의 비언어 신호를 받아들이는 창구 역할을 한다. 말할 것도 없이 누군가를 쳐다볼 때, 이것은 수신자에 따라 다양한 방법으로 받아들여진다(이준우, 2004). 의사를 전달하는 인체의 모든 부분 중에서 눈은 가장 중요하며, 가장 민감한 뉘앙스를 전달해 줄 수 있는 것이 눈이다. 그리고 이것은 시선을 통해서 작용한다. 인간은 눈의 흰자위가 발달해 있어 먼 거리에서도 쉽사리 시선의 움직임을 탐지할 수 있다. 인간은 이처럼 흰자위가 검은 눈동자의 미묘한 움직임에 의해 메시지를 전달할 수 있다. 그러므로 사회복지사는 따뜻하고 인자한 눈빛으로 서비스 이용자를 대할 수 있는 마음과 응시 기술을 소유하고 있어야 한다(이준우 · 이화옥 · 임원선, 2006). 가령 사회복지사가 서비스 이용자를 향한 시선을 상대방의 얼굴에 두지 않고, 주위를 두리번거리거나 대화 중 창문 등 엉뚱한 곳을 뚫어져라 응시하는 것은 큰 실례가 될 수 있으며 결과적으로 서비스 이용자가 면담에 집중하지 못하게 하는 계기로 작용할 수 있다. 반대로 사회복지사의 눈을 똑바로 응시하지 않는 서비스 이용자도 있다. 자신의 말에 자신이 없거나 면담 자체에 관심이 없는 경우이다. 일단 사회복지사가 먼저 눈을 맞추려 노력하면 이내 안정감을 찾고 면담에 임하는 경우가 많다.

⑤ 신체적 접촉

인간의 의사소통 가운데 신체적 접촉은 가장 원초적이고 감각적인 비언어적 의사소통의 영역에 속한다. 사실 신체적 접촉은 사회적 의사소통에서 가장 초보적인 양식이다. 신체적 접촉이란 사전적 정의에 의하면 '인간과 인간의 신체가 서로 맞닿음으로써 이루어지는 일련의 행위' 를 의미한다. 이러한 신체적 접촉은 그 범위나 정도에 따라 스치는 행위나 만지는 행위, 문지르는 행위, 움켜쥐는 행위, 누르는 행위, 주무르는 행위, 긁거나 할퀴는 행위, 격한 접촉, 껴안는 행위 등으로 구분해 볼 수 있는데, 신체의 어느 부분과 연결되는 행위냐에 따라 그 의미가 달라진다. 또한 신체적 접촉이 어떠한 상황과 시간이나 장소에서 이루어지느냐에 따라 그 행위가 전달하는 메시지는 의미를 달리한다(이준우, 2004). 사회복지사는 서비스 이용자의 긍정적인 변화를 위해 효과적으로 신체접촉 기술을 활용할 수 있어야 하며 동시에 성추행 등과 같이 좋지 않은 일에 연루되거나 오해받지 않도록 각별히 주의를 기울여야 할 필요가 있다(이준우 · 이화옥 · 임원선, 2006).

⑥ 목소리

두 사람 사이의 의사소통 행위가 일어날 때, 목소리는 두 가지 측면에서 해독할 수 있어야 한다(이준우, 2004). 첫째, 그 목소리의 특징으로 쉰 소리냐, 기어 들어가는 소리냐, 혹은 감미로운 소리냐, 우렁찬 소리냐에 따라서 우리는 상대방을 이해하고 상황을 파악하게 된다. 목소리는 원래 타고나는 것이지만 훈련에 의해서 개선될 수 있고 지위에 따라서 힘차고 당당해질 수 있다. 즉 목소리는 타고나는 것이지만 노력에 의해 좋아질 수 있다는 것이다. 그러므로 사회복지사는 자신의 목소리에 잘 맞는 높낮이와 억양을 선택해야 한다. 듣기에 부드럽고 편안하다는 느낌이 들 때까지 여러모로 연습할 필요가 있는 것이다. 지나치게 높은 톤은 사람을 경박스럽게 보이게 하고 반대로 너무 저조한 억양은 분위기를 무겁게 만든다. 둘째, 두 사람 사이의 거리에 따라서 목소리의 크기나 음색 혹은 의미가 상이해진다는 것이다. 일반적으로 사회복지사가 서비스 이용자와 면담할 때, 가장 적절한 사람 사이의 거리는 50~70cm가 이상적이라고 할 수 있다. 사회복지사가 너무 가까이 다가가면 서비스 이용자에게 불쾌감이나 위협받고 있다는 느낌을 줄 수 있다. 그래서 적절한 거리를 유지하는 것이 중요하다. 하지만 상황에 따라 거리가 멀거나 혹은 가까울 수 있는 것이 실제 면담에서 빈번하게 나타나는 현실이다. 경우에 따라 사회복지사는 목소리를 크게 낼 수도 있고, 작게 낼 수도 있는 것이다. 결국 사회복지사는 어떤 상황에서든지 서비스 이용자에게 문제해결의 희망과 용기를 줄 수 있는 밝고 좋은 목소리를 유지하기 위해 항상 노력해야 한다(엄명용 외, 2000).

다음은 사회복지사가 가져야 할 친절하고 밝은 목소리를 훈련하는 데 필요한 연습이 될 수 있을 것으로 본다(www.daum.net/의사소통기술 검색/목소리, 2009).

◈ 어떤 목소리가 좋은 목소리일까? (연습)

- 친절한 목소리
- 부드러운 목소리
- 밝은 목소리
- 건강한 목소리
- 자신감 있는 목소리
- 차분하고 안정적인 목소리
- 미소를 담은 목소리
- 명쾌한 목소리
- 볼륨 변화가 있는 목소리

좋은 목소리는 꾀꼬리같이 아름다운 소리를 가진 목소리이기보다, 긍정적인 감정을 표현하는 목소리이다.

개선해야 할 목소리는 어떤 목소리일까?

퉁명스러운 목소리, 거칠고 쉰 듯한 목소리, 어두운 목소리, 차가운 목소리, 신경질적인 목소리, 불안하고 침착하지 못한 목소리, 무기력한 목소리 등이 있다. 이런 목소리들은 서비스 이용자로 하여금 부정적인 감정을 느끼게 할 수 있으며 사회복지사라면 반드시 개선해야 할 목소리이다. 중요한 것은 목소리도 표정과 마찬가지로 연습을 통해 개선할 수 있다는 사실이다.

신체이완

- 긍정적인 목소리의 기본은 편안한 마음과 자세에서 나온다.
- 명상, 복식호흡, 바른 자세 등을 통해 신체를 이완하는 것이 필요하다.
- 긴장을 하게 되면, 표정이 굳어짐으로 인해 목소리에 영향을 미치게 된다.
- 아기들이 하는 투레질(푸르르르~)를 통해 입술과 볼의 긴장을 푸는 것도 도움이 된다.

공명 연습

- 코가 막히는 등 신체적으로 문제가 있으면 소리가 울리는 공간 확보가 어려워, 답답한 소리가 나오게 된다.
- 신체적인 문제는 치료에 의해 해결이 가능하겠지만, 말하는 습관에 의한 공명의 문제는 연습을 통한 개선 노력이 필요하다.
- 허밍으로 노래하기, 젓가락을 입에 물고 큰소리로 책 읽기 등이 효과적이다.
- 젓가락이나 볼펜을 입에 물고, 다음에 제시되는 문장을 소리 내어 읽어 보도록 하자.

어느 날, 엄마는 두 딸아이가 그린 구름 그림을 보고 깜짝 놀랐다. 첫째가 그린 구름 그림은 새털구름 그린 구름 그림이고, 둘째가 그린 구름 그림은 깃털구름 그린 구름 그림이었는데, 두 딸아이 모두 그림에 소질이 있었던 것이다. 엄마는 그동안 한국관광공사 관광과장으로 일하느라 너무 바빠 아이들을 잘 챙기지 못했다는 생각에 미안한 마음이 들었다. 그래서 엄마는 아이들이 가장 좋아하는 만화영화 '지상 최고의 신부 스모모모모모' DVD를 사주기 위해 백합 백화점 옆 백화 백화점에 갔다.

명확하게 발음하기

– 다음에 제시되는 글자를 또박또박 큰소리로 읽어보라. 발음을 할 때 입 모양을 크고 명확하게 할 수 있도록 연습하는 것이 필요하다.

가 갸 거 겨 고 교 구 규 그 기
나 냐 너 녀 노 뇨 누 뉴 느 니
다 댜 더 뎌 도 됴 두 듀 드 디
라 랴 러 려 로 료 루 류 르 리
마 먀 머 며 모 묘 무 뮤 므 미
바 뱌 버 벼 보 뵤 부 뷰 브 비
사 샤 서 셔 소 쇼 수 슈 스 시
아 야 어 여 오 요 우 유 으 이
자 쟈 저 져 조 죠 주 쥬 즈 지
차 챠 처 쳐 초 쵸 추 츄 츠 치
카 캬 커 켜 코 쿄 쿠 큐 크 키
타 탸 터 텨 토 툐 투 튜 트 티
파 퍄 퍼 펴 포 표 푸 퓨 프 피
하 햐 허 혀 호 효 후 휴 흐 히

어려운 발음 연습

– 어려운 발음의 문장을 빠른 속도로 또박또박 읽는 연습을 하는 것으로 부정확한 발음으로 인한 목소리의 문제를 개선하는 데 도움이 된다.
– 아래의 문장을 빠르고 큰 소리로 읽어보라.

- 간장 공장 공장장은 강 공장장이고, 된장 공장 공장장은 공 공장장이다.
- 내가 그린 기린 그림은 잘 그린 기린 그림이고, 네가 그린 기린 그림은 못 그린 기린 그림이다.
- 들의 콩깍지는 깐 콩깍지인가 안 깐 콩깍지인가, 깐 콩깍지이면 어떻고 안 깐 콩깍지면 어떠냐, 깐 콩깍지나 안 깐 콩깍지나 콩깍지는 다 콩깍지인데.

Pause

– 말하는 단어의 중간 중간을 적절하게 끊어주는 것을 'Pause'라고 한다. Pause는 강조하는 부분을 두드러지게 하거나 말을 명확하게 전달하는 역할을 한다.
– ~한 까닭입니다……. 그래서~", "정말 그럴까요……. 저는 이렇게 생각합니다.

호감 가는 목소리, 좋은 목소리는 꾸준한 연습을 통해 개선될 수 있다. 그래서 긍정적인 감정을 담아 목소리를 연출하는 것이 필요하다.

⑦ 기타

이외 다른 기술로는 공간 기술, 시간 기술, 색깔 기술, 냄새 기술, 옷과 장식 기술, 화장 기술 등이 있다.

3) 관심 기울이기 기술

관심을 기울인다는 것(attending)은 사회복지사가 신체적으로나 심리적으로 서비스 이용자와 함께 할 수 있는 방법을 말한다(제석봉 외 역, 1997). 한 사람이 어려움을 겪을 때, 그저 함께 해 준다는 것 자체만으로도 지극히 중요한 일이다. 친구가 병원에 입원해 있을 때, 한 마디의 말도 나눌 수 없다고 하더라도 그의 곁에 머무는 것은 그에게 의미 있는 일이다. 즉, 관심을 기울인다는 것은 서비스 이용자에게 마음을 쏟는다는 의미이다(엄명용 외, 2000). 가령 상을 당한 친구와 별 대화가 오가지 않더라도 자리를 함께 하는 것만으로도 큰 위로가 될 것이다. 사람들은 자기에게 관심을 표해 줄 때 고맙게 생각한다. 반면에 무시당하는 것은 고통스러운 것이다. 고개를 돌린다는 것은 마음이 돌아섰다는 증거이다. 우리가 상대방의 관심이나 무관심에는 지극히 민감하면서, 상대방에게는 무감각하게 대한다면 매우 역설적인 현상을 드러내는 것이라 할 수 있다(이장호 외, 1999).

사회복지실천 현장에서 서비스 이용자 개인을 대상으로 면담이나 상담을 하거나 상호 교류를 하기 위해서는 심리적 · 정서적으로 함께 할 수 있어야 한다. 사회복지사가 관심을 기울일 때, 서비스 이용자는 함께 있음을 느끼게 된다. 효율적인 관심은 두 가지로 표현될 수 있다. 첫째, 사회복지사가 서비스 이용자와 함께 있다는 사실을 말해 주고, 둘째, 서비스 이용자의 말을 주의 깊게 경청할 수 있는 자세를 가진다. 이렇게 사회복지사가 서비스 이용자와 함께 할 때, 서비스 이용자는 그 질을 나타내는 단서를 읽을 줄 안다. 사회복지사의 비언어적 메시지는 좋든 나쁘든 서비스 이용자에게 영향을 미친다. 사회복지사가 따뜻한 관심을 가지고 서비스 이용자와 함께 할 때, 서비스 이용자는 사회복지사를 신뢰하여 마음을 개방하고 자기가 처한 문제 상황을 탐색할 수 있게 될 것이다. 관심을 기울이기 위한 실제적 기술들은 다음과 같이 제시될 수 있다.

(1) 서비스 이용자에게 집중하기

서비스 이용자를 인자하게 바로 바라보는 것은 '나는 당신과 함께 있다. 당신에게 도움이 되고 싶다.' 라는 뜻을 전달한다. 서비스 이용자와 말하면서 고개를 다른 곳으로 돌리고 있으면 관심이 적다는 생각을 품게 할 수 있다. 고개를 서비스 이용자 쪽으로 향하게 할 때, 이는 서비스 이용자에게 관심이 있다는 사실을 전달해 준다고 본다. 다른 면에서, 바로 쳐다보는 것이 서비스 이용자에게 위협으로 느껴진다면 약간 비스듬히 보아도 좋다. 중요한 것은 사회복지사가 나타내는 관심의 질이다(Kadushin, & Kadushin, 1997).

또한 집중한다고 할 때, 이따금 서비스 이용자 쪽으로 몸을 기울일 수도 있다. 가령 두 사람이 레스토랑에서 아주 친밀하게 대화하고 있는 장면을 연상해 보자. 두 사람은 식탁 위해서 상대방을 향해 앞쪽으로 자주 몸을 기울이는데, 이는 상대방의 말에 그만큼 관심이 깊다는 자연스러운 증거이다. 또 하나 중요한 것은 상체의 움직임이다. 앞으로 기울였다 뒤로 뺐다 할 수 있다. 이는 '나는 당신과 함께 있다' 는 것을 나타낸다. 반면 몸을 뒤로 젖히고 있는 자세는 '당신에게 별 흥미가 없다' 또는 '따분하다' 는 의미를 전달하기 십상이다. 그러나 몸을 너무 앞으로 구부리거나 그런 동작을 자주 취하면 서비스 이용자에게 부담을 주고 친밀을 강요하는 것 같은 인상을 줄 수도 있다.

(2) 서비스 이용자를 향해 열린 자세 갖기

팔짱을 끼거나 다리를 꼬고 앉아 있는 것은 관심이나 도울 태세가 제대로 갖추어져 있지 않다는 생각을 품게 만들 수 있다. 열린 자세는 서비스 이용자와 서비스 이용자가 하는 말에 마음을 열고 있다는 증거가 될 수 있다. 다리를 꼬고 앉아 있다고 해서 서비스 이용자에게 관심이 없다는 뜻은 아니다. 그러나 중요한 것은 '내가 지금 취하고 있는 자세는 내가 개방적이고 돕고 싶은 태세가 갖추어져 있다' 는 사실을 서비스 이용자에게 얼마나 잘 전달하고 있는지를 자문해 볼 필요가 있다는 것이다(Kadushin, & Kadushin, 1997).

(3) 눈을 맞추고 밝은 미소 짓기

이것은 빤히 쳐다보거나 째려보는 것과는 다르다. 두 사람이 깊은 대화를 나누는 경우 우리는 그들이 서로 마주보는 시간의 양을 보고 놀랄 것이다. 서비스 이용자와 눈을 맞춘다는 것은 좋은 시선의 접촉을 유지한다는 것이다. 이는 '당신과 함께 있다. 당신에게 관심을 느끼고 있다. 당신이 하는 말을 듣고 싶다.' 는 뜻을 전달해준다. 물론 이따금 시선을 다른 곳으로 돌린다고 해서 나쁠 것은 없지만, 서비스 이용자를 바라보고 싶지 않으면 그렇게 해야 한다. 그러나 너무 자주 시선을 피하면 서비스 이용자와 함께 있거나 관여하기를 꺼린다는 암시를 주거나 사회복지사가 무언가 불편해 한다는 인상을 심어줄 수 있다. 그러나 밝은 표정과 온화한 미소는 서비스 이용자의 마음을 부드럽게 여는 데 크게 도움이 된다. 서비스 이용자는 인상을 찌푸리고 있는 사회복지사를 가장 부담스러워 한다(엄명용 외, 2000).

(4) 편안한 자세 가지기

'편안한 자세' 는 두 가지 사실을 뜻한다(제석봉 외 역, 1997). 첫째, 조바심을 내거나 주의를 흩뜨리는 표정을 짓지 않는다. 그렇게 하면 서비스 이용자는 무엇이 사회복지사를 불편하게 하는지 의아하게 생각할 것이다. 둘째, 개인적 접촉과 표현의 도구인 제스처(몸짓)를 편안하고 자연스럽게 한다. 이러한 기술을 자연스럽게 사용하면 서비스 이용자를 편안하게 만들 수 있을 것이다.

4) 면담의 과정에 따른 세부 기술

'면담' 은 사회복지사와 서비스 이용자의 만남을 의미한다. 상담은 수차례의 면담을 통해서 이루어진다. 그래서 일반적으로 상담이라는 용어 속에 면담의 의미가 포함될 수 있다. 동시에 상담이라는 말과 면담이라는 말이 같은 의미로 사용될 수 있다. 이러한 면담이나 상담은 사회복지실천에서 대단히 중요한 역할을 한다(이영호, 2008).

(1) 면담준비 기술

사회복지사가 서비스 이용자를 만나기 전인 준비단계에서 원조과정의 전반을 체계적으로 검토하고 준비하는 것은 사회복지실천의 효과를 향상시키는 초석을 놓는 것과 같다. 하지만 과중한 업무량과 혹은 면담 사전준비의 필요성과 중요성에 대한 인식의 부족으로 인해 사회복지실천 과정에서 면담 전에 필요한 준비를 하는 단계는 그 중요성에 비해 그동안 크게 관심을 받지 못해 왔다고 본다. 그러나 이제 면담준비 단계는 사회복지사가 보다 큰 의미를 두고 실제적으로 밟아 가야 하는 사회복지실천 과정이 되어야 할 것이다(엄명용 외, 2008).

면담준비 단계는 사회복지사와 서비스 이용자가 만나기 전에 사회복지사의 입장에서 서비스 이용자가 사회복지사를 만나러 오면서 갖게 되는 생각, 감정, 의도 등을 미리 헤아려서 가급적이면 서비스 이용자의 상황에 사회복지사 자신을 맞추려는 준비활동이 일어나는 단계를 의미한다(엄명용 외, 2005). 서비스 이용자 개인의 생각과 욕구, 기대를 파악하는 방법은 여러 가지가 있지만 대체로 접수양식이나 전화, 혹은 인터넷 신청 등으로 도움을 요청할 때 나타나는 경우가 많다. 즉, 접수양식에는 서비스 이용자가 기관에 서비스를 요청하는 이유가 간략하게 기술되어 있으므로 서비스 이용자의 욕구와 기대를 예측해 볼 수 있으며, 전화나 인터넷 전자메일 등으로 도움을 요청하는 경우, 도움을 요청하게 된 배경에 대해 간략하게 질문을 주고받게 되므로 서비스 이용자의 욕구와 기대를 파악할 수 있다.

하지만 실제 면담을 준비하게 될 때 서비스 이용자는 물론이고 서비스 이용자를 둘러싸고 있는 중요한 타인인 가족, 친구, 이웃 등의 욕구와 기대를 파악하는 일은 면담 전 단계에서 쉽지 않은 과제이다. 즉, 문제 상황에 대한 이해와 분석이 이루어지지 않은 상태이므로 정보수집이 매우 한정될 수 있기 때문이다. 그래서 다음의 몇 가지 사항은 면담을 준비할 때, 매우 유용하게 활용할 수 있을 것이다(Cornoyer, 2000; 엄명용 외, 2005 재인용).

① 효과적인 면담수행을 위한 기본 사항 파악하고, 고지하기

사회복지사는 전문가로서 서비스 이용자에게 갖는 기대가 있다. 가령 면담시간을 지킬 것, 약속시간을 취소할 때 사전에 연락할 것, 기관 내에서는 금연할 것, 정해진 상담료나 서비스 이용료를 제때 납부할 것 등이 있다. 또한 문제해결을 위해 적극적으로 참여할 것, 변화에 대해 수시로 피드백을 제공해 줄 것과 같은 원조과정에서의 기대를 고려해 볼 수 있다. 사회복지사는 이러한 기대를 주로 언어적으로 표현하기도 하지만 때로 기관의 정책이나 지침에 따라 구체적인 문서로 작성해 놓을 수도 있다(엄명용 외, 2005).

또한 사회복지사는 면담의 물리적 조건에 대해서도 면밀히 검토하고 성공적인

면담을 위해 철저하게 준비해야 한다. 면담의 물리적 조건은 참여자들의 태도, 감정, 반응 등에 중요한 영향을 미친다. 가령 면담시간은 면담의 목적에 따라 다를 수 있지만 일반적으로 50분 정도가 적당하다. 더 길어질 경우 지루해하고 집중력이 떨어져 효과가 낮아지기 때문이다. 헵워스(Hepwoth)와 라슨(Larsen)은 생산적 면담의 물리적 조건으로 적절한 채광과 조명, 안락한 온도, 넓은 공간, 어울리는 가구와 실내장식 등을 편안히 받쳐주는 의자, 비밀을 이야기할 수 있을 정도의 독립적 공간, 방해받지 않는 분위기, 참여자들 사이의 개방적 공간 등을 말했다(Hepwoth & Larsen, 1986).

뿐만 아니라 사회복지사는 종종 서비스 이용자와 관계하고 있는 교사, 의사, 변호사, 심리치료사, 목사 혹은 신부, 스님 등과 수시로 연락을 취해야 할 경우가 있다. 특히 준비단계에서는 서비스 이용자가 이들 관련 전문가들과 어떤 상황에서 관여하고 있는지 가늠해 보고, 필요한 경우 서비스 이용자의 사전 동의를 얻어 이들의 전문 소견을 문서나 구두로 파악할 필요가 있다. 이들 가운데는 서비스 이용자를 사회복지기관에 의뢰한 전문가가 많으므로 의뢰 이유와 관심영역 등을 파악할 필요가 있다.

② 실제적인 면담준비 기술

실제적인 면담을 효과적으로 준비하기 위해 다음과 같은 7가지 기술을 제시하고자 한다(엄명용 외, 2005).

- 첫째, 미리 검토하기: 이는 서비스 이용자의 이전 기록과 기관의 정보를 검토하고 서비스 이용자의 기본적 배경, 가령 교육 정도, 연령, 결혼 여부 등을 검토하는 것이다. 하지만 사전검토로 인해 오히려 서비스 이용자에 대한 편견이나 선입견이 생길 가능성이 있으므로 이에 대한 주의가 필요하다.
- 둘째, 미리 탐색하기: 접수나 초기 면담을 담당한 사람이나 서비스 이용자를 의뢰한 사람 혹은 다른 기관의 전문가에게서 서비스 이용자와 그의 상황에 대한 질문을 통해 정보를 수집하는 것이다. 종종 서비스 이용자가 같은 기관의 다른 사회복지사로부터 서비스를 제공받았다면 이전에 서비스를 제공했던 동료 사회복지사로부터 정보를 수집하는 것도 이에 해당한다.
- 셋째, 미리 협의하기: 이는 슈퍼바이저나 동료에게서 조언을 구하는 것을 의미한다. 가령 우울증을 보이는 여자 청소년을 면담할 예정인 사회복지사는 우울

증 증상 및 잠재적인 자살 가능성을 파악하기 위한 질문목록을 슈퍼바이저, 동료와 협의해 볼 수 있다.

- 넷째, 미리 준비하기: 이것은 첫 면담을 위해 체계적인 준비를 하는 것이다. 예를 들어 약속시간을 확인하는 것, 면담실의 충분한 시간 확보, 비밀보장이 될 수 있는 공간 확보를 비롯하여 면담실의 사전예약, 가구배치, 그리고 필요한 경우 교통편의 및 주차, 장애인을 위한 편의시설 등과 관련한 준비를 한다. 나아가 대기실에 최신 잡지 등과 같은 읽을거리와 음료수, 간단한 그림 등을 비치함으로써 방문하는 서비스 이용자로 하여금 안락감을 가질 수 있도록 하는 준비도 이에 해당한다. 그리고 아동의 발달연령과 사회문화적 배경에 맞는 장난감과 그림 등도 비치할 수 있다.
- 다섯째, 문제 상황을 미리 예상하여 공감하기: 서비스 이용자가 초기 면담에 오기 전이지만 서비스 이용자가 겪을 수 있는 느낌이나 현재의 문제 상황에 민감하게 반응할 수 있도록 미리 예상하여 사회복지사가 공감을 해 보는 것이다.
- 여섯째, 자기 탐색과 자기 관리하기: 사회복지사 자신의 개인력을 파악하고, 자신의 특징, 욕구, 편견, 정서적 약점, 행동 양상 등을 이해하는 것이다. 이를 토대로 사회복지사의 개인 사정이 전문가로서의 의무와 서비스 전달에 방해가 되지 않도록 자기 관리를 하는 것이다. 가령 집안 문제로 업무에 집중하기 어려우며 서비스 이용자와의 면담에 있어서도 집안 문제가 자꾸 떠오르면 사회복지사는 서비스 이용자에게 양해를 구하고 면담을 취소하거나 재조정하는 것 등을 포함한 적절한 조치를 취하여야 한다.
- 일곱째, 미리 계획 수립하고 기록하기: 이것은 사회복지사가 면담 전에 면담의 목적과 목표를 검토하고, 면담에서 논의할 주요 과제를 임시적으로 설정하는 것을 의미한다.

③ 면담의 유형

면담에는 면담의 목적에 따라 정보수집을 위한 면담, 정보제공을 위한 면담, 사정을 위한 면담, 치료 혹은 변화를 위한 면담이 있다(Zastrow, 1995).

- 정보수집을 위한 면담: 서비스 이용자의 개인적 · 사회적 문제와 관련된 사회적 배경이나 개인의 성장발달사에 관한 정보를 얻기 위한 면담이다. 면담의 목적은 서비스 이용자의 배경을 앎으로써 문제를 더 잘 이해하는 데 있다. 정보

수집 면담은 서비스 이용자의 유형, 문제 영역, 기관의 성격에 따라 초점이 달라질 수 있다. 정보를 수집할 때 파악해야 할 항목은 다음과 같다.
첫째, 일반적 사항(나이, 성별, 학력, 결혼상태, 주소 등), 둘째 현재 문제(현재 문제 상황, 현재 문제와 관련된 과거력 등), 셋째 가족력(서비스 이용자의 원가족과의 관계, 부모형제관계, 부부관계, 자녀관계 등), 넷째 개인력(아동기 성장과정, 발달단계상의 문제, 학교생활, 교우관계, 직장생활, 결혼생활 등), 다섯째 사회적 · 직업적 기능(서비스 이용자의 사회적 기능, 직업적 기능 정도 등)이다.

- 정보제공을 위한 면담: 때로는 서비스 이용자에게 정보를 제공해 주기만 해도 문제해결에 큰 도움이 되는 경우가 있다. 이렇게 정보를 제공해 주는 것을 목적으로 진행되는 면담을 정보제공을 위한 면담이라고 한다.
- 사정을 위한 면담: 어떤 서비스를 제공할지 의사를 결정하는 면담이다. 정보수집 면담보다 목적지향적인 특성이 있다. 서비스 이용자가 처해 있는 현재 문제 상황, 문제해결 목표, 목표를 달성하기 위해 어떤 개입방법을 선택해야 할지 등을 결정하게 된다.
- 치료 혹은 변화를 위한 면담: 서비스 이용자가 변할 수 있도록 돕기 위한 면담이다. 서비스 이용자에게 자신감, 자기효율성을 강화하고, 필요한 기술을 훈련하며 문제를 해결할 수 있는 능력을 키우는 것 등이 목적이다. 환경을 바꿀 목적으로 면담하는 경우도 있다. 서비스 이용자와 관련 있는 중요한 사람들 혹은 서비스 이용자의 이익과 권리를 옹호하고 대변할 수 있는 사회복지기관, 지역사회, 공공기관, 관련 공무원 등과 면담한다.

물론 모든 면담이 반드시 이러한 분류로 구분될 수 있는 것은 아니며 서로 중복되는 면담이 많다. 그러나 무엇에 초점을 더 두는가에 따라 면담의 목적이 달라질 수 있으므로 이에 대한 사전 고려가 필요하다. 예를 들어 사회복지사의 서비스 이용자 면담이 서비스 이용자의 심리적 고통을 감소시키기 위한 것인지, 생계수단만을 강구하기 위한 것인지, 이혼을 위한 법률적 조언을 구하러 온 것인지, 가정 폭력의 피해자로서 재발방지책을 모색하기 위한 것인지, 아니면 자신의 성격변화 및 자아성장을 위한 것인지 등에 따라 면담의 방향은 달라지게 된다. 따라서 서비스 이용자가 '지금 여기서' 얻기를 원하는 것이 무엇인지를 정확히 파악하고 그에 대한 해결방안을 강구해 봄으로써 면담의 목적을 명료하게 할 필요가 있다(엄명용 외, 2005).

(2) 면담 시작기술

대학과 대학원에서 사회복지를 전공한 사람이라 하더라도 막상 서비스 이용자 앞에 처음으로 앉게 되면 어떻게 시작하고 어떻게 진행해 나가야 할지 몰라 당황하기 십상이다. 문제는 사회복지실천 개입을 할 때, 길잡이가 되어 줄 면담 시작기술을 충분하게 습득하지 못했다는 데에 있다. 그러므로 예비사회복지사는 면담에 대해 확실하게 알고 면담을 활용할 수 있는 능력을 키운 후에 사회복지실천 현장에 나가야 할 것이다(이준우, 2003). 사회복지사가 사회복지실천 서비스를 제공한다는 것은 거의 대부분 서비스 이용자와 만나게 된다는 것을 의미한다. 그리고 만나는 순간 의사소통의 흐름은 이미 시작되는 것이다. 사회복지사는 서비스 이용자를 면담하러 가는 중에 이미 무엇을 말해야 할 것이며, 악수를 해야 할 것인지 말 것인지, 어느 수준으로 만나야 할지 등을 생각하고 어느 정도 윤곽을 정해 놓아야 할 필요가 있다(Conrnoyer, 2000)

간혹 사회복지사는 면담 장소로 가는 도중에 서비스 이용자를 만나서 함께 면담 혹은 상담실로 가게 될 수 있다. 그 때에도 이미 면담은 시작된 것이다. 헤인(Hein)이라는 사회복지사는 이렇게 말했다(Hein, 1973; 엄명용 외, 2005 재인용).

> "우울해 보이는 T양과 함께 걸으면서 나는 왜 그녀의 걸음걸이가 느린지, 그녀의 모습이 어째서 의기소침해 있는지를 알기 위해 지켜보았다. 그녀의 차려입은 모든 것에서 그녀의 그날 기분이 어떤지를 나에게 알려주었다."

한편 서비스 이용자를 면담실 혹은 상담실이나 사무실로 초대하는 사회복지사는 서비스 이용자로 하여금 편안하게 면담에 임할 수 있도록 관심을 표현해 줌으로써 친밀감과 쾌적함을 사회복지사와 서비스 이용자가 함께 느낄 수 있게끔 할 수 있다. 서비스 이용자를 편안하고 따뜻하게 맞이하는 방법 가운데 하나는 날씨 혹은 기관에 찾아오는 과정에서의 어려움(예 주차문제, 교통편의 등)을 말하거나, 옷을 벗어 걸어주는 것, 자리를 권하는 것 등과 같은 비공식적인 대화나 행동으로써 시작하는 것이다. 이러한 비공식적인 대화나 행동을 얼마나 오랜 시간 동안 할 것인가는 사회복지사의 직관력에 달려 있다. 지나치게 짧게 하는 것은 금방 넘어간다는 느낌을, 지나치게 길게 하는 것은 불필요한 대화나 행동에 시간을 낭비하는 것과 같은 느낌을 갖게 한다.

① 첫 면담에 대한 불안

사회복지실천 과정에서 첫 면담은 사회복지사와 서비스 이용자 모두에게 다양한 감정과 반응을 불러일으킨다. 더욱이 누군가에게 도움을 요청한다는 측면에서 서비스 이용자는 도움 요청에 대한 양가감정을 갖게 되며, 어디서부터 문제 상황을 설명해야 할지 당황해하고 혼란스러워 할 수 있다. 즉, 문제해결에 대한 희망을 가지면서도 한편으로 사회복지기관으로부터 문제해결에 실질적인 도움을 받을 수 있을지 그리고 자신의 문제 상황을 이해하고 수용할 수 있을지 등 갖가지 의문을 갖게 된다(Conrnoyer, 2000). 한편 첫 면담은 사회복지사와 서비스 이용자 모두 상대방에게 첫인상을 심어 준다는 측면에서 후속 면담 및 관계형성 그리고 문제해결 및 서비스의 효과성에 많은 영향을 줄 수 있다. 또한 성공적인 첫 면담은 조기종결이나 중도탈락을 예방할 수 있는 기회를 제공할 뿐만 아니라 비자발적이거나 서비스 참여 의지가 미약한 서비스 이용자의 참여 동기를 강화할 수 있기 때문에도 매우 중요하다.

② 면담의 시작

면담의 시작단계는 접수, 치료관계의 착수, 면담시간의 처음 진입 등이라고 볼 수 있다. 이 단계에서 사회복지사는 첫째, 자기소개, 둘째 서비스 이용자에게 서비스 이용자 자신 및 동행인에 대한 소개를 요청하기, 셋째 첫 면담의 목적 설명하기, 넷째 서비스 이용자의 역할 설명하기, 다섯째 기관의 정책 및 윤리적 요건에 대해 설명하기, 여섯째 피드백 요청하기 등과 같은 과업을 수행하게 된다(Conrnoyer, 2000). 사회복지사가 첫 면담에서 처음으로 해야 할 것은 자기를 소개하는 것이다. 때로 자기소개가 사회복지사의 사무실이나 면담 혹은 상담실에서 이루어지기도 하지만 서비스 실천 대기실에서 이루어질 수도 있다. 사회복지사는 자신의 성명, 소속기관 및 부서 그리고 직위 등에 대해 간략하게 소개한다. 흔하진 않지만 서비스 이용자 가운데는 사회복지사의 학력과 출신학교, 자격증 소지여부에 대해서 꼬치꼬치 묻는 경우도 있다. 이러한 상황에서 사회복지사는 솔직하게 답하는 것이 좋다. 이와 관련해서 사회복지사가 염두에 두어야 할 것은 사회복지사의 학력, 출신 학교, 자격증에 대한 서비스 이용자의 질문이 갖는 상징적 의미를 파악하는 것이다. 즉, 서비스 이용자는 사회복지사가 전문가로서 자격을 갖추었는지, 신뢰할 수 있는 사람인지를 확인하려는 의도가 있다. 사회복지 실습생일 경우에는 학생 신분인 점과 실습기간을 명료하게 설명하여 후에 오해의 소지가 없도록 해야 한다.

자신의 소개가 끝나면 서비스 이용자에게 서비스 이용자 자신 및 함께 온 동행인(예 가족)에 대해 소개해 줄 것을 요청한다. 접수 양식과 사전 전화통화를 통해 방문할 서비스 이용자에 대해 알고 있다면 기관을 방문한 사람의 이름을 확인해 보고 인사를 나눈다. 문화적 특성상 대체로 연령을 고려하여 연장자의 순으로 인사를 나누는 것이 상례이다. 경우에 따라서는 서비스 이용자와 동행인을 어떻게 부를 것인지 확인하는 것도 필요하다. 예를 들어, '제가 어머니라고 불러도 될까요?' 혹은 '제가 김 선생님이라고 불러도 될까요?', '나이를 고려해 보니 내가 너를 ○○라고 불러도 될 것 같은데 괜찮겠니?' 등과 같은 확인이 필요하다(Conrnoyer, 2000).

서비스 이용자와 사회복지사 간에는 연령의 차이가 날 수 있다. 서비스 이용자가 아동이면서 부모가 동행하였을 경우 문화적인 특성상 '○○ 어머니', '○○ 아버지' 등으로 부르기도 한다. 또한 연하의 서비스 이용자에게는 일반적으로 낮춤말을 쓰지만 이것이 반드시 긍정적인 것은 아니다. 특히, 사회복지사가 아동을 대할 때는 발달적 · 교육적 측면이 강조될 수 있기 때문에 연하의 아동에게 존댓말을 쓸 필요도 있다. 예를 들어 "○○야, 이 크레용을 탁자 한편으로 치워 줄래?"와 "○○학생, 이 크레용을 탁자 한편으로 치워 줄래요?"는 매우 다른 어감을 가질 뿐만 아니라 듣는 아동에게도 예의범절을 자연스럽게 익힐 수 있는 기회를 갖게 한다(Conrnoyer, 2000).

자연스럽게 인사를 마치면 사회복지사는 면담의 목적을 설명한다. 면담의 목적에 대한 설명을 통해 사회복지사는 서비스 이용자로 하여금 적절히 기대를 갖게 하고, 불필요한 혼동과 막연한 불안을 해소할 수 있다. 면담목적의 설명은 가급적 직접적이고 분명하면서도 부드럽게 진행되어야 한다.

서비스 이용자가 기관을 처음 방문하여 첫 면담을 할 때에는 많은 불안감이나 불확실한 느낌을 갖게 된다. 따라서 사회복지사는 첫 면담에서 서비스 이용자의 불안감을 감소시킬 수 있도록 노력할 필요가 있다. 이를 위해 사회복지사는 첫 면담을 구조화시키는 방법을 고려해 볼 수 있다. 즉, 첫 면담이 어떻게 진행될 것이고, 몇 분간 진행될 것이며, 첫 면담에서 행할 과업은 어떤 것이 있다는 점을 설명해 준 후에 본격적인 면담을 시작하는 것이다. 또한 사회복지사가 서비스 이용자의 역할과 서비스 이용자에 대한 기대를 설명하면 이러한 불안이나 불확실한 느낌을 감소시킬 수 있다. 이 과정에서 사회복지사는 서비스 이용자와 기본 사항을 점검할 수 있다.

면담을 시작할 때에 점검하는 기본 사항은 사실 면담 이전의 준비단계에서 미리 살펴본 내용 중에서 선택한 것이라 할 수 있다. 가장 많이 점검하는 항목들을 살펴보면, 다음과 같다(Conrnoyer, 2000). ㉠ 면담을 위해 시간약속을 꼭 해 줄 것과 꼭 지킬 것, ㉡ 시간약속을 취소할 경우에는 반드시 24시간 이전에 사전 통보해 줄 것, ㉢ (해당되는 경우) 합의된 상담료를 납부해 줄 것, ㉣ 서비스 이용자의 상황변화를 사회복지사에게 알려서 논의해 줄 것, ㉤ 사회복지사가 활용하는 이론적 접근방법에 따라 서비스 이용자에게 과제를 내줄 수 있으므로 이를 성실히 수행해 달라고 요청할 것 등이 있다.

사회복지사는 기관의 정책 및 윤리적 요소를 설명할 의무가 있으며, 이를 첫 면담에서 실행할 필요가 있다(Conrnoyer, 2000). 사회복지사는 기관에 대해 간략하게 설명한다. 예를 들어, "저희 복지관은 ㅇㅇ가 필요로 하는 서비스를 제공해 주는 기관으로, 아시다시피 ㅇㅇ가 사시는 이 지역에 위치하고 있습니다. 저희 복지관은 ㅇㅇ시에서 위탁을 받아 ㅇㅇ사회복지법인에서 운영을 하고 있습니다." 등과 같이 간략하게 설명할 필요가 있다.

그런 다음 기관의 서비스 수혜자격과 요건, 수혜기관, 전달방법, 절차, 후속조치 등에 대해 서비스 이용자가 이해할 수 있는 수준으로 충분히 설명하고, 이를 이해했는지 피드백을 받을 필요가 있다.

한편 윤리적 요소들 가운데는 비밀보장이 가장 중요한 과제일 수 있다(Conrnoyer, 2000). 외국에서는 사회복지사의 비밀보장이 지켜질 수 없는 경우를 ㉠ 아동학대가 발생하는 경우, ㉡ 서비스 이용자에게 자해(예 자살시도)의 위험이 있는 경우, ㉢ 서비스 이용자가 타인을 해칠 위험이 있는 경우, 그리고 ㉣ 서비스 이용자가 사회복지사와 기관을 대상으로 소송을 제기했을 경우로 제한하고 있다. 그리고 아동학대, 자살 혹은 타인에게 해를 끼칠 경우에는 생명존중과 안전의 원칙에 따라 해당기관이나 당사자에게 알려 줄 의무를 갖고 있다. 하지만 불안한 마음으로 첫 면담에 임하는 서비스 이용자가 이러한 윤리적 요소를 충분히 이해하는 것은 어려울 뿐만 아니라 처음 기관을 찾은 목적이 이러한 요소들과 거리가 있으면 더욱 자신과는 상관없다고 여길 수 있다. 그러나 서비스 제공 과정에서 서비스 이용자는 다양한 문제를 사회복지사에게 가져올 수 있으며, 이 과정에서 위의 경우 중 마지막을 제외한 세 가지 경우와 같은 문제가 종종 발생한다. 이때 윤리적 요소를 상기시키면, 서비스 이용자는 첫 면담에서의 설명을 상기하기 어려울 뿐만 아니라 부인하기까지 하며, 사회복지사를 불신하여 전문적 관계에 심각한 손상을 가져올 수 있다.

이상과 같이 첫 면담을 통해 서비스 이용자의 상황에 대한 이해와 기관에 대한 설명을 마치면 사회복지사는 서비스 이용자에게 궁금증이나 의문점이 있으면 물어볼 것을 요청하고 이에 답해 준다.

(3) 실제적인 면담 기술

사회복지사들이 실제적으로 활용하는 면담 기술들에는 여러 가지가 있다. 여기에는 의사소통 기술, 질문기술, 공감(empathy)과 동정(sympathy)의 기술, 경청 기술, 탐색 기술, 부연설명 기술, 명료화 기술, 요약 기술, 초점유지 기술 등이 있다(이준우 · 이화옥 · 임원선, 2006; 엄명용 외, 2008; 이영호, 2008).

① 의사소통 기술

서비스 이용자와의 만남을 통해 수행되는 사회복지실천을 효과적으로 수행하기 위해서는 전문 인력에 어울리는 적절한 의사소통 기술이 필요하다. 이것은 변호사가 자신의 서비스 이용자를 변호하기 위해 재판관을 설득시키거나, 교사로서 학생들을 가르치기 위해 지식을 정확하게 전달하는 데 필요한 최소한의 의사소통 기술을 갖고 있어야 함과 같다. 또한 의사소통 기술은 사회복지사로서 활동하면서 같은 기관의 동료와 상사, 다른 기관의 관련 인사들, 회의나 발표회의 참석 등에서 정확한 의사소통을 할 수 있는 기술을 포함하고 있다(엄명용 외, 2005).

쉐퍼(Scheafor, 1997)는 효과적인 의사소통을 위해 다음과 같은 몇 가지 준비 사항을 지적하고 있다.

첫째, 모든 사람은 주변의 사건이나 정보를 그들 나름대로의 독특한 방식으로 받아들이는 경향이 있으므로 모든 의사소통에서는 어느 정도의 오해가 있을 수 있음을 예상하고 그러한 오해나 잘못된 의사소통이 최소화될 수 있도록 하기 위한 조치를 준비해야 한다.

둘째, 다른 사람이 이해하기 쉽도록 자신의 생각을 가다듬어 효율적으로 표현하고자 하는 의지를 가져야 한다.

셋째, 다른 사람이 하고자 하는 말을 있는 그대로 듣기 위해서 자신의 방어 기제를 낮추려고 하는 의지를 가져야 한다.

넷째, 자신에게 말하고 있는 사람의 말을 주의 깊게 들으려 해야 한다.

다섯째, 자신의 생각, 느낌, 행동에 대해 책임지고자 하는 의지가 있어야 한다.

여섯째, 상대방을 이해하고 이해시키기 위한 충분한 시간을 확보하고자 하는 의지가 있어야 한다.

사회복지사가 서비스 이용자와 면담을 하고 있다는 것은 엄밀하게 말하면 메시지를 서로 주고받고 있다는 것을 의미한다. 사회복지사는 메시지를 잘 전달하여야 하고, 동시에 서비스 이용자가 던지는 메시지를 잘 이해할 수 있어야 한다(이준우, 2004).

사회복지사로서 메시지를 전달하는 입장에서는 다음과 같이 준비를 하도록 한다(엄명용 외, 2005).

첫째, 분명하고 단순한 언어를 사용한다. 또렷하게 이야기하되 너무 빨리 말하지 않는다.

둘째, 언어적 표현과 비언어적 표현을 적절하게 구사한다.

셋째, 듣는 사람이 자신의 말을 잘 따라오고 쉽게 이해할 수 있도록 길고 복잡한 메시지는 여러 부분으로 나누어서 이야기한다.

넷째, 이야기한 후 상대방이 의견을 피력하거나, 질문하거나, 피드백을 제공할 수 있는 시간을 주어 자신의 말이 제대로 전달되었는지를 확인한다.

다섯째, 자신의 말을 어떻게 전달할 것인지를 미리 계획한다(메시지의 중간부분이 왜곡될 가능성이 가장 높으므로 중요한 포인트는 말의 맨 앞 또는 맨 뒷부분에 둔다).

여섯째, 자신을 분명하게 소개한다.

일곱째, 의사소통의 목적을 분명히 설명한다.

여덟째, 상대방의 불분명한 비언어적 의사소통을 확인한다.

아홉째, 자신이 듣고 이해한 것을 이야기해서 정확하게 이해했는지 확인한다.

열 번째, 불분명한 언어는 확인한다.

열한 번째, 질문에는 분명하게 답한다.

② 질문 기술

면담과정에서 질문은 매우 중요한 기술 가운데 하나이다. 질문을 하는 것은 이에 대한 답을 얻기 위한 것이다. 또한 질문을 하는 것은 사회복지사가 서비스 이용자가 말하는 내용이나 생각, 감정에 귀를 기울이고 있고, 이들이 중요함을 질문을 통하여 표현할 수 있다. 사실 사회복지사가 서비스 이용자로부터 듣는 대답은 모두 질문에 대한 답변이라고 해도 과언이 아니다. 정확한 답을 찾으려면 우선 정확한 질문을 해야 한다고 본다. 그만큼 질문은 중요하다(이준우, 2004). 또한 질문하기는 반영적 고찰(self-reflection)을 자극하는 한 방법이 된다. 사회복지사의 훌륭한 질문은 반드시 서비스 이용자의 생각을 자극한다.

즉, 사회복지사가 서비스 이용자의 사고에 근거한 질문을 하게 되면 서비스 이용자는 질문을 받음으로써 사고의 확장이 일어나고 경우에 따라서는 자기결정 능력이 강화될 수도 있다(Trevithick, 2000). 나아가 질문을 하는 동안 사회복지사는 적극적 경청의 기술을 활용하여 서비스 이용자의 대답을 명확하게 이해하고 이에 대한 피드백을 제공해 줄 수 있다(Conrnoyer, 2000).

일반적으로 질문은 '언제(when)', '어디서(where)', '누가(who)', '무엇을(what)', '왜(why)', '어떻게(how)'의 육하원칙에 따라 하게 된다. 그리고 질문은 크게 개방형 질문과 폐쇄형 질문으로 나눌 수 있다. 이들 질문들은 상황에 따라 유용하게 사용될 수 있지만, 질문에 따라 한계를 가질 수 있다. 따라서 여기서는 우선 폐쇄형 질문과 개방형 질문, '무엇' 질문에 대해 살펴보고 이들 질문을 활용할 때, 유의해야 할 점을 알아본다.

첫째, 폐쇄형 질문이다.

폐쇄형 질문은 '예-아니요'로 답할 수 있거나 혹은 이름, 주소, 연령 등과 같은 아주 간략한 답을 할 수 있는 질문이다. 폐쇄형 질문을 하면 정보를 한 조각 얻어낼 수 있지만 설명은 더 이상 이어지지 않는다. 다음과 같은 질문이 폐쇄형 질문의 예가 될 수 있다.

- 그 모임은 언제 시작하죠?
- 간식은 얼마나 많이 필요한가요?
- 보고서를 끝냈습니까?
- 복지관까지 차를 태워줄 수 있나요?
- 음식을 데워 드릴까요?

폐쇄형 질문은 시간이 제약된 상황에서 사실이나 자세한 정보를 얻고자 할 때, 그리고 위기 상황에서 신속하게 정보를 얻고자 할 때 활용하는 것이 유용하다(Cournoyer, 2000; Trevithick, 2000). 이 질문기법을 활용할 때는 면담을 집중해서 하거나 새로운 주제에 대해 말할 때, 혹은 면담의 방향을 전환시킬 때, 민감한 주제나 감정에 다가가거나 벗어나려고 할 때, 면담의 속도를 줄이고자 할 때, 그리고 빠뜨린 내용을 확인하고자 할 때, 사용할 수 있다. 예를 들면 다음과 같다.

- 그 주제에 대해서는 이미 결정이 난 것 아닌가요?
- 지금 상담을 하다가 맞지 않아 취소하면 상담료를 돌려줄 수 있습니까?
- 그렇다면 우리가 동의를 한 건가요?
- 사정보고서에 언제 서명을 하시겠습니까?

그러나 폐쇄형 질문으로 모든 일을 해결할 수는 없다. 폐쇄형 질문은 질문을 하는 사회복지사나 응답하는 서비스 이용자의 사고를 자극하지 않는다. 그리고 대화가 계속 이어지지 않는다. 처음 만나는 서비스 이용자에게 몇 가지 폐쇄형 질문을 해보면 대화가 얼마나 삭막하고 어색해지는지 알 수 있다.

- 어디에 사십니까?
- 무슨 일을 하십니까?
- 치즈를 넣은 라면을 싫어하나요?
- 오늘 신문 머리기사를 보셨나요?

폐쇄형 질문기법은 질문을 하는 사회복지사에게 더 많은 책임이 지워지기 때문에 질문을 선택하고 구성할 때와 답을 들을 때 신중을 기해야 한다.

이 질문기법의 단점은 집중해서 질문하고 답해야 하기 때문에 쉽게 지치고, 문제를 다양하게 탐색해 볼 기회가 줄어든다는 점이다. 특히 폐쇄형 질문의 커다란 약점은 질문에 대해서 서비스 이용자가 매우 제한된 범위 내에서 응답한다는 점이다. 이러한 형태의 질문은 형사나 검사가 범인을 취조하는 것과 같은 딱딱한 인상을 주게 되어 서비스 이용자가 마치 심문 당하는 느낌을 갖게 하므로 조심해서 사용해야 한다. 즉, 단답형, 심문형의 질문과 함께 면담과정이 서비스 이용자에게 상당히 위협적일 가능성이 있는 점과 딱딱하고 답답한 진행으로 인해 면담이 지루해질 가능성이 높기 때문에 주의를 요한다. 따라서 이 질문기법은 초기보다는 종반에서 지금까지 언급되지 않은 중요 정보를 확인해서 정리할 때 사용하는 것이 바람직하다.

이 질문기법의 또 다른 약점은 특정 주제에 지나치게 집중함으로써 면담의 방향을 전혀 다른 방향으로 이끌 수 있다는 점이다(Trevithick, 2000). 그래서 질문을 받는 서비스 이용자는 당황해 하고 자신들의 경험이나 고통이 자칫 왜곡되거나, 무시되거나 혹은 유형화되는 느낌을 갖게 된다. 이러한 점에서 사회복지사는 면담 전후에 걸쳐 폐쇄형 질문의 유용성에 대해 서비스 이용자와 얘기를 나눌 필요가 있으며, 개방형 질문이 보다 덜 억압적이고 덜 차별적인 점을 기억할 필요가 있다. 이렇게 폐쇄형 질문기법은 상당한 약점을 갖고 있다. 그러나 사회복지사가 서비스 이용자에 대한 구체적 정보를 필요로 할 때나 서비스 이용자가 당황하거나 정신이 혼미하여 말에 초점이 없을 경우 구술의 초점과 방향을 유도하기 위한 어느 정도의 구조가 필요할 경우 요긴하게 사용될 수 있다.

폐쇄형 질문은 자신감이 결여되어 있는 서비스 이용자를 대상으로 활용하기 좋다. 특히 이들 가운데는 타인을 신뢰하지 못하거나, 말이 적은 사람 혹은 자신의 생각과 감정을 표현하기 어려운 사람들이 있을 수 있다. 또한 심각한 정신적 외상이나 사고를 경험한 서비스 이용자는 개방형 질문에 답하기 어려워할 수 있으며, 오히려 폐쇄형 질문에 상대적으로 잘 대답할 수 있게 된다. 그러므로 사회복지사는 서비스 이용자의 개인차를 고려하여 적절한 질문을 해야 할 것이다.

둘째, 개방형 질문이다.

이 질문기법은 서비스 이용자에게 선택의 자유를 주고, 자신의 생각이나 감정을 자유롭게 표현할 수 있도록 한다. 나아가 서비스 이용자는 자신이 원하는 속도나 시간에 맞춰 답을 할 수 있으며, 특정 문제나 염려에 대해 응답을 할 것인지 아닌

지에 대한 선택의 자유도 있다(Trevithick, 2000). 따라서 이 질문은 서비스 이용자가 하고 싶은 말을 자율적으로, 충분히 하게 함으로써 많은 정보를 수집할 수 있는 장점이 있다. 왜냐하면 개방형 질문은 심층적인 대답을 요구하는 질문기법이기 때문이다. 다음의 예를 보면 보다 쉽게 이해할 수 있을 것으로 본다(이준우, 2005).

- 이 행사의 주최자를 어떻게 아십니까?
- 이번 면담을 어떻게 생각하십니까?
- 지난번 직장에서 어떤 일을 했나요?
- 우리 복지관에 대해 무엇을 알고 있죠?
- 이 일을 좀 더 잘 하려면 어떤 점을 바꿔야 할까요?
- 어떻게 그런 결정을 내리게 되었나요?
- 댁의 자녀들에 대해 말씀해 주시겠습니까?
- 그 사건으로 인해 남편이 받은 충격 혹은 피해 같은 것은 어떤 것이 있나요?
- 남편은 어떻게 반응하셨나요?

이러한 개방형 질문을 하면 스스럼없는 대화가 이어지며, 폐쇄형 질문을 연달아 할 때처럼 상대방에게 심문하는 느낌을 주지 않는다. 사람들은 자기 자신과, 자신의 감정과 의견에 대해 이야기하기를 좋아하는데, 개방형 질문은 이 모든 것을 허락한다.

또한 개방형 질문은 질문에 대한 답을 함에 있어 답변 내용의 제한받는 범위 정도가 다를 수 있다. 따라서 사회복지사는 개방형 질문을 사용하는 경우라 할지라도 막연한 질문에서 보다 구체적인 질문으로 범위를 좁혀 가면서 구체적인 정보를 탐색할 수 있다. 서비스 이용자가 막연한 정보를 제공할 경우 초점을 좁혀 가는 방법을 적절히 사용하면 서비스 이용자의 상황 파악을 보다 명확히 해 나갈 수 있다. 이러한 기술은 명료화 기술과도 깊은 관련이 있다.

그런데 이토록 좋은 개방형 질문을 사회복지사는 왜 자주 사용하지 않는 것일까? 그 이유는 질문하는 기술을 배우지 못했고, 면담 현장에서 아무 생각 없이 질문하기 때문이다. 실제로 개방형 질문을 하려면 좀 더 생각이 필요하고 대답에 주의를 기울여야 한다.

하지만 폐쇄형 질문을 개방형 질문으로 바꾸는 것은 그다지 어려운 일이 아니다.

다음과 같이 '어떻게, 무엇을, 할 수 있다' 등과 같은 단어를 한두 마디만 덧붙이면 개방형 질문이 된다.

폐쇄형: 내가 도와줄까요?
개방형: 내가 무엇을 도와줄까요?

폐쇄형: 그 상담을 끝내지 않았습니까?
개방형: 그 상담을 끝낼 수 없었던 어떤 이유가 있었습니까?

폐쇄형: 내가 전에도 그렇게 말하지 않았나요?
개방형: 당신을 이해시키려면 내가 어떤 식으로 말해야 했을까요?

한편 개방형 질문에 대한 우려 섞인 견해도 있다(이준우, 2004). 이 견해에 의하면 면담 초기에는 개방형 질문을 많이 사용하는 것이 좋다고 한다. 하지만 개방형 질문은 자신의 생각이나 감정을 언어로 표현하는 데 익숙하지 않은 서비스 이용자들에게는 오히려 위협이 되거나 불안감을 야기할 수 있다는 것이다. 따라서 이러한 서비스 이용자들은 답을 해야 한다는 압박감으로 인해 자신들의 생각이나 감정을 충분히 언어적으로 표현하지 못할 수도 있을뿐더러 추측을 하여 대답할 가능성이 많다는 것이다. 이는 면담의 본 목적에서 벗어나는 것으로 주의를 요한다. 또한 일부 서비스 이용자는 개방형 질문에 답하면서 한편으로 자신의 무지나 무식을 두려워할 수도 있다.

따라서 사회복지사는 개방형 질문과 폐쇄형 질문을 다양하게 혼합하여 사용하는 것이 좋으며, 서비스 이용자가 성취하고자 하는 것이 무엇인지 그리고 면담이 이를 성취하는 데 어떤 도움이 될 것인지를 늘 파악하고 있어야 한다. 그리고 질문을 하기 전, 서비스 이용자의 권리 및 수집된 정보에 대한 기관의 정책(비밀보장)을 알려줌으로써 서비스 이용자가 안심할 수 있도록 하는 것도 중요하다.

셋째, '무엇' 질문하기

이 기법은 질문하기 가운데 가장 많이 활용되는 기법이자 가장 중요하게 취급되어야 할 기법이다. 이 기법의 가장 큰 이점은 '무엇'을 구성하는 요소가 매우 불특정하기 때문에 서비스 이용자가 원하는 문제나 주제에 관해 자유롭게 선택하거나 논의할 수 있다는 점이다(Trevithick, 2000). 또한 과거보다는 현재에 초점을 두면서 필요한 경우에 한해서 과거에 관한 질문을 할 수 있다는 점에서 매우 큰 이점이 있다(Lishman, 1994).

반면 면담시간이 충분하지 않을 때는 '무엇' 질문기법을 통해 과거를 탐색해 볼 수 있는 시간이 적기 때문에 이 기법은 유용하지 못할 수 있다. 즉, 시간이 촉박한 상황에서 과거의 문제가 현재의 문제에 어떤 영향을 주는지 파악하기 어려울 뿐만 아니라 과거 혹은 현재의 문제를 어떻게 해결하거나 교정할 것인지 불분명해진다.

나아가 과거에 대한 탐색은 실제 현재에서 일어나고 있는 일에 대한 논의를 회피하게 한다(Trevithick, 2000). 그리고 '무엇'을 선택할지 혼돈에 빠져 있는 서비스 이용자나 궁극적으로 문제 상황에 대해서는 논의하기를 꺼려하면서 논의의 핵심을 벗어난 주변적인 주제를 서비스 이용자가 선택할 가능성이 있기 때문에 자칫 시간을 낭비할 가능성이 있다.

앞서 지적하였듯이, '무엇'의 질문은 광범위한 주제를 자유롭게 선택할 수 있는 기회를 제공하기 때문에 유용할 뿐만 아니라 과거, 특히 문제를 지금까지 끌어온 요인이나 타인에 대한 과거를 탐색할 수 있기 때문에 유용하다. 다음은 '무엇' 질문의 예를 제시한 것이다.

- 무슨 일이 일어나고 있나요?
- 이 문제를 지속시키는 것은 무엇인가요?
- 이 부분적인 문제가 전체적인 문제와는 무슨 관계가 있나요?
- 이 문제를 해결하기 위해서는 무엇이 이루어져야 한다고 생각하나요?
- 변화를 유지하기 위해서는 무슨 일이 행해져야 하나요?
- 개입방법이나 접근방법에서 무엇이 효과적이었다고 생각하나요?

넷째, 질문할 때 주의할 점은 다음과 같다.

질문 기술에서 주의할 점은 여러 가지가 있는데, 첫째 폐쇄형 질문의 사용, 둘째 유도질문의 사용, 셋째 '왜' 질문의 사용, 넷째 이중 혹은 중첩 질문의 사용, 다섯째 모호한 질문의 사용 등이 있다(Kadushin, 1990; Scheafor et al., 1997).

폐쇄형 질문의 사용과 장단점에 대해서는 앞서 기술하였기 때문에 이를 제외한 나머지에 대해 구체적으로 살펴보고자 한다.

- 유도질문은 일정 방향으로의 응답을 유도하기 위해 질문하는 것을 말한다. 따라서 질문자는 자신이 원하는 대답을 서비스 이용자가 할 수 있도록 질문을 구성하게 된다. 예를 들어 "선생님은 찾아뵈었겠지요?", "학교에 찾아가지도 않은 것은 부모로서 아들에 대해 너무 무관심했던 것 아닌가요?"
  이러한 유형의 질문들은 주어신 상황 하에서 서비스 이용자가 가졌던 가정이나 생각을 솔직히 드러내도록 돕기보다는 방어적인 입장에서 또는 사회복지사의 비위를 맞추기 위해 솔직하지 않은 답을 하도록 압박을 가할 수 있다. 따라서 이 질문은 상당히 위협적이며 모욕적일 수 있으므로 피해야 한다.
- '왜' 라는 용어는 책임을 추궁하거나, 몰아세우는 인상을 주며, 모르는 상황에 대해서 답변을 강요할 수 있으므로 가급적 피해야 한다. 이 질문은 서비스 이용자의 행동을 정당화하도록 무언의 압박을 가하기 쉬워 서비스 이용자를 방어적인 자세로 전환시킬 수 있다. 대부분의 서비스 이용자는 자신의 행동은 물론 타인의 행동 또는 감정에 대한 정확한 이유를 잘 모른다. 따라서 '왜' 라는 질문을 받을 경우 짐작으로 대답하거나 사회적으로 용인될 수 있는 답을 하게 된다.
  '왜' 라는 용어보다는 "어떻게(how) 해서 그런 일이 벌어졌습니까?", "그렇게 행동하도록 하게 한 것은 무엇이었지요?", "주로 언제 그런 행동을 하게 되지요?" 등 다른 의문 부사를 사용하는 것이 서비스 이용자의 방어적 자세를 예방하고 심판받는 느낌을 감소시키며 보다 솔직하고 자연스러운 답변을 유도할 수 있다.
- 중첩 질문을 삼가야 한다. 중첩 질문은 한 문장 속에 여러 가지 내용의 질문이 섞여 있는 것을 말하는데, 한 가지씩 분리해서 하나하나 질문하는 것이 바람직하다. 예를 들어, "말씀을 들어 보니 아들이 학교에 가지 않는 것이 걱정이군요. 아드님이 학교에 가지 않은 것이 얼마나 되었나요? 학교에 가지 않을 때 아드님이 무엇을 하죠? 학교에서는 어떤 반응을 보이나요? 아드님이 어떤 친구들과 주로 시간을 보내는지 알아보셨나요? 학교에 가지 않는 것이 학교에 대한 불만 때문인가요 아니면 가정에 대한 불만 때문인가요?"
  서비스 이용자는 사회복지사의 이러한 질문에 순서대로 조리 있게 대답하기보다는 서비스 이용자가 대답하기 편한 질문에 우선적으로 대답하게 되므로,

사회복지사가 원하는 답 가운데 일부분만을 얻는 것이 된다.

- 모호한 질문은 대명사를 많이 사용하거나 혹은 상황에서 벗어난 질문을 할 때 많이 발생한다. 모호한 질문은 특히 대인관계가 복잡한 상황에서 누가 누구와 어떤 관계 속에서 문제가 발생하였는지 파악할 때 많이 발생한다. 따라서 이러한 문제를 피하기 위해서는 질문이 구체적일수록 좋다. 예를 들어, "당신에 대해서 말씀해 주세요."라고 하는 것보다는 "당신의 장단점에 대해서 말씀해 주세요."라고 하는 표현이 보다 구체적이다.

다섯째, 유용한 질문의 예: ~라는 사실에 대해 어떻게 생각하세요?/가장 큰 장애물은 무엇이라 생각하세요?/어떻게 반응하셨어요?/그녀에게 무엇을 말할 것인지 생각해 보셨나요?/무엇이 최선이라고 생각하세요?/예를 든다면?/그것이 효과가 없다면 무엇을 할 생각이세요?/이것이 선생님에게 어떤 영향을 주었나요?/이것이 상황을 어떻게 변화시켰나요?/그 외에 다른 것이 있나요?/어떤 방식으로 할 예정이세요?/그것이 일어난 이유를 무엇이라고 생각하세요?/이제 어떻게 하실 건가요?/지금은 상황이 어떻게 보이나요?/그 예를 좀 들어주시겠어요?/지금 무슨 일이 벌어지고 있나요?/지금 그것은 어떻게 되어가고 있나요? 등을 들 수 있다.

③ 공감 및 동정

좋은 관계를 형성한다는 것은 타인과의 공감(empathy) 혹은 감정이입에서 시작한다고 해도 과언이 아니다. 공감을 효과적으로 활용하는 것은 사회복지사의 기술과 서비스 이용자의 상태에 달려 있다. 공감이란 사회복지사가 서비스 이용자의 입장에 서서 서비스 이용자가 느끼는 감정, 사고, 행동, 동기 등과 같은 서비스 이용자의 경험을 민감하게 그리고 주의 깊게 이해하는 것이다. 이는 타인의 내면생활에 상상하며 들어가 보는 '동정(sympathy)'과는 다른 것이다(Kadushin, 1990).

갬브릴(Gambrill)은 공감을 첫째, 서비스 이용자가 표현한 것을 정확하게 이해했음을 서비스 이용자가 알도록 하는 일차적 공감(primary level empathy)과 둘째, 서비스 이용자가 표현한 것뿐만 아니라 표현하지 않은 것과 서비스 이용자가 암시적으로 표현한 것에 대해서까지 언급하는 고차원의 공감(advanced empathy)으로 구분하였다(Gambrill, 1997).

슐만(Shulman, 1984)은 공감과 관련된 기술을 크게 세 가지로 분류하였다.

첫째, 서비스 이용자의 감정에 도달하기: 이는 '서비스 이용자의 신발 속으로 들어가 보는 것, 즉 서비스 이용자의 입장에서 감정을 경험해 보는 것' 을 의미한다.

둘째, 서비스 이용자의 감정을 이해했음을 보여 주기: 서비스 이용자의 말이나 느낌에 대한 불신 혹은 그와 비슷한 반응을 접어 두고, '말이나 몸짓, 표정 등과 같은 방법을 통해 이해하였음을 보여 주는 것' 을 의미한다.

셋째, 서비스 이용자의 감정을 언어로 표현하기: 서비스 이용자가 '자신의 감정을 충분히 이해하지 못하거나 그런 감정을 가져도 되는 것인지, 혹은 그런 감정을 사회복지사와 공유해도 되는지' 불확실하기에 서비스 이용자가 이런 특정 감정을 언어적으로 정교하게 표현하기 어려울 때 사용할 수 있는 매우 중요한 기술이다.

공감을 한다는 것은 사회복지사가 서비스 이용자에게 반응하는 데 있어 완벽하다든지 혹은 기계적이어야 함을 의미하는 것이 아니다. 오히려 사회복지사는 서비스 이용자에게 진실한 인간적인 모습을 보여 주고 서비스 이용자에 대한 '관심, 온화함, 신뢰, 존경' 을 보여 주는 것이다.

공감 기술은 면담 기술에서 가장 중요한 기술 가운데 하나이자 서비스 이용자 중심 접근법(client-centered approach)의 핵심 기술이다(Trevithick, 2000). 타인의 감정이나 사고, 경험을 이해하는 것이 쉬운 일은 아니다. 하지만 타인의 감정, 사고, 경험을 이해하기 위해서는 사회복지사 자신의 삶에서 우러나오는 경험을 직관할 필요가 있으며, 사회복지사의 자신에 대한 이해 및 자성적 고찰(reflection)이 필요하다. 또한 사회복지사 자신에 대한 재발견을 의미하는 것이기도 하다.

④ 경청 기술

말을 잘 하는 사회복지사는 실은 서비스 이용자의 말을 잘 듣는 사람이라 할 수 있다. 평판이 좋으며 능력이 있다고 평가받는 탁월한 사회복지사들을 보면 대부분 자신이 먼저 말하기보다 서비스 이용자의 말에 세심히 귀 기울인다. 면담의 목적을 파악한 뒤 그 기준에 맞추어 서비스 이용자의 말을 경청한다. 서비스 이용자의 말이 채 끝나기 전에 어떤 문제해결책을 제공할까 궁리하는 것은 좋지 않다. 주의가 분산돼 경청에 몰입하기 어려워진다. 물론 서비스 이용자의 성격, 인품, 습관을 파악하는 데에는 신경을 써야 한다. 이는 불필요한 감정, 시간의 소모 없이 생산적인 면담을 이끌어가기 위해서이다. 이러한 경청에는 실제적인 기술이 필요하다. 그래서 사회복지실천이라는 전문적인 활동에서 경청을 효과적으로 수행할 수 있는 실천기술들을 구체적으로 살펴보는 것은 매우 중요하다.

- 경청과 적극적 경청: 경청 기술은 첫째, 서비스 이용자가 하는 말을 주의 깊게 듣는 것뿐만 아니라, 둘째 서비스 이용자의 비언어적 제스처나 자세를 관찰하고, 셋째 서비스 이용자가 자유로이 표현할 수 있도록 적극 격려하고, 넷째 사회복지사와 서비스 이용자 양자 간의 대화 내용을 기억하는 것을 모두 포함한다(Cournoyer, 2000).

  나아가 적극적 경청(active listening)은 경청에 비해 사회복지사가 서비스 이용자의 메시지를 정확하게 받아들여 이해하고 있음을 끊임없이 서비스 이용자에게 전달해 줌으로써 서비스 이용자가 자신이 정확히 이해받고 있다는 생각을 갖도록 하는 행위까지를 포함한다. 따라서 이것은 피드백 과정의 일부라고 볼 수 있다.

쉐퍼 등(Scheafor et al., 1997)은 적극적 경청을 효과적으로 수행하는 다섯 가지 방법을 제시하였다.

첫째, 서비스 이용자가 표면적으로 나타내는 말뿐만 아니라 그 이면에 숨겨져 있는 감정까지도 세심하게 살핀다.

둘째, 분명하고, 침착하며, 흥미를 나타내는 어조를 구사한다.

셋째, 관심과 열린 마음을 갖고 서비스 이용자의 말을 잘 듣고 있다는 것을 나타내는 몸짓(표정, 눈빛, 고개를 끄덕이는 일)을 적절히 사용한다.

넷째, 서비스 이용자가 한 말 중에서 불분명한 부분이 있거나 추가적인 정보가 필요하다면 다시 적절한 질문을 한다.

다섯째, 무엇을 주장하거나 의견제시를 위한 말보다는 서비스 이용자를 보다 더 잘 이해하기 위한 말을 한다.

또한, 슐만(Shulman, 1994)에 의하면 적극적 경청 기술은 크게 세 단계로 구분된다.

- 제1단계는 주의를 끄는 초대의 단계(inviting)로 신체적 자세와 얼굴표정, 목소리, 어투 등의 준비 자세를 의미하며, 서비스 이용자가 편안한 마음으로 말할 수 있도록 분위기를 조성하는 것이다.
- 제2단계는 경청의 단계(listening)로 서비스 이용자의 말을 듣고, 관찰하고, 격

려하고, 기억하는 등의 과정으로, 서비스 이용자의 메시지를 수용하고 보유하기 위해 귀와 두뇌를 활용하는 것을 의미한다.

- 제3단계는 반영의 단계(reflecting)로 서비스 이용자의 진술에 대해 주기적으로 해석하는 것을 의미한다. 다시 말해 서비스 이용자가 하는 진실한 말 속에 숨겨져 있는 의미를 파악해 내는 것을 의미한다.

그리고 적극적 경청 기술은 구체적으로 내용 반영하기, 감정 반영하기, 감정과 의미 반영하기로 구분할 수 있다(Evans, 1998).

- 내용 반영하기(reflecting contents): 이 기술은 서비스 이용자의 메시지나 정보에 대한 이해를 전달하기 위한 감정이입 기술로서 서비스 이용자가 말한 내용을 부연하고 다시 서비스 이용자에게 표현하는 것을 의미한다. 에반스(Evans, 1998)는 부연 설명을 할 때, 첫째, 서비스 이용자의 말 속에 담긴 주된 생각을 재진술하고, 둘째 서비스 이용자 말에 의미를 덧붙이거나 바꾸지 않으며, 셋째 서비스 이용자의 말을 앵무새처럼 따라 하지 않도록 제안하고 있다.
  서비스 이용자가 제시한 메시지나 정보에 대해 부연 설명하는 것은 첫째, 사회복지사가 서비스 이용자의 이야기를 경청하고 이해하는 노력을 보여 주는 것이고, 둘째 서비스 이용자와 사회복지사 간에 신뢰관계를 형성하는 데 도움이 되며, 셋째 서비스 이용자의 이야기를 잘 이해했는지 점검하는 기회를 주고, 서비스 이용자가 자신의 생각을 구체화시켜 볼 수 있는 기회를 제공한다.
- 감정 반영하기(reflecting feelings): 이 기술은 서비스 이용자가 표현한 감정을 사회복지사가 이해하고 반응하는 것을 의미한다. 즉, 사회복지사가 서비스 이용자의 감정을 정확하게 이해하고 이를 공감하며 이해했다는 반응을 보이는 것으로 이는 문제해결의 선행조건이 된다.
  에반스(Evans, 1998)는 서비스 이용자의 감정을 파악할 때 첫째, 서비스 이용자가 하는 말의 정서적 부분에 주의를 기울일 것과, 둘째 서비스 이용자의 행동(예 자세, 어조, 말 속도, 태도 등)에 주의를 기울일 것, 셋째 감정을 적절히 표현하기 위해 감정과 관련한 광범위한 단어를 사용할 것, 그리고 넷째 서비스 이용자의 감정 전부를 파악할 것을 권하고 있다.
  서비스 이용자의 감정을 반영할 때는 첫째, 적절한 표현방식으로 서비스 이용자가 느끼는 감정을 명확하고 간결하게 요약할 것, 둘째 혼재된 감정을 반영해 줄 것, 셋째 서비스 이용자의 말을 그대로 되풀이하지 않을 것(하지만, 상황에 따라서는 필요할 수도 있음), 넷째 현재 시제를 사용하면서 현재 감정에 초점을 둘 것, 다섯째 몇 가지 표현 구절만을 계속 사용하지 말고 폭넓은 표현방식을 사용할 것 등이 요구된다.

사회복지사의 감정반영을 통해 서비스 이용자는 첫째, 자신이 느끼는 것을 깨닫는 기회를 갖게 되고, 둘째 자신의 감정을 받아들이고 살펴보게 되며, 셋째 서비스 이용자가 경험하고 있는 것을 상담자가 이해하고 있다는 것을 보여 주게 되고, 넷째 사회복지사와 서비스 이용자 사이에 탄탄한 관계형성이 이루어진다.

이 기술은 모든 형태의 감정에 반응할 때 사용할 수 있을 뿐만 아니라 그 대상자가 누구에게 향하든 상관없이 활용할 수 있다. 하지만 이 기술은 서비스 이용자가 면담에 대해 갖는 독특한 감정으로 인해 면담의 진도에 방해가 되기도 하며, 서비스 이용자가 자신의 상황에 대해 이야기하는 것을 힘들어할 수 있다.

- 감정과 의미 반영하기(reflecting feeling and meaning): 이 기술은 감정이입과 적극적 경청의 완벽한 형태로서 서비스 이용자의 감정과 사실 혹은 생각을 반영하는 것을 의미한다. 특히 사회복지사가 감정과 의미를 반영할 때는 서비스 이용자의 경험과 일치시켜야 하지만 의미를 부여하거나 해석하지는 않는다.

적극적 경청 기술을 활용할 때, 몇 가지 주의할 점을 짚어 보면 다음과 같다.

첫째, 사회복지사와 서비스 이용자 간의 면담과정에서 사회복지사가 서비스 이용자가 한 말을 너무 많이 사용해서, 사회복지사의 반영이 오히려 서비스 이용자를 흉내 내는 것처럼 들릴 때가 있다. 이러한 점을 간과할 때 서비스 이용자는 자신이 무시당하거나 사회복지사의 전문성이 결여되어 있다고 느끼기 쉽기 때문에 주의를 요한다.

둘째, 사회복지사는 종종 자신도 모르게 똑같은 서두 문구를 사용할 때가 있다. 예를 들어 '제 생각으로는~', '제가 알기로는~' 등을 사용하는데 이러한 서두 문구를 서비스 이용자가 반복적으로 듣다 보면 서비스 이용자의 감정과 의미를 이해하고 반영하기보다는 일상적인 겉치레라고 생각하기 쉽다.

셋째, 사회복지사가 적극적 경청 기술을 사용할 때, 서비스 이용자의 진술내용보다는 자신의 생각과 사고에 더 집중하게 되어 이를 해석하려고 할 수 있다. 따라서 서비스 이용자 중심이기보다는 사회복지사 자신의 전문적 판단에 더 초점을 두는 오류를 범하게 되는 것이다.

넷째, 사회복지사가 적극적 경청 기술을 활용하면서 서비스 이용자의 진술내용과 상황보다는 사실이나 생각에만 반응하거나, 느낌이나 감정에만 반응하여 전체적인 맥락과 흐름보다는 일부분에 반응을 보일 수 있다. 이와 반대로 서비스 이용자의 짧은 구절이나 진술에도 모두 적극적 경청 기술을 사용하여 면담과정의 흐름을 사회복지사가 중단시키는 경우도 발생하기 때문에 적절한 시기와 기회를 포착할 수 있어야 한다.

⑤ 탐색 기술

탐색 기술은 보다 구체적인 정보 혹은 특정정보에 대해 자세하게 알고자 할 때 활용되며, 특히 의사소통 과정에서 종종 주제에서 벗어나는 말을 하는 서비스 이용자를 대상으로 정확한 정보를 수집할 때 활용할 수 있다. 또한 서비스 이용자의 경험을 이해하거나 전체적인 윤곽을 이해하는 데 도움이 되는 정보를 수집할 때 유용하며, 서비스 이용자가 진술한 내용 가운데 모호한 부분이 있을 때 활용할 수 있다 (Gambrill, 1997).

카두신(Kadushin)은 탐색 기술을 첫째, 보다 자세한 설명을 위해 탐색을 요하는 '명료화 탐색', 둘째 빠트리거나 다루지 못한 혹은 지나쳐 버린 내용을 탐색하기 위한 완결을 위한 탐색, 그리고 셋째 서비스 이용자의 생각과 감정에 초점을 두면서, 서비스 이용자의 정서적 깊이를 향상시키기 위한 반응적 탐색으로 구분하였다 (Kadushin, 1997). 탐색 기술을 활용할 때는 서비스 이용자가 자칫 방어적이거나 숨기려는 태도를 보일 수 있으며 이 기술을 잘못 사용하면 마치 서비스 이용자를 심문(혹은 반대심문)하는 느낌을 줄 수 있기 때문에 주의를 요한다(Kadushin & Kadushin, 1997).

또한 이 질문기법은 면담을 하는 사회복지사는 적극적이지만 서비스 이용자는 수동적이 되는 단점을 가지고 있다(Kadushin & Kadushin, 1997). 사적인 문제나 핵심주제에 다가가지 못하고 주변을 맴돌 때, 사회복지사는 가설(예 만약-하다면)

을 활용하여 주제와 연결시킬 수 있으며, 특정질문을 하는 이유에 대해서 설명해 줄 필요가 있다(Trevithick, 2000).

⑥ 부연설명 기술

부연설명 기술은 서비스 이용자가 한 말 가운데 핵심적인 말을 반복하여 말하는 것으로 반드시 똑같아야 하는 것은 아니다. 이 기술을 사용하는 목적은 사회복지사가 서비스 이용자에게서 들은 내용과 의미를 확인하기 위한 것으로, 사회복지사는 이를 사회복지사 자신의 말과 생각으로 정리하는 기회가 된다.

반면 서비스 이용자는 똑같은 내용을 사회복지사의 말과 생각을 통해 다시 듣게 됨으로써 자신의 말과 문제를 새로운 관점에서 들을 수 있는 기회를 갖게 된다. 부연설명 기술은 흉내 내기와는 근본적으로 다른 것이다. 부연설명 기술을 사용할 때, 서비스 이용자는 사회복지사의 부연설명을 수용하거나, 확인해 주거나, 수정하거나, 변경할 수 있다. 사회복지사가 이 기술을 활용할 때는 정확한 의미와 내용을 확인하는 차원에서 주의를 기울여야 한다. 그렇지 않으면 서비스 이용자로 하여금 사회복지사가 자신의 얘기를 경청하고 있지 않다고 의심하게 할 수 있다(Trevithick, 2000).

⑦ 명료화 기술

명료화 기술은 서비스 이용자가 표현을 분명하게 할 수 있도록 격려함과 동시에 서비스 이용자가 말한 내용을 사회복지사가 잘 이해하고 있는가를 확인하기 위한 질문을 말한다. 이 기술은 주로 모호하거나 혼돈스러운 내용을 정리하면서 사회복지사가 들은 바를 정확하게 이해했는지 확인하기 위해 사용하는 것이다(Trevithick, 2000). 따라서 이 기술은 서비스 이용자가 한 말을 사회복지사가 보다 이해하기 쉬운 말과 생각으로 정리를 하는 것으로, 특히 서비스 이용자가 겪고 있는 가장 중요한 문제나 어려움을 파악하고, 확인하여 순위를 정할 때 사용된다.

사회복지사는 서비스 이용자가 여러 문제를 복합적으로 가지고 있으면서 서비스 이용자에게 가장 심각한 영향을 미치는 문제에 초점을 둘 수 있도록 돕기 위해 이 기술을 활용할 수 있다. 이 기술에서는 서비스 이용자가 사용한 단어를 사회복지사가 그대로 사용하기 때문에 의미나 생각을 같은 내용으로 확인하는 부연설명 기술과는 차이가 있다. 이 기술은 또한 사회복지사나 서비스 이용자 각자가 가지고 있는 기대와 전제조건들을 확인하기 위해서 활용되기도 한다(엄명용 외, 2005).

이 기술의 장점은 사회복지사가 서비스 이용자의 이야기를 주의 깊게 경청하고 있으며 한편으로는 이야기에 중요성을 부여하고 있음을 보여 주는 것이다. 특히 자신의 이야기를 누가 들어 주고 확인해 주는 것을 경험하지 못한 서비스 이용자에게는 사회복지사의 주의 깊은 경청을 통해 자신의 생각이나 감정을 확인받을 수 있는 기회를 갖게 되어 자신감을 가질 수 있다. 반면 이미 이야기된 바를 확인하는 명료화 기술은 면담의 흐름을 방해할 수도 있다는 점과 서비스 이용자가 혹시 잘못 설명하고 있을 수 있다는 점이 단점이라 할 수 있다.

⑧ 요약 기술

이 기술은 지금까지 서비스 이용자가 한 말의 내용과 그 속에 담겨 전해진 감정들을 전체적으로 묶어 정리하는 것을 의미한다. 적절한 시기에 5분 또는 10분 동안 나눈 대화의 내용과 그 속에 담겨져 있는 감정들을 정리하고 확인함으로써 사회복지사가 서비스 이용자의 말을 세심하게 들어 왔으며 감정의 세세한 흐름까지도 정확히 파악하고 있음을 보여 줄 수 있다. 트레비틱(Trevithick, 2000)은 이 기술을 활용하는 데 있어 다음과 같은 유용한 점을 지적하고 있다.

첫째, 사회복지사는 지난 면담시간의 내용을 간략하게 요약함으로써 새로운 면담시간을 시작할 수 있다. 둘째, 이 기술은 이제까지 논의된 핵심적인 내용을 간략하고 정확하게 부분적으로 혹은 상세하게 정리해 준다. 셋째, 서비스 이용자와의 면담에서 방향을 잃었을 때 혹은 주제에서 벗어났을 때 한 주제를 정리하고 새로운 주제로 옮겨 갈 수 있도록 해 준다. 넷째, 이 기술은 면담시간을 만족스럽게 마감할 수 있도록 돕는다.

⑨ 초점유지 기술

면담의 속도와 방향에 변화를 주면서 심층면담을 이끌 수 있는 능력은 면담에서 특히 중요한 기술이라 할 수 있으며, 과묵하거나 혼돈된 혹은 불안하거나 자신이 원하는 것이 무엇인지 모르는 서비스 이용자를 위해서는 매우 유용한 기술이라 할 수 있다. 서비스 이용자들이 항상 준비된 상태에서 사회복지사에게 면담을 요청하는 것이 아니며, 서비스 이용자가 자신의 어려운 문제를 쉽게 이야기할 수 있는 것도 아니므로 사회복지사는 서비스 이용자의 문제 상황에 맞게 면담을 유도할 필요가 있다.

초점유지 기술은 유용한 기술이지만 때로 강압적인 면을 갖고 있다. 이 기술은 라포 및 신뢰관계에 방해를 주지 않으면서 주제와 면담의 목적을 유지하는 데 활용된다. 이렇게 하는 이유를 살펴보면 다음과 같다(Trevithick, 2000).

첫째, 이제까지의 논의가 특정문제에 지나치게 초점을 둔 나머지 다른 문제에 대해서는 다루지 못하였을 수 있다. 둘째, 논의 내용이 소진되어 같은 내용이 반복적이다. 셋째, 논의 내용이 주변적이거나 관련성이 없어 핵심에서 벗어나 있다. 넷째, 어려운 주제에서 벗어나 이 주제에 다시 초점을 맞출 필요가 있다. 다섯째, 논의 내용으로 인해 격한 정서적 감정을 불러일으켜서 마음을 진정하고 균형을 유지할 필요가 있다.

5) 공감적 반영 기술

공감적 반영 기술을 쉽게 설명하라고 하면 '공감하고 긍정하라!' 고 말할 수 있다. 그리고 공감적 반영을 하는 가장 쉬우면서도 기본적인 방법은 서비스 이용자의 말을 그대로 반복하는 것이다. "요즘 공부하기 너무 힘들어요!"라는 말을 들으면 곧 "정말 힘이 드시겠군요." 하고 대답해 주는 것이다. 서비스 이용자는 자신의 희로애락에 공감하는 사회복지사들에게서 안정감과 친근감을 느낀다. 또한 '긍정의 기술' 도 필요하다. "얼굴이 왜 그렇게 안 좋아요?" 하는 것보다는 "요즘 바쁘신가 봐요. 역시 능력 있는 분은 다르군요!"라고 말해 주는 편이 훨씬 좋다. "당신도 이렇게 멋있어!" 하는 말보다 "당신 참 멋있어!"라고 담백하게 표현하는 쪽이 더 긍정적이다. 그때그때 적절한 감탄사, 맞장구와 조심스러운 의견 제시는 서비스 이용자로 하여금 사회복지사가 자신의 말을 경청하고 있다는 느낌을 갖게 한다.

(1) 공감적 반영의 개념

'공감적 반영(reflection of feeling)' 이란 서비스 이용자의 기분이나 감정에 주관심(注觀心)을 두고 그것을 구체적으로 밝혀주는 것을 포함해서 서비스 이용자가 한 말을 반복하거나 바꾸어 표현해 주는 과정을 말한다(Hill & O' Brien, 2000). 기분이나 감정은 서비스 이용자가 한 말에서 직접 찾아낼 수도 있고, 서비스 이용자의 비언어적 표현 또는 서비스 이용자가 전하고자 하는 메시지의 내용이나 정황(context)에서 유추해 낼 수 있다. '반영(reflection)' 은 감정적인 말로 표현할 수 있고, 진술적인 말로 표현할 수도 있다. 예를 들면 공감적 반영을 "남편이 애들을 봐주지 않아 화가 나셨군요." (감정적 표현) 또는 "남편이 애들을 봐주지 않아 화가 나신 것 같군요." (진술적 표현) 와 같이 표현할 수 있을 것이다.

(2) 공감적 반영의 당위성, 효과, 그리고 의도

칼 로저스(Carl Rogers)는 회복되어 가는 서비스 이용자의 특성에 대해 이렇게 말한다.

> 심리치료 중에 의미심장한 호전을 경험하는 사람들은 자신의 고통의 감정과 전보다 더 친숙하게 지내며 동시에 황홀감과 더불어 더욱 생동감 있게 산다. 분노를 좀 더 명료하게 느낄 뿐만 아니라 사랑도 그렇게 느끼고, 두려움도 좀 더 심도 있게 느끼는 반면 용기도 그렇게 느낀다(Hill & O'Brien, 2000; 노상헌, 2002 재인용).

즉, 회복의 과정을 걷는 사람들은 감수성이 풍부해진다는 것이다. 공감적 반영은 서비스 이용자가 바로 이 감수성을 배양하는 데 촉진제 역할을 할 수 있다는 점에서 조력활동의 중요한 부분이라고 할 수 있다. 같은 맥락에서 공감은 서비스 이용자를 이해하고, 문제의 깊이를 파악하며 함께 문제해결책을 모색하는 데 있어 중요한 도구라 할 수 있다. 이는 공감이 선행되지 않고는 어떤 조력활동도 도움이 되지 않을 것이라는 의미이다.

공감적 반영은 서비스 이용자로 하여금 자신의 기분이나 감정을 확인하고, 심화시키며, 명료화하고, 표현하고, 보다 깊은 감정들을 탐색할 수 있도록 돕는 조력 기술로서 여러 가지 긍정적인 효과를 갖고 있다. 먼저 고통을 호소하는 사람이 자신의 감정과 내면의 세계를 좀 더 깊이 탐색하고 표현할 수 있도록 도와주며 이 과정에서 정서적 정화(cathartic relief)도 경험케 한다. 공감적 반영은 서비스 이용자에게 자신의 감정을 수용하고 표현하며 적절히 대처하며 표현할 수 있는 배움의 기회를 제공해 줄 수 있기 때문에 자기통제(self-control)를 촉진시키며 따라서 희망을 불어넣어 준다. 그러나 그 무엇보다도 '누군가 나와 함께 하고 있다'는 소망을 심어주어 혼자서는 할 수 없는 고통과 고난을 걸어 나갈 수 있는 힘과 용기를 불어넣기도 한다(노상헌, 2002; 이준우 · 이화옥 · 임원선, 2006). 따라서 비교적 초보자가 공감적 반영을 할 때는 위와 같은 의도를 의식하며 하는 것이 바람직하다. 이 부분은 공감적 반영의 형식을 익힌 후에 다시 상세히 언급할 것이다.

(3) 가능한 반응과 바람직한 반응

공감적 반영에 대해 서비스 이용자는 다양한 반응을 보일 수 있다. 서비스 이용자가 수용할 수도 있고, 당황해 할 수도 있으며 두려워 할 수도 있고 위축될 수도 있다. 부정적인 생각이나 행동을 보일 수도 있으며, 더 악화되는 듯 보일 때도 있고 오해의 여지를 일으킬 수도 있다. 그런가 하면 생각이 좀 더 명료해지고 숨통이 터지는 듯한 반응을 보일 수도 있다. 그러나 공감적 반영의 궁극적인 목표는 좀 더 깊은 정서적 탐색(affective exploration)과 노출에 있다(노상헌, 2002; 주은선 역, 2006).

(4) 공감적 반영의 자세

공감적 반영이 진행되려면 우선 서비스 이용자가 모험적으로 자신의 감정에 뛰어들 수 있을 정도로 안심과 따뜻함을 느껴야 한다. 자신의 부정적인 감정을 노출할 때 누구나 부담을 느끼며 당황스러움과 부끄러움을 느낄 수 있고 더 나가서는 수치심도 느낄 수 있다. 그래서 정중하고 은밀한 감정을 사회복지사에게 노출한다는 것은 사회복지사를 전문가로서 신뢰한다는 것이며 보다 깊은 친밀한 관계로 초대한다는 점에서 귀한 선물을 주는 것이다. 따라서 그에 상응하는 자세가 필요하다.

(5) 공감적 반영의 틀

공감적 반영의 기본 틀은 "~해서 ~하시겠네요."이며 조력자가 느끼고 알고 있는 서비스 이용자의 기분이나 감정, 이렇게 느낄 만한 이유를 함께 표현해 주는 것이다. "남편과 말이 통하지 않아 참 답답하시겠군요.", "따님이 너무 말을 듣지 않아 속상하시겠군요.", "어느 장단에 맞춰야 할지 몰라 좌절과 비참함을 느끼시겠네요."등이 그 예가 될 수 있다. 이는 서비스 이용자가 그렇게 느낄 수밖에 없는 당위성을 제공해 주는 차원에서 상의한 내용을 바꾸어 말하는 표현이다. 다음은 공감적 반영의 틀을 형성하는 실제적인 요령이다.

① 공감적 반영을 시작하기 전에 공감적 반영을 할 수 있는지 상대에 대한 자신의 느낌이나 자세를 살펴보라.

② 공감적 어조("네")를 사용하고, 관심을 보이며, 이해하려고 애를 쓴다는 것을 보여 주어라.

③ 가능하면 짧고 간결하게 요약적으로 표현하라.

④ 감정의 자원으로 서비스 이용자의 말의 내용, 비언어적 행동(표정, 목소리 억양이나 톤, 손, 발 그리고 눈의 위치 등), 사회복지사 스스로의 감정이입과 투사(내가 만일 그 상황에 빠지면 어떻게 느낄까?)를 활용하라.

⑤ 서비스 이용자가 표현하는 모든 감정보다는 가장 두드러지고 강한 감정에 초점을 맞추어라.

⑥ 지난 일에 대한 감정보다는 현재의 감정에 초점을 맞추어라.

⑦ 분명하지 않으면 좀 더 구체적인 설명을 요구하라("그것이 무슨 뜻/감정/기분인지 제가 느낄 수 있도록 좀 더 말씀해 주실 수 있겠어요?", "저에게는 생소하게 느껴지는데 좀 더 구체적으로 말씀해 주시면 고맙겠습니다.").

⑧ 성급하게 다른 감정으로 진행하기보다는 가능하면 현재 다루고 있는 감정에 좀 더 충실히 머물 수 있도록 도우라.

⑨ 비록 서비스 이용자가 다른 사람의 감정에 초점을 맞추려 하더라도 서비스 이용자에 초점을 맞춰라.

⑩ 단언적인 어조보다는 잠정적인 어조를 사용하여 서비스 이용자로 하여금 감정의 조율이 맞지 않을 때 거절하거나 수정할 수 있도록 하라.

⑪ 서로 감정을 확인할 수 없을 때 감정 단어를 활용하라.

⑫ 공감적 반영의 틀들 가운데 기계적이며 인위적인 표현을 피하기 위해 다양한 표현들을 사용하라.

- ~라고 느끼시는 것 같군요.
- ~라고 느끼시지 않으세요?
- ~하게 느끼시지 않는지 모르겠어요.

- 그래서 ~라고 느끼시는군요.
- 그러니까 ~라고 느끼셨다는 말씀이군요.
- ~한다고 말씀하시는 것 같군요.
- 제 육감/직감으로는 ~라고 느끼실 것 같군요.
- ~했으리라 생각되는데, 맞습니까? (걱정되리라 생각되는데, 맞나요?)
- ~같이 보이시는데요? (화난 것같이 보이는군요.)
- 속상하시겠네요., 끔찍하셨겠어요., 혐오감을 느끼셨겠어요. (한 마디 감정단어)

⑬ 서비스 이용자가 무엇을 말해야 할지 모르거나 어떻게 대응해야 할지 모를 때, 조력자는 즉각적인 감정을 반영하라("꽉 막힌 것 같죠?", "무슨 말을 해야 할지 모르겠죠?", "제가 잘못 이해해서 짜증나셨군요.").

⑭ 만일 서비스 이용자가 운다면 함께 그 자리에 머물라. 그 슬픔을 제거하려 하지 말고 서비스 이용자와 그 감정을 수용하라.

⑮ 만일 공감적 반영에 실패하거나 서비스 이용자가 공감적 반영에 잘 반응하지 않는다면 즉시 사과하지 말고 서비스 이용자에게 자신의 느낌을 좀 더 설명해 달라고 요청하여 서비스 이용자의 감정을 이해하려고 시도하라. 실수를 서비스 이용자를 이해하는 데 더욱 적극적으로 활용하라.

공감적 반영을 할 때, 유용한 감정 단어

희(喜), 락(樂)

괜찮은, 안심되는, 마음이 가벼운, 마음이 놓이는, 자신감을 느끼는, 자랑스러운, 마음이 열리는; 희망적인, 앞이 내다보이는, 살맛 나는, 산뜻한, 상큼한, 날아갈 듯한, 마음이 가벼운, 시원한, 유쾌한; 고요한, 평안/평온한, 안락한, 만족한, 흡족함; 흐뭇한, 기쁜, 기분 좋은, 즐거운, 좋은, 신나는, 살맛 나는, 활기/활력을 느끼는, 날아갈 듯한, 흥분된, 끝내주는, 행복한, 황홀한, 더 이상 좋을 것은, 몸 둘 바를 모를; 힘이 나는, 용기가 생기는, 자신감이 생기는, 열정을 느끼는

화: 노(怒), 오(惡), 증(憎)

기분이 그저 그런, 씁쓸한/떫은, 유감스런, 기분 나쁜, 기분 상하는, 불쾌한; 약 오르는, 신경질 나는, 짜증 나는, 뾰로통한, 성질나는, 열 받는, 핏대 나는, 속상한, 속이 부글부글 끓는, 화나는, 좌절감을 느끼는, 분노를 느끼는, 격분한, 눈에 핏발이 서는, 울화가 치미는; 답답한, 미치겠는, 말문이 막히는, 숨 막히는, 질식하는, 기가 막힌, 죽고 싶은, 아무것도 못 느낌, 세상이 싫은, 한 맺힌; 밥맛이 떨어지

는, 역겨운, 구역질나는, 토할 것 같은; 싫은, 미운, 지겨운, 경멸(환멸, 혐오감), 괘씸한, 반감, 적대감(적대심), 증오심, 욕해주고 싶은, 공격적, 억하심정, 괴롭히고 싶은, 뭔가 저지르고 싶은, 복수하고 싶은/복수심을 느끼는, 죽이고 싶은

애(哀), 우(優), 비(飛)

안쓰러운, 안타까운, 가슴 아픈, 슬픈, 힘든(무거운, 벅찬), 곤궁에 처한, 어찌할 바를 모르는, 통제할 수 없는(마음대로 할 수 없는), 무기력(아무 소용없는), 지친, 좌절감; 실패/패배/낭패감, 상실감, 섭섭함, 상처받은, 실망/낙심감, 허탈감, 공허감; 버림받은 느낌, 누구에게도 사랑받지 못하는 느낌, 아무도 돌보지 않는다는 느낌, (자신의 진가를) 인정받지 못하는 느낌, 무가치한 존재라는 느낌(아무 쓸모도 없다는 느낌), 누구도 원치 않는다는 느낌, 비난(질책)이나 수치를(창피한, 굴욕적인, 망신스러운, 모욕적인) 당하는 느낌, 거절/거부당하는 느낌; 쓸쓸한, 외로운, 혼자라는 느낌, 황폐/황량한, 처량한, 슬픈, 비참한, 우울한, 심스러운, 지친, 저수, 의욕상실, 설방석인, 감감한, 죽고 싶은

구(懼)

아리송한, 안개 같은, 확실하지 않는, 확신이 안 서는, 마음에 걸리는, 뒤가 켕기는, 뭔가 틀린 느낌, 미궁/덫에 빠진 듯한; 안정감을 못 느끼는, 안심 안 되는, 확신이 가지 않는, 마음이 불편한, 불안한, 불확실한, 뭐가 뭔지 모르겠는, 정리 안 된, 이해할 수 없는 듯한; 두 마음을 품은(둘 다 마음이 가는), 마음이 갈라진, (결)정하지 못하는, 주저하는, 망설이는, 이러지도 저러지도 못하는, 답답한; 혼돈/혼돈스러운, 당황스러운, 걱정되는, 불안한, 고통스러운, 막막한, 미칠 지경의

공(恐), 경(驚)

마음에 내키지 않는, 주저하는, 예민한/날카로운, 꺼리는, 조급한/초조한, 염려/걱정되는, 경계하는/조심스러운, 주저하는, 불안한, 겁나는, 큰일 날 것 같은 느낌/예감, 애간장이 타는, 벼랑에 선 느낌; 정신이 번쩍 드는, 당황/당혹한, 깜짝 놀란, 놀란, 두근거리는, 소름 끼치는, 겁나는, 위협을 느끼는, 긴장된, 고통스런, 불안정한, 겁에 질린, 공포감을 느끼는, 간이 콩알만 해지는, 충격적인, 압도된, 절망적인/자포자기의, 충격 받은, 두려운, 어쩔 줄 모르는, 전전긍긍하는(공황의), 무서운; 두근거리는, 가슴 조이는, 숨을 쉴 수 없는, 식은땀이 나는, 현기증을 느끼는/어지러운, 몸이 떨리는, 전율을 느끼는, 몸이 얼어붙은

애(愛), 정(精)

안심, 안전, 따뜻함/포근함, 평화로운/조용함, 호감, 동기/친밀감(가깝게 느껴진다), 다정함, 정, 보살핌을 받는 느낌, 소중/중요하게 여겨지는 느낌, 인격적인 대접을 받는 느낌, 인정받는/받아 주는 느낌, 사랑을 느낌(사랑받는 것 같음); 관심, 감사함(고마움)을 느낌, 도와주고 싶은 마음, 사랑, 열정, 매력, 존경

수치, 죄

미안한, 마음이 무거운, 부끄러운, 죄책감, 죄스러운; 창피한, 부끄러운, 바보스러운, 수치심, 쥐구멍을 찾고 싶은, 죽고 싶은

(6) 공감적 반영의 장애물

공감적 반영이 매우 중요함에도 사회복지사가 자주 공감적 반영에 실패하는 원인은 다양하게 제시될 수 있다. 이를 요약하면 ① 지나치게 서비스 이용자에게 좋은 인상을 주려고 하다가 오히려 자신의 감정을 솔직하게 표현하기보다는 결과적으로 본의 아니게 감추게 되고, ② 그런 동기에서 나오는 급한 사과나 지지, ③ 서비스 이용자의 고통스러운 감정을 견디기 힘들어하거나, ④ 사회복지사 자신이 오히려 더 큰 불안과 곤란에 빠지게 됨으로써 성급하게 화제를 바꾸거나, 섣부른 격려(cheer-up), 조언, 충고 등과 같은 구출작전을 전개하거나 반대로 서비스 이용자를 공격하게 될 때, ⑤ 자기방어나 변명적인 자세, ⑥ 공격적 자세나 경멸하는 태도, 즉 서비스 이용자와 끊긴 감정으로 인해 서비스 이용자를 공격하거나 비난하고 싶은 마음을 갖고 있을 때("쌤통", "그것 잘 됐다" 등), ⑦ 판단적 자세 내지 평가, 고자세, 의무적이거나 지시적인 자세, 즉 옳고 그름을 판단하거나 답을 주어야 한다는 강박관념, ⑧ 해석이나 설명, ⑨ 선입관과 편견을 갖고 있을 때, ⑩ 인생 경험 부족이나 문화적 차이를 인정하지 않을 때, ⑪ 무관심, ⑫ 신체적 피곤함 등을 들 수 있을 것이다. 따라서 공감적 반영을 잘 하기 위해서는 자신의 느낌, 태도, 상태를 먼저 점검하는 것이 중요하다. 험블리(Hambly)가 제공한 한 부부의 예를 살펴보자(노상헌, 2002).

표 8-2 험블리가 제공한 사례

남편: 그 친구가 사람들이 있는 데서 나를 무시하고 모욕했어. 얼마나 화가 났는지, 때려눕히고 싶었어.	
아내: 자신의 느낌	**가능한 반응**
• 남편에게 화가 난다.	• 그런 말을 들을 만해요(싸다, 쌔!).
• 남편의 기분이 나쁘지 않기를 바란다.	• 그런 뜻으로 말하지 않았을 거예요. • 아마 당신을 도우려고 했을 거예요. 잊어버리세요. 난 그래도 당신 편이에요.
• 남편을 지지하고 싶다.	• 그 사람은 왜 그래! 참 나쁜 사람이야!
• 남편이 속상하다는 것이 속상하다.	• 그랬어요? 나는 좋았는데.
• 모임에서 자신은 기분이 괜찮았다.	• 내가 생각하기에는, 이렇게 해봐요.
• 지지, 해석, 설명하고 싶다.	• 나는 그 사람이 웃자고 그런 말을 했다고 생각했는데 오늘 당신 너무 예민한 것 같아요.

출처: 노상헌(2002), 남서울은혜교회 목장 훈련 교육교재, 남서울은혜교회, p. 26.

또한 사회복지사가 가질 수 있는 공감에 방해되는 나쁜 습관들을 제시해 보면 다음과 같다. ① 사실 발견자(느낌을 무시하고 정보만 찾으려는)로서의 모습을 자신도 모르는 사이에 발휘하는 것, ② 전문가(타인을 위해 문제를 해결하는)라는 의식을 지나치게 견지하는 것, ③ 조언가(어떻게 해야 하는지를 말해주는) 역할만 계속하려고 하는 것, ④ 재판관(타인의 느낌을 평가하는)으로서 행동하는 것, ⑤ 서비스 이용자가 오히려 스트레스를 받을 정도로 조사원(더 많은 정보를 찾으려는)같이 끊임없이 질문하는 것 등이다.

(7) 공감적 반영의 평가

감정에는 표면감정과 이면감정이 있다. 표면감정은 서비스 이용자가 사용한 단어나 대화의 내용 가운데 포함되어 비교적 쉽게 포착할 수 있는 감정을 말하며 이면감정은 서비스 이용자의 말에는 표현되지 않지만 저변에 깔려 있다고 추측되는 감정을 말한다. "예를 들면 강물에서 수면의 물결처럼 겉으로 보인 감정을 표면감정이라고 하고 강물의 지류처럼 겉으로 보이지 않으나 저변에 깔려 있는 감정을 이면감정이라 한다(Hambly, 1992; 노상헌, 2002 재인용).", 만일 서비스 이용자가 "저는 정말 미칠 것 같아요. 아무리 책을 봐도 정신집중이 안 되고, 한참 읽고 난 다음에도 무엇을 읽었는지 모르겠어요."라고 말했을 때 '미치다', '모르겠다', '화가 난다' 등의 감정은 표면 감정이고 '걱정(시험일은 다가오는데 이러다가 낙제를 하게 되는 것은 아닐까?)'은 이면감정이라 할 수 있을 것이다. 이상적으로 표면감정 뿐만 아니라 이면감정까지 파악하고 반영하게 될 때 가장 효과적인 공감적 반영이라고 할 수 있을 것이다. 다음에 이어지는 연습문제들을 통해 표면감정과 이면감정을 구별해 공감적 반영으로 표현해 보라.

연습

1. 저는 중 2짜리 딸아이한데 잘 해주려고 노력하는데 그 애는 엄마를 무시하고 혼자만 있으려고 해요.

표면적 공감적 반영

– 따님이 혼자 있으려고만 해서 무시당한다고 느끼셨군요.

– 잘 하려는 엄마의 노력을 몰라주고 혼자만 있으려는 아이에게 무시당한다고 느끼셨겠어요.

이면적 공감적 반영

– 엄마는 무시하고 혼자 있으려는 딸의 태도에 화나지는 않으셨나요?
– 딸이 엄마의 노력도 무시하고 혼자 있으려고 해서 많이 속상하셨겠어요.

2. 저는 남편 때문에 걱정이 돼요. 폐가 나빠서 담배를 피우면 안 되는데 틈만 나면 담배를 피워요. 아무리 피우지 말라고 해도 듣지 않아요.

표면적 공감적 반영

– 건강에 좋지 않은 담배를 계속 피우는 남편 때문에 걱정이 되셨군요.
– 폐가 나쁜 남편이 틈만 나면 담배를 피우셔서 걱정이 많이 되시겠어요.

이면적 공감적 반영

– 걱정해서 하는 말도 듣지 않고 계속해서 담배 피우는 남편 때문에 화도 나시겠어요.
– 남편께서 건강을 생각해서 담배 좀 그만 피웠으면 하는데 안 그러신 게 많이 속상하시지요?

3. 저는 학교 친구들을 집에 데려가고 싶어도 그러지를 못해요. 어머니가 그런 애들과 놀지 말라고 야단을 치시니까요.

표면적 공감적 반영

– 어머니 때문에 친구들을 집에 데려갈 수 없어서 속상하겠어요.
– 친구들을 집에 데려가면 어머니께 야단을 맞으니 기분이 좋지 않겠어요.

이면적 공감적 반영

– 함께 노는 친구들을 이해해 주지 못하는 어머니 때문에 화가 나겠어요.
– 집에서 친구들과 함께 놀고 싶은 마음을 어머니께서 이해해 주시면 좋겠는데, 그러지 못해서 답답한 마음도 있겠네요.

힐과 오브리언(Hill & O' Brien, 2000)은 공감적 반영의 결과를 상대의 반응에 따라 3단계로 평가 · 구분하였는데 소개하면 다음과 같다.

① 공감적 반영이 정확하지 않거나 전혀 도움이 되지 않을 때는 서비스 이용자가 반응을 전혀 보이지 않거나 조력자가 한 말을 부인한다("그렇게 느끼지 않아요", "그렇지 않아요"). 조력자에게 무반응을 보이거나 그의 반응을 무시한다. 때로는 "그런 것 같아요" 또는 "그렇게 말한 것 같아요"라고 말하지만 더 이상 깊이 들어가지 않고 그 자리에 머문다.

② 공감적 반영이 어느 정도 효과적일 때는 서비스 이용자가 계속 말은 하지만 보다 깊은 감정으로 들어가지는 않는다. "당신 말이 맞아요", "그렇게 느꼈어요", "그래요", "네" 등의 말은 하지만 보다 깊은 이면의 감정들을 더 이상 탐색하지는 않는다.

③ 공감적 반영이 아주 효과적이고 도움이 될 때 서비스 이용자는 짧은 정지와 더불어 "어떻게 아셨어요! 지금 하신 말씀이 맞아요. 그렇게 생각해 본 적이 없는데 정말 그러네요. 제가 지금 느끼고 있는 것이 바로 그거예요. 대단하시네요."라고 말할 것이다. 그리고 이어서 깊은 감정과 느낌에 대해서 말한다. 때로는 서비스 이용자가 그 즉각적인 감정에 자신을 몰입시켜 보다 깊이 체험하는 과정에서 새로운 감정들이 드러나기도 한다.

사회복지사가 서비스 이용자를 대상으로 효과적인 면담을 수행하기 위해서는 공감적 반영기술과 함께 적극적 의사전달 기술도 매우 중요하다. 적극적 의사전달 기술로 대표적인 것은 주장적 의사전달, 또는 나-메시지(I-message)이다. '주장적 의사전달 기술'을 살펴보기 위해서는 세 가지 의사전달을 설명하면서 구체적으로 '주장적 의사전달'을 정리해 나갈 필요가 있다.

6) 적극적 의사전달 기술

사람은 원하든 원하지 않든 계속 자신을 표현한다. 사람들의 의사소통을 관찰하면 크게 세 부류로 나누어진다(이준우 · 이화옥 · 임원선, 2006). 이 세 가지 의사전달 유형은 사회복지사가 효과적인 서비스 실천개입을 할 때, 매우 유용하게 활용될 수 있다.

(1) 세 가지 의사전달

① 수동적 의사전달

수동적 의사전달은 여러 가지 이유로 인해 자신이 원하는 것이나 필요로 하는 것 그리고 자신의 느낌이나 생각들을 마음에만 두고 상대에게 말하지 않기로 선택하는 의사전달 유형으로 진실한 자아를 숨기는 결과를 초래한다. 이로 인해 때로는 아무나 필요에 따라 밟고 지나갈 수 있는 문지방처럼 자신을 허용함으로써 인간의 기본권마저 침범당하는 아픔과 고통, 수모와 수치를 경험할 수 있다. 또한 당한 자로서의 피해의식(victim mentality)과 더불어 분노나 분개, 불신, 불안과 두려움, 깨지거나 단절된 고통스런 인간관계, 자책감, 죄책감, 우울 등을 경험하기도 한다.

수동적 의사전달에서 가장 핵심적인 특징인 수동적 자기표현은 직접적으로 표현하지 않는 것이므로 사회복지사에게 좌절감을 느끼게 하면서 동시에 사회복지사가 알아주기를 기대한다는 점에서 요술이나 기적을 기대하는 비효율적인 의사전달 형태라고 할 수 있다. 수동적 의사전달을 사용하는 사람들에게서 두려움이나 겁먹은 모습, 눈길 회피, 어린 아이나 손아랫사람 다루듯 하는 자세와 말투, 무조건적 순종과 "예(yes)"라는 대답의 습관적 반복, 위축된 듯한 자세, 빈번한 사과, 부인하거나 부정(아니오, 괜찮아요)하기, 부적합한 미소나 웃음, 양보, 참음, 희생, 눈물, 체념, 자기비하, 침묵, 무반응, 무기력, 경계, 푸념이나 빈정대는 것 등의 행동이나 태도를 관찰할 수 있다.

종종 내면의 세계는 사회복지사와 타협하지 않으려는 고집과 자의식이 강한 반면 문제의 해결을 자신보다는 남에게서 찾으려 하고 자신의 욕구충족을 정상적인 방법보다는 교묘한 방법으로(예 당하고 참는 사람으로서 동정심과 죄책감을 불러일으킴) 해결해 보고자 하는 강한 의존성이 공존한다(노상헌, 2002). 따라서 수동적 의사전달을 선택하는 사람들은 자신을 힘이 없는 피해자로 드러내는 경우가 흔하다. 하지만 실은 바로 이 사람들이 관계 변화를 주도할 수 있는 강력한 인물이며 조절하는 인물임을 발견하게 된다. "사람들이 나를 밟고 있다."는 자기연민(self-pity)에서 일어날 수 있는 용기와 효과적인 의사전달을 익힌다면 현재의 관계를 변화시킬 수 있는 주체가 될 수 있음을 사회복지사는 숙지해야 한다.

② 공격적 의사전달

다른 사람의 생각, 감정, 권리 등을 존중하지 않고 일방적으로 자신과 자신만의 권리를 주장하고 표현하는 '너' 중심의 의사전달 방법으로 상대를 공격적으로 비난하거나 잘못을 지적하고, 설교조로 훈계하거나 명령하는 경우를 포함하며, 큰소리로 화를 내거나 위협하고 창피를 주려고 하는 등 언어적-정서적 폭력을 가하는 경우도 있다. 아주 심하게는 상대에게 신체적 폭력을 가하거나 기물을 부수는 등 파괴적인 행동을 보이기도 한다. 상대의 감정, 생각, 의견이나 가치관, 취향, 권리 등을 무시하고 상대에게 자신의 것을 강요하며 상대를 제물로 삼아 자신의 욕구를 충족시키는 경향이 있다. 그리고 이런 과정 가운데 상대에게 관계의 고통과 깊은 상처를 준다. 수동적인 의사전달을 주로 사용하는 사람을 누워 있는 사람으로 비유한다면 공격적인 사람은 상대를 밟고 지나가는 사람이라 할 수 있을 것이다.

하지만 아이러니한 사실은 수동적으로 의사를 전달하는 사람들이 때로는 공격적으로 자신을 표현하기도 한다는 것이다. 깊은 피해의식(victim mentality)과 좌절당한 고통의 감정 홍수에 빠져 통제력을 상실하여 거의 광적인 분노로 상대를 공격하기도 하는데 이런 사람들은 곧 후회와 자책 가운데 상대와 화해를 청하며 보다 좋은 관계를 시도하기 때문에 다시 공격적이 될 수밖에 없는 수동적 의사전달을 사용하게 된다.

이런 과정을 반복하는 가운데 깊은 죄책감, 낮은 자존감, 우울, 절망감, 여러 가지 신체적인 증상 등을 경험하게 된다. 그래서 공격적 의사전달 가운데 '수동적-공격적' 의사전달이라는 것이 있다. 이는 종종 약자의 위치에 있는 사람들이나 갈등에 직면하지 못하는 사람들 또는 거절을 못하는 사람들이 상대의 요구에 저항하거나 또는 공격이나 복수를 하기 위해 사용하는 방법이다. 예를 들면 윗사람의 요구에 앞에서는 "예"라고 말하지만 속으로는 불만과 거부감을 갖고 맡긴 일을 미루거나 잊어버리고 때로는 엉망으로 해서 결국 상대를 곤경에 빠뜨린다. 냉소적이거나 빈정거림, 뒤에서 공격하기, 소문을 퍼뜨리기, 냉전이나 침묵으로 상대에게 복수하는 방법 등이 여기에 포함된다. 자신들이 원하는 것을 직접 말하지 않고 암시하거나 문을 꽝 닫고 나가거나 가출을 하는 행동으로 표출한다. 이런 방법으로 이따금 자신들이 원하는 것을 얻을 수 있다고 할지라도 대부분 주위 사람들에게 혼동과 분노의 감정을 일으켜 더 깊은 좌절과 쓴맛을 보게 된다.

③ 적극적 자기표현

적극적 자기표현이란 수동적 의사전달과 공격적 의사전달의 중간 형태로 이미 나-메시지(I-message) 또는 주장적 의사전달(assertive communication)이란 이름으로 많이 소개된 의사전달 방법이다. 주장성이란 상대의 감정, 생각, 취향, 권리를 존중하면서 동시에 자신의 감정과 생각 그리고 취향을 직접적이며 적합한 방법으로 정직하게 상대에게 표현하며 자신의 권리를 존중하고 주장하는 것을 말한다. 다음 [표 8-3]은 세 가지 의사전달 방법을 보다 상세히 비교한 것이다.

표 8-3 세 가지 의사전달의 비교

	수동적 의사전달	주장적 의사전달	공격적 의사전달
권리	• 자기 권리 포기/양보, 타중심적	• 자신과 타인의 권리존중, 자타중심적	• 타인 권리 무시나 침범, 자기중심적
자존감	• 낮은 자존감	• 건강한 자존감	• 낮은 자존감
행동	• 정체(停滯), 희생, 사과, 애처로움, 양보, 교묘한 요구, 타협불가	• 평온과 끈기, 기탄없는 의견 제시, 욕구충족의 개방성, 합리적인 목표들을 향한 조용하고 지속적인 움직임, 실수와 허점/약점을 인정, 유머감각과 여유, 기꺼이 타협에 응함	• 공격적 비난, 비아냥거림, 냉소, 조롱과 모욕 등의 정서적 폭력, 소리를 지름, 언어적 폭력, 문이나 서랍을 '꽝' 하고 닫음, 파괴적 행동, 위협, 공공연한 요구, 타협불가
감정	• 주로 감정을 누름: – 외적: 행복하게 보임 – 내적: 상처, 분노, 우울	• 평온, 관대, 여유, 수용, 용기, 안정, 온화한 부정적 감정(짜증, 조바심, 곤란, 괴로움, 후회, 슬픔, 걱정)	• 충동적 감정/감정 통제 상실, 분노–불안, 우울, 두려움, 깊은 수치심과 이따금 죄책감
비언어 단서	• 부드러운 목소리, 말을 더듬음, 구부정하거나 위축, 눈길 회피, 불안정한 몸짓과 거동	• 조용하고 확고한 목소리, 적당한 말 속도, 똑바른 자세, 적당한 눈길 접촉, 적합한 몸짓과 거동	• 시끄러운 목소리, 급하고 불 같은 말 속도, '공격적' 자세, 노려봄, 째려봄, '공격적' 몸짓과 거동
생각	• 할 수 없다. • 해서는 안 된다. • 해야 한다. • 남들이 시켜서 한다. • 저들이 옳고 나는 틀리다. • 내가 원하는 것을 가질 수 없다. • 나는 존재 가치가 없다.	• 새롭지만 시도해 보겠다. • 다른 사람들이 인정하지 않아도 괜찮다. 나를 위해서 한다. • 나도 불완전하고 부족한 인간이며 그것도 괜찮다. 우리는 모두 자신의 의견을 가질 수 있다. 의견이나 생각이 상이(相異)한 것은 정상이고 괜찮은 것이다. 내가 원하는 것을 얻을 수 있고 아닐 수도 있지만 시도할 것이다.	• 내가 옳고 저들이 틀렸다. • 저들이 문제다. • 나는 괜찮은 사람이고 저들이 인간쓰레기다. • 내가 썩었다고 해도 저들은 더 심각하게 썩었다. 어떻게 해서라도 내가 원하는 것을 가져야 한다. 만일 내가 원하는 것을 손에 넣지 못한다면 견딜 수 없을 것이다.
느낌	• 동정을 일으키는, 의존적인, 비위 맞추는, 우유부단한, 조용한/수줍은, 눈에 안 띄는, 소외된 인간관계	• 경청하는, 마음이 따뜻하고 동정심이 있는, 융통성과 여유가 있는, 수용하는, 문제해결사, 칭찬은 물론이며 비평도 받아들임, 좋은 인간관계	• 위협적인, 폭군적인, 무례한, 위축되고 방어적으로 만드는, 시끄러운, 속이 뒤집히게 하는, 뻔뻔스러운, 혐오감을 느끼게 하는, 거리 있는 인간관계

(2) 주장적 의사전달

① 주장적 의사전달의 틀

주장적 의사전달의 기본 틀은 첫째, 상대의 말, 행동, 태도, 모습, 둘째 그로 인해 내가 받은 영향, 그리고 셋째 현재의 나의 기분이나 감정을 기술하고 표현하는 세 부분으로 구성되어 있다. 예를 들면 "너희들이 너무 떠드니까 아빠가 뉴스를 들을 수 없어 짜증이 난다.", "연락도 안 하고 늦게 들어오는 너를 보니 집에서 걱정하는 나는 생각도 하지 않는 것 같아 화가 난다.", "당신 말을 들으면 내가 무슨 어린애 취급을 당하는 것 같아 화가 나고 기분 나빠요.", "내 말을 끊으니 무시당하는 것 같아 기분이 그래요.", "네 방에 더러운 옷이 이렇게 쌓여 있으니 지저분하고 청소도 할 수 없어 짜증 나고 화가 난다." 등이 기본 틀에 충실한 주장적 의사전달이라 할 수 있다.

기본 틀에 충실한 것도 중요하지만 자연스러움도 중요하다. 따라서 세 부분을 포함하고 있는 범위에서 표현의 다양성을 추구할 수 있다. 예를 들면, "너희들이 너무 떠드니까 아빠가 뉴스를 들을 수가 없잖아."로 표현할 수도 있다. 때로는 상황에 따라 주장적 의사전달에 부가적으로 넷째, 자신의 필요나 욕구, 상대에 대한 요구 등을 첨가하여 표현하기도 한다. 따라서 앞의 예에 "조용히 해 주었으면 좋겠다."라는 부분을 첨가할 수도 있다.

◈ 다음 표현들을 바꾸고 상대에 대한 요구도 첨가해 보라.

1. 당신 말을 들으면 내가 어린애 취급 당하는 것 같아 화가 나서 말하고 싶지 않아.
   - 당신은 말할 때 나를 어린아이 취급하는데, 나는 화가 나고 말하고 싶지 않아요. 나를 존중하는 태도로 이야기해주면 좋겠어요.
2. 잘잘못을 따지자고 말하는 것 같아 답답해. 나는 그저 당신하고 이야기를 나누고 싶을 뿐이었는데.
   - 당신하고 이야기를 하고 싶었을 뿐이었는데 잘잘못을 따지자고 하는 것 같아 답답해요, 나의 이야기를 들어주려고 노력해주면 안 될까요?
3. 네 방에 더러운 옷이 이렇게 쌓여 있으니 지저분한데 청소도 할 수 없어 짜증 나고 속상하다.
   - 지저분한데 청소도 할 수 없을 만큼 옷까지 쌓여 있으니 짜증도 나고 속상해. 앞으로 벗은 옷은 세탁기에 넣어 주렴.
4. 당신이 내가 항상 그런다고 말하니 나를 그런 사람으로 보는 것 같아 억울하고 너무 속상해.
   - 내가 항상 그런 사람이에요? 어떤 상황에서 내가 그런 것인지 이해해주고 나를 항상 그런 사람이라고 말하지 않았으면 좋겠어요. 당신이 그러면 너무 억울하고 속상해요.

상대의 언행으로 인해 자신의 감정에 변화가 생겼다면 상대에게서 객관적으로 관찰한 것들에 영향을 받았다는 말인데 어떻게 어떤 영향을 받았는지를 알기 위해서는 자신의 신조, 가치관, 의견, 생각, 필요, 욕구, 요구에 대한 보다 정확한 이해가 필요하다. 따라서 "내가 원하는 것이 무엇인가?", "나는 사람들에게 어떻게 인식되어지기 원하는가?", "사람들이 나를 어떻게 존중해 주기 원하는가?" 등의 질문에 보다 선명한 그림을 갖고 있을 때 효과적인 주장적 의사전달을 할 수 있을 것이다. 주장적 의사전달에 어려움을 느낄 때 다음과 같은 순서를 먼저 밟고 표현한다면 도움이 될 것이다.

- 첫째, 나의 신조, 가치, 생각이 무엇인가?
  - 나의 참된 필요, 욕구, 요구가 무엇인가?
  - 나는 어떤 대접을 받기 원하는가?
  - 나는 어떤 사람으로 인식되기 원하는가?
- 둘째, 내가 보고 관찰한 객관적인 사실/내용들이 무엇인가?
- 셋째, 그것이 나에게 어떤 영향/충격을 주었는가?
- 넷째, 그래서 현재 내가 느끼고 있는 감정은 무엇인가?

② 주장적 의사전달의 자세

- 주장적 의사전달과 민주주의: 주장적 의사전달은 민주주의적이고 인본주의적인 철학에 근거한 의사전달 방법으로 서로의 권리를 존중하는 것을 근저로 하고 있다. 몬티 등(Monty et al., 2000)은 단주를 위한 사회기술훈련에서 주장성 의사전달과 관련된 인간 권리에 대해 다음과 같이 밝히고 있다.
  - 상대에게 자신의 의견을 알릴 권리가 있다.
  - 상대에게 상처가 되지 않는 방법으로 자신의 느낌이나 감정을 알릴 권리가 있다.
  - 상대에게 자신에게 영향을 미치는 상대의 말이나 행동을 지적하고 변화를 요구할 권리가 있다.
  - 다른 사람이 자신에게 말하거나 요구하는 것을 수용하거나 거절할 권리가 있다. 유교주의적이고 권위주의적인 사회나 가족제도 속에서 주장적 의사전달 방법은 적지 않은 마찰과 불화를 일으킬 수 있다. 따라서 주장적 의사전달의 가장 큰 저항은 바로 이 체제 저항이라 할 수 있다. 주장적 의사전달을 효과적으로 활용하려면 사용자는 물론이며 쓰고자 하는 상대나 상대단체에 대한

파악이 필요하다.

- 진실한 의사전달과 타협성: 주장성 의사전달의 특징은 타협에 있다. 주장성에서 이미 밝혔듯이 주장성이란 항상 상대의 감정, 생각, 취향, 그리고 권리를 존중하는 것을 전제로 자신의 것을 주장하는 것이다. 반면, 상대를 무시한 주장성은 공격적 대화로 변할 수 있다. 그리므로 주장성 의사진달은 그 말이 풍기는 고집스런 뉘앙스와는 다르게 어느 정도에서 서로 만족할 수 있는 타협점 모색을 위한 과정적 대화라 할 수 있다.
- 주장적 의사전달과 상대의 변화: 주장적 의사전달이 상대의 변화를 전제로 하는 것은 아니다. 그것은 단지 소원일 뿐이다. 주장적 의사전달의 일차적 목표는 상대의 반응에 영향을 받지 않고 나의 임무나 책임감, 즉 충실하고 성식하게 자신을 꾸준히 표현하는 것이다.
- 유연성과 적응성: 현실직시는 건강한 삶의 중요한 부분이다. 현실을 무시하고 모든 상황에 주장적 의사전달을 사용해야 한다는 것은 오히려 파괴적일 수가 있다. 어떤 상황에서는 보다 수동적인 반응이 이상적인 반응은 아닐지라도 더 효과적이고 안전한 반응일 수 있다. 예를 들면 가족의 생계가 달려 있는 직장에서 무대뽀 사장에게는 수동적인 반응이 효과적이고, 고통을 주는 이웃이나 가족에게 주장적 의사전달로 자신을 표현하고 지키려고 하는데 막무가내로 나온다면 보다 공격적인 표현이 필요할 수 있다. 주장적 의사전달을 배우는 궁극적인 목적은 의사전달의 폭을 넓혀 상황에 따라 가장 효과적이고 기능적인 의사전달 방법을 의도적으로 선택하여 상황에 가장 잘 맞게 적응하는 것이라 할 수 있다.

(3) 문제 소유와 나-메시지, 너-메시지

주장적 의사전달은 자신이 받은 영향, 자신의 생각, 특히 감정을 상대에게 전한다는 점에서 자신이 주체가 되어 있다. 그래서 '너' 중심의 공감적 반영과 달리 주장적 의사전달은 '나' 중심의 나-메시지라 한다. 문제 소유의 측면에서 볼 때 공감적 반영에서는 상대가 문제 소유자인데 반해 나-메시지 또는 주장적 의사전달에서는 자신이 문제 소유자가 된다.

표 8-4 문제 소유와 나-메시지 그리고 너-메시지 사례

상황	문제 소유	공감적 반영/반영적 경청	주장적 의사전달/나-메시지
• 성적표 점수가 나빠서 자녀가 울고 있다.	• 상대/자녀	• 점수를 보고 많이 실망했구나. 혹시 내가 야단칠까 걱정하는 것이 아닌지 모르겠다.	
• 자녀가 약속대로 집안 청소를 돕지 않는다.	• 나/엄마		• 네가 약속한 것을 지키지 않으니 나 혼자 일을 해야 하니까 실망되고 속상하다.
• 자녀가 시험 전날 잠을 이루지 못한다.	• 상대/자녀	• 잠을 잘 못 이루는 것을 보니 시험이 걱정되는가 보구나. 잘 해 낼 자신이 없구나.	
• 손님이 집에 왔는데 자녀가 어머니와 손님을 계속 방해한다.	• 나/엄마		• 네가 방해하면 엄마가 아줌마와 이야기를 나눌 수 없어 짜증이 난다.

(4) 불편한 상황에 쓸 수 있는 실용주의적인 자기주장 표현들

- 당신이 그렇게 느낀다면 미안하게 됐지만 내가 말한 것은 그것이 아니었어.
- 당신이 화나는 것에 대해 말해도 되지만 나에게 소리를 지르거나 모욕하는 것은 용납하지 않을 거예요.
- 당신이 좀 가라앉은 후 돌아와서 이야기합시다.
- 당신이 좀 가라앉아서 내 말을 들을 수 있을 때 다시 한 번 이야기합시다.
- 내가 지금 당신 말을 들을 입장이 아니니 내가 좀 가라앉은 후 다시 이야기합시다.
- 당신이 준비만 된다면 나도 언제든지 이야기할 준비가 되어 있어.
- 내가 듣기로는 당신이 ~라고 말하는 것 같은데, 맞아요?
- 당신이 붙이는 그런 꼬리표는 받아들이지 않겠어요.
- 우리의 이런 대화가 바로 우리의 문제를 말하는 거예요.
- 당신이 단지 기억하지 못한다고 해서/당신이 부인한다고 해서 그 일이 일어나지 않은 것은 아니예요.
- 당신이 힘들다는 것도 이해하고, 일부러 내 마음을 아프게 하려 하지 않았다

는 것도 알아요. 그렇지만 우리의 문제를 다루는 당신의 방법이 나를 몹시 아프게 하고 있다는 것도 알았으면 해요.

- 당신이 속상하고 아프다는 것에 대해 미안해요. 하지만 이 일에 대해서는 나의 입장을 포기하지 않을 거예요.
- 니도 너무 오랫동안 상처를 받아 변화를 가져올 필요가 있어요.
- 물론 당신도 당신의 의견을 가질 권리가 있죠.
- 문제를 풀어 나가고 싶지만 당신이 침묵을 지키고 있으니 의욕이 나지 않는군. 당신이 준비될 때까지 나도 자리를 비킬 거야.
- 내가 혹시 당신을 방어적으로 만드는 것이 있어? 말해주구려. 나도 듣고 싶어.
- 당신을 이해하고 싶어. 내가 이해할 수 있게 좀 도와주구려.

생각 다듬기

1 다음은 개방형 질문에 대한 응답의 재량 범위와 초점을 좁혀 가는 예로, 이를 명료화 과정이라고 부르기도 한다. 다음을 소리 내서 말하듯이 읽어 보시오.

1) 남편의 행동에 대해서 말씀해 주시겠습니까?
2) 남편의 행동 중에서 좋은 점과 나쁜 점을 말씀해 주시겠습니까?
3) 남편이 다정스럽게 한다는 것은 무엇을 의미하는지 그 예를 들어 주시겠습니까?
4) 가부장적 행동이라는 것은 무엇인지 예를 들어 주시겠습니까?

개방형 질문과 폐쇄형 질문을 각각 10개씩 작성해 보고, 이를 각각 폐쇄형 질문과 개방형 질문으로 바꾸어 질문해 보자. 이 과정에서 개방형 질문과 폐쇄형 질문이 갖는 어감이 어떻게 다른지 논의해 보도록 한다.

2 다음의 '왜' 질문을 '어떻게' 혹은 '무엇'의 질문으로 바꾸어 질문해 보시오.

1) 아드님이 친구들과 왜 싸우게 되었나요?
2) 남편이 가사를 왜 거부하나요?
3) 친구들과의 갈등이 왜 생기게 되었는지 아시나요?

9

Chapter

가족 사회복지실천

1. 가족의 개념과 기능
2. 가족을 대상으로 하는 사회복지사의 역할과 기술

가족을 대상으로 하는 사회복지실천의 기본적인 목적은 모든 가족 구성원들이 각자의 발달적 · 정서적 욕구를 충족하게끔 돕는 것이다. 또한 가족들이 보다 자신의 역할과 기능을 효과적으로 배우고 활용할 수 있도록 지원하는 것이다. 이러한 가족 수준의 사회복지실천은 가족이 변화를 위해 준비하도록 가족 구성원 각자의 강점을 강화시켜주며 다양한 가족지원 서비스를 제공한다. 그럼으로써 가족이 효과적으로 가족의 기능을 수행하고 유지하도록 도와줄 뿐만 아니라 만족할 수 있는 일상생활을 지속하도록 가족기능 수행에 구체적인 변화를 창출하게끔 한다(이화여대 사회복지연구회, 2001). 가정은 인간발달에 있어서 가장 기초가 되는 사회화(Socialization) 기능을 수행하는 곳으로서 개인의 성격발달과 가족 간 상호작용을 통한 인간관계 훈련의 장으로 매우 중요한 역할을 담당하는 곳이다.

1 가족의 개념과 기능

가족은 인간체계의 하나로서 세대를 내려오면서 형성되었고, 또한 세대를 통해서 가족 구성원에게 강력한 영향력을 미치고 있다. 사회복지사가 직면하는 서비스 이용자가 한 사람이라고 하더라도 그 사람에게 영향을 미친 가족에게 사회복지사는 개입하여야 하며, 서비스 이용자가 가족이거나 소집단, 기관, 지역사회일 때, 또는 제도일 때에도 가족에게 개입하여야 한다. 따라서 인간을 이해하고 인간을 도우려고 하는 사회복지사는 인간에게 가장 강력한 영향을 미치는 가족에 대한 깊은 이해가 있어야 한다(신성자 외, 2007).

1) 가족의 개념

가족이란 서로에 대한 의무를 가지고 함께 거주하는 사람으로 구성된 일차집단이다(김규수 외 역, 2002). 가족에 대한 개념을 보다 구체적으로 파악하기 위해서 가족을 협의적 개념과 광의적 개념으로 구분하여 정리하면 다음과 같다(이준우 · 이화옥 · 임원선, 2006).

(1) 협의적 개념

협의적 개념은 전통적으로 여러 학자들이 제시해 왔던 견해라 할 수 있다. 협의적 개념에 의하면 가족이란 인류사회의 보편적인 제도로서 '자녀양육의 기능을 중심으로 특정한 공간(가정)과 특정한 애정의 유대(사랑)로 연결된 특정한 사람들의 집합체'라고 할 수 있다. 이러한 가족의 협의적 개념은 가족이 여성의 영구불변한 역할, 즉 양육, 결합, 재생산 역할에 의해 규정된다는 신념을 전제하고 있다. 이러한 의미에서 가족은 인간양육과 교육을 담당하는 가장 강력한 제도체계라 할 수 있다(조홍식, 2008). 협의적 개념에서 살펴볼 수 있는 주요 학자들의 견해를 정리하면 다음과 같다.

① 머독(Murdock)의 견해

머독에 의하면 가족이란 부부와 그들의 자녀로 구성되고, 주거와 경제적인 협력을 같이 하며, 또한 자녀의 출산을 특징으로 하는 집단이라고 한다(Murdock, 1948; 권육상, 1999 재인용). 이런 정의는 우리가 일상적으로 생각하고 있는 가족의 정의와 일치한다.

② 레비스트라우스(Levi-Strauss)의 견해

가족은 결혼으로 시작되며 부부와 그들 사이에서 출생한 자녀로 구성되지만 이들 이외에 가까운 친척이 포함될 수 있고, 가족구성원은 법적 유대 및 경제적·종교적인 것 등의 권리와 의무, 성적 권리와 금기, 애정, 존경 등의 다양한 심리적 정서로 결합되어 있다는 견해이다(김용미 외, 2005). 이것은 머독의 개념보다 확대된 범위의 가족을 말하며 특히 가족의 운명공동체적 성격을 강조하고 있는 것이다.

③ 버제스(Burgess)와 로크(Loke)의 견해

버제스와 로크는 가족을 혼인, 혈연 혹은 입양에 의해 결합된 집단으로서, 하나의 가구(家口)를 형성하고, 남편과 아내, 아버지와 어머니, 아들과 딸, 형제와 자매라는 각각의 사회적 역할 속에서 상호작용하며 의사소통하고, 공통의 문화를 창조, 유지하는 집단이라고 하였다(김시업, 2006).

이상의 머독, 레비스트라우스, 버제스와 로크의 견해는 협의의 가족 개념이라고 할 수 있다. 이들 학자들의 견해를 종합하면, 가족은 공동 주거 또는 경제협력 및 출산의 기능을 하는 하나의 사회집단으로서 성관계가 허용되는 최소한의 성인 남녀와 그들에게서 출생하였거나 양자로 된 자녀로 이루어진다. 따라서 가족은 전통적으로 혈연, 입양 혹은 혼인을 기반으로 하는 일차적인 집단이다(이준우, 2003).

(2) 광의적 가족 개념

가족에 대한 또 다른 하나의 시각은 가족을 편재하는 생물학적 욕구에 대한 보편적인 반응으로 보기보다는 특정한 사회질서 안에서 나타나는 도덕적 · 철학적 · 이념적 구성단위로 파악한다. 예를 들면 가족은 혈연관계로 이루어진 자연적 집단이 아니라 가정 내부에서 인간관계를 조직하고, 고려하는 방식으로 인식되며, 개인은 재산을 소유하고 보호와 복지를 제공할 뿐만 아니라 특히 자녀를 양육하는 단위로서 국가에 의해 형성된 영역, 즉 현대 정치와 경제를 지배하는 비인격적 규범과 대립되는 사랑과 친밀의 범주로 개념화된 영역으로 본다(조홍식, 2008). 이 시각에 따르면 가족이란 그들 스스로를 가족으로 정의하고 지속적으로 서로에게 가족체계의 핵심적 요소로 간주되는 의무감을 주는 둘 이상의 개인으로 구성된 집단이라 할 수 있다. 한부모 가정, 확대가정, 혈연 · 입양 · 결혼 등으로 제한되지 않는 친족의 개념, 레즈비언과 게이 부부 그리고 그들의 아이들을 포함하는 등의 가족형태의 다양성을 포함하고 있다(김시업, 2006; 김규수 외 역, 2002).

이와 같은 광의적 가족 개념의 특성을 일목요연하게 정리하면(이준우 · 이화옥 · 임원선, 2006) 첫째, 가족이 혈연, 입양, 그리고 결혼 등에 기반한 특수한 관계를 지닌 사람들의 동거를 필수적인 요소로 삼지 않는다는 점이다. 동거집단에 한정되지 않으며 생활공동체로서의 연대의식이 형성되어 그 관계가 지속적일 때 이 사람을 가족원으로 받아들일 수 있기 때문이다. 둘째, 입양뿐만 아니라 고용 그리고 기타 다른 조건에 의해서라도 동거하는 상태에서 가족공동체의 연대의식이 형성, 지속될 때 가족원으로 받아들여질 수 있다. 셋째, 사회나 집단에 따라서는 결혼보다 모자관계를 선택하기도 하며, 또는 부나 모의 역할이 타인이나 사회기관에 의해 대체되고 있는 현실을 감안할 때 핵가족의 형태만을 정상적인 것으로 단정할 수 없다는 것이다. 따라서 광의적 가족 개념에 의한 가족은 일상적인 생활을 공동으로 영위하는 부부와 자녀들, 그들의 친척 그리고 입양이나 기타 관계로 연대의식을 지닌 공동체 집단으로서, 반드시 동거하는 데 한정되지 않는다는 것이다.

2) 가족의 기능

인간은 가족을 떠나서 살 수 없으며, 가족에서 소외된 삶은 바람직한 생활양식이라 할 수 없다. 인간은 출생하면서부터 가정에 소속되며, 가족과의 관계를 통해서 성장하고 발전하여 간다. 즉 인간은 가족을 통하여 타인과 관계를 형성함으로써 바람직한 사회행동의 규범을 학습하고 가족이라는 거울을 통하여 자아 정체감을 형성하며 사회의 한 성원으로서 소속감을 갖게 될 뿐만 아니라 안정된 생활을 영위해 갈 수 있다(이준우 · 이화옥 · 임원선, 2006). 이렇게 가족은 그들의 구성원들을 위해 그리고 가족이 포함되어 있는 더 큰 사회를 위해 고유한 기능을 수행한다. 학자들에 따라 서로 조금씩 다른 기능을 제시하고 있기는 하지만, 대부분 학자들의 견해 중 공통적으로 제시되고 있는 기본적인 가족의 기능은 다음과 같이 정리될 수 있다(Strong & Devault, 1992; 조흥식, 2008 재인용).

첫째, 친밀한 관계의 근원을 제공한다. 사회가 산업화되고 복잡해질수록 사람들은 가족 내에서 친밀성을 발견하려고 노력한다. 가족 내에서 가족의 구성원들은 서로를 완전히 노출한 상태에서 파트너와 희망을 공유하고 함께 자녀를 양육하면서 나이를 먹어간다.

둘째, 경제적 협조의 단위로서 기능한다. 전통적으로 가족은 성별에 따라 일을 나누어 맡는 경제적 협조의 단위이다. 가족은 보통 하나의 소비 단위로 생각되기 쉬우나 그것은 또한 중요한 생산 단위이다. 가정 내에서 이루어지는 가족 구성원들의 역할 수행은 임금으로 지불되지 않으므로 생산 단위로서의 기능이 무시되기 쉽다. 아내의 자녀양육이나 가사노동은 말할 것도 없고 때때로 이루어지는 남편의 목공일이나 아내를 돕는 일, 자녀들의 요리활동이나 동생 돌보기, 청소하기 등은 모두 생산적 활동이다.

셋째, 자녀를 출산하고 그들을 사회화시킨다. 전통적으로 자녀출산은 가족의 주된 기능이었다. 가족은 그 사회를 구성하는 노인세대들이 사망할 때 그들을 대치할 아동을 출산하고 양육하여 사회가 계속적으로 유지될 수 있도록 하는 기능을 수행한다. 더욱이 아동은 대단히 무기력한 상태로 출생하고 책임감 있는 한 성인으로 성장하기 위해서는 여러 해 동안의 양육을 필요로 한다. 가족은 그들에게 걷고 말하고 자신을 돌보는 방법을 가르치며 특정 문화에 맞게 인간다운 삶을 살아갈 수 있는 각종 기술을 습득시키는 사회화를 담당한다.

넷째, 가족구성원에게 지위와 사회적 역할을 할당한다. 결혼으로 새로운 가족이 형성되면, 남편이나 아내라는 새로운 가족 역할이 부과되고 그것은 사회에서 진정한 성인의 지위를 획득하도록 돕는다. 부모나 형제자매에 대한 일차적 헌신이나 애정은 배우자에게로 이동되고 자녀출산은 아버지와 어머니라는 새로운 역할을 개인에게 부여한다. 또한 가족은 개인의 인종과 사회경제적 수준 및 종교를 결정하기 때문에 우리가 사회 내에서 특정한 지위와 위치를 획득하도록 한다.

또한 머독(Murdock)은 보편적인 가족기능의 측면으로서 첫째, 자녀출산, 둘째 사회화교육, 셋째 경제적 협조, 넷째 성적 욕구충족 등을 지적하였다. 나아가 가족의 기능을 일차적 기능과 이차적 기능으로 분류하였다. 여기에서 일차적 기능은 성적 기능, 부양의 기능을 의미하며, 이차적 기능은 교육적 기능, 경제적 기능, 종교적 기능, 지지적 기능, 보호적 기능, 사교적 기능 등으로 설명된다(이미선 · 강우진 · 권향임, 2008). 이와 같이 가족은 인간이 살아가는 데 가장 든든한 버팀목이 되며 사회에 적응하는 힘을 부여해주는 끈끈한 유대감의 원천이라 할 수 있다.

하지만 현대 사회의 급격한 사회변동으로 인간은 사회적응에 대한 과도한 요구에 직면하게 된 반면 가족 기능은 상대적으로 저하되어 많은 현대인들은 사회적 소외를 경험하고 있다. 즉, 현대인에게는 사회적응에 대한 요구, 사회적 소외와 같은 다양한 문제를 예방, 해결할 수 있는 정서적으로 안정된 가족관계 형성과 건강한 가정생활 경험을 할 필요성이 더욱 증가하게 되었음에도 불구하고, 과거 가족의 힘으로 척박한 사회생활을 감당해 나갔던 모습을 오늘날에 기대하기란 사실 쉽지 않은 현실이 되었다(이준우, 2003). 따라서 가족의 기능과 역량을 향상시키는 일은 사회복지실천의 과업 중에서도 매우 중요한 비중을 차지하는 것으로 볼 수 있다. 그 이유에 대해 좀 더 구체적으로 살펴보면 다음과 같다(이준우 · 이화옥 · 임원선, 2006).

첫째, 가족과 함께 접근해야 할 필요성이 크게 대두되었다는 것이다. 최근에 이르러 많은 서비스 이용자의 문제들은 개별적인 접근만으로는 해결되지 못하는 경향이 증가하고 있다. 많은 문제들이 가정에서 일어나고 있음으로 가정은 또한 해결책이 마련되고 수행될 수 있어야 하는 현장이기도 하다는 인식이 일반화되고 있는 것이다. 이에 따라 사회복지실천에서 서비스 이용자와 그 가족과의 관계는 매우 중요하게 부각되고 있다. 서비스 이용자 개인의 문제는 곧 가족의 문제일 수 있다는 입장을 견지하는 사회복지실천을 통해 가족의 기능이 향상되었을 때, 실제적인 서비스 이용자의 긍정적인 변화와 문제해결을 이끌어내는 데에 효과적인 것으로 평가되고 있는 것이다.

둘째, 가족에 대한 전문적인 개입을 효과적으로 수행하는 사회복지사의 능력이 사회적으로 인정받기 시작했다는 것이다. 유능한 사회복지사는 도움을 받는 것조차 어렵거나 도움을 원하지 않는 가족을 돕는 데 유리한 위치에 있다. 가족은 보통 자기 자신의 환경에서 더 안전하다고 느끼며 자신의 가정에서 사회복지사와 상호작용하기를 더욱 원할 수 있다. 그들 자신의 터전에서 도움을 받는 것이 동반적 관계에 들어가기 쉬우며 돕는 가정에 가족이 적극적으로 참여하게 할 수 있다. 서비스 이용자 자신의 가성에서 만나는 것이 개입을 현실화하고 그들의 생활을 형성하는 변화를 가져오도록 서비스 이용자의 힘을 강화하게 된다. 지역사회의 공식 · 비공식 양 측면의 지원망을 확인하고 발달시켜서 가족을 돕는 것은 가족의 기능이 향상된 이후에 이를 지속적으로 유지할 수 있도록 하는 데 중요하다(이준우, 2003).

셋째, 가족 구성원의 행복한 삶을 추구하는 경향이 점차 확대되고 있다는 것이다. 가족 수준의 사회복지실천의 궁극적인 목적은 지원, 교육, 새로운 기술 개발을 통하여 가족 구성원을 위한 건강하고 만족할 수 있는 환경을 발전시키는 것이다(이화여대 사회복지연구회, 2001). 이는 결과적으로 가족 구성원의 행복한 삶을 구현하는 데에 크게 도움이 된다.

2 가족을 대상으로 하는 사회복지사의 역할과 기술

가족을 대상으로 하는 사회복지사의 역할과 기술을 콜린스(Collins et al., 1999)의 견해를 중심으로 간략하게 살펴보고자 한다(이미선 · 강우진 · 권향임, 2008).

1) 사회복지사의 역할

가족을 대상으로 사회복지실천 개입을 하는 사회복지사는 다음과 같은 역할들을 수행해 나가야 한다.

(1) 정서적 지지자

가족 구성원 간의 상호작용의 향상을 이끌어내는 정서적 지지자로서의 역할을 수행해야 한다. 가족 구성원 각각의 입장을 충분히 경청하며 이해하면서 가족 구성원이 서로에 대해 신뢰와 사랑을 회복하게끔 격려하고 원조하는 역할이다. 나아가 가족 구성원 간의 고통, 상처, 실망의 감정뿐만 아니라 가족 구성원 개인이 원하는 것, 욕구, 소망 등을 명료하게 직접적으로 그리고 정직하게 전달할 수 있도록 정서적 지지를 통해 도와서 파괴적인 가족 상호작용보다는 지지적인 상호작용이 이루어질 수 있도록 원조하는 데에까지 그 역할을 감당해 나가야 할 필요가 있다.

(2) 위기관리 지원자

많은 가족들은 위기 상황에서 효과적으로 위기를 관리하지 못할 가능성이 높다고 할 수 있다. 이에 가족을 대상으로 사회복지실천 개입을 수행하는 사회복지사는 가족의 위기를 극복할 수 있는 문제해결기술을 습득하여 문제 발생 횟수 또는 위기 자체를 감소시키고, 나아가 피할 수 없는 위기를 보다 능력 있게 관리할 수 있도록 원조해야 한다.

(3) 자녀양육 조력자

자녀양육이 미숙하거나 문제가 있는 부모를 도와서 자녀의 고유한 욕구와 특성에 따른 부모의 자녀양육과 관리 기술을 발달시킬 수 있어야 한다. 나아가 부모-자녀 및 부모-부모 관계의 개선에도 기여하도록 원조하는 역할을 수행하여야 한다.

(4) 가족 간 갈등 중재자

스트레스와 의견이 일치되지 않는 피할 수 없는 순간들을 건설적으로 해결해나가게끔 하고, 가족 구성원 간의 관계를 성장시킬 수 있도록 지원함으로써, 가족이 효과적으로 가족 구성원 간의 갈등을 해결할 수 있는 기술을 배우도록 원조해야 한다.

(5) 연계망 구축자

가족 구성원의 스트레스 극복과 구성원 간 상호작용의 향상을 위해 가족을 대상으로 실천개입을 하는 사회복지사는 개인, 가족 그리고 지역사회 간의 연계망을 넓혀서 가족들이 구체적인 사회 자원에 접근하도록 지원하며 나아가 가족 스스로 문제해결을 위한 기술을 개발하도록 원조하는 역할을 감당해야 한다.

(6) 사회적 기능 향상과 옹호 전문가

가족을 대상으로 하는 사회복지사는 가족이 사회적 기능을 보다 잘 수행할 수 있도록 원조해야 하며 나아가 가족을 둘러싼 환경들의 제약들에도 옹호 활동 등을 통해 활발히 개입해야 한다. 예를 들어 특정 가족형태에 대한 사회의 편견과 지배적 이데올로기, 가족의 문제를 유발하는 호주제와 같은 시대착오적인 법제도 그리고 가족의 성장을 제한하는 불평등한 사회경제적 구조 등의 문제, 다문화 가족이 겪게 되는 다양한 어려움과 해결에 힘쓸 수 있는 가족 옹호자의 역할도 간과되어서는 안 된다(서울복지재단, 2005).

2) 가족 사회복지실천의 과정과 기술

가족을 대상으로 사회복지실천 개입을 하는 사회복지사는 다음과 같은 질문을 하고, 이에 합당한 실천개입 과정과 기술을 갖추고 있어야 한다(이준우 · 이화옥 · 임원선, 2006; 이미선 · 강우진 · 권향임, 2008).

첫째, 나는 가족 구성원 모두를 이해하고, 이들 모두를 동시에 어떻게 원조할 수 있을 것인가?

둘째, 나는 가족 구성원들에게 어떤 질문을 하여야 하는 것인가?

셋째, 나는 가족 구성원이 저항한다면 어떻게 대처해야 하는가?

넷째, 나는 가족문제의 우선순위를 어떻게 정해야 하는가?

다섯째, 가정방문 시 내가 알아야 할 것은 무엇인가?

여섯째, 나는 가족을 실질적으로 원조하는 데 충분한 정보를 갖고 있는가?

일곱째, 나는 어린 아동들(의사소통이 자유롭지 않은)과 어떻게 대화하여야 하는지를 파악하고 있는가?

이러한 질문들에 대한 효과적인 대응을 하기 위해서 가족을 대상으로 하는 사회복지사는 기본적으로 가족을 만났을 때, 활용할 수 있는 질문방법, 가계도와 생태도 등의 사정도구를 활용하는 방법 그리고 효과적인 개입 기법 등을 실천개입의 기술들로 숙지하고 있어야 한다. 가령 가족상담의 질문에서는 단선적 질문보다 순환적 질문을 채택해야 하며, 어떤 가족 구성원의 개별적인 욕구도 다른 구성원의 욕구에 우선하지 않아야 한다는 점 등이 중시되어야 한다(이미선 · 강우진 · 권향임, 2008). 이외에 가족상담 과정에서 봉착할 수 있는 실제적인 문제(예 가족 구성원의 잡담, 무응답 등)와 행동변화를 위한 기법 그리고 가족 슬픔과 같이 상담과정 중에 특별히 처리해야 할 문제들에 대한 기법들(김유숙, 2004)도 숙지하고 있어야 할 것이다. 가족 사회복지실천의 과정과 기술을 정리하면 다음과 같다(서울복지재단, 2005; 이미선 외, 2008 재인용).

(1) 초기과정과 기술

가족을 대상으로 하는 사회복지실천기술은 대개 가족 중 한 사람이 기관에 전화를 하거나 방문 또는 기관에 의뢰됨으로써 이루어진다. 초기 과정에서 접수면접(Intake)을 하는 사회복지사는 서비스 이용자가 제기하는 문제가 과연 가족복지실천의 대상인가를 판단하는 것이 중요하다. 제시된 문제가 가족 구성원 모두에게 영향을 미치고 있고, 가족 구성원들이 그 문제의 발생과 유지에 영향을 주고 있다고 판단되면 가족 단위의 가족복지실천이 필요하다고 고려될 수 있고, 서비스 이용자에게 가족 단위의 개입을 추천하여 가족 단위 개입가능성 여부를 판단할 필요가 있다.

가족체계중심의 사회복지사는 상당히 많은 시간과 관심을 초기 과정에 투자한다. 즉 실천개입의 초기에 관계형성이나 연합(joining)의 중요성을 강조한다. 초기에 이루어지는 관계형성이 나머지 개입 부분에 대해 많은 영향을 미치기 때문이다. 이렇게 가족개입 초기에는 효과적인 관계형성을 위해 가족에 대해 다차원적으로 사정하고 개입을 계획한다. 결국 개입초기에 필요한 기술은 가족과 관계를 형성하고 가족을 면접하는 기술, 생태도와 가계도를 작성하고 분석하는 기술, 가족 생애주기에 따라 가족의 욕구와 문제를 분석하는 기술 등을 들 수 있다(김혜란 외, 2006).

① 접수 면접

접수 면접에서는 가족원 모두, 일부 가족원 또는 한 가족원만이 참석할 수 있다. 흔히 자녀의 문제로 전화하는 어머니는 자신이 혼자 먼저 와서 상담하기를 원하는 경우가 많다. 가족을 대상으로 하는 사회복지사가 이를 수락하면 남편이나 자녀는 치료자와 어머니 사이의 연합이 이미 형성되었다는 선입견을 가지게 되는 위험이 따른다. 따라서 사회복지사는 가족개입에는 가족들의 신뢰가 필요하기 때문에 가능한 첫 상담에는 빠른 시일 내에 가족원 모두가 참여하는 것이 중요하다는 점을 알려준다.

접수 단계에서는 무엇보다 가족 구성원들의 욕구나 문제를 일차적으로 사정하여 문제의 성격과 가족개입의 필요성 그리고 담당 사회복지사를 결정하여야 한다. 가족개입이 필요하게 될 경우, 가족개입이 필요한 이유를 설명하여 주고 가족사회복지실천과 가족치료의 구조와 과정을 간략하게 설명해 줄 필요가 있다. 가족 구성원들은 문제를 보여주는 특정 구성원만 개입의 대상이 되어야 한다고 생각하기 때문에 전체 가족들을 대상으로 하는 가족사회복지실천이나 가족상담의 필요성을 설명하고, 이해시킬 필요가 있다. 또한 이들은 가족 상담이 어떻게 진행되는지를 모르기 때문에 이에 대한 교육을 할 필요가 있다(엄명용 외, 2005; 이미선 외, 2008 재인용).

접수 단계에서 간단한 가계도와 생태도의 작성을 통한 사정이 포함된 접수면접(Intake) 양식의 마련이 필요하다. 이 단계에서는 가족이 개입을 원하는 욕구, 가족원들 중에서 이러한 욕구를 갖고 있는 가족 구성원들에 대한 파악, 다양한 가족 구성원들의 문제 규정, 학교와 이웃 등의 다른 체계들이 보는 서비스 대상 가족의 문제 규정, 사회복지사의 첫 인상 등이 파악될 필요가 있다(Hartman & Laird, 1983; 이미선 외, 2008 재인용). 이 단계에서 가족과 계약을 맺을 경우에 특별히 고려되어야 할 점들은 첫째, 문제를 정의할 때에는 가족원 모두가 그 문제에 대해 어떻게 지각하고 있는지, 둘째 목표를 설정하고 개입과정을 명확히 하고 있는지, 셋째 가족원 모두와 계약을 맺어야 하는지 등이다.

② 관계 형성

가족 구성원들은 이미 오랜 기간에 걸쳐 가족 나름대로의 관계유형[1)]을 발전시켜 왔으므로 사회복지사는 가족이 있는 곳에 '합류(joining)' 할 필요가 있다. 가족과 합류한다는 것은 가족을 수용하고 가족에게 적응함으로써 가족의 신뢰를 얻는 것을 의미하며, 가족과 합류하기 위해서는 무엇보다 가족 구성원들의 이야기를 경청하는 것이 중요하다. 또한 사회복지사는 가족의 문제를 해결해 주는 전문가가 아니라 가족이 자신들의 목표를 찾아내고 목표를 달성하기 위한 노력과 책임을 기울이도록 지원하는 사람이라는 태도를 가져야 한다. 하지만 필요한 경우, 가족 혹은 가족의 주변 사회 환경을 변화시키기 위한 적극적인 역할을 수행함으로써 개입결과에 대한 책임을 공유할 수 있어야 한다(김혜란 외, 2006).

③ 가족 사정

가족개입의 초기단계에서는 보통 가족의 강점과 문제에 대한 정보를 수집하게 된다. 이를 위해서는 가족의 규범과 가족성원들의 역할에 대하여 자료를 수집하고 관찰을 해야 한다. 예를 들어 사회복지사는 규범에 대한 의사소통이 개방적인지 폐쇄적인지, 어느 가족원 의견에 무조건 따르는지, 의사결정은 어떻게 이루어지는지를 관찰한다. 규범을 사정하기 위해서는 가족의 가치나 사회적 활동에 대하여 개방형 질문을 던지고 그에 대한 응답을 살펴보면 된다. 예를 들어, 가족이 지역사회 활동에 어느 정도나 관여하고 있는지를 묻는다면 그에 대해 다양한 응답이 나올 것이다. 이 때 관찰해야 하는 것은 바로 얼마나 개방적으로 응답하는지 또는 숨기거나 주저하거나 방어하는 것은 없는지의 여부이다(이윤로, 2007).

또한 가족 내 역할이나 책임에 대해 질문하는 경우, 그에 대해 각 성원들이 인지하는 상태는 다를 수 있다. 어느 가족 구성원은 가사일의 대부분을 맡아서 한다고 이야기할 수 있지만 다른 가족 구성원은 그에 대해 동의하지 않을 수 있다. 어느 수준에서 동의가 이루어지는지 살펴보고 모든 가족 구성원이 동의하고 있는 각 가족 구성원의 역할은 무엇인지 알아본다(이윤로, 2007). 이렇게 가족을 사정하는 목적

---

1) 가족치료에서는 다양한 관계형성의 유형을 제시하고 있다. 그것들 중 매우 의미 있다고 판단되는 한 가지 예를 들면 다음과 같다(이윤로, 2007). 미누친과 피쉬먼(Minuchin & Fishman, 1981)은 가족과 초기에 연합할 때 활용될 수 있는 세 가지의 독특한 연합 유형을 제시했는데, 접근(the close position), 중립(the median position), 분리(the disengaged position)이다. 먼저 접근국면에서 사회복지사는 가족의 한 성원과 동맹을 맺고 작업을 시작하여 차례차례로 모든 성원과 치료적 동맹을 맺어 나간다. 중립국면에서는 사회복지사가 객관적이고 중립적인 입장에서, 적극적 경청자로서 각 가족성원이 자신의 이야기를 하도록 고무한다. 세 번째인 분리국면에서는 '분리된 치료자(disengaged therapist)' 로서의 입장을 활용한다. 치료자로서의 역할을 수행하는 사회복지사는 다양한 가족 갈등으로부터 객관적으로 떨어져 나온 위치에서, 객관적 사실을 바탕으로 하여 어느 가족성원의 입장에 대해서는 지지나 고무를 하고 어느 가족성원의 입장은 좀 제지하는 지시자 또는 중립적 전문가로서 역할을 한다.

은 가족의 욕구와 문제를 파악하고 가족과 가족을 둘러싼 환경의 강점과 자원을 활용함으로써 가족이 행복하다고 생각하는 삶의 목표를 달성하도록 지원하기 위한 것이다. 가족 사정에서는 사정의 대상, 사정의 원칙과 방법(사정 도구) 등을 주로 다룰 수 있다.

- 사정의 대상: 가족 사정에서 다루는 주요 사정의 대상은 역시 가족 문제의 내용과 그 문제들이 진행되어온 과정에 대한 정보라 할 수 있다. 사정의 대상이 되는 가족 문제의 내용은 가족이 사회복지사에게 제공하는 실제적인 정보를 말하며 과정에 대한 파악은 가족 구성원들과의 상호작용을 통해 이루어질 수 있다. 실제 사정을 수행할 때에는 가족의 문제가 문제 진행과정과 밀접하게 관련되어 있기 때문에 사정의 대상은 가족이 당면하고 있는 실질적인 문제에 대한 탐색이라고 할 수 있다. 또한 사정의 대상은 가족 구성원 개개인의 문제만이 아니라 문제를 문제 되게 하는 가족과 환경자원과의 왜곡된 관계를 포함하여 가족체계 내의 약점까지를 모두 포함한다. 이와 같이 가족 사정의 대상이 되는 사정의 내용을 구체적으로 살펴보면 다음과 같다(김혜란 외, 2006).

  첫째, 가족이 제시하는 문제에 대해 사정한다. 가족은 문제 혹은 욕구를 무엇으로 보는지, 가족 문제 혹은 욕구에 대해 가족 구성원들 사이에 차이가 있는지, 환경체계들은 가족의 문제를 무엇으로 보는지 등에 대해 탐색한다. 특히 환경체계와 관련하여 가족의 문제를 보는 것은 매우 중요하다고 할 수 있다. 여기에서 사회복지사가 가족 사정을 하는 데에 도움이 될 수 있는 몇 가지 질문들은 하나, 환경은 가족 기능의 성장을 돕는가? 아니면 방해하는가? 둘, 가족과 외부체계 관계의 범위와 질, 그리고 가족에게 미치는 외부 요인들의 영향, 사회적 환경과 가족의 상호작용의 질은 어떠한가? 셋, 가족의 기초 욕구 충족방법, 충족되는 욕구와 충족되지 않는 욕구는 무엇인가? 넷, 욕구 발생 시, 가족은 누구에게 의존하는가? 다섯, 외부 자원과 관련하여 가족은 얼마나 독립적이고 자기 충족적인가? 여섯, 가족은 친구, 친척, 선생님, 동료, 교인, 의료인 등의 중요한 사람들과 어떻게 관계하는가? 일곱, 가족의 종교와 가치는 무엇이고 어떤 영향을 주는가? 여덟, 가족의 문화유산은 강점으로 작용하는가 아니면 방해가 되는가? 등과 같이 들 수 있다.

  둘째, 생태 체계적 사정으로서 가족의 기본적 욕구는 충족되고 있는지, 가족과 환경체계들 간의 경계는 어떠한지, 개별 가족 구성원들과 환경체계들 간의 관계는 어떠한지, 환경체계들과의 관계에서 개별 구성원들 간의 차이가 있는지, 가족과 사회복지사 혹은 기관과의 관계는 어떠한지에 대해 탐색한다. 또한 세대 간의 관계는 어떠한지, 가령 확대가족과 어떤 관계를 가지는지, 여러 세대에서 반복되는 가족의 유형, 관계, 문제 등은 무엇인지 등에 대해서도 탐색한다. 나아가 가족생활주기에 대해 생태체계적인 관점으로 살펴보는 것이 중요하다. 가족 구성원의 도움으로 가족력에 대한 가계도를 완성해 나가면서 고찰한다든지, 가족의 생활주기상의 위치, 가족은 그 가족원의 발달 욕구를 얼마나 충족시키고 있는지, 가족 구성원들이 자신의 발달 욕구와 과업을 얼마나 잘 수행하고 있으며 발달 주기에서 위기를 해결하는 서비스 대상 가족의 독특한 방법은 무엇인지 등을 생태체계적인 시각으로 살펴볼 필요가 있다.

셋째, 가족 내부에 대한 사정으로서 가족의 구조와 기능, 의사소통, 가치, 신념체계 등에 대해 탐색한다. 먼저, 가족의 구조와 기능과 관련하여 가족 내 하위체계가 적절한 기능을 수행하고 있는지 평가한다. 부부 하위체계에서 부부가 서로에게 도움이 되는 만족스러운 관계를 가지고 있는지, 서로에게 적응하는 동시에 자율성을 가지고 있는지를 평가한다. 부모 하위체계에서는 부모가 적절한 부모기술을 가지고 있는지, 부모역할을 위해 필요한 사회 지지를 가지고 있는지, 자녀를 통제하고 지도하는 권위를 가지고 있는지 등을 점검한다. 부모-자녀 하위체계에서는 부모와 자녀의 관계가 좋은지, 자녀가 한쪽 부모를 배제한 채 다른 한쪽 부모와 지나치게 연합되어 있는지, 즉 삼각관계를 형성하고 있는지 등을 검토한다. 형제자매 하위체계에서는 형제자매 간의 관계가 갈등적, 경쟁적 혹은 지지적인지, 형제자매 간 감정적 유대관계를 형성하고 있는지 등을 탐색한다. 하위체계 간 관계가 경직되면 의사소통이 어려워지며, 구성원들 간 혹은 하위체계 간 관계가 소원해진다. 반면 경계가 지나치게 느슨하면 구성원들 혹은 하위체계 간에 지나친 간섭이 나타나게 되고, 삼각관계가 형성되거나 부모역할을 하는 자녀 등의 문제가 발생한다.

- 가족 사정의 원칙: 가족 사정의 가장 큰 독특성은 문제를 개인의 문제로 보지 않고, 가족 구성원 간의 상호작용의 문제 그리고 가족과 환경 간의 상호작용의 문제로 보는 데에 있다. 따라서 가족 사정은 다음과 같은 사정의 원칙을 갖

고 있어야 할 것으로 본다(엄예선, 2004; 이미선 외, 2008 재인용).

첫째, 첫 면담에서는 깊은 질문을 피한다. 둘째, 가족이 어떤 면의 문제를 특히 조심스럽게 다루거나 피하는지를 관찰한다. 셋째, 문제가 무엇인지 물어볼 때 사건이나 상황을 재현시키도록 구체적으로 묻는다. 넷째, 순환적인 질문을 한다. 다섯째, 위기의 상황이 아니면 현재의 문제에서 시작하여 광범위하게 질문한다. 여섯째, 문제를 체계적인 관점에서 이해하고 외부 체계(학교, 직장)가 문제에 개입되어 있을 것이라고 가정한다. 일곱째, 증상적인 행동은 일차적으로 가족체계 내의 규칙과 가족체계의 상호관계성의 특성에 비추어 보고 이해해야 하는 경우도 있고 때로는 두 가지 차원에서 동시에 진단해야 하는 경우도 있다.

- 가족 사정의 방법: 가족 사정을 하기 위한 의사소통과 질문, 기록 등과 같은 기초적인 기술들은 개별적인 수준에서 이미 다루었으므로 여기에서는 사정의 방법으로 활용할 수 있는 구체적인 사정 도구들[2)]을 살펴보고자 한다(김유숙, 2003; 이준우 · 이화옥 · 임원선, 2006; 김혜란 외, 2006; 김정진 외, 2007; 이원숙, 2008; 이미선 외, 2008).

· 가계도: 보웬(Bowen)에 의해 개발된 가계도는 여러 세대에 걸친 가족의 정서체계를 도식화하는 방법 혹은 도구로서 가족 전체에 대한 이해와 통찰력을 제공해 준다. 특히 가계도는 가족 내 역동의 이해, 가족이 여러 세대에 걸쳐 발전시켜 온 가족의 역할, 가족 유형, 가족 구성원 간의 관계 등을 가족 구성원과 함께 구체적으로 살펴보는 데에 유용한 사정 도구라 할 수 있다.

· 생태도: 생태도는 가족과 환경체계들과의 관계를 이해하기 위한 도구로서 가족과 체계들 간의 자원 교환, 에너지 흐름, 스트레스와 관련된 자료, 중재되어야 할 갈등, 메워야 할 간극, 활성화되어야 할 자원 등을 시각적으로 나타내 준다.

· 사회적 지지망: 사회적 지지망은 서비스 이용자의 사회적 지지자원을 사정하는 도구로 활용된다. 여기에는 가구, 가족과 친척, 친구, 직장 또는 학교 등에서 형성된 유대, 클럽과 조직체 그리고 종교집단을 통해 맺은 유대, 이웃, 기관 또는 공식적 서비스 제공자의 7개 영역에서 지지망을 구성한다.

· 비버스-팀비른 가족평가척도: 이 척도는 가족의 자신감, 구조, 융통성을 사정하는 데에 유용하게 활용되고 있다.

· 맥매스터 모델(McMaster Model): 이 모델은 가족의 기초적 과업, 발달과업 그

리고 힘든 과업을 포함하여 현재의 가족기능을 검사하는 데에 사용되고 있다. 여기서 가족기능이란 문제해결, 의사소통, 가족의 역할, 정서적 반응성, 정서적 관여, 행동 통제 등을 의미한다.

· 올슨의 서컴플렉스 모델(FACES III): 상담의 욕구를 사정하기 위해 고안된 적응력과 응집력 측정을 위한 도구이다.

이상에서 살펴본 다양한 사정 도구들 가운데에서 가장 큰 관심을 받는 것은 역시 가계도와 생태도일 것이다. 가족을 대상으로 사회복지실천 개입을 하는 사회복지사는 가계도나 생태도를 그리면서 가족의 사회적 네트워크를 구체적으로 파악할 수 있게 된다. 또한 각 가족 구성원에게 이러한 그림을 각각 그리도록 한 후 서로 비교해 보는 것도 사회복지사에게는 실천개입에 많은 도움이 된다. 이렇게 함으로써 효율적이면서도 객관적으로 가족 간 그리고 사회적 관계형성에 대해 토론을 활발하게 이끌어 낼 수 있는 것이다.

특히 생태도는 사회복지사와 가족이 함께 작성하게 된다. 생태도는 가족과 환경

2) 가계도, 생태도 등에 대한 자세한 사항은 '이준우 · 이화옥 · 임원선(2006). 『사회복지실천론』. 인간과 복지, pp. 313~316.' 의 내용을 참조하기 바란다. 가계도(genogram)는 3세대 이상에 걸친 가족 성원에 대한 정보와 그들 간의 관계를 도표로 기록하는 작성법이다. 가계도에서는 가족에 관한 정보가 도식화되어 있기 때문에 복잡한 가족관계의 유형을 한눈에 볼 수 있다. 따라서 어떤 가족의 문제가 어떻게 가족 맥락과 관련되어 있으며, 그 문제와 상황이 시간이 경과되면서 어떻게 발전되어 가는가를 여러 측면에서 예상해 볼 수 있게 된다. 또한 그림으로 표현되는 그 자체가 과정이고 기록이며, 완성된 전체 가계도는 각 배우자들의 가족 배경을 함께 포함한다. 이러한 가계도는 사회복지사와 가족원들이 다세대 간의 맥락에서 가족의 정서적 과정이 약해지고 강해지는 것을 쉽게 파악할 수 있도록 하는 유용한 도구이다. 그리고 가계도는 사회복지사가 가족원 각 개인과 가족 속에서 반복되어 나타나는 유형이나 사건들을 파악하는 데도 유용하며, 가족관계나 기능의 유형을 도식화함으로써 사회복지사가 서비스 이용자의 생활 중에서 어떤 사건이나 인간관계가 건전하거나 또는 불건전한 관계유형과 어떻게 관련되는지를 체계적으로 생각할 수 있도록 돕는다. 즉, 가계도란 가족 내 역동을 이해하거나 가족이 여러 세대에 발전시켜 온 가족역할, 가족유형, 가족관계 등을 가족과 함께 비위협적이고 상호적인 방법으로 살펴보기 위한 도구를 의미한다. 이처럼 가계도는 가족사정의 첫 걸음으로써 처음에는 주로 가족에 대한 사정도구(assessment tool)로서 활용되어 왔으나 근자에는 여러 학파의 가족치료자에 의해 치료, 훈련 등의 다양한 목적으로 사용되고 있다. 생태도(eco-map)는 앤 하트먼(Ann Hartman)에 의해 1975년에 개발된 것으로 가족과 가족 생활공간에 있는 사람 및 기관 간의 연계를 그림으로 나타낸 사정도구이다. 즉, 가족의 주요환경이라고 간주되는 체계를 그려서 가족체계의 요구와 자원 간의 균형을 보여주는 것이다. 생태도는 서비스 이용자를 둘러싼 각 체계와 가족 간의 관계의 성격, 환경에서 가족으로 자원의 흐름 등을 표시한다. 사회복지사는 질문형식을 통해서 혼자서 그려낼 수 있지만, 서비스 이용자와 함께 그릴 수도 있다. 이 경우, 양자 간의 연합을 진작시킬 수도 있고, 신뢰감 형성이 강화된다. 생태도의 역할은 가족과 환경체계 간 관계에 관한 전체적 조망을 제공한다. 또한 가족과 환경체계 간의 경계의 본질을 정보제공하며, 가족 내 역동 등, 서비스 이용자와 가족에 관한 정보 제공을 한다.

과의 관계형성을 그림으로 표시하여 가족에 대한 총체적인 견해를 갖도록 도와주는 도구이며 가족 구성원 간의 중요한 상호작용에 대하여 즉각적으로 그림으로 보여줌으로써 가족 문제에 대한 통찰을 사회복지사가 얻는 데에 매우 유용하다. 생태도는 작성하는 사람이 자유롭게 각종 상징을 활용하여 그릴 수 있으나 대표적으로 활용되는 상징과 사례는 [그림 9-1]과 같다.

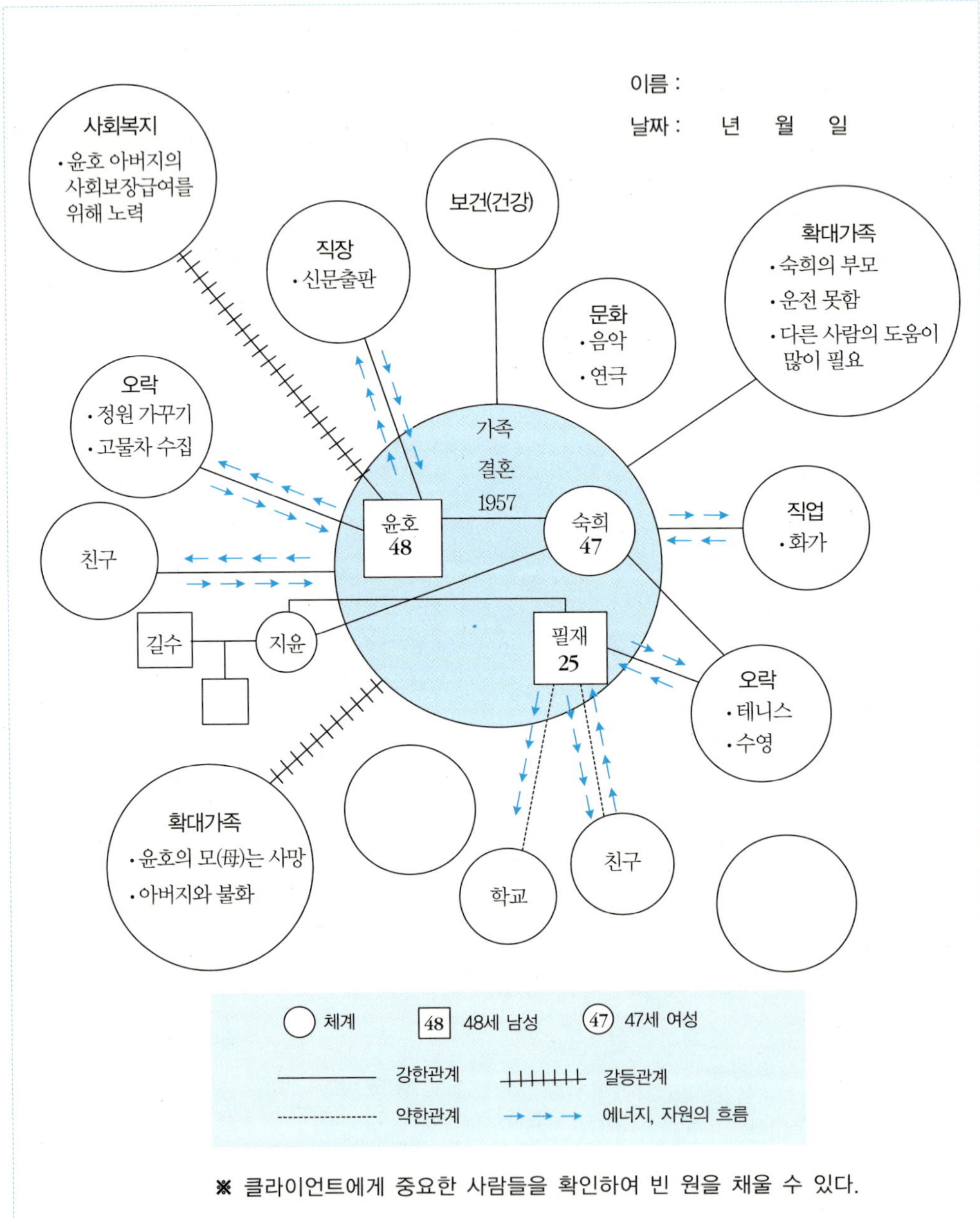

그림 9-1 **생태도의 상징들과 실례**

출처: 이준우 · 이화옥 · 임원선(2006), 사회복지실천론, 인간과 복지, p. 315.

그리고 가계도의 경우에도 가족과 사회복지사가 협력하여 가계도를 그려나가는 것이 바람직하다고 본다. 가계도는 문제가 될 만한 정서적 · 행동적 유형을 세대 간 맥락 속에서 찾아보는 데 도움을 준다. 그러한 문제 유형은 세대를 걸쳐 반복되는 경향이 있기 때문이다. 그래서 가계도는 가족으로 하여금 가족의 관계형성 유형을 파악하고 이해하도록 도와준다(이윤로, 2007). 가계도에서 일반적으로 널리 활용되는 기호와 실례는 [그림 9-2]와 [그림 9-3]과 같다.

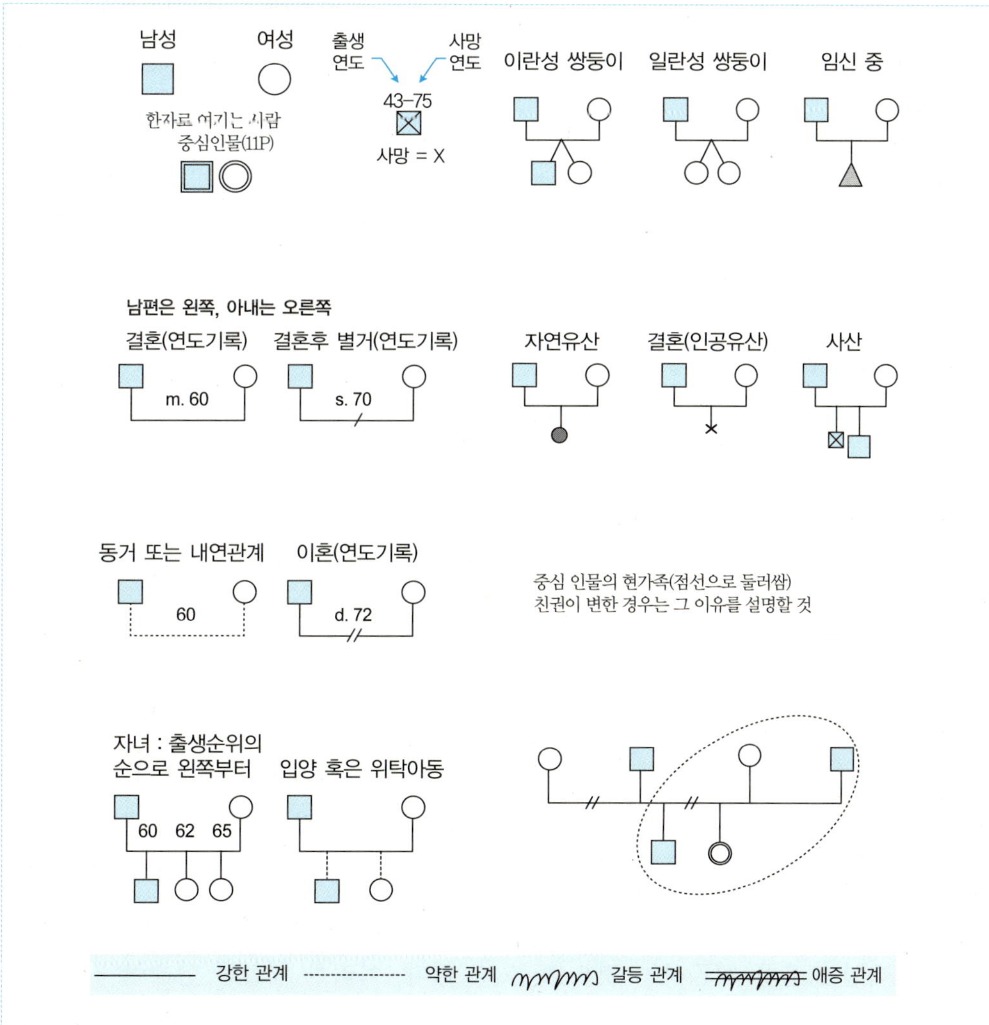

그림 9-2 **가계도 기호 예시**

출처: 이준우 · 이화옥 · 임원선(2006), 사회복지실천론, 인간과 복지, p. 314.

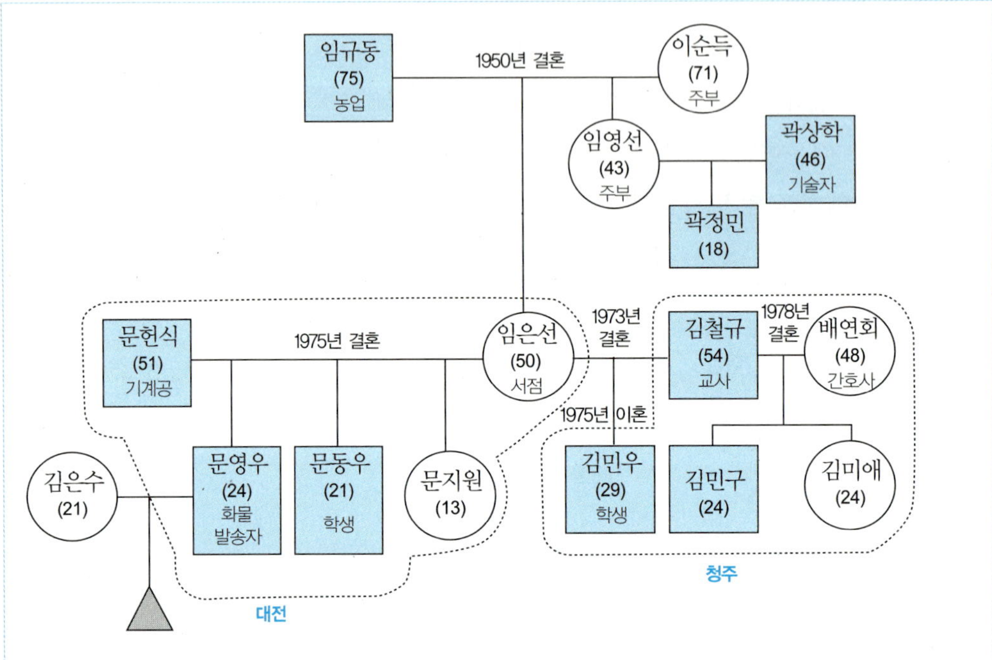

그림 9-3 **가계도 실례**

출처: 이준우 · 이화옥 · 임원선(2006), 사회복지실천론, 인간과 복지, p. 313.

이상의 가계도와 생태도는 비슷한 점도 있지만, 생태도가 가족 외부의 체계와 상호작용하는 유형에 초점을 두는 데 비해 가계도는 세대 간 가족의 역기능적 유형에 초점을 맞춘다.

(2) 개입과정의 기술

사회복지사는 가족을 만나서 그들의 욕구와 문제를 사정한 후에 개입 목표를 설정하고 계약을 맺은 후, 개입을 시작한다. 가족 사회복지실천은 사회복지사와 가족이 합의된 목표를 달성하기 위해 함께 해 나가는 협력관계이다. 이 단계에서 가족을 대상으로 실천개입을 수행하는 사회복지사의 역할은 가족을 지지하고, 교육하며, 구체적인 도움을 제공하는 것으로 볼 수 있다. 이러한 역할을 현재 우리나라에 설치되어 있는 사회복지관의 가족복지 사업에 적용하면 지지적 역할은 상담과 가정문제해결 및 가족치료 프로그램에 해당하고, 교육은 교육 및 훈련 프로그램에 그리고 구체적인 도움은 부양가족 지원사업과 가족기능보완사업 등에 해당된다고 볼 수 있다.

가족을 대상으로 하는 사회복지실천은 환경 내에 존재하는 가족에 개입하기 때문에 개입기술 또한 환경을 변화시키기 위한 기술과 가족 내부의 가족성원들 간의 상호작용 관계를 변화시키는 가족치료기술로 나누어 살펴볼 수 있을 것이다(이미선 외, 2008).

① 환경적 개입

서비스 이용자의 환경적 문제에 초점을 두는 급진적인 개별 수준의 사회복지실천에서는 서비스 이용자 문제의 원인을 권력의 부족, 부적절한 이데올로기의 구속, 이익집단들 간의 갈등, 서비스 이용자의 변화를 수용하기 위한 능력의 부족, 사회적 낙인화의 영향, 사회경제적 구조의 제한 등에서 찾고자 한다. 따라서 이러한 문제를 해결하기 위한 목표로는 착취당한 사람의 힘을 증진시키거나 이데올로기적 제한을 축소하거나, 지배이익집단의 착취 축소, 서비스 이용자의 변화와 통제 능력의 향상, 사회적 낙인에의 저항, 사회구조의 변혁을 통한 물질적 자원 제공 등을 들 수 있다. 그리고 이러한 목표를 달성하기 위한 전략들로는 사회교육, 적극적 자원의 활용, 사회적 지지와 사회적 공감의 획득, 비판적 자각과 임파워먼트, 옹호 등을 들 수 있다.

이는 가족에게도 적용될 수 있다. 가족들을 대상으로 행동과 인식(자각) 양자에 초점을 맞추는 적극적인 사회교육의 실시, 사람들에게 자원의 사용을 격려하며, 더 나아가서 자원에 대한 통제와 자율성을 조장하는 적극적인 지역사회 자원의 활용, 한 부모 가족, 이혼가족, 재혼가족 등의 다양한 가족의 사회적 경험 노력을 지지하는 것을 강조하는 기술인 사회적 지지, 서비스 이용자에게 권한을 주거나 공유하는 기술로서의 임파워먼트, 불합리한 사회구조나 제약을 개혁하거나 극복하기 위하여 옹호의 기법을 사용할 수 있다. 가족 옹호는 공공 또는 민간 기관들이 가족을 위한 기존 서비스 혹은 서비스 전달을 향상시키거나 새로운 혹은 변화된 형태의 서비스를 개발하는 것으로 특정한 가족에게 편의를 제공하는 것이 아니라 가족의 정당한 권리를 요구함으로써 지역사회 조직의 변화를 가져오게 하는 방법이다.

② 가족 내부의 변화를 위한 개입

가족 내 가족원들 간의 상호작용을 변화시키기 위한 기법들은 특히 가족치료에서 발달되었다고 볼 수 있다. 가족치료의 발달은 1940년대 초에 시작되었으며 그 과정에서 베이트슨의 영향은 매우 컸다. 1950년대에는 주로 보웬, 헤일리, 잭슨, 애커먼 등이 정신분열증 환자 가족 연구의 일부로서 가족에 관심을 가지기 시작하면서 가족치료의 싹이 텄고, 1960년대에 발아하기 시작하였다. 이 시기에 보웬의 다세대 모델, 사티어의 경험적 모델이 모습을 드러냈고, MRI가 가족치료 선구자들의 중심 활동 무대로 자리하였으며, 정신분열증 환자 가족 연구 결과 몇 가지 주요 개념이 발전되었다. 1970년대에 가족치료는 개화함으로써 구조적 모델, 전략적 모델이 그 모습을 드러내면서 가족치료의 여러 모델은 대중의 인기와 신뢰를 얻기에 이르렀다. 1980년대 들어 포스트모더니즘 사고가 확산되면서 가족치료는 새로운 방향으로 변화하였다. 이 시기에는 소위 후기 모델로 불리는 해결중심 모델, 협력언어체계 모델, 이야기치료가 모습을 드러내기 시작하였다. 그리하여 오늘날의 가족치료는 초기 모델과 후기 모델이 공존하면서 치료자의 선호나 서비스 이용자의 상황에 따라 특정 모델만을 적용하기도 하고 모델을 통합하거나 절충하는 형식으로 접근하고 있다(정문자 외, 2007).

가족을 대상으로 사회복지실천 개입을 하는 사회복지사는 이상에서 간략하게 설명한 다양한 가족치료 모델들을 통합적으로 정리하여 실천기술로 유용하게 활용한다. 이윤로(2007)에 의하면 사회복지사가 일반적으로 사용하는 가족치료 기술로는 첫째, 분위기 조성 기술, 둘째 상호작용을 명확하게 하는 기술, 셋째 재구조화 기술, 넷째 점검 기술 등을 말할 수 있다.

- 분위기 조성 기술: 가족 구성원들은 보통 가족치료 시간 동안에 사회복지사가 보이는 행동을 모방하는 경향이 있다. 따라서 사회복지사가 가족 구성원에게 모델이 될 만한 적절한 행동을 보여줄 필요가 있다. 이러한 행동에는 가족 구성원 각각에 대한 존중감, 개방성, 정직함, 객관성, 온화하게 반응하기 등이 포함된다. 먼저 각 구성원에 대한 존중을 표한다는 것은 바로 각각의 가족 구성원에게 자신을 표현할 기회를 주는 것이다. 다음으로 개방성과 정직은 의사소통의 핵심이지만 문제가 있는 가정은 이를 회피한다. 사회복지사는 신뢰를 얻어 가급적 빨리 이러한 비밀을 파악할 수 있어야 한다. 그리고 가족 구성원에게 가족의 문제에 대해 개방적이고 정직하게 의견을 표하도록 고무해야 한다. 그 다음으로 객관성은 어떤 상황이나 사실이 개인적인 해석에 따라 달라지는

경향이 있는데, 어느 쪽으로 치우치지 않도록 상황을 해석할 수 있는 능력이다. 끝으로 온화한 반응인데 이는 존중하고, 개방적인 의사소통을 고무하는 분위기를 만들어나가도록 하는 것이다. 사회복지사가 부드럽게, 조용히, 지지적으로 상호 존중하는 의사소통을 하도록 하면 가족은 진정으로 구성원 상호 간에 원활한 교류가 이루어지게 된다.

- 상호작용을 명확하게 하는 기술: 개입과정에서 사회복지사는 너무 권위적이지 않도록 하고 온화한 분위기를 띠도록 노력해야 한다. 이런 후에 각 가족 구성원들의 행동과 역할분담을 명확히 해야 하며 나아가 구성원 간에 진실한 상호작용이 이루어지게끔 해야 한다. 이렇게 상호작용을 명확하게 하는 것은 모든 가족 구성원들이 지금까지 관찰되어온 가족 유형이나 동맹관계에 대해 개방적이고 숨김없이 대화하도록 이끄는 것을 말한다. 상호작용이 명확하게 드러날 때 가족 구성원들은 좀 더 의식적으로 다른 가족 구성원에 대한 자신의 반응을 인식할 수 있게 된다. 결과적으로 어떤 상호작용 유형에 대해 재고할 수 있는 능력을 키우게 된다. 가족이 현재의 상호작용에 대해 토론하고 명확히 해나감에 따라 가족 구성원 간의 사실관계가 더욱 분명하게 드러나게 되는 것이다.
- 재구조화 기술: 사회복지사는 재구조화 기술을 효과적으로 활용함으로써 보다 지시적이 되어 가족들로 하여금 지금까지 파악해온 정보나 통찰을 적극적으로 활용하도록 서비스 대상자들을 유도한다. 가족들은 이제 자신의 상호작용과 행동유형을 알게 되었고 역기능적 유형을 변화시킬 준비를 갖추게 된다. 가족 간에 동의가 이루어지고 명확해진 역기능적 행동을 재구조화해야 한다. 구체적이고 쉽게 변화될 수 있는 행동을 먼저 선정한다. 다만 유의해야 할 사항은 급격한 변화보다는 점진적인 변화시도가 성공하기 쉽다는 것을 염두에 두어야 한다.
- 점검 기술: 변화와 재구조화는 지속적인 노력이 요구되는 과정이다. 장기화되고 상습화된 상호작용 유형은 변화가 더욱 어렵다. 가족 구성원이 새로운 노력을 시도할 때, 많은 지지를 해 주어야 한다. 가족과 사회복지사가 변화시킬 행동을 명확히 구체적으로 규정해 놓는다면 짐김이 훨씬 용이해진다. 가족의 문제가 해결되기 위해 가족의 규범과 기능이 변화되었는지를 점검함으로써 가족의 긍정적인 변화를 향한 노력이 보다 구체적으로 진행되게끔 애써야 할 필

요가 있다.

(3) 가족개입 종결기의 실천기술

가족개입 종결기에서는 개입을 통한 가족 혹은 성원들의 변화를 확인하고, 가족이 변화를 유지할 수 있도록 지원하며, 필요한 경우 추후면접을 계획한다. 구체적으로, 사회복지사는 성원들에게 다음을 확인한다. 현재 문제 상태가 어떠한지, 가족개입 이후 어떤 변화가 있었는지, 개입과정에서 가족 구성원들은 각각 어떤 역할을 수행했는지, 유사한 문제가 다시 생긴다면 가족은 이를 어떻게 다룰 것인지, 문제에 대한 가족의 생각이 어떻게 달라졌는지, 개입과정의 종결에 대해 가족 구성원들은 어떻게 느끼는지, 다시 가족개입이 필요하다고 느끼게 하는 요인들은 무엇인지 등을 말할 수 있다(김혜란 외, 2006).

종결 시에 활용되는 실천기술은 지금까지의 개입과정을 검토하고 긍정적 변화를 지지하며 향후 충족되어야 할 욕구를 요약하는 것이다. 가족 개입이 통상 8~12회로 진행되는 것을 감안할 때 마지막 2회 정도는 종결을 준비하여야 한다. 이때에 지금까지의 개입과정에서 이루어낸 다양한 변화를 논의하면서 각 가족구성원들로 하여금 자신과 다른 구성원의 변화를 코멘트 하도록 하면 도움이 된다. 이러한 과정은 변화를 명확히 할 수 있고 강화시키는 효과를 낸다. 또한 그 변화에 대해 많은 지지를 보내 주어야 한다. 예전의 행동이 쉽게 다시 나타날 수 있음을 주지시켜야 하며, 그런 변화를 유지하는 데 장애물이 될 만한 사항을 미리 파악해 두어야 한다. 변화된 행동이 언제, 어디서, 어떻게, 왜 지속되어야만 하는지를 명확히 하는 것도 변화를 유지시키는 데 도움이 된다(이윤로, 2007). 사후면접에서는 가족의 항상성을 유지하기 위한 자원을 규명하고, 가족이 성취한 목표를 점검하는 데에 초점을 맞춘다(김혜란 외, 2006).

생각 다듬기

1 당신 자신의 가계도와 생태도를 그려본 후, 가족과 당신과의 관계를 구체적으로 말해 보시오.

2 가족과 관련된 당신의 문제가 있다면, 그것은 무엇이며 어떻게 그 문제를 해결해 나갈지를 말해 보시오.

10

Chapter

집단 사회복지실천

1. 집단의 개념
2. 집단 유형과 집단 사회복지실천 모델
3. 집단의 발달단계
4. 집단 사회복지실천의 개입과정과 사회복지사의 과업

집단을 대상으로 하는 사회복지실천은 의도적인 집단 경험을 통하여 개인의 다양한 욕구를 충족시키고, 사회적응 능력을 증진시키고자 하는 사회복지실천의 한 방법이다. 집단 내에서의 사회복지실천은 새삼스러운 현상이 아니다(이준우 · 이화옥 · 임원선, 2006).

집단 사회복지실천의 이념적 뿌리는 20세기 초 30여 년간 발달해 온 노동운동, 인보관운동, 사회복지관, 청소년 단체 등을 포함한 사회복지기관에서 찾을 수 있다. 현대에 와서는 사회복지실천 현장에서 사회복지사가 집단 사회복지실천을 활용하는 것이 그리 새롭게 느껴지지 않을 만큼 빈번하다(이화여대 사회사업학과, 1993).

집단 사회복지실천은 1930년대 초에 '개별 사회복지실천(Casework)'과 구별하기 위한 목적으로 '집단 사회복지실천(Group Work)'이라는 용어로 사용되었다. 집단 사회복지실천의 이론이 지속적으로 발전하면서(1940년대), 1950년대에는 집단 사회복지실천이 사회복지의 전 분야에서 실천되었다. 1960년대까지 다양한 모델이 개발되었는데, 사회적 목표 모델, 치료 모델, 상호작용 모델을 대표적으로 들 수 있다(이용교, 2005).

1 집단의 개념

하트포트(Hartfort)는 '집단'이란 적어도 2~3명 이상의 개인이 모였으면서 다음의 요소를 내포한다고 했다(Zastrow, 1995). 인지적 · 정서적 · 사회적 상호교환과 같은 공동의 관심사나 목표가 있어야 하며, 서로 인상(impression)을 느낄 수 있을 만한 한 번 또는 그 이상의 만남이 있어야 하며, 공동으로 기능하기 위한 규범이 있어야 하고, 공동 활동을 위한 목적을 수립하여야 하며, 집단 성원 간에 그리고 전체로서의 집단 결속력이 있어야 한다(이준우 · 이화옥 · 임원선, 2006).

또한 집단의 크기는 5~7명 정도가 적절하지만 15~20명 정도의 집단도 가능하다. 하지만 이를 뒷받침할 만한 연구결과는 많지 않다. 중요한 것은 집단의 크기, 규모를 결정하기 위하여 사회복지사는 성원들이 어떤 영향을 받을 것인가를 고려해야 하는 것이다. 사회복지사는 집단의 크기가 갖는 장단점을 인식하고 있어야 한다(이준우, 2003).

그런데 21세기에 들어서면서 각종 전자매체의 혁명적인 발전으로 인하여 대면적인 집단의 개념은 점차 확대되고 있다. 전화 집단과 컴퓨터(인터넷) 집단에서는 점진적으로 집단 성원들이 동시에 같은 장소에 직접 가지 않아도 되는 현상이 생겨나고 있다. 이러한 집단들은 지리적으로 멀리 떨어져 있거나 집에만 틀어박혀 있는 사람들이 비슷한 과제를 가지고 타인들과 상호작용하는 것을 가능케 하고 있다. 또한 주어진 시간에 특정 서비스 이용자의 욕구에 따라서는 개인과 집단 형태가 서로 결합되어 활용되거나 순차적인 방법으로 활용될 수도 있다. 나아가 집단에서는 상호원조가 작용하는데, 이것이 집단 사회복지실천을 나른 사회복지실천 방법과 구별 짓는 일차적인 요인이라 할 수 있다. 상호 원조는 자조 집단이나 타인을 돕는 것 이상이다. 이것은 곧 사람들이 서로 돕는 것이다. 사람들은 타인과의 관계 및 상호작용을 통해 성장하고 변화한다. 사람은 사람을 필요로 한다는 사실이 집단 사회복지실천의 존재 이유인 것이다. 중요한 것은 사람들은 사람을 필요로 한다. 하지만 사람들은 지지적이고 도움이 되는 사람을 필요로 하지 파괴적인 사람을 필요로 하지는 않는다. 지지적인 관계에 기반을 둔 상호원조 과정은 성공적인 집단 경험을 할 수 있는 핵심요소로 이는 자존감과 효과적인 심리사회적 기능의 향상에 기여하게 된다.

사회복지 분야에서 이러한 집단의 수는 1960년대 이후부터 폭발적으로 증가해 왔다. 그리고 집단에 대한 전문적인 사회복지실천의 방법과 기술들도 크게 발달하였다. 집단 사회복지실천이 단순한 집단 경험을 가져다주는 차원이 아니라 전문적인 사회복지실천의 한 영역으로 자리를 잡게 된 것이다.

2 집단 유형과 집단 사회복지실천 모델

사회복지실천에서 집단은 집단 성원들이 자신들의 태도와 대인관계 그리고 주변 환경에 보다 효과적으로 대처할 수 있는 능력을 변화시키는 사회적 상황이자 수단이다. 그러므로 사회복지사는 집단에서 발생하는 사회적 힘의 영향력을 인식하고, 이를 서비스 이용자의 변화를 위해 활용해야 한다. 이렇게 집단이 성장을 지향하는 강력한 환경이 될 수 있는 이유는 집단이 개인 및 집단의 목적 성취를 위해 집단 성원을 지지하고, 자극하는 힘을 갖고 있기 때문이다. 하지만 항상 긍정적인 결과가 보장되는 것은 아니다. 오히려 집단이 성원들에게 아무런 영향력을 미치지 못할 수도 있으며, 나아가 성원이 사회를 파괴하는 역기능적인 영향력을 미칠 수도 있다.

따라서 집단을 효과적으로 활용하기 위해서는 집단 활동의 목적과 목표를 구체적으로 수립하고 그에 따라 집단의 성격을 분명하게 정리한 후, 다양한 집단 유형에 기초하여 집단 사회복지실천을 수행할 필요가 있다.

1) 집단 유형

사회복지사가 빈번히 활용하는 주요 집단의 유형을 살펴보면 다음과 같다(Zastrow, 1995, 1999; 김동배 · 이윤로, 2004; 이준우 · 이화옥 · 임원선, 2006).

(1) 레크리에이션 집단(Recreation Groups)

레크리에이션은 그 자체가 목적일 수 있지만, 레크리에이션을 통해서 치료적 효과를 얻고자 하는 경우에는 레크리에이션이 목적에 이르는 수단으로 활용된다. 레크리에이션 집단에서는 게임과 운동장에서의 활동 등과 같은 프로그램을 사용함으로써 집단 활동에 거부적인 태도를 보이는 잠재적 성원들을 집단에 끌어들일 수 있는 가능성을 높일 수 있다. 또한 레크리에이션 집단은 흥미와 재미가 있는 집단 활동이 되게끔 하는 장점이 있다.

(2) 레크리에이션 기술 집단(Recreation Skill Groups)

이 집단은 집단에서 제공하는 즐거움을 증가시키기 위한 레크리에이션 기술의 증가에 목적을 둔다. 레크리에이션 집단과는 달리 레크리에이션 기술 집단은 레크리에이션 집단을 지도하는 코치나 감독자들을 위한 집단이다.

(3) 교육 집단(Educational Groups)

교육 집단의 목적은 성원들이 자기 자신과 자신이 속한 사회를 이해할 수 있도록 원조하는 것이다. 이러한 집단은 병원, 학교, 교정기관 등에서 많이 활용되고 있는데 예를 들면, 청소년 성교육 집단, 부모 역할 훈련 집단 등이 있다. 모든 교육 집단에서는 성원들이 보다 많은 정보나 기술을 습득하게 하는 데 목적을 두고 있으며 전문가들이 이러한 정보와 기술 그리고 지식들을 가르친다. 물론 집단 성원들이 전문가의 교육을 받은 후에 자신들의 지식을 보다 확고히 하기 위하여 집단토의를 하기도 한다. 교육 집단을 지도하는 집단 사회복지사는 개별성원뿐만 아니라 전체 집단에도 관심을 기울여야 한다.

(4) 문제해결과 의사를 결정하는 집단(Problem-solving and Decision-Making Groups)

사회복지실천 서비스 제공자와 소비자인 서비스 이용자 모두가 이 집단에 포함된다. 서비스를 제공하는 사회복지사는 집단 모임을 사용함으로써 집단 구성원 개개인과 집단을 위한 치료계획을 발전시키고, 가장 최선의 자원을 어떻게 활용할 것인지를 결정한다. 또한 서비스 이용자를 위한 다양한 서비스를 어떻게 제공할 것인지도 정할 수 있다. 나아가 서비스 이용자를 위한 정책 결정들을 사회복지기관들이 하도록 대변해 주며, 다른 관련 기관들과 연결해 주는 노력을 어떻게 제공할 것인가도 결정한다. 잠재적인 서비스 소비자들은 지역사회 내에서 필요로 하는 욕구들을 충족시키기 위해서 집단을 활용할 것이다. 그리고 서비스 소비자들의 집단 경험에 대한 욕구를 충족시킬 수 있도록 새로운 프로그램을 제안하고, 개발을 주장할 수도 있다. 사회복지사는 이러한 소비자의 욕구들을 잘 파악하여 지역사회의 적절한 자원을 끌어들여 원조할 수 있고, 소비자의 사회적 기능을 강화시켜 줌으로써 과업을 완수할 수 있다.

(5) 자조 집단(Self-Help Groups)

자조 집단은 공통의 문제나 관심사를 가진 사람들, 또는 그 문제를 해결하고자 하거나 이해하고자 하는 사람들로 구성된다. 또한 자조 집단은 자발적으로 모인 작은 집단이다. 성숙과 일상적인 필요나 문제들을 성취하기 위해 주로 또래들로 구성된다. 그래서 자조 집단은 친밀한 사회적 상호작용과 각 구성원들 간의 인격적인 관계가 강조된다. 전형적으로 자조 집단에서는 집단의 일반 구성원인 비전문가가 리더로 활동하게 된다. 자조 집단은 소규모로 구성되어 상호지지를 제공하는 유형(예 단주 모임, 편부모 모임 등)이 있고, 외부활동이나 정치적인 활동을 주로 하는 전국적 기구(예 정신장애인가족협회, 한국치매가족협회 등)로 구성되기도 한다. 자조 집단은 점차 증가하고 있으며 종종 특정한 사회적 · 개인적 문제를 가진 서비스 이용자를 돕는 데 성공적이다.

(6) 지지 집단(Support Groups)

지지 집단은 일종의 자조 집단으로 고려될 수도 있지만 자조 집단에 비해 일반적으로 사회복지사나 전문가가 지도하게 된다. 지지 집단의 목적은 아이디어나 제안, 조언을 공유하고 지지를 제공하기 위한 것이다. 지지 집단은 종종 사회적 어려움이나 비극에 관한 문제로 구성되는 경우가 많다. 지지 집단의 성원들은 자기 비난을 해서는 안 되며 건설적인 방법으로 다른 사람들의 편견에 반응하는 방법을 배워야 한다는 점을 인식하도록 강조된다. 가령 한 성원이 자기에게 발생한 어떤 사건에 대해 자기 비난을 하면서 우울해 한다면, 동료 성원은 그 성원에게 당신은 희생자이며 가해자는 따로 있다는 사실을 직시하도록 한다. 만약 지지 집단이 없었다면 자기 자신에 대해 이러한 생각을 한다는 것은 과거에는 상상도 못 할 일일 수도 있을 것이다. 이렇게 지지 집단은 성원들이 자신의 경험을 표출하도록 도와 다른 동료 성원들과의 관계 속에서 자신의 경험을 보게 함으로써 그 경험을 객관화할 수 있도록 돕는다. 성원들은 자신의 죄의식이나 자기 비난이 부정확했다는 것을 곧 의식적으로 인식하게 된다.

(7) 사회화 집단(Socialization Groups)

사회화 집단은 집단 성원들이 사회적 기술을 습득하고 사회적으로 수용되는 행동

유형을 학습함으로써 지역사회의 생활에서 효과적으로 기능할 수 있도록 원조하는 데 일차적인 목적을 둔다. 즉 사회화 집단의 주요 목적은 성원들이 사회적으로 좀 더 수용할 만한 행동이나 태도를 개발하도록 하여 지역사회에서 효과적으로 기능하도록 하기 위한 것이다. 가령 비행청소년들이 사회적응 기술을 배우거나 자신의 미래를 계획하도록 돕는 것, 노인들이 지역사회 활동에 관여하도록 재동기화 시키는 것, 사회적 관계형성에 어려움을 갖는 소심한 청소년들에게 의미 있는 관계형성을 할 수 있도록 돕는 것, 미혼모들이 미래를 계획하도록 돕는 것 등을 예로 들 수 있다. 사회화 집단은 단순히 토론만을 하기보다는 주로 프로그램 활동을 통해 개인의 목적을 성취하도록 돕는다. 그래서 집단 성원들이 성공적인 사회화 집단에서의 활동 결과를 얻기 위해서는 성원들의 적극적인 집단 활동 참여가 필수조건이다.

(8) 치료 집단(Therapeutic Groups)

치료 집단은 일반적으로 정서적으로나 개인적으로 비교적 심각한 문제를 가진 사람들로 구성된다. 치료 집단의 목적은 성원들의 행동변화, 개인적 문제의 완화나 제거, 재활을 원조하는 것이다. 치료 집단은 집단 사회복지실천 실무에서 매우 중시되고 있는데 이는 환자나 역기능적 문제를 가진 개인을 치료하는 데 강조점을 두는 사회복지실천의 전통이 아직도 상존해 있기 때문이다. 치료 집단에서 집단 성원들은 자신의 문제를 해결하기 위하여 집단 활동을 한다. 치료 집단에는 정신역동치료 집단, 인지치료 집단, 행동치료 집단 등이 있으며 섭식장애, 외상 후 스트레스 장애, 성폭행 같은 문제를 다루는 집단이 포함된다.

(9) 상담 집단(Counseling Groups)

상담 집단은 성원들의 상호작용 과정을 활용함으로써, 현재 당면한 성원들의 대인관계와 관련된 문제들과 교육적 · 직업적 · 사회적 문제들을 다루도록 돕는다. 집단 성원들은 문제가 되어 왔던 지속적인 관계형성이나 행동을 향상시키기 위해 집단 활동에서 배운 것을 응용하고 활용하도록 훈련받는다. 주로 학교나 대학상담센터, 지역정신보건센터 등과 같은 기관 현장에서 수행된다. 상담 집단은 치료 집단과는 달리, 서비스 이용자의 성격 변화를 주요 목적으로 하지는 않는다. 상담 집단의 대상은 성격 개조나 발달적 장애를 가진 사람들이 아니라 기본적인 일상적 생활을 어느 정도 해 나가고 있는 개인들이다. 상담 집단 활동을 통해 개인의 강점이 분명하게 드러나고 자기 개발이 이루어져서 생활하면서 겪게 되는 어려움과 장애물들을 잘 극복하거나 다루어 나갈 수 있도록 돕는 데에 주안점이 있다.

(10) 참만남 집단(Encounter Groups)

참만남 집단 혹은 감수성 훈련 집단은 성원 사이의 친밀한 태도와 자신을 솔직히 개방하는 자세를 필요로 한다. 참만남 집단의 목적은 개인 상호 간의 인식도를 높이고 자연스러운 분위기에서 자신의 비밀스러운 이야기를 털어놓음으로써 문제해결의 단서를 찾는 데 있다. 즉 참만남(감수성 훈련) 집단은 성원 자신과 자신의 행동에 대한 새로운 통찰력을 개발하고 대인관계 기술을 향상시켜 건강하고 잘 기능하는 개인으로 성장하기 위한 기회를 제공하기 위한 것이다. 이 집단을 참만남이라고 한 이유는 자아실현에 대한 동기화가 이루어진 사람들 사이에서의 참된 만남이 이루어지게끔 하기 때문이다. 참만남 집단은 일종의 성장 집단으로 간주할 수 있다.

2) 집단 사회복지실천의 모델

집단 사회복지실천의 세 가지 모델은 파펠(Papell)과 로스만(Rothman)에 의해 개발되었다. 이 중 사회적 목표 모델과 상호작용 모델은 인보관 운동을 통해 널리 보급되고 크게 성장하였다. 최근에는 세 가지 모델을 통합하여 활용하는 시도가 늘어나고 있다(Papell & Rothman, 1966; Toseland & Rivas, 1995; 김동배 · 이윤로, 2004 재인용).

(1) 사회적 목표 모델(Social goals model)

사회적 목표 모델은 집단 활동을 통해 폭넓은 식견과 능력을 갖춘 시민을 양성할 수 있다는 인식하에 도래하였다. 사회적 목표 모델에 의하면 사람들은 어떤 사회적 이득을 획득하기를 희망하기 때문에 집단 활동에 참여하게 되는 것이다. 이러한 사회적 목표 모델은 지역사회 내의 문제, 즉 범죄, 빈곤, 쓰레기 처리 등과 같은 사회적 문제들을 해결하기 위해 주로 활용된다. 그래서 사회적 목표 모델은 지역사회복지관, NGO, 보건복지 관련 민간 조직 등에서 빈번하게 사용되기도 한다. 이 모델은 민주적인 집단 활동을 중요시하며 집단을 대상으로 실천개입을 하는 사회복지사들은 소집단 내에서 민주적 절차를 개발하고 준수함으로 그 절차를 유지하고 발전시키는 데에 힘을 모으게 된다. 여기에서 집단 리더는 집단 성원들을 사회화시키기 위해 캠프, 수련회, MT, 토론회 또는 워크숍 등과 같은 사회교육적인 프로그램들을 활용하며 가능케 하는 사람(Enabler)으로서 활동한다. 리더는 성원들이 더불어 함께 머리를 맞대고 의견을 조율하는 과정을 통해 합의된 결정을 내리도록 도우며 리더와 성원 모두가 단합하여 일하도록 지원한다. 나아가 그들 모두의 권한과 역량을 강화시켜 지역사회가 그들의 욕구에 보다 더 적극적으로 반응하게끔 한다.

(2) 치료 모델(Remedial goals model)

치료 모델은 임상지향적인 접근으로서 집단이 변화 대행자로서 사용되는 것이라 할 수 있다. 치료 모델에서 집단 리더는 집단 성원들 간의 상호작용을 촉진하여 변화를 이끌어 낸다. 사회복지사는 전문적 기술을 적용하여 개인들이 자기 인식을 하도록 돕고 사회적 기능을 향상시키도록 지원한다. 집단은 개인들이 좀 더 새롭고 적합한 기능을 하도록 고무하고 지지한다. 개입의 초점은 각 성원의 관계 형성 면에서 역기능적 유형에 맞추어진다. 치료 모델은 심각한 행동 문제나 사회기술이 부족한 사람들에게 주로 적용되며 정신병원, 지역사회정신보건센터, 교정시설, 가족지원 서비스 기관, 기타 치료 중심 프로그램 등에서 자주 활용된다.

(3) 상호작용 모델(Reciprocal goals model)

상호작용 모델은 개인과 집단 사이의 상호작용적 관계형성을 가정하고 있기 때문에 상호작용 모델이라고 불린다. 상호작용 모델에 의하면 개인은 그가 연결되어 있는 많은 체계와 하위 체계와 관련해서만 이해되고 다루어질 수 있는 존재로 인식된다. 이 모델은 개인과 사회 사이의 유기체적 · 체계적 관계를 가정하고 있고, 개인과 더 광범위한 체계 사이의 상호의존에 초점을 둔다. 이런 상호의존이 사회복지실천의 초점이 되고, (소)집단은 바로 개인적 · 사회적 기능이 조성되고 조정되는 현장이 된다. 사회복지사는 집단 성원들이 자신의 욕구와 사회적 요구 간에 공통 기능을 찾도록 돕는 중재자 역할을 한다. 사회복지사는 또한 집단 성원들이 상호원조체계를 형성하도록 지원한다. 이러한 상호작용 모델은 집단 내에서 치료적 환경을 형성하기 위해 집단 활동을 중요시 하며, 인간 중심적인 접근을 강조한다. 그래서 집단 성원의 성장 잠재력을 강조하며 상호 원조하는 노력을 통해 집단 성원들의 사회적응 능력을 향상시키게끔 노력한다. 그래서 사회복지사로 하여금 사회복지기관이나 지역사회가 서비스 이용자 개인의 욕구를 더욱 잘 이해하고 그 욕구를 충족시킬 수 있도록 최선을 다하게끔 한다.

치료 모델과 달리 상호작용 모델은 의도된 결과를 미리 선정하지 않는다. 즉 어떤 치료적 목적이나 정치적 변화 목표도 미리 설정하지 않는다는 것이다. 집단을 구성하는 성원들이 서로 함께 만나면서 집단의 방향이나 문제해결을 향한 기본적인 사항들이 결정되게끔 한다. 이 점이 상호 원조하는 체계로서의 집단 특성을 유지하게 하는 요인이 된다. 그래서 상호작용 모델에 의한 집단에서 사회복지실천을 수행하는 사회복지사는 주로 성원 간의 대인관계 과정에 관여하는 데에 집중한다. 즉 상호작용 모델에서 사회복지사는 주로 집단 성원이 서로 협력하여 생산적으로 활동할 수 있도록 돕는 중재자(혹은 매개자) 역할을 한다. 구체적으로 설명하면, 개인과 집단 사이에서, 집단과 다른 집단 또는 지역사회 사이에서 중재자 역할을 한다는 것이다. 당연히 사회복지사는 개인과 집단 그리고 지역사회와의 역동적 상호작용에 지대한 관심을 기울이게 된다. 그러므로 상호작용 모델은 서비스 이용자 개인의 정신건강을 강조하고, 지역사회 참여와 심리적 기능 사이에는 강력한 유대 관계가 있음을 가정한다. 지지 집단이나 자조 집단이 상호작용 모델의 대표적 예가 될 수 있다고 본다.

3 집단의 발달단계

집단은 끊임없이 진화한다. 이는 놀라운 일이다. 사회복지실천 현장에서 형성되는 수많은 집단들은 나름대로 공통성과 일정한 주기 등에 따라 예측 가능한 범위에서 그 모습이 변화되어 간다. 이러한 변화를 발달이라 해야 할지, 진행이라 해야 할지는 좀 더 많은 논의가 필요하겠지만 분명한 것은 집단은 변화해 간다는 사실이다. 많은 학자들이 이를 집단의 발달단계로 명명하고 다양하게 집단의 변화를 설명하였다. 다양한 견해들 중에서 갈랜드와 존스 그리고 콜로드니(Garland, Jones & Kolodny)는 사회복지실천에서 활용하는 집단의 발달단계(Stages in Group Development)를 5단계로 나누어 정의하였다(Garland, et al., 1965; Zastrow, 1995, 1999; 김동배 · 이윤로, 2004; 이준우 · 이화옥 · 임원선, 2006).

1) 1단계: 친밀 전 단계

집단의 초기 단계로서 집단 구성원들이 서로의 눈치를 보며 탐색하는 단계이다. 이 단계에서는 전형적인 집단 성원들의 '접근-회피 행동(approach-avoidance behavior)' 이 나타난다. 책임을 맡거나 성원들과 상호작용을 하거나 프로그램 활동에 참여하는 데 자신의 분명한 입장을 나타내지 않는 경향이 두드러진다. 성원들은 불안감이나 두려움에 사로잡힌 모습으로 침묵을 지키거나 유보적인 대답을 하면서 집단 활동에 참여하기를 주저할 수 있다. 또한 집단 성원들 간에 서로 서먹해 하거나 내화도 상투적이며 일반직인 내용으로 이루어지게 된다.

2) 2단계: 권력과 통제 단계

집단이 서서히 움직여 가는 단계로서 집단 내의 규칙과 목적이 설명되고 집단의 목적에 부합되도록 노력을 요청하는 단계이다. 이 단계에서 집단 성원 간에는 조금씩 친밀감이 향상되어져 가는데 이로 인해 발생되는 과도기적 혼란도 나타나게 된다. 집단 내에서 지지와 보상을 더 얻기 위해 각 성원들은 자신과 유사한 성원들을 찾아 나가면서 하위 집단을 형성하고 지위의 상하관계를 만들어 나간다. 또한 개인들이 어떤 역할과 책임을 맡는 과정, 그리고 집단 과업을 수행하기 위한 규범과 방법을 설정하는 과정에서 권력 갈등이 발생하기도 한다. 집단은 종종 개인들이나 하위 집단 사이의 분열, 집단 목적, 과정, 구조 등에 대한 불평, 리더십에 대한 도전 등으로 혼란에 빠지기도 한다. 언어적 폭력, 낮은 지위의 성원에 대한 거부, 집단 내 주요 권한을 누가 갖게 되는가에 대한 문제 등이 구체적으로 부각되기도 한다. 이러한 일련의 상황들은 불안을 초래한다. 그래서 이 단계에 성원들의 이탈률이 높게 나타난다. 주로 고립되거나 반항하는 성원들이 떨어져 나가게 된다.

3) 3단계: 친밀 단계

집단 구성원들이 집단에 친밀감을 느끼며, 함께 집단을 움직여 가는 단계이다. 즉 갈등이 사라지고 성원들 사이에 개인적 관심이 깊어지며 집단 경험의 중요성에 대한 인식이 증가한다. 사기와 공동체성이 높아지고 집단 목적을 달성하려는 동기 또한 크게 높아진다. 성원 간에 서로 인정해 감에 따라 상호 신뢰도 높아지고 자신의 감정과 문제를 자발적으로 노출시키며 집단의 의견을 구한다. 하지만 바람직하다고 설정되어진 친밀감을 성취하기 위해 성원 간의 갈등을 양산할 수 있는 부정적 감정이 지나치게 인위적으로 억압되는 경우도 생길 수 있다고 본다. 하지만 이 단계에서는 분명한 규범이 설정되고 성원 개개인의 집단 내 역할도 구체적으로 형성되어 있으며 집단의 리더십도 안정된다. 집단 성원들은 마치 형제자매로, 리더는 부모로 비유되기도 한다.

4) 4단계: 분화 단계

구성원들에게 자유가 부여되며, 구성원 스스로 자신의 문제를 바라보고 집단 속에서 독특한 자신의 역할을 수행하는 단계이다. 즉, 이 단계는 확고한 집단 응집력과 조화로서 특징지어진다. 집단의 정체감이 실질적으로 개발된다. 집단은 자기 고유의 구조와 습성을 창출한다. 고도의 신뢰와 자유로운 감정의 표현, 안정감, 분화된 역할, 개방된 의사소통이 나타난다. 관계형성은 더욱 동등해진다. 리더십은 더욱 균등하게 공유된다. 권력 갈등은 최소화된다. 성원들은 특별한 전문성과 능력에 대한 욕구를 나타내며 리더 역할을 자발적으로 떠맡기도 한다. 개별 차이에 대한 수용이 폭넓게 이루어지므로 의견의 불일치가 억압되지 않고 반대 의견을 가진 성원의 지위를 주의 깊게 고려하면서 토론을 통해 일치점을 이끌어 낸다. 집단은 상호 원조 체계가 되어 성원들은 각 개인의 욕구에 상응하는 정서적 지원을 자발적으로 상호 간에 하게 된다. 분화 단계는 마치 어린 아이가 성인기에 도달하여 성공적으로 자신의 삶을 추구하는 모습으로 비유될 수 있다.

5) 5단계: 이별 단계

집단의 목적이 수행되고 집단 성원 각자가 또 다른 목적을 향해서 떠나며 집단을 종료하는 단계이다. 하지만 종결이 늘 쉽게 수행되는 것은 아니다. 집단에 매우 깊이 관여해 왔던 성원들에게는 특히 힘든 시기이다. 성원들은 집단의 존재를 더 유지시키고자 퇴행적인 행동을 보이기도 한다. 성원들은 불안감과 노여움을 표하기도 하고 종결을 부정하기도 한다. 리더에 대한 의존성이 나타나기도 하고 싸움을 벌이기도 한다. 집단 경험의 긍정적인 의미를 부정하는 것도 흔히 발생한다. 과거 버림받은 감정, 거절당한 감정을 다시 경험할 수도 있다. 종결은 또한 평가의 시간이기도 하다. 성취한 과업을 숙고하고, 학습한 것을 다지는 시간이다. 미완결된 과업을 마무리하고, 집단에 대한 피드백을 주고받는다.

4 집단 사회복지실천의 개입과정과 사회복지사의 과업

이렇게 집단의 발달단계에 대한 이해를 한 후, 사회복지사는 집단을 어떻게 시작하고 이끌 것인지를 고려해야 한다(Zastrow, 1995, 1999). 집단을 이끌기 위한 몇 가지 방법을 살펴보면 다음과 같다. 첫째, 과제를 내주고, 둘째 모임을 계획하고, 셋째 모임을 시작하기 전에 긴장을 푸는 시간을 갖고, 넷째 모임 장소에 들어가기 전에 들어가자는 신호를 하고, 다섯째 자리를 적절하게 배열하고, 여섯째 서로 소개를 하고, 일곱째 역할을 명료화하고, 여덟째 의제를 나누고, 아홉째 집단을 이끄는 데 도움이 되는 부가적인 지침들을 세운다.

이와 같은 방법들은 집단 사회복지실천의 구체적인 개입과정 속에서 실질적으로 활용될 수 있다. 집단 사회복지실천 개입의 과정은 집단이 집단 목표를 달성하기 위해 생성되어 해산하기까지 변화해 가는 단계적 경과를 말한다. 집단 개입 과정은 집단 성원들 사이의 상호작용을 통해 이루어지며, 개별 성원뿐 아니라 전체로서의 집단에 영향을 미치게 된다. 집단 사회복지실천의 개입과정을 정리하면 다음과 같다(Zastrow, 1995, 1999; 김동배 · 이윤로, 2004; 이준우 · 이화옥 · 임원선, 2006).

1) 집단 준비 단계

집단 활동을 수행하기 위해서는 철저한 사전 준비가 필요하다. 특히 준비 단계에서 집단 성원의 선정과 집단 구성 및 집단 목표의 설정은 집단의 초기 결정요인 중 매우 중요한 작업이다. 첫 모임 전까지 포괄적이면서도 세심한 준비는 집단 성원들에게 성공적인 경험을 제공하는 데 중요한 역할을 한다. 그러므로 노련한 집단 수준의 실천개입을 하는 사회복지사라고 하더라도 집단 모임과 집단을 위해 준비하지 않으면 안 된다. 다음은 집단 준비단계에서 다루어져야 할 핵심 사항들이다.

(1) 집단 계획 수립

집단 계획에 대한 전반적 계획이 수립되어야 한다. 계획 수립을 통해 집단 목표의 설정, 집단 성원의 특성 및 개인적 욕구의 다양성에 대한 이해, 물리적 환경의 설정(적당한 장소, 의자 배열 등), 첫모임에서의 의제 선정, 집단 리더로서의 사회복지사의 역할에 대한 명확화 등이 고려되어야 한다.

(2) 첫 모임 전 사회복지사의 과제 설정

우선 집단을 이끌어가기 위한 지침을 마련한다. 다음으로 집단 개시에 대해 통지해야 하며 첫 모임 전에 집단 구성원들의 마음을 편안하게 한 후, 모임 장소에 도착하게끔 노력해야 한다.

2) 집단 개입의 시작 단계

시작 단계 집단의 특징은 접근 · 회피의 공존, 성원들끼리의 평가 · 서열화 · 투쟁 발생, 하위 집단(Sub-grouping)의 등장 및 형성 등으로 말할 수 있다. 특히 첫 모임에서의 사회복지사의 과업은 매우 중요하다. 이를 구체적으로 살펴보면, 첫째, 성원들을 맞이할 준비를 한다. 둘째, 자기소개를 한다. 셋째, 기관에 대해 이야기한다. 넷째, 집단의 목적을 명확히 한다. 다섯째, 집단 성원과 계약한다.

다음으로 시작 단계에서 사회복지사는 다음과 같은 내용의 사정을 해야 한다.

첫째, 집단 성원 개개인에 대한 사정이다. 이는 집단 성원의 특성에 대한 사정이며 또한 집단 성원 간의 대인관계와 상호작용에 대한 사정일 뿐만 아니라 집단 성원의 환경에 대한 사정까지 포함하고 있다.

둘째, 집단에 대한 사정이다. 집단 사회복지사가 집단에 대해 사정하고자 할 때,

집단역동(Group Dynamics)에 대한 지식과 실천기술을 활용하면 많은 도움을 얻을 수 있다. 집단은 집단과정을 통해 개별성원뿐 아니라 전체로서의 집단에 영향을 미치는 독특한 힘을 만들어 낸다. 집단의 발단단계에서 만들어진 이러한 힘을 집단역동이라 하며, 집단역동을 활용하는 것은 집단 지도자로서의 사회복지사가 수행해야 하는 중요한 과업 중 하나가 된다.

한편 집단역동을 이해하는 데 필수적인 영역으로는 집단구조, 집단 내 의사소통과 상호작용유형, 집단에 대한 매력과 응집력, 집단의 사회적 통제, 집단문화, 집단발달단계에 대한 지식 등을 들 수 있다.

3) 집단의 작업 단계

작업 단계의 특징은 첫째, 집단 성원들 간의 투쟁이 가속화되며 집단에 대한 저항이 계속된다는 것이다. 그럼에도 둘째는 집단의 신뢰감과 응집력이 강화된다는 것이다. 셋째, 집단과 개별문제가 관련되어 집단 활동을 통해 실제적으로 표출된다는 것이다. 넷째, 집단 성원 간의 상호원조가 두드러지게 나타난다는 것이다.

작업 단계에서 사회복지사의 과업은 첫째, 융통성 있는 자세를 취한다. 둘째, 성원들에게 집단 활동에 대한 책임을 지게 한다. 셋째, 집단 계획이나 내용을 성원과 함께 재검토한다. 넷째, 성원들이 감정을 표현할 수 있도록 장려한다 등으로 정리할 수 있다. 작업 단계에 필요한 사회복지사의 개입기술에는 집단을 이끄는 기술, 지지 기술, 집단유도에 도움이 되는 프로그램 사용 기술 등이 있다.

4) 집단의 종결 단계

종결 단계는 집단의 목적을 달성하고 끝을 맺는 단계이다. 집단의 목적에 따라 그 성과는 다르지만 문제에 대한 대처방식을 배우고 자신감을 얻고 시야를 넓히는 등의 목적을 성취하게 된다. 집단이 성공하면 할수록 사회복지사와 집단 성원들은 헤어지는 것에 대해 강렬한 감정을 갖게 된다. 이로 인해 사회복지사와 성원들 사이의 집단역동이 고조되기 때문에 종결 단계에서 집단 리더의 역할은 매우 어렵다.

따라서 종결 단계를 효과적으로 잘 감당해 나가기 위해서는 다음과 같은 사항들을 주의 깊게 살펴야 한다.

(1) 집단 종결의 유형이다

우선 성공적인 집단 종결이 있다. 공식적인 종결은 마지막 모임 전 모임에서부터 시작하는 것이 필수적이다. 최후 모임은 미리 성원들에게 알려져서 동의되고 토론되어야 하며, 집단을 끝마치기 위해 충분한 시간이 할당되어야 한다. 종결은 때로 슬픈 반면 집단 성원들이 주고받은 것 · 성장한 방식 · 학습한 기술 · 집단의 성취들을 강조함으로써 부정적 감정이 해소될 수 있다.

다음으로 미완결 상태에서의 집단 종결이 있다. 집단 목표가 충족되지 않은 상태에서 끝을 맺게 되는 경우이다. 변화와 발전 부족에 대한 집단의 반응은 매우 다양해서 분노 · 좌절 · 실망 · 절망 · 죄책감(비생산적 노력 · 노력의 결핍) · 희생양 · 비난 · 동정 등이 표출되기도 한다. 미완결 집단의 종결은 혼돈스럽고 위험하기도 하다. 미완결 집단의 종결은 완결 집단의 종결만큼 중요하다.

그 다음으로는 중도 탈락이 있다. 집단 활동이 계속되고 있는데, 집단 성원이 중도 탈락하면 집단 성원의 입장에서 볼 때, 종결이 이루어진다. 집단 성원의 중도 탈락 요인에는 집단이 설정한 목표를 수행하지 못할 것이라는 생각, 집단 성원 본인이 집단을 잘 받아들이지 못할 것이라는 생각, 다른 집단 성원에 대한 불쾌감 · 불일치 등 여러 가지가 있다. 집단 성원의 중도 탈락에 대한 정보나 이유를 알지 못할 때 집단 리더는 종결 이유를 알기 위해 집단 성원과 만나야 한다. 다른 성원과의 갈등 때문이라면 이 갈등이 풀리면 다시 돌아올 수 있을 것이며, 다른 이유에서라면 어떤 행동이 그 성원을 돌아오게 할 수도 있기 때문이다. 치료 집단 · 참만남 집단(감수성 훈련 집단) · 교육 집단 등에서 미해결된 개인적 관심이 있음에도 불구하고 집단 성원이 중도 탈락할 경우는 다른 집단이나 전문가에게 의뢰하는 것이 바람직하다. 집단 성원이 중도 탈락할 때마다 집단 리더는 그 성원의 집단에 대한 긍정적 기여를 집단 성원들에게 알려 줄 필요가 있다. 중도 탈락은 개인적 실패로 비추어질 수 있기 때문에 긍정적 기여에 대한 감사는 개인적 실패감을 느끼지 않도록 도와준다.

마지막으로 타기관이나 전문가에 의뢰함으로써 자연스럽게 이루어지는 종결과 집단 리더의 근무지 이전에 의한 종결 등을 들 수 있다.

(2) 종결 단계 집단의 특징이다

집단체계의 세 요소인 성원, 개개인, 전체로서의 집단에 대해 사회복지사가 깊은 감정을 느끼고 반응하게 된다. 어떤 성원들은 두세 가지 반응을 합쳐 표현하거나, 갑작스런 감정을 불러일으키기도 한다. 반응의 강도도 집단의 기간 · 폐쇄 · 개방 등에 따라 다르게 나타나며 사람에 따라서도 다르게 나타난다. 종결기의 특징으로는 부정 · 분노의 표현 · 상실감 · 이별 파티 현상 · 탈출 등이 나타난다.

(3) 종결 단계에서 사회복지사의 역할이다

종결 단계에서 사회복지사는 시작 단계와 똑같이 중심적 위치로 돌아가 주된 역할을 수행하게 된다. 종결 단계는 사회복지사와 성원들 간에 감정의 흐름이 가장 강렬해 지는 시기이다. 집단 성원과 집단을 친절하게 위로하면서 원조 · 지도해 온 사회복지사에게는 집단 성원들이 깊은 감동으로 응답하게 된다. 그럼으로써 사회복지사는 집단 성원들의 잠재적인 감정을 인정해야 하며 또한 개인적 반응을 서로 나눌 필요가 있으며 나아가 집단 경험을 평가해야 한다.

(4) 종결 단계에서 사회복지사의 개입기술

종결 단계에서 사회복지사의 개입기술은 첫째, 집단에서 학습된 주된 내용을 분명히 한다. 둘째, 집단 종결 이후에도 계속해서 각 성원들의 노력이 필요하다는 것을 분명히 한다. 셋째, 새로운 경험과 지지체계로 이행할 수 있도록 원조한다. 집단 성원이 다른 집단을 계속 필요로 할 경우 사회복지사는 새로운 집단으로 원활히 이행할 수 있도록 원조해야 한다.

집단 사회복지실천은 구조화된 집단 상호작용을 통해 서비스 이용자 개인들로 하여금 사회적응에 도움이 되는 사회적 기술과 기능을 수행하도록 지지하고 자극하는 활동이며 과정이다. 집단 사회복지실천을 수행하는 목적은 집단 경험을 통해 성원들이 스스로 의사소통 능력, 적응적 대처기술, 효과적인 문제해결 기법을 개발해 자신의 문제 상황에 적용하게끔 하는 데에 있다고 본다.

그래서 효과적인 집단 활동이 되기 위해서는 집단 성원들 사이에서 발생하는 상호작용의 역동성을 활용하여야 한다. 집단 성원들은 집단의 목적 성취를 위해 의사결정 과정이나 경험의 공유, 상호 지지하는 데 적극 참여하도록 권고된다(김동배 · 이윤로, 2004). 결국 사회복지사는 집단의 힘을 이용하여 문제가 있는 서비스 이용자를 적절하게 도울 수 있다. 인간은 일생동안 집단을 떠나서는 생존할 수 없으며 집단생활을 통하여 발달하고 성장한다. 집단을 대상으로 실천개입을 수행하는 사회복지사는 이 점을 염두에 두고 집단을 활용하여 서비스 이용자가 친밀한 대인관계를 할 수 있도록 도와야 한다. 사회적 소외나 사회부적응 문제를 갖고 있는 사람들을 적절하게 도울 수 있어야 하며, 집단을 통해 개인의 사회적인 기능을 향상시키도록 해야 한다.

따라서 집단 수준의 사회복지실천을 하는 사회복지사는 집단 구성원들의 바람직한 변화를 유도할 수 있어야 한다. 이를 위해 사회복지사는 집단이 가지고 있는 힘과 성원들의 잠재된 능력을 끌어낼 수 있는 능력을 가져야 한다. 이를 위해 집단의 발달단계를 잘 알고, 집단의 시작과 인도 그리고 종료를 적절하게 할 수 있어야 한다. 또한 집단 내에서 일어나는 다양한 상황들에 대해 효과적으로 대처할 수 있는 자질도 필요하다. 논쟁적이고 분열적인 집단 상황을 협동적이고 통합적인 상황으로 바꾸어 갈 수 있는 능력도 있어야 한다. 이를 위해서는 민주적인 리더십에 기반을 두고 필요할 때마다 독재적이고 방임적인 리더십을 적절하게 구사할 수 있어야 한다. 중요한 것은 사회복지사는 만들어진 것이 아니라 만들어져 간다는 사실이다. 마음속에 변화를 갈망하는 열정과 서비스 이용자에 대한 사랑을 갖고 노력한다면, 훌륭한 집단 사회복지사가 될 수 있다.

생각 다듬기

1 집단의 발달 단계에 따른 사회복지사의 역할과 기능에 대해서 생각해 보시오.

2 집단의 힘을 활용하여 서비스 이용자의 변화를 실현할 수 있는 구체적인 집단 사회복지실천 프로그램을 기획해 보시오.

PART Ⅳ

거시적 실천기술과 평가

인간을 돕는 일은 근본적으로 인간을 존엄하게 여기는 '인간 중심'의 가치관에 기초해야 하며, 동시에 사회복지실천의 전통적인 관심인 '상황 속의 인간관(person in situation)'에서 출발해야 할 것이다. 따라서 인간의 다양한 요구에 반응하고, 상호작용하는 인간관계 및 사회관계를 규명하는 전문 지식과 기술이 사회복지실천에서는 필요하다. 사회는 대단히 복잡하고, 각 개인과 집단 그리고 여러 계층 간의 이해와 욕구에 따라 움직인다. 그러므로 서비스 이용자의 문제를 해결해야 할 업무를 가지고 있는 사회복지사는 서비스 이용자 개인의 문제뿐만 아니라 문제를 문제 되게 하는 사회적 상황에도 관심을 가져야 한다.

대부분의 사회복지학과 학생들은 졸업한 후에 개인이나 집단을 대상으로 일하는 것만을 생각한다. 그들은 '지역사회 조직가(Community organizer)'로서의 자신을 생각하지 않는다. 거시적인 실천에 대해서 크게 관심을 두지 않는다. 사회복지실천이란 미시적으로 개인이나 집단을 대상으로 한다고만 여기고 있는 것이다. 그러나 개인이나 집단을 대상으로 사회복지실천을 해나갈 때에도 거시적인 실천과 병행하지 않으면 큰 효과를 얻지 못한다는 것을 깨달을 필요가 있다. 서비스 이용자의 대변자로서 혹은 사회적 프로그램의 개발가로서 그리고 조직개혁가로서의 역할을 하지 않으면 더이상 일 대 일 서비스의 효과를 거둘 수 없게 된 것이 오늘날의 현실이다. 가령 장애인들을 위한 기관에서 일하는 사회복지사들은 지역사회에 자리 잡고 있는 그룹홈을 하기 위해 지역사회의 지원과 지지를 얻어야 한다. 님비(NIMBY) 현상에서 벗어날 수 있는 능력을 발휘해야 한다. 또한 인도의 턱을 없애기 위해서 시 당국과 로비도 해야 하고, 지역 내에 있는 식당과 극장 주인들을 설득해서 장애인들이 쉽게 이용할 수 있도록 만드는 일도 해야 한다. 이러한 예는 기금(fund)을 조성하고, 로비를 하고, 지역사회 자원을 활용하고 집단 기술과 정치적 기술을 발휘하며 그리고 그 이상의 다양한 활동을 사회복지사가 담당해야 함을 의미한다. 이것이 바로 거시적 실천이다. 이런 맥락에서 본다면, 지역사회 전부가 서비스 이용자를 위한 자원인 것이다.

동시에 일 대 일 또는 가족이나 집단보다 훨씬 더 넓은 범위의 일을 하는 것은 여러 사람과 함께 일하는 것이다. 다른 사람들과의 효과적인 의사소통을 할 수 있는 기술은 이 분야에서는 필수적인 것이다. 사회복지사가 자신 또는 지역사회 내의 인적 자원을 활용하는 능력은 사회복지실천을 효과적으로 수행하는 데 매우 중요하다. 이는 모든 사람의 노력이 헛되게 낭비되지 않게 하고 효율적으로 통합하는 능력을 의미한다. 지역사회 내의 사람들을 도와 무엇이 문제인지를 명확히 해주고, 문제를 해결하기 위한 중요한 방안을 생각해내고, 나아가 결정하고 그리고 가능성 있는 목표를 정하고 활동을 위한 선택을 평가하고, 실제적으로 수행하는 능력은 개인적인 과업만큼이나 중요하다. 사람들을 도와 자조집단을 형성하는 일에 있어서도 사회복지사는 촉진자와 가능하게 하는 자로서의 기술을 가지고 있어야 한다. 그러므로 사회복지사는 한 개인에 대한 사회복지실천기술을 가지고 있어야 함과 동시에 가족과 집단에 대해서도 개입할 수 있는 능력을 가지고 있어야 한다. 뿐만 아니라 거시적 실천에서도 유용하면서도 다양한 전문화된 기술과 지식을 갖고 있어야 한다. 그러므로 사회복지사는 다재다능한 능력을 가지고 있어야 하고, 이러한 능력이 거시적인 실천에까지 연결되어야 한다.

11

Chapter

사례관리

1. 사례관리의 등장배경
2. 사례관리의 개념과 특성
3. 사례관리의 주요 관점
4. 사례관리의 과정

'사례관리(case management)' 라는 용어는 1980년대 이후 사회복지실천 방법론에서 매우 중요한 위치를 점하고 있다. 이 방법론이 대두되게 된 배경은 포괄적인 서비스 욕구에 대하여 여러 전문가들이 파편적인 대응을 함으로써 서비스의 일관성이 약해지는 상황을 개선하기 위한 것이었다(교남소망의 집, 2004). 이런 측면에서 사례관리란 서비스 이용자를 위한 모든 원조활동을 조정하는 절차를 말한다. 이러한 절차는 기관에서 일하는 많은 사회복지사가 전문적인 팀을 만들어 다양하게 제공하는 서비스를 조정할 수 있게 해주고 서비스의 범위도 넓혀 준다. 특히 상이한 전문가, 기관, 대인서비스 프로그램이 필요한 서비스 이용자에게 유용하다. 따라서 사례관리는 서비스 분절화(파편화), 서비스 제공자(전문가) 교체, 제공되는 서비스를 부적절하게 조정하면서 겪을 수 있는 문제를 최소화하는 중요한 방법으로 대두되어 오늘날 점차 보편화되고 있는 추세이다(이준우 · 이화옥 · 임원선, 2006).

1 사례관리의 등장배경

사례관리는 사회복지, 간호, 의료 등의 전문 영역에서 사회복지사, 방문간호사, 그리고 가정의(family doctor)가 다양한 도움이 필요한 사람들을 위해 제공하는 최상의 실천방법으로 100여 년 전부터 수행되어 온 전문적인 실천방법이다. 그리고 1970년대부터 사례관리라는 용어는 전문서적 및 여러 문헌에 빈번하게 등장하기 시작하였다. 사례관리는 이미 이전부터 인도주의 운동의 영향을 받아 제정된 미국의 정신보건정책 입안의 영향으로 수많은 만성 정신질환자들이 병원으로부터 지역사회로의 탈시설화가 이루어지고, 의료 및 사회적 지원이 지속적으로 요구되는 노인들의 욕구가 증가하면서 그 첫 태동을 시작하였다. 동시에 건강 및 대인복지 서비스가 보다 복잡해지고, 새로운 건강 전문가들이 생겨나면서 조금씩 뿌리를 내리기 시작하였다(Kumar, 2000; 권진숙 · 박지영, 2009 재인용).

이같이 사람들의 복합적인 욕구를 다루어야 하는 대인복지 서비스는 단순히 전문가와 서비스 이용자 간의 개별적인 도움을 제공하는 차원을 넘어서 좀 더 체계적이고 통합적인 대안을 필요로 하게 되었다. 더욱이 다음과 같은 몇 가지 주요 요인들은 사례관리가 더욱 확대되게끔 하였다(양옥경 외, 2002; 권진숙 · 박지영, 2009).

첫째, 탈시설화(deinstitutionalization)이다. 탈시설화는 사례관리의 필요성이 강조된 가장 중요한 요인이 된 사회적 배경이라고 볼 수 있다. 탈시설화 정책의 영향으로 한꺼번에 많은 수의 서비스 이용자들이 지역사회에 거주하게 되었고, 그 결과 분산된 서비스를 통합하는 관리체계가 필요하였다. 바로 탈시설화된 서비스 이용자를 지역사회 내에서 지속적으로 보호, 관리할 수 있는 방법으로 급부상한 실천모델이 바로 사례관리인 것이다.

둘째, 서비스 전달의 지방분권화(decentralization)이다. 서비스전달체계가 공공부문에서 민간부문으로 이양되면서 서비스 중복을 막기 위해 조정하고 연계하는 기능이 필요하였다. 결국 사례관리자는 사회복지기관 경계의 전반에 걸쳐 서비스를 조직화하고, 서비스 이용자에게 서비스를 제공해야 할 책임 있는 기관들과 함께 노력하여 지방분권화에 따른 부정적인 영향을 감소시키는 전문가(혹은 전문가 팀의 일원)로서 활동하게 되는 것이다.

셋째, 복합적인 욕구를 지닌 인구의 증가이다. 복합적인 문제를 가지고 지역사회에서 함께 살아가야 할 사람들이 점차 늘어감에 따라 사례관리의 필요성이 크게 증대되었다. 이에 따라 사례관리자는 복합적인 문제에 대해 다원적인 서비스를 받아야 하는 사람들이 지역사회에서 살아가는 것을 가능하게 하기 위한 수단으로서 필요한 서비스들을 조직화하는 일을 도와주도록 요청받게 된다. 또한 서비스 이용자를 시설에서 지역사회로 이동하는 과정에서 필요한 응급 서비스와 지지 서비스를 확인하고, 그 서비스를 동원함으로써 예방 기능도 수행하게 되는 것이다.

넷째, 기존 서비스의 분산성이다. 여러 영역에 걸쳐 있는 다양한 서비스를 조정한다는 것은 쉬운 일이 아니다. 사례관리는 이같이 단편적으로 분산되어 있는 서비스를 조정할 필요성에 의해 등장하였다. 가령 장애 대학생을 살펴보면, 현재 보건복지가족부, 교육과학부, 문화관광체육부, 노동부 및 장애인고용촉진공단 등 매우 다양한 정부조직이 '장애 대학생 문제'라는 하나의 문제에 동시에 개입할 수밖에 없는 형태로 조직되어 있다. 이렇게 되면 서비스 이용자의 다양한 욕구가 하나의 통합된 체계 속에서 명료화되고, 수행되기란 현실적으로 어렵다고 할 수 있다. 이같이 각 체계 및 자원 간에 통합이 이루어지지 못했을 때, 서비스의 단편화가 발생하게 된다. 따라서 이러한 상황에서 사례관리자는 범주별 체계 속에서 서비스 이용자의 욕구가 차단되거나 방해받는 것을 막을 수 있도록 서비스 제공자들과 함께 연계하여 일하는 데 목적을 두고 노력해야 한다.

다섯째, 사회적 지원체계와 지지망의 중요성에 대한 인식의 증가이다. 현대 사회는 다양한 지지체계와 지지망을 활용하지 않고서는 생존하기조차 어려운 구조로 변모해가고 있다. 이에 따라 서비스 이용자들도 가족, 친척, 친구, 일상적 조력자들로부터 실질적인 도움, 안내, 정서적 지지를 제공받는다. 하지만 때로는 이들의 지지와 지원이 오히려 문제해결에 부정적 영향을 미칠 수도 있다. 즉 사회적 지지와 공식적 서비스를 통합하는 장치가 필요한 것이다. 그러므로 사례관리자는 대인 서비스를 제공하는 공식적 전문가와 더불어 비공식적 지지를 제공하는 개인이나 집단 간에 사회적 상부상조 관계를 형성하도록 조정하는 데 중요한 역할을 담당한다.

여섯째, 대인복지 서비스의 비용의 절감과 억제에 대한 필요성이 크게 제기되었다. 이는 제한된 자원 내에서 서비스 전달의 효과를 최대화해야 하는 대인 서비스의 궁극적 목적과, 동시에 공공 영역에서도 대인 서비스 전달의 결과가 같은 수준이라고 가정할 때, 가능하면 최소한의 비용으로 자원의 무한정한 투입을 억제하려는 공공 영역에서의 경영학적 관심과 평가가 중요시되면서 비롯되었다. 이에 따라 서비스 간에 중복을 피하고 비용효과를 높이는 전문기술이 필요하였으며 이는 사례관리의 확산에 크게 일조하였다.

2 사례관리의 개념과 특성

1) 사례관리의 개념

사례관리는 사례와 관리의 합성어로서 '사례별 접근', '사례중심의 접근', '사례중심의 포괄적인 접근', '개별 서비스 이용자의 포괄적인 욕구에 대하여 일관성 있게 대응할 수 있는 서비스 제공방법' 등으로 정의될 수 있다. 따라서 사례관리라는 용어는 행정적 관리라는 차원에서 이해되어서는 안 되며, 개인의 개별적인 욕구를 가장 잘 충족시키기 위한 체계화된 장치라고 보아야 할 것이다. 이러한 체계화된 장치의 골격은 초기면접(접수), 사정, 계획(계획수립), 실행과 조정, 점검, 평가, 종결의 단계를 거쳐서 수행된다(교남소망의 집, 2004).

하지만 이와 같은 사례관리의 개념은 학자들마다 다양하게 정의되어 왔으며 최근에 와서야 어느 정도 정리된 개념 정의가 사회복지실천에서 공유되고 있다고 볼 수 있다. 몇몇 주요 학자들의 견해들을 요약해 보면, 바커(Barker, 1987)는 '사례관리는 복잡한 여러 문제와 장애를 가지고 있는 정신질환자가 적합한 형태로 적절한 시기에 그가 필요로 하는 모든 서비스를 받을 수 있도록 보장하는 것으로, 서비스를 공급하는 접근법의 하나이다.' 라고 정의하였다. 안토니 등(Anthony et al., 1988)은 '사례관리는 체계의 목표에 의해서가 아니라 서비스 이용자의 목표에 따라 움직여야 하며, 사례관리 기법은 서비스 이용자가 필요로 하고 원하는 서비스를 받도록 지원해 주는 과정으로 보아야 한다.' 라고 주장하였다. 목슬리(Moxley, 1989)는 '사례관리란 복합적인 욕구를 가진 사람들의 기능화와 복지를 위한 공식적, 비공식적 자원과 활동의 망(network)을 조직, 조정, 유지하는 것' 이라고 정의하였다. 웨일 등(Weil et al., 1991)은 좀 더 구체적으로 '사례관리란 서비스 이용자에게 지원가능하고, 효과적이며, 비용-효과의 측면에서 필요한 서비스를 받을 수 있도록 보장해 주는 서비스망(service network) 안에서의 일련의 논리적 단계이며, 상호작용의 과정으로서 서비스 계획과 전달에 책임을 지고, 적절한 서비스 계획을 발전시키고, 서비스에 접근할 수 있도록 하고, 서비스 전달을 점검하고, 환자의 욕구에 대해 옹호하고, 제공된 서비스의 성과를 평가하기 위해서 지속적인 관계를 유지하며, 서비스 이용자 및 그 가족과 일하는 사람들에 대해 체계를 조정하는 방법' 이라고 정의하였다.

이상의 내용을 종합하면 사례관리란 '서비스 이용자가 원하는 서비스를 통합되고 효과적이며 효율적으로 제공받을 수 있도록 보장하는 과정 또는 방법' 이라고 정의할 수 있다. 다시 말해 사례관리는 서비스 이용자의 필요(need)를 일시적 혹은 단편적으로 충족시켜 왔던 전통적인 사회복지실천의 한계를 벗어나, 사례관리자가 서비스 이용자와 파트너십을 형성하고 서비스 이용자의 참여를 독려함으로써 모든 실천과정에서 서비스 이용자의 잠재력과 자율성이 충분히 기능하도록 돕는 과정인 것이다. 따라서 사례관리자는 서비스 이용자가 수동적인 서비스 대상자로서의 역할에 머물지 않고, 자신의 문제를 해결해 나갈 수 있는 문제해결자로서 사례관리 과정에 참여하고 이를 통해 자신에게 필요한 서비스와 자원을 직접 이용하고 접근할 수 있는 능력을 함양하도록 도와야 한다(권진숙 · 박지영, 2009).

또한 사례관리 실천과정에 참여하는 대상은 서비스 이용자만이 아니다. 서비스 이용자의 가족이나 친구 등 서비스 이용자에게 의미 있는 사람과 집단, 조직, 더 나아가 그들에게 서비스를 제공하고 있는 다양한 분야의 전문가들도 사례관리자에게 중요한 파트너라고 할 수 있다. 그러므로 사례관리자는 서비스 이용자에게 도움을 제공하는 과정에서 서비스 이용자뿐 아니라 그들을 둘러싼 환경체계를 재구성하고 임파워먼트함으로써 환경이 환경으로서의 지지적인 기능을 최대한 발휘할 수 있도록 돕는다. 이렇게 서비스 이용자의 사회망과 환경체계의 역량을 강화함으로써 사례관리자는 사례관리의 효과성을 지속시키고, 서비스 이용자의 변화에 대응하며 환경체계의 유지와 안정성을 확보할 수 있다. 그리고 사례관리자는 서비스 이용자뿐만 아니라 자신에게 주어진 시간, 에너지, 다양한 형태의 자원들을 효율적으로 활용해야 하고, 그 결과가 서비스 이용자에게 효과적으로 유지될 수 있도록 관리해야 한다. 이런 맥락에서 사례관리자는 자원과 관련해서는 경영자 혹은 CEO의 태도와 관리 능력을 실천화하는 전문가라고 볼 수 있다(권진숙 · 박지영, 2009).

결국 여기에서 사례관리의 가장 중요한 개념은 한 사람의 서비스 이용자를 위하여 여러 전문가들이 동시에 다영역팀으로 참여하여 다함께 대안전략을 이끌고, 이로 인해 개별 서비스 이용자가 자신이 갖고 있는 실제적 능력을 일(직장), 학교, 생활 및 여가활동에 그대로 반영시키는 것을 의미한다. 이러한 개념은 서비스 이용자를 중심으로 진행되는 것이기 때문에, 사회복지기관 입장에서는 서비스 이용자 개개인별로 계획되어지는 서비스를 취합 · 조정 · 진행해 가는 데 엄청난 부담감을 느끼게 되며, 결국은 사례관리의 기능을 포기하게 되는 경향이 있다. 이에 따라 사례관리의 개념을 실현시키기 위해 사회복지기관은 나름대로의 강구책을 마련하여야 하는데(교남소망의 집, 2004) 첫째, 사회복지기관의 정체성을 명확히 설정하는 것이다. 기관의 기능과 역할에 대하여 단지 먹고, 입고 자거나 기본적인 자원 제공과 같은 일차적 서비스를 제공하는 것인지, 아니면 서비스 이용자의 긍정적 변화와 치료, 재활과 자립, 사회적 지지망과 연계망 등을 지원하는 원조적 서비스를 제공하는 것인지에 대한 방향이 제시되어야 한다.

둘째, 기관 내 조직구성 및 업무분장의 설정이다. 개별 서비스 이용자에 대한 사례관리를 진행하기 위해서는 사례관리자가 구성되고 업무가 설정되어야 한다. 사례관리자는 기본적으로 서비스 이용자를 면접하고 욕구를 확인하고, 다양한 진단을 통한 사정을 하며, 적절한 서비스를 찾아내어 서비스의 활용을 기획하며, 서비스 이용자와 자원을 연결하고, 목표달성이나 바람직한 결과를 위해 과정을 점검하는 책임을 진다. 사회복지기관에서의 사례관리자는 일반적으로 재가복지 영역에 소속된 1~3명의 사회복지사들로 구성되어지는데, 이들 사회복지사는 간접 서비스(조정자, 대변자, 안내 및 협조자)의 기능과 직접 서비스(상담자, 이행자, 교육자) 기능을 모두 담당하게 된다. 사회복지기관 내 사례관리 담당 부서에서는 초기 접수과정에서부터 종결까지의 일련의 과정을 진행할 수 있는 총괄적인 사례관리자를 설정하고, 나머지 인력을 서비스 진행과정의 수행 인력으로 활용하는 것이 바람직할 것이다. 이렇게 체계적으로 업무를 진행해 가지 않으면 직원들의 정체성 혼란과 함께 업무 과중으로 인한 적절한 서비스의 계획 및 진행, 평가를 가로막는 요인으로 작용하여 사회복지기관의 비효과성을 초래할 수 있다.

셋째, 전산화를 통한 기록업무의 부담을 경감시키는 것이다. 서비스 이용자 개개인에 대한 사례관리를 진행하기 위해서는 엄청난 양의 기록이 생산되고 보관되어야 한다. 또한 사회복지기관에서 장기 서비스를 받고 있는 서비스 이용자의 경우, 매년 '사정-계획수립-서비스진행-재평가' 등이 반복적으로 작성되기 때문에 몇 년만 지나면 서비스 이용자 개인별 파일이 포화상태에 이르게 된다. 즉 이러한 기록업무의 부담을 경감시키고, 사회복지사들이 사례관리 체계에 따라 서비스를 진행하기 위해서는 초기과정에서부터 계획수립, 진행, 그리고 평가까지의 일련의 과정이 전산화되어야 할 것이다.

2) 사례관리의 특성

사회복지실천에서 대표적인 전통성은 개별사회사업(Casework)에서 찾을 수 있다. 개별사회사업은 개인을 대상으로 정신역동이론에 근거하여 개인 능력의 향상을 도모하는 접근이다. 반면 사회적으로 산업화, 도시화가 이루어지면서 사회의 모든 영역에서 효율성의 가치가 확산됨에 따라 새로운 사회복지통합방법론으로서의 사례관리가 등장하였다. 이는 개인과 가족은 물론 생태체계적 관점에 근거하여 환경 속의 자원을 이용하여 문제를 해결하는 것이라 할 수 있다. 따라서 개별사회사업이 치료, 상담, 손상된 능력의 회복, 개인적 · 사회적 자원의 제공, 사회적 역기능의 예방 등을 지향하는 데 반해 사례관리는 복합적인 욕구를 가진 서비스 이용자의 욕구 충족과 사회적 기능 향상을 위해 자신과 사회자원을 연결하고 조정하여 보호하는 과정이라 할 수 있다. 특히 무엇보다도 정신역동이론에 근거한 개별사회사업과 달리 생태체계적 관점에 근거한 통합적 방법이라는 측면에서 사례관리의 독특성은 분명해진다(이준우 외, 2006; 권진숙 · 박지영, 2009).

또한 사례관리는 개인에게 초점을 맞추고 있는 개별사회사업과는 실천적으로 많은 차이를 보이고 있다. 먼저, 실천 목표에서부터 차이가 있다. 개인의 인성과 적응능력의 변화를 목표로 하는 개별사회사업과 달리 사례관리에서는 보호의 연속성과 효율성, 접근성, 책임성, 일차집단의 보호능력 향상, 사회적 기능 향상을 목표로 한다. 다음으로, 사례관리는 문제를 가진 수동적 존재로서 서비스 이용자를 대상화하기보다는 '전체로서의 인간(whole person)' 으로 복합적인 욕구를 가진 존재로 보며, 서비스 이용자와 상호작용을 통해 상호 강화되어야 할 가족체계에 이르는 포괄적인 대상까지 포함하고 있다. 이 때, 중요한 실천 원칙은 성장과 변화에 대한 믿음, 강점과 잠재력의 강조 및 계발, 서비스 이용자의 자기결정과 책임성 그리고 보호의 연속성, 서비스 제공의 포괄성, 지역사회 자원의 적극적 개발과 동원, 권리와 비밀의 보장 등이다(권진숙 · 박지영, 2009).

이상과 같이 생태체계 관점에서 수행되는 사례관리의 기본적인 특성을 요약해 정리하면 다음과 같다(이윤로, 2005; 이준우 외, 2006).

첫째, 사례관리는 지속적인 보호(continuity of care)를 지향한다는 것이다. 이는 서비스 이용자에게 사례관리를 통해 사회복지실천개입을 지속적으로 수행한다는 개념이다. 즉 어떤 시점에서든(cross-sectional) 포괄적이고 통합적으로 서비스가 제공되어야 하고, 시간의 흐름에 따라(longitudinal) 변화되는 개인의 욕구에 맞추어 포괄적으로 서비스를 제공한다는 개념이다.

둘째, 접근성(accessibility)이다. 현재의 인간 서비스(human service) 체제는 복잡한 다수의 프로그램들로 이루어져 있고, 또 개별적인 참여기준, 정책 및 과정 등이 서로 달라 서비스 이용자가 서비스에 접근하기가 어렵게 되어 있다. 이에 사례관리자는 서비스 이용자를 위해 기관(agency) 또는 서비스 제공자와 접촉하여 중개 역할을 맡아 쉽게 접근할 수 있도록 해준다.

셋째, 책임성(accountability)이다. 서비스 체계가 조각 나 있어 서비스 이용자의 요구에 대해 책임을 지기 어려우므로 전체 효과에 대해 책임을 질 사람을 지정함으로써, 서비스 이용자에게 서비스 체계 전반에 대한 책임을 지는 역할을 부여한다.

넷째, 효율성(efficiency)이다. 서비스 전달체계의 효율성을 높여주는 역할을 한다. 즉 서비스 이용자가 자신의 요구에 맞는 서비스를 못 받거나 받더라도 부적합한 서비스를 받게 되므로, 이용 가능한 서비스의 긍정적인 효과가 크게 감소되는 현상이 발생한다. 그러므로 한 사람에게 통합적인 기능을 부여하여 서비스의 효율성을 증가시켜야 한다. 그러면 이론적으로 서비스 전달에 사용되는 비용을 줄일 수 있으나, 실제 상황에서는 사례관리자가 나타남으로써 환자는 더 많은 요구를 하게 되고, 더 많은 양의 서비스가 전달되는 결과가 되어 비용은 줄지 않으나 비용 효율석(cost-effective)으로 된다.

3 사례관리의 주요 관점

사례관리는 사회복지실천 통합방법론을 활용하여 서비스 이용자에게 좀 더 포괄적이고 지속적인 서비스를 제공하는 모델인데 서비스 이용자 중심 철학을 기초로 생태체계 관점과 임파워먼트 관점, 주로 이 두 개의 관점하에서 서비스 이용자의 욕구에 초점을 두고 지역사회 차원에서 단편적이고 분산된 서비스를 적극적으로 정한 후, 이를 통합해 서비스개입실천을 수행한다.

1) 생태체계 관점

생태체계 관점은 일반체계이론의 주요 개념들과 생태학적 관점을 결합하여 인간과 환경을 상호작용하는 하나의 전체로 보는 통합 모델로 인간과 환경의 상호작용 방법에 관한 것이다. 생태체계 관점을 이해하기 위해서는 우선 체계와 생태학의 의미를 이해하는 데서 출발해야 한다(이팔환 외 공역, 1999).

일반체계이론은 개방과 폐쇄체계, 총체성, 상호 연관성 개념 등을 통해 인간이 환경과의 상호작용 속에서 끊임없이 변화하는 존재라는 관점을 제시하였다. 또한 생태학적 관점은 적응과 상호 호혜성 개념을 통해 인간과 환경이 어떻게 상호교류하며, 이를 통해 서로가 어떻게 변화되고 적응하는지를 이해하는 데 중요한 준거틀이라고 할 수 있다(이준우 외, 2006).

따라서 생태체계 관점은 서비스 이용자 개인과 그를 둘러싼 환경체계의 중요성을 인식하고, 이 둘 사이의 상호작용 속에서 발생하는 문제나 역기능을 예방하고 해결하는 사례관리의 기본적 관점으로 유용하게 사용된다. 즉, 생태체계 관점은 서비스 이용자 개인을 하나의 체계로 또한 개인의 환경을 하나의 체계로서 파악하고, 생태학적으로 인간과 환경 간의 적응과 상호작용을 바라봄으로써 통합된다. 인간은 신체적 · 심리적 · 정치적 · 경제적(직업적) · 교육적 · 정신적 · 사회적 · 성적인 다양한 부분들로 이루어진 하나의 체계이다. 환경은 두 가지 주요한 부분들, 즉 보호하고 발달시키는 부분(가족, 친구, 지역사회 등)과 지속, 유지시키는 부분(제도, 조직, 프로그램 등)으로 구성된 하나의 체계이다. 이러한 생태체계 관점은 다양한 부분 사이에서 그리고 인간과 환경의 공유 영역에서 일어나는 상호작용과 상호교류를 강조함으로써 '환경 속의 인간(person in environment)' 에 대한 견해를 강조한다(이팔환 외 공역, 1999).

이러한 생태체계 관점은 사회복지실천을 전망하고, 실천개입의 하나인 사례관리의 표적을 설정하는 데에 큰 도움을 줄 수 있다. 이것은 전체에 직접적인 관심을 두고자 할 때 적절하며, 서비스 이용자 상황의 한 부분이나 한 체계나 한 가지 특징에 관심을 두지 않는다. 이는 결과적으로 복합적이며 다양한 문제체계로 둘러싸여 있는 서비스 이용자의 문제를 해결하는 데에 매우 유용한 관점이 될 수 있다.

(1) 생태체계 관점의 주요 개념

생태체계 관점의 주요개념은 첫째, 인간은 혼자 살 수 없다는 기본가정과 관련하여 인간과 환경 간의 상호교류를 통해 성장하고자 하는 적응(adaptation) 능력이 있으며, 인간과 그 주변의 환경은 적합(goodness of fit)해야 하고 인간과 환경이 관계를 지속하기 위해 스트레스와 대처과정을 이해해야 한다는 것이다. 둘째, 환경에 대한 인간의 관계성, 유능성, 역할들을 확인해야 한다. 셋째, 환경의 속성과 인간에게 미치는 영향력 즉, 연관성에 관심을 두어야 한다(이준우 · 손덕순, 2007).

① 적응과 적합성

아이들은 태어나서 부모에게 의존하는 시기를 거쳐 스스로 젖병을 잡으려고 하고, 자신이 관심 있는 물건을 갖기 위해 기거나 걸음마를 하기 위해 의자를 잡고 서보기도 하고 하루 종일 넘어지기를 마다하지 않는다. 아이가 조금 더 자라서 인지발달시기인 전조작기(2~7세)에 들어서면 자신의 욕구를 해결하기 위해 떼를 쓰거나 심하게 울거나 때로는 공격적인 행동을 하기도 한다. 이에 부모는 아이의 요구를 들어주기도 하고 때론 심하게 제지하기도 하고, 무관심하게 다루기도 한다. 인간은 이렇게 환경에 대한 대처수준을 높이고, 적당한 대처기술을 선택해 사용하여 성장하고 변화하며 공생하려는 인지적, 감각적, 지각적인 행동과정을 거치는데, 이것을 적응(adaptation)이라 한다. 인간은 어떠한 어려운 상황에서도 자신의 삶을 유지하고자 자신이 변화하여 적응하던가 아니면 환경과 상호교류를 통해 환경체계상의 문제를 제거하거나 재조직하여 자신의 욕구와 환경을 적합(fit)하게 부합시킬 것이다.

② 스트레스와 대처

개인과 그를 둘러싼 환경 사이는 지속적으로 상호교류함으로써 스트레스(stress)가 유발된다. 생태체계적 관점에서는 이러한 스트레스의 유발정도와 대처과정을 이해하려고 한다. 학교에서 왕따를 경험한 아동을 위해 부모들은 학교를 옮기는 경우가 흔히 있다. 물론 먼저 학교에서 반복적으로 마주쳐야 하는 학급 친구들로 인한 스트레스는 줄어들 수 있지만 새로운 학교의 규칙과 낯선 친구들, 선생님에 대한 적응을 위한 또 다른 스트레스를 경험하게 될 것이다. 실제적으로 이 아동이 환경에 대한 적응능력이 떨어지기 때문에 왕따를 경험하게 되었다면 전학은 도움이 되기보다는 또 한 번의 좌절을 겪게 하여 오히려 자기 인식에 문제를 깊게 만들 것이다. 이런 경우 부모는 아동에게 친구를 사귀는 방법이나 문제해결능력 등에 많은 훈련과 지지를 통해 대처(coping)능력을 키워주어야 하며, 이럴 때 그 아동은 왕따라는 문제에서 벗어나게 될 것이다. 또 다른 예를 들어 보면, 시골에 거주하시던 노부모님을 자녀가 사는 도시로 모셔오는 경우 자녀들을 보는 것은 기쁘지만 물리적 환경의 변화와 이웃과 친구 등 사회적 관계망의 결핍으로 스트레스를 겪게 된다. 만약 이렇게 거주환경을 바꾸어야 한다면 가족들은 노부모의 상실감을 이해하고 새롭게 사회적 관계망을 넓히도록 적극적으로 지원해야만 한다. 물론 스트레스가 반드시 문제가 되는 것은 아니다. 환경에 대한 적응 능력이 있는 경우에는 생활문제가 발생하기보다는 개인의 성장과 발전에 또 다른 기회를 제공할 수도 있다. 그러나 환경과 개인의 대처능력 사이에 균형을 이루지 못한다면 생활문제가 발생하게 되는 것이다.

③ 관계, 역할, 유능성

인간은 태어나면서 초기 양육자인 어머니와의 관계를 통해 인간에 대한 신뢰(trust)와 불신(mistrust)을 경험하고 관계의 질이 결정된다고 한다. 관계(relatedness)는 인간관계를 형성하거나 타인과 연결될 수 있는 능력이다. 또한 인간은 가족과 같은 1차 집단 내에서만이 아니고 사회적 환경과의 관계를 통해서 역할(role)을 부여받기도 한다. 역할은 특정한 사회적 지위를 갖고 있는 개인이 타인에게 어떻게 행동해야 하는지에 대한 기대뿐만 아니라 타인이 그 사람에게 어떻게 행동해야 하는지에 대한 기대까지도 포함하고 있다. 즉, 역할은 일련의 기대되는 행동유형일 뿐만 아니라 상호적 요구와 의미의 유형이다(김동배 외, 2005). 청소년들은 가정에서 부모들에게 기대되는 역할들의 결핍을 또래친구들로부터 얻으려고 하며 가정에서 또한 자녀로서의 역할들을 수행하지 않으려고 하는 경우에 자아존중감이 떨어지며 일탈행동들이 발생하게 된다. 물론 갈등을 겪게 될 때 자녀나 부모는 상호 원하는 역할을 수행해보면서 관계를 재형성하고자 노력할 것이다.

이렇듯 개인들은 환경과 교류 속에서 얻어지는 문제들을 해결하거나 완화하고자 더욱 성공적인 상호교류를 하려고 한다. 이러한 유능성(competence)의 발달은 인간 발달의 필수적인 요소라 할 것이다.

④ 환경체계와 인간과의 관계

브론펜브렌너(Bronfenbrenner)는 인간은 환경과 상호교류하는 능력이 있다고 보았다. 인간은 누구나 어떤 식으로든 환경으로부터 반응을 이끌어내어 외부 환경 자체를 재창출시키거나, 그러한 환경적인 변화를 통해 각기 다른 심리적 성장과정을 이끌어 낼 수 있는 것이다(강인숙 외, 2006). 개인을 둘러싼 환경체계는 미시체계(micro system), 중간체계(meso system), 외체계(exo system), 거시체계(macro system) 등 서로 상이한 수준의 체계가 있으며 각 수준에 속한 체계는 그 수준보다 큰 수준체계 내에 놓여 있어 각 수준체계가 어떻게 기능하느냐는 대개 높은 수준체계와의 상호작용양상에 좌우된다고 한다(Bronfenbrenner, 1979).

'미시체계(micro system)' 는 개인에게 가장 인접한 수준의 환경으로 소속체계라고도 한다. 개인이 일상생활 속에서 직접 접촉하고, 상호교류하고 있는 상황으로 각 개인마다 서로 다른 독특성을 지니고 있다. 항상 잠을 자고 생활하는 물리적 주거환경, 가족관계 속에서 어떤 결정을 하는 과정과 가족규칙, 의사소통패턴, 학교, 친구, 이웃 등과 이루어지는 관계유형과 역할, 활동을 말한다. 청소년기에는 아동기 때보다 친구와의 갈등이 부모와의 갈등보다 더 괴롭고, 자녀를 출산하게 되면 그 무엇보다도 자녀양육에 모든 관심이 집중되듯이 미시체계는 개인의 특성과 성장에 따라 달라지며 인간의 행동 및 정서발달과 성장에 매우 중요한 영향을 미친다.

'중간체계(meso system)'는 미시체계들 간의 상호호혜적인 관계성을 말한다. 예를 들면 왕따를 경험하는 아동들의 경우 또래관계에 부모가 불필요한 역할로 관여하여 더욱 부정적인 상황을 만들기도 한다. 또는 부모와 교사가 아동에 대한 정보를 주고받지 않아 서로 다른 평가를 하거나 아동의 어려움을 돕지 못하는 경우도 있다. 또한 가족관계에 있어서도 어머니와 아들, 남편과 아내의 관계에서 요구되는 역할과 기대들이 각기 다르다. 어머니는 노후에 아들과 함께 살며 안정감을 유지하고 싶지만 아내는 시어머니의 지나친 간섭으로 스트레스를 받아 합가를 반대하여 남편의 역할을 인지하도록 요구한다면 남편은 큰 고충을 경험하게 될 것이다. 중간체계에서 개인은 다양한 미시체계들과 관계를 갖고 각기 다른 역할을 수행하게 된다.

'외체계(exo system)'란 개인이 직접 참여하고 있지는 않지만 개인의 발달에 영향을 미치는 체계를 말한다. 부부 중심의 가족생활 선호와 자녀 양육에 대한 사회적 지원체계가 부족하여 양육비 부담이 커짐에 따라 결혼을 한 부부들은 자녀출산 문제를 고민하게 된다. 또한 자녀를 낳았을 경우에도 양육비 부담으로 인해 맞벌이 부부가 증가하고 자녀들은 중요한 유년기에 미시체계가 부모 아닌 조부모 또는 다른 양육자로 변화되도록 영향을 미친다. 외체계는 또한 사회의 전반적인 문제를 예방하는 요인들도 제공한다. 외체계를 분석하면 가족의 확대개념을 통해 방임아동을 위한 지원체계를 조성할 수 있으며 또한 건강한 노년기의 새로운 역할을 재조정하여 노령인구의 경제적 활동, 사회통합 등 다양한 사회복지 서비스의 질을 향상시킬 수 있다.

'거시체계(macro system)'는 가장 큰 체계로 사회 구성원 모두에게 공통적으로 해당되는 환경을 의미하며 넓은 사회의 물리적, 사회적, 문화적, 경제적, 정치적 구조 등이 여기에 해당된다. 또한 대중이 갖는 사회적 관심, 유행, 경제의 흐름, 생활방식의 변화도 여기에 포함된다. '그때 그 시절을 아시나요?'라는 대중매체 멘트처럼 우리는 살아가면서 시대에 따라 직접적인 영향은 아니지만 어떤 형태로든지 자신의 삶에 영향을 준 거시체계에 속하는 환경이나 상황을 떠올리게 될 것이다. 1980년대 '아들딸 구분 말고 둘만 낳아 잘 기르자!' 하던 가족계획정책에 의해 3명 이상의 자녀를 낳는 것은 아주 특별한 상황인 만큼 각 가정에 영향을 주었고 우리나라의 인구증가률을 증가시키는 성공적인 역할을 하였다. 그러나 지금은 출산률을 증가시키기 위해 국가에서 많은 혜택을 주면서 출산을 장려하고 가족계획정책에 대한 긍정적인 평가를 하지 않는다. 거시체계가 다르면 개인과 개인, 집단과 집단 간에 이질적인 사고와 행동을 형성하고 서로 이해할 수 없는 문화적 차이가 생겨난다는 점에서 거시체계는 개인의 삶과 밀접한 관계를 맺고 있다.

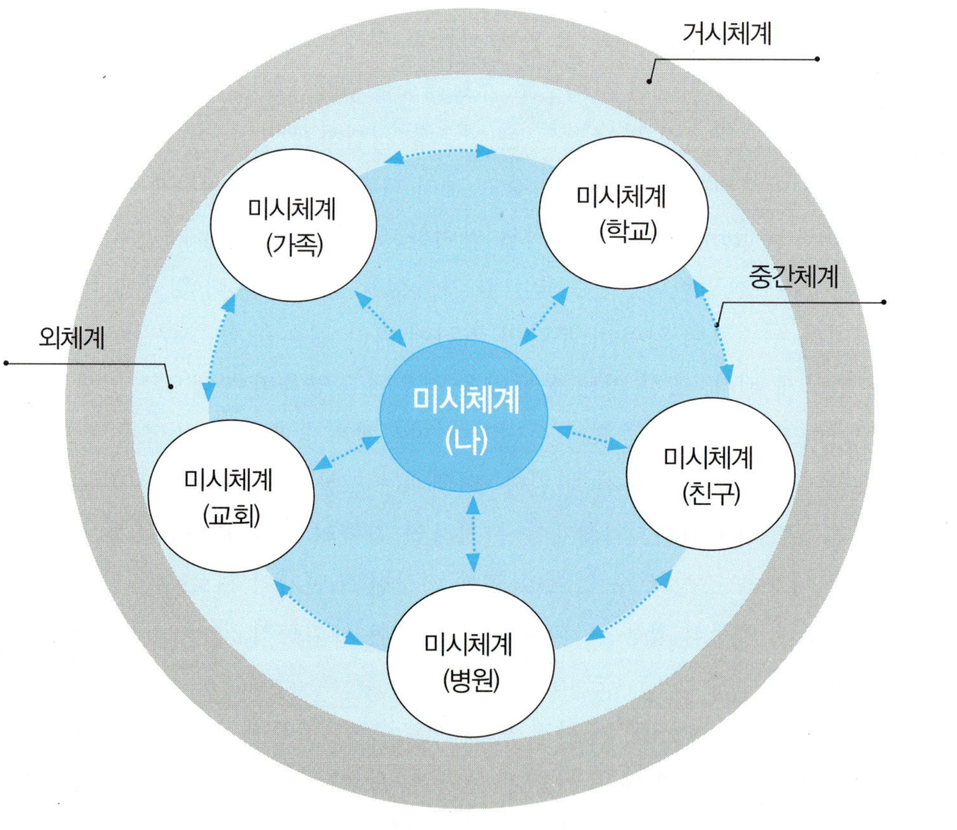

그림 11-1 체계이론에서의 환경체계 수준

(2) 생태체계 관점에서의 사례관리 실천

생태체계 관점에서 사례관리자는 서비스 이용자의 복합적인 욕구를 문제와 원인의 관계에서 이해하기보다는 서비스 이용자와 함께 해결할 수 있는 과업으로 인정하고, 이러한 욕구를 충족하고 해결해 나가는 과정에 서비스 이용자를 비롯하여 서비스 이용자를 둘러싼 다양한 차원의 환경체계의 참여를 독려한다. 왜냐하면 서비스 이용자가 도움을 필요로 하는 욕구와 문제는 서비스 이용자 개인의 내부 요인에 의해 발생하는 경우도 있지만, 대체로 환경체계와의 상호작용 속에서 부적합하거나 부적절한 기능에 의해 발생되는 산물일 수도 있기 때문이다. 따라서 생태체계 관점에 기반을 두어 사례관리를 실천할 때, 사례관리자는 서비스 이용자의 해결되어야 할 욕구와 문제를 서비스 이용자 개인 수준에서 인식되고 해결되어야 할 과제로 인식하기보다는 서비스 이용자와 그 환경체계에서의 상호작용 맥락의 적합성 수준을 높이고 이에 대한 대처기능을 향상시켜야 한다. 그리고 이를 통해 서비스 이용자의 욕구 전반에 연관되어 있는 환경체계와 서비스 이용자 자신의 내부체계를 강화하는 것을 목적으로 한다(권진숙 · 박지영, 2009). 이러한 목적을 달성하기 위해 사례관리자는 서비스 이용자의 욕구와 관련된 다양한 체계 수준에서 서비스 이용자와 함께 실천을 하게 된다.

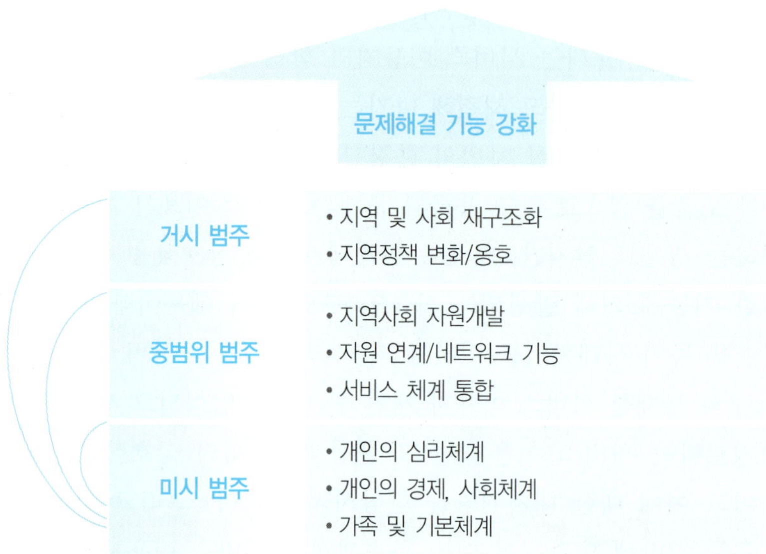

그림 11-2 생태체계 관점에서의 사례관리 실천 범주

출처: 권진숙 · 박지영(2009), 사례관리의 이론과 실제-2판, 학지사, p. 43.

실천 범주는 [그림 11-2]와 같이 개인 내부 요인에서부터 서비스 이용자가 궁극적으로 통합되고 스스로 활용해야 할 자원을 포함하는 지역사회에 이르는 거시적 차원까지의 영역을 모두 포함하고 있다. 이에 따르면 사례관리자는 '체계 안에서 정책을 수립하고 자원 배치를 지도하는, 보이는 그리고 보이지 않는 손으로서 활동하는 촉진자, 체계조정자, 서비스 중계자 등으로 간주' 될 수 있다(Holloway, 1991). 또한 사례관리자는 서비스 이용자들이 필요로 하는 자원을 연결시켜 주고 서비스 전달을 조정해 주는 소개자, 촉진자, 연결자, 중재자, 옹호자 등의 역할을 해야 하며 이를 위해 지역사회의 자원, 서비스 이용자의 권리와 정책, 옹호, 중재기술 등 광범위한 지식을 가지고 있어야 한다(Hepworth & Larsen, 1986). 그리고 사례관리자는 서비스 이용자에 대한 정보를 모으고, 처리하여 서비스 이용자를 대신해서 자원들의 이전을 협상하고, 서비스 전달에 대한 책임성을 획득하고, 서비스들의 제공결과를 점검하고 평가하기 위해 모든 기관, 모든 조직체계들의 경계 전반에 걸쳐서 활동해야 한다(Moxley, 1989).

2) 임파워먼트 관점

임파워먼트는 파워(power)를 부여하는 의미로서, 파워란 권한과 능력이라는 두 가지 의미를 가지고 있다. 실제로 웹스터(Webster) 사전은 'empower'의 뜻을 '권한을 부여하다(give authority to)'와 '능력을 부여하다(give ability to)'의 두 가지로 설명하고 있다. 그러나 그 의미는 매우 다양하기 때문에 관련 학자들마다 상이하게 정의를 내리고 있다. 우리나라에서 임파워먼트는 권한부여, 권능강화, 권력주체화, 세력화, 역량강화 등으로 번역되어 사용되고 있으나 그 본질적 개념이 달라질 수 있으므로 원어 그대로 임파워먼트를 사용하는 경우가 많다(이준우 · 이화옥 · 임원선, 2006). 임파워먼트에 대한 다양한 견해들을 간략히 정리하면 다음과 같다.

첫째, 임파워먼트는 사회복지실천 서비스를 제공받는 서비스 이용자가 서비스의 내용과 범위에 관해서 통제성을 갖는 것이다(Parsloe, 1996). 둘째, 개인이나 집단이 무력한 상태에서 상대적으로 힘을 가진 상태로 되는 과정이다(Staples, 1990). 셋째, 할 수 있다는 신념을 강화시키는 행동, 사람의 내적 신념의 변화과정이다(McClelland, 1975). 넷째, 집단과 조직의 파워 자체를 커지게 하는 현상이다. 협동 나눔, 함께 일함을 통해 힘을 구축하고 개발하며 증대시키는 행동이다. 또한 힘의 공동상승 효과를 기초로 한 전문가-서비스 이용자의 상호 발전적 과정이다(Vogt & Murrell, 1990). 다섯째, 조직행동에 관한 정보, 조직행동에 기초한 보상, 조직 구성원이 조직행동을 이해하고 수행할 수 있도록 하는 지식, 조직의 방향과 행동에 영향을 미치는 의사결정권을 종업원에게 주는 것이다(Bowen & Lawler, 1992). 여섯째, 합법적인 권한, 무엇인가를 해 낼 수 있는 능력, 에너지 또는 원동력이다. 과업성취에서 자신의 노력이 결과에 미치는 영향이며, 주어진 직무를 능숙히 처리할 수 있는 능력, 스스로의 행동에 의해 직무를 결정하는 선택 등 내적 직무동기를 조직구성원에게 부여해주는 과정(Thomas & Velthouse, 1990)으로서 단순히 파워를 주는 것, 개인에게 권한을 위임하는 것뿐만 아니라 스스로가 할 수 있다는 신념을 고양시키는 주체적인 역량이자 에너지임을 강조하고 있다.

임파워먼트에 대한 폭넓은 이해와 시각을 제공해 준 것은 콘저와 카웅(Conger & Kanung, 1988)의 정의이다. 이들은 임파워먼트의 개념을 관계 구조적 측면과 동기부여적인 양 측면에서 정의 내리고 있다. 첫째, 관계 구조적 측면은 조직구성원의 활력을 조성하기 위해 권한을 부여하는 과정, 조직 내의 일정한 권한의 배분이나 법적 파워를 조직구성원에게 배분하는 과정이라고 하였다. 이것은 적절한 파워의 배분을 통해 파워의 균형을 이루도록 하는 의미가 포함되어 있다. 둘째, 동기부여적 측면에서는 '할 수 있다는 믿음이나 판단', 즉 자기효능감(self-efficacy)을 부여하는 과정으로 보았다. 따라서 파워(power)와 자기효능감에 관련한 다양한 관리기법 등 임파워먼트의 많은 요소들이 동원되고 있다. 따라서 이전의 어떤 학자들의 정의보다도 임파워먼트 개념에 포괄적으로 접근했다는 평가를 받고 있다(김우택, 1997).

또한 임파워먼트는 크게 관계적 임파워먼트와 심리적 임파워먼트의 두 관점으로 이해될 수 있으며, 임파워먼트를 달성하기 위해서는 관계적 임파워먼트나 심리적 임파워먼트 어느 하나의 접근만으로 불충분하다. 심리적 임파워먼트가 개인의 인지적 평가와 감정을 중요시하지만, 이를 위한 실제적인 환경의 변화가 따르지 않는다면 개인이 파워를 느끼기 어려울 것이다(박소영, 2006). 따라서 임파워먼트는 심리적 접근과 관계적 접근 모두가 강조되어야 하는 개념이다. 이렇게 임파워먼트의 개념은 개인적 변화 수준, 지역사회 변화 수준, 또는 조직적 변화 수준 등으로 다양하게 설명되고 있다. 개인적 변화를 강조하는 미시적 접근에서 임파워먼트란 기존의 치료 중심의 실천에서 서비스 이용자를 문제가 있는 사람으로 규정하는 것에서 벗어나, 서비스 이용자의 강점을 강조함으로써 서비스 이용자의 잠재역량 및 자원을 인정하고, 서비스 이용자가 삶을 결정할 수 있도록 역량을 부여하고자 하는 것이다(Scheafor, Horejsi & Horejsi, 1988).

결국 사례관리의 주요 기능은 서비스 이용자의 잠재력을 극대화함으로써 문제를 해결하고 환경체계를 활용할 수 있는 능력의 함양이다. 이러한 개인과 환경 기능의 최적화를 위해 사례관리자는 다양한 체계에 효율적인 개입과 관리 역할을 수행하는데, 이러한 사례관리 실천은 임파워먼트의 실천적 가치 및 의의와도 같은 맥락임을 알 수 있다(권진숙 · 박지영, 2009).

4 사례관리의 과정

사례관리 실천 개입과정은 기관, 사례관리자에 따라 다르다(Gottesman et al., 1979; Levine & Fleming, 1984; Monk, 1985; Ballew & Mink, 1986; Moxley, 1989; 권진숙 · 전석균 역, 1999; 김만두 역, 1993; 이준우 · 이화옥 · 임원선, 2006; 권진숙 · 박지영, 2009). 여기에서는 사례관리의 과정을 '사례발견 및 접수(초기면접)→사정→계획(계획수립)→실행(개입)과 조정→점검 및 옹호→평가 및 종결'의 단계를 거쳐서 수행되는 것으로 정리하고자 한다.

1) 사례발견 및 접수(초기면접)

사례발견 및 접수 단계는 서비스 이용자가 의뢰되거나 정보를 통해 자발적으로 도움을 요청하는 사람들을 기관이나 현장에서 최초로 접촉하고, 서비스 제공을 위한 계약을 체결하는 단계이다. 이 단계의 중요한 과업은 서비스 이용자를 확인하고 신뢰감을 형성하며 앞으로 제공될 사례관리 서비스에 대하여 사례관리자와 서비스 이용자 간의 합의를 도출해 내는 것이다. 즉 이 단계는 첫째, 사례관리에 적절한 사례를 발견하고, 둘째 사전 적격 심사를 통하여 서비스 이용자를 확인한 후, 셋째 서비스를 제공할 것을 약속하고 계약하는 과정이다. 이와 같은 사례발견 및 접수를 위한 양식들의 예를 제시하면 아래 [표 11-1]과 같다.[1)]

1) 본장에서 양식의 실례로 제시된 것은 경기도 H 노인복지관에서 사용하고 있는 것들을 양해를 얻어 실었음을 밝힌다.

표 11-1 사례발견 및 접수(초기면접) 양식에 따른 실례

대상자 초기면접지

상담일자(1): 2○○○년 ○월 ○일 ○요일 상담방법(2): □ 내방 □ 방문 □ 전화상담

기본사항	성 명(3)	임○○	성별(4)	남	연령(5)	75세	주민등록번호(6)	340000-1000000	학력(7)	초졸	종교(8)	무교
	현주소(9)	경기도 ○○군 ○○읍 000번지					연락처(10)	300-0000 (비상연락망:)				

가족사항(11)	관 계	성 명	주 소	연락처	연령	직업	동거여부	비고

보호형태	사업대상(12)	■ 국민기초생활수급권자(생계비 만 원/월) □ 저소득 □ 일반 □ 기타 ( )
	동거실태(13)	■ 독거노인 □ 노부부 □ 아들가족 □ 딸가족 □ 기타 ( )
	주거형태(14)	■ 자가 □ 전세 ( )만 원 □ 월세/보증금 ( )원 월 ( )만원 □ 기타 ( )
		□ 아파트 □ 연립 □ 빌라 □ 단독주택 ■ 기타 ( )
		난방형태: □ 연탄 ■ 기름 □ 도시가스 □ 기타 ( )
		주거상태: 벽지- □ 상 ■ 중 □ 하 장판- ■ 상 □ 중 □ 하 보일러- □ 상 ■ 중 □ 하 □ 기타 ( )
		방(칸 평) 부엌(■ 입식 □ 재래식) 화장실(■ 신식 □ 재래식) □ 기타 ( )
건강상태(15)	질환명	□ 고혈압 □ 뇌졸중 □ 당뇨 □ 치매 □ 심장질환 □ 신장질환 □ 소화기질환 □ 비뇨기질환 ■ 안질환 □ 폐질환 □ 구강질환 □ 암 □ 관절염 □ 신경통 □ 골다공증 □ 기타 ( )
	보조기 사용여부	□ 치아상태 ( ) □ 보청기 착용 및 필요여부 ( )
	복용약 및 의료기관	1) 2) 3)
	필요한 의약품	1) 2) 3)
	수술 필요 분야	1) 2) 3)
	장애상태	상태: 급수:
주요 문제(16)		■ 경제문제 □ 건강문제 □ 주택문제 □ 수발문제 □ 정신건강 □ 이동문제 □ 가족문제 □ 대인관계 □ 법률문제 □ 이성문제 □ 사회지원 □ 시설입소 □ 없음 □ 기타 ( )
희망서비스(17)		① 결연지원 서비스: □ With 손자녀 맺기 □ 행복택배 ② 특별지원 서비스: ■ 사랑나눔나들이 □ 명절지원 □ 송년행사 □ 장수사진 □ 김장 서비스 □ 생신잔치 □ 긴급지원 서비스 □ 재가후원 ③ 생활지원 서비스: □ 밑반찬 서비스 ■ 환경개선 서비스 □ 방문 이·미용 □ 의료지원 서비스
방문 희망 여부(18)		■ 예 □ 아니오
방문 희망일(19)		■ 언제든지 가능 □ 지정일(년 월 일) □ 아니오

<table>
<tr><td rowspan="3">평가
결과</td><td>서비스
제공여부
(20)</td><td>■ 적격
☐ 부적격
☐ 보류</td><td>부적격 사유
(21)</td><td colspan="4">☐ 자조능력 있음 ☐ 재력 있음
☐ 노인의 요구와 기관의 서비스가 서로 맞지 않음
☐ 노인의 거부 ☐ 기타 ( )</td></tr>
<tr><td>서비스
사유(22)</td><td colspan="6">☐ 자조능력 없음 ☐ 수발자의 건강악화 ☐ 수발자 휴식 ■ 수발자 없음
☐ 기타 ( )</td></tr>
<tr><td>서비스
제공예정
(23)</td><td colspan="6">① 결연지원 서비스: ■ With 손자녀맺기 ☐ 행복택배
② 특별지원 서비스: ■ 사랑나눔나들이 ☐ 명절지원 ☐ 송년행사 ☐ 장수사진
☐ 김장 서비스 ☐ 생신잔치 ☐ 긴급지원 서비스
☐ 재가후원
③ 생활지원 서비스: ☐ 밑반찬 서비스 ☐ 환경개선 서비스 ☐ 방문이 · 미용
☐ 의료지원 서비스</td></tr>
<tr><td rowspan="2">의뢰인
(신청자)
(24)</td><td rowspan="2">성 명</td><td rowspan="2"></td><td rowspan="2">대상자와의
관계</td><td rowspan="2"></td><td rowspan="2">전화번호</td><td>자택</td><td></td></tr>
<tr><td>H.P</td><td></td></tr>
<tr><td colspan="2">타기관 서비스
제공 현황(25)</td><td colspan="6">• ○○ 시각장애인협회에서 차량 지원
• ○○에 위치한 단체에서 주 1회 반찬 지원
• ○○전자에서 물품 지원</td></tr>
<tr><td colspan="2">사회복지사 소견
(26)</td><td colspan="6">① 대상자 현재 상태
• 혼자 거주하고 계심
• 5년 전 치매를 앓고 계셨던 부인과 교통사고로 인해 사별
• 슬하에 3녀가 있었으나 첫째 딸은 암으로 사망하고, 둘째 딸은 실종된 상태이며, 현재 막내딸만 결혼하여 ○○에 거주하고 있음

② 특이사항, 방향성
• 10년 전 벽에 못을 박다 눈이 찔려 인공 안구를 착용
• 시각장애 6급 판정을 받으심
• 젊은 시절에 철조망을 치다 척추를 다쳐 척추뼈가 튀어 나와 있어 허리 통증 호소
• 수술하려 했으나 연세가 많으셔서 수술하지 않기로 결정
• 우선 대상자로 선정되어 집중적인 서비스 진행</td></tr>
<tr><td colspan="2">비고(27)</td><td colspan="6"></td></tr>
<tr><td colspan="8">2○○○. ○○. ○○.
조사자(28): 손 ○ ○ (인)</td></tr>
</table>

대상자 초기면접지 매뉴얼

[서식-1] 대상자 초기면접지 작성방법:

클라이언트가 사정대상인지 적격성 여부를 파악하기 위한 사항으로 우선 잠재적 클라이언트가 서비스를 의뢰하게 된 주요 문제점 및 욕구를 파악한다.

(1) 상담일자 초기면접이 실시된 날짜를 기록한다.

(2) 상담방법
① 내 방: 의뢰인이 기관을 방문하여 상담한 경우에 체크한다.
② 방 문: 상담자가 의뢰인의 집에 방문하여 상담한 경우에 체크한다.
③ 전화상담: 상담자 또는 의뢰인이 전화를 통하여 상담하는 경우 체크한다.

(3) 성명 대상자의 이름을 기록한다.

(4) 성별 대상자의 성별을 기록한다.

(5) 연령 대상자의 연령을 기록한다.

(6) 주민등록번호 대상자의 주민등록번호를 기록한다.

(7) 학력 대상자의 학력을 기록한다.

(8) 종교 대상자의 종교를 기록한다.

(9) 현주소 대상자가 현재 거주하고 있는 주소를 기록한다.

(10) 연락처/비상연락망 대상자의 연락처 및 대리인의 연락처를 기록한다.

(11) 가족사항 대상자의 가족을 기록한다.

(12) 보호형태-사업대상

① 사업대상

- 국민기초생활 수급권자: 국가로부터 국민기초생활급여를 받고 있는 경우
- 저소득: 국민기초 수급권자는 아니지만 수입과 비례하여 특정비용(의료비, 주거비 등)이나 생활상의 지출이 과다하여 일상적인 생계유지에 어려움이 있다고 판단되는 저소득 대상자의 경우 체크한다.
- 일반: 국민기초생활 수급권자 및 저소득자를 제외한 대상자의 경우 체크한다.
- 기타: 국민기초생활 수급권자 및 저소득자 및 일반을 제외한 대상자의 경우 체크한다.

(13)보호형태-동거실태

① 동거실태

- 독거: 대상자 혼자 거주할 경우 체크한다.
- 노부부: 노부부만 거주할 경우 체크한다.
- 아들가족: 아들가족과 함께 거주할 경우 체크한다.
- 딸가족: 딸가족과 함께 거주할 경우 체크한다.
- 기타: 위의 4가지 상황이 아닌 경우 체크한다.

• 전세: 전세로 살고 있을 경우 체크한다.
• 월세 • 보증금: 월세로 살고 있을 경우 체크한다.
• 기타: 위의 3가지 상황이 아닌 경우 체크한다.
• 아파트: 거주하고 있는 집의 형태가 아파트일 경우 체크한다.
• 연립: 거주하고 있는 집의 형태가 연립일 경우 체크한다.
• 빌라: 거주하고 있는 집의 형태가 빌라일 경우 체크한다.
• 단독주택: 거주하고 있는 집의 형태가 단독주택일 경우 체크한다.
• 기타: 위의 4가지 상황이 아닌 경우 체크한다.

(14) 보호형태-주거형태 자가: 대상자 본인 소유의 집일 경우 체크한다.

① 난방형태
• 연탄: 난방형태가 연탄일 경우 체크한다.
• 기름: 난방형태가 기름보일러 일 경우 체크한다.
• 도시가스: 난방형태가 도시가스일 경우 체크한다.
• 기타: 위의 3가지 형태가 아닌 경우 체크한다.

② 주거형태
• 벽지: 벽지의 상태를 판단하여 상 · 중 · 하를 체크한다.
• 장판: 장판의 상태를 판단하여 상 · 중 · 하를 체크한다.
• 보일러: 보일러의 상태를 판단하여 상 · 중 · 하를 체크한다.
• 기타: 위의 3가지 형태가 아닌 경우 체크한다.

③ 방: 방의 개수와 평수를 기록한다.
④ 부엌: 입식인지 재래식인지 체크한다.
⑤ 화장실: 신식인지 재래식인지 체크한다.
⑥ 기타: 위의 3가지 형태 외에 표시할 부분이 있을 경우 체크한다.

(15) 건강상태

① 질환명: 대상자가 앓고 있는 질환을 체크하고, 해당 사항이 없을 경우 기타에 체크하고 기록한다. (고혈압, 뇌졸중, 당뇨, 치매, 심장질환, 신장질환, 소화기질환, 비뇨기질환, 안질환, 폐질환, 구강질환, 암, 관절염, 신경통, 골다공증, 기타)
• 보조기 사용여부
• 보청기 착용 및 필요여부: 보청기를 착용하고 있는지와 착용하고 있지 않다면 필요한지를 파악하여 기록한다.

② 치아상태: 치아상태를 파악하고 기록한다.
③ 복용약 및 의료기관: 복용하고 있는 약을 기록하고 다니고 있는 병원을 기록한다.
④ 필요한 의약품: 대상자에게 필요한 의약품이 무엇인지 파악하여 기록한다.
⑤ 수술필요 분야: 과거의 수술 경험과 수술이 필요한 부뷰을 파악하고 기록한다.
⑥ 장애상태: 장애가 있는지 파악하고 상태와 급수를 기록한다.

(16) 주요문제 대상자가 현재 겪고 있는 어려움을 파악하고 체크한다. (경제문제, 건강문제, 주택문제, 수발문제, 정신건강, 이동문제, 대인관계, 법률문제, 이성문제, 사회지원, 시설입소, 기타)

(17) 희망 서비스 재가복지사업에서 실시하고 있는 서비스에 대한 욕구를 파악하고 체크한다.

(18) 방문희망여부 대상자가 방문을 희망할 경우 "예", 아닐 경우 "아니오"를 체크한다.

(19) 방문 희망일 대상자와 방문 일자를 상의하여 체크한다.

(20) 평가결과-서비스제공 여부 대상자에 대한 초기 면접이 끝난 후 판정회의를 거쳐 진행된다.

① 적격: 적격의 경우 아래 4가지 사항을 모두 포함해야한다.

- 나이가 65세 이상인 자
- 국민기초수급자 또는 저소득자 또는 독거
- 화성시남부권 지역에 거주하는 자
- 초기면접을 희망하는 자

② 부적격: 적격 사항 이외의 경우로 정보제공 또는 의뢰 후 종결 처리한다.

③ 보류: 현재는 서비스 지원 대상에서 제외되었지만 언제든지 서비스 대상이 될 가능성이 있을 경우로 한다.

(21) 평가결과 부적격사유부적격 판정이 났을 경우 사유를 체크한다(자조능력 있음, 재력 있음, 클라이언트의 요구와 기관의 서비스가 서로 맞지 않음, 클라이언트의 거부, 기타).

(22) 평가결과 (서비스사유적격 판정이 났을 경우 사유를 체크한다. (자조능력 없음, 수발자의 건강악화, 수발자 휴식, 수발자 없음, 기타)

(23) 평가결과 서비스제공예정 대상자에게 필요하고 제공될 서비스를 체크한다.

- 결연지원서비스: With 손자녀맺기, 행복택배
- 특별지원서비스: 사랑나눔나들이, 명절지원, 송년행사, 장수사진, 김장서비스, 생신잔치, 긴급지원서비스, 재가후원
- 생활지원서비스: 밑반찬서비스, 환경개선서비스, 방문이 · 미용, 의료지원서비스(24) 의뢰인초기면접을 의뢰한 분의 정보를 기록한다(성명, 대상자와의 관계, 전화번호).

(25) 타기관 서비스 제공현황 다른 기관에서 받고 있는 서비스에 대해 파악한 후 기록한다.

(26) 사회복지사 소견 초기면접하면서 담당 사회복지사가 보고 들은 것에 대한 소견을 기록한다. (대상자 현재 상태, 특이사항, 방향성)

(27) 비고 추가할 내용이 있을 경우 기록한다.

(28) 조사자 조사한 담당 사회복지사의 이름을 기록한다.

재가대상자 선정기준표

관리번호(1): 대 상 자(2): (남 · 여/ 세)

작성일시(3): 년 월 일 사례관리자(4):

<table>
<tr><th rowspan="2">영 역</th><th rowspan="2" colspan="2">구 분</th><th rowspan="2">평가기준</th><th rowspan="2">배점기준</th><th>평 가</th><th rowspan="2">비 고</th></tr>
<tr><th>W'er</th></tr>
<tr><td rowspan="14">주거상황
(70)
↓
(5)</td><td rowspan="6" colspan="2">주거형태
(30)</td><td>자가</td><td>5</td><td>5</td><td></td></tr>
<tr><td>전세(2천만 원 초과)</td><td>10</td><td></td><td></td></tr>
<tr><td>전세(2천만 원 이하)</td><td>15</td><td></td><td></td></tr>
<tr><td>월세(15만 원 초과)</td><td>20</td><td></td><td>보증금 500만 원 이하</td></tr>
<tr><td>월세(15만 원 이하)</td><td>25</td><td></td><td></td></tr>
<tr><td>무료 임대(위탁)</td><td>30</td><td></td><td></td></tr>
<tr><td rowspan="8">주거환경
(40)</td><td rowspan="2">난방기,
화장실
(10)</td><td>난방기, 화장실
상태 양호</td><td>5</td><td></td><td></td></tr>
<tr><td>난방기, 화장실
상태 취약</td><td>10</td><td>10</td><td></td></tr>
<tr><td rowspan="2">부엌,
냉장고
(10)</td><td>부엌, 냉장고 양호</td><td>5</td><td>5</td><td></td></tr>
<tr><td>부엌, 냉장고 취약</td><td>10</td><td></td><td></td></tr>
<tr><td rowspan="2">세탁기
(10)</td><td>세탁기 유</td><td>5</td><td></td><td></td></tr>
<tr><td>세탁기 무</td><td>10</td><td></td><td></td></tr>
<tr><td rowspan="2">벽지상태
(10)</td><td>벽지상태 양호</td><td>5</td><td>5</td><td></td></tr>
<tr><td>벽지상태 취약</td><td>10</td><td></td><td></td></tr>
<tr><td rowspan="9">경제상황
(65)
↓
(6)</td><td rowspan="5">대상기준
(25)</td><td rowspan="3">소득형태
(15)</td><td>저소득</td><td>5</td><td></td><td></td></tr>
<tr><td>조건부 수급자</td><td>10</td><td></td><td></td></tr>
<tr><td>수급자</td><td>15</td><td>15</td><td></td></tr>
<tr><td rowspan="2">의료보호
(10)</td><td>의료보호 (2종)</td><td>5</td><td></td><td></td></tr>
<tr><td>의료보호 (1종)</td><td>10</td><td>10</td><td></td></tr>
<tr><td rowspan="4" colspan="2">수입내역
(총수입÷가족 수)
(20)</td><td>월 41~50만 원</td><td>5</td><td></td><td></td></tr>
<tr><td>월 31~40만 원</td><td>10</td><td></td><td></td></tr>
<tr><td>월 21~30만 원</td><td>15</td><td>15</td><td></td></tr>
<tr><td>월 10~20만 원</td><td>20</td><td></td><td></td></tr>
</table>

<table>
<tr><th rowspan="6">영 역</th><th rowspan="2">구 분</th><th colspan="2" rowspan="2">평가기준</th><th rowspan="2">배점기준</th><th>평 가</th><th rowspan="2">비 고</th></tr>
<tr><th>W'er</th></tr>
<tr><td rowspan="4">생활비
(총지출÷가족 수)
(20)</td><td colspan="2">월 10~20만 원</td><td>5</td><td></td><td rowspan="4"></td></tr>
<tr><td colspan="2">월 21~30만 원</td><td>10</td><td>10</td></tr>
<tr><td colspan="2">월 31~40만 원</td><td>15</td><td></td></tr>
<tr><td colspan="2">월 41~50만 원</td><td>20</td><td></td></tr>
<tr><td colspan="2" rowspan="3">부양의무자(15)→(7)</td><td colspan="2">부양의무자 건강 양호</td><td>5</td><td></td><td rowspan="3"></td></tr>
<tr><td colspan="2">부양의무자 건강 취약</td><td>10</td><td></td></tr>
<tr><td colspan="2">없음</td><td>15</td><td>15</td></tr>
<tr><td colspan="2" rowspan="3">건강상태(15)→(8)</td><td colspan="2">상(거동 가능)</td><td>5</td><td></td><td rowspan="3">노인건강
평가표 체크</td></tr>
<tr><td colspan="2">중(거동 불편)</td><td>10</td><td></td></tr>
<tr><td colspan="2">하(거동 불가)</td><td>15</td><td></td></tr>
<tr><td rowspan="10">사회
·
정서
(50)
↓
(9)</td><td rowspan="3">생활상태
(15)</td><td rowspan="2">동거
가족</td><td>능력 유</td><td>5</td><td></td><td rowspan="3"></td></tr>
<tr><td>능력 무</td><td>10</td><td></td></tr>
<tr><td colspan="2">독거</td><td>15</td><td>15</td></tr>
<tr><td rowspan="4">사회관계망
(20)</td><td colspan="2">비공식적 관계망</td><td>5</td><td></td><td rowspan="4"></td></tr>
<tr><td colspan="2">공식적 관계망</td><td>10</td><td></td></tr>
<tr><td colspan="2">비공식 · 공식 관계망</td><td>15</td><td>15</td></tr>
<tr><td colspan="2">전혀 없음</td><td>20</td><td></td></tr>
<tr><td rowspan="3">정서심리상황
(15)</td><td colspan="2">양호</td><td>5</td><td></td><td rowspan="3"></td></tr>
<tr><td colspan="2">보통</td><td>10</td><td>10</td></tr>
<tr><td colspan="2">심각</td><td>15</td><td></td></tr>
<tr><td colspan="2">사회복지사 평가
(30)→(10)</td><td colspan="2">사회복지사 의견</td><td>심각 30
보통 20
양호 10</td><td>20</td><td></td></tr>
<tr><td>최대점수</td><td>245점</td><td colspan="3">총 평 점(11)</td><td colspan="2">160</td></tr>
<tr><td colspan="2" rowspan="2">대상자 우선순위
(12)</td><td colspan="3">신규대상자 판정결과</td><td colspan="2">기존신규대상자 판정결과</td></tr>
<tr><td colspan="3">☐ 긴급대상자 (245~205점)
■ 우선대상자 (204~164점)
☐ 일반대상자 (163~123점)
☐ 기타(122점 이하)</td><td colspan="2">☐ 지속: 245~145점(긴급, 우선, 일반)
☐ 종결: 100점 이하
☐ 보류: 121~101점 이하</td></tr>
</table>

재가대상자 선정기준표 매뉴얼

[서식-2] 재가대상자 선정기준표 작성방법:

(1) 관리번호 대상자의 관리번호를 기록한다.

(2) 대상자 대상자의 이름을 기록한다.

(3) 작성일시 재가대상자 선정기준표를 작성한 일을 기록한다.

(4) 사례관리자 담당 사회복지사의 이름을 기록한다.

(5) 주거상황

① 주거형태: 대상자의 주거형태를 파악한 후 점수를 체크한다(자가, 전세, 월세, 무료임대).

② 주거환경

- 난방기, 화장실: 난방기, 화장실의 상태가 양호한지 취약한지를 파악한 후 점수를 체크한다.
- 부엌, 냉장고: 부엌, 냉장고의 상태가 양호한지 취약한지를 파악한 후 점수를 체크한다.
- 세탁기: 세탁기의 유 · 무를 파악한 후 점수를 체크한다.
- 벽지상태: 벽지상태가 양호한지 취약한지를 파악한 후 점수를 체크한다.

(6) 경제상황

① 대상기준

- 소득형태: 저소득, 조건부 수급자, 수급자 중 대상자에 해당하는 사항에 점수를 체크한다.

② 주의료보호: 대상자의 의료보호가 1종인지 2종인지 해당하는 사항에 점수를 체크한다.

- 수입내역: 대상자의 총 수입에 대해 해당하는 사항에 점수를 체크한다.
- 생활비: 대상자의 총 지출에 대해 해당하는 사항에 점수를 체크한다.

(7) 부양의무자 대상자의 부양의무자의 건강상태가 양호한지 취약한지 없는지에 대해 해당하는 사항에 점수를 체크한다.

(8) 건강상태 대상자의 거동 여부를 파악한 후 해당하는 사항에 점수를 체크한다.

(9) 사회정서

- 생활상태: 대상자의 동거가족 능력 유 · 무 및 독거인지 파악한 후 해당하는 점수를 체크한다.
- 사회관계망: 대상자의 비공식적 · 공식적 관계망을 파악한 후 해당하는 점수를 체크한다.
- 정서심리상황: 대상자의 정서심리상태를 파악한 후 해당하는 점수를 체크한다.

(10) 사회복지사 평가 사회복지사 의견: 재가대상자 선정기준표를 작성하고 그에 대해 판단하여 점수를 체크한다.

(11) 총 평점 각 항목에 체크한 점수를 합한 점수이다.

(12) 대상자

- 우선순위- 신규대상자 판정결과: 총 평점을 기준으로 체크한다.
- 기존신규대상자 판정결과: 기존 대상자 재사정 후 서비스의 여부를 체크한다.

건강평가표

<table>
<tr><td>대상자명(1)</td><td>임○○ (■ 남 □ 여 / 세)</td><td>대상자번호(2)</td><td>○○-○○</td></tr>
<tr><td>주민번호(3)</td><td>340○○○○—○○○○○○○</td><td>의료수혜(4)</td><td>□ 의료보험 □ 의료보호: ■ 1종 □ 2종</td></tr>
</table>

건강상태 평가(5)		
상	중	하
□ 양호	■ 보통	□ 불량

일반적인 건강상태(6)

- 시력: 정상( ) 비정상(V) – 안경착용 유 · 무
- 청력: 정상 (V) 비정상( ) – 보청기착용 유 · 무
- 의사소통: 원만(V) 곤란( ) 불가능( ) 언어장애( )
- 정서상태: 안정(V) 불안( ) 우 울( ) 분 노( )
- 음 주: 가끔 반주 삼아 드심 • 흡 연: 하루 반 갑(10개비) • 수면장애: x
- 현재 복용중인 약물: x

사용하는 보조기구(7) (■ 없음 □ 있음)

□ 지팡이 □ 의치 □ walker □ 보조기 □ 이동식 변기 □ 보청기 □ 휠체어 □ 기타

현재의 질병(8)

□ 심장질환 □ 뇌혈관 질환 □ 신장 및 전립선 장애 □ 갑상선 장애 □ 알레르기 □ 녹내장 □ 백내장
□ 당뇨 □ 결핵 □ 천식 □ 고혈압 □ 암 □ 간질 □ 간질환 □ 위궤양 □ 낙상 또는 골절
□ 류마티스성 관절염 또는 골관절염 ■ 기타

일상생활수행능력 (ADL)(9)				총 점	31
문 항	매우 어려움 (5점)	약간 어려움 (4점)	약간 쉬움 (3점)	매우 쉬움 (2점)	합 계
1. 식사하기		V			4
2. 침대나 의자에 앉았다 일어나기			V		3
3. 얼굴과 손씻기			V		3
4. 화장실 사용하기			V		3
5. 목욕하기			V		3
6. 집안에서 왔다갔다하기			V		3
7. 층계 오르내리기			V		3
8. 옷 갈아입기			V		3
9. 소변 조절하기			V		3
10. 대변 조절하기			V		3

담당자 의견(10)

오른쪽 눈에 인공안구를 착용하고 계셔서 시각장애 6급 판정을 받으셨고, 척추뼈가 튀어 나와 허리의 통증을 호소하셨지만 대체적으로 보장구 없이 거동을 하심.

작성일(11): 20○○년 ○○월 ○○일

작성자(12): ○○○ (인)

건강평가표 매뉴얼

[서식-3] 건강평가표 작성방법:

(1) 대상자명　　대상자의 이름을 기록한다.

(2) 대상자 번호　　대상자의 관리번호를 기록한다.

(3) 주민번호　　대상자의 주민등록번호를 기록한다.

(4) 의료수혜　　의료보험인지 의료보호인지 파악 후 체크한다.

(5) 건강상태 평가　　일상생활수행능력을 기준으로 대상자의 건강상태를 파악한 후 체크한다.

(6) 일반적인 건강상태– 시력: 시력의 이상 유 · 무를 파악하여 체크한다.

- 청력: 청력의 이상 유 · 무를 파악하여 체크한다.
- 의사소통: 다른 사람과의 의사소통하는 것의 어려움을 느끼는지의 여부를 파악하여 체크한다.
- 정서상태: 대상자의 현재 정서상태를 파악하여 체크한다.
- 음주: 대상자의 음주 여부 및 주량을 파악하여 기록한다.
- 흡연: 대상자의 흡연 여부 및 흡연량을 파악하여 기록한다.
- 수면장애: 대상자의 수면상태에 대해 파악하여 기록한다.
- 현재 복용중인 약물: 대상자가 현재 복용하고 있는 약을 파악하여 기록한다.

(7) 사용하는 보조기구

- 없음: 대상자가 사용하는 보조기구가 없을 경우 체크한다.
- 있음: 대상자가 사용하는 보조기구가 있을 경우 체크한다(지팡이, 의치, Walker, 보조기, 이동식 변기, 보청기, 휠체어, 기타).

(8) 현재의 질병　　대상자가 앓고 있는 질병을 체크한다(심장질환, 뇌혈관 질환, 신장 및 전립선 장애, 갑상선 장애, 알레르기, 녹내장, 백내장, 당뇨, 결핵, 천식, 고혈압, 암, 간질, 간질환, 위궤양, 낙상 또는 골절, 류마티스성 관절염 또는 골관절염, 기타).

(9) 일상생활수행능력 대상자가 일상생활을 하면서 느끼는 정도를 파악하여 체크한다(식사하기, 침대나 의자에 앉았다 일어나기, 얼굴과 손씻기, 화장실 사용하기, 목욕하기, 집안에서 왔다 갔다 하기, 층계 오르내리기, 옷 갈아입기, 소변 조절하기, 대변조절하기).

(10) 담당자 의견　　대상자의 건강에 대한 담당 사회복지사의 의견을 기록한다.

(11) 작성일　　건강평가표를 작성한 날짜를 기록한다.

(12) 작성자　　담당 사회복지사의 이름을 기록한다.

2) 사정

사례발견과 접수를 통해 서비스 이용자의 서비스 적격성이 확인되면 사정(assessment)이 이루어진다. 사정은 일상생활 기능상의 어려움이나 장애 등을 가지고 있거나 혹은 장기간 보호를 필요로 하는 서비스 이용자 상황의 다양한 측면들을 인식하여 전인적 인간으로서 서비스 이용자를 이해하는 과정이다. 즉 사정은 서비스 이용자에게 유용한 지원을 결정하는 데 필요한 자료를 수집하기 위해 서비스 이용자의 건강상태, 심리사회적 기능과 신체기능적인 상태와 욕구를 포괄적으로 평가하는 것이다(Gottesman, 1979; 이준우 · 이화옥 · 임원선, 2006).

사례관리자는 우선 서비스 이용자의 현재 기능수준과 욕구(need)에 대한 정보를 수집해야 하며, 그 범위는 서비스 이용자의 심리사회적 기능 수준뿐만 아니라, 서비스 이용자를 지지할 수 있는 사회적 지지망(social support network)과 지역사회 내의 이용 가능한 자원들의 능력까지 포함하는 다차원적이고 광범위한 정보이어야 한다(양옥경 외, 2005).

사정의 목적은 서비스 이용자와 그의 사회적 · 물리적 환경의 욕구(need)와 강점(strength)을 정확히 파악하는 데 있다. 욕구는 문제점, 요구사항, 해결책, 부족한 부분 등의 여러 가지 측면으로 정의된다. 서비스 이용자들은 사례관리에서 어떠한 서비스가 제공될 수 있는지를 모르기 때문에 자신의 욕구를 정확하게 표현하지 못하고, 때로 비현실적인 기대를 하거나 너무 좁은 범위의 욕구만 표현하므로 잘 탐구해야 한다. 사례관리자가 일상생활에서 겪고 있는 서비스 이용자의 어려움을 표현하도록 격려하면 쉽게 욕구를 확인할 수 있다. 이때 사례관리자는 가급적이면 개방형 질문을 하고, 서비스 이용자의 말은 잘 경청하면서 이해하는 태도를 가져야 하는데, 정신역동적인 해석은 피해야 한다. 만약 서비스 이용자가 스스로 자신의 자원을 동원하여 문제를 해결할 수 있다고 생각하면 그것은 더 이상 욕구가 아니다(김기태 외, 2003).

사정은 서비스 이용자와 사례관리자가 익숙하고 편안해하는 환경에서 진행되어야 하는데, 보통 서비스 이용자의 집이 그의 실생활에 대하여 가장 잘 확인할 수 있는 최적의 장소이다. 그러나 어떤 서비스 이용자들은 자신의 사생활이 드러나는 것을 싫어하며 다른 장소에서 만나기를 요구한다. 때로 가정방문을 한 사례관리자가 서비스 이용자로부터 폭행이나 강간을 당하는 경우도 있으므로 항상 이러한 위험성을 주의해야 하며, 만약 사례관리자가 위협성을 느낀다면 사정은 제대로 실시될 수 없으므로 다른 장소를 선택해야 한다. 사정을 하는 동안 주변 환경(소음, 들락거리는 사람 등)으로 인하여 주의집중력이 떨어지면 제대로 사정을 할 수 없게 된다.

무엇보다도 사정시 서비스 이용자와 친밀한 다른 사람들을 개입시키는 것이 때로는 도움이 될 수 있다. 어떤 서비스 이용자는 가족과 친구들에 둘러싸여 면담하는 것을 선호하는 반면에, 어떤 서비스 이용자는 참견 없이 혼자서 자기 이야기를 하는 것을 선호하기도 한다. 이러한 서비스 이용자들의 욕구는 존중되어야 하지만, 서비스 이용자가 다른 사람들이 사정에 기여하는 것을 적극적으로 방해할 때는 서비스 이용자에게 그 이유를 질문해야 한다. 서비스 이용자와 그들의 환경은 항상 상호작용하며 역동적인 변화를 하므로, 사정은 계속되어야 하고 수집된 정보는 일정 기간마다 재평가를 받아야 하며, 환자 외의 다른 사람으로부터도 정보를 수집해야 한다. 사정을 통해 얻어야 하는 자료의 양에는 제한이 없으며 일반적으로 정보가 많을수록 좋다. 다음 [표 11-2]는 사정에서 기본적으로 파악하는 내용들을 정리해 놓은 것이다.

표 11-2 사정내용

사정내용	서비스 이용자 욕구	서비스 이용자 능력	공식적 지역사회 자원체계	비공식적 사회적 관계망 및 지지
사정의 단위	① 소득 ② 주택 ③ 고용 · 직업 ④ 건강 ⑤ 정신건강 ⑥ 사회활동 ⑦ 여가활동 ⑧ 일상활동 ⑨ 이동수단 ⑩ 법률 ⑪ 교육	① 신체적 기능 ② 인지적 기능 ③ 정서적 기능 ④ 행동적 기능	① 자원목록 ② 유용성 ③ 적당성 ④ 적절성 ⑤ 수용성 ⑥ 접근성	① 사회적 관계망의 구조 ② 사회적 관계망의 상호작용 ③ 정서적 수단 ④ 수단적 지원 ⑤ 물질적 지원

가령 정신장애인을 대상으로 사정할 때, 욕구 사정에 포함되어 있는 항목들을 예로 들어보면 다음 [표 11-3]과 같다.

표 11-3 정신장애인 대상 욕구 사정표

욕구영역		사정항목
1	소득	• 소득과 출처 • 사회보험 및 공적부조 수급 여부 • 주요부양자
2	주택	• 주거소유형태(전월세, 자가, 친척집 등) • 주거설비구조(양옥, 한옥, 화장실 형태, 층수, 방수 등) • 난방, 습도 등 • 주거의 불편사항
3	고용 • 직업	• 현재 직업 및 직종 • 이전 직업경험 • 직업소득 • 취업 혹은 이직 욕구 • 직업관련 계획
4	건강	• 현재의 질병상태 • 과거 병력 • 건강에 관한 자기 인식 • 건강관리방법
5	정신건강	• 정신질환 여부 • 음주문제 • 정서상태 및 성격
6	사회활동	• 가족 및 대인관계 • 지역사회 활동
7	여가활동	• 여가활동 기회 • 여가활동 종류 • 희망 여가활동
8	일상활동	• 자기관리(세면, 목욕, 옷 입기 등) • 음식준비 • 주거관리
9	이동수단	• 거동상태 • 교통수단
10	법률	• 법적인 보호나 상담 욕구
11	교육	• 교육수준 • 교육욕구 및 욕구분야

이와 같이 서비스 이용자의 욕구 사정과 함께 서비스 이용자의 능력 혹은 기능에 대한 사정이 이루어져야 하며, 능력 사정에 관한 자료는 욕구 사정과 개입계획 수립에 중요한 근거가 된다. 즉 욕구 사정을 통해 개입영역이 결정된다면, 능력 사정은 구체적인 개입 수준이나 개입의 내용을 결정하는 주요한 근거가 된다. 다음은 노인 · 장애인분야에서 활용될 수 있는 일상 활동 기능 사정의 예를 [표 11-4]에서 제시하였다.

표 11-4 일상 활동 기능 사정표

영역	항목	0 독립적으로 가능	1 조언만으로 충분함	2 약간의 도움이 필요함	3 많은 도움이 필요함	4 전적으로 의존
자기관리	목욕					
	머리손질					
	면도					
	양치질					
	세탁					
	의복관리					
음식준비	장보기					
	음식물 만들기					
	설거지					
주거관리	집안청소					
	건물보수					
	잠자리 정돈					

다음 [표 11-5]는 노인을 대상으로 하는 사례관리에서 실제 사용하고 있는 사정 양식들이다.

표 11-5 재가대상노인 사정지(Assessment Sheet)

재가대상노인 사정지(작성실례)

수발사항

케어자 유무(1)	□ 있다 ■ 없다			
주 케어자의 상태	관계(2)		건강상태(3)	□ 양호 □ 보통 □ 허약
	케어의욕(4)	□ 충분 □ 불안 □ 상실	경제상태(5)	□ 안정 □ 불안정
	지원내용(6)	□ 용돈 □ 가사 □ 식사 □ 세탁 □ 목욕 □ 병원동행 □ 주거환경수리 □ 기타		
	주요욕구(7)			
이외 원조자 및 지원내용(8)				
수발상태(9)	□ 상 □ 중 □ 하			
서비스 지원 필요여부(10)	□ 최대한 필요 □ 일부필요 □ 불필요			
소 견(11)				

생활사

구 분	차 트	내 용
가계도(12)	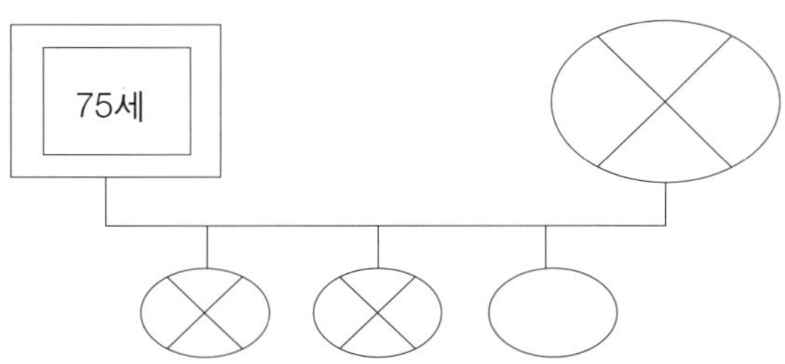	• 5년 전 치매를 앓고 계시던 부인과 교통사고로 인해 사별하시고, 혼자 살고 계심 • 슬하에 3녀가 있었으나 첫째 딸은 암으로 사망하고, 둘째 딸은 실종된 상태이며, 현재 막내딸만 결혼하여 안산에 거주하고 있음

구 분	차 트	내 용
과거력 (13)	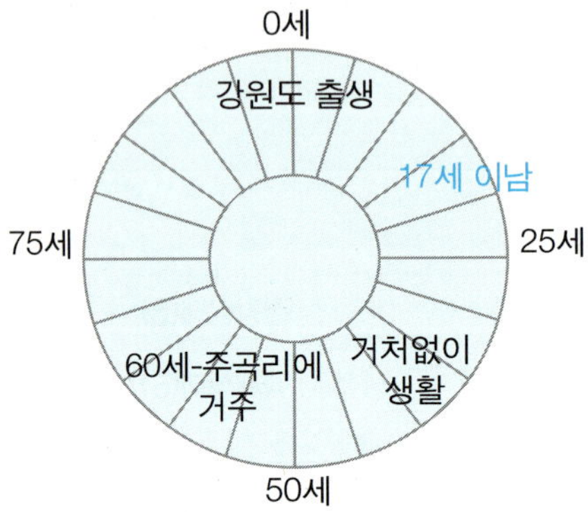	• 강원도 출생~17세에 이남 • 20~50세까지 거처없이 생활 • 35세 때 결혼 • 부인 5년 전에 교통사고로 사망함 • 큰 딸은 35세에 암으로 사망 • 둘째 딸은 소식 없음 • 셋째 딸은 결혼해서 안산에 거주
하루 일과표 (14)	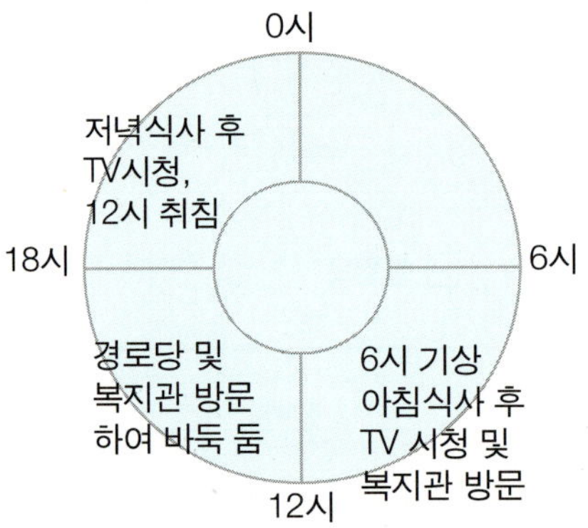	• 6시 기상하여 아침식사 후 TV 시청 및 복지관 방문 • 12시 점심식사 및 경로당과 복지관 방문하여 바둑둠 • 6시 저녁식사 후 TV 시청하다 12시에 취침

질환사항

현재병력 (15)	순 환 기	□ 고혈압 □ 심장질환 □ 혈관성질환 □ 빈혈 □ 인공심박기
	근골격계	□ 퇴행성 관절염 □ 디스크 □ 골절 □ 인공관절 □ 류마티스 □ 골다공증 □ 절단 ■ 통증 □ 선천성 기형
	신 경 계	□ 뇌혈관성 질환 □ 두부손상 □ 파킨슨병 □ 마비/장애 □ 신경염/신경증
	호흡기계	□ 천식 □ 기관지 질환 □ 폐렴 □ 결핵 □ 늑막질환 □ 만성기침
	안 과	□ 백내장 □ 녹내장 ■ 망막질환 □ 각막염 □ 안구건조증 □ 안검하수증
	이비인후과	□ 편도선염 □ 축농증 □ 비염 □ 인/후두염 □ 중이염 □ 난청 □ 고막손상
	비뇨기계	□ 신장질환 □ 요도/방광염 □ 전립선질환 □ 투석 □ 요실금
	피 부 과	□ 피부염 □ 대상포진 □ 조갑무좀 □ 화상 □ 욕창
	소화기계	□ 위장질환 □ 간/담도질환 □ 대장/항문질환 □ 황달 □ 소화불량
	내 분 비	□ 당뇨병 □ 갑상선질환
	정 신 과	□ 우울증 □ 불면증
	부 인 과	□ 유방질환 □ 자궁/난소질환 □ 자궁적출 □ 질염
	기타질환	
과거병력(16)		
병력 추가설명 (17)		
통증 (18)	종류	□ 무통 □ 급성 ■ 만성 □ 국소 □ 전신
	강도	□ 약 ■ 중 □ 강 □ 부정확
보장구(19)		□ 휠체어 □ 지팡이/워커 □ 보청기 □ 돋보기/안경 □ 틀니 □ 기타

투약 (20)	번호	현재 복용약	복용기간	병원명	진료주기	병원 동행인
	1					
	2					
	3					
	4					

건강상태(21)	□ 양호 ■ 보통 □ 허약
서비스 지원 필요(22)	■ 최대한 필요 □ 일부 필요 □ 불필요
소 견(23)	시각장애 6급으로 허리통증을 호소함

▸▸▸▸ ADL/IADL 사항(24) (자립 4점, 부분도움 2점, 완전도움 0점)

ADL	이 동	■ 자립 □ 부분도움 □ 완전도움	IADL	식사준비	□ 자립 ■ 부분도움 □ 완전도움
	식 사	■ 자립 □ 부분도움 □ 완전도움		가 사	□ 자립 ■ 부분도움 □ 완전도움
	배 설	■ 자립 □ 부분도움 □ 완전도움		금전관리	■ 자립 □ 부분도움 □ 완전도움
	목 욕	■ 자립 □ 부분도움 □ 완전도움		약 관 리	■ 자립 □ 부분도움 □ 완전도움
	착 의	■ 자립 □ 부분도움 □ 완전도움		전화이용	■ 자립 □ 부분도움 □ 완전도움
	용 모	■ 자립 □ 부분도움 □ 완전도움		쇼 핑	■ 자립 □ 부분도움 □ 완전도움
	의사소통	■ 자립 □ 부분도움 □ 완전도움		교통수단	□ 자립 ■ 부분도움 □ 완전도움
ADL 평가		■ 상(28점) □ 중(14~26점) □ 하(0~12점)			
IADL 평가		□ 상(28점) ■ 중(14~26점) □ 하(0~12점)			
AI 차트		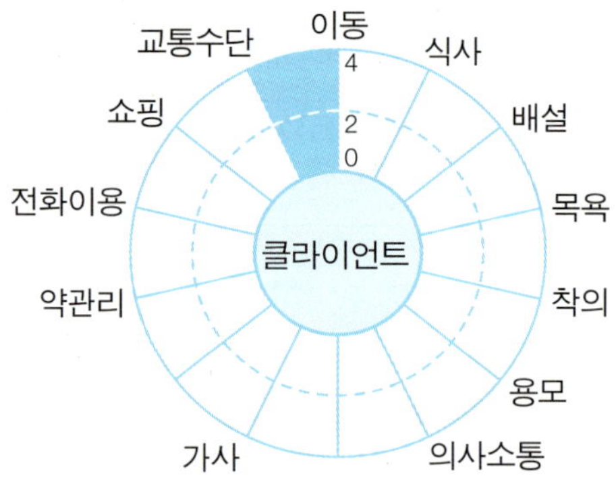			
통 증		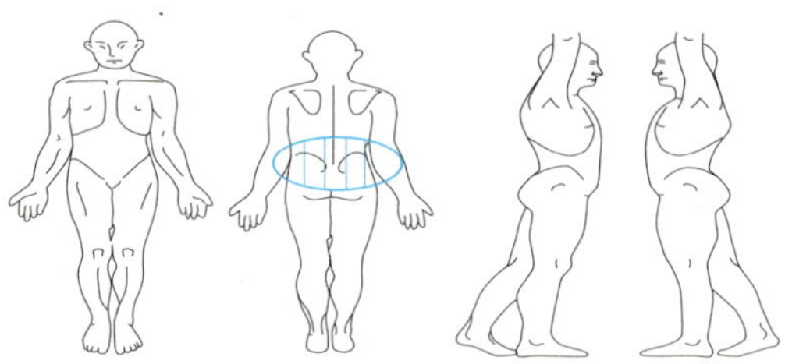 통증의 강도: 약 'O', 중 '▥', 강 '●'			
서비스 지원 필요여부		□ 최대한 필요 ■ 부분 필요 □ 불필요			
소 견					

정신건강 사항

치매 (25)	(24) 점	*별첨) 체크리스트 참조 ■ 정상(24점 이상) □ 치매의심(20~23점) □ 치매(19점 이하)
	서비스 지원 필요여부	□ 최대한 필요 ■ 부분 필요 □ 불필요
	소 견	
우울증 (26)	( ) 점	*별첨) 체크리스트 참조 ■ 정상(0~13점) □ 경증(14~18점) □ 중증, 최중증(19점 이상)
	서비스 지원 필요여부	□ 최대한 필요 ■ 부분 필요 □ 불필요
	소 견	

경제 사항(27)

월평균 수입액	■ 정부도움(만 원) □ 후 원 금(만 원)	□ 본인수입(만 원) □ 기 타(만 원)	□ 자녀도움(만 원)
월평균 지출액	■ 월 세(만 원) □ 의료비(만 원)	□ 공 과 금(만 원) □ 식료품비(만 원)	□ 연료비(만 원) □ 기 타(만 원)
경제상태	□ 상	■ 중	□ 하
서비스 지원 필요	□ 최대한 필요	■ 부분 필요	□ 불필요
소 견			

주거 사항(28)

소유형태	■ 자가 □ 전세 □ 월세 □ 무료임대(만 원)	
주거형태	■ 단독주택(다가구) □ 연립(다세대) □ 임대아파트 □ 기타	
	□ 지상(층) □ 반지하 □ 지하	
난방형태	■ 기름보일러 □ 도시가스 □ 연탄보일러 ■ 전기장판 □ 없음	
화장실형태	■ 양변기 □ 재래식	□ 공동화장실 ( )가구 ■ 단독화장실
생활환경 · 양호 ○ · 보통 △ · 불량 ×	조명 ( ) 장판 ( ) 벽지 ( ) 화장실 위생 및 출입 ( ) 통풍 ( ) 목욕시설 및 출입구 ( ) 부엌환경 ( ) 난방 ( ) 냉방 ( ) 집 밖 출입 ( ) 방출입 ( ) 하수도 ( )	
	■ 상(불량 0개) □ 중(불량 1~2개) □ 하(불량 3개 이상)	
서비스 지원 필요	□ 최대한 필요 ■ 부분 필요 □ 불필요	
소 견		

영양상태(29)

식사여부	■ 아침 ■ 점심 ■ 저녁
식사준비	■ 본인 □ 외부기관(□ 도시락 □ 밑반찬 □ 영양식) □ 가족 □ 기타( )
저작상태	□ 양호 ■ 불편 □ 불량
연하상태	■ 양호 □ 불편 □ 불량
영양상태	□ 상 ■ 중 □ 하
서비스 지원 필요	□ 최대한 필요 □ 부분 필요 □ 불필요
소 견	

사회적 관계(생태도)(30)

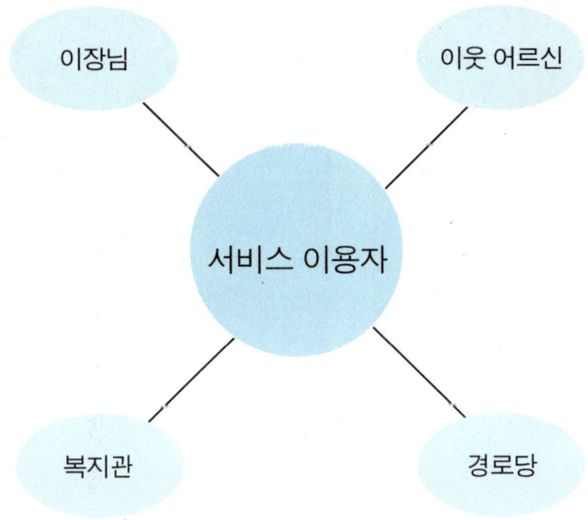

(친밀한 관계: 이장님, 이웃 어르신, 복지관, 경로당)

약도 및 교통편(31)

지도	주변특징
	• ○○리 버스정류장에서 오른쪽 방향으로 80m 직진하여, 파란색 슬레이트 지붕의 마당이 있는 집

▸▸▸▸ 클라이언트의 주변 환경(사진)(32)

부엌 환경

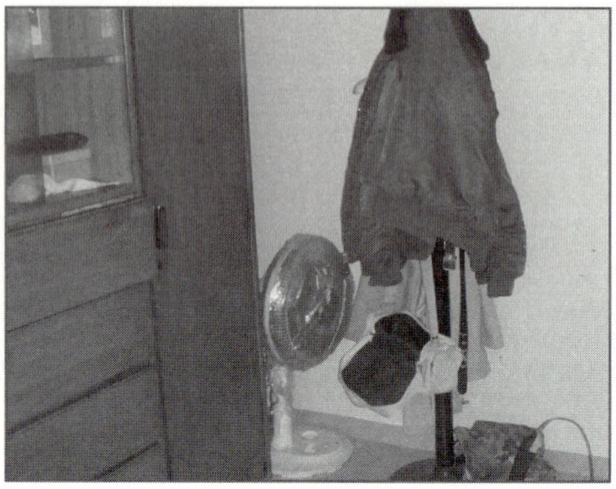

집안 내부

▸▸▸▸ [별첨 1] 한국판 간이 정신상태 검사

구 분		내 용		점수
지남력	1	시간	오늘은 몇 년입니까?	(1) 점
	1		오늘은 몇 월입니까?	(1) 점
	1		오늘은 몇 일입니까?	(1) 점
	1		오늘은 무슨 요일입니까?	(1) 점
	1		요즈음은 어떤 계절입니까?	(1) 점
	1	장소	당신은 어떤 나라에 살고 있습니까?	(1) 점
	1		당신은 어떤 도시에 살고 있습니까?	(1) 점
	1		당신이 있는 곳은 무엇을 하는 곳입니까?	(1) 점
	1		여기가 어디입니까?	(1) 점
	1		어기가 몇 층입니까?	(1) 점
기억력	3	기억등록	세 가지 물건 즉시 암기 「나무」, 「자동차」, 「모자」	(2) 점
	3	기억회상	5분 후 "아까 말한 단어 3가지를 말해주세요."	(2) 점
주의집중 및 계산	5	수리력	100에서 7씩 계속해서 뺄셈을 하세요. 또는 '삼천리강산'을 거꾸로 말해보세요.	(1) 점
언어기능과 시공간 구성 능력	2	이름 대기	연필, 시계	(2) 점
	3	3단계 명령	제가 지금 말씀드리는 것을 잘 들으시고 말씀드린대로 해보세요. 오른손으로 종이를 집(들)어서 반으로 접어 무릎 위에 올려놓으세요.	(3) 점
	1	따라 말하기	'간장 공장 공장장' 따라하기	(1) 점
	1	겹쳐진 오각형 복사 그리기	오각형 2개 그리기	(1) 점
이해 및 판단 능력	1	이해	옷은 왜 빨아서 입습니까?	(1) 점
	1	판단	길에서 주민등록증을 주웠을 때 어떻게 하면 쉽게 주인에게 돌려줄 수 있습니까?	(1) 점
전체점수	(24) 점		치매 정도	■ 24점 이상 정상 □ 20~23점 치매 위험 □ 19점 이하 치매

▸▸▸▸ [별첨 2] 한국판 노인 우울증 척도지

구분	문항	예	아니오
정신장애 우울증	1. 쓸데없는 생각들이 자꾸 떠올라 괴롭다.	□ 예	■ 아니오
	2. 아무것도 할 수 없을 것처럼 무기력하게 느낀다.	□ 예	■ 아니오
	3. 안절부절하고 초조할 때가 자주 있다.	□ 예	■ 아니오
	4. 밖에 나가기보다는 주로 집에 있으려 한다.	□ 예	■ 아니오
	5. 앞날에 대해 걱정할 때가 많다.	□ 예	■ 아니오
	6. 지금 내가 살아 있다는 것이 참 기쁘다.	■ 예	□ 아니오
	7. 인생은 즐거운 것이다.	■ 예	□ 아니오
	8. 아침에 기분 좋게 일어난다.	■ 예	□ 아니오
	9. 예전처럼 정신이 맑다.	■ 예	□ 아니오
	10. 건강에 대해서 걱정하는 일이 많다.	□ 예	■ 아니오
	11. 내 판단력은 여전히 좋다.	■ 예	□ 아니오
	12. 내 나이의 다른 사람들 못지않게 건강하다.	■ 예	□ 아니오
	13. 사람들과 잘 어울린다.	■ 예	□ 아니오
	14. 정말 자신이 없다.	□ 예	■ 아니오
	15. 즐겁고 행복하다.	□ 예	□ 아니오
	16. 내 기억력은 괜찮을 것 같다.	■ 예	□ 아니오
	17. 미쳐버리지나 않을까 걱정된다.	■ 예	□ 아니오
	18. 별일 없이 얼굴이 화끈거리고 진땀이 날 때가 있다.	□ 예	■ 아니오
	19. 농담을 들어도 재미가 없다.	□ 예	■ 아니오
	20. 예전에 좋아하던 일들을 여전히 즐긴다.	□ 예	■ 아니오
	21. 기분이 좋은 편이다.	■ 예	□ 아니오
	22. 앞날에 대해 희망적으로 느낀다.	■ 예	□ 아니오
	23. 사람들이 나를 싫어한다고 느낀다.	■ 예	□ 아니오
	24. 나의 잘못에 대하여 항상 나 자신을 탓한다.	□ 예	■ 아니오
	25. 전보다 화가 나고 짜증이 날 때가 많다.	□ 예	■ 아니오
	26. 전보다 내 모습(용모)이 추해졌다고 생각한다.	□ 예	■ 아니오
	27. 어떤 일을 시작하려면 예전보다 힘이 많이 든다.	□ 예	■ 아니오
	28. 무슨 일을 하든지 곧 피곤해진다.	□ 예	■ 아니오
	29. 요즈음 몸무게가 많이 줄었다.	□ 예	■ 아니오
	30. 이성에 대해 여전히 관심이 있다.	□ 예	■ 아니오
	총계 (12)점	우울증 정도	■ 0~13점 정상 □ 14~18점 경증 □ 19~21점 중증 □ 22~30점 최중증
우울증 진단			

재가대상노인 사정지(Assessment Sheet) 매뉴얼

[서식-4] 재가대상노인 사정지(Assessment Sheet) 작성방법:

(1) 케어자 유무	대상자를 케어해 주는 사람의 유무
(2) 관계	대상자와 케어자와의 관계
(3) 건강상태	케어자의 건강상태
(4) 케어의욕	케어자의 케어 의욕여부
(5) 경제상태	케어자의 경제적인 상황
(6) 지원내용	지원되는 내용
(7) 주요욕구	지원되는 케어자의 주요욕구
(8) 이외 원조자 및 지원내용	케어를 받는 원조자에게 지원되는 내용
(9) 수발상태	케어자의 도움의 정도
(10) 서비스지원 필요여부	대상자에게 지원되는 서비스 필요여부
(11) 소견	대상자의 전반적인 수발사항에 대한 의견
(12) 가계	가계도란 3세대에 걸쳐 가족구조를 도식화하고 구성원에 관한 정보를 기록하며, 이들 간의 관계를 기술하는 것으로써 노인의 성격발달이나 기능에 미친 영향을 파악함. 또한 가족에 관한 정보를 도식화시켜 보여주기 때문에 복잡한 가족유형의 형태를 쉽게 알아볼 수 있음.

① 가계도에 사용되는 기호들

- 성별: 여자 ○, 남자 □
- 중심인물(대상자): 여자 ◎, 남자 ⧈
- 장애: 여자 ●, 남자 ■
- 대상자 노인: 여자 ⊙, 남자 ▣
- 연령: 여자 또는 남자 기호 속에 연령 기록 (예 ⑦⓪ 여성, 70세)
- 사망: 여자 또는 남자 기호 속에 × 표시 (예 ⊠ 남성, 사망)
- 결혼: 
- 재혼: 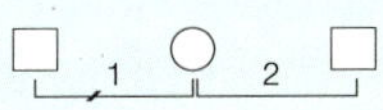 (초혼은 1, 재혼은 2라고 표시)
- 별거: 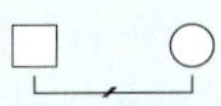

• 이혼: 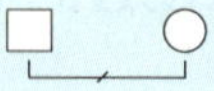

• 형제순위: 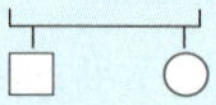 (출생 순으로 왼쪽부터 시작)

• 위탁 또는 입양: 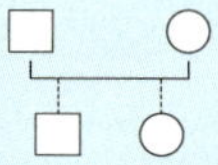

• 이란성 쌍둥이: 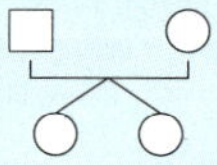 • 일란성 쌍둥이: 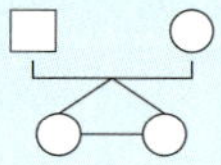

• 유산 또는 낙태: 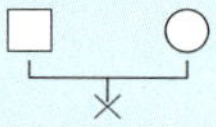 • 동거가족의 경계: 

② 가족상호작용을 나타내는 기호들

• 매우 가까운 관계: 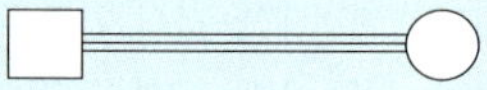

• 갈등관계: 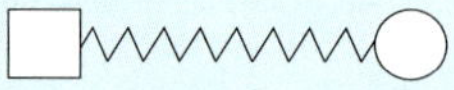

• 밀착됨과 동시에 갈등관계: 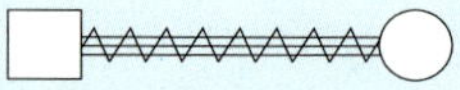

• 소원한 관계: 

• 단절된 관계: 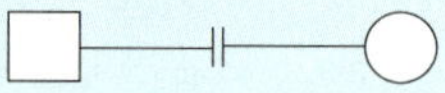

③ 작성방법

• 가계도에 사용되는 기호를 표시한 후 밑의 칸에 해당년도와 내용 기록

(예 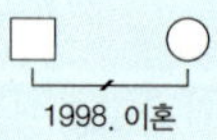

)

- 2~3세대의 가족구성원들의 나이를 기호 안에 표시
- 동거가족의 범위를 점선 원으로 표시
- 가족상호작용을 나타내는 기호를 표시하여 가족간의 친밀도를 나타냄.

(13) 과거력

- 0세 ~ 현재까지의 과거의 모습을 간략하게 수기로 작성함
- 결혼, 직업, 사회생활은 어떠했는가?
- 직장경험이 있을 시 동료, 상사와의 관계, 직장에서의 태도, 취미생활 등은 어떠했는가?
- 직장 은퇴에 대한 반응은 어떠한가?
- 폐경에 대한 반응은 어떠한가?
- 결혼을 하였다면 자녀들과의 정서적인 분리는 어떠한가?
- 득별한 취미생활이 있는가?
- 약물을 사용하고 있는가?
- 현재 생활에 대한 대상자의 만족이나 괴로움은 어떠한가?

(14) 하루 일과표 　하루의 일과를 시간대별로 수기로 작성함

(15) 현재병력 　부위별 병력사항을 체크할 수 있음

(16) 과거병력 　과거에 앓았던 병력에 대한 정보

(17) 병력 추가설명 　현재병력에 대한 추가설명

(18) 통증 　통증의 종류와 강도의 정보를 파악

(19) 보장구 　보조기구에 대한 세부적인 파악

(20) 투약 　현재복용약, 복용기간, 병원명, 진료주기, 병원동행인 여부 파악

(21) 건강상태 　전체적인 건강상태에 대한 구분

(22) 서비스 지원 필요 　질환사항에 대한 서비스 지원필요 여부

(23) 소견 　질환사항에 대한 사회복지사의 의견란

(24) ADL/IADL 사항

- 일상생활수행능력에 대해 파악하여 기술함
- AI 차트에서는 각 분야에 수기로 점을 찍어 선을 이어 연결함
- 통증에서는 각 부위별 통증부분을 수기로 표현함

(25) 치매 　[별첨 1]의 한국판 간이 정신상태 검사를 실시 후 서비스 지원 필요여부에 대해 파악함

(26) 우울증 　[별첨 2]의 한국판 노인 우울증 척도지 검사를 실시 후 서비스 지원 필요 여부에 대해 파악함

(27) 경제사항 　월평균 수입액, 월평균 지출액, 경제상태를 파악하여 서비스 지원 필요여부에 대해 의견을 밝힘

(28) 주거사항	주거에 대한 소유형태, 주거행태, 난방형태, 화장실형태, 생활환경을 파악하여 서비스 지원 필요여부에 대해 의견을 밝힘
(29) 영양사항	식사여부, 식사준비, 저작(씹는 것)상태, 연하(넘기는 것)상태, 영양상태를 파악하여 서비스 지원 필요여부에 대해 의견을 밝힘
(30) 생태도	사회력은 환경 내의 주요 요소에 대한 장애인의 교류 특징을 한 장의 종이 위에서 찾을 수 있도록 하는 하나의 도구로 주요 환경적 요소들은 각종 원조단체, 직장, 학교, 이웃, 친척 등이 될 수 있음. 사회력은 자원과의 관계가 지속적인지, 편안한지, 균형이 맞는지를 나타내주며, 유사한 자원들을 한눈에 파악할 수 있도록 해줌. 따라서 자원을 목록화하는 또 다른 형태로도 사용될 수 있음.

① 사회력에 사용하는 기호들

- 사회력 중앙의 공란으로 되어 있는 □와 ○ 안에 노인의 나이 기록(남자는 □, 여자는 ○로 표시)
- 자원: 타원형 안에 자원명 기록
- 에너지와 자원의 흐름: →, ←, ↔
- 관계의 본질을 나타내는 선:

  소원한 관계: ······ 갈등관계: ┼┼┼

  친밀한 관계: ─ (선의 굵기가 굵어질수록 관계가 친밀함)

② 작성방법

- 현재 활용하고 있는 공식적, 비공식적 자원의 친밀도에 따라 원의 크기를 달리하여 그리며, 그 안에 자원명 기록 (예 ○○ 초등학교)
- 아직 발견되지 않은 즉, 필요한 자원을 기입해야 함. 그러나 현재 필요한 자원이나 아직 발견되지 못한 자원은 선으로 연결해서는 안 됨. 왜냐하면 사회력을 볼 때마다 아직 발견되지 않은 자원을 상기하며 자원개발의 노력을 계속할 수 있기 때문임.
- 에너지와 자원의 흐름을 표시하기 위해서 선을 따라 화살표로 나타냄.
- 다른 유형의 선을 표시하여 관계의 본질을 나타냄.
- 내부자원: 개인적 강점으로 이것은 문제를 해결하고 욕구를 충족시키기 위해서 사용될 수 있는 개인의 성격 또는 가족생활의 질임. 가족의 정서적 · 경제적 지지, 노인의 신념, 가치, 특별한 지식, 능력, 또는 태도의 형태를 취함. (예 노인의 긍정적이고 낙천적인 성격으로 인하여 안정적인 직장생활을 영위함)
- 장애물: 노인 및 가족이 가지고 있는 부정적인 신념, 가치, 태도 등 (예 장애인의 냉소적인 발언으로 인하여 친밀한 대인관계를 유지하지 못함)
- 외부자원: 개인 또는 가족이 합리적인 질적 생활을 유지하도록 도와주는 재화나 서비스를 제공하는 사람이나 조직을 말함(공식적+비공식적 서비스).
- 공식적 자원, 장애물: 사회복지시설, 지역사회의 공식적인 단체와 기관, 정부기관 등을 말하며, 공식 지원체계가 지원할 수 있는 자원의 종류와 내용, 공식 지원체계의

	접근성, 지원의 이용가능성, 지원의 적당성과 적절성, 욕구와 문제에 대처하는 대인 서비스 기관의 능력 등을 사정함. (예 ○○재활병원의 교통편이 복잡하여 이용접근성이 떨어짐) • 비공식 자원, 장애물: 가족, 친척, 친구, 이웃, 자조집단, 종교집단, 직장동료 등을 말하며, 비공식 지원체계와의 친밀성, 비공식 지원체계의 위치와 접근성, 현재 제공하는 지원의 종류, 노인에 대한 정서적 지지의 강도와 빈도, 비공식 지원체계의 사회적 · 경제적 · 신체적 능력, 보호의 이용가능성과 지속성 등에 관하여 사정함. 가정환경 조사, 대상자의 욕구 등 가정방문을 통해 수집된 정보를 종합적으로 분석하여 대상자에게 맞는 서비스의 방향을 기술함.
(31) 약도 및 교통편	대상자의 집의 약도와 교통편에 대해서 기술함.
(32) 서비스 이용자의 주변환경	대상자의 현재 주변환경을 사진으로 표시함.

3) 계획

계획은 사정에서 얻어진 자료들을 근거로 하여 포괄적이고 구체적인 서비스 제공방침과 단계 그리고 목표에 대한 개념을 설정하는 단계이다(이준우 · 손덕순, 2007). 이 단계에서는 서비스 이용자의 능력과 기술의 개선을 위한 목표, 필요한 서비스들의 활용을 위한 목표, 사회망을 통한 개입의 목표 등을 설정하고, 그 목표들을 달성하기 위한 구체적인 개입계획을 수립하여, 서비스 전달에서 나타날 수 있는 장애 요인 등을 명확하게 분석하여야 하고(Wood & Middement 1989), 점검과 평가를 할 수 있도록 서비스 효과성에 대한 지침을 정확히 설정해야 한다(Moxley 1989).

특히, 사례관리 실천과정의 계획에서는 다음의 사항이 기본적으로 고려되어야 한다. 첫째, 안전(safety), 둘째 자기결정(self-determination), 셋째 생존욕구(survival needs), 넷째 구조적인 일(사회적 관계를 유지시켜 주면서, 시간의 사용을 구조적으로 할 수 있는 방법을 계획하는 것도 중요하며 구조적인 일에는 직장, 자원봉사, 학교에 참여하거나, 친구나 다른 사람과 만나는 일들이 포함됨), 다섯째 가족의 지지(가족교육이나 적절한 정보에 대한 자문 등을 통해 가족이 서비스 이용자를 지지하는 능력을 증가시켜 줄 것임) 등이다.

또한 사례관리 계획을 수립할 때, 반드시 확인해야 할 실제적인 질문들은 다음과 같다(최경익, 1992). 첫째, 서비스 이용자의 목표는 무엇인가? 둘째, 서비스 이용자 스스로가 어떤 일들을 하는 것이 가능한가? 셋째, 가족의 도움은 무엇이 가능한가? 넷째, 친척, 친구, 동료, 지역사회 자원봉사자로부터 무엇을 얻을 수 있는가? 다섯째, 사례관리자로부터 어떤 서비스를 제공받을 수 있는가? 여섯째, 사례관리자가 속해 있는 기관으로부터 무엇을 제공받을 수 있을까? 일곱째, 지역사회 내의 공공기관, 민간기관, 나아가서는 사회복지기관으로부터는 어떤 서비스가 제공되는가? 여덟째, 결과적으로 서비스 이용자는 어떤 상황으로 변한다고 예상할 수 있을까?

무엇보다도 사례관리의 계획 단계에서 중요한 것은 서비스 이용자를 위해 서비스 이용자와 함께 모든 계획을 수립해야 한다는 인식이다(Kanter, 1989). 이에 따라 계획은 서비스 이용자와의 공동 작업을 위한 목표를 확인하고, 목표를 달성하기 위한 활동과 서비스를 개발하는 과정이다. 즉 사정을 통해 확인된 서비스 이용자의 욕구, 잠재능력 그리고 문제를 토대로 서비스와 원조활동을 위한 계획을 수립하는 것이다. 계획 과정에서 중요한 과업은 목표 설정, 자원계획 수립, 서비스계획 수립 등이다.

첫째, 목표 설정이다. 사례관리의 목표 설정에서 중요한 관여자는 사례관리팀과 서비스 이용자 자신이다. 합리적인 사례관리 계획을 위해서는 일차적 사례관리 계획자가 세운 목표가 사례관리팀에서 검토되는 것이 필요하며, 기관의 여건이 가능하다면 다전문직들에 의해 사례회의에서 다루어지는 것이 서비스 이용자에게 필요한 다양한 서비스를 계획하는 중요한 방법이 된다. 또한 사례관리의 목표설정에서 중요한 관여자는 서비스 이용자이어야 하며, 서비스 이용자와 합의되거나 공유되지 않는 목표는 적절히 달성되기 어렵다.

둘째, 자원계획 수립이다. 자원계획에서 중요한 사례관리자의 활동은 자원 확인과 목록화이다. 자원 확인과 목록화는 서비스 이용자와 관련된 서비스 자원에 관한 정보를 획득하고 접근이 용이하도록 자료를 조직화하는 기능을 수행한다. 자원목록 작성을 위해 중요하게 다루어져야 할 내용을 제시하면 다음과 같다.

① 기관의 기능

기관의 서비스 영역, 주요 사업내용 등에 관한 조사가 이루어져야 한다.

② 서비스 자격요건

서비스를 받을 수 있는 특별한 자격을 정하고 있는지 파악한다.

③ 서비스 비용

기관이 정하고 있는 서비스 비용과 특정의 서비스 이용자가 받을 수 있는 혜택에 대하여 파악한다.

④ 서비스 접근성

기관을 이용하기 위한 교통수단이나 서비스 이용절차들을 파악한다.

⑤ 서비스 평가

기관에서 제공하는 서비스의 질적 수준과 관련되는 직원들의 훈련 정도, 물리적 공간, 특정 서비스 이용자에 대한 우호성 등을 평가한다.

⑥ 주요 접촉인물

기관의 서비스를 이용하거나 의뢰하기 위해 중요하게 접촉해야 할 인물을 파악하는 것은 서비스의 점검이나 지속적인 연계를 위해 매우 중요한 일이다.

⑦ 서비스 장애요인

서비스 기관 이용에 관련된 전반적인 서비스 제공과정에서 장애요인을 확인하고 이에 관한 해결방안을 모색하도록 한다.

이를 토대로 자원목록 양식을 제안하면 다음의 [표 11-6]과 같다.

표 11-6 자원목록 양식

서비스 영역 (1)	서비스 기관명 (2)	주소 · 연락처 (3)	주요 사업내용 (4)	서비스 자격요건 (5)	필요서류 (6)	비용 (7)	주요 인물 (8)	서비스 평가 (9)	서비스 장애요인 (10)

셋째, 서비스계획 수립이다. 서비스계획은 사정을 통해 설정된 목표를 달성하기 위한 구체적인 전략으로서, 서비스계획의 작성은 목표와 함께 제시되는 것이 사례관리 실천을 일목요연하고 체계적으로 정리하는 데에 도움을 준다. 여기에서 서비스계획에서 구체화되어야 할 항목들을 정리해보면 다음의 [표 11-7]과 같이 제시해 볼 수 있다.

표 11-7 서비스계획 양식

문제 (1)	장기 목표 (2)	단기 목표 (3)	서비스 내용 (4)	서비스 기관 (5)	서비스 담당자 (6)	시간계획 (7)	비용 (8)	서비스 장애요인 (9)

다음 [표 11-8]은 노인을 대상으로 하는 사례관리 실천과정에서 실제 사용되는 '계획' 양식들이다.

표 11-8 사례관리 실천과정에서 실제 사용되는 '계획' 양식

주간서비스 계획표

<table>
<tr><th></th><th>시간</th><th>월</th><th>화</th><th>수</th><th>목</th><th>금</th><th>주간
일상활동</th></tr>
<tr><td rowspan="4">오전
(1)</td><td>09:00~10:00</td><td></td><td></td><td rowspan="2"></td><td></td><td></td><td></td></tr>
<tr><td>10:00~11:00</td><td></td><td rowspan="3">복지관
물리
치료실
서비스
이용</td><td rowspan="3">복지관
효도안마
서비스
이용</td><td></td><td></td></tr>
<tr><td>11:00~12:00</td><td rowspan="2"></td><td></td><td></td><td></td></tr>
<tr><td>12:00~13:00</td><td></td><td></td><td></td></tr>
<tr><td rowspan="5">오후
(2)</td><td>13:00~14:00</td><td></td><td></td><td></td><td></td><td></td><td></td></tr>
<tr><td>14:00~15:00</td><td></td><td rowspan="2">말벗 지원</td><td></td><td rowspan="2">말벗 지원</td><td></td><td></td></tr>
<tr><td>15:00~16:00</td><td></td><td></td><td></td><td></td></tr>
<tr><td>16:00~17:00</td><td></td><td></td><td></td><td></td><td></td><td></td></tr>
<tr><td>17:00~18:00</td><td></td><td></td><td></td><td></td><td></td><td></td></tr>
<tr><td colspan="2">주 단위의 서비스
(※ 월 단위 포함)
(3)</td><td colspan="6">• 복지관의 물리치료실, 효도안마 서비스 제공(주 2회)
• 말벗 지원(주 2회)
• 후원금 및 후원물품 지급(월 1회)</td></tr>
<tr><td colspan="2">담당자 의견
(4)</td><td colspan="6">담당자: (인)</td></tr>
</table>

주간서비스 계획표 매뉴얼

[서식-5] 주간서비스 계획표 작성방법

(1) 오전	월요일 ~ 금요일의 오전에 제공받을 서비스계획을 기술
(2) 오후	월요일 ~ 금요일의 오후에 제공받을 서비스계획을 기술
(3) 주 단위의 서비스	주 단위의 서비스(※ 월 단위 포함)를 기술
(4) 담당자	의견담당 사회복지사의 의견을 기술

개입계획

문제 및 욕구 (1)		문제(사회 · 정서)	문제(신체 · 건강)	문제(경제)
		홀로 계시는 고독감	시각장애(6급)와 허리통증	국민기초생활 수급자
목표	일반목표(2)	고독감 해소	의료지원 서비스	재가후원
	하위목표(3)		복지관의 물리치료실, 효도 안마 서비스 제공	후원금 및 후원물품 지급

서비스 계획내용(4)	제공자(5)	제공개시(6)	제공횟수(7)	우선순위(8)	비고(9)
의료지원 서비스	손OO 사회복지사	2000. 00. ~	주 2회	1	
고독감 해소	이OO 사회복지사	2000. 00. ~	주 2회	2	
재가후원	빈OO 사회복지사	2000. 00. ~	월 1회	3	

개입계획 매뉴얼

[서식-6] 개입계획 작성방법

(1) 문제 및 욕구	문제 중 사회 · 정서 · 신체 · 건강 · 경제적인 욕구를 기술
(2) 목표-일반목표	대상자가 희망하는 일반적인 목표를 기술
(3) 목표-하위목표	대상자가 희망하는 하위의 목표를 기술
(4) 서비스계획 내용	대상자가 희망하는 서비스의 계획내용을 기술
(5) 제공자	대상자에게 서비스를 지원하는 제공자의 성명을 기술
(6) 제공개시	대상자에게 서비스를 지원하는 제공의 개시 일자
(7) 제공횟수	대상자에게 제공되는 서비스의 제공 횟수
(8) 우선순위	대상자에게 제공되는 서비스의 우선순위
(9) 비고	비고

4) 실행(개입)과 조정

실행(개입)은 사례관리자가 서비스 이용자와 서비스 이용자의 사회관계망과 관련된 서비스제공자 등을 변화시키기 위해 직접적으로 혹은 간접적으로 관여하는 것이다. 조정은 직 · 간접 실행(개입)에 의한 서비스 및 자원계획의 수행과 실행(개입)과 관련된 서비스조직들의 상호작용이 적절히 이루어질 수 있도록 관여하는 것이다. 실행(개입)과 조정에서 특히 중요한 것은 연계이다. 연계란 서비스 체계와 연결하는 활동으로 필요한 모든 서비스를 제공받기 위해서 서비스 이용자를 의뢰하고, 이동시키며, 공식적 · 비공식적 자원들을 연결하여 계속적으로 이용할 수 있도록 하는 것을 의미한다(Monk, 1985). 연계 활동을 수행하면서 사례관리자는 가장 어렵고 복잡한 과업을 수행하게 되는데, 이러한 연계 활동을 해나가는 과정에서의 노력이 사례관리 전체의 성공여부를 판가름할 수 있는 중요한 과제가 된다.

한편 사례관리에서 조정이란 일종의 오케스트라를 '지휘하는 것'과 같은 것이다. 즉, 개개인의 연주자가 자신의 악기를 어떻게 다루어야 하는가를 알고 연주할 수 있는 수준에 이르렀을 때, 이러한 각각의 연주자들이 하나의 음악을 완성할 수 있도록 서로 연계하고 협조하도록 하는 것, 이것이 사례관리에서의 조정이다. 즉, 조정이란 서비스 이용자를 중심으로 다양한 자원체계가 상호 간 협조관계를 안정화하도록 이 단계에 이르기까지의 전 과정을 포함하는 개념이다. 따라서 조정의 동의어로는 협조라는 용어가 자주 사용되고 있으며, 이 단계에서는 서비스 이용자가 계획을 실행하기 위한 노력을 시도하고 경험하게 되므로 사례관리자는 서비스 이용자와 원조자들의 노력을 유심히 지켜보아야 한다. 가령 중소도시의 경우 몇 개의 기관이 협력하여 산발적으로 흩어진 서비스 이용자를 보호하고 관리한다든지, 자원봉사자를 이용하여 필요시 옆에서 서비스 이용자나 가족을 보호해 주는 역할을 담당하는 것으로 개인 경호원과 유사한 역할을 하는 일 등을 사례로 들 수 있다(권진숙 · 박지영, 2009).

5) 점검 및 옹호

점검은 실행(개입)이 이루어진 후에 사례관리자가 서비스 이용자에 대한 서비스 계획이 적절히 수행되고 있는지를 추적하는 적극적이고 유동적인 과정으로서, 서비스와 원조계획이 서비스 이용자 주변체계들에 의해 적절하게 수행되고 있는지 확인하는 과정이다(이준우 · 손덕순, 2007). 사례관리에서는 대부분의 실질적인 도움이 자원 제공자들에 의해 이루어진다. 따라서 사례관리자는 그 사실을 먼저 알고 있어야 한다. 점검을 위한 준거 틀은 계획이고, 점검 내용은 서비스 동의서나 계약서가 될 것이다. 점검을 위한 구체적인 활동은 서비스 이용자와의 전화, 서비스 이용자 방문, 서비스기관 담당직원과의 전화 그리고 회합 등으로 이루어지며 자원 제공자를 위한 점검은 감사노트, 갈등 상황의 여러 원조자가 있을 때는 사례조정 회의를 통한 감사 표시 등으로 이루어지는 것이 효과적이다. 점검은 일반적으로 일주일에 한 번, 최장의 빈도는 평균 한 달에 한 번 점검하게 된다(권진숙 · 박지영, 2009).

한편 점검단계에서 때때로 이루어지기도 하는 재사정은 계획의 기간만료, 서비스 이용자의 욕구 변화발생 등 일정 간격으로 계획을 수정하고, 제공된 서비스의 효과성을 검토하며 변화된 욕구를 파악하는 과정이다. 또한 이 과정은 서비스 이용자의 기능을 재검토하기 위한 정기적인 점검 그리고 서비스 계획과 서비스의 변경의 과정으로 이 부분의 핵심은 서비스 이용자와 지속적으로 연계를 맺는 것이다(Gottiesman et al., 1979). 그 목적은 계속적으로 서비스 이용자의 상태 및 과정을 파악하고 그럼으로써 사례관리 계획을 수행하며 필요하다면 수정하는 것으로, 재사정을 통한 점검과정은 다음 4가지 목적을 위해서 주로 수행된다. 첫째, 서비스의 계획이 적절하게 이행되고 있는지 그 정도를 검토한다. 둘째, 서비스 이용자에 대한 서비스와 지원계획의 목표에 대한 성취를 검토한다. 셋째, 서비스와 지원의 산출을 검토한다. 넷째, 서비스 계획의 변화를 요구하는 환자욕구의 발생을 알아낸다. 다음 [11-9]는 점검 단계에서 많이 활용하는 실제 양식들이다.

표 11-9 노인을 대상으로 실제 사용되는 양식들

서비스 계약서

<table>
<tr><td rowspan="3">서비스 대상자(갑)
(1)</td><td>성 명: (인)</td><td>주민등록번호:</td></tr>
<tr><td colspan="2">주 소:</td></tr>
<tr><td colspan="2">연락처 :</td></tr>
<tr><td rowspan="3">대리인(보호자)
(2)</td><td colspan="2">성 명: (인) ('갑' 과의 관계:)</td></tr>
<tr><td colspan="2">주 소:</td></tr>
<tr><td colspan="2">연락처: (E-mail:)</td></tr>
<tr><td rowspan="2">서비스 제공기관(을)
(3)</td><td colspan="2">시설명: ○○시 ○○노인복지관 (대표자: 이○○ (인))</td></tr>
<tr><td colspan="2">주 소: 경기도 ○○시 ○○읍 ○○리 산 ○○번지</td></tr>
<tr><td colspan="3">○○시 ○○노인복지관 재가복지팀 담당자와 이용자는 서비스 이용에 있어 상호 책임을 성실히 이행하기 위하여 아래와 같이 계약을 체결한다.
사회복지서비스 이용계약서를 작성하고 기명날인 후, 각각 1통씩 보관한다.</td></tr>
</table>

-다 음-

제1조 (목적) (4)

① 본 계약은 노인복지법 제39조 3항 및 노인복지법 시행규칙 제29조 제2항에 의하여 ○○시 ○○노인복지관의 목적 사업을 성공적으로 수행하기 위하여 필요한 사항을 규정함으로써 이용자를 보호하고 건전한 운영을 도모함을 목적으로 한다.

② '을' 은 서비스의 지속성이 최대한 보장되도록 서비스 제공자를 배치한다.

제2조 (계약기간) (5)

이 계약은 정부의 회계년도를 기준으로 1년 단위로 하고 필요시 매년 초 재조사 및 선정하며, 당사자 간 협의에 따라 계약기간을 변경할 수 있다.

제3조 (이용의 해제) (6)

이용자가 사망, 거주지 이전, 시설 입소, 자녀나 친척에 의한 보호, 기타 이용 해제 사유가 발생하였을 경우로 한다.

제4조 (통지사항) (7)

① '을' 은 '갑' 에 대한 서비스 제공에 있어 응급상황 등이 필요한 경우 대리인에게 연락을 취하

여야 한다.

② '갑'의 대리인은 대리인의 주소 또는 연락처 등이 변경되었거나 금치산 또는 파산선고 등을 받아 '갑'의 보호 의무를 다하지 못할 사유가 발생하였을 때는 즉시 서면으로 '을'에게 통지하여야 한다.

③ '을'은 '갑'의 상태변화 등 서비스의 변경사유가 발생시에는 '갑'이 서비스 변경 신청 등을 할 수 있도록 조치하여야 한다.

제5조 (서비스 내용)

해결과제(8)	케어목표(9)		수행방법(10)			
	목표	세부목표	세부수행 내용	횟수	지원기관(수행인력)	기간

제6조 (개인정보 보호의무) (11)

① '을'은 '갑'의 개인정보를 관계 규정에 따라 보호하여야 한다.

② '을'은 사회복지서비스 제공에 필요한 '갑'의 개인정보 자료를 수집하고 활용하며 동자료를 사회복지서비스 운영주체 등에게 관계 규정에 따라 제출할 수 있다.

③ '갑'은 '을'이 수집 · 관리하는 본인의 개인정보에 대해 알 권리가 있다.

제7조 (계약자 상호 간 준수사항) (12)

① 상호 간 서비스가 안정적이고 지속적으로 이루어질 수 있도록 최선을 다한다.

② 상호 간 존경과 예의로 서비스 담당자를 대한다.

③ 상호 간 원활한 의사소통을 위해 최선을 다한다.

④ '갑'의 과실과 신체적 결함 및 지병으로 인해 발생한 사고에 대해서는 '갑' 및 대리인이 책임을 지며, 민 · 형사상의 법적 소송을 제기하지 않는다.

⑤ '갑'의 고의 또는 실수로 인해 발생한 타인의 상해 · 손해 및 기물의 파손 · 훼손에 따른 일체의 비용은 본인이 부담한다.

⑥ '갑'에게 연결되는 봉사자에게 해가 되지 않아야 한다.

위와 같이 서비스 계약을 체결하고 상호 계약 조건을 성실히 이행할 것을 서약합니다.

2○○○. ○○. ○○.

서비스 계약서 매뉴얼

[서식-7] 서비스 계약서 작성방법

항목	작성방법
(1) 서비스 대상자(갑)	재가복지 서비스를 제공받을 대상자의 인적 사항 기술
(2) 대리인(보호자)	대상자와 대리인(보호자)의 관계와 인적 사항 기술
(3) 서비스 제공기관(을)	대상자에게 서비스를 제공할 기관의 도장
(4) 제1조 (목적)	재가복지 서비스의 목적에 대해 설명
(5) 제2조 (계약기간)	재가복지 서비스의 계약기관에 대해 설명
(6) 제3조 (이용의 해제)	재가복지 서비스의 이용해제에 대해 설명
(7) 제4조 (통지사항)	재가복지 서비스의 제공여부 통지에 대한 설명
(8) 제5조 (서비스 내용)-해결과제	재가복지 서비스를 제공받을 대상자의 해결과제 기술
(9) 제5조 (서비스 내용)-케어목표	재가복지 서비스를 제공받을 대상자의 케어목표와 세부목표 기술
(10) 제5조 (서비스 내용)-수행방법	대상자에게 수행되는 세부수행내용, 횟수, 지원기관(수행인력), 기간에 대해 기술
(11) 제6조 (개인정보 보호의무)	대상자의 개인정보 보호의무에 대해 설명
(12) 제7조 (계약자 상호 간 준수사항)	재가복지 서비스를 제공받을 대상자와 상호 간 준수사항을 설명

사례기록일지

결재(8)	담당	팀장	국장	관장

대상자명(1)		성별(2)	□남 □여	연세(3)	
날짜(4)	구분(5)	내용(6)			비고(7)

사례기록일지 매뉴얼

[서식-8] 사례기록일지 작성방법

항목	작성방법
(1) 대상자명	대상자의 주민등록상의 실명을 기록
(2) 성별	대상자의 주민등록상의 성별을 기록
(3) 연세	대상자의 주민등록상의 나이를 기록
(4) 날짜	대상자의 서비스가 시작된 날짜를 기록
(5) 구분	대상자에게 제공된 서비스를 기록
(6) 내용	대상자의 일반적 지원 사항(전화, 방문, 서비스 연결) 등을 기록
(7) 비고	대상자의 특이사항을 기록
(8) 결재	대상자마다 1개월에 한 번씩 결재함

사례관리 점검

대상자명 (1)		성별 (2)	□ 남 □ 여	연세 (3)		점검일자 (4)	년 월 일
점검방법 (5)	□내방 □방문 □서신 □전화상담 □기타( )						

해결과제 (6)	세부목표 (7)	기간 (8)	횟수 (9)	지원기관 (수행인력) (10)	점검결과(11)			
확인자								

- 서비스 실행여부: A–잘 지킴 B–보통 C–잘 지키지 못함
- 서비스 만족도: 1–만족 2–보통 3–불만족

점검일 (12)	특이사항 (13)	사회복지사 의견 (14)

종합소견(15)
□ 계속지원 □ 종결
평가자: (인)

사례관리 점검 매뉴얼

[서식-9] 사례관리 점검 작성방법

(1) 대상자명	대상자의 주민등록상의 실명을 기록
(2) 성별	대상자의 주민등록상의 성별을 기록
(3) 연세	대상자의 주민등록상의 나이를 기록
(4) 점검일자	대상자의 서비스 평가 및 점검한 실제 날짜를 기록
(5) 점검방법	대상자의 서비스에 대한 점검 방법을 기록
(6) 해결과제	대상자의 서비스욕구 사항을 기록
(7) 세부목표	대상자의 서비스욕구 해결을 위한 목표를 기록
(8) 기간	대상자의 서비스해결의 기간을 기록
(9) 횟수	대상자에게 제공된 서비스 점검의 횟수를 기록
(10) 지원기관(수행인력)	대상자에게 서비스를 지원한 개인 기관 단체를 기록
(11) 점검결과	대상자에게 지급된 서비스 실행여부, 서비스 만족도를 기록
(12) 점검일	대상자를 점검한 날짜를 기록
(13) 특이사항	대상자의 변화된 사항을 기록
(14) 사회복지사 의견	사회복지사의 객관적 의견을 기록
(15) 종합소견	대상자에게 지원된 서비스를 점검하고 계속지원과 종결의 사항을 기록

대상자 사례회의

결재(11)	담당	팀장	국장	관장

성 명(1)		성별(2)	□ 남 □ 여	연세(3)		주민번호(4)	
주 소(5)				전화번호(6)			
사례회의 (내 용) (7)							
W'er 의견 (8)							
위 대상자는 상기한 사유로 인하여 사례회의를 실시합니다.							
사례판정일 (9)	년 월 일			담당사회복지사 (10)			

대상자 사례회의 매뉴얼

[서식-10] 대상자 사례회의 작성방법

(1) 성명	대상자의 주민등록상의 실명을 기록
(2) 성별	대상자의 주민등록상의 성별을 기록
(3) 연세	대상자의 주민등록상의 나이를 기록
(4) 주민번호	대상자의 주민등록상의 번호를 기록
(5) 주소	대상자의 현 거주 주소지를 기록
(6) 전화	대상자의 현 거주지 전화번호와 핸드폰 번호를 기록
(7) 사례회의(내용)	대상자의 현 상황과 사례회의의 내용을 간략한 단문 형태로 서술
(8) W'er 의견	대상자의 서비스제공 여부와 방향성에 대해서 기록
(9) 사례판정일	대상자의 사례회의를 한 날짜를 기록
(10) 담당사회복지사	대상자를 담당한 사회복지사를 기록
(11) 결재	대상자별로 사례회의를 별도로 해야 되는 경우에 한하여 결재함

재사정 평가지

대상자명(1)		평가일시(3)	
관리번호(2)		평가자(4)	

1. 케어목표달성 평가(5)

해결과제	목표	평가					
		목표의 적절성	서비스 수행도	케어자 적절성	목표의 달성도	CT의 만족도	서비스 지속성

- 목표의 적절성: ③ 적절함 ② 보통 ① 적절하지 못함
- 서비스 수행도: ③ 잘 진행됨 ② 보통 ① 잘 진행되지 못함
- 케어자 적절성: ③ 적절함 ② 보통 ① 적절하지 못함
- 목표의 달성도: ③ 매주 잘됨 ② 보통 ① 매우 못됨
- 대상자 만족도: ③ 만족함 ② 보통 ① 불만족
- 서비스 지속적 지원여부(지속성):
  - 대상자(ct) 서비스 욕구: ③ 계속지원 ② 수정지원 ① 서비스 중단

2. 대상자 및 가족에게 미친 영향(6)

구분	긍정적	부정적	변화된 욕구

재사정 평가지 매뉴얼

[서식-11] 재사정 평가지 작성방법

(1) 대상자명	대상자의 주민등록상의 실명을 기록
(2) 관리번호	대상자의 관리 기관의 사례자 순번을 기록
(3) 평가일시	대상자를 재사정한 날짜를 기록
(4) 평가자	대상자를 재사정한 사회복지사를 기록
(5) 케어목표달성 평가	평가표와 지침에 따라 기록한다.

- 잘 진행됨: 목표의 80~100% 달성
- 보통: 목표의 60~80% 달성
- 잘 진행되지 못함: 목표의 60% 이하

① 목표의 달성도: 케어계획에서 수립한 목표가 대상자의 욕구 및 문제해결점을 해결하는 데 적절했는가에 대해 평가한다.

- 적절함: 목표의 80~100% 달성
- 보통: 목표의 60~80% 달성
- 적절하지 못함: 목표의 60% 이하

② 서비스 수행도: 케어계획에서 수립한 케어자의 파견빈도 및 활동시간이 얼마나 잘 지켜졌는지를 평가한다.

- 잘 진행됨: 목표의 80~100% 달성
- 보통: 목표의 60~80% 달성
- 잘 진행되지 못함: 목표의 60% 이하

③ 케어자 적절성: 클라이언트에게 파견된 케어자가 클라이언트의 문제 및 욕구를 해결하는 데 절적한 대상자인지를 평가한다.

- 적절함: 서비스 수행능력, 케어인식, 성실성, 인간성 등 클라이언트의 욕구를 해결하는 데 적절한 케어자임
- 보통: 목표를 달성하는 데 대체적으로 적절한 케어자임
- 잘 진행되지 못함: 서비스 수행능력, 케어인식, 성실성, 인간성 등 클라이언트의 욕구를 해결하는 데 적절하지 못한 케어자임

④ 목표의 달성도: 케어계획에서 수립한 목표가 클라이언트의 욕구 및 문제점을 해결하는 데 적절했는가에 대해 평가한다.

- 매우 잘됨: 케어계획에서 수립한 목표에 매우 잘 달성되었음
- 보통: 케어계획에서 수립한 목표에 대해 약간 만족하고 있음

- 매우 못됨: 케어계획에서 수립한 목표에 대해 전혀 만족하고 있지 못함

⑤ 대상자의 만족도 목표에 의해 수행된 서비스에 대해 대상자는 어느 정도 만족하는지를 평가한다.

- 만족함: 서비스에 대해 매우 만족하고 있음
- 보통: 서비스에 대해 약간 만족하고 있음
- 불만족: 서비스에 대해 전혀 만족하고 있지 못함

⑥ 서비스 지속적 지원여부(지속성): 현재 지원되는 서비스를 계속 지원하기 원하는지에 대한 대상자의 욕구를 평가한다.

- 계속지원: 서비스를 계속 지원해 주길 원함
- 수정지원: 서비스가 계속 지원되기를 원하지만 수정 또는 변경되어 지원되기를 원함
- 서비스 중단: 서비스를 더 이상 원하지 않음

(6) 대상자 및 가족에게 미친 영향 　현재 지원되는 서비스가 대상자 및 가족에게 어떠한 영향을 미쳤는지를 평가한다.

- 긍정적: 현재 지원되는 서비스가 대상자 및 가족에게 긍정적인 변화를 준 내용이 무엇인지를 구체적으로 평가한다.
- 부정적: 현재 지원되는 서비스가 대상자 및 가족의 욕구를 충족시키는 데 문제와 한계점은 무엇인지 평가한다.
- 변화된 욕구: 서비스를 제공하는 과정에서 대상자의 변화된 욕구는 무엇인지를 기록한다.

옹호는 서비스 이용자가 공평하게 서비스에 접근하지 못하거나 부당하게 적절한 서비스를 받지 못하는 경우 서비스 이용자의 이익을 주장하고, 바람직한 제도의 변화를 위해 노력하는 과정이다. 서비스 이용자에게 서비스를 제공하는 기관이 서비스를 제공하지 않거나 부당한 대우를 하는 경우에 서비스 이용자의 권리를 주장하고, 기관의 결정이나 정책을 변화시키기 위해 이루어지는 사례관리자의 적극적 역할이다. 따라서 서비스 이용자를 옹호함으로써 사례관리자는 자신이 담당한 서비스 이용자를 지지하고, 그들의 욕구에 반응하여 더욱 적극적인 역할을 수행하게 된다(McGill & Surber 1989).

첫째, 사례관리자는 사례관리 계획을 수행해 나가도록 서비스 이용자를 옹호하며 치료 혹은 재활 프로그램, 지지 및 지원 서비스들, 혹은 그들의 욕구에 적절한 더 큰 지역사회 내 자원들을 동원함으로써 서비스 이용자 집단을 옹호한다.

둘째, 서비스 이용자 스스로의 힘으로 적절한 서비스를 받도록 시도해 보는 과제(task)를 주어서 지원하기도 한다. 예를 들면, 정신보건사회복지사의 경우 정신과 의사에게 가서 자신이 경험한 약물 부작용에 대해 효과적으로 말하도록 환자를 격려하거나 지원할 수 있고, 낮병원 등록에 필요한 서류를 작성토록 하거나 사회보장제도가 제공하는 여러 서비스를 받을 수 있도록 도울 수 있다.

셋째, 서비스 이용자가 다양한 서비스들을 잘 지원받을 수 있게끔 지원할 수 있다. 가령 정신보건 영역에서 환자들은 자신의 병에 대해 병식이 없거나 치료에 대해 불신하는 경향이 많으므로 사례관리자는 환자에게 제공되는 여러 서비스들을 잘 수혜 받을 수 있도록 도와주는 것을 사례로 들 수 있다.

넷째, 서비스 이용자들의 욕구에 맞는 서비스들이 아직 제공되지 않는 경우가 있으므로 사례관리자는 지역 내의 다양한 활동들을 프로그램화시킨다.

다섯째, 서비스 이용자들에 대해 효과적인 정보제공을 수행함으로써 옹호할 수 있다. 예를 들면, 정신보건 영역에서 응급처치 혹은 입원치료를 담당한 치료자들을 정규적으로 만나 환자에 대한 정보를 제공하고 치료계획을 의논하는 것이다.

여섯째, 서비스 이용자의 욕구와 일치되는 프로그램들을 더욱 강화시킬 수 있는 여러 방법들을 개발해야 한다.

일곱째, 법적으로 열악한 여러 서비스들이 더욱 서비스 이용자들에게 유리하게 변화되도록 지속적인 관심을 기울여야 한다.

6) 평가 및 종결

사례관리 실천과정에서 평가는 사정만큼이나 매우 중요한 단계이다. 점검이 서비스가 적절하게 수행되고 있는가를 확인하는 과정이라면, 평가는 사례관리자가 제공하고 있는 서비스와 원조활동이 가치가 있는가를 결정내리는 과정이다. 즉 사례관리자가 행하는 서비스가 서비스 이용자에게 유익한 것인가를 판단하는 과정이다. 이와 같은 판단에 의해 서비스가 종료될 수도 있다(이준우 · 손덕순, 2007). 평가는 사례관리자와 서비스 이용자가 초기에 결정한 욕구와 문제해결을 위해 수립한 목표를 어느 정도 달성했는가를 확인함으로써 종결 여부를 결정짓는 과정이기도 하고, 다른 한편으로는 사례관리자와 서비스 이용자가 좀 더 진보된 다음 단계로 진입하기 위한 점검의 의미를 갖기도 한다. 따라서 평가는 사례관리의 질을 강화하는 과정이라 할 수 있다(권진숙 · 박지영, 2009).

정리하면, 평가는 사례관리자가 제공하고 있는 서비스와 원조활동이 가치가 있는가를 결정하는 과정으로, 서비스 이용자의 욕구와 문제해결을 위해 욕구의 우선순위와 목표를 수립하고, 개입과 점검을 통해 목표가 어느 정도 달성되었는지를 확인하는 과정이다. 이와 같은 평가를 거쳐 종결단계에서는 서비스 이용자에 대한 사회복지사의 개입이 종료된다. 따라서 평가는 두 가지 수준에서 진행될 수 있다. 하나는 서비스를 받은 서비스 이용자의 긍정적인 변화를 평가하는 것이며, 다른 하나는 사례관리의 전반적인 체계를 평가하는 것이다.

다음 [표 11-10]은 실제 평가 및 종결 단계에서 사용되는 양식들이다.

표 11-10 실제 평가 및 종결 단계에서 사용되는 양식들

서비스 종결 평가서

결재(13)	담당	팀장	국장	관장

성 명(1)		성별(2)	□ 남 □ 여	연세(3)		주민번호(4)	
주 소(5)				전화번호(6)			
사례관리 기간 (7)	년 월 일 ~ 년 월 일						
주요제공 서비스 (8)							
종결사유 (9)	□ 대상자 사망 □ 거주지 이전 □ 계획목표 달성 □ 시설 입소 □ 서비스 본인 거부 □ 기타( )						
사회복지사 의견 (10)							
위 대상자는 상기한 사유로 인하여 사례관리를 종결합니다.							
종결일 (11)	년 월 일			담당사회복지사 (12)			

서비스 종결 평가서 매뉴얼

[서식-12] 서비스 종결 평가지 작성방법

(1) 성명	대상자의 주민등록상의 실명을 기록
(2) 성별	대상자의 주민등록상의 성별을 기록
(3) 연세	대상자의 주민등록상의 나이를 기록
(4) 주민번호	대상자의 주민등록상의 번호를 기록
(5) 주소	대상자의 현 거주 주소지를 기록
(6) 전화번호	대상자의 현 거주지 전화번호와 핸드폰 번호를 기록
(7) 사례관리기간	대상자의 서비스제공 시점과 종결평가시까지의 사항을 기록
(8) 주요제공	서비스 대상자에게 제공되는 주요서비스 기록
(9) 종결	사유종결에 대한 이유를 체크
(10) 사회복지사 의견	서비스종결 사유를 구체적으로 기록한다. • 대상자가 사망하였을 경우 • 대상자가 이사하여 타 서비스지역에 거주할 경우 • 대상자가 시설에 입소한 경우 • 대상자가 스스로 서비스를 거부할 경우 • 대상자가 자립하여 더 이상 서비스가 필요하지 않는 경우 • 대상자가 기관의 책임성을 위태롭게 할 정도로 비협조적일 경우
(11) 종결일	대상자의 종결 평가서가 작성된 날짜를 기록
(12) 담당사회복지사	대상자를 담당한 사회복지사를 기록
(13) 결재	대상자에게 제공되는 서비스가 종결될 때 결재함

사정분석지

항목			사정 평가 내용	점수	등급
케어사항 (1)		경제상태	(4) 상 (2) 중 (0) 하		
		서비스 지원 여부	(0) 최대한 필요 (2) 부분 필요 (4) 불필요		
건강 사항	질환 (2)	질환상태	(4) 양호 (2) 허약 (0) 불량		
		서비스 지원 여부	(4) 최대한 필요 (2) 부분 필요 (0) 불필요		
	신체 기능 (3)	ADL	(4) 자립가능 (2) 도움필요 (0) 완전도움필요		
		서비스 지원 여부	(0) 최대한 필요 (2) 부분 필요 (4) 불필요		
		IADL	(4) 자립가능 (2) 도움필요 (0) 완전도움필요		
		서비스 지원 여부	(0) 최대한 필요 (2) 부분 필요 (4) 불필요		
	치매 (4)	치매상태	(4) 정상 (2) 치매의심 (0) 확정적 치매		
		서비스 지원 여부	(0) 최대한 필요 (2) 부분 필요 (4) 불필요		
	우울증 (5)	우울증상태	(4) 정상 (2) 경증 (0) 중증 • 최중증		
		서비스 지원 여부	(0) 최대한 필요 (2) 부분 필요 (4) 불필요		
경제 상황 (6)		경제상태	(4) 상 (2) 중 (0) 하		
		서비스 지원 여부	(0) 최대한 필요 (2) 부분필요 (4) 불필요		
주거 사항 (7)		주거상태	(4) 양호 (2) 보통 (0) 불량		
		서비스 지원 여부	(0) 최대한 필요 (2) 부분 필요 (4) 불필요		
영양 사항 (8)		영양상태	(4) 양호 (2) 보통 (0) 불량		
		서비스 지원 여부	(0) 최대한 필요 (2) 부분 필요 (4) 불필요		
총 계					
결과(9)			☐ 중점관리대상 ☐ 일반관리대상 ☐ 단순관리대상		

• 합 계: 항목별 상태점수 + 서비스 지원 여부 점수
• 등 급: 합계 8점⇒ A / 합계 4~6점⇒ B / 합계 0~2점⇒ C
• 총 계: 합계를 더한 총 점수
• 결 과: 중점관리대상(C~1개 이상), 일반관리대상(B~1개 이상), 단순관리대상(모두 A)

사정분석지 매뉴얼

[서식-13] 사정분석지 작성방법

사정분석지는 대상자 사정 항목인 케어사항, 건강사항(신체기능, 질환, 치매, 우울증), 경제사항, 주거사항, 식사 및 영양사항에 대한 평가를 통해 대상자에 대한 서비스 우선순위를 결정하는 데 사용하기 위한 평가 틀이다.

| 사정분석지 사용방법 |

- 사정과정에서 사정지에 기록한 케어사항, 신체기능(ADL, IADL), 질환, 치매, 우울증, 경제사항, 주거사항, 식사 및 영양사항에 대한 항목별 평가결과 및 서비스 지원 여부를 다시 한 번 체크한다.
- 점수: 항목별 상태 점수와 서비스지원 필요여부 점수를 합산하여 기록한다.
- 등급: 점수가 0~2점일 경우 'A', 4~6점일 경우 'B', 8점일 경우 'C' 등급으로 기록한다.
- 총계: 항목별 점수의 총합을 기록한다.
- 대상자의 등급평가결과: C 등급이 1개라도 있을 경우 '중점관리대상', B등급이 1개라도 있을 경우 '일반관리대상', 이외는 단순관리대상자로 한다.

(1) 케어사항–경제상태	케어를 지속할 수 있는 현 경제력 상태를 표시
(2) 건강사항–질환	현재 지속적으로 치료받고 있는 병명을 표시
(3) 건강사항–신체기능	ADL 및 IADL의 평가 점수를 기준으로 작성
(4) 건강사항–치매	치매 평가지표의 평가 점수를 기준으로 작성
(5) 건강사항–우울증	우울증 평가 점수를 기준으로 작성
(6) 경제상황–경제상태	현재의 생활과 수입과 지출의 상황을 표시
(7) 주거사항–주거상태	현재 거주하는 주거지의 상태를 표시
(8) 영양사항–영양상태	현재 식사하는 식단의 메뉴를 기준으로 표시
(9) 결과	※항목별 상태 점수 + 서비스 지원 여부 점수 ※ 등급: 합계 8점⇒ A / 합계 4~6점⇒ B / 합계 0~2점⇒ C ※ 총계: 합계를 더한 총 점수 ※ 결과: 중점관리대상 (C~1개 이상), 일반관리대상 (B~1개 이상), 단순관리대상 (모두 A)

사례평가회의(Case conference)

<table>
<tr><td>평가일시(1)</td><td></td><td>조사자(2)</td><td></td></tr>
<tr><td>참석자(3)</td><td colspan="3"></td></tr>
<tr><td>사정분석차트
(4)</td><td colspan="3"></td></tr>
<tr><td>대상자 욕구
및 문제 진단
(5)</td><td colspan="3"></td></tr>
<tr><td colspan="2">현 지원 서비스(6)</td><td colspan="2">향후 지원 서비스(7)</td></tr>
<tr><td>서비스 종류</td><td>지원 내용</td><td>서비스 종류</td><td>지원 내용</td></tr>
<tr><td></td><td></td><td></td><td></td></tr>
<tr><td></td><td></td><td></td><td></td></tr>
<tr><td></td><td></td><td></td><td></td></tr>
<tr><td colspan="4">결과(8)</td></tr>
</table>

사례평가회의(Case conference) 매뉴얼

[서식-14] 사례평가회의(Case conference) 작성방법	
(1) 평가일시	평가한 날짜를 기록
(2) 조사자	조사한 담당 사회복지사를 기록
(3) 참석자	회의에 참석한 사회복지사를 기록
(4) 사정분석차트	대상자의 종합적인 상황을 기록
(5) 대상자 욕구 및 문제진단	대상자의 욕구 및 문제를 기록
(6) 현 지원 서비스	대상자에게 지원되고 있는 현재 서비스를 기록
(7) 향후 지원 서비스	대상자에게 필요한 제공될 서비스를 기록
(8) 결과	사례평가회의에 대한 결과를 기록

결국 사례관리 과정은 사례발견 및 접수(초기면접), 사정, 계획(계획수립), 실행(개입)과 조정, 점검 및 옹호, 평가 및 종결의 6단계가 순차적으로 일직선상에서 진행되는 것이 아니라, 사례의 특성과 상황변화에 적극적으로 대응하도록 6단계가 순환적으로 진행되는 과정이 된다(서울복지재단, 2005).

생각 다듬기

1 당신의 부모님이나 조부모님을 대상으로 하여 본 장에서 제시한 사례관리양식에 그 내용을 기입해 보시오.

12

Chapter

지역사회를 대상으로 하는 사회복지실천

지역사회에는 여러 가지 문제들이 있다. 이런 지역사회 문제들을 해결하기 위해서 전문적 지식을 갖춘 사회복지사에 의해 지역사회를 대상으로 하는 사회복지실천이 시도된다. 여기에서 사회복지사가 가져야 할 중요한 가치는 사회복지사가 지역사회의 문제를 해결하는 주체가 아니라는 사실을 인식하는 것이다. 사회복지사는 지역 주민 스스로가 문제를 해결하도록 돕는 조력자이며, 대변자 그리고 촉진자일 뿐이라는 것을 항상 생각하고 있어야 한다(이준우 · 이화옥 · 임원선, 2006). 지역사회를 건강하게 만드는 것이 지역사회복지실천의 핵심과제가 되어야 하며 이를 통해 궁극적으로 살기 좋은 지역사회가 되게끔 해야 하는 것이다.

이번 장에서는, 지역사회를 대상으로 하는 사회복지실천을 논의하기 위해 지역사회복지실천의 개념과 실천 모델, 실천과정과 기술, 그리고 옹호기술 등을 구체적으로 알아보고자 한다.

1 지역사회복지실천의 개념과 실천 모델

사회복지사는 한 개인과 그 가족 그리고 집단뿐만 아니라 지역사회라고 하는 거시적인 차원에 대해서도 관심을 가지고 있어야 하고, 지역사회의 자원과 조직을 활용할 수 있는 능력도 가지고 있어야 한다. 즉, 사회복지사는 문제를 가지고 있는 서비스 이용자가 스스로 그 문제를 분명하게 이해하고 그 자신의 능력을 개발하여 스스로 해결해 나가도록 돕는 역할을 해야 하며 지역사회의 자원과 도구를 사용하여 문제를 해결할 수 있는 범위를 보다 더 넓혀 주는 일을 해야 할 것이다. 따라서 지역사회의 특징에 대해 아는 것은 사회복지사에게 매우 중요한 일이다. '인구의 특징이 무엇인가?, 가령 노인 인구 수, 장애인과 외국인 노동자 수' 등에 대해 그리고 다음으로 '지역사회의 가장 주된 경제적인 특징은 무엇인가?, 고용의 주된 형태는 어떠한가?, 실업률은 어느 정도인가?, 주택유형은 어떠한가?' 등을 알아야 한다(이준우, 1997). 또한 지역사회의 생활에 대해서도 알고 있어야 한다. 가령, '얼마나 많은 신문들이 있으며, 라디오나 텔레비전과 인터넷 방송국은 있는가? 그리고 자발적인 복지조직은 있는가?, 주된 공공 서비스 조직은 무엇이며 민간 복지기관은 얼마나 있는가?' 등을 알고 있어야 한다. 그리고 '지역사회 내에 공공복지와 사회복지 서비스는 제대로 이루어지고 있는가?, 지역사회 내에 소외된 사람들을 위한 프로그램과 편의시설이 잘 구비되어 있는가?' 등을 사회복지사는 알고 있어야 한다(이준우, 2001).

나아가 지역사회 수준의 사회복지실천과 관련하여 사회복지사는 조직의 기능에 관한 정보를 필요로 한다. 특히 사회복지사는 조직을 만들 때 조직에 대한 특별한 지식을 필요로 한다. 사회복지사가 알아야 될 조직에 관한 지식으로는 첫째, 모든 조직은 변한다는 것이고, 둘째 기회가 주어질 때 조직의 정책 영향에 대한 조사를 시도해 볼 수 있다. 셋째, 조직에서의 변화는 급작스러운 것이 아니라 점진적으로 일어난다는 것이다(이준우, 1998). 또한 사회복지사는 사회복지실천을 효과적으로 수행하기 위해서 기금을 마련해야 하고 잘 사용할 수 있어야 한다. 사회복지사는 기금을 마련하기 위해서 우선 돈이 어디에 있는지를 생각해야 한다. 그리고 어디서 돈을 효과적으로 끌어낼 수 있는가를 알고 체계적으로 일을 수행해야 하고(Zastrow, 1999), 다른 사람들을 돕는 일에 사용될 정부 지원금의 한계에 대해서도 잘 알고 있어야 한다. 그러므로 사회복지사는 기금을 모아야 하고, 가능한 한 인상된 기금으로 일을 수행하기 위한 경비를 충당할 수도 있어야 한다. 이를 위해 사회복지기관이나 조직이 지역사회를 살기 좋은 터전으로 만드는데, 정말로 유용하다는 것을 사람들에게 인식시키고 올바른 공익성을 창조해야 한다(이준우, 2001).

1) 지역사회에 대한 이해

일반적으로 지역사회란 '공동소유', '공동체', '공동운명체' 등의 뜻을 지니고 있으며(Kirst-Ashman & Hull, 2006), 대체로 제한된 지역에 거주하면서 공동의식을 가지고 조직된 관계를 통하여 공통된 이익을 추구하며 여러 가지 활동을 분담해 수행하는 인간집단으로 이해되거나 일정한 지역에 거주하는 주민들의 집단으로서 그들의 공통 관심사를 추구하기 위해 필연적으로 조직화된 인간집단이라고 규정되기도 한다. 따라서 지역사회는 공동생활권이라고 할 수 있다(Johnson & Yanca, 2004). 여기에는 첫째, 사회적 유사성, 둘째 공통된 사회적 관심, 셋째 공통된 전통, 넷째 공통된 관습, 다섯째 공동소속감 등을 기본적인 요소로 갖고 있다. 나아가 동료의식과 사회적 역할의식, 구성원 간의 상호 의존의식 등이 지역사회를 구성하는 의식적인 요소가 된다(이준우 · 이화옥 · 임원선, 2006).

이와 같은 지역사회에 관한 개념들은 크게 두 가지 견해로 구분될 수 있다. 바로 공간 중심의 지역사회(territorial/locality-based community)와 사회관계 중심의 지역사회(network/relationship-based community)이다(감정기 · 백종만 · 김찬우, 2005). 공간 중심의 지역사회는 일정한 규모의 지리적 공간에 중점을 둠으로써 근린지역, 지역사회 영역(area) 및 행정 단위상의 지역사회 등의 개념으로 실제에 적용된다(최옥채, 2005). 반면 사회관계 중심의 지역사회는 공간을 공유하지 않는 지역사회를 특징으로 하며 당연히 여기에서의 지역사회는 구성원 간에 공유된 정체 소속감을 강조한다. 종교, 생활방식, 이념, 직업, 취미, 성적 취향, 교육수준 등은 이러한 정체 소속감에 영향을 미치는 몇 가지 요소들로 볼 수 있다(감정기 · 백종만 · 김찬우, 2005).

그런데 지역사회복지 실천의 대상인 지역사회를 어떻게 규정하고 이해할지에 대한 합의된 어떤 정의를 내리기란 쉽지 않다고 본다. 왜냐하면 지역사회에 대한 견해는 매우 다양하기 때문이다. 따라서 지역사회에 대한 다양하고 복잡한 개념정의에 많은 시간을 할애하기보다는 보다 실용적 관점에서 지역사회복지 실천의 대상으로서 지역사회에 대한 기본적이면서 실제적인 내용을 간략하게 정리하고, 오히려 지역사회를 대상으로 하는 구체적인 지역사회복지실천기술에 대한 설명에 초점을 두고자 한다.

2) 지역사회복지실천의 개념

지역사회복지는 개인복지나 가정복지보다 넓은 차원의 개념이며 아동복지, 청소년복지, 노인복지라는 대상층 중심의 복지활동보다는 지역성(locality relevance)이 뚜렷하다는 데서 그 차이를 발견할 수 있다. 따라서 지역을 대상으로 하는 사회복지실천이 궁극적으로 추구하는 것은 두말할 나위도 없이 '이상적인 지역사회(ideal community)' 즉, '좋은 지역사회(good community)'를 건설하자는 것이다. 이런 맥락에서 지역사회복지실천이란 지역사회를 실천의 단위, 즉 사회복지실천의 서비스 이용자(클라이언트) 체계로 설정하고, 바로 그 지역사회를 단위로 하여 지역사회 구성원들의 복지를 실현하기 위해 수행하는 사회적 노력이라 할 수 있다(최일섭 외, 1997; 감정기 · 백종만 · 김찬우, 2005).

3) 지역사회복지실천 모델의 이해

지역사회복지실천과 관련되어 1960년대 후반부터 지금까지 가장 많이 다뤄져온 실천 모델은 로스만의 지역사회개발, 사회계획, 사회행동의 세 가지 모델들이다. 이와 같은 로스만 모델이 발표된 이후, 많은 이론들이 로스만 모델의 확장이나 수정에 기여하였다. 이 중 웨일(Weil)과 갬블(Gamble)의 8가지 유형의 실천 모델은 가장 많이 활용되고 있으며 최근의 실천변화를 적극적으로 반영한 모델이라 볼 수 있다(감정기 · 백종만 · 김찬우, 2005).

(1) 로스만의 실천 모델

로스만(Rothman)은 지역사회복지활동을 체계적으로 분류하여 지역사회복지실천 모델로 제시한 대표적 학자이다. 로스만은 지역사회복지실천을 한 가지 형태로 보지 않고 세 가지의 모델, 즉 지역사회개발 모델, 지역사회계획 모델, 지역사회행동 모델로 구분하였다. 로스만은 이 세 가지 모델을 제시한 다음 12개의 주요영역인 목표, 지역사회의 문제 상황에 대한 가정, 기본적 변화 전략, 변화 전술과 기법, 사회복지사의 역할, 변화의 매개체, 권력 구조에 대한 견해, 수혜자의 범위 규정, 지역사회의 이해관계나 하위체계에 대한 가정, 수혜집단에 대한 인식, 수혜집단의 역할에 대한 인식, 임파워먼트 개념에 대한 인식을 기준으로 이 유형들의 특성을 비교하였다(Rothman, 1995, 2001; 오정수 외, 2006; 강철희 외, 2006; 김경우 외, 2009 재인용).

① 지역사회개발 모델

지역사회개발 모델(Locality Development Model)은 지역사회 주민의 의식개선과 역량강화를 통해 지역사회의 통합능력을 기르는 모델로 주로 개발도상국이나 선진국의 낙후된 도시지역에서 많이 사용되며 의식과 태도 등의 강화를 위한 프로그램과 교육, 건강, 주택, 사회복지, 청소년과 여성을 위한 프로그램, 그리고 지역사회 발달에 중요한 요소가 되는 지역사회 지도자의 훈련 프로그램 등을 강조한다. 또한 지역사회개발 모델은 자조기반에 근거하여 지역사회 주민이 지역사회의 문제를 해결하기 위해 함께 노력하는 주체로 설 수 있어야만 문제해결의 진정한 의미가 있다고 보기 때문에 시민참여의식을 갖도록 돕는 과정을 매우 강조한다. 따라서 지역사회개발 모델에서 사회복지사는 지역사회 주민이 스스로 문제해결을 할 수 있도록 돕는 조력자, 촉매자, 조정자, 문제해결기술을 가르치는 교육자로서의 역할을 수행할 수 있어야 하며, 관계를 조정하거나 소집단을 이끄는 기술이 필요하다(오정수 외, 2006; 강철희 외, 2006; 김경우 외, 2009 재인용).

이 모델에서는 지역사회 내의 모든 집단들이 긍정적 변화를 위한 필수요소들이자 잠재적 파트너로 간주된다. 집단 간의 차이들은 협상, 합의 도출 및 협력의 과정으로 극복될 수 있다고 본다(감정기 · 백종만 · 김찬우, 2005). 이 모델의 성공을 위해서는 지역사회 내 많은 구성원이 참여하여 다양한 자원과 연결된 지지 기반의 마련과 지역사회로부터 적절한 경제적 지원 등의 조건이 마련되어야 한다. 그러나 현실적으로는 자금동원이 항상 적절한 시기에 이루어지지 않을 경우가 발생한다든지 지역사회 내 구성원의 기회주의적 행동으로 인하여 구성원 간의 공통된 관심사를 찾기가 쉽지 않을 경우, 또 모든 구성원에게 혜택의 평등한 분배가 항상 용이하지 않기 때문에 다소 이념적이라는 한계점을 가진다(김경우 외, 2009).

② 사회계획 모델

사회계획 모델(Social Planning Model)은 지역사회의 구체적 문제(예 약물, 주택, 정신건강, 범죄, 실업 등) 해결에 있어 합리적 접근을 강조한다. 사회계획 모델은 문제해결에 대한 전문적 계획 및 정책틀 수립을 중심으로 정책이나 서비스 기획 및 실행과 이에 따른 효율성과 효과성을 강조하여 과업 중심 목적에 초점을 둔다(감정기 · 백종만 · 김찬우, 2005). 이 모델은 문제해결과정에서 합리성에 기반을 두고 비용효과 측면에서 가장 적합한 방안을 찾는다. 사회계획 모델은 합리성과 실증적 자료에 기반을 두고 문제를 해결해 나가기 때문에 지역사회 주민 스스로가 주체가 되어 문제를 해결해 나가기보다 전문가에 의한 합리적이고 과학적인 문제해결의 대안을 찾는 데 주력한다. 그래서 이 모델은 '아래로부터 접근하는 모델' 이라기보다는 '위로부터 접근하는 모델' 이라는 평가를 받기도 한다(강철희 외, 2006; 김경우 외, 2009). 이때 전문가는 계획가, 행정가, 또는 관리자의 역할을 수행할 수 있고 해결하려는 문제에 대한 전문지식을 보유하여 관련자료 수집 및 분석, 이에 근거한 프로그램 개발 및 실천, 그리고 효율성, 효과성에 대한 평가도 행할 수 있어야 한다. 따라서 지역사회복지실천에서는 지역사회개발 모델보다 사회계획 모델이 더 자주 사용된다(감정기 · 백종만 · 김찬우, 2005).

이 모델이 갖는 한계점으로는 첫째, 지역사회의 변화노력을 위해 지역사회의 관련 집단 간의 합의와 협력을 이끌어 내기가 용이하지 않다는 점, 둘째 지역사회의 관련 집단이 성, 계급, 인종 등과 관련된 경계를 초월하는 공동의 이해관계를 가지고 있다는 가정의 현실성 문제, 셋째 실질적 정책 결정자가 사회변화를 지지할 수 없는 경우 지역사회개발을 위한 협상을 거부할 수 있는 권력구조의 문제 등이 있다(김경우 외, 2009).

③ 사회행동 모델

사회행동 모델(Social Action Model)은 지역사회 내 소수계층, 사회적 약자 또는 억압계층의 목소리까지 대변할 수 있도록 지역사회가 갖고 있는 기존의 자원, 권력, 의사결정 구조 등을 재분배 및 재편재하는 과정에 초점을 두고 있다(감정기 · 백종만 · 김찬우, 2005). 즉, 이 모델은 지역사회에서 자기 권리를 인정받지 못하는 구성원을 중심으로 권력균형을 추구한다. 따라서 이 모델에서는 이들 구성원을 불이익을 받는 집단으로 인식하여 이들 집단을 찾아내서 조직화하여 스스로 자기 권리를 찾을 수 있도록 지역사회의 문제를 변화시켜 나간다. 그런데 이 과정에서 사회행동 모델은 대결 및 집단행동을 통한 압력 등의 전술과 의도적으로 갈등을 부각시키는 전술을 사용하여 표적체계에 대해 공격적 접근을 할 수도 있다. 지역사회행동 모델에서 사회복지사는 조직가, 행동가, 대변가, 교육가 등의 역할을 담당하며 사회적 약자를 지지하고 옹호하는 역할을 담당한다. 이 모델은 1960년대 미국에서 크게 유행하였고, 아직도 여성운동, 빈민운동, 환경운동 등의 다양한 시민운동조직에서 활용된다(오정수 외, 2006; 강철희 외, 2006; 김경우 외, 2009 재인용).

한편, 이 모델이 갖는 한계점은 다음과 같다(김경우 외, 2009). 첫째, 일부 실천가는 지역사회 상황에서 실천 활동을 대항 활동으로 제한시키고 있다는 점이다. 이러한 경향은 지역사회 관련 집단들을 양극화시키거나 바람직한 결과를 달성하는데 어려움으로 작용한다. 둘째, 일부 조직가와 지역사회 주민이 대항 전략에 대해 주저할 수 있다. 셋째, 윤리적 이슈와 관련된 것으로 대항 형태의 불법성이 있을 수 있으며, 긴급 상황에서 사용될 수 있어 조직가와 조직구성원이 위험에 놓일 수도 있다.

이렇게 로스만은 세 가지 개입유형을 제시한 다음, 12개의 주요 영역별로 이 유형들의 특성을 비교하고 있다(감정기 · 백종만 · 김찬우, 2005; 오정수 외, 2006; 강철희 외, 2006; 김경우 외, 2009).

하나, 목표: 지역사회실천의 목표에는 구체적 과업의 완수나 지역사회가 당면한 문제의 해결을 지향하는 과업목표와 지역사회의 전반적 역량제고에 초점을 맞춘 과정목표가 있다. 지역사회개발 모델은 과정목표를 중요하게 생각하고, 사회계획 모델은 과업목표를 더 중요하게 여기며 사회행동 모델은 두 가지 모두를 취할 수 있다.

둘, 지역사회의 문제 상황에 대한 가정: 이 실천변수는 지역사회의 현실과 당면 문제의 상황에 대해 세 유형이 각각 어떻게 인식하고 있는지를 살펴본다. 지역사회개발 모델은 지역사회가 문제해결역량의 결여 또는 부족으로 어려움을 겪고 있다고 판단한다. 사회계획 모델은 지역사회가 여러 가지 구체적 사회문제에 짓눌려 있는 것으로 파악한다. 그리고 사회행동 모델은 지역사회에 특권과 권력의 위계가 존재하는 것으로 인식한다.

셋, 기본적 변화전략: 지역사회개발 모델의 기본전략은 문제를 규정하고, 규정된 문제를 해결하는 데에 많은 지역 주민들이 참여하게끔 한다. 사회계획 모델의 기본적 변화전략은 해당 문제에 관한 자료를 모은 다음, 경험적으로 입증되고 실현가능한 조치를 강구하는 데 초점을 맞춘다. 사회행동 모델의 기본적 변화전략은 쟁점을 명확히 밝혀서 주민동원을 바탕으로 한 변화를 추구하는 데 있다.

넷, 변화전술과 기법: 전략이 거시적이고 장기적인 방법론이라면 전술은 미시적이고 단기적인 방법을 가리킨다. 지역사회개발 모델의 일반적 전술은 합의이고, 사회계획 모델은 사실조사와 분석기술을 가장 중요한 전술로 삼는다. 한편 사회행동 모델은 대결이나 직접행동과 같은 갈등전술을 중시한다.

다섯, 사회복지사의 역할: 지역사회개발 모델에서 사회복지사의 대표적 역할은 조력자이다. 이들의 주된 임무는 주민이 일을 잘 처리할 수 있도록 돕는 것이다. 사회계획 모델은 사회복지사에게 전문가로서의 역할을 요구한다. 사회행동 모델에서 사회복지사의 역할은 대중조직을 만들고 이끄는 조직 활동가로서의 역할이다. 아울러 중재자 또는 협상가로서의 역할도 요구된다.

여섯, 변화의 매개체: 지역사회개발 모델의 실천가들은 변화의 수단으로 과업 지향적 소집단을 활용하며, 사회계획 모델에서는 주로 관료조직과 같은 공식조직을 중시한다. 이에 반해 사회행동 모델의 사회복지사는 대중조직과 정치과정을 변화의 주요 수단으로 삼는다.

일곱, 권력구조에 대한 견해: 지역사회개발 모델은 권력집단도 지역사회의 일원으로 존재하는 것으로 보기 때문에, 이들을 지역사회 전체의 복지를 증진시키려는 시도에 동참하는 세력으로 간주한다. 사회계획 모델에서는 권력집단을 실천가의 후원자나 고용주로 인식한다. 사회행동 모델에서 권력집단은 사회행동의 표적이다.

여덟, 수혜자의 범위 규정: 이 영역은 지역사회복지실천의 수혜 범위에 대해서 각 모델이 어떻게 규정하고 있는지를 비교한다. 지역사회개발 모델은 전체 지역사회를 수혜대상 지역으로 설정한다. 사회계획 모델의 수혜 범위는 전체 지역사회가 될 수도 있고 지역사회의 일부가 되는 경우도 있다. 사회행동 모델에서는 권력집단에 의해 억압을 받고 있는 지역사회의 일부가 수혜대상이 된다고 본다.

아홉, 지역사회의 이해관계나 하위체계에 대한 가정: 지역사회개발 모델에서는 지역사회 내부의 집단이 선의의 경쟁관계에 있기 때문에 이해관계의 조정이 가능하다고 본다. 사회계획 모델은 지역사회의 이해관계에 대해서 특정한 관점을 드러내지 않고 사안에 따라 실용적으로 접근한다. 사회행동 모델에서는 집단 간에 타협이 어려운 것으로 가정한다.

열, 수혜집단에 대한 인식: 수혜집단이란 지역사회개입과정에서 이익을 얻는 집단을 가리킨다. 지역사회개발 모델은 수혜집단을 평균적 서민이라고 생각하며 이들은 충분한 잠재력을 가지고 있지만 충분히 발휘하지 못하므로 사회복지사는 이들의 잠재력을 발휘할 수 있도록 도와주어야 한다. 사회계획 모델에서는 수혜집단을 서비스의 소비자로 인식하며 사회행동 모델에서의 수혜집단은 잘못된 사회제도와 구조의 피해자들로 인식된다.

열하나, 수혜집단의 역할에 대한 인식: 지역사회개발 모델에서의 수혜자 개개인은 적극적 참여자가 되기를 기대하는 것으로 인식한다. 사회계획 모델에서는 수혜자가 의사결정과정에 일부 참여하는 것은 허용되나 최종적 의사결정은 정책입안자에 의해 이루어진다. 사회행동 모델에서는 수혜자를 실천 활동가의 고용주 또는 사용자로 인식한다.

열둘, 임파워먼트 개념에 대한 인식: 지역사회개발 모델에서 임파워먼트는 지역사회 주민이 스스로 문제를 해결해 나갈 수 있는 상태를 가리킨다. 사회계획 모델에서 임파워먼트는 지역사회 주민이 자신들의 욕구와 선호에 대한 정보를 계획과정에 반영할 수 있는 상태를 말한다. 사회행동 모델에서 임파워먼트는 객관적이고 실질적인 힘의 획득을 의미한다.

표 12-1 로스만의 지역사회복지실천 모델의 비교

주요영역 \ 모델 구분	지역사회개발	사회계획	사회행동
지역사회 활동목표	• 과정목표: 지역사회의 활동능력과 통합	• 과업목표: 지역사회문제의 해결	• 과업 및 과정목표: 권력관계와 자원의 변화
지역사회 구조와 문제 상황에 대한 전제	• 지역사회의 상실, 아노미, 관계 및 민주적 문제해결능력의 결여	• 실질적인 사회문제, 정신 및 신체적 건강문제, 주택, 여가 등	• 사회적 고통을 당하고 있는 사람, 사회적 불의, 박탈, 불평등
변화전략	• 문제규정 및 해결에 다수의 사람 참여	• 문제에 관한 자료수집과 최적의 합리적 행동조치 결정	• 이슈의 구체화와 표적대상에 대해 조치를 취할 수 있도록 주민 동원
변화전술과 기법	• 합의(지역사회집단 간, 이해관계 간), 상호의사소통, 집단토의	• 합의 또는 갈등	• 갈등대결, 직접행동, 협상
사회복지사의 역할	• 조력자, 촉매자, 조정자	• 정보수집자, 분석자, 프로그램 실행자, 촉진자	• 행동주의적 옹호자: 선동자, 중개자, 협상자, 파당
변화의 매개체	• 과업지향적인 소집단 활용	• 공식조직과 객관적인 자료 활용	• 대중조직과 정치과정 활용
권력구조에 대한 지향성	• 협력자로서 권력구조의 성원	• 고용주와 후원자로서의 권력구조	• 활동의 외부표적으로서의 권력구조
수급자 체계의 범위 정의	• 지리적 측면에서 전체 지역사회	• 지역사회 전체 또는 지역사회 일부	• 지역사회 일부
지역사회 하위부분의 이해관계에 대한 전제	• 공통의 이해관계 및 조정 가능한 차이	• 이해관계의 조정가능 또는 갈등	• 조정이 어려운 갈등적 이해관계, 자원의 희소성
수급자 역할의 개념	• 상호작용적 문제해결 과정에의 참여	• 소비자 혹은 수령자	• 고용주, 지역사회 구성원, 회원
임파워먼트의 활용	• 협상과 타협이 가능한 지역사회능력 구축	• 소비자들의 서비스욕구 규명	• 수급자 체계를 위한 객관적 권력의 획득

출처: Rothman, Erlich & Tropman(2001); 김경우 외(2009), 재인용, p. 104.

(2) 웨일과 갬블의 모델

웨일(Weil)과 갬블(Gamble)은 목표, 변화의 표적체계, 일차적 구성원, 관심영역,

사회복지사의 역할 등 5개의 특징에 따라 근린지역사회조직 모델, 기능적 지역사회조직 모델, 지역사회의 사회경제개발 모델, 사회계획 모델, 프로그램 개발과 지역사회연결 모델, 정치사회행동 모델, 연합 모델, 사회운동 모델 등의 8가지 모델로 구분하고 있다(Weil & Gamble, 1995; 김경우 외, 2009 재인용).

하니나(Hardina, 2002; 감정기 · 백종만 · 김찬우, 2005 재인용)는 웨일과 갬블의 모델과 로스만 모델의 차이를 다음과 같이 제시하였다.

첫째, 실천의 장이며 수혜의 대상인 지역사회를 물리적 공간인 지역 중심 지역사회와 공동 관심사에 기반을 둔 기능적 지역사회로 구분하였다. 둘째, 로스만의 사회행동 모델에서 다루어진 사회변화 노력과 관련하여 보다 더 세분화된 세 가지 모델이 추가되었다. 이 세 가지 모델은 정치 · 사회행동 모델과 연합 모델, 사회운동 모델이다. 셋째, 로스만의 사회계획 모델에서 프로그램 개발과 지역사회연계를 분리하여 추가로 제시하였다. 즉, 사회계획 모델은 '전문가' 로서의 지식 적용에 초점을 둔 반면, 프로그램 개발과 지역사회연계 모델은 실천가의 광범위한 지역사회 자원들과의 접촉을 강조한다. 넷째, 지역사회개발에서 지역경제 개발의 영역을 추가하여 사회개발과 공통으로 다루어 지역사회의 경제적 및 사회적 여건을 개선하고 환경과 자원의 지속적 생존을 이룰 수 있도록 하는 개발까지를 포함한다.

이제부터 웨일과 갬블의 8가지 모델을 구체적으로 살펴보면 다음과 같다(감정기 · 백종만 · 김찬우, 2005; 김경우 외, 2009).

① 근린지역사회조직 모델

근린지역사회조직 모델(Neighborhood and Community Organizing Model)은 지리적 개념의 지역사회에 초점을 두고 지역사회 주민이 주체가 되어 지역사회 주민이 원하는 방향으로 이끌 수 있도록 지역사회 주민의 역량을 강화시켜 지역사회의 조건들을 향상시키려는 데 그 목적이 있다. 이 모델에서 변화를 위한 표적체계는 공공행정기관, 외부개발업자 또는 지역사회 주민 모두가 될 수 있으며 이 모델에서 사회복지사는 조직가 · 교사 · 코치 · 촉진자의 역할을 수행한다.

② 기능적 지역사회조직 모델

기능적 지역사회조직 모델(Functional Community Organizing Model)은 지리적 의미보다 기능에 초점을 두고 구성원을 교육시켜 자신들의 이슈에 대한 옹호활동을 강화시켜 나간다. 즉, 이 모델은 공통의 관심사에 근거한 기능적 지역사회조직에 중점을 두어 사회적 이슈나 특정집단(예 장애인, 기초생활수급권자, 가정폭력에 시달리는 여성 등)의 권익 보호 및 옹호를 목표로 삼고 있는 모델이다. 따라서 이 모델에서 사회복지사의 역할은 조직가 · 옹호자 · 촉진자 그리고 소식지나 보고서 등의 집필자 · 정보제공자 등을 들 수 있다.

③ 지역사회경제개발 모델

지역사회경제개발 모델(Community Social and Economic Development Model)은 로스만의 지역사회개발 모델과 유사하나 어려운 여건에 있는 지역사회 주민 계층을 위해서 경제개발과 사회개발이 동시에 이루어져야 한다는 인식을 전제로 하기 때문에 경제개발과 사회개발을 동시에 추진할 수 있도록 교육을 통하여 어려운 여건에 있는 지역사회 주민의 내적 능력을 향상시키는 데 그 목적이 있다. 이 모델은 내적 능력의 향상뿐만 아니라 사회경제적 영역의 투자를 통한 외부적 지원도 강화시켜 나간다는 데 초점을 둔다. 따라서 이 모델의 중요한 과제는 지역사회변화과정에 자원을 가진 사람이나 조직들이 참여하도록 유도하는 것이다. 이 모델에서 사회복지사는 협상자, 교육자, 기획자, 관리자 등 전문적 기술을 바탕으로 다양한 역할을 수행할 수 있어야 한다.

④ 사회계획 모델

사회계획 모델(Social Planning Model)은 전문성과 합리성에 기반을 두고 지역사회의 문제를 해결하려는 모델이다. 그러므로 이 모델에서는 합리적 의사결정을 통해 문제에 대한 우선순위와 자원의 배분 등이 중요하다. 이 모델에서 표적체계는 지역사회 지도자의 관점 내지 인간 서비스 지도자의 관점에 의해 결정되며 사회계획의 일차적 구성원은 선거로 선출된 공무원과 사회기관의 책임자 및 기관 상호 간의 조직 또는 이들 간의 조합으로 이루어진다. 이 모델에서 사회복지사는 조사, 욕구사정, 평가, 프로포절 개발 등을 할 수 있는 계획가로서의 역할이 중요하며 그 밖에 기획가, 관리자 등의 역할이 있다.

⑤ 프로그램 개발과 지역사회연결 모델

프로그램 개발과 지역사회연결 모델(Program Development and Community Liaison Model)은 지역사회 주민의 복지욕구를 효과적으로 충족시키기 위해서, 그리고 서비스의 효과성을 증대시키기 위해 프로그램의 방향을 재설정하거나 맞춤서비스로 조직화하는 것을 그 목적으로 한다. 이 모델의 목적달성을 위해서는 서비스 이용자와 기관실무자 간의 상호작용이 매우 중요하다. 즉, 욕구사정에서부터 평가에 이르기까지 지역사회조직의 피드백이 중요하기 때문에 피드백을 받을 수 있는 시스템 구축이 매우 중요하다. 이 모델에서 변화를 위한 표적체계는 새로운 서비스나 재계획된 서비스의 잠재적 수혜자이고, 이러한 서비스에 비용을 지불하는 사람이다. 이 모델에서 사회복지사의 역할은 계획가, 프로포절 기획지, 대변자, 중개자, 촉진자, 관리자, 평가자의 역할 등이 있다.

⑥ 정치사회행동 모델

정치사회행동 모델(Political and Social Action Model)은 로스만의 지역사회행동 모델과 테일러와 로버츠의 정치적 권력 강화 모델과 같은 모델이라 할 수 있다. 이 모델의 목적은 사회적 약자 계층의 불이익을 개선하기 위해 역량을 강화시켜 사회적 제도와 시스템의 변화를 가져오는 데 있기 때문에 사회적 약자 계층과 함께 사회정의를 구현하도록 촉진시키려는 노력을 한다. 이 모델에서 표적체계는 선거로 선출된 공직자와 행정관료, 사회적 부정의 원인을 제공하는 기타 조직체, 그리고 불의에 반응하지 않음으로써 불의의 실천에 암암리에 동의하는 일반 시민이다. 그리고 이 모델에서 사회복지사의 역할은 옹호자, 교육가, 조직가, 그리고 연구자의 역할 등이 있는데 특히 연구자의 역할과 옹호자의 역할을 중요하게 여긴다.

⑦ 연합 모델

연합 모델(Coalitions Model)은 지역사회를 기반으로 존재하는 각 기관들이 함께 힘을 모아서 지역사회가 가진 문제들에 대해 집합적 변화를 만들어 내는 것을 추구하는 모델이라 할 수 있다. 이 모델의 목표는 지역사회 문제를 해결하는 데 개별적 노력만으로는 충분한 효과를 나타내기 어려울 때 잠재력을 가진 연합조직을 형성하여 영향력을 행사하는 것이다. 이 모델에서 표적체계는 대부분 선거로 선출된 공직자, 자금제공을 할 수 있는 재단, 정부이며, 이 모델에서 사회복지사는 특히 지역사회가 가진 문제를 해결하는 과정에서 이를 중재하고 협상하는 역할을 수행한다.

⑧ 사회운동 모델

사회운동 모델(Social Movement Model)은 지역사회 주민과 다양한 형태의 지역사회조직체에게 새로운 패러다임을 제공함으로써 사회변화를 이루고자 하는 모델이다. 이 모델에서 표적체계는 일반대중과 정치제도라 할 수 있으며, 이때 사회복지사의 역할은 옹호자와 촉진자이다. 사회운동 모델은 로스만의 지역사회행동 모델과 유사한 모델이라 할 수 있다.

표 12-2 웨일과 갬블의 지역사회복지실천 모델 비교

모델구분 \ 주요내용	목표	변화의 표적체계	일차적인 구성원	관심영역	사회복지사의 역할
근린지역 사회조직	• 도시 · 지역 개발과 외부 개발에 영향과 변화	• 시, 외부 개발자, 지역 주민	• 인근 지역사회 주민	• 지역사회 주민의 삶의 질	• 조직가 • 교사 • 코치 • 촉진자
기능적 지역사회조직	• 사회변화를 위한 행동과 서비스 제공	• 일반 대중, 정부 기관	• 동호인	• 특정 이슈와 대상을 옹호	• 조직가 • 옹호자 • 집필자 • 정보전달자 • 촉진자
지역사회 경제개발	• 지역주민 관점에 입각한 개발계획 주도	• 은행, 재단, 외부 개발자, 지역주민	• 저소득 계층, 주변 계층, 불이익 계층	• 자원개발, 교육과 리더십 기술 향상	• 협상가 • 증진자 • 교사 • 계획가 • 관리자
사회계획	• 주민 대표가 행동을 하기 위한 제안	• 지역 지도자의 관점, 인간 서비스 지도자의 관점	• 선출직 공무원, 기관 간의 조직	• 사회적 욕구의 계획 반영, 인간 서비스 관계망 조정	• 조사자 • 프로포절 제안자 • 정보전달자 • 관리자
프로그램개발과 지역사회연결	• 기관 프로그램의 확대와 방향 수정	• 재정 충원자, 서비스 수혜자	• 기관위원회, 행정가, 지경 대표자	• 특정대상자를 위한 서비스 개발	• 대변인 • 계획가 • 관리자 • 프로포절 제안자
정치사회행동	• 정책형성자의 변화에 초점을 둔 사회 정의를 위한 행동	• 주민, 선출직 공무원, 잠재적 참여자	• 특정 권력을 가진 시민	• 정치권력의 형성, 제도의 변화	• 옹호자 • 조직가 • 조사자 • 조정자
연합	• 조직연합적인 권력 기반 형성	• 선출직 공무원, 재단, 정부기관	• 특정 이슈에 관련된 시민	• 사회적 욕구, 사회의 특정 이슈	• 중개자 • 협상가 • 대변인
사회운동	• 특정목표를 달성하기 위한 행동	• 일반 대중, 정치제도	• 새로운 비전을 제시할 수 있는 조직과 지도자	• 사회 정의	• 옹호자 • 촉진자

출처: Weil & Gamble(1995); 김경우 외(2009), 재인용, p. 93.

2 지역사회복지실천의 과정과 실천기술

학자들마다 다소간의 차이가 있지만 본서에서는 지역사회복지실천의 과정을 '문제확인→지역사회 욕구사정→계획 수립 및 실행→평가'로 이렇게 크게 4단계로 구분하여 살펴보고자 한다(감정기 · 백종만 · 김찬우, 2005). 그리고 각 실천과정에서 수행되는 업무들은 지역사회복지실천의 주요한 실천기술이 된다.

1) 문제 확인

지역사회복지실천 과정에서 수행되는 문제 확인(problem identification)은 사회문제를 파악하고 규명하는 것을 의미한다. 즉 문제 확인이란 지역사회에 내재하고 있거나 표출된 문제들을 분명하게 설명해 내는 작업인 것이다.

로퍼(Lauffer, 1984)는 지역사회의 문제를 세 가지 유형으로 구분하였다. 첫째 유형은 표적 집단의 문제(주민 전체 또는 일부)이다. 이는 표적 집단이 갖고 있는 지식 및 정보의 부족, 문제해결 능력이나 기술의 부족, 문제를 인식하는 태도상의 문제 등을 예로 들 수 있다. 둘째 유형은 서비스 전달체계상의 문제이다. 가령 가용성의 문제, 접근성의 문제, 비효율성, 비효과성, 욕구부합 정도의 문제 등을 예로 들 수 있다. 셋째 유형은 관계상의 문제이다. 여기에는 자원동원 및 연결의 문제, 지속성의 부족, 포괄성의 부족 등을 말할 수 있다. 로퍼(Lauffer, 1984)에 의하면 문제 확인은 지역사회의 문제를 유형화시킴으로써 그 문제를 특정화해 나가는 작업이다. 이렇게 세부적으로 특정화된 문제는 지역사회 내의 공식적 인정을 받을 가능성이 더 높아지고 문제의 확인에 맞는 실천계획이나 프로그램 개발 목표를 설정하는 데도 도움을 준다. 로퍼(Lauffer, 1984)는 이와 같은 문제 확인 관련과정을 활용하여 문제의 확인→문제의 특정화→목적 및 목표설정→대안검토→실천계획 수립까지의 단계로 확장하였다.

이상과 같은 로퍼(Lauffer)의 견해를 중심으로 하여 지역사회의 문제를 확인하고, 특정화해보기 위해 사례를 통해 다음과 같이 설명해 볼 수 있다(이인재 외, 2005). 가령 '지역통화를 활용한 영구임대아파트 지역의 품앗이 공동체 형성'이라는 지역사회복지실천 프로그램[1]을 계획한다고 설정했을 때, 이 프로그램에서는 지역사회의 문제를 어떻게 보고 있는가를 정리해 볼 필요가 있다.

먼저 지역사회 문제는 무엇인가? 여기에 대한 대답을 찾아가는 것이 바로 지역사회 문제를 확인하는 과정이라 할 수 있으며 이와 같은 '지역통화를 활용한 영구임대아파트 지역의 품앗이 공동체 형성' 이라는 명칭의 지역사회복지실천 프로그램이 기획된 이유 내지 배경이 되는 것이다. 지역사회문제를 확인해 가는 사례를 간략하게 제시해 보면 다음 [표 12-3]과 같다.

표 12-3 지역사회문제의 확인

문제 구분	확인된 문제 설명
문제 1	• 슬럼화와 사회적 단절, 아동 및 청소년 양육환경의 미흡 등과 같은 빈곤문화가 보편화되어 있다.
문제 2	• 주거 생활에 역동성이 없으며, 거대한 '사회복지 생활공간'으로 지역사회가 변화되었으며 인근 일반 주거지와의 현격한 차이로 인해 이 지역 아동들이 받는 상처와 청소년들의 절망이 심화되고 있다.
문제 3	• 주민들이 입주 이전에 사업실패나 부채 등 경제적 사건이나 곤란을 겪었던 것으로 파악되고 있으며 공식 부문의 노동시장에 참여하는 데에 많은 어려움이 있는 것으로 보인다.

다음으로 확인된 문제를 명료하게 문제 특성별로 정리해서 보다 일목요연하게 정리해 나가는 '특정화' 작업을 통해서 표적 대상의 문제 상황을 정확하게 파악해 나갈 수 있다고 본다. 지역사회문제를 특정화시키는 사례를 제시해 보면 다음 [표 12-4]의 방식으로 정리할 수 있다.

1) 이 프로그램은 이인재 외(2005). 지역사회복지실천 프로그램, 나눔의 집, pp. 237~258.에 기술되어 있는 유태완 사회복지사의 계획안을 토대로 재구성하였다.

표 12-4 지역사회문제의 특정화

문제 구분		확인된 문제 설명
문제 1	• 슬럼화와 사회적 단절, 아동 및 청소년 양육환경의 미흡 등과 같은 빈곤문화가 보편화되어 있다.	• 문제 1-1: 본 프로그램의 표적대상인 ○○ 영구임대아파트 단지에는 저소득층의 과밀집 현상이 심각함. • 문제 1-2: 슬럼화 현상의 가속화와 이로 인한 사회적 단절이 심화되고 있음. • 문제 1-3: 아동 및 청소년 양육환경이 매우 미흡한 실정임. • 문제 1-4: 빈곤문화가 지속적으로 확대 재생산되고 있음.
문제 2	• 주거 생활에 역동성이 없으며, 거대한 '사회복지 생활공간'으로 지역사회가 변화되었으며 인근 일반 주거지와 현격한 차이로 인해 이 지역 아동들이 받는 상처와 청소년들의 절망이 심화되고 있다.	• 문제 2-1: 취약계층 우선 입주의 필요성 때문에 국민기초생활수급자, 장애인, 노인가구 등 남의 도움을 필요로 하는 사람들이 본 프로그램의 표적대상인 ○○ 영구임대 아파트의 주된 입주자를 형성하고 있음. • 문제 2-2: 이로 인해 주거 생활에 역동성이 없으며, 지역사회 자체가 일종의 거대한 '사회복지 생활공간'으로 탈바꿈해버리고 말았음. • 문제 2-3: 인근의 일반 주거지와 현격히 차이가 나는 생활환경으로 인해 이 지역 아동들이 받는 상처와 청소년들의 절망은 깊어가고 있음.
문제 3	• 주민들이 입주 이전에 사업실패나 부채 등 경제적 사건이나 곤란을 겪었던 것으로 파악되고 있으며 공식 부문의 노동시장에 참여하는 데에 많은 어려움이 있는 것으로 보인다.	• 문제 3-1: 이 지역 영구임대아파트 주민들은 입주 전, 사업실패나 부채 등 경제적 사건이나 곤란을 겪었던 것으로 파악되고 있음. • 문제 3-2: 학력, 건강, 연령 등 인적 자본이 충분하지 못하여 공식 부문의 노동시장에도 참여하기 힘든 것으로 판단됨.

2) 욕구 사정

사회복지 서비스의 책임성에 대한 관심이 높아지면서 과학적이고 체계적인 복지 서비스가 점차 강조되고 있다(강철희 · 정무성, 2006). 왜냐하면 지역주민의 다양한 욕구를 효과적으로 충족시키기 위해서는 사회복지기관들이 주민들의 욕구를 정확하게 파악해야 하기 때문이다. 일반적으로 욕구(needs)라고 하는 것은 결핍되어 불편한 상태임과 동시에 충족과 발전을 필요로 하는 상태로서 현재의 결핍된 상태와 원하는 상태 사이에 존재하는 격차를 의미한다. 지역사회에서 생활하고 있는 주민들은 이러한 욕구를 갖고 있으며 지역사회에서의 다양한 욕구를 효율적으로 충족시키는 전달체계를 구축하기 위해서는 지역사회에 대한 전반적 사정(assessment)이 있어야 한다. 바로 욕구사정(needs assessment)을 수행하여야 하는 것이다.

욕구사정(needs assessment)은 일정한 지역 내에서 생활하는 주민 또는 직장인들의 욕구수준을 (계량적으로) 측정하기 위한 방법이다. 욕구사정의 4가지 목적은 첫째, 지역주민의 욕구에 맞는 서비스 및 프로그램의 우선순위를 결정하는 데에 있으며, 둘째 예산할당의 기준을 마련하고, 셋째 보조자료를 마련할 뿐만 아니라 넷째 기관들 간의 상호의존 및 협동상황을 파악하고자 하는 것이다.

욕구사정의 접근방법으로는 첫째, 클라이언트 중심(client-oriented)의 욕구사정, 둘째 서비스 중심(service-oriented)의 욕구사정, 셋째 지역사회 중심(community-based)의 욕구사정 등이 있다.

욕구사정의 자료수집 방법으로는 지역사회 공개토론회(community forum),[2] 주요 정보제공자(key informants) 이용방법,[3] 포커스 집단(focus group) 조사,[4] 사회

---

2) '지역사회 공개토론회(community forum)' 혹은 '공청회'는 이해 당사자로서 한 지역사회 구성원들이 함께 모여서 지역사회문제나 이슈, 가치 등에 대해 자신들의 의견을 공개적으로 토론하도록 하여 자료를 수집하는 방법이다. 50명 정도가 적당하지만 더 큰 규모도 가능하다.

3) '주요 정보제공자(key informants) 이용방법'이란 문제를 경험하면서 살아가는 사람들과 직접적으로 접촉하는 사람으로서 그 지역에 오래 거주하거나 지역사회의 상황을 잘 알고 있어서 지역문제에 대한 정보를 잘 파악하고 있다고 여겨지는 사람들을 대상으로 자료를 수집하는 방법이다.

4) '포커스 집단(focus group) 조사'는 관심 이슈, 서비스, 아이디어에 대해 사람들이 어떻게 느끼고 생각하는지를 알아보기 위해 6~8명의 소규모 집단을 인터뷰하는 기법이다. 이 기법은 구성원 간의 합의를 이루는 것이 목적이 아니라 관심 주제에 대한 관점을 심층적으로 파악하는 데 있다. 포커스 집단 조사에 참여하는 성원들은 개별 인터뷰와는 달리 다른 참여성원들의 관점을 접할 수 있으며 구성원들과 집단 리더 간에, 그리고 구성원들 상호 간에 쌍방향 상호작용이 이루어진다.

5) '사회지표 분석(social indicator analysis)'이란 일정한 지역이나 대상 집단의 생활 상태나 문제에 관한 공공기록 문서와 보고서에 기록된 통계자료를 바탕으로 욕구를 추정하는 방법이다. 여기에서 사회지표란 개인의 집합체의 어떤 면에 대한 계량적 측정치를 말한다. 가령 소득수준, 빈곤률, 실업률, 영아사망률, 주택보급률, 범죄률 등을 예로 들 수 있다. 특히 사회지표는 지리적 범위에 따라 전국지표, 특정 지역지표 등으로 나누어질 수 있으며, 대상에 따라 장애인, 아동, 청소년, 노인 등에 관한 지표로 구분될 수 있다.

6) '서베이 조사'는 일정한 시점에서 다수의 조사대상자로부터 직접 자료를 수집하는 방법이다. 우편질문지 조사법(mailed questionnaire survey), 면접조사법(personal interview survey), 전화조사법(telephone survey)이 가장 많이 사용되며, 팩스조사법(fax survey), 전자우편조사법(e-mail survey), 인터넷 서베이(internet survey) 혹은 온라인 서베이(on-line survey), 초점집단조사(focus group survey) 등이 있다. 서베이 조사의 장점으로는 저렴한 비용, 편의 감소, 익명성, 응답의 시간적 여유, 접근 용이성 등이 있다. 단점으로는 간단한 질문에만 적합, 응답내용 추가확인 곤란, 응답상황 통제 곤란, 낮은 응답률 등을 들 수 있다.

지표(social indicator) 분석,[5] 서베이(survey, sample survey) 조사,[6] 델파이 방법(Delphi techniques),[7] 이차적 자료분석(secondary date analysis)[8] 등이 있다(1급 사회복지사 시험연구회, 2007; 김통원, 2009).

결국 욕구사정은 지역주민에게 어떤 서비스가 필요한지를 살펴보는 과정으로서 전체 실천과정의 선행절차로 간주되기도 하며 하나의 독립된 조사로 수행되기도 한다. 그런데 때때로 욕구사정에서 사용되는 방법들이 프로그램 평가에서 유사하게 수행되기도 하고, 욕구사정과 평가과정이 동시에 요구되기도 하여 두 과정이 방법상 혼용되기도 하는데, 로퍼(Lauffer, 1984; 감정기 · 백종만 · 김찬우, 2005 재인용)는 두 가지 개념이 분명히 구분되어야 한다고 주장한다. 로퍼에 의하면 욕구사정은 현재 일어나고 있는, 일어날 만한, 또는 일어나야만 하는 상황에 대한 담색과 연구에 초점을 두는 반면, 평가는 평가시점 전에 일어난 일, 일어난 과정, 그렇게 일어나야만 했던가에 대해 살펴보는 조사로 구분하였다.

할디나(Hardina, 2002)는 지역사회 욕구사정과 관련하여 매우 중요하게 고려해야 할 내용을 다음과 같이 질문의 형태로 설명하였다(감정기 · 백종만 · 김찬우, 2005). 이와 같은 질문들은 욕구사정을 실제로 수행할 때, 매우 유용하게 활용될 수 있다.

(1) 지역주민의 지역사회에 관한 관점

① 지역주민은 어떠한 문제들을 겪고 있는가?

② 이러한 문제들을 어떠한 방식으로 다루어야 하는가?

③ 이러한 문제들을 다루기 위해 지역주민은 어떠한 행동을 취해야 하는가? 또한

7) '델파이 방법(Delphi Method)' 이란 미래의 환경에 대한 예측 또는 시나리오를 주고, 설문형태로 작성하여 전문가들로부터 개별적인 의견을 수집한 후, 이 결과를 요약하여 다시 전문가들에게 피드백 해줌으로써 의견을 수정할 수 있는 기회를 주고 마지막으로 다시 종합하여 최종적인 예측을 하는 환경 예측 기법이다. 환경 사건과 추세에 관한 정보를 얻는 효율적이고 효과적인 방법은 관련된 각 분야의 전문가가 가지고 있는 지식을 종합하는 것이다. 이 방법은 미래의 기술적 발전이나 경제적 상태를 예측하는 것과 같은 광범위하고 장기적인 문제에 가장 적절하다.

8) '이차적 자료 분석(secondary data analysis)' 은 지역사회 내의 사회복지기관의 서비스 수혜자에 관련된 기록을 검토하여 서비스 이용자의 욕구, 빈번한 사회문제 등을 파악하는 방법이다. 이차적 자료가 될 수 있는 것은 최초면접(intake) 자료, 면접상황 기록표(face sheet), 기관의 각 부서별 업무일지, 면접 기록표(case record), 서비스 대기자 명단(waiting list) 등을 들 수 있다.

공공기관이나 정부는 어떠한 행동을 취해야 하는가? 지역기관이나 시설 등은 어떠한 행동을 취해야 하는가?

(2) 지역거주자의 서비스 욕구에 대한 관점

① 이러한 문제들을 다루기 위해 지역사회에서 제공되는 서비스는 있는가?

② 확인된 문제들을 다루기 위한 서비스가 제공되어야 한다고 주민들은 느끼는가?

③ 이러한 문제들을 다루기 위해 지역주민은 현재 가능한 서비스들을 이용하고 있는가?

④ 이러한 서비스들을 제공받지 못하는 주민들이 있는가?

⑤ 추가적으로 어떠한 서비스가 제공되어야 하는가?

(3) 서비스 제공자나 핵심정보제공자의 지역욕구에 대한 관점

① 어떤 유형의 서비스를 주민들이 필요로 하는가?

② 지역단체나 기관에서는 현재 어떠한 서비스들을 제공하고 있는가?

③ 한 기관이나 단체 이상에서 비슷한 서비스가 제공되고 있는가?

④ 어떤 지역단체나 기관에서는 특성화된 서비스를 제공하고 있는가?

⑤ 현재 제공되는 서비스들이 주민들의 욕구를 충족하기에 적합한가?

⑥ 추가적으로 어떠한 서비스가 제공되어야 하는가?

⑦ 지역사회 내의 기관들 사이에 서비스 연계는 어떠한 방식으로 이루어지는가(예 자원의 공유, 의뢰, 사례관리, 시설공유 등)?

⑧ 전체 서비스체계로 볼 때, 어떠한 서비스가 제공되지 못하고 있는가?

(4) 지역자산

① 지역주민에게 필요한 기술이나 자원은 무엇인가?

② 지역사회 내의 중요 조직이나 시설은 어떤 것이 있는가? 이러한 기관들은 지

역자산으로 활용할 수가 있는가?

③ 지역기관 내의 중요 연결 장치는 무엇이며 지역조직을 최대화하기 위해 그 연결 장치들을 잘 활용할 수 있는 방법들은 무엇인가?

④ 지역의 외형적 특성은 무엇인가?

⑤ 지역조직을 위해 활용될 수 있는 지역 외부의 자원들은 어떤 것들이 있는가?

3) 계획수립 및 실행

지역사회복지실천을 위한 계획수립에 필수적 개념은 전략과 전술이다. 최옥채(2005)에 의하면, 전략은 지역사회복지실천의 목표를 효과적·효율적으로 달성하기 위해 지역사회복지 담당 사회복지사가 펼치는 노선이다. 같은 맥락에서 시칸(Si Kahn, 1991)은 전략을 마치 도로 지도와 같다고 하였다. 즉 전략은 현재 있는 곳에서 가고자 하는 곳으로 가기 위한 계획인 것이다. 전략을 계획하는 것은 여행을 계획하는 것과 같다. 지역사회복지실천을 효과적·효율적으로 수행하기 위해 전략을 개발할 때는 가족이 휴가를 보내는 때와 같은 결정이 필요하다. 승용차, 버스, 비행기, 기차 가운데 무엇으로 여행을 할지 결정해야 한다. 어떤 교통수단을 택하는가는 가진 돈이 얼마나 되느냐에 달려 있을 것이다. 또한 가려고 하는 곳에 얼마나 빨리 가려고 하는지, 그 길을 따라 가면서 즐기는 데 얼마나 많은 시간을 보내려 하는 지에 달려 있을 것이다. 이것은 목적지에 바로 가기를 원하는지 아니면 다른 관광지도 겸하여 여행할 가능성을 남겨두기를 원하는지에 달려 있을 것이다. 마지막으로 선택의 신뢰성을 고려해야 한다. 눈이 내릴 것 같아 보인다면 승용차나 버스보다는 기차로 여행하려는 생각이 커질 수 있다. 반면에 도로의 교통체증이 매우 심각하게 보인다면, 비행기를 이용하여 목적지에 빠르게 도착할 수 있다(이문국·이인재 역, 2002).

요즘처럼 내비게이션이 발달되어 있는 때에는 위성추적 시스템에 의해 자동으로 경로를 알아서 척척 제시해주는 데에 현대인들이 익숙해 있지만 실제 여행계획을 짤 때에는 미리 가는 경로를 선택해서 다양한 가능성을 예측해보아야 한다. 그런데 실제로 가장 빠른 경로가 반드시 가장 좋은 것은 아니다. 오히려 빠르게 갈 수 있는 고속도로보다는 주위 경관이 빼어난 국도가 훨씬 좋을 수도 있다. 한편 10시간

가까이 계속 운전만 해서 목적지에 도착하였다면, 그곳에 도착했을 때에는 지쳐 있고, 속이 안 좋아서 여행을 즐길 수 없을 것이다. 또한 경로의 어려움도 고려해야 한다. 이미 다른 사람들이 여러 번 여행을 했던 길이든지, 혹은 그 길이 잘 정비되어 있다면, 쉽게 여행을 할 수 있으리라고 예상할 수 있으나 만일 기후가 나쁘거나, 교통체증이 심할 경우, 또는 도로공사를 하는 등 예기치 못했던 상황이 발생하거나 이런저런 이유로 본래 경로를 계속 따라가기 불가능해질 경우에는 다른 경로를 생각해야 한다.

여행을 계획하는 것처럼, 지역사회복지실천의 성공적인 수행을 위해 전략을 계획하는 것도 현재 있는 곳과 가려고 하는 곳에 대한 지식에서 시작된다. 그래서 사회복지사는 서비스 개입표적의 대상이 되는 지역사회와 그 주민들의 문제와 현실을 분명하게 파악하고 있어야 한다. 그리고 강점과 기술, 능력 등이 무엇인지, 경제적 상황은 어떠한지, 사회적 지지체계와 연계망은 어떠한지 등에 대해서 알아야 한다. 이러한 것들을 알아내기 위한 과정이 앞서 살펴본 문제 확인과 욕구사정인 것이다. 이런 측면에서 전략 수립은 사회복지사의 능력에 따라 천차만별로 달라질 수밖에 없는 것이다. 다시 말해 사회복지사가 세워 활용하는 전략의 질에 따라 지역사회복지실천의 결과는 달라질 수 있다.

전략과 전술은 동시에 이야기되는 경우가 많으며, 때로는 이것이 같은 것처럼 사용되기도 한다. 그러나 이 둘은 실제로 매우 다르다고 할 수 있다. 전략은 가려는 곳에 어떻게 갈 것인가에 대한 전반적인 계획이다. 전술은 거기에 이르는 데 도움을 주는 특정한 것들이다. 지역사회복지실천에 활용되는 전술의 예는 크게 협력 전술, 캠페인 전술, 대중매체활용 전술, 로비활동, 청문회, 탄원서 등을 들 수 있다. 따라서 전략은 특정한 사회문제를 해결하기 위한 중장기적 행동 계획으로 볼 수 있다. 반면에 전술은 변화를 추구하는 전략의 일부분으로서 채택된 단기적 행위로 여겨진다(Hardina, 2002; 감정기 · 백종만 · 김찬우, 2005 재인용). 이렇게 전략과 전술을 수립함으로써 설정된 계획에 따라서 사회복지사는 실제적으로 지역사회복지실천을 실행하게 되는 것이다.

(1) 전략

전략을 수립하기 위해서는 먼저 구상해야 하고, 다음으로 구체적으로 전략의 내용을 구성해야 한다. 이렇게 전략을 구상하고 내용을 구성하기 위한 가장 좋은 방법은 '질문을 해보는 것' 이다. 좋은 전략은 넓게 열린 사고를 통해 가장 잘 만들어진다. 즉, 사람들이 자신들의 본성, 직감, 열정적 사고 등을 따를 때 좋은 전략가는 항상 질문한다. "만일 우리가 이번에 정말 다른 무언가를 한다면 어떨까요?" 훌륭한 사회복지사는 가장 좋은 전략을 세우고자 항상 어떤 실천개입을 하든지 늘 새로운 방법과 색다른 접근을 찾고 때로 한 상황에서 적절하였던 것을 완전히 다른 상황에서 사용해 보려 한다. 실제로 사회복지사는 좋은 전략을 수립하기 위해 끊임없이 노력하게 되며 어떤 전략이 좋은 전략인지를 고민한다. 좋은 전략에는 다음과 같은 몇 가지 특징이 있다(이문국 · 이인재 역, 2002).

① 충분한 심사숙고의 결과

좋은 전략은 어떤 일이 발생할 것인가를 충분하게 고려한다. 또한 일이 발생할 가능성은 적지만 그래도 발생할 수 있는 가능성까지도 고려한다.

② 경험의 산물

좋은 전략은 사람들의 경험에서 세워진다. 전략에서는 최고의 이득을 위해 사람들의 기술을 사용한다. 전략은 사람들의 경험 안에 존재하며, 따라서 그들이 전략의 일부로 필요한 일은 그들의 가치와 맞추는 일이다.

③ 사람의 참여

좋은 전략에는 사람이 포함되어야 하고, 사람이 중심이 되어야 한다. 좋은 전략은 우리가 어디로 갈 것인가 뿐만 아니라 어떻게 거기에 도착하는가를 중요하게 고려한다. 좋은 전략은 사람들이 결과물에서만큼 과정에서 많은 것을 배운다는 것을 고려한다. 우리가 '어떻게' 지역사회복지실천을 수행하고 또는 목표를 달성하는가 하는 것은 때로는 우리가 '무엇' 에 대해 성취하였는가와 마찬가지로 사회복지사와 서비스개입실천의 대상자들에게 중요하다.

④ 융통성

좋은 전략은 융통성이 있다. 좋은 전략에는 정말 일어날 것 같지 않을 일이 만일 발생한다면 또는 불가능한 일이 일어난다면 어떻게 할 것인가에 대한 내용을 포함한다.

⑤ 실현 가능성

좋은 전략에는 실현 가능성이 높게 담겨져 있다. 많은 생각을 통한 전략 내용의 깊이가 있어야 한다. 좋은 전략은 그저 좋은 아이디어만이 아니며 그 아이디어를 실행할 단계와 구체적인 내용을 가지고 있다.

⑥ 분명한 현실 인식

좋은 전략은 현실에 근거를 둔다. 좋은 전략은 조직의 구성원들이 무엇을 할 수 있으며 무엇을 할 수 없는지에 대한 현실적인 인식에서 시작된다.

⑦ 사회문화에 토대 두기

좋은 전략은 사람들의 사회적 상황과 문화에 기반을 둔다. 이를 통해 좋은 전략은 돈키호테식 고립이나 소외보다는 연대의식에 기초하여 지역사회의 문화에 부응하면서 자연스럽게 지역주민을 변화시킬 수 있어야 한다.

⑧ 교육을 통한 학습

좋은 전략은 교육적이다. 전략을 계획하고 실행하는 과정을 통해, 사람들은 자기 자신, 조직, 사회적 관계, 정치, 권력 등에 대해 더 많은 것을 배운다.

또한 좋은 전략은 다음과 같은 내용들이 충분하게 반영되어야 한다(최옥채, 2005).

① 주민의 동기화

지역사회의 변화는 주민이 주체가 되어 이루어져야 하므로 무엇보다도 주민들에게 참여하려는 동기를 불어넣어 주는 노력이 필요하다. 따라서 좋은 전략은 주민을 효과적으로 동기화시킬 수 있는 실제적인 내용으로 구성되어야 한다.

② 사회적 흐름의 반영

현대사회는 늘 급속한 변화를 거듭하고 있다. 가령 사이버 매체나 운송수단 등을 통해 매우 빠른 속도로 변화하고 있는 것을 예로 들 수 있다. 이에 사회복지사는 사회적 변화 상황을 지역사회복지실천에 적극 반영할 수 있는 내용으로 전략을 편성해야 한다.

③ 프로그램에 흥미와 의미 반영

사회복지사가 주민을 대상으로 시도하는 프로그램은 무엇보다도 참여 주민들에게 흥미롭게 다가가야 하고, 이를 바탕으로 의미를 부여해야 한다.

④ 서비스 실천개입 참여 관련 성원의 원활한 관여

지역사회를 대상으로 하는 사회복지사는 실천개입에 참여하는 성원들이나 관련된 사람들이 자유롭게 관여할 수 있도록 처음부터 '열린 분위기'를 조성할 수 있도록 노력해야 한다.

⑤ 주민의 자발성 강화

사회복지사는 일반 지역주민이나 서비스 대상 주민들이 자발적으로 실천개입에 참여하도록 유도하고 이들의 자발성이 강화될 수 있는 내용으로 전략을 수립해야 한다.

⑥ 충분한 시간 확보

지역사회 수준의 실천개입을 하는 사회복지사는 지역사회복지실천이 단시일에 이루어질 수 없다는 점을 충분하게 고려해야 한다. 이에 따라 지역사회를 대상으로 하는 사회복지사는 기다릴 수 있어야 한다. 즉, 사회복지사는 돌다리도 두드려 보고 건너듯 지역사회복지실천개입에 필요한 사람과 문제해결의 실마리가 보이는 시기를 위해 충분한 시간을 할애하여 전략을 짜야 하는 것이다.

⑦ 최적의 활동 거점 확보

지역사회복지실천이 원활하게 이루어지기 위해서는 모임을 열고, 사람들이 만나고 모일 수 있는 일정한 장소, 즉 거점이 필요하다. 이 거점은 활동이 편리하게 이루어지도록 현장 안에 있거나 현장 가까이에 마련하는 것이 바람직하다. 전략수립에 있어서 활동 거점을 확보하는 일은 매우 중요하다고 하겠다.

⑧ 청사진 마련과 소개

지역사회복지실천은 오랜 기간 이루어지므로 실천개입에 관한 단기, 중기, 장기간에 걸친 체계적인 활동 계획이 밑그림으로 마련되어 표적대상이 되는 지역사회의 주민들과 관련 사람들에게 소개될 필요가 있다. 이를 통해 실천개입에 참여하거나 관련된 모든 사람들이 지역사회복지실천 프로그램의 전체 과정을 이해할 수 있도록 해야 한다.

⑨ 주민의 지역사회 사랑

지역사회를 대상으로 하는 사회복지사는 기본적으로 주민들이 지역사회에 깊은 애정과 관심을 가지도록 실천개입을 이끌어 나가야 한다.

⑩ 지역사회 내 결여 자원 지원과 잉여 자원 활용

사회복지사는 지역사회에 남아도는 자원을 더욱 활용하고, 부족한 자원은 다른 지역사회에서 끌어 와 활용할 수 있는 점을 반영하여 전략의 내용을 구성하는 것이 좋다.

(2) 전술

전술은 전략의 한 부분으로 사회복지조직이나 기관이 수행하는 특정한 모든 활동이다. 즉 전술은 실천개입의 목표 달성을 위한 과업 수행에서 일어나는 행동이다. 이 행동은 두 가지 이상의 목적을 동시에 달성하는 것이며, 단순한 행동과는 다르다. 이 같은 전술을 지역사회복지실천에서 반드시 구사해야 하는 것은 아니다. 과업 수행에서 단순한 행동보다는 전술을 구사함으로써 한층 효과적·효율적 결과를 꾀할 수 있기 때문에 전술을 익힐 필요가 있는 것이다. 이러한 선택 가능한 전술들 가운데 '어떤 것'을 결정할 때, 사회복지사는 항상 스스로에게 "이것이 어떻게 실제 힘을 발휘할까?" 하고 질문할 필요가 있다. 이는 사회복지사와 실천개입의 표적 대상들이 변화시켜야 할 체계로 보는 집단 혹은 조직이나 개인에게서 의사결정권이 있는 사람의 생각을 바꿀 수 있는 것이 무엇인가를 아는 것이다. 이를 결정하기 위해 사회복지사는 전술이 누구를 표적으로 하고 있고, 무엇이 그들에게 영향을 미칠 것인지 알아야 한다. 이는 전략 계획의 일부가 된다. 가령 어떤 지역사회에서 막강한 영향력을 미치고 있는 기업이 고용과 진급에서 여성을 차별하고 있다면, 문제의식을 공유하고 있는 지역주민들과 사회복지사는 그 기업으로부터 알고자 하는 것뿐만 아니라, 그 기업구조 안에서 원하는 결정을 내릴 수 있고, 그 결정을 지킬 수 있는 의사결정에 영향력을 갖고 있는 사람들을 알아야 한다. 대체로 많은 사회복지사들은 너무나 자주 전술의 성공을 전술 시행의 결과로 주어지는 대중성, 텔레비전 뉴스보도, 신문 및 인터넷 기사로 판단하곤 한다. 그러나 핵심은 사람들이 일반적으로 어떻게 생각하는가가 아니라 어떻게 사회복지사들과 관련 성원들이 문제해결의 열쇠를 갖고 있는 의사결정권자들에게 영향을 미칠 수 있는가에 있다. 사회복지사가 좋은 전술을 선택하기 위해서는 다음과 같은 사항들을 점검해 보아야 한다(이문국 · 이인재 역, 2002).

① 실행 가능한 성과

좋은 전술은 승산이 있어야 한다. 좋은 전술은 실행 가능한 전술이어야 한다. 세상에서 가장 좋은 생각이라도 사람들이 하지 않으면 아무 소용이 없는 것이다. 가령 노숙하는 노숙자 당사자인 노인들이 시청 앞에 남루한 누더기 옷차림을 하고 나타나서 그동안 함께 지내왔던 노숙자들에게 따뜻한 점심을 제공하는 극적인 프로그램을 실행하면 멋질 것이라고 생각할 수 있다. 하지만 실제 노숙하는 노인들이 그렇게 하지 않을 가능성이 더 높다고 본다. 그것은 좋은 일일 수도 있지만 만약 그것이 실행되었을 때, 비록 텔레비전이나 신문 등에서 훌륭한 기사거리로 다루어질 수 있을지는 모르겠지만 분명한 사실은 인권 시비가 논란거리로 부상하면서 결국은 많은 사람들로부터 비판과 비난을 받게 될 수도 있는 것이다.

② 영향력

좋은 전술은 많은 사람들에게 영향을 미친다. 전술은 실천개입의 대상이 되는 정책 내지 의사결정자들에게 영향을 미친다. 다른 한편, 이것은 사회복지사와 실천개입과 관련된 사람들에게도 영향을 미친다. 그러므로 이들이 전술에 대해 좋은 느낌을 가질 수 있어야 한다.

③ 결합력

전술을 통해 표적대상이 되는 사람들과 실천개입에 필요한 사람들을 모두 묶어낼 수 있어야 한다. 이들이 서로에게 가깝게 느끼도록 도움을 주어야 한다. 특히 전술을 선택할 때에는 어떻게 의사결정자들에게 영향을 미칠 것인지에 대해서만 생각하는 것이 아니라 이 전술이 실천개입에 참여하는 여러 전문가들과 봉사자들, 그리고 관련된 여러 사람들에게도 어떻게 영향을 미칠 것인지 고려해야 한다.

④ 참여

좋은 전술에는 많은 구성원이 자연스럽게 참여할 수 있게 된다. 이는 단순히 많은 사람들을 포함시켜야 한다는 의미는 아니다. 소집단이 아주 효과적으로 실행할 수 있는 전술들이 많이 있다. 그렇지만 이 전술은 사람들이 하기를 원하고 또 사실 그렇게 할 어떤 것이어야 한다. 전술이 즐겁고 흥미롭고, 독창적이거나, 사람들이 항상 어떻게든 하고 싶어 했던 것이라면 전술 구사는 쉬워진다.

⑤ 명분

좋은 전술은 충분한 명분을 담보하고 있어야 한다. 대부분의 사람들은 강한 의욕과 선한 동기를 가지고 실천개입에 기꺼이 참여하게 된다. 그러므로 사람들이 선택하는 전술에서는 명확하고 합리적인 명분이 제시되어야 하는 것이다.

⑥ 단순함

전술은 직접적이고 단순한 메시지이며, 서비스 이용자는 말할 것도 없이 실천개입에 참여하는 모든 사람들이 쉽게 이해할 수 있는 것이어야 한다.

⑦ 재미

좋은 전술은 즐겁고 재미있다. 좋은 전술은 사람들에게 좋은 시간을 마련해 준다. 이것은 유머이며 활력이다. 우리가 새롭고 창조적인 전술을 사용하려 하는 것은 이러한 것들이 대중 매체의 주의를 끌기 때문만이 아니라 많은 사람들에게 즐거움을 주기 때문이다. 이러한 전술은 우리에게 말할 거리, 기억할 거리, 자랑스러워할 거리가 된다.

다음으로는 지역사회복지실천에 활용되는 다양한 전술들 중 주요한 몇 가지를 간략하게 설명하고자 한다(이문국 · 이인재 역, 2002; 최옥채, 2005; 감정기 · 백종만 · 김찬우, 2005).

① 협력 전술

협력 전술은 지역사회 내 여러 집단들 또는 개인들 간의 차이나 이견을 최소화하기 위해 공통의 관심사를 찾는다거나, 자원을 공유하거나, 공동계획의 제안, 우선순위에 따른 협력 방안 도출 등을 구체적인 방법으로 활용하는 것이다. 협력 전술에는 협조, 협상, 대중교육, 설득 등이 있다.

② 캠페인 전술

캠페인 전술은 집단 간 차이를 최소화하거나 상대 진영들 간의 동의를 구하기 위해 사용된다. 캠페인 전술은 종종 계약규정이나 상대와의 협상 방법을 결정하기 위해 사용된다. 캠페인 전술을 효과적으로 실행하기 위해 각 진영들은 상대진영과 다른 입장을 확실히 개진해 차별화하고 동시에 양자 간 공통점에 대해서도 규명해야 한다. 캠페인 전술에는 공공 캠페인, 압력 캠페인, 대중호소, 대중 집회, 피케팅, 가두 행진, 시위 등이 있다.

③ 대중매체활용 전술

오늘날과 같이 대중매체가 강력한 영향력을 미치는 현대사회에서 대중매체를 통한 지역사회복지실천 개입은 매우 중요하다고 본다. 신문, 텔레비전, 라디오, 인터넷 등 다양한 대중매체를 효과적으로 활용할 필요가 있다. 그러므로 사회복지사는 매체를 사용하는 기술을 터득해야 한다. 매체의 사용이 지역사회복지실천 업무의 중요한 영역이 된다(이준우, 2002). 사회복지사가 지역사회복지실천 프로그램을 홍보할 때, 첫 단계는 지역사회에 뉴스를 보도하는 사람들과 개인적으로 알아야 한다는 것이다. 사회복지사가 원하는 내용을 실어줄 수 있는 그 지역 주간지 편집장이나 신문기자에게 사회복지사 자신을 소개할 필요가 있다. 지역 라디오와 텔레비전 방송국 그리고 인터넷 방송국 등에서 책임 있는 일을 담당하는 사람들을 아는 것 또한 중요하다. 대중매체와 함께 일할 때 사회복지사는 몇 가지 기본 규칙들을 염두에 두어야 한다(Zastrow, 1999). "첫째, 항상 정직하라, 둘째 신문과 라디오, 인터넷 방송, TV 뉴스의 마감 시간을 알라, 셋째 뉴스의 방향성을 알라, 넷째 누구에게 이야기할지를 정하라, 다섯째 '감사합니다' 라고 말하는 것을 잊지 말라, 여섯째 신문사와 인터넷, 케이블, 지상파 방송국의 성격이 다름을 알라." 등이다. 이렇게 대중매체의 속성을 이해하고, 친숙해지는 것은 방송을 활용하기 위한 하나의 방법이다. 사회복지사가 반드시 기억해야 할 사실은 사회복지사의 이야기가 신문이나 방송에서 저절로 나지는 않는다는 것이다(이준우 · 이화옥 · 임원선, 2006).

④ 로비 전술

로비(lobbying)는 개인이나 이익집단이 현재 논의가 진행 중인 법안(정책)결정 과정에 자신들의 입장을 보다 더 반영시키기 위해 주요 의사결정자를 설득해 나가는 활동이다. 사회복지사는 때때로 정치적인 활동을 해야 하고 적극적인 로비를 해야 한다(Zastrow, 1999). 사회복지사가 돕는 대부분의 서비스 이용자들은 스스로를 변호하거나 옹호하는 데 취약점을 갖고 있다. 그래서 사회복지사는 서비스 이용자의 대변자로서 정치적 협상과 민주적 합의를 이끌어 내는 일에 참여하는 경우가 있다.

⑤ 탄원서

'탄원서'는 사람들이 공통적인 문제를 가지고 있을 때 일반적으로 처음 생각할 수 있는 방법이다. 많은 사람들이 복사물을 돌릴 수 있기 때문에 탄원서는 구성원을 참여시키는 데 유용하다. 탄원서에 서명을 하는 행동은 모임에 참석하여 경청하는 것을 넘어선 단계이다. 특히 탄원서에는 분명한 내용이 기록되어 있어야 하고, 나아가 탄원서의 힘은 그 이슈가 그들에게 중요하다는 것을 보여주는 사람들의 숫자에서 나온다. 탄원서가 숫자의 힘을 드러내므로, 이 숫자가 탄원서를 제출할 때 포함되어야 한다. 탄원서에 서명한 사람 가운데 가능한 한 많은 사람이 표적이 된 문제 상황과 관련된 기관 혹은 사람에게 탄원서를 전달해야 한다.

(3) 옹호

옹호는 지역사회복지 개입활동에서 자주 활용되는 대표적 실천기술들 중 하나이다(강철희 · 정무성, 2006). 옹호는 전략과 전술, 모두에서 중요한 비중을 차지하고 있으면서 그 자체로 하나의 독특한 영역을 형성하고 있다. 그런 맥락에서 옹호를 따로 떼어내어 보다 심도 있게 전술기술의 하나로 설정해 살펴보려고 한다.

사회복지 분야에서는 개인이나 집단의 욕구를 충족시키고, 힘이 없다고 느끼는 사람들을 조직하며, 조직과 지역사회에서 계획된 변화를 추구하는 활동들을 흔히 옹호라고 한다. 이러한 옹호에는 두 가지 유형이 있다. 즉, 사례옹호와 계층(집단)옹호가 있다. 효과적인 지역사회복지실천이 되기 위해서는 두 가지 초점을 유지해야 한다. 먼저 개인, 부부, 가족에게 질 높은 서비스가 적절한 방법으로 전달되도록 노력을 기울여야 하고(사례옹호), 두 번째는 어떤 집단이나 계층의 욕구가 현재의 사회적 서비스 체계로서는 적절히 충족되지 못할 때, 이들을 대신해서 옹호하는 노력이 필요하다(계층옹호). 계층(집단)옹호라는 것은 사회의 역기능적인 체계를 좀 더 기능적으로 만들려고 노력하여 어떤 집단이나 계층이 좀 더 우호적으로 처우받도록 하는 것을 뜻한다. 계층옹호는 범위가 훨씬 넓고 본질적으로 사회행동의 형태를 띠며 거시적 수준의 개입을 하게 된다(이윤로, 2007). 여기에서는 주로 거시적 차원에서 널리 활용되고 있는 옹호 기술 몇 가지를 간략하게 소개하고자 한다(감정기 · 백종만 · 김찬우, 2005).

① 설득

설득이란 일반적으로 상대에게 잘 설명하거나 타일러 내가 원하는 사항을 납득시키는 일이라고 할 수 있다(최옥채, 2005). 옹호 기술로서의 설득은 변화표적체계가 기존의 결정과 다른 결정을 내리는 데 필요한 정보를 제공하는 형태를 취할 수 있다(강철희 · 정무성, 2006). 옹호 활동에서 설득은 중요한 과업이자 기술로서 매우 신중하게 이루어져야 한다. 사회복지사는 설득을 통해 지역사회복지가 성공적으로 수행되게끔 해야 한다. 호프만과 샐리(Hoffman & Sallee, 1994)는 설득의 세 가지 방법을 제시하고 있다(감정기 · 백종만 · 김찬우, 2005; 강철희 · 정무성, 2006).

- 귀납적 질문: 표적체계로 하여금 당초의 계획을 재고할 수 있도록 하는 일련의 질문을 던지는 방법을 말한다. 이는 표적체계가 초기에 결정할 결론에 대해 생각하게 만드는 일련의 질문들을 단순히 제공하는 것이다. 만약 표적체계가 초기에 잘못된 정보들에 근거하여 결정을 내렸다는 확신이 있다면, 옹호자는 그 정보를 공적인 기록으로 개방하도록 요구할 수 있다.
- 논쟁제기: 어떤 쟁점에 대해 상반된 주장을 함께 제기하는 방법이다. 옹호자가 파악하고 있는 사실과 견해는 물론, 상대방이 파악한 사실과 견해, 관심사 등에 대해 이해하고 있는 바를 함께 제시하는 것이다. 이것의 이점은 상대방의 입장을 이해하지만, 그럼에도 옹호자의 견해가 타당함을 알리는 효과를 갖는다.
- 집요성: 저항에 부딪혀도 포기하지 않고 끈질기게 설득하는 것이다.

② 대변

대변은 한 사람이 다른 사람에게 요청을 하여, 요청받은 사람이 대변자가 되는 데에 동의하고, 두 사람이 관계의 성격에 대해 결정하고 나면 시작된다. 누군가를 대변한다는 것은 그 사람의 관점을 취하게 되는 것을 의미한다. 대변의 주요 원칙은 다음과 같다(감정기 · 백종만 · 김찬우, 2005).

- 판단: 문제 당사자 외의 누군가가 관련되어야 할 필요가 있는지 판단하여야 한다.
- 공유: 사회복지사나 서비스 제공 주체가 아는 바를 서비스 이용자와 공유하여야 한다.
- 확인: 서비스 이용자가 바라는 바를 발견하여 확인하여야 한다.
- 선택과 우선순위: 선택대안들을 제시하고 서비스 이용자로 하여금 바람직한

것을 선택하게 하며 중요한 순서를 정하도록 하여야 한다.

- 파악: 특수한 상황에 대해 파악하여야 한다.
- 결정: 추진과정의 공식화 수준을 결정하여야 한다.
- 조정: 서로 간에 원활한 조정이 필요하다.
- 대비: 분할 통치 전술에 대비하여야 할 필요가 있다.
- 권한부여: 사회복지사 내지 서비스 제공 주체에 대한 채용과 해고의 권한을 서비스 이용자에게 줄 필요가 있다.

③ 청문 및 고충처리

이는 서비스 이용자들이 공평하게 처우받을 수 있도록 하기 위한 행정절차를 의미한다(감정기 · 백종만 · 김찬우, 2005). 청문은 서비스 이용자가 기관 측에 의사결정자의 결정에 대해 공정한 청문을 통지하는 것으로, 의사결정이 정책을 어기고 있는지, 부당하게 이루어졌는지 등을 판단한다. 의사결정이 위법하거나 부당한 경우에 조사관이 규정이나 절차를 따르를 것을 지시하게 된다. 고충처리도 역시 정책을 어긴 의사결정자에 대처하는 방법으로 보통 기관 내부에서 직원이나 서비스 이용자의 불만이나 고충을 수리하여 처리하는 공식적 절차로 활용된다.

④ 표적체계를 궁지에 몰기

표적을 궁지에 몰아세움으로써 표적이 바람직한 방향으로 변화하도록 설득해 나가려는 시도이다(감정기 · 백종만 · 김찬우, 2005). 이는 효과가 있을 수 있고, 반대로 더 심한 저항을 초래할 수도 있다. 피케팅을 하거나 전단을 배포하는 일, 연좌나 시위, 물리적 점거 등이 주요 방법으로 사용될 수 있다.

⑤ 정치적 압력

정치적 압력은 공공조직을 대상으로 할 때 효과적이며 그 목적은 새로운 법을 통과시키도록 한다거나, 새로운 프로그램을 개발하게 한다거나, 지역사회 주민 조직에게 이로운 정책을 강구하고 시행하도록 하는 것이다(감정기 · 백종만 · 김찬우, 2005).

⑥ 청원

청원은 특정 조직이나 기관이 일정한 방향으로 조치해 줄 것을 요청하는 다수인의 서명지를 전달하는 활동이다(감정기 · 백종만 · 김찬우, 2005). 서명지의 서명은

가가호호 방문을 통해서 또는 많은 사람들이 모이는 거리나 대형할인 매장이나 쇼핑몰, 미용실 등에서 통상 받는 경우가 대부분이다. 청원 서명서는 비교적 쉽게 받을 수 있기 때문에 서명을 통한 청원에 대하여 표적체계가 심한 압력을 받지 않는 것으로 알려져 있다. 따라서 공적으로 서명을 제출하여 공적 기록으로 남겨지게 하는 것이 효과적이다.

4) 평가

지역사회복지실천 개입과정의 마지막 단계로서 평가가 수행된다. 여기서 말하는 평가는 지역사회의 변화를 위해 활용된 전략 및 전술의 실행이 개입 결과나 과정에 나타나는 정도에 대한 평가라는 점에서 프로그램 평가와는 구분이 된다. 프로그램 평가의 경우는 대부분 특정 프로그램이나 서비스가 그 서비스 이용자에게 전달된 방식이나 결과에 초점을 둔다. 하지만 지역사회복지실천 개입에 대한 평가는 다음 네 가지 측면에서의 평가로 집중되므로 분명한 차이가 있다. 첫째, 상위목표와 하위목표 모두의 달성에 관심을 가지면서 동시에 상위목표와 하위목표 간 상호관계 내지 연결구조까지 파악하는 평가이다. 둘째, 평가의 주요 기준으로 사회지표들을 고려한다는 것이다. 셋째, 현장 인터뷰를 평가 시에 많이 활용하며, 넷째 주요사건 분석을 통해 평가를 수행한다는 것이다. 주요사건 분석은 지역사회복지실천 중 특히 사회변화와 관련된 성과물을 달성하려는 실천 개입 동안의 주요 사건(예 갈등, 대치 또는 특별 사건 등) 등에 대해 실천 평가의 관점에서 분석해 보는 기법이다(감정기 · 백종만 · 김찬우, 2005).

생각 다듬기

1 로스만(Rothman)의 지역사회복지실천 모델과 웨일(Weil)과 갬블(Gamble)의 모델을 구체적으로 비교해 보시오.

2 지역사회복지실천의 과정과 실천기술을 일목요연하게 정리해서 암기하시오.

3 사회복지사로서 내가 가장 잘 할 수 있는 지역사회복지실천기술을 생각해 보시오.

13

Chapter

사회복지실천 네트워크와 마케팅

1. 사회복지실천 네트워크
2. 사회복지실천 마케팅

1 사회복지실천 네트워크

사회가 복잡하고 다원화됨에 따라 다차원적인 문제와 욕구를 가지고 있는 서비스 이용자가 증가하고 있다. 즉 서비스 이용자의 욕구나 문제는 복합적인 구조를 보이는 것이다. 가령 아동보호전문기관에서 근무하는 사회복지사는 피학대(방임 포함) 아동에 개입하기 위해 그 학대의 원인에 따라 다양한 서비스 자원개발을 해야 한다. 부모의 실직에 의한 경제적 어려움이 학대의 원인과 관련되어 있다고 판단될 경우에는 부모에 대한 적절한 수준의 소득 지원, 일자리 마련 교육, 부모의 경제적 활동 시간 동안 필요한 아동 주간보호 서비스, 학대 부모 및 피학대 아동에 대한 심리사회적 치료, 부모를 대상으로 하는 자녀 양육 기술 관련 교육, 그리고 학대 부모의 행동을 변화시키기 위한 다양한 사회적 지원체계 등을 마련해야 한다(이태수 외, 2008).

그런데 이상에서 제시된 필요한 모든 서비스들이 한 기관에서 제공되기는 힘들고 다양한 기관으로부터 그런 서비스를 확보할 수 있기 때문에 네트워크 형성이 필요하게 된다. 네트워크는 서비스 이용자를 다른 기관에 의뢰할 때도 필요한 것이고, 사회적 지지망을 개발하기 위해서도 필요하며 사회행동을 위해서도 필요하다. 그러므로 네트워크 창출은 사회복지실천의 핵심적 기술이다. 또한 사회복지실천이 중시하는 환경 속의 인간이라는 관점과도 일치한다. 네트워크는 도움을 주거나 받을 수 있는 상대방을 찾을 때 발생하게 되며 사회적 관계를 만들고 유지하는 것이다. 네트워크는 사회적 교환을 위한 구조를 제공한다는 점에서 지지체계(support systems)라고 할 수 있다(이윤로, 2007). 특히 지역사회 내에서 조직 간의 상호 협력이란 각각의 조직들이 조직적 자율성을 유지하면서 공유된 자원을 가지고 어떤 서비스나 프로그램을 제공하기 위하여 함께 결합하는 것을 의미하며 이러한 협력 유형 가운데 하나가 바로 네트워크[1)]이다. 이러한 네트워크의 출현은 사회복지 서비스가 좀 더 서비스 이용자 중심에서 통합적으로 전달되도록 하기 위한 노력의 일종으로 볼 수 있다(이태수 외, 2008).

사회복지실천에서 네트워크는 서비스 이용자를 중심으로 가정, 학교, 직장, 지역사회의 다양한 활동 주체 간, 그리고 사회복지실천 개입의 표적체계와 상위 사회복지 서비스 전달체계 간의 생태체계적인 상생의 연계망을 만드는 것이다(이혜원 외, 2009). 여기에서 사회복지 서비스 전달체계란 '지역사회 차원에서 서비스 제공자들 간에, 그리고 서비스 제공자들과 소비자들(consumers) 사이에 존재하는 조직적 배열(organizational arrangements)' 이다(Gilbert, Specht & Terrel, 1993: 126; 이태수 외, 2008 재인용). 따라서 네트워크를 사회복지적 관점에서 본다면 지역사회복지실천의 한 차원으로 이해할 수 있다. 즉 네트워크는 사회복지사에 의하여 지역 내 사회복지 구현을 위한 보다 전문적이고 체계적인 관계망을 만들어가는 의도적이고 계획적인 사회복지실천 방법이라고 할 수 있다(이혜원 외, 2009).

1) 네트워크의 이해

네트워크(network)는 'net(망)' 과 'work(작업)' 의 합성어이다. 즉 사전적 의미로 그물과 같은 망(net)을 의미하며, 이러한 망들은 서로를 연결시키는 작업(work)까지도 포함한다(우수명, 2008). 사회적 관점에서 본다면 네트워크는 하나의 사회적 존재와 다른 사회적 존재 간의 연계된 체계 혹은 상호작용의 관계 등의 개념으로 이해할 수 있다. 그러므로 사회적 네트워크란, 지역사회 내에 거주하고 있는 개인, 집단, 조직들이 그들의 욕구나 지역 내의 어떤 문제를 해결하기 위해서 상호작용하고 교환관계를 형성하는 사회적 배열(social arrangements)을 말한다(Hardcastle et al., 2004; 이태수 외, 2008 재인용).

인간은 자신이 맺고 있는 관계를 떠나서는 살 수 없으며, 이 관계로부터 자아 정체성을 부여받는다. 자신이 갖고 있는 신념이나 가치관, 그리고 정치적인 견해도 자신과 상호작용하는 사람들로부터 영향을 받는다. 인간의 의식과 행동도 이 관계에 의해 형성된다. 이것이 관계에 자리 매겨진 인간 모습의 핵심이다. 네트워크 안

1) 합작, 조합, 컨소시엄, 연합(coalition), 연계, 연결, 연줄, 관계망 등도 네트워크의 일종으로 볼 수 있으며 여기에서는 이 모두를 총괄하여 포함하는 용어로 네트워크를 사용한다. 국내 학자들의 네트워크 또는 네트워킹에 대한 정의들을 정리해보면, '조직들 간의 연계(김인숙 · 우아영, 2003)', '조직 간 관계 또는 연줄망(홍경준, 2002)', '조직 간 연계(이혜원 · 우수명, 2005)', '기관 간 연계(함철호, 2003)', '사회연결망(김용학, 2004)', '조직 간 협력(우정자, 2006)', '지역사회관계망(홍현미라, 2006)', '사회적 연결 체계(우수명, 2008)' 등으로 다양하다. 하지만 대체로 서비스 제공을 위한 기관 혹은 조직들 간의 연계 내지 협력으로 이해하고 있는 것으로 보인다.

에 어떻게 자리 매겨졌는가에 의해서 권력을 갖기도 하며, 그에 따라 이익을 얻기도, 혹은 손해를 보기도 한다. 극단적인 예로서 누구에게나 따돌림을 받는 왕따도 네트워크 안에 자리 매겨진 특정한 위치를 가리키는 말이다. 이러한 위치 때문에 왕따는 고통 받기도 하고, 새로운 자리매김을 위해 부단히 노력하기도 한다. 네트워크에 자리 매겨진 효과는 인간뿐만 아니라 조직, 국가 등의 거시적 단위에서도 관찰된다. 그리고 사회, 문화 현상에서뿐만 아니라 경제, 정치 현상 등 모든 영역에서 그 효과가 나타난다(김용학, 2004). 가령 북한의 군사적 위협에 대응하는 힘의 상당 부분을 미국에 의존해야 하는 우리나라는 군사적 힘과 관련된 네트워크에서 차지하는 위치 때문에 미군 주둔에 필요한 경비를 부담하라는 미국 정부의 압력에 굴복하게 된다.

이렇게 일반적으로 네트워크에 대한 개념은 어떤 특정 목적에서 행위자들(사람, 조직이나 체계, 국가 등을 말함) 사이를 연결하고 있는 관계로 볼 수 있으며 동시에 행위자들이 자리매김하고 있는 위치라고 할 수 있다. 여기에서 관계란 상호 행동을 의미한다고 볼 수 있다. 이런 맥락에서 볼 때, 사회복지실천 네트워크란 사회복지 서비스 제공 기관(조직)들 사이의 협력(혹은 연계)의 한 유형으로서 각각의 기관들이 그들의 조직적 자율성을 유지하면서 서비스 이용자의 복합적 필요를 해결하기 위해 필요한 자원 조달을 목적으로 공식적 · 비공식적으로 협력해 나가는 체계의 하나라고 할 수 있다(이태수 외, 2008).

2) 사회복지실천 네트워크의 과정: 사회자본 이론을 중심으로

사회복지실천 네트워크를 설명할 수 있는 이론으로 자원의존 이론, 사회교환 이론, 사회자본 이론을 들 수 있다. 그동안 네트워크의 동기를 설명하는 데 주로 사용된 이론은 자원의존 이론과 교환 이론이었다. 하지만 이 두 이론은 네트워크는 물론 네트워크 간의 연계행위에 관한 일부분만을 설명할 뿐, 네트워크 간 연계행위를 포괄적으로 설명해 주는 데는 한계가 있다(김영종 외, 2008). 이에 반해 사회자본 이론은 지역복지를 추구하는 과정에서 네트워크적 조직방식이 지역복지 공동체를 지향하고, 지역복지의 기획과 실행력을 강화하면서도 사회자본의 증대효과를 초래할 수 있는 실제 현상을 설명해 줄 수 있는 근거가 된다. 왜냐하면 사회자본이라는 개념은 대단히 다양한 의미로 사용되고 있을 뿐만 아니라 한 사회의 문화, 특히 그 사회의 신뢰 수준과 사회규범 그리고 공동체에 대한 의무 등이 경제 효율성이나 경제성장에 지대한 영향을 미친다고 전제함으로써 사회 내에 존재하고 있는 문화적 요소들과 사회구성원 서로 간에 이익이 되는 협력을 용이하게 하는 네트워크나 규범, 신뢰와 같은 사회조직화의 특성을 명쾌하게 정리해 주고 있기 때문이다.

사실 사회자본은 개인 내부에 체화(體化)된 것이 아니라 개인들 사이의 관계에 존재하는 특이한 자본이라 할 수 있다(김용학, 2004). 콜만(Coleman, 1988)에 의하면 사회자본은 개인의 외부에 존재하며 공공재적 성격을 갖기 때문에 합리적인 개인들은 사회자본에 과소투자하게 될 가능성이 크다고 보았다. 또한 사회자본의 시각에서 보면, 상대방에 대한 신뢰는 나의 특성이나 상대방의 특성이 아니라, 나와 상대방 사이의 관계의 특성이다. 내가 사회적 규범을 지키는 것도 상대방의 행위에 의존한다는 점에서 관계적 행위이다. 가령 모두 쓰레기를 버리는 곳에서 혼자서만 쓰레기를 줍지 못하는 것이 일반적이며, 모두 문 쪽을 바라보고 있는 엘리베이터 안에서 혼자서만 돌아서서 낯선 탑승객을 바라볼 수는 없는 것이다. 계속해서 콜만(Coleman, 1988: 98)은 사회자본이란 개인이 소유하는 것이라기보다는, 개인이 동원할 수 있는 자원이며, 이 자원은 사회구조로부터 온다는 점을 강조한다. 콜만은 사회구조로부터 오는 다양한 실체는 사회규범, 신뢰, 네트워크가 주된 형태라고 보았다.

포테스(Portes, 1995)는 콜만과 달리 사회자본을 사회적 관계의 자리 매겨짐(embeddedness)의 산물이라고 보았다. 이는 사회자본을 네트워크로 보는 견해라고 할 수 있다. 즉 포테스는 신뢰나 사회규범 등을 네트워크의 부수적인 것으로 보았고, 사회자본의 핵심은 네트워크에 있다고 하였던 것이다. 최근에는 린(Lin, 2001: 23)의 사회자본 개념이 크게 주목받고 있는데, 린에 의하면 사회자본이란 (넓은 의미의) 시장에서의 이익을 기대하고 사회적 관계에 투자되는 것이다. 즉 시간과 돈과 같은 자원을 사회적 관계에 투자하면 그 결과로서 관계를 통해 획득할 수 있는 자원이 생기는데, 이를 사회자본이라고 말하는 것이다. 린의 주장처럼 규범적인 요소 등은 완전히 무시하고 사회적 관계에 대한 투자라는 관점에서 사회자본 이론을 정립하려고 하는 시도가 부각됨에도 불구하고 이상을 종합하면 사회자본은 신뢰와 네트워크, 사회규범의 세 개념이 핵심적인 위치를 차지하고 있는 것으로 보인다. 결국 사회자본은 개인이나 집단 간에 이로운 협력행위를 촉진시키는 신뢰,

규범, 네트워크 등을 통칭하는 것으로 보면 무방하리라 판단된다.

따라서 여기에서는 사회자본 이론을 토대로 하여 사회복지실천 네트워크의 과정을 네트워크 준비단계, 네트워크 구성단계, 네트워크 실행단계, 네트워크 관리단계에 따라 정리하고자 한다(김영종 외, 2008).

(1) 네트워크 준비단계

네트워크 준비단계에서는 네트워크 방법을 사용할 것인지, 안 할 것인지를 검토해야 하며 사회복지기관이나 조직 혹은 서비스 제공주체 차원에서 네트워크 방법에 대한 승인 가능성을 논의하여야 한다. 나아가 서비스 개입실천을 하고자 하는 사회복지사가 소속된 사회복지기관이나 조직에 대한 과업환경[2]을 점검해야 한다. 네트워크 준비단계에서 사회복지사는 기획자와 조정자의 역할을 주로 수행한다. 사회복지실천 개입에 필요한 네트워크를 최초로 생각해 내고, 네트워크에 필요한 과업, 기술들을 기획하고 검토하는 의미에서 기획자의 역할을 수행하게 된다. 또한 준비단계에서 사회복지사는 기관이나 조직 차원에서 네트워크 방법 사용에 대한 정당화 작업을 통해 승인을 받아야 하기 때문에 조정자의 역할을 수행하게 되는 것이다.

(2) 네트워크 구성단계

네트워크 준비단계를 마치고 나면 구성단계로 들어간다. 네트워크 구성단계에서는 우선 네트워크를 찾는 작업이 이루어져야 한다. 이는 현재 당면한 문제해결을 위한 관련 네트워크를 찾는 과정이다. 이 때 필요한 기법으로는 2차 자료를 통해 관련 네트워크를 파악하는 것과 관련 네트워크 목록표를 작성하는 것이다. 다음으로 찾아낸 네트워크에 대한 네트워크 가능성에 대해 정보를 수집하고 활용하는 것이다. 그리고 나서는 네트워크와 접촉을 해야 한다. 여기에서 사회복지사가 수행해야 하는 과업은 첫째, 관계 맺기, 둘째 신뢰구축, 셋째 상호호혜성 형성과 활용, 넷째 계약하기 등이다. 이 단계에서 사회복지사는 정보수집자, 의사소통 전문가, 분석자의 역할을 수행하게 된다.

2) 과업환경이란 기관이나 조직에 영향을 미치는 사회 · 문화 · 경제적 환경을 말한다.

(3) 네트워크 실행단계

네트워크 실행단계에서는 먼저 네트워크 영역을 구축하는 일부터 해야 한다. 네트워크 도메인[3]을 합의하고, 네트워크 크기를 정하며 네트워크 하고자 하는 참여자들 간의 관계유형에 대한 합의를 이끌어 내야 한다. 네트워크 영역이 구축되고 나면 바로 네트워크 실행이 이루어진다. 네트워크 실행 시 유의해야 할 점은 첫째, 네트워크 내에 있는 각 참여 단위의 요구에 따라 자원을 이용할 수 있는 가능성과 자원배분을 공평하게 하도록 노력해야 한다는 점과 둘째, 네트워크를 하는 데 있어 어떤 지위를 가진 사람을 참여시킬 것인가를 고려하고 결정해야 한다는 것, 셋째 네트워크의 권위의 위치를 확인해야 한다는 것 등이다. 특히 네트워크는 네트워크의 권위의 위치가 어디에 있느냐에 따라 다양할 수 있다. 네트워크의 권위의 출처는 주로 권위의 위치가 내부인가, 외부인가로 나누며 가령 자발적 네트워크 같은 경우는 내적 권위를 지니게 되며 이는 과업에 있어 혁신적이고 창조적일 수 있는 특징이 있고 효율성에 대한 강조도 상대적으로 적을 수 있다.

네트워크 실행단계는 네트워크 영역을 구축하고 네트워크를 실행해야 하기 때문에 조정자로서의 역할이 사회복지사에게 주로 요구된다. 또한 많은 과업이 합의를 이끌어 내고 때로는 협상해야 하기 때문에 이 단계에서 사회복지사는 협상가의 역할과 중개자의 역할도 수행하게 된다.

(4) 네트워크 관리단계

네트워크를 관리한다는 것은 네트워크 갈등을 관리하고 유지하는 것을 말한다. 대부분의 네트워크 갈등은 네트워크 의존성에서 비롯된다. 네트워크 갈등을 관리하기 위해서는 첫째, 네트워크의 의존성과 영향력을 관리해야 하며, 둘째 네트워크의 중심을 관리하는 것이다. 네트워크의 중심성이란 네트워크의 중심이 어디에 있는지, 즉 네트워크 내에서 참여 단위들이 어떻게 상호작용하는지의 모습을 나타내는 말이다. 즉, 서로가 서로에 대해 도달 가능한가의 의미로 도달가능성이라고도 한다. 셋째, 네트워크의 조정 혹은 통제이다. 네트워크의 중심성을 점검했다면 이제 바람직한 방향으로 네트워크 내의 관계를 촉진해야 한다. 이렇게 네트워크 내의

3) 네트워크 도메인이란 네트워크를 통해 구성하게 될 네트워크 영역을 말한다. 도메인은 첫째, 문제나 욕구, 둘째 대상 집단, 셋째 실천기술, 넷째 네트워크 설정지역, 다섯째 자원출처 등으로 구성된다.

관계를 촉진시키는 것을 네트워크의 조정 또는 통제라 한다.

또한 네트워크를 형성하는 것만큼이나 어려운 것이 네트워크를 관리하고 유지하는 일이다. 네트워크를 잘 유지시키기 위해서는 첫째, 네트워크 응집력 관리하기이다. 네트워크 응집력이란 사람들 간에 또는 조직이나 네트워크 자체에 대해 참여자들이 친밀해지는 것을 말한다. 둘째, 네트워크의 밀도와 복잡성 유지하기이다. 네트워크 밀도란 네트워크 내에서의 상호작용 가능한 관계의 수에서 실제 관계의 수가 얼마인가를 보는 지표이다. 네트워크 밀도는 곧 네트워크의 복잡성과 직결된다. 따라서 밀도와 복잡성은 네트워크 안에 있는 단위들의 수와 그 단위들 간의 상호작용의 합에 의해 결정된다고 할 수 있다. 네트워크의 크기가 증가하면 밀도와 잠재적 응집력을 관리하기가 힘들어진다. 네트워크의 크기는 관계의 수이기 때문이다. 다시 말해 네트워크 밀도, 즉 복잡성이란 네트워크 관리능력과 매우 밀접하기 때문에 밀도를 점검하고 관리가능한 관계의 수를 파악하는 것은 네트워크를 건강하게 유지시키는 데 매우 중요하다. 셋째, 상호호혜성과 신뢰 관리하기이다. 네트워크를 형성했다는 것은 서로가 필요로 하는 자원에 대한 수평적 교환구조가 생겼다는 것이고, 이는 네트워크 설정지역 내에 상호부조의 흐름이 생성되었다는 것을 의미한다. 이 때 네트워크에 의해 만들어진 상호부조의 양식을 상호호혜성으로 발전시키는 것은 사회복지사들의 임무인 것이다. 또한 사회복지사는 신뢰도 관리해야 한다. 네트워크에서 만들어진 참여단위에 대한 신뢰기반을 지역사회로 확장시킬 필요가 있는 것이다. 네트워크 관리단계에서 사회복지사는 무엇보다도 갈등을 중재할 수 있어야 하며 효과적이며 효율적인 의사소통을 해낼 수 있어야 한다.

3) 사회복지실천 네트워크에서 유용한 사회관계망 지도

사회관계망 지도(Social network diagram)는 관계망 내에 있는 사람들이 서비스 이용자와 어떤 관계에 있는 사람들이고, 이들이 서비스 이용자에게 주는 물질적, 정서적, 정보적 지원은 어느 정도인지, 도움의 방향은 일방적인지 그리고 이들 관계망 멤버와의 근접성과 접촉빈도 및 최초 접촉시기 등은 어떠한지를 보여준다(Turner, 1996; Whittaker & Tracy, 1993; 이준우 · 이화옥 · 임원선, 2006 재인용).

표 13-1 사회적 관계망 예시

ID —— 응답자 —— 이름	생활 영역	물질적 지지	정서적 지지	정보/조언	비판	원조 방향	친밀도	만나는 빈도	알고 지낸 기간
	1. 가구원 2. 다른 가족 3. 직장/학교 4. 조직 5. 다른 친구 6. 이웃 7. 전문가 8. 기타	1. 거의 없다 2. 가끔씩 3. 거의 항상	1. 거의 없다 2. 가끔씩 3. 거의 항상	1. 거의 없다 2. 가끔씩 3. 거의 항상	1. 거의 없다 2. 가끔씩 3. 거의 항상	1. 양방향 2. 그들에게만 3. 그들이 당신에게만	1. 거의 친하지 않음 2. 가까운 정도 3. 매우 가까움	1. 1년에 몇 번 2. 한 달에 한 번 3. 주마다 몇 번 4. 매일	1. 1년 이하 2. 1~5년 3. 5년 이상
01									
02									
03									
04									
05									
06									

출처: 이준우 · 이화옥 · 임원선(2006), 사회복지실천론, p. 317.

따라서 사회관계망 지도는 서비스 이용자의 사회적 지지 관계망을 묘사하고 서비스 이용자의 관점에서 사회적 지지의 속성을 측정한다. 사회적 지지 관계망에는 직장, 학교, 클럽, 교회와 같은 다소 형식적인 조직뿐만 아니라 가족이나 가계 구성원, 확대가족, 친구, 이웃까지 포함된다. 우선 서비스 이용자는 그들의 사회적 지지 관계망의 구성원이 누구인지 파악하여 [그림 13-1] 속에 채워 넣는다(이윤로, 2007).

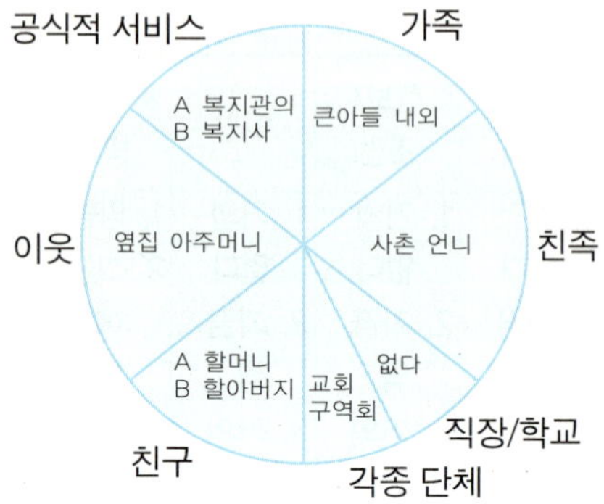

그림 13-1 **사회적 관계망**

출처: Milely, K. K. et al. (1995), Generalist Social Work Practice(Needham Height, Ma: Allyn & Bacon); 이윤로(2007), 사회복지실천기술론, 재인용, p. 335.

2 사회복지실천 마케팅

사회복지 영역에서 마케팅은 홍보 외에 활용할 것이 거의 없는 것으로 인식되어져 왔다. 왜냐하면 사회복지에서는 팔 수 있는 것이 없다고 여겨져 왔기 때문이다. 하지만 사회복지기관(예 사회복지관, 지역복지센터, 문화복지센터, 주간보호센터 등)에 상품이 없음에도 불구하고 기관에 돈을 내는 사람들이 의외로 많다는 사실이다. 대부분은 후원자이거나 사회복지 서비스를 구매하는 이용자들이다. 여기에서 돈을 낸다는 것은 무엇인가 가져가는 것이 있다는 것으로 이해할 수 있다(양원석, 2005). 여러 가지가 있을 수 있겠으나 후원과 봉사를 통한 고귀한 가치를 얻는다거나 사회복지 서비스를 통해 변화를 경험함으로써 결국은 '자기만족'을 얻게 된다고 볼 수 있는 것이다. 즉, 후원자와 돈을 내는 서비스 이용자는 그 대가로 자기만족을 가져가는 것이다. 따라서 사회복지기관의 상품은 후원자와 서비스 비용을 지불할 수 있는 이용자의 자기만족이며, 이들은 돈을 내고 이를 구입하는 것이라 할 수 있다.

이렇게 보면 후원자 및 서비스 이용자와 사회복지기관 간의 관계는 고객과 기업의 관계와 별반 다르지 않는 것으로 보인다. 사회복지실천은 사람을 대상으로 하는 서비스이다. 흔히 마케팅은 돈을 벌기 위한 것으로 생각하기 쉽지만 실은 마케팅도 궁극적으로는 사람을 대상으로 하는 서비스이다. 마케팅에서의 가장 핵심적인 과제는 고객의 욕구를 이해하고, 이를 충족시켜서 자본을 형성하는 데에 있기 때문이다. 과거에는 자본을 '돈' 으로만 인식하였지만 최근에는 사람의 마음이 돈을 움직인다고 대부분의 기업들이 이해하고 있다는 것이다. 따라서 단지 사용하는 언어와 방법이 생소할 뿐, 기업이나 사회복지기관 모두 마케팅에 대한 접근은 차이가 없어야 한다고 본다. '욕구를 충족시키는 방법' , 그것이 상품에 의하면 마케팅이고 사회복지 서비스에 의하면 사회복지실천이라고 할 수 있는 것이다.

가령 일반 상품을 구매하면, 상품을 사용해 보고 욕구를 충족시키게 된다. 그래서 기업은 고객으로부터 선택받기 위해 상품의 브랜드 가치를 높이는 작업을 한다. 그러면서도 동시에 선택된 브랜드를 통해 고객의 욕구를 더 많이 충족시키기 위해 끊임없는 품질관리와 기능향상, 브랜드 연상관리를 시도한다. 마찬가지로 사회복지기관도 기관의 상품인 자기만족의 품질관리와 기능향상에 많은 노력을 기울여야 한다. 그리고 사회복지기관의 브랜드 이미지를 높여 후원자와 서비스 이용자의 신뢰도와 충성도를 가질 수 있도록 해야 한다(양원석, 2005). 실제 마케팅에 대한 이러한 인식과 필요성을 최근 사회복지 분야에서 폭넓게 수용해나가고 빠른 속도로 확산시켜 나가고 있는 것은 매우 바람직한 현상이라 판단된다. 따라서 사회복지실천 마케팅을 효과적 · 효율적으로 수행해나가기 위해서 사회복지기관이 추구해야 할 마케팅 전략에 대한 논의는 매우 중요하다고 본다.

1) '서비스 이용자 중심 경영' 의 실현

사회복지실천 마케팅을 성공적으로 수행하기 위해서는 사회복지 서비스를 제공해야 하는 사회복지기관이 '서비스 이용자 중심 경영' 을 해야 한다. '서비스 이용자 중심 경영(Client-Centered Management)' 은 한마디로 고객 중심의 기관 운영이나. 그러면 '서비스 이용자 중심 경영' 은 어떻게 할 것인가(Rapp & Poertner, 1992)?

(1) 사소한 일부터 시작하라

고객 중심은 어려운 것이 아니다. 가장 먼저 사회복지기관에 안내 부스가 제대로 되어 있는가, 그리고 안내 부스에 인력이 배치되어 있는가를 살펴보면 고객 중심으로 기관운영을 하고 있는지를 알 수 있다. 사회복지기관에 무슨 안내 부스와 안내가 그렇게 강조되어야 하느냐고 할지 모르지만 진정으로 고객 중심을 실천하고자 한다면 반드시 정규 인력이 안 되면 자원봉사자라도 배치해서 그 복지기관을 안내하는 일이 꼭 필요하다고 강조하고자 한다. 이렇게 지극히 사소하다고 생각하기 쉬운, 안내하는 일부터 바로 서비스 이용자 중심, 즉 고객 중심의 한 표현인 것이다. 서비스 이용자는 사회복지기관에 대해서 구체적이며 분명하게 알고, 설명 받을 만한 충분한 자격이 있으며 이에 대한 인정과 존중이 바로 서비스 이용자 중심의 시작이 된다. 사회복지기관만큼 인간 서비스 분야에서 서비스 정신이 강조되는 곳도 없을 것이다.

(2) 서비스 이용자의 자기의결(혹은 의사) 표현을 위한 기회를 부여하라

사회복지기관에서 서비스 이용자는 경직되고, 오히려 전문가는 편안하게 커피를 마시는 모습을 본다. 벌써 서비스 경쟁에서 뒤지는 것이다. 이는 사회복지사의 서비스 정신이 매우 부족함을 실증적으로 보여주는 현실이다. 서비스 전문가로서의 이미지를 확고하게 나타내지 못하고 있는 것이다. 서비스 이용자가 자기표현을 충분히 할 수 있는 개방적 분위기를 조성해야 한다.

(3) 투명한 운영을 하라

가령 후원금 내역보고 같은 일을 단순히 행정적 요식 행위 정도의 수준으로 생각하지 않는 것을 들 수 있다. 즉 보고는 하면서도, 내역보고는 보내면서도 보다 친절하게 안내하고 설명하는 과정이 생략된다면 아무리 투명한 기관운영을 한다고 외쳐도 사람들은 인정하지 않을 수 있다는 것이다. 특히 사회복지실천은 신뢰와 정직을 기반으로 하는 강력한 도덕성을 토대로 서비스 개입이 이루어지는 전문적인 활동이므로 투명한 운영에 대한 노력을 아무리 강조해도 부족함이 없다고 할 수 있다.

2) 서비스 성과(Performance)의 창출

사회복지기관이 마케팅을 잘 해나가기 위해서는 '서비스 중심 경영'을 해야 하며 '서비스 이용자 중심 경영'에는 가장 기본적인 전제가 있다. 그것은 실제 사회복지실천 프로그램이 성과를 창출할 수 있어야 한다는 사실이다. 사회복지기관이 성과를 내야 할 각 영역은 다음과 같이 살펴볼 수 있다(Long & Tice, Morrison, 2006).

(1) 서비스 이용자의 아웃컴(outcome, 결과)

사회복지 서비스를 받고 난 후에 서비스 이용자가 결과적으로 변화한 것이 '성과'이다. 즉, 서비스 이용자의 변화에 대한 효과성이 성과의 중요한 요소가 된다(client outcome=change=effectiveness). 사회복지사가 사회복지 서비스를 실천할 때, 무엇보다도 중요하게 생각해야 할 성과의 영역은 '서비스 이용자'이다. 즉, 서비스 이용자로부터 성과가 나타나야 한다는 것이다. 이를 서비스 이용자 결과라고 말할 수 있다. 서비스 이용자 결과는 다음의 변화를 통해서 파악될 수 있다.

① 서비스 이용자의 정서적인 변화: 서비스 이용자가 임파워먼트(empowerment)됨으로써, 문제해결을 향한 의욕이 생겨나고 있는지 살펴보아야 한다. 기쁘고, 즐거운 마음의 상태로 변화되고 있는지, 또한 자긍심 고양 등을 통해 정서적인 변화가 일어나고 있는지 등을 파악해야 한다.

② 인지적 변화: 지식이 늘어나고 정보의 양도 늘어나고 있는지 살펴야 한다.

③ 행동의 변화: 성과를 구체적으로 제시할 수 있어야만 이익(profit)을 냈다고 할 수 있다. 행동의 변화는 다른 영역의 변화보다 구체적으로 파악할 수 있다(예 출석률 증가, 문제행동의 감소 등).

④ 지위의 유지와 변화: 서비스 이용자의 지위가 바뀌거나 기존의 지위를 유지할 수 있다.

⑤ 환경적 수정: 환경의 수정이 있어야 한다. 가령 지역사회에서 준비되지 않은 상황에서 탈시설화를 잘못 하게 되면 서비스 이용자에게 오히려 해가 될 수 있다(예 장애인, 빈곤 노인 등).

(2) 생산성

생산성의 측정은 서비스에 대한 서비스 이용자의 수, 서비스 에피소드, 서비스 이벤트, 경과된 시간 등을 고려하여 살펴보게 된다. 서비스의 결과를 평가할 때, 흔히 생산성을 보게 될 만큼 생산성은 보편적인 서비스 성과의 하나로 여겨질 수 있다. 일반적으로 생산성은 서비스 양을 의미한다. '몇 건의 서비스를 주었느냐?', '몇 명에게 서비스를 주었느냐?'를 말한다.

(3) 자원의 획득

돈(재원), 인력, 경영자, 서비스 이용자, 공공지원 등을 획득하였는지가 성과의 중요한 요소가 된다. 특기할 것은 서비스 이용자도 그 자체로 중요한 사회복지 서비스 자원이라는 사실이다.

① 자원획득의 핵심은 '돈' : 돈을 얼마나 획득했는가가 성과의 중요한 요소가 된다. 자원에서 핵심은 '돈'이다. 앞으로 비영리 복지사업이 살아남기 위해서는 '돈'을 획득하는 것이 큰 이슈가 될 것이다.

② 인적 자원: 사회복지 서비스는 노동집약적인 사업이다. 즉, 사회복지는 사람 싸움이다. 이제는 한 사람을 뽑아도 '누가 들어오는가?'가 중요하게 된다. 인적 자원이 중요하다. 훌륭한 조직이 되기 위해서는 인적 자원에 대한 투자가 많아야 한다.

③ 경영자: 경영자나 전문가가 서비스 이용자에 대한 특화된 기술(technology)을 갖고 있어야 한다. 한두 개를 최고의 프로그램으로 만들 수 있어야 한다.

④ 서비스 이용자: '우리 기관에 얼마나 많은 서비스 이용자를 확보하느냐?'가 매우 중요하다.

⑤ 공공지원: '국가적인 공공지원을 얼마나 확보하고 있는가?'가 중요하다.

(4) 효율성

효과성은 '원래 세운 목표들을 달성했는가?'이고, 효율성은 '원래 세운 목표들을 얼마나 경제적으로 달성했는가?'이다. 성과는 효율성을 달성해야 한다. 단위비용까지 정확하게 계산해낼 수 있어야 한다. 그리고 표적 집단 중에서 몇 명, 몇 %의 서비스 이용자에게 서비스를 주었는가? 가령 100명보다는 200명에게 주었을 때, 효율성이 있다. 200명에게 서비스를 주면, 기타 서비스를 더 알고 접할 수 있기 때문이다. 즉, 시너지 효과를 고려할 수 있다는 것이다. 표적 집단이 몇 명인데 몇 %에게 서비스를 주고 있는지가 나와야 한다. 서비스를 주는 데의 비용이 최소화되어야 한다.

(5) 직원 사기

직원에 대한 사기는 직원의 직무 만족감으로 드러난다. 소진되지 않도록 하는 것이 직원 사기에 대한 기본이다. 사회복지 서비스를 감당하는 직원에 대한 '사기 정도'가 성과의 기준 속에 들어간다는 사실에 많은 도전과 감동을 받게 된다. 성과가 좋다는 것은 직원들의 사기가 높다는 것이다. 전문가의 만족도가 높아야만 서비스 이용자에게 양질의 서비스를 줄 수 있다.

3) 서비스 이용자 중심 관리 · 경영의 원칙

성공적인 사회복지실천 마케팅을 실현하기 위해서는 앞서 개략적으로 살펴본 '서비스 이용 중심 경영' 의 원칙을 준수하는 것이 효과적이다. 서비스 이용자 중심 경영의 원칙은 다음의 4가지로 설명할 수 있다(Rapp & Poertiner, 1992).

(1) 서비스 이용자에 대한 존중

서비스 이용자가 갖고 있는 다양한 강점을 인정하며 존중한다는 것이다. 서비스 이용자는 문제해결을 위한 자원과 능력을 갖고 있다. 그러므로 사회복지기관 경영자는 서비스 이용자의 장점, 능력, 재능, 자원과 열망에 대한 깊은 이해와 존중이 있어야 한다.

(2) 초점(focus)을 창조하고 유지하기

사회복지 서비스에서 서비스 이용자 중심의 초점을 조직적으로 선택하고 정립해 나가는 것은 사회복지기관 경영자의 업무이다. 초점은 서비스에 대한 서비스 이용자의 변화를 위해서 이루어져야 하며 서비스 이용자 산출에서 사용될 수 있는 용어로서 정의되어져야 한다. 초점은 가능성 있는 다른 가치 있는 목적과 활동을 제한하여 가장 우선적인 것으로 집중될 필요가 있다. 이와 같은 초점은 서비스 이용자의 변화를 효과적으로 수행하기 위해서 큰 유익을 가져다 준다.

(3) 불가능에 대한 도전

서비스 이용자 중심 경영은 서비스 이용자가 자신의 상황에 대하여 힘 있게 대처해갈 수 있는 자기인식을 할 수 있음을 전제한다. 또한 서비스 이용자의 욕구에 대한 명백한 초점에 기초한 융통성과 창조성에 기초하여 고도로 발전된 문제해결 기술을 발휘하며 서비스 이용자의 바람직한 변화를 인내하며 이루어내는 것이 서비스 이용자 중심 경영이라는 것이다.

(4) 삶을 위한 학습

살기 위해서 일하는 것이라기보다 살기 위해서 배운다는 것은 서비스 이용자 중심 경영이 일상적인 생활에 기초한 것임을 알게 해준다. 서비스 이용자 중심 경영은 삶 속에서 배우며 이루어가야 할 학습의 과정이다. 사회복지기관의 경영은 삶과 무관한 것이 아니며 오히려 생활과의 밀접한 관계 속에서 이루어져야 한다. 그러므로 사람을 돕는 것은 어떤 면에서 삶을 배워나가는 과정이 된다. 사회복지사는 생존하기 위해서 배워야 한다. 사회복지사는 끊임없이 배우려는 노력이 없이는 살아남을 수 없다. 마치 의사가 끊임없이 새로운 임상 지식을 이론화하고 있는 것처럼 사회복지사도 지속적으로 자기발전을 위한 학습의 기회를 만들어 가야 한다.

4) 모금의 활성화

사회복지실천 마케팅을 잘 수행하기 위해서는 '서비스 이용자 중심 경영' 을 통해서 서비스 성과를 효과적으로 산출해 내야 한다. 이렇게 성공적으로 성과가 창출될 때, 사회복지기관의 사회복지실천 서비스 내지 프로그램은 사회적으로 인정받고, 많은 서비스 이용자들로부터 사랑과 관심을 받게 된다. 그런데 사회복지기관이 사회복지실천 프로그램을 유지하고 개발하려고 한다면, 이는 안정적이고 광범위한 자금 기반을 가지고 있어야 한다. 점점 더 많은 일을 해 나가야 하는 상황에서 재정을 확보하는 것은 결코 쉬운 일이 아니다. 정부나 재단으로부터 재정지원을 받는 경우도 있으나 그 액수는 한계가 있다. 따라서 모금은 사회복지실천 마케팅에서 점점 더 중요해지고 있다. 즉, 현실적으로 '서비스 이용자 중심 경영' 을 제대로 실천히기 위헤서도 사회복지기관의 운영자금을 적절하게 확보하는 일은 필수적인 업무로 인식되고 있다. 문제는 정부와 재단으로부터 나오는 재정이나 운영자금은 늘 부족하다는 것이다. 따라서 '기금 개발' 혹은 '모금' 의 비중이 커지고 있다는 것이다. 또한 모금은 사회복지기관의 가치를 진정으로 신뢰하고, 해마다 특정한 기부를 하리라 믿어지는 기부자들을 확인하고 양성하는 것을 말한다. 이런 상황에서 전문적인 모금의 필요성이 내두되고 있나. 그러넌 사회복시실천 마케팅의 일환으로 실행되는 모금은 어떻게 해나가야 하는가? 구체적인 모금 방안에 대한 세부적인 내용은 사회복지기관이나 각 개별 사회복지사 나름대로 충분히 개발해서 시행할 수 있을 것이다. 여기에서는 모금의 원칙과 윤리, 윤리강령, 기부자에 대한 권리를 인식해야 하는 입장에서 살펴본 '기부자 권리 선언' 을 중심으로 정리하였다.[4)]

(1) 모금의 원칙과 윤리

먼저 모금의 원칙은 다음과 같이 정리해 볼 수 있다.

첫째, 창조적인 사회복지사가 되어야 한다.

둘째, 돈을 모을 수 없을 것이라는 두려움을 없애야 한다.

셋째, 기금 모금이 정말로 지역사회와 서비스 이용자에게 필요하고 적합하다고 생각해야 한다.

넷째, 즐겁게 모금 업무를 감당해야 한다.

하지만 모금 업무를 담당하는 사회복지사는 기금을 조성하거나 개발할 때, 혼란스럽고, 불분명하고, 그러면서도 책임감을 느낄 때마다 항상 이러한 질문을 감수해야 한다. '나는 나를 믿고 내게 맡겨준 '많은 인적 · 물적 자원' 을 진실로 잘 보관하고 활용함으로써 신임받고 있는 고용인이라고 불릴 수 있는가?

기금 조성을 위한 전략의 진정한 의미는 사회복지기관이 기금 조성에 사명을 예

4) 모금에 관한 내용은 필자가 평소 생각하고, 고민해 왔던 소신을 정리해서 작성한 것임을 밝힌다.

속시키는 것이 아니라 조직의 사명을 위하여 기금 조성을 실현하는 데 있다. 이러한 이유에서 '기금 조성' 이라는 말 대신에 '기금 개발' 이라는 말을 쓰는 것이 더욱 적합하다고 본다. '기금 조성' 이라면 동냥그릇을 들고 다니면서 구걸을 하고 다니는 것에 비유되는데 필요에 의해서 어쩔 수 없는 일이라는 견해이다. 그러나 '기금 개발' 이라면 조직을 후원할 유권자들을 창출한다는 뜻을 가지고 있다. 개발한다는 것은 희사를 통한 회원으로서 참여한다는 것을 의미한다.

기금 개발을 하면서 우리는 사람의 가슴에 호소한다. 그리고 부단히 사람의 머리에 호소하는 노력을 하지 않으면 안 된다. 사회복지기관은 노력의 결과를 미리 분명하게 정의하여 그것을 근거로 기금을 희사해 준 사람들에게 어느 정도의 결과를 성취하고 있다는 것을 보고해야 한다. 사회복지기관을 후원한다는 자체가 자기실현의 충족이 될지도 모른다. 이러한 것이 기금 개발의 궁극적인 목표가 되어야 한다. 후원을 통해서 기회를 준다는 생각이다. 사회복지기관이 진정으로 성공하는 것은 그 조직과 단체가 표방하는 일을 어떻게 추진해 나가는지에 관해서 더 많은 사람들이 호의적인 관심을 가지도록 하는 데 달렸다고 할 수 있다. 기금 조성을 통해서 기부자들이 혹은 후원자들이 모든 프로그램을 자기 일처럼 하게 되어 소위 우리가 말하는 프로그램의 소유자가 되는 것이다. 가장 중요한 것은 우리의 조직 자체를 있는 그대로 소개하고 성취하고자 하는 목표에 대한 정보를 주지시킴으로써 기부를 받는 사회복지기관의 궁극적 목적을 기부자들로 하여금 정확히 이해하고 파악할 수 있게 하는 것이다.

또한 모금 업무를 수행함에 있어서 사회복지기관은 해야 할 일과 하지 말아야 할 일이 있다. 정확한 분별을 하지 않을 때에는 조직에 해를 가져오며 성과를 저해하게 된다. 모든 움직임과 일에 대한 의사결정, 모든 정책 결정에 있어서 사회복지기관은 처음부터 다음과 같은 질문을 스스로 하면서 시작해야 한다. 이러한 질문들은 모금의 윤리와 직결되는 것이라 할 수 있다.

- 이렇게 하는 것이 우리들의 사명을 수행하고자 하는 힘을 더욱 증진시킬 수 있는 것인가?
- 후원비로 받아서 행정비로 너무 많이 지출하는 것은 아닌가?
- 후원비를 모금해 올 때, 지켜야 될 것이 무엇인가?
- 검은 돈을 받을 것인가? 받지 말 것인가?

- 예산을 집행할 때, 투명한가?
- 모금에서 성공하기 위해서 기관과 서비스에 대하여 대중들에게 지속적으로 정보를 제공하는 정직한 마케팅 프로그램인가?

사회복지기관의 구성원들이 모금에 적극적일 수 있기 위해서는 기관의 돈 운용이 떳떳해야 한다. 기금 조성은 매우 개인적인 활동이다. 실제로 사람들은 사회복지기관이나 어떤 이유 때문에 돈을 주는 것이 아니라 사람에게 돈을 준다. 그러므로 당신이 요청하고자 하는 계획을 세운 조직들 안에서 주요 인물들을 알고, 관계망을 형성해야 한다. 또한 사회복지사가 접근할 수 있는 다른 개인들을 알아두고 그 기관의 다른 사람들과도 신뢰관계를 형성해야 한다. 이로써, 현재 사회복지기관을 통하여 내일의 진정한 시민사회를 창조할 수 있다.

(2) 모금 전문가의 윤리 강령

윤리 강령은 윤리적 함의를 갖는 상황에서 행동을 안내하는 일반적 원칙과 행동에 대한 현명한 평가를 제공한다. 윤리 강령은 행동하기 전 혹은 후에 윤리적 행동에 대한 판단을 내리는 데 기초를 제공한다. 윤리성에 대한 신뢰가 사회적으로 부여될 수 있는 조직이나 기관 혹은 집단의 윤리 강령이라야 공인될 수 있다. 예를 들면, 마피아가 윤리 강령을 가졌다고 해서 어느 누구도 이들의 규범을 윤리적이라고 하지 않는다. 도둑들이 아무리 정직하겠노라고 맹세하더라도 그것은 상식적으로 앞뒤가 안 맞는 것이다. 조직과 동료에 대하여 절대적인 충성을 다한다 해도 그것을 일반적인 충성으로 받아들일 수는 없는 것이다. 진실과 신뢰가 담보된 가운데 널리 알려져 있는 공인된 조직이나 모임에서 나온 원리에서만이 윤리 강령은 정당화될 수 있다.

최근 사회복지 분야만이 아니라 사회의 여러 영역에서 윤리 강령은 중요성을 더해가고 있다. 가령 어떤 회사가 있다고 하자. 그 회사에는 회사경비를 허위 조작하는 고용주에서부터 조직의 기록을 변경하여 돈을 가로채는 사람들까지의 총체적인 횡령의 문제가 있다. 만약 그들의 부도덕성이 발각되면, 그들은 "나는 회사가 파산되지 않게 하기 위하여 그것을 했어"라고 하거나, "나는 나쁜 사람이 아니야" 혹은 "어떤 사람도 해치지 않았어."라고 정당화시킬 것이다. 이런 오류를 막기 위해선 반드시 윤리 강령이 있어야 한다. 그래서 많은 회사들이 회사발전에 큰 힘이 되는 윤리 강령을 만들기 위해 상당한 비용을 들인다.

그러므로 윤리 강령은 잘 만들어져야 한다. 만약 윤리 강령에 구체적인 상황을 고려하는 것이 부족하거나 일상생활에 흔히 경험할 수 있는 삶의 구조를 전략적으로 살펴보지 않고 대충 만든 윤리 강령은 오히려 혼란만 가중시킬 수 있다. 그래서 윤리 강령은 신중하면서도 현실감 있게 논의되어야 하며 일시적 위기상황뿐 아니라 넓고 장기적인 안목으로 검토되어야 한다. 윤리 강령은 경험에 의해 명확화되고 원리에 의해 지지될 때, 가장 효과적이다.

또한 윤리 강령은 조직의 리더십을 효과적으로 표현한 것으로도 말할 수 있다. 리더십의 본질은 윤리적이어야 한다. 리더는 실질적 · 도덕적으로 덕이 있어야 한다. 사회복지기관의 사회복지사들 모두가 아주 뛰어난 지도자는 될 수 없지만 각각의 지위에서 제 몫을 다하는 윤리적인 지도자는 될 수 있다.

그러면 모금 전문가를 위한 윤리 강령에서 고려되어야 할 기본적 요소는 무엇인가?

첫째, 기부자에 대한 존중이다. 기부자 혹은 후원자가 스스로 자율적으로 자기결정을 통해 모금에 참여할 수 있도록 해야 한다.

둘째, 모금참여는 기부자의 선행이라는 인식을 가져야 한다. 선을 위한 공헌과 자선적 동기를 간과해서는 안 된다.

셋째, 기부자에 대해서 진실해야 한다. 진실하게 말하고 행동해야 하며 약속을 철저히 지켜야 할 뿐만 아니라 책임 있는 기부자 관리 및 기부액수에 연연하지 않는 공정성 확보에 많은 노력을 기울여야 한다.

다음으로 모금행위에 고려해야 할 규정을 살펴보면, 다음과 같다.

첫째, 좋은 목적을 수립해야 한다. 모금의 목적이 분명하고 좋은 의도를 갖고 있게끔 목적이 바람직하게 세워져야 한다.

둘째, 기부자, 자원봉사자, 스텝진, 대중과 함께 전문 윤리적 관계를 유지해야 할 것이다.

셋째, 사회복지사는 모금에 따른 법적 의무와 윤리적 책임에 정통해야 한다. 법률 자체의 뜻과 정신을 지키고, 모든 시민들에게 제공되어지는 특권과 권리를 지켜야 한다.

넷째, 개인 및 기관과 단체 정보의 비밀성을 보장해야 한다. 조직의 재정 및 자료를 함부로 공개하지 않는다.

다섯째, 기부자의 의도에 따른 신중하면서도 적절한 자금관리와 양심적인 분배가 이루어져야 한다.

여섯째, 정보의 사용, 관리에 있어서 성실성을 보장하려는 노력이 필요하다. 즉, 개인과 조직 정보의 비밀보장이 이루어져야 한다.

일곱째, 이익갈등이나 경쟁을 피하기 위해 편애, 부당한 이익, 자신이나 조직에 대한 재정적 보답을 받아들이지 않는다.

여덟째, 자신과 전문직에 대한 윤리적 책임을 생각하고, 동료들을 존중하며 신중하고 정직하게 예산을 세우고 시설과 장비를 조심스럽게 사용하여야 한다.

아홉째, 윤리 강령은 간결하며 포괄적이면서도 명확해야 한다.

결국 모금을 수행하는 사회복지사가 어떻게 원칙에 입각한 결론을 내리고 윤리적으로 책임감 있게 행동하고 생각할 것인지 사회복지기관의 윤리적 강령을 검토해야만 한다.

사회복지실천 현장에서 이루어지는 모금에 따른 윤리 강령 수립에 도움이 되었으면 하는 마음으로 '사회복지사의 모금 윤리 강령'을 제안해 보고자 한다.

첫째, 개인의 이익보다는 사명을 가지고 모금에 임하며 봉급에 의한 보상만을 받아들인다.

둘째, 문화적 다양성과 다원주의적 가치를 촉진시키고, 존엄성과 존중감을 갖고 모든 사람들을 대한다.

셋째, 모든 적용 가능한 법률과 규정뿐만 아니라 그 정신까지도 준수하려고 노력한다.

넷째, 바람직한 공적인 활동으로 기금 조성 전문직에 대한 신뢰를 가져다준다.

다섯째, 개인적 능력향상을 위한 노력과 준비되어진 전문적 자질과 자격증을 확보한다.

여섯째, 모든 사회적 관계들과 이익-갈등 관계를 개방한다.

일곱째, 모금을 하는 데 있어 전문적인 실천의 기준을 지킨다.

여덟째, 중개인으로서 받게 되는 수수료 등을 바라지 말고 받아들이지도 않으며 사회복지기관이나 조직이 이러한 방법으로 이익이 되는 것을 막아야 한다.

아홉째, 모금 업무를 담당하는 사회복지사들은 그들의 전문적 경험, 자질, 그리고 전문기술을 정확하게 기술할 수 있어야 한다.

열 번째, 사회복지기관의 번영을 위한 정보나 기금들이 변형되지 않도록 해야 한다.

열한 번째, 모금 업무를 담당하는 사회복지사들은 기증자들이 리스트에서 그들의 명단을 빼거나 다른 사회복지기관으로 바꿀 수 있게 해줘야 한다.

열두 번째, 모금 업무를 담당하는 사회복지사들은 공인되지 않은 기관에 특별한 정보를 공개하지 말아야 한다.

열세 번째, 모금 업무를 담당하는 사회복지사들은 정보의 비밀을 지켜야 한다.

열네 번째, 모든 기증된 물품들이 정확하게 사회복지기관의 사명을 반영하여 쓰이도록 보증해야 한다.

열다섯 번째, 모금 업무를 담당하는 사회복지사들은 가능한 한 모든 기증품들이 기증자의 의도와 일치되게 쓰이도록 보장해야 한다.

열여섯 번째, 모금 업무를 담당하는 사회복지사들은 가능한 한 기부의 적합한 관리를 보장해야 한다. 기금의 신중한 투자, 사용에 있어 적절한 보고들, 기금의 관리, 기증품의 용도를 바꾸기 전에 기증자에게 명확한 동의를 얻어야 한다.

열일곱 번째, 모금 업무를 담당하는 사회복지사들은 기증자가 잠재적 기증품의 가치와 세금조항에 대해 알고 윤리적 지침을 받을 수 있도록 보증해야 한다.

(3) 기부자 권리선언

기부자의 권리가 표현되고 공론화된 것은 극히 최근의 일이라 할 수 있다. 하지만 기부자의 권리를 확립하는 것은 한국 사회에 기부문화가 뿌리내리게 하는 데 큰 힘이 될 것이다. 보다 구체적으로 살펴보면, 다음과 같다.

첫째, 기부자는 조직의 사명과 기증된 자원을 잘 파악하여 어떻게 쓸 것인지, 그리고 기증품을 기부자의 의도대로 효과적으로 쓸 수 있는 능력이 있는지에 대해 알 권리가 있다.

둘째, 기부자는 조직의 이사회에서 일하는 사람들의 신원파악과 위원회에게 관리 책임권을 신중하게 결정할 것을 요구할 수 있다.

셋째, 사회복지기관이나 조직의 최근 재정에 관한 자료를 볼 수 있다.

넷째, 그들의 기증이 그들의 의도대로 쓰였는가를 확인받을 수 있다.

다섯째, 적절한 승인을 받을 수 있다.

여섯째, 그들의 기증품이 법에 의해서 존중되고 비밀보장을 받았는가에 대해 확인받을 수 있다.

일곱째, 기증품을 요구한 사람이 누구였는지에 대해 알 수 있다.

여덟째, 기증품을 준 것에 대해 자유롭게 물을 수 있고, 그것에 대한 대답을 신속, 진실, 솔직하게 받을 수 있다.

생각 다듬기

1 사회복지실천에서 활용할 수 있는 사회자본의 실례를 찾아서 정리해 보시오.

2 사회복지실천 네트워크의 과정을 설명해 보시오.

3 사회복지실천 마케팅의 중요성을 생각해 보고, '서비스 이용자 중심 경영' 을 어떻게 사회복지기관에 적용할 수 있는지에 대한 구체적인 방안을 말해 보시오.

14

Chapter

기록과 평가

1. 기록
2. 평가

사회복지사는 서비스 이용자에게 제공한 서비스와 그 결과에 대해 기록해야 한다. 전통적으로 이러한 기록은 소유권을 사회복지기관이 가지고 있으며, 기관은 서비스 이용자를 위해 관련된 기록으로 보호해야 할 책임이 있다. 하지만 이것은 그리 단순한 문제가 아니다. 무엇을 기록해야 하는가, 누가 기록에 접근할 수 있는가, 지켜야 할 비밀보장의 범위는 어디까지인가 등, 많은 현안들을 정리하기가 쉽지 않기 때문이다(Doel & Shardlow, 2005). 그러므로 사회복지사는 사회복지실천 업무를 수행하면서 효과적이면서 객관적이며 법적 범위를 벗어나지 않으면서도 자료로서의 충분한 가치가 있게끔 기록을 내실 있게 잘 할 수 있어야 한다. 이를 위해 사회복지사는 기록의 전반에 대한 내용과 유형들, 기록방법들을 숙지해야 하는 것이다.

그리고 전문성 확보에 대한 최근 사회복지 현장의 요구는 점차 강력해지고 있는데 이는 전문적인 서비스 실천개입의 존재근거가 그 실천 때문에 정말로 서비스 이용자가 변화되었는가에 대한 효과성에 집중되기 때문이다. 이에 따라 서비스 실천개입에 따른 효과성을 측정하고자 하는 것과 서비스 개입과정의 효율적 운영에 대한 탐색이 강조되고 있다. 따라서 사회복지실천을 수행하는 사회복지사는 서비스 개입에 따른 서비스 이용자의 변화측정에 대해 지대한 관심을 갖고, 과학적이며 객관적으로 서비스 이용자에 대한 서비스 개입결과를 산출할 수 있는 체계적인 방법과 활용기술을 고안해 내고자 많은 노력을 기울이게 되었다(Dinitto & McNeece, 1997).

이번 장에서는 사회복지사가 수행해야 할 기록과 평가가 구체적으로 무엇이며 이 업무들을 어떻게 수행할 수 있을지에 대해 전반적으로 살펴보고자 한다.

1 기록

사회복지사가 기록을 잘 하기 위해서는 체계적으로 준비하고, 가장 기본적으로는 문장력을 향상시킬 필요가 있다. 사회복지사는 서비스 이용자를 만나기 전, 만나는 동안, 또는 만난 이후에 각각 기록할 준비가 되어 있어야 한다. 서비스 이용자와 만나기 전, 특히 서비스 관계 초기에 사회복지사는 기록에 필요한 정보를 문의

할 준비를 해야 하며 기관에서 사용하는 양식, 간단한 서식, 방침을 검토하여 필요한 정보가 무엇인지 알아야 한다. 서비스 이용자를 만나는 동안이나 만난 이후에는 서비스를 제공하는 동안 얻어진 것과 밝혀진 것에 대하여 짧게 메모해 두는 것이 좋다. 메모할 때 주의해야 할 것은 면담의 흐름을 깨지 않아야 하며, 메모가 면담보다 중요한 위치를 차지해서도 안 된다는 사실이다. 메모가 필요한 경우 사회복지사는 보다 나은 면담을 위한 평가를 위해 메모가 필요함을 알리고, 서비스 이용자에게 사전 양해를 구해야 한다(Brueggemann, 2006).

1) 기록할 때의 유의사항과 유용성

기록을 할 때, 유의해야 할 사항(Kagle, 1991; 김혜란 · 홍선미 · 공계순, 2006 재인용)으로는 첫째, 사정, 개입, 평가의 기초가 되는 서비스 이용자와 상황에 관한 정보를 잘 정리해야 한다는 것이다. 둘째, 현실 상황에 대한 객관적인 서술과 사회복지사의 주관적 견해가 명확하게 분리되어 읽는 사람들이 사회복지사의 관찰 사항과 해석을 구분하여 이해할 수 있도록 해야 한다. 셋째, 기록이 간결하고, 구체적이며, 타당하고, 명확하며, 논리적이고, 시기적절하며, 의미 있고, 사실에 근거하도록 노력해야 한다. 넷째, 전문가적 윤리를 바탕으로 기록 업무를 수행해야 한다. 다섯째, 전문가의 견해를 담으면서도 서비스 이용자의 관점을 무시하지 않도록 애써야 한다.

이러한 기록이 사회복지실천에서 유용한 이유로는 첫째, 서비스 이용자의 욕구를 확인하는 데에 큰 도움이 된다는 것이다. 즉, 서비스 이용자에 대한 초점을 명확하게 해 주며 나아가 세부적인 사항과 욕구를 확인할 수 있도록 해준다(홍순혜 · 한인영 역, 1997). 둘째, 서비스 내용을 보고하는 데에 용이하다는 것이다. 서비스가 진행된 상황에 대한 기록은 서비스가 서비스 이용자의 욕구에 적절한 것이었는지를 검토할 수 있는 자료로 활용된다. 셋째, 사례의 지속성을 유지하는 데에 큰 힘이 된다. 사례가 다른 기관 혹은 다른 사회복지사에게 의뢰될 때, 서비스 이용자의 욕구, 개입의 목적, 진행과정을 검토할 수 있게 해줌으로써 사례의 지속성을 유지해준다. 넷째, 전문가 간의 의사소통을 가능케 한다. 다른 전문직과의 사례회의나 토론을 대신하여 의사소통 도구로 활용되어 집단적 의사결정을 도울 수 있다. 다섯째, 서비스 이용자와 기록을 공유할 수 있게 해준다. 실천개입방법에 따라 서비스 이용자와 기록을 공유하고 토론할 수 있다. 여섯째, 슈퍼비전, 자문, 동료 검토를 원활하게 해 준다. 즉 자신의 개입과정에 대해 슈퍼비전, 자문 등을 받는 데 기록을 활용할 수 있다. 일곱째, 서비스 과정과 효과를 점검하는 증명자료로 활용된다. 여덟째, 학생과 다른 전문직들에 대한 교육 활동 시에 사회복지실천 기법과 기록 방법을 가르치는 교육적 자료로 활용된다. 아홉째, 행정적 과업을 위한 자료로서 활용될 수 있다. 즉 서비스 이용자의 욕구, 서비스 유형, 직무관리, 자원 분배에 관한 행정적 결정을 위한 자료로 널리 사용된다. 열 번째, 기관의 정책과 사회복지실천 방법에 관한 조사를 위한 자료로 활용된다.

2) 기록의 유형

기록의 유형은 여러 가지가 있으며, 새로운 실천방법의 등장에 따라 변화해 왔다. 사회복지사는 자기가 소속된 기관이 요구하는 기록을 정확하게 이해하고 효율적으로 수행하는 능력을 발전시켜야 한다. 여기에서는 사회복지실천에서 가장 많이 사용되는 과정기록, 요약기록, 문제중심 기록을 중점적으로 살펴보고자 한다(이준우 · 이화옥 · 임원선, 2006; 신성자 외, 2007).

(1) 과정기록

과정기록(process recording)은 원조과정이나 서비스 이용자와 사회복지사의 상호작용 과정을 있는 그대로 기록하는 방법이다. 과정기록의 장점은 사회복지사가 스스로 자신이 수행한 사회복지실천 과정과 결정한 내용들을 분석하고, 그 내용을 개념화하고 조직할 수 있다는 점이다. 그래서 개입의 목적을 명확하게 하고, 기술능력을 향상시키는 데 도움이 된다. 반면, 기록하는 데에 시간이 너무 많이 소요되고, 실제 내용을 간접적이고 불완전하게 왜곡하여 기록할 수도 있다. 주로 실습생이나 수련생이 교육목적으로, 자신의 발전에 필요한 사례를 선택하여 사용한다. 과정기록 방법은 면담내용을 대화체로 참석자가 한 말을 그대로 옮겨 기록한다. 그리고 옆 칸에는 사회복지사가 관찰한 서비스 이용자의 행동과 그때 사회복지사가 느낀 감정 등을 기록한다. 경우에 따라서는 슈퍼바이저의 슈퍼비전을 정리해 기록하는 공간을 마련하기도 하지만 우리나라의 실정에서는 슈퍼비전을 쓰는 부분이 없을 수도 있다.

[표 14-1]에서 보는 바와 같이 과정기록에서는 서비스 이용자와의 면담에서 일어난 것, 사회복지사가 관찰한 것들이 마치 연극 대본과 같이 직접 인용으로 기록된다. 때로는 이를 간접적으로 풀어 쓸 수도 있지만 일반적으로는 직접 인용이 더 바람직하다고 인식되고 있다. 이렇게 상세하게 쓰는 목적은 원조 과정이나 서비스 이용자와 사회복지사의 상호작용 과정을 정확하게 파악하기 위해서이다. 그래서 과정기록에서는 사회복지사와 서비스 이용자와의 대화 내용(언어적 · 비언어적 의사소통), 사회복지사와 서비스 이용자의 대화에 대한 사회복지사의 느낌, 이에 대한 사회복지사의 분석을 모두 기록한다.

표 14-1 과정기록의 사례

면담내용	사회복지사의 느낌과 분석
사회복지사: 안녕하세요? 평안하셨어요? 지난번 전화통화 했던 사회복지사 홍길동입니다.	
서비스 이용자: 네. 어떻게 말을 해야 할지 모르겠네요. 너무 가슴이 답답하고 미칠 것 같네요. 남편에게 여자가 생겼어요. 저하고 있는 시간보다 그 여직원하고 같이 있는 시간이 많다 보니, 생각만 해도 화가 나요. 미칠 것 같아요. 죽고 싶어요.	서비스 이용자는 매우 고심하는 것 같았다.
사회복지사: 지난번 전화로 조금 말씀하신 것처럼 남편이 외도를 한다는 건가요?	다음 서비스 이용자와의 면담약속 때문에 마음이 급했고 빨리 결론을 내리려 한 것 같다.
서비스 이용자: 아직까지는 외도라기보다는 직원과 친하게 지내는 정도일 수도 있어요. 근데 사무실에 갔더니 그 여직원과 찍은 사진 액자를 책상에 두었더라구요. 너무 속상하네요. 자꾸만 생각이 나고, 마음에 걸리네요. 그 여직원과 자거나 그런 것 같지는 않지만 그냥 불안하고 두려워요. 회기 많이 나요.	서비스 이용자는 무척 불안해 하는 것 같다.

출처: 이준우 · 이화옥 · 임원선(2006), 사회복지실천론, 인간과 복지, p. 289.의 내용을 재구성함

이러한 과정기록의 장점은 첫째, 사회복지사가 사용하는 면담기법과 개입방법에 관해 구체적으로 파악할 수 있기 때문에 사회복지사의 교육과 훈련에 유용한 자료가 될 수 있다는 것이다. 즉, 사회복지사가 자신이 수행하고 있는 전반적인 실천개입 수행 능력을 면밀히 파악하는 데 도움이 될 뿐만 아니라 효과적으로 개입하고 있는 부분과 지도가 필요한 부분에 대해 슈퍼바이저가 파악할 수 있도록 해 준다. 둘째, 사회복지사의 자기인식 및 서비스 과정에서 자아의 활용을 향상시켜 준다. 따라서 사회복지사는 서비스 이용자의 말과 행동뿐만 아니라, 자기의 말과 행동 및 감정도 자세히 기록해야 한다. 사회복지실천은 서비스 이용자의 변화와 함께 사회복지사 자신이 성장할 기회가 되는데 이를 위해서는 자신의 생각, 느낌 등을 면밀히 분석하여 자기인식을 증진시키는 것이 필요하다. 또한 과정기록을 하는 과정에서 사회복지사는 효과적인 슈퍼비전을 통해 기록업무를 수행한 사회복지사 자신의 개인적 느낌을 파악해서 이것이 서비스 개입에 어떠한 영향을 미치는지를 분석할 수 있다.

한편 과정기록은 다음과 같은 제한점이 있다(홍순혜 · 한인영 역, 1997). 첫째, 너무 많은 시간이 소요됨으로써 기관 실무에 사용하기에는 비효율적이라는 것이다. 둘째, 과정기록은 면접 동안 일어난 일을 실제로 완벽하게 기억하지 못한다. 따라서 실제 서비스 개입과정을 보다 면밀하고 정확하게 검토하고자 한다면, 과정기록과 함께 녹음이나 녹화 등을 부가적으로 사용하여야 한다.

(2) 요약기록

일반적으로 사회복지기관에서 가장 많이 사용되는 기록의 형태로서 시간의 경과에 따라 변화된 상황, 개입활동, 중요한 정보 등을 요약하여 기록하는 것이다(이준우 · 이화옥 · 이원선, 2006). 즉 시간의 경과에 따라 일정한 기간의 간격을 정하여 기록하는 것으로 사례가 장기간 지속될 경우 유용하며, 주로 서비스 이용자에게 일어난 변화에 초점을 두어 기록한다.

표 14-2 요약기록의 사례

2009년 3월 4일
○○○ 산부인과의 사회복지사인 이영희씨가 어제 아이를 출산한 미혼모 김민희 학생을 아동복지시설인 본 시설에 의뢰했다. 김민희 학생은 17세로 고등학생이다. 미혼부인 아빠도 18세의 고등학생이다. 부모 중 어머니만 이 사실을 알고 있다. 어머니는 아이 아빠의 부모를 만났는데 아버지는 외아들이 낳은 아이니 키우겠다고 하나 어머니가 반대하고 있어서 당장 집에서 키울 수 없는 실정이다. 또한 민희의 어머니는 남편이 이 사실을 알면 난리가 난다고 도와 달라고 한다. 아이를 일단 키울 곳이 필요하다고 도와 달라고 하여 입소절차를 밟기로 하였다.

출처: 이준우 · 이화옥 · 임원선(2006), 사회복지실천론, 인간과 복지, p. 290.의 내용을 재구성함

(3) 문제중심 기록

문제중심 기록(problem-oriented recording)은 현재 제시되고 있는 문제를 중심으로 구성되며, 문제 영역을 규명하고, 사정하고, 각 문제에 대하여 무엇을 할 것인지에 대한 계획을 기록하는 것이다. 이 방식은 의료 또는 정신보건 세팅에서 여러 전문직이 함께 일할 때, 효과적이다. 이 방식은 원래 병원에서 의료 기록을 표준화하고, 수행 정도를 검토하기 위하여 개발되었으며, 단순히 기록 차원을 넘어서 문제해결에 도움이 되도록 만들어졌다. 주로 SOAP 방식으로 기록한다(김혜란 · 홍선미 · 공계순, 2006). 문제중심 기록은 서로 다른 전문직 간에 의사소통의 역할을 해줌으로써 협조체계를 더 공고하게 한다는 장점이 있다. 그리고 문서화된 문제를 중심으로 계획을 진행하고, 추후 점검할 수 있어 책임감을 높여준다. 단점은 문제에 초점을 두기 때문에 서비스 이용자의 장점이나 자원이 간과될 수 있다는 점이다. 또한 개인과 환경의 상호작용 문제를 중심으로 단순화할 가능성도 있다. SOAP 기록방식은 다음과 같은 구성요소들이 있다(이준우 · 이화옥 · 임원선, 2006).

① S: 주관적 정보(Subjective information)

서비스 이용자가 상황을 어떻게 인식하고 느끼는지를 나타낸다.

② O: 객관적 정보(Objective information)

전문가의 직접적 관찰, 임상적 실험, 체계적 자료 수집 등에 의해 얻어진다. 서비스 이용자의 행동이나 외모에 대한 사회복지사의 관찰, 사실적 자료와 같은 객관적 정보를 기술한다. 서비스 이용자가 의료적 진단이나 정신과적 진단을 위한 공식 검

사를 받았다면, 그 결과가 사실적 정보로서 포함될 수 있다. 주거 상태, 경제적 상태 등도 서비스 이용자의 현재 제시된 문제와 관련된다면 포함될 수 있다.

③ A: 사정(Assessment)

주관적 정보, 객관적 정보에 근거하여 사회복지사의 사정, 견해, 해석, 분석을 기술한다. 확인된 문제에 대한 서비스 이용자가 지각하는 인식의 의미, 사회복지사의 관찰 및 사실적 정보에 대한 의미를 사정하고 분석한 견해를 기술하는 것이다.

④ P: 계획(Plan)

주관적 정보, 객관적 정보, 사정을 기반으로 하여 확인된 문제에 대한 개입 계획을 기술한다.

문제중심 기록의 장점은 첫째, 다양한 전문직 간의 의사소통을 촉진시킬 수 있다는 것이다. 둘째, 팀 기록이 간결하고, 형식이 표준화되어 있음으로 기관장이나 슈퍼바이저, 조사 연구자, 외부의 자문가 등이 보다 쉽고 질 높은 기록 검토를 할 수 있다(홍순혜 · 한인영 역, 1997). 그러나 문제중심 기록의 단점은 첫째, 서비스 이용자의 욕구, 자원, 강점보다는 문제를 강조함으로써 사회복지실천의 관심의 폭을 지나치게 한정시킬 우려가 있다. 둘째, 개인과 환경의 상호 작용보다는 개인을 강조함으로써 관련 현상의 복잡성을 단순화시킬 우려가 있다. 셋째, 부분화를 강조함으로써 통합적이며 체계적인 쟁점들을 왜곡시킬 우려가 있다(홍순혜 · 한인영 역, 1997). 따라서 문제중심 기록의 형식을 심리사회적 정보 및 사회복지 서비스의 전 범위를 포괄할 수 있도록 수정한다면 보다 많은 사회복지기관에서 폭넓게 사용될 수 있을 것으로 본다(신성자 외, 2007).

표 14-3 문제중심 기록의 사례

S: 미희 씨는 첫 남편에게서 남매를 두었고, 다른 남자와의 관계를 통해서 현재 5살인 진철이를 낳았다. 지금은 20대 후반의 청년과 동거 중인데 출산을 앞두고 있다. 자신의 운명은 왜 이렇게 한 남자에게 정착하지 못하고 사랑받지 못하는 운명이냐며 하소연한다. 그리고 지금 동거 중인 청년의 직장에 가서 동료 여직원에게 미소를 보였다며 폭행을 해서 경찰서에 불려가기도 했고 동거하는 청년에게는 면허증을 빼앗아 운진을 못하게 한다고 한다. O: 순탄치 않은 결혼생활로 남자에 대한 불신이 강하다. 동거남에게서 독점적인 사랑을 받으려는 집착을 보이고 있다. A: 불우하게 성장한 미희 씨는 원치 않는 결혼으로 남매를 낳았고, 자신이 정말 사랑하는 사람을 만나고자 다른 남자를 만나 교제하다가 임신을 했으나 버림받았다. 그 이후 연하의 청년을 만나 동거 중인데 그 청년이 자신을 떠날까봐 두려워하고 있고, 의부증 증세가 심해지고 있다. P: 1. 동거남과의 면담 – 동거남의 의중 파악 2. 커플상담 – 동거남의 의견을 토대로 신뢰관계 형성 3. 미희 씨 면담 – 동거남에 대한 신뢰관계 진전사항 파악 4. 커플상담 – 동거남과의 지속적인 신뢰관계 향상방안 모색

출처: 이준우 · 이화옥 · 임원선(2006), 사회복지실천론, 인간과 복지, p. 291.의 내용을 재구성함

3) 기록의 관리

기록은 서비스 이용자 개인에게는 대단히 소중한 내용일 수 있다. 서비스 이용자 자신만이 간직하고 싶은 이야기를 사회복지사와의 대화 속에 노출하기도 하기 때문에 서비스 이용자와 면접하는 사회복지사는 기록의 관리를 철저히 해야만 한다. 기록된 파일을 책상 위에 놓고 자리를 비우거나 기록이 컴퓨터 화면에 노출되어 있는 상태에서 자리를 비우는 일 등은 사회복지사로서의 자질을 의심케 하는 사례가 될 수 있다. 어떠한 형태의 기록이든 사회복지사는 신중하고 철저하게 관리함으로써 서비스 이용자의 비밀을 보장해야 할 의무와 책임이 따른다.

2) 평가

평가는 사회복지실천 개입에 있어 전문적인 접근의 본질적인 요소가 된다. 수행된 서비스 개입에 대한 평가가 객관적이며 체계적으로 이루어지지 못한다면 사회복지실천의 효과성을 증명할 다른 방법은 없다. 즉 사회복지실천이 전문적인 개입이라고 할 수 있는 것은 '의도된 계획에 따른 의도된 실행이 이루어지고 의도된 결과'를 산출할 수 있음으로 가능한 것이다. 다시 말해 사회복지실천이 전문적이라고 할 수 있기 위해서는 서비스 개입에 따른 성과를 명확하게 평가할 수 있어야 하는 것을 담보로 한다(Kirst-Ashman & Hull, 2006).

1) 평가의 개념

평가(evaluation)는 서비스 이용자에게 제공되는 사회복지실천 개입의 효과성과 결과를 평가하는 것으로 서비스실천이 의도된 결과를 달성하고, 측정 가능한 영향을 성취할 수 있는 정도를 사정하는 것으로 정의될 수 있다(Fink, 1993; 신성자 외, 2007 재인용). 이러한 평가에는 성과평가, 과정평가, 총괄평가와 형성평가, 기타 여러 가지 평가 등이 있다.

(1) 성과평가

성과평가란 서비스 이용자의 변화와 관련된 내용으로 사회복지실천 서비스로 인해 서비스 이용자가 얼마나 영향을 받았는지를 확인하는 것을 의미한다(Long & Tice, Morrison, 2006). 가령 생각이나 태도의 변화, 행동의 변화, 지위의 변화 등을 살펴보는 것을 들 수 있다. 그리고 프로그램 참가자 수, 상담 세션 수, 서비스 제공시간 등 주로 서비스 내용 자체와 관련하여 산출된 내용을 평가하기도 한다. 성과평가는 서비스 제공에 따른 궁극적인 성공여부를 파악해 그 실천 서비스를 지속할 것인지와 그 서비스를 다른 대안적 사항들보다 우선적으로 선택할 것인지를 결정하는 것과 관련된다.

(2) 과정평가

사회복지실천 서비스가 의도대로 전달되었는지, 만약 성공적으로 전달되었다면 그 이유는 무엇이었는지, 그리고 누구에게 효과적이고, 어느 상황에서 효과적인지, 서비스 내용 중에 어느 요소가 성공과 실패에 기여했는지를 파악하는 평가 방법이 바로 과정평가이다(Miley & O' Melia, DuBois, 2004). 과정평가는 서비스 전달체계의 정밀성과 행정적 측면도 함께 파악한다. 과정평가를 수행하기 위해 어떤 조사방법을 선택할 것인가는 연구문제의 성격에 따라 다르게 선택되어진다. 연구문제에 따라 사례연구방법, 기록검토, 참여관찰, 서베이 등 다양한 방법으로 과정평가를 진행할 수 있다.

(3) 총괄평가와 형성평가

총괄평가(summative evaluation)는 사회복지실천 서비스개입이 끝날 때 하는 평가를 의미하며 총괄평가 이후에 서비스는 종료된다(김형식, 1997). 형성평가(formative evaluation)는 실천개입 도중에 이루어지는 평가를 말한다. 좀 더 구체적으로 말하면 형성평가는 서비스나 프로그램이 계획되는 동안이나 서비스 내지 프로그램이 실행되는 동안에 행하여지는 평가 노력과 과정들을 말한다. 형성평가의 목적은 한마디로 요약하면 서비스나 프로그램의 효과를 향상시키기 위함이다. 평가자료는 사회복지사가 서비스 내지 프로그램을 수정하고 개선하는 데에 도움을 주기 위하여 수집된다. 형성평가는 원조과정 동안 실시한 사정과 관련된다. 그래서 필요할 시에는 사정단계에서 사용했던 사정도구들을 평가도구로 다시 사용하기도 한다. 형성평가는 사회복지사가 과정을 검토하도록 하고 필요한 경우에는 개입계획을 수정할 수 있도록 한다. 이런 점에서 형성평가는 서비스 실천 개입과정을 점검하는 것이라 할 수 있다. 총괄평가는 최종결과물을 평가하고 성공 혹은 실패와 관련된 요인을 알아내는 것이다.

(4) 기타 평가들

성과평가와 과정평가 이외에도 빈번하게 활용되는 기타 평가들은 다음과 같다(이미선 · 강우진 · 권향임, 2008).

① 효율성 평가

사회복지실천 개입수행으로 인한 편익이 그 비용을 정당화할 수 있는지 적절한 비용으로 서비스실천을 성사시켰는가에 대한 평가 방법으로 더 적은 비용으로 같은 결과를 산출할 수 있는 다른 방안이 있는지를 평가한다. 흔히 서비스의 효율성을 분석하는 대표적인 두 가지 방법은 첫째, 비용효과분석이며, 둘째 비용편익분석이다. 비용효과분석은 서비스 자체에 드는 비용에 초점을 두는 것을 말하며 비용편익분석은 서비스 비용을 산출하는 것에 덧붙여서 서비스 개입에 따른 성과로 인한 재정적 이익의 산출에도 노력을 기울인다.

② 투입요소평가

투입요소평가는 사회복지실천 서비스를 구성하는 다양한 요소에 초점을 맞추며, 서비스 자원, 시설, 서비스 내용, 서비스 이용자, 직원이 지역사회의 욕구나 사회복지기관의 목적, 단위 비용 등의 기준에 비추어 적절한지 결정하는 평가방법이다.

③ 노력평가

사회복지실천 서비스를 제공하기 위해 사회복지기관이 얼마나 많은 활동을 했고 얼마나 많은 서비스를 제공했는지 노력의 정도와 양, 즉 사회복지실천 개입의 산출을 파악하는 평가방법이다.

2) 평가 시 고려사항과 한계

사회복지실천 과정에서 평가를 수행할 때, 고려되어야 할 사항은 첫째, 서비스 실천개입의 결과로서 무엇을 평가할 것인지에 대해 충분히 고려하여야 한다. 이는 평가를 계획하는 때부터 고려하여야 하며 서비스 이용자에 대해 의도한 혜택과 잠재적인 부정적 결과들을 반영하는 일련의 결과들을 인식하는 데에 초점을 두어야 한다. 둘째, 서비스 제공에 따라 결과가 어느 정도 성취되었는지를 분명히 알게 해주어야 한다. 셋째, 서비스 결과를 평가하고 서비스 이용자의 결과에 영향을 준다고 보는 요인들에 대한 자료의 출처(서비스 이용자, 부모와 교사, 직원 등)를 결정해야 한다. 자료수집방법을 선택할 때 드는 비용, 응답률, 소요시간 등을 고려해야 하는 것이다(신성자 외, 2007).

따라서 사회복지실천에 있어 평가는 사회복지실천이 서비스 이용자에게 어떠한 영향을 주었는지에 대해서 지대한 관심과 사회복지실천의 성과를 드러내는 데 있어 사회적으로 책임성과 과학성을 확보하기 위한 건설적 대안과 방향을 확인하는 노력이라고 할 수 있다. 그러나 이러한 프로그램 평가들은 오용되거나 잘못 해석될 수 있는 가능성을 가지고 있다(김혜란 · 홍선미 · 공계순, 2006).

키스트-애쉬먼(Kirst-Ashman)과 그래프톤 홀(Grafton, H. Hall. Jr)(1999)은 평가의 유용성과 한계를 다음과 같이 제시하였다(이미선 · 강우진 · 권향임, 2008 재인용). 첫째, 일반화의 문제, 둘째 잘못된 평가도구의 선택, 셋째 평가과정에서 서비스 이용자의 배제, 넷째 평가에 대한 직원들의 불신, 다섯째 평가과정이 서비스의 제공을 방해, 여섯째 프로그램 성과에 대한 대안적 설명, 일곱째 예측하지 못한 결과 등이다.

3) 평가의 영역

사회복지기관이 사회로부터 위임받은 임무를 충실하게 수행하기 위해서는 일단 조직 자체의 인적 · 물적 · 재정적 자원관리뿐만 아니라 변화하는 환경에 대비하기 위해서 지역사회의 정보를 수집하고, 관계 기관과의 유기적인 협조 또는 교환관계를 유지하고, 관리해야 보다 질적으로 향상된 서비스 전달기능을 원활하게 수행할 수 있는 관리 정보를 획득할 수 있다. 이를 위해 사회복지실천 개입에 대한 평가요인은 사회복지기관에 관한 영역, 직원에 관한 영역, 그리고 이용자에게 제공한 서비스영역으로 귀결되며, 이러한 영역에 대한 총괄평가 결과를 바탕으로 사회복지기관, 직원, 기관과 직원 간의 상호작용에 의해서 이용자에게 제공한 서비스에 영향을 미치는 운영관리정보를 과정평가에 의해서 확보하게 된다. 구체적인 내용은 다음과 같다(Skidmore, 1983; 정진영, 1986; 성규탁, 1994; 전재일 외, 1995; 김형식, 1997; 조운희, 2006).

(1) 사회복지기관 평가영역

사회복지기관 평가영역은 사회복지실천 개입이 진행되는 운영상소를 평가해서 실천개입이 잘 이루어질 수 있는가를 추정하기 위해 서비스 개발 및 평가 시에 우선적으로 고려되어야 할 사항인 시설의 기본사항, 시설설비, 안전 · 위생관리 등이 포함되는 시설관리, 조직관리, 재정관리 및 환경관리 등이 평가요인으로 포함되어야 한다.

① 시설관리

사회복지실천 개입에 따른 사회복지기관 평가에서 비중 있게 다루어야 할 영역으로 시설관리 부분을 들 수 있다. 여기에는 첫째, 시설설비(부대시설, 주차시설, 기타 피고용자의 영역), 둘째 유용성(조명, 환기 및 냉방 등), 셋째 장비 및 비품, 넷째 구매담당 및 물품 통제, 다섯째 내 · 외부 우편물 관리, 여섯째 전화 서비스 및 활용성, 일곱째 정책 및 물적 자원 기준 등의 세부항목이 포함될 수 있다. 이상의 시설관리 측면은 사회복지실천 개입의 질 향상에 큰 영향을 미칠 수 있다.

② 조직관리

모든 사회복지실천 서비스는 조직체를 통해서 또는 조직체와 연결이 되어 운영되므로 조직체가 실천개입 운영과정에서 서비스 이용자에게 어떠한 요인이 좋고 나쁜 영향과 결과를 가져다주는지를 파악해야 할 필요가 있다. 더욱이 불합리한 결과를 초래한다면 그 원인이 어디에 있는지 등의 문제를 파악해서 이를 개선해 나가야 한다. 그래서 조직관리 부분도 사회복지기관 평가영역에서 다루어져야 한다. 조직관리와 관련된 요인은 지도력의 특성, 권위와 통제체계, 보상, 비공식 체계, 조직의 문화와 분위기, 기타 기술적인 하위체계를 지원하게 되는 과제, 그리고 업무 및 노동 분화의 정도, 자원동원을 위한 폭넓고 항구적인 운영체계로서 공적이고 신빙성 있는 조직인 자문 · 운영위원회, 이사회의 구성과 운영 등을 구체적인 항목으로 들 수 있다.

③ 재정관리

재정관리는 조직체의 목적달성을 위하여 계획된 방법으로 자금과 기타 자원을 관리하고 사용함을 의미한다. 이는 지출이 계획한 대로, 보조금규정에 지정한 대로 사용되었는가를 조사하고 통제하는 지출관리과정과는 다르며, 이는 사업성취도에 대한 지출을 평가하는 것이기 때문에 예산수립과정부터 예산운영의 전 과정에 대한 재정평가에 의해 관리정보를 확보하게 된다. 그러므로 사회복지조직에서의 재정관리는 첫째, 자금과 예산에 대한 행정가와 직원들의 태도, 둘째 기관의 활용 가능한 자금과 수입, 셋째 활용 가능한 자금의 효과적인(또는 비효과적인) 사용이 중요하다. 더욱이 사회복지조직을 관리하는 사회복지사는 기관의 재정자원의 분석 시에 고도의 전문적인 기술을 가지고 이 분야를 지원할 수 있어야 하고, 전반적인 재정관리과정 이른바 예산편성(budgeting), 회계(accounting) 및 재무(financing) 요인을 점검해야 한다.

④ 환경관리

하나의 사회복지조직이 서비스 이용자의 편익을 생산하기 위해서 필수적인 인적 · 물직 · 재정적 사원은 복삽한 사회적 · 정치적인 환경 내에서 확보해서 관리되어야 한다. 조직 간의 상호작용을 통한 협력관계는 환경으로부터 오는 여러 가지 제약조건과 사업영역에 위협이 되는 모든 요소들을 완화시키기도 하고, 이러한 협력관계는 자원 확보능력을 증가시킬 수 있는 원동력이 된다. 따라서 환경관리 요인의 평가지표로 첫째, 지도감독기관, 둘째 사업비 보조기관, 셋째 경쟁기관, 넷째 서비스 이용자 의뢰기관, 다섯째 보조 서비스기관, 여섯째 언론기관, 일곱째 자문위원회, 여덟째, 지역 내 · 기관 내 비공식 집단과 사회복지관과 이루어지는 정보의 교환방향, 정보교환 빈도, 접촉빈도, 의사결정 시 영향, 상호 간 참여의 중요도, 공동 프로그램 참여도뿐만 아니라, 지역사회자원개발 현황 등을 구체적인 항목으로 들 수 있다.

(2) 직원 평가영역

사회복지기관에서의 인사관리 또는 직원개발은 첫째, 능률향상, 둘째 사기앙양, 셋째 조직의 발전, 넷째 조직체의 안정성과 융통성 향상을 목적으로 하기 때문에 조직 효과성은 직원들의 사기 개선을 통해서 확보할 수 있도록 조직 효과성에 직접적인 영향을 미치는 요인인 직무 내 · 외적인 만족과의 밀접한 관계성에 관심을 두어야 한다. 이에 따라 직원 평가영역의 지표는 전문기술 분야와 인사관리 분야가 함께 고려되어야 한다.

전문기술 분야와 관련된 평가요인은 첫째, 변화목표, 개입표적, 표적집단, 사회복지사 및 피원조자의 역할, 원조상황과 서비스 제공 장소, 부가적인 조치와 후원, 사정방법, 중재계획방법, 개입방법(개입기술과 프로그램 구성), 운영절차, 유지방법, 종결절차, 모니터링 방법, 평가방법, 사후 지도 절차, 행동이론 및 개입이론 등이 포함되는 원조전략의 특성들과 관련된 개입요인, 둘째 치료프로그램 등과 같이 서비스 전달 또는 개입 시에 요구되는 기술적 영역, 셋째 정보체계관리, 의사결정 지원을 위한 컴퓨터 활용, 평가목적을 달성하기 위한 자료수집 및 처리방법 등이 포함된다.

인사관리 분야와 관련된 평가요인은 직무 내 · 외적 만족도, 능력, 직원개발, 장래계획 및 담당업무 수행기간을 포함하였는데, 첫째, 직무 자체, 둘째 성취감, 셋째 도전의식, 넷째 책임감, 다섯째 인정, 여섯째 승진변인을 직무 내적 평가지표로, 첫째, 급료수준, 둘째 직무안정도, 셋째 작업조건, 넷째 상급자와의 관계, 다섯째 동료관계 및 조직변인을 직무외적 평가지표로, 그리고 첫째, 전문지식과 기술 보유 · 발휘, 둘째 업무수행능력, 셋째 사회복지실천 가치 및 윤리 변인을 능력 평가지표로, 직원개발, 요원들의 장래계획 및 담당업무 수행기간을 인사관리의 평가지표에 포함하였다.

따라서 직원 평가영역은 사회복지실천개입을 서비스 이용자에게 효과적으로 전달할 수 있는 인적 · 구조적인 환경인가의 여부를 추정하기 위해서 인사관리 관련 요인과 관련된 직무 내 · 외적 만족도와 전문기술 분야와 관련된 영역 등을 종합적으로 점검할 수 있는 평가지표들이 포함되어야 한다.

(3) 서비스 평가영역

서비스 평가영역은 사회복지기관에서 제공하는 서비스나 프로그램에 대한 총괄평가라고 할 수 있다. 이는 효과성, 효율성 및 적합성 등의 평가기준을 중심으로 다양한 사회복지실천 분야에서 단위 및 세부 실천개입의 결과(목표달성 정도)와 비용에 초점을 두는 평가로 흔히 결과평가라고도 한다. 총괄평가의 평가기준에는 여러 가지가 있으나 여기에서는 가장 보편적으로 활용되고 있는 효과성, 효율성, 적합성을 중심으로 정리하고자 한다.

① 효과성

효과성 평가는 일반적으로 서비스실천이 얼마나 잘 운영되고 있는가를 측정하는 방법으로, 이는 의도한 대로 실천개입의 효과가 나왔는지, 개입의 효과는 목표와 대비하여 어떠한지, 그리고 효과의 크기는 의도했던 바의 문제해결에 충분하였는지를 평가하는 것이다. 그러므로 효과성 평가는 제공된 서비스의 양 또는 수행된 활동의 양이 얼마나 되느냐 하는 노력성과, 어떤 서비스를 통해 과연 달성하고자 하는 서비스 이용자의 변화나 만족 효과가 나타났는가 하는 효과성, 서비스의 혜택이나 대상이 공평하게 잘 배분되었는가 하는 효과성, 서비스의 혜택이나 대상이 공평하게 잘 배분되었는가 하는 형평성, 의도적이건 비의도적이건 간에 사회복지기관이 지역사회와 주민복지 증진에 어느 정도 기여하는가 하는 지역사회 영향성 등이 포함될 수 있다. 일반적으로 효과성 평가지표로 널리 이용되는 요인들은 다음과 같다.

첫째, 자원의 적절성이다. 이는 보다 질 높은 투입을 한다면 보다 질적인 결과를 생산한다는 전제하에 직원, 시설, 장비, 부대시설 및 예산 투입 등을 측정하는 것이다.

둘째, 욕구의 적절성이다. 이는 조직의 사명 달성뿐만 아니라 서비스에 대한 정책형성 방법으로 표적집단의 반응을 수량화해서 시장정보로 활용할 수 있다. 여기에는 잠재적인 대상자에게 서비스가 전달되었는가 하는 여부, 그리고 지역사회의 어떤 사람이 서비스를 활용하고 있는가, 특수한 표적집단에 대한 서비스의 비율은 어떠한가에 대한 관리자의 인식 등이 포함된다.

셋째, 과정의 적절성이다. 이는 서비스가 어떻게 제공되고 있는가에 관심을 두고 서비스 욕구를 충족시킬 수 있을 만큼 자원이 투입되는가를 평가하는 전문적인 판단과 기준에 근거한 지표라고 할 수 있다. 가령 이용자 대비 직원 수, 사회복지사 대비 지도감독자 수, 서비스 이용자당 계획한 서비스단위 횟수, 사후 지도관리, 그리고 특정시간 내에서 제공된 서비스 등이 포함될 수 있다.

넷째, 목표달성 정도이다. 이는 목표 대비 산출량을 측정하기 위해서 조직이 달성한 서비스 또는 관리목표 정도이며, 이른바 제공된 식사배달 서비스, 서비스를 받은 서비스 이용자의 전체 수 등이 포함된다.

다섯째, 서비스 이용자와 지역사회에 미친 장 · 단기적인 영향이다. 가장 바람직한 서비스 결과에 대한 평가는 복잡하고, 비용과 시간이 과도하게 소요되기 때문에 관리지표 설정과 같은 모니터링 체계에는 부적절하므로, 서비스 이용자 종결 시에 개입 전 · 후의 비교에 의한 단기적 평가와 서비스를 제공하고서 일정기간이 소요된 후에 추후 조사하는 장기적인 평가를 제시하고 있다.

② 효율성

효율성은 투입과 산출의 관계라고 할 수 있다. 즉 효율성은 사용된 자원과 결과 사이의 비율을 살피봄으로써 알 수 있다. 특히 실천개입이 진행된 후에 수행하는 사후적인 효과성 평가와는 달리 효율성 평가는 개입 결정 이전이나, 개입과정 중, 개입 이후에도 평가가 가능하므로 최근 사회복지실천 현장에서 매우 중요하게 급

부상되고 있다. 효율성 평가에 대한 구체적인 지표로는 사회복지기관에서의 업무시간분석, 업무할당시간(직접 서비스 이용자 접촉 · 행정업무 · 개발업무 · 기타 공통 업무 등) 분석, 서비스단위 생산시간, 자원봉사요원에 대한 활동시간 분석, 그리고 서비스 이용자시간(접근시간 · 대기시간 · 프로그램 참여시간 · 이동시간) 분석 등을 들 수 있다.

③ 적합성

적합성 평가는 지역사회의 특성과 서비스 이용자의 욕구에 어느 정도 부합하는 사업을 수행하는가, 또는 조직의 기능수준을 유지하고 조직운영의 성공적인 지속성을 보장할 수 있는 재정이 적절히 안정되어 있는지 등이 포함된다. 특히 자원의 적합성과 관련해서 조직은 재정적으로 안정적인가? 조직은 회계년도 초반보다 오히려 후반에 재정적으로 여유가 있는가? 조직은 한 해 동안 세입 내에서 운영되고 있는가? 하는 질문을 다루기 위해서 재정상태비율(financial condition ratios), 순수운영비율(the net operating ratio), 분담비율(contribution ratios), 그리고 프로그램 운영비율(program demand ratios)이라는 4가지 차원이 일반적으로 활용되어 적합성 평가가 수행되는 경우가 많다.

생각 다듬기

1 사회복지실천에서 기록의 필요성과 중요성을 말해 보시오.

2 문제중심 기록을 구체적으로 설명하시오.

3 사회복지실천의 평가 영역 중 서비스 평가 영역에 대해 상세하게 설명하시오.

참고문헌

감정기 · 백종만 · 김찬우(2005). 지역사회복지론. 경기: 나남출판.

강선경 · 김욱(역)(2005). 사회복지가치와 윤리. 서울: 시그마프레스.

강위영 외(참고문헌1993). 직업재활과 지원고용. 서울: 성원사.

______ 외(1999). 아동의 이해와 심리 · 행동치료교육. 대구대학교출판부.

외(2001). 직업재활개론. 서울: 나눔의 집.

강준민 역(1997). 당신 안에 잠재된 리더십을 키우라. 서울: 두란노.

______ 역(2003). 리더십의 법칙. 서울: 두란노.

강철희 · 김미옥(2000). 여성장애인의 고용 안정 및 확대를 위한 구직화 과정 분석. 재활복지, 제4권 1호.

강철희 · 정무성(2006). 지역사회복지론. 경기: 나남.

고영순(2007). 페르소나의 진실 -에니어그램의 성격심리-. 서울: 학지사.

교남소망의집(2004). 정신지체인의 사례관리와 사정도구. 서울: EM실천.

곽의향(2000). 지각한 낙인에 관한 연구. 청주대 대학원 석사학위논문.

권석만 · 이한주 · 이순희(2007). 정신분석적 심리치료. 서울: 학지사.

권석만 외 역(2005). 정신분석적 사례이해. 서울: 학지사.

권선진(1997). 여성장애인의 현황과 복지증진 과제. 보건복지포럼, 4호.

권선진 · 김형수 · 전학석(1996). 장애인구 대상별 특성과 정책과제. 한국보건사회연구원.

권선진 · 윤상용 · 김미숙 · 조정윤(1998). 재활전문인력의 현황과 자격제도 도입방안. 서울: 한국보건사회연구원.

권영희(1995). 재활상담가 양성방안과 제도 확립. 제4회 재활심포지움 보고서. 서울: 한국장애인재활협회.

권영재(1979). 정신의학에 대한 비정신과 의사의 개념 및 태도 조사. 신경정신의학, 제18권.

권육상(1999). 사회복지실천론. 서울: 학문사.

권진숙 외(공역)(1999). 사례관리. 서울: 하나의학사.

권진숙 · 박지영(2008). 사례관리의 이론과 실제. 서울: 학지사.

김경우 외(2009). 지역사회복지론. 서울: 나눔의 집.
김광열 · 전경숙 역(2006). 비전실현 리더십 스킬. 서울: 한국생산성본부.
김경섭 · 박창규 역(2001). 원칙 중심의 리더십. 서울: 김영사.
김덕준 외(1970). 신사회사업개론. 서울: 한국사회복지연구소.
김동배 · 이윤로(2004). 집단사회사업의 실천과 평가. 경기: 도서출판 21세기사.
김두섭(역)(1999). 질적연구방법론. 서울: 나남출판.
김만두(1998). 한국 사회복지의 회고와 미래 복지의 설계. 무등사회복지, 제5호. 광주: 광주대학교 사회복지학과.
김만두(역)(1979). 케이스 워크: 심리사회요법. 서울: 강남사회복지학교출판부.
______(역)(1993). 사례관리실천론. 서울: 홍익재.
김만두 · 한혜경(1995). 현대사회복지개론. 서울: 홍익재.
김명숙(1994). 아동의 사회적 지지와 부적응과의 관계. 숙명여대 대학원 박사학위논문.
김미옥 외(2002). 장애아동 어머니의 정신건강 증진을 위한 집단프로그램의 효과연구: 자존감의 향상과 우울감의 감소를 중심으로. 한국아동복지학회지, 제14호.
김분한 외(1999). 현상학적 연구방법의 비교고찰: Giorgi, Colaizzi, Van Kaam 방법을 중심으로. 대한간호학회지, 29.
김성(역)(2005). 청소년 리더십. 서울: 비전코리아.
김성애(1998). 통합교육: 실행적 측면에서의 실제. 제1회 이화특수교육 연수자료. 서울: 이화여대 특수교육학과.
김순경(2001). 장기요양보호시설에서의 사례관리실천 적용에 관한 연구: 노인요양시설 거주노인에의 단일사례분석. 노인복지연구, 제13권.
김승돈 외(역)(2000). 형제자매. 서울: 서울장애인종합복지관.
김연옥 외(1997). 사회복지 학사과정 표준교과과정 모형개발에 관한 연구. 1997년 한국사회복지(사회사업)대학협의회 연찬회 자료집.
김영모(1973). 한국사회복지론. 서울: 법문사.
김영종 외(2007). 사회복지 성과측정 기법. 서울: 학지사.
______ 외(2008). 사회복지 네트워킹의 이해와 적용. 서울: 학지사.
김인숙(2002). 사회복지실천기술 연습. 서울: 나남출판.
김용학(2007). 사회 연결망 이론. 서울: 박영사.
______(2007). 사회 연결망 분석. 서울: 박영사.

김융일 · 조흥식 · 김연옥(1995). 사회사업실천론. 서울: 나남출판.
김정진 · 임은희 · 권진숙(2007). 사회복지실천기술론. 경기: 서현사.
김정희(역)(1991). 스트레스와 평가 그리고 대처. 서울: 대광문화사.
______(1992). 스트레스에 대처하는 방법. 서울: 성화사.
김준기(2006). 한국 사회복지 네트워크의 구성과 효과성. 서울: 서울대학교출판부.
김찬우(2004). 지역거주 만성질환 노인들의 장기요양 위험 수준에 따른 케어 매니지먼트 효과연구. 사회복지연구, 제23권.
김통원 · 김용득(1998). 사회복지실천 사례관리. 서울: 지샘.
김형수(1996). 장애노인의 현황 및 특성. 한국노년학, 제16권.
김형식(1997). 사회복지프로그램 평가기법. 서울: 아시아미디어리서치.
김형식 외(역)(2001). 인권과 사회복지실천. 서울: 인간과복지.
김혜란 · 홍선미 · 공계순(2006). 사회복지실천기술론. 경기: 나남출판.
김혜련 외(역)(2004). 임상사회사업. 서울: 학지사.
나간채 외(1988). 직업계층 간의 사회적 거리감에 관한 연구. 한국사회학, 제22집.
남세진(1995). 한국 사회복지의 선택. 서울: 나남출판.
남세진 · 조흥식(1995). 한국사회복지론. 서울: 나남출판.
노안영(2005). 상담심리학의 이론과 실제. 서울: 학지사.
노안영 · 송현종(2007). 상담실습자를 위한 상담의 원리와 기술. 서울: 학지사.
노은희(1997). 장애청소년의 삶의 만족에 관한 연구. 공주대 교육대학원 석사학위논문.
노창섭(1962). 사회사업개론. 서울: 새글사.
노충래(역)(2006). 집단사회복지실천. 서울: 학지사.
다니엘 박(2008). 네트워크 마케팅 매력. 대전: 아이프렌드.
대통령자문 정책기획위원회(2006). 선진복지한국의 비전과 전략. 서울: 동도원.
류상열(1997). 재가복지 봉사센터에서의 사례관리과정에 관한 연구. 한국사회복지학, 제22권.
민소영(2003). 정신질환 노숙인의 쉼터 입소와 사례관리 효과성에 관한 연구. 사회복지연구, 21, 27-50.
문인숙 · 김만두(역)(1986). 면접의 기법. 서울: 홍익재.
______ 외(1998). 사회사업방법론: 통합적 접근. 서울: 보진재.
박미은 · 박귀서(1999). 정신질환자를 위한 사례관리에서 자원활용에 관한 연구. 정신보건과 사회사업, 8.

박병현(2003). 사회복지정책론. 서울: 현학사.

박상언 외(역)(2004). 조직의 8가지 이미지. 서울: 지샘.

박순일(1994). 한국의 빈곤현실과 사회보장. 서울: 일신사.

배민진(1995). 만성질환자를 위한 사례관리 연구. 이화여자대학교 대학원 석사학위 논문.

배태순 · 최명민 · 김영미(역)(2007). 전문사회복지실천기술. 서울: 시그마프레스.

백화종 외(2000). 장애예방전략과 사회 · 경제적 효과분석. 서울: 한국보건사회연구원.

서진희(역)(2008). 핵심 리더를 세우는 실천 멘토링. 서울: 국제제자훈련원.

서진환 · 이선혜 · 정수경(역)(2001). 현대사회복지실천이론. 서울: 나남출판.

서혜경 · 정순둘 · 최광현(2006). 노인상담입문: 이론과 실제. 경기: 집문당.

성규탁(1994). 사회복지행정론. 서울: 법문사.

신성자 외(2007). 사회복지실천기술론. 경기: 양서원.

안상희(2000). 자립생활운동 - 장애우복지개론. 서울: 나눔의 집.

양옥경(1995). 성장장애 아동부모의 스트레스에 관한 연구. 한국아동복지학, 제3호.

______(1996). 지역사회정신건강. 서울: 나남출판.

______(1998). 정신장애인에 대한 사회편견 연구. 한국사회복지학, 제35호.

______ 외(2000). 성장장애 아동부모의 스트레스에 관한 연구. 한국아동복지학, 제3호.

______ 외(2002, 2004). 사회복지 윤리와 철학. 서울: 나눔의 집.

양용희 · 김범수 · 이창호(1997). 비영리조직의 모금전략과 자원개발. 서울: 아시아미디어리서치.

양원석(2007). 사회복지 브랜드 전략. 서울: 나눔의 집.

양현주(1991). 지체장애자의 사회적응요인에 대한 연구. 이화여자대학교 대학원 석사학위논문.

엄명용 외(2008). 사회복지실천기술의 이해. 서울: 학지사.

엄신자(2007). 인간행동과 사회환경. 서울: 인간과 복지.

오제은(역)(2008). 가족. 서울: 학지사.

오창순 · 윤경아 · 김근식(역)(2001). 사회복지실천론. 서울: 아시아미디어리서치.

오혜경(1998). 장애인복지학 입문. 서울: 아시아미디어리서치.

______(1999). 장애인과 사회복지 실천. 서울: 아시아미디어리서치.

______ 외(1999). 여성장애우 평등생활과 삶의 질 향상을 위한 정책과제. 장애우권익문제연구소.

우수명(2008). 지역사회복지 관련 조직 간 네트워크 성장에 영향을 미치는 요인 연구. 숭실대학교 박사학위논문.
우애령(1994). 현실요법을 적용한 집단사회사업 프로그램 개발. 연세대학교 대학원 박사학위논문.
윤영삼(역)(2006). 가족의 심리학: 아는 만큼 행복이 커지는. 서울: 다산초당.
윤 진(1985). 성인노인심리학. 서울: 중앙적성출판사.
윤현숙(1997). 스트레스관리 프로그램의 효과성에 관한 연구. 한국사회복지학, 제33호.
______ 외(2002). 사회복지실천기술론. 서울: 동인.
이광재(2007). 노인요양보험제도의 이해. 서울: 공동체.
이경아 외(역)(2004). 사회복지에서의 역량강화실천. 서울: 양서원.
이경희(2001). 정신장애 환자에 대한 편견의 역사와 문제점. 한국정신사회재활협회 춘계하술대회 발표 논문집.
이달엽(2000). 직업상담의 이론과 실제. 서울: 형설출판사.
이무석(2004). 마음 속에 숨겨진 나를 찾아 떠나는 여행 정신분석에로의 초대. 서울: 이유.
이문국 · 이인재(역)(2002). 지역복지 실천전략. 서울: 나눔의 집.
이미선 · 강우진 · 권향임(2008). 사회복지실선기술론. 서울: 창지사.
이봉주 · 김기덕(2008). 사회복지 프로그램 기획의 이해와 적용. 서울: 신정.
이부덕(1999). 21세기 사회복지 전문화와 교육방향의 모색. 1999년 한국사회복지교육협의회 학술세미나 자료집. 서울: 한국사회복지교육협의회.
이상복 · 이상훈(1998). 정서 · 행동장애아 치료와 교육. 대구: 대구대학교출판부.
이선혜 · 정슬기 · 서진환(역)(2005). 사회복지실천을 위한 통합적 단기개입. 서울: 학지사.
이소현(1999). 가족참여를 위한 지원 및 중재. 현장특수교육, 7(3).
______(2003). 유아특수교육. 서울: 학지사.
이영호(2008). 사회복지실천기술론. 경기: 공동체.
______(1997). 정신질환자를 위한 낮 병원에서의 사례관리 적용에 관한 연구. 정신보건과 사회사업, 4.
이용표(1999). 정신보건에서의 능력고취. 사회복지연구, 제13호.
이유선(1996). 사회적 지지와 자기지각이 장애청소년의 학교생활적응에 미치는 영향. 이화여자대학교 대학원 석사학위논문.
이윤로(2007). 사회복지실천기술론. 서울: 학지사.
______ 외(역)(2003). 사회사업실천기술론. 서울: 현학사.
이은희(2000). 가족탄력모델을 이용한 정신분열병 가족의 부적응에 관한 연구. 한국사회복지학, 제41호.
이장호 · 정남운 · 조성호(2005). 상담심리학의 기초. 서울: 학지사.
이정수 · 이수진(2002). 만성질환자의 재활을 위한 사례관리 효과. 정신간호학회지, 11(2).
이준우(1997). 장애인을 책임지는 사회. 서울: 여수룬.
______(역)(1998). 더이상 그들만의 아픔이 아니다. 서울: 한국밀알선교단출판부.
______(역)(2000). 문제아동과 가족치료. 서울: 나남출판.
______(2001). 장애인과 지역사회. 서울: 한국밀알선교단출판부.
______(2003). 농인재활복지개론. 서울: 농아사회정보원.
______(2004). 수화통역입문. 서울: 인간과복지.
이준우 · 손덕순(2007). 정신보건사회복지론. 경기: 서현사.
이준우 · 이화옥 · 임원선(2006). 사회복지실천론. 서울: 인간과복지.
이태수 외(2008). 아동 · 청소년복지 네트워크의 이론과 실제. 서울: 학지사.
이필환 외(역)(1999). 사회복지실천이론의 토대. 서울: 나눔의 집.
이혜경(1993). 사회변동과 사회복지 교과과정 개발의 방향. 1993년도 한국사회사업(복지)대학협의회 연찬회 자료집.
______(1995). 사회복지학의 정체성. 「한국사회복지학을 진단한다」. 1995년 한국사회복지학회 춘계학술대회자료집.
이혜원(1999). 노인복지론. 서울: 유풍출판사.
______ 외(2009). 학생권리와 학교사회복지. 서울: 한울.
이화여대 사회사업학과 편(1993). 집단사회사업실천방법론. 서울: 동인.
1급사회복지사 시험연구회(2008). 사회복지실천기술론. 서울: 나눔의 집.
______(2008). 사회복지실천론. 서울: 나눔의 집.
임남연(1997). 정신질환에 대한 사회적 낙인 연구. 숭실대 대학원 석사학위논문.
임상사회사업연구회(1999). 사회복지 실천과 임상사회사업. 서울: 학문사.
______(1999). 임상사회사업기술론. 서울: 홍익재.
임원선(2001). 개별사회사업과 사례관리. 대전광역시 동구지역사회복지협의체 실무협의체 실무위원 교육교재.
임은희(2004). 사회복지실천론. 서울: 학지사.
엄명용(1999). 탈북자의 사회적응 지원을 위한 종합형 사례관리 모형의 제시와 그 실천. 한국사회복지학, 27.
장인협(1996). 사회복지학개론. 서울: 서울대학교출판부.

______(1996a). 사회사업실천방법론(상). 서울: 서울대학교출판부.
______(1996b). 사회사업실천방법론(하). 서울: 서울대학교출판부.
______(1999). 사회복지실천론(중). 서울: 서울대학교출판부.
______(2004). 사회복지실천론(중) 제너럴리스트 접근(통합편). 서울: 서울대학교출판부.
______ 외(역)(2005). 사회복지실천의 가치와 윤리. 사회복지실천연구소.
장인협 · 우국희(2001). 케어. 케이스 메니지먼트. 서울: 서울대학교출판부.
전지현 (역)(2004). 리더를 세우는 코칭. 서울: 국제제자훈련원.
전재일(1998). 사회복지실천의 이해. 서울: 사회복지개발연구원.
전재일 · 이준상(1998). 사례관리의 기초. 사회복지개발연구원.
전재일 외(1996). 종합사회복지관 운영평가. 사회복지개발연구원.
전재일 외(1996). 개별사회사업. 서울: 형설출판사.
정경선(1997). 정신질환자에 대한 사회복지전문요원의 태도 연구. 이화여대 대학원 석사학위논문.
정경희 외(1998). 전국 노인 생활실태 및 복지욕구 조사. 한국보건사회연구원.
정동섭(역)(2004). 크리스천 코칭. 서울: IVP.
정문자 외(2008). 가족치료의 이해. 서울: 학지사.
정명숙(역)(2007). 사회복지와 심리학. 서울: 시그마프레스.
정선화(1993). 정신지체아동에 대한 일반아동의 태도개선 프로그램 개발에 관한 연구. 이화여대 대학원 석사학위논문.
정순둘(2005). 강점모델: 노인장기요양보호와 사례관리실천. 경기: 집문당.
______ 외(2007). 사회복지와 임파워먼트. 서울: 학지사.
______(2001). 재가노인을 위한 사례관리 네트워크 분석 -분천시를 중심으로. 한국사회복지학, 제46권.
______(2002), 사례관리 실천과 평가. 기독교 사회복지, 11.
______(2003). 사례관리 대상 노인의 미충족 욕구사정: 욕구사정도구(Camberwell Assessment of Need)를 활용한 탐색적 연구. 한국노년학, 제23권.
______ · 고미영(2003). 재가노인을 위한 사례관리 서비스의 효과성 연구-팀접근 모델을 중심으로 -. 한국사회복지학, 제53호.
정진선 · 문미란(2008). 인간관계의 심리. 서울: 시그마프레스.
정진영(1986). 사회복지조직의 유효성에 관한 연구. 서울대 대학원 박사학위논문.
정종화(2001). 자립생활 지원을 위한 한국의 장애인 복지전망과 전략. 2001 국제 장애인 복지실천 세미나 자료집.

정해원(1988). 학동가정개발사업장 영향평가보고서. 한국선명회 운영국평가부.
조운희(2006). 사회복지시설 운영평가론. 경기: 한국학술정보(주).
조휘일 · 이윤로(1999). 사회복지실천론. 서울: 학지사.
주은선 역(2006). 상담의 기술. 서울: 학지사.
제석봉 외(역)(2006). 사회복지 상담심리학. 서울: 학지사.
채천석 역(2002). 성경에서 배우는 불변의 리더십. 서울: 청우.
최명민(1999). 정신과 환자의 사례관리를 활용한 퇴원계획에 대한 분석. 한국정신보건사회사업학회 춘계학술대회 자료집.
최성재 외(1998). 사회복지학 교과목 지침서. 한국사회복지(사업)대학협의회.
최성연(1997). 정신질환자를 위한 사례관리 업무개발에 관한 연구. 서울여자대학교 대학원 석사학위논문.
최옥채(1999). 사회복지실천론. 서울: 인간과 복지.
______(2006). 사회복지사를 위한 조직화 기술. 서울: 학현사.
최일섭(1996). 21세기 복지사회를 위한 정책 구상. 서울: 박영률출판사.
______ 외(1997). 지역사회복지론. 서울: 서울대학교출판부.
통계청(2001). 장래인구추계.
폴 라이트(2008). 비영리조직의 역량강화 보고서. 경기: 나남.
한국갤럽조사연구소(2001). 한국장애인과 일반인의 의식.
한국사회사업(복지)대학협의회(1995). 한국사회복지 인력수급과 대학교육의 과제. 1995년 한국사회사업(복지)대학협의회 연찬회 자료집.
한국사회복지행정학회(2008). 신 사회위험에 대응하는 사회복지 서비스 전략. 2008년도 춘계학술대회 및 WORKSHOP. 한국사회복지행정학회.
한국장애인고용촉진공단(1996). 장애유형별 고용정책 어떻게 접근할 것인가.
한국장애인재활협회(1990). 재활요원양성에 관한 연구.
한덕연(2008). 복지요결: 자연주의 사회사업. http://welfare.or.kr.
______ 외(2006). 복지팡세: 성경에서 배우는 사회사업. http://welfare.or.kr.
한상연 · 김종호(2005). 지역복지네트워크. 서울: 경희대학교 출판국.
한순미 외(2008). 창의성. 서울: 학지사.
한인영 · 최현미 · 장수미(2006). 의료사회복지실천론. 서울: 학지사.
한혜빈(1996). 한국 사회복지 대학교육의 과제. 사회복지, 통권 130호. 한국사회복지협의회.
호소우치 노부타카(2007). 지역사회를 건강하게 만드는 커뮤니티 비즈니스. 서울: 아르케.

홍부길(1994). 비영리조직 마아케팅과 사회 마아케팅. 서울: 이화여자대학교 출판부.

홍선미(2004). 자활사업에서의 사례관리 적용에 관한 탐색적 연구. 한국사회복지학, 56.

홍순혜 · 한인영(역)(1997). 사회사업기록. 서울: 학문사.

허남순(1998). 과제중심모델의 적용에 관한 연구: 재가노인을 위한 사례관리. 한국사회복지학, 25.

황성동(1993). 사회사업 실천방법으로서의 사례관리기법. 한국사회복지학회 추계학술대회자료집.

황성철(1995). 사례관리실천을 위한 모형 개발과 한국적 적용에 관한 연구. 한국사회복지학, 27.

______(2002). 사례관리의 실천과 적용. 부천시 장애인 종합복지관 직원전문교육교재.

Alle-Corliss, L. A. & Alle-Corliss, R. A. (2006). *Human Service Agencies: An Orientation to Fieldwork (2nd ed.)*. Belmont, CA: Brooks/Cole.

Altman, B.(1987). "Disabled Women in the Social Stucture", in S.C. Hey, G. Kiger, & J. Seidel(eds.). *Impaired and Disabled People in Society: Structure, Processes and the Individual*. Salem, the Society for Disability Studies and Willamette University.

Barnatt, S. N. (1987). "The Multiple Minority Status of Disabled Women", in S. C. Hey, G.Kiger, & j. Seidel(eds.). *Impaired and Disabled People in Society: Structure, Process and the Individual*. the Society for Disability Studies and Willamette University.

Beardsley, M. & Rubin, S. (1988). Rehabilitation service providers: An investigation of generic job tasks and knowledge. *Rehabilitation Counseling Bulletin, 37*.

Boehm, W. W. (1959). *Objectives of the Social Work Curriculum of the Future*. New York : CSWE.

Bookman, A. & Morgenm, S. (1988). *Women & the Politics of Empowerment*. Temple University Press.

Brubaker, D. R. (1977). Professionalization and rehabilitation counseling. *Journal of Applied Rehabilitation Counseling, 8*.

Brueggemann, W. G. (2002). *The Practice of Macro Social Work(2nd ed.)*. Belmont, CA: Thomson Brooks/Cole.

Brueggemann, W. G. (2006). *The Practice of Macro Social Work(3rd ed.)*. Belmont , CA: Thomson Brooks/Cole.

Chenoweth, L. & McAuliffe, D. (2005). *The Road to Social Work & Human Service Practice: An introductory text*. Victoria: Thomson Learning.

Coleman, James S. (1988). "Social Capital in the Creation of Human Capital." *American Journal of Sociology, 94(Supplement)*. 95-120.

Compton, B. R. & Galaway, B. (1999). *Social Work Processes(6th edn)*. London: Brooks/Cole.

D. Held. & A. McGrew (2003). *The Global Transformations Reader*. 2nd. Cambridge: Polity Press.

Dinitto, D. M. & McNeece, C. A. (1997). Social Work : *Issues and Opportunities in Challenging Profession*. Boston: Allyn and Bacon.

Doel, M. & Shardlow, S. M. (2005). *Modern Social Work Practice: Teaching and Learning in Practice Settings*. Aldershot: Ashgate.

Donna C. Aguilera. (1990). *Crisis Intervention: Theory and Methodology(6th Ed.)*. St. Louis: The C.V. Mosby Company.

Drew, C. J., Hardman, M. L., & Logan, M. L. (1996). *Mental Retardation: A Lifecycle Approach (6th Ed.)*. Columbia, OH: Merrill.

Dubois, B. & Miley, K. K. (1992). *Social Work: An Empowering Profession*. Allyn and Bacon.

Emerner, W., & Rubin, S. (1980). Rehabilitation counselor role and functions and source of role strain, *Journal of Applied Rehabilitation Counseling, 11*.

Fast, B. & Chapin, R. (2002). *"The Strengths Model with Older Adults-Critical Practice Components". in D. Saleevey(ed.). The Strengths Perspective in Social Work Practice*. Boston: Allyn and Bacon.

Flynn, R. & Nitsch, K. (1980). *Normalization, Social Integration, and Community Services*. University Park Press.

Gandy, G. L., Martin, Jr. E. D., Hardy, R. E., & Cull, J. G. (1987). *Rehabilitation Counseling and Services: Profession and process*. Springfield, IL: Charles Thomas.

Goffman, E.(1963). *Stigma: Notes on the Management of Spoiled Identity.* Enclewood Cliffs, NJ: Prentice Hall.

Hamilton, G. (1941). The Underlying Philosophy of Social Casework. *The Family, Vol. 23.*

Hepworth, D. H. & Rooney, R. H. & Larsen, J. A. (2002). *Direct Social Work Practice: Theory and Skills (6th Ed.).* Pacific Grove, CA: Brooks/Cole.

Johnson, L. C. & Yanca, S. J. (2004). *Social Work Practice: A Generalist Approach(8th Ed.).* Boston: Pearson Education, Inc.

Kirst-Ashman, K. K. & Hull, G. H. (2001). *Generalist Practice with Organizations and Communities(2nd ed.).* Belmont, CA: Thomson Brooks/Cole.

Kirst-Ashman, K. K. & Hull, G. H. (2006). *Generalist Practice with Organizations and Communities(3rd ed.).* Belmont, CA: Thomson Brooks/Cole.

Lauffer, A. (1984). *Strategic Marketing for Not-for-profit Organizations.* New York: Free Press.

Leahy, M., Szymanski, E., & Lindkowski, D. (1993). Knowledge importance in rehabilitation counseling. *Rehabilitation Counseling Bulletin, 37 (2).*

Lin, Nan.(2001). *Social Capital: A Theory of Social Structure and Action.* Cambridge: Cambridge University Press.

Lin, S. L.(2000). "Coping and Adaptation in Family of Children with Cerebral Palsy". *Exceptional Children, 66.*

Long, D. D. & Tice, C. J., Morrison, J. D. (2006). *Macro Social Work Practice: A Strengths Perspective.* Monterey, CA: Brooks/Cole.

Lumsdon, K. (1993). *Advocate for Disabled Women: Judy Panko Reis.* Hospitals & Health Networks.

Meyer, C. H. (1976). *Social Work Practice.* New York: The Free Press.

Miley, K. K. & O' Melia, M., DuBois, B. (2004). *Generalist Social Work Practice: An Empowering Approach(4th Ed.).* Boston: Pearson Education, Inc.

Moffett, Jonathan (1968). *Concepts in Casework Treatment.* New York: Humanities Press.

Nicholds, Elizabeth (1960). *A primer of Social Casework.* New York: Columbia University Press.

Nirje, B. (1980). The Normalization Principle. In R. J. Flynn & K. E. Nitsch(Eds.).

Normalization, Social Integration and Community Services. Baltimore.

Oliver, M. (1996). Understanding Disability. London: Macmillan.

Parker, R. M., & Szymanski, E. M. (1998). *Rehabilitation Counseling: Basics and Beyond*. Austin, TX: Pro-Ed.

Perlman, H. H.(1957). *Social casework*. Chicago: University of Chicago Press.

Pilling, Doria (1992). *Approach to case management for people disabilities*. London: Jessica Kingsley publishers.

Reamer, F. G. (1995). *Social Work Values & Ethics*. New York: Columbia University Press.

Flynn, R. J. (1980). *Normalization, Social Integration, and Community Services*. Baltimore: University Park Press.

Rapp, C. A. & Poertner, J. (1992). *Social Administration: A Client-Centered Approach*. New York · London: Longman.

Robert, W. R. & Robert, H. N. (1972). *Theories of Social Casework*. Chicago: University of Chicago Press.

Roessler, R. T. & Rubin, S. E. (1998). *Case Management and Rehabilitation Counseling: Procedures and Techniques(3rd ed.)*. Austin, TX: Pro-Ed.

Rubin, S. E., Matkin, R. E., Ashley, J., Beardsley, M. M., May, V. R., Onstott, K., & Puckett, F. (1984). Roles and functions of certified rehabilitation counselors [Special issues]. *Rehabilitation Counseling Bulletin, 27*.

Rubin, S. E., & Roessler, R. T. (1995). *Foundations of the Vocational Rehabilitation Process*. Austin, TX: Pro-Ed.

Schneider, R. L. & & Lester, L. (2001). *Social Work Advocacy: A New Framework for Action*. Belmont, CA: Thomson Brooks/Cole.

Sanders, A. B. (1996). *Emergency Care of the Elder Person*. St. Louis: Beverly Cracom Publications.

Saleebey, D.(2002). *The Strengths Perspective in Social Work Practice(4th ed.)*. Boston: Allyn & Bacon.

Shera, W. & Wells, L. M. (1999). *Empowerment Practice in Social Work*. Toronto: Canadian Scholars' Press Inc.

Skidmore, R. A. (1983). *Social Welfare Administration: Dynamic Management and Human Relationships*. Englewood Cliffs: Pretice-Hall.

Smally, R. E. (1970). The functional approach to casework practice. In Roberts W. Roberts and Robert H. Nee(eds.). *Theories of Social Casework*. Chicago: University of Chicago Press.

Stuart, P. H. (2000). "Applying Independent Living Principles to Start Health care Programs for People with Disabilities". *Journal of Disabilities Policy studies*.

Tarvydas, V. M., & Leahy, M. J. (1993). Licensure in rehabilitation counseling: A critical incident in professionalization. *Rehabilitation Counseling Bulletin, 37(2)*.

Thursz, D, & Nusberg, C. & Prather, J. (1995). *Empowering Older People: An International Approach*. Westport, CT: Auburn House.

Trevithick, P. (2005). *Social Work Skills: A practice handbook(2nd ed.)*. Open University Press.

Vourlekis, B. S. & Greene, R. R. (1992). *Social Work Case Management*. New York: Walter de Gruyter.

Wehman, P. & Moon, M. (1988). *Vocational rehabilitation and supported employment*. Baltimore, MD: Paul Brookes.

Wilensky, H. L. (1975). The professionalization of everyone?. *American Journal of Sociology, 70*.

Wright, G., Leahy, M., & Shapson, P. (1987). Rehabilitation Skills Inventory: Importance of counselor competencies. *Rehabilitation Counseling Bulletin, 31(2)*.

색 인

ㅅ

ㅇ

ㅎ

M

저자소개

이 준 우

총신대학교 종교교육학과 졸업
총신대학교 신학대학원 졸업
숭실대학교 사회사업학과 학부과정 이수
숭실대학교 대학원 사회사업학 석사 · 박사

강남대학교 사회복지전문대학원 교수
강남대학교 사회복지대학 학장
강남대학교 사회복지전문대학원 원장
한국CISM연구소 소장

한국교회사회사업학회 편집위원장, 한국수화학회 이사, 한국학교사회복지학회 이사, 한국치료레크리에이션 사회복지사회 부회장, 사회복지법인 베데스다복지재단 이사, 사회복지법인 말아톤복지재단 이사, 사단법인 한국밀알선교단 이사, 강남구 직업재활센터 운영위원장, 화성시지역사회복지협의체 민간공동위원장 등 우리 사회의 소외계층과 특별히 노인, 장애인, 교회사회사업, 지역사회복지에 관심을 가지고 활발히 활동하고 있음.

주요 저서 및 논문
『수화의 이해와 실제』, 『전문 사회복지실천론』, 『전문 사회복지사를 위한 사회복지 용어사전』, 『기독교 이해』, 『장애인복지정책과 실천』 외 30여 권의 저서와 『문제아의 가족치료』, 『교회사회사업』, 『장애인과 함께하는 사회복지실천』 외 10여 권의 번역서, 「장애학생에 대한 학교사회복지 서비스 개발에 관한 연구」(2008), 「노인장기요양보험 재가서비스의 문제점과 개선방안」(2009), 「근로장애인 직업적응능력 향상 프로그램 개발」(2010), 「한국 노인의 노후생활에 관한 인식」(2011), 「한국 기독교사회복지재단의 현황과 방향성」(2012) 외 최근 5년간 국내외 전문 학술지에 게재된 30여 편의 학술논문이 있음.

저자소개

이 준 우

총신대학교 종교교육학과 졸업
총신대학교 신학대학원 졸업
숭실대학교 사회사업학과 학부과정 이수
숭실대학교 대학원 사회사업학 석사 · 박사

강남대학교 사회복지전문대학원 교수
강남대학교 사회복지대학 학장
강남대학교 사회복지전문대학원 원장
한국CISM연구소 소장

한국교회사회사업학회 편집위원장, 한국수화학회 이사, 한국학교사회복지학회 이사, 한국치료레크리에이션 사회복지사회 부회장, 사회복지법인 베데스다복지재단 이사, 사회복지법인 말아톤복지재단 이사, 사단법인 한국밀알선교단 이사, 강남구 직업재활센터 운영위원장, 화성시지역사회복지협의체 민간공동위원장 등 우리 사회의 소외계층과 특별히 노인, 장애인, 교회사회사업, 지역사회복지에 관심을 가지고 활발히 활동하고 있음.

주요 저서 및 논문
『수화의 이해와 실제』, 『전문 사회복지실천론』, 『전문 사회복지사를 위한 사회복지 용어사전』, 『기독교 이해』, 『장애인복지정책과 실천』 외 30여 권의 저서와 『문제아의 가족치료』, 『교회사회사업』, 『장애인과 함께하는 사회복지실천』 외 10여 권의 번역서, 「장애학생에 대한 학교사회복지 서비스 개발에 관한 연구」(2008), 「노인장기요양보험 재가서비스의 문제점과 개선방안」(2009), 「근로장애인 직업적응능력 향상 프로그램 개발」(2010), 「한국 노인의 노후생활에 관한 인식」(2011), 「한국 기독교사회복지재단의 현황과 방향성」(2012) 외 최근 5년간 국내외 전문 학술지에 게재된 30여 편의 학술논문이 있음.

사회복지실천기술론

초판 1쇄 인쇄 2009년 5월 13일
초판 2쇄 발행 2013년 2월 26일

지은이_ 이준우
펴낸이_ 황호철
펴낸곳_ 도서출판 파란마음
주소_ 140-845 서울시 용산구 백범로90라길 47 | 전화_ (02) 3275-2110~1 | 팩스_ (02) 3275-2199
홈페이지_ http://paranmaum.co.kr/

등 록_ 2006년 4월 24일 · 제302-2006-00024호

ISBN 978-89-92546-38-6 93330
값 20,000원